Materialisierte Heiligkeit

Annett Martini (Hg.)

Materialisierte Heiligkeit

Jüdische Buchkunst im kulturellen Kontext

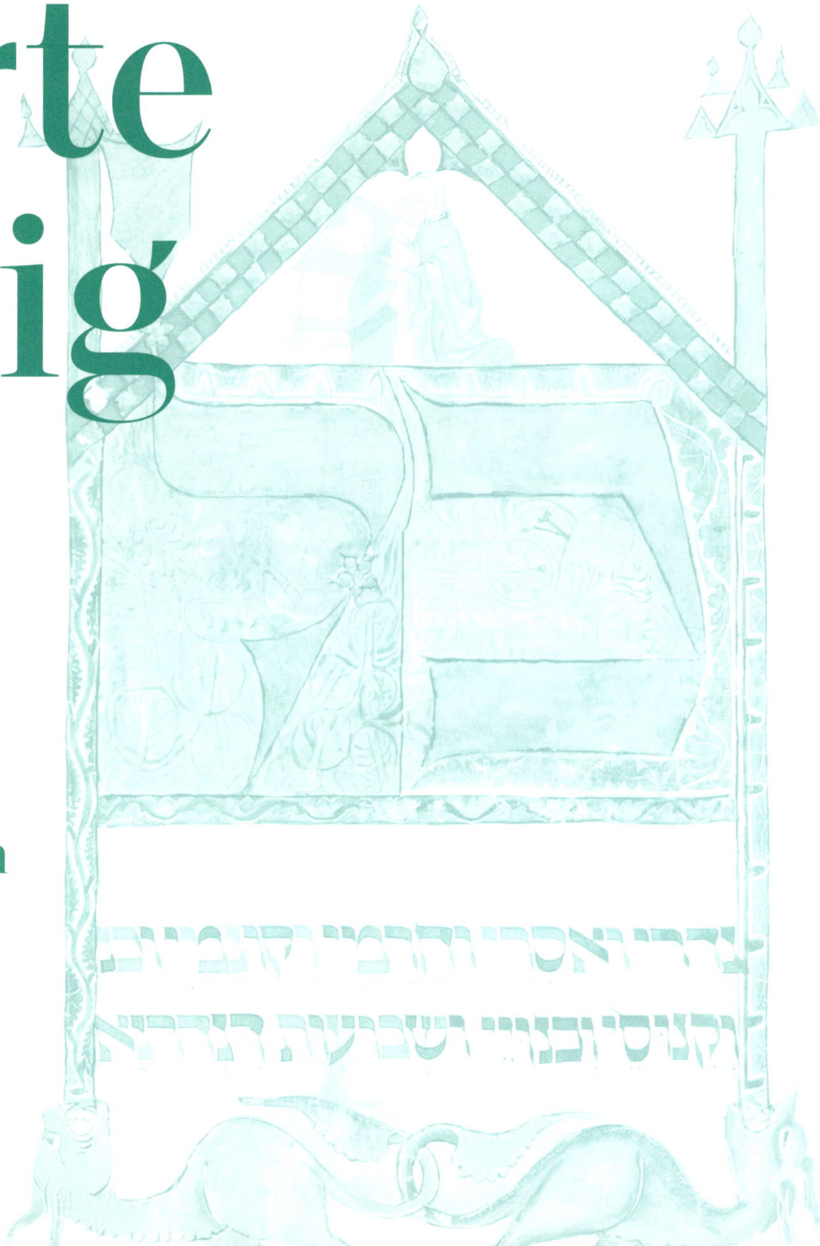

Deutscher Kunstverlag

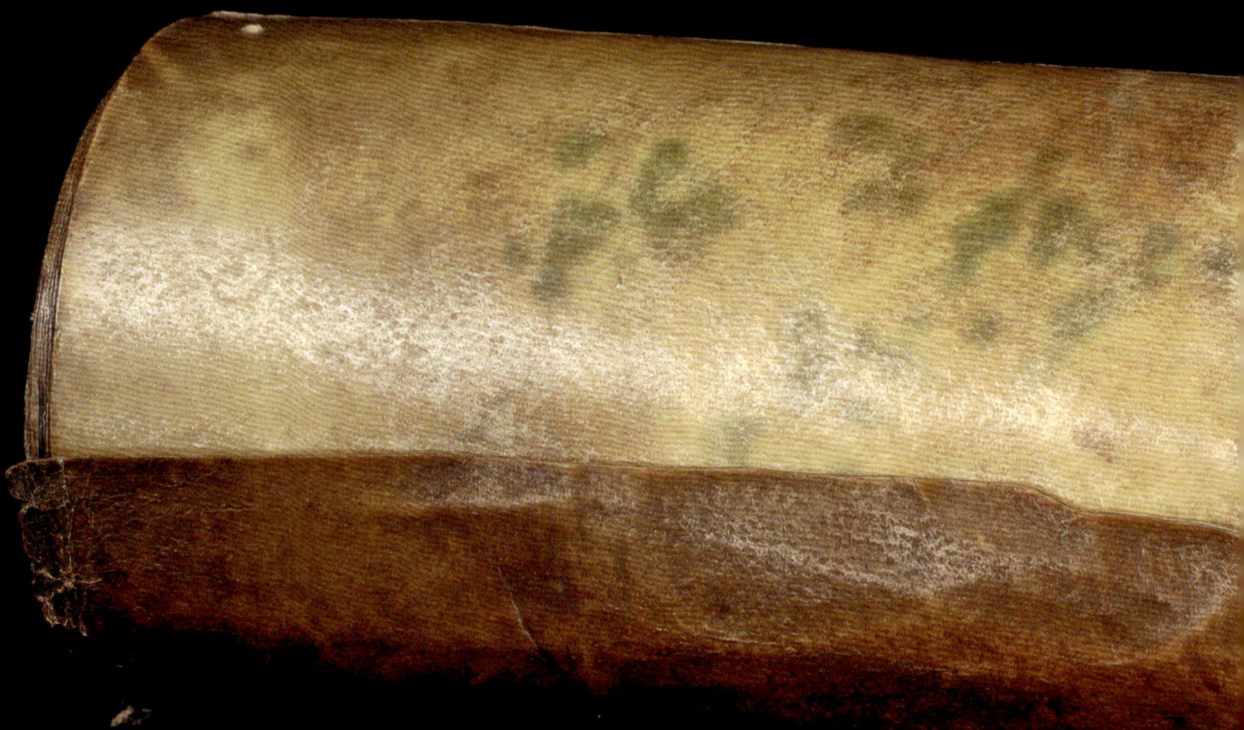

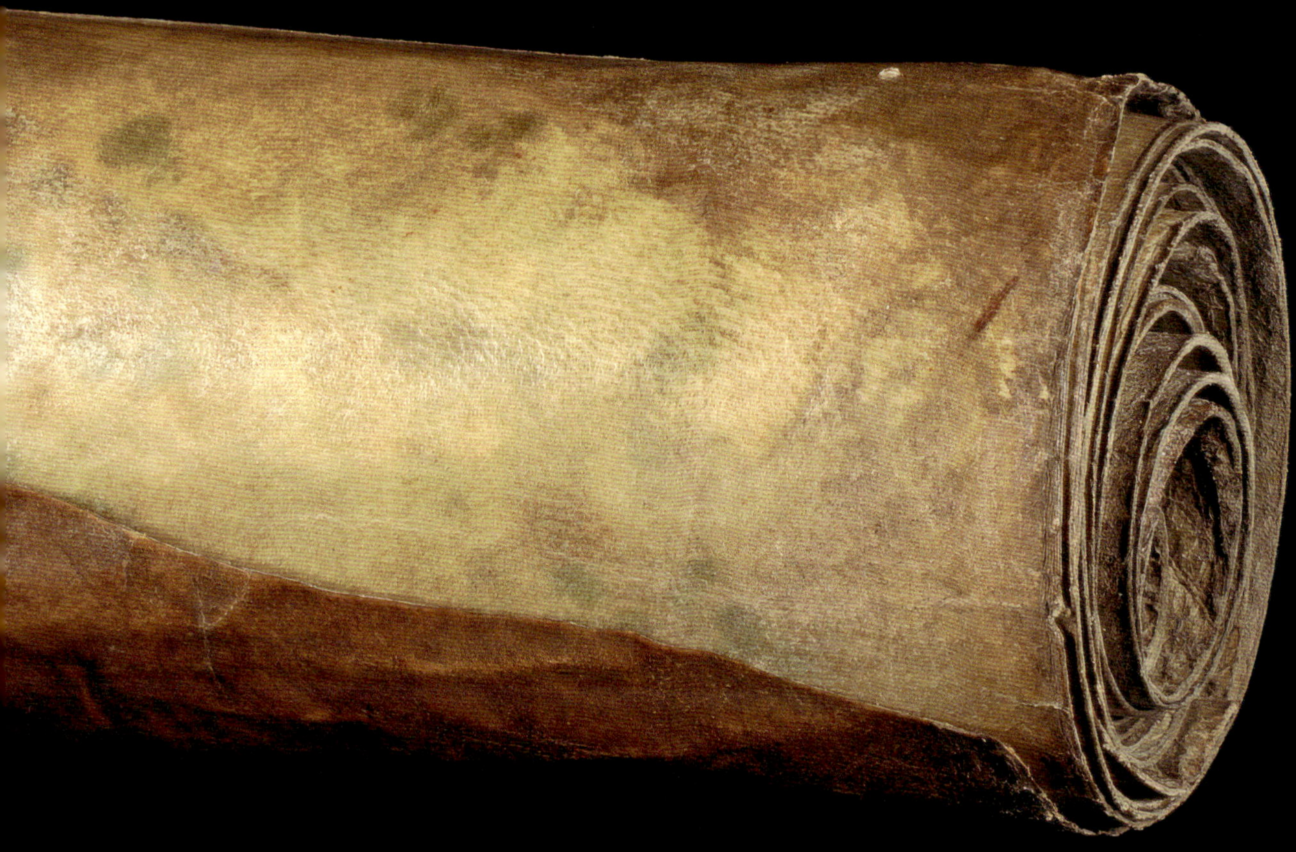

Vorwort

Annett Martini

Im Babylonischen Talmud erinnert sich ein Toraschreiber namens Rabbi Jehudah an eine bemerkenswerte Begegnung:

Als ich zu Rabbi Jischmael kam, fragte er mich: „Mein Sohn, was ist deine Beschäftigung?" Ich erwiderte ihm: „Ich bin Toraschreiber." Da sprach er zu mir: „Mein Sohn, sei vorsichtig bei deiner Arbeit, denn sie ist Arbeit des Himmels; wenn du nur einen Buchstaben auslässt oder einen Buchstaben zu viel schreibst, zerstörst du die ganze Welt."[1]

Die Warnung des Rabbi Jischmael aus dem ersten nachchristlichen Jahrhundert könnte mit unverändertem Wortlaut aus dem Munde eines Rabbiners unserer Zeit stammen. In den seither vergangenen zweitausend Jahren hat sich kaum etwas am Selbstverständnis der Jüdinnen und Juden als Bewahrer des ursprünglichen Gotteswortes der Heiligen Schrift geändert. Kein Buchstabe darf ausgelassen oder hinzugefügt werden, hätte doch der geringste Fehler eine Zerstörung der ganzen Welt – zumindest jedoch: der jüdischen Welt – zur Folge.

Die Idee zu vorliegendem Buch ist aus dem vom Bundesministerium für Forschung, Technologie und Raumfahrt geförderten Verbundprojekt *ToRoll* (2022–2026) heraus entstanden, in dem sich Wissenschaftlerinnen unterschiedlicher Fachrichtungen mit der Frage beschäftigen, was eine Torarolle oder die kleinen beschriebenen Pergamentstreifen in den Gebetsriemen (Tefillin) und Mezuzot eigentlich zu etwas Heiligem macht. Ist es das Material, wie Pergament, Tinte oder Schreibutensilien, die den zentralen jüdischen Ordnungskategorien „koscher" oder „rein" entsprechen sollten? Oder verwandeln die inneren Werte und die Gewissenhaftigkeit des Schreibers und der – in liberalen Gemeinden tolerierten – Schreiberin die schlichte Abschrift des biblischen Textes in ein besonderes Artefakt, das bis in unsere heutige Zeit nicht gedruckt, sondern ausschließlich handschriftlich überliefert wird?

Die Autorinnen und Autoren dieses Buches nähern sich mit erweiterten Perspektiven diesen und anderen Fragen der Schriftrollen- und Buchherstellung in der jüdischen, aber auch der christlichen und der muslimischen Buchkultur. Sie gewähren vielfältige Einblicke in materiale, rituelle und emotionale Aspekte des Kopierens biblischer und liturgischer Schriften sowie in buchkünstlerische Aspekte von Gebetsbüchern für die hohen und niedrigen Feiertage. Es war ein besonderes Anliegen der Herausgeberin, auch den akustischen Raum, in dem sich diese Schriften in der Regel während des Gottesdienstes oder im privaten Gebet entfalten, in die Betrachtung des Phänomens „Heilige Schriften" einzubeziehen.

Heilige Schriften erzeugen jedoch durch spezielle Formen und Formate, kunstvolle Illuminierungen, kalligraphische Verzierungen oder schlichte Farbenpracht immer auch einen starken visuellen Eindruck. Dass der sichtbare Ausdruck ausgewählter Artefakte den Leserinnen und Lesern dieses Buches durch zahlreiche Bilder vermittelt werden kann, ist der Unterstützung und engen Zusammenarbeit mit der Staatsbibliothek zu Berlin – Preußischer Kulturbesitz zu verdanken. Gemeinsam mit Mitarbeiterinnen und Mitarbeitern der Orientabteilung – ich möchte mich insbesondere bei dem Leiter der Orientabteilung, Christoph Rauch, und bei der Fachreferentin für u.a. Judaistik und Hebraistik, Petra Figeac, für ihr Vertrauen und ihren unermüdlichen Einsatz für das Buch- und Ausstellungsvorhaben bedanken – haben wir eine Ausstellung im Kulturwerk der Staatsbibliothek Unter den Linden verwirklichen können, in der ausgewählte hebräische Handschriften aus dem Bestand der wertvollen Hebraica-Sammlung Einblicke in die jüdische Buchkunst und ihren kulturellen Kontext gaben. Im Rahmen der Ausstellung war es möglich, die faszinierende Kunst der hebräischen Mikrografie, Spuren christlicher Hebraistik und die rituelle Herstellung von Torarollen u.a. an Handschriften aus der spektakulären Erfurter Sammlung zu studieren. Blüten der jüdischen Buchkunst waren durch reich illuminierte Esterrollen und Gebetsbücher beispielsweise aus der berühmten Hamilton-Sammlung oder durch das aufwendig restaurierte Kalenderwerk des Judah Mehler Reutlingen vertreten.

Einige der ausgestellten Handschriften werden in vorliegendem Buch sowohl inhaltlich als auch visuell durch zahlreiche Abbildungen näher beleuchtet. Insofern kann dieser Band als vertiefender Ausstellungskatalog betrachtet werden, der allerdings über diese begleitende Funktion während der begrenzten Ausstellungsdauer hinauswirken soll. Ich möchte an dieser Stelle meinen Dank an die Autorinnen und Autoren aussprechen, die mit ihrer Expertise die Vielfältigkeit, den Reichtum und das große Forschungspotential der Thematik sichtbar machen konnten. Und schließlich gilt mein Dank der Redaktionsleiterin vom Deutschen Kunstverlag, Katja Richter, der Redakteurin, Luzie Diekmann, und den Lektorinnen und Buchgestalterinnen Anja Hearing, Jenna Gesse und Ilka Backmeister-Collacott, die aus den Beiträgen und Bildern ein wahrhaft schönes Buch gemacht haben.

Schließlich sei dem Bundesministerium für Forschung, Technologie und Raumfahrt gedankt, das dieses Buchprojekt erst möglich gemacht und großzügig finanziert hat.

1 bT Eruvin 13a.

Die Würde heiliger Bücher in der jüdischen Tradition

Annett Martini

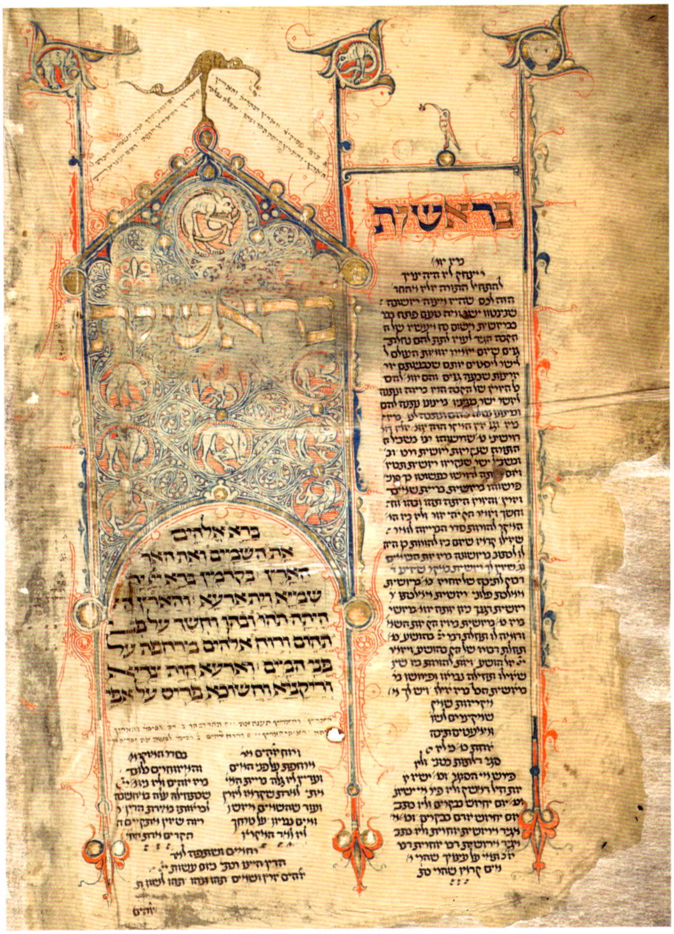

↑ **Abb. 1** Pentateuch mit Haftarot, Megillot und Raschi-Kommentaren aus dem 14. Jhd., Ms. or. quart. 1. | SBB-PK

Heilige Bücher - *sifrei ha-qodesch* - sind das Herzstück der jüdischen Schriftkultur, die sich seit ihrer Genese im antiken Israel bis in unsere Zeit hinein zu großem ästhetischem Reichtum und vielfältigen materialen Erscheinungsformen entwickelt hat Abb. 1. Abschriften der Hebräischen Bibel, liturgische Schriftrollen und Gebetsbücher für die Feiertage geben den Rhythmus für Lehre, Gebet und Ritus in der Synagoge vor und schaffen so einen Ort kultureller Identität jenseits des Profanen. Bereits der Talmud mahnt zum würdevollen Umgang mit den *sefarim* (Pl. von *sefer*, Buch),[1] wobei die frühen rabbinischen Quellen mit *sefer* insbesondere die Torarolle, einen Pentateuch oder allgemein Bücher der Hebräischen Bibel bezeichneten.

Ursprünglich war für diese Texte die horizontal beschriebene Rolle die bevorzugte Form nicht nur für liturgische oder biblische Schriften, sondern bis ins 11. Jahrhundert hinein auch für religionsgesetzliche Texte wie den Talmud oder die Mischna. Erst langsam ersetzte der ökonomischere und ergonomischere Kodex ab dem 8. Jahrhundert die ideell stark aufgeladene Rollenform. Allein für den rituellen Gebrauch in der Synagoge ist bis heute ausschließlich die Torarolle, beschriftet mit den fünf Büchern Mose, erlaubt - was insofern bemerkenswert ist, als der Kodex als Buchform große Vorteile mit sich brachte. Er ist einfacher zu handhaben und weniger empfindlich als eine Schriftrolle. Eine Textstelle ist durch Blättern viel schneller zu finden als durch das umständliche Abrollen einer mehrere Meter langen Rolle, die man darüber hinaus nur auf der Innenseite beschreibt. Die Blätter eines Kodex lassen sich dagegen auf der Vorder- und Rückseite beschriften und dementsprechend um einiges kostengünstiger herstellen. Dennoch hielten die Rabbiner und Schreiber mit Blick auf die sogenannten STaM (Akronym für *Sefer Torah*, Tefillin, Mezuzot), die Megillot und die Haftarot genannten Prophetenlesungen an der Rollenform und den antiken Herstellungspraktiken fest.

Als Teil der Hagiografen wurde den sogenannten „fünf Megillot“, das heißt den Büchern Ester, Rut, Kohelet, Hohelied und Klagelieder, erst ab der Spätantike eine besondere Rolle in der jüdischen Liturgie an den hohen Feiertagen zugewiesen.[2] Allein das öffentliche Verlesen der Esterrolle galt bereits in antiker Zeit als Pflicht, sodass der Begriff *megillah* - „Schriftrolle“ - ursprünglich ein Synonym für das biblische Buch Ester war, das wie alle fünf Megillot bis heute auch einzeln in Rollenform tradiert wird. Diese ursprüngliche Sonderstellung der Esterrolle kommt sehr schön in einem Abschnitt aus dem Babylonischen Talmud (6. Jhd.) zum Ausdruck, in dem die Rabbinen die Interpretation von Träumen diskutieren. Auf die Frage, welche Bedeutung das Erscheinen der biblischen Bücher und im Speziellen der Hagiografen in einem Traum habe, antworten die Rechtsgelehrten vielsagend:

> Drei große Hagiografen sind es. Wer das Buch der Psalmen sieht, schaue nach Frömmigkeit aus; Sprüche, der schaue nach Weisheit aus; Hiob, der sorge sich wegen Strafe.
> Drei kleine Hagiografen sind es. Wer das Hohelied im Traum sieht, schaue nach Frömmigkeit aus; Kohelet, der schaue nach Weisheit aus; Klagelieder, der sorge sich wegen Strafe.
> Wer die Ester-Rolle sieht, dem geschieht ein Wunder.[3]

Von einer zusammengehörigen Schriftengruppe von fünf biblischen Büchern - das Buch Rut ist an dieser Stelle gar nicht erwähnt - kann hier noch keine Rede sein. Allein das Buch Ester ist im aramäischen Original als eine *megillah* ausgezeichnet und durch das Wunder in einen göttlichen Raum verwiesen. Erst im „kleinen Talmudtraktat" *Massekhet Soferim - Traktat der Schreiber* - aus der Spätantike (mit späteren Ergänzungen im Mittelalter) finden die oben genannten fünf Bücher gemeinsam als die „fünf Rollen" im Zusammenhang mit den hohen Feiertagen, an denen sie gelesen werden, Erwähnung.[4] Das Buch Kohelet ist dem Text an dieser Stelle wohl erst später, wahrscheinlich im mittelalterlichen Europa hinzugefügt worden, was nicht ausschließt, dass es bereits früher liturgische Verwendung fand. Doch obwohl hier alle fünf Texte als etwas Zusammengehöriges genannt werden, beinhaltet der erwähnte *Traktat der Schreiber*, der im Wesentlichen Vorschriften für das Schreiben und Lesen einer Torarolle und die Herstellung der kleinen Schriftrollen in den Tefillin und Mezuzot enthält, konkrete Anweisungen nur für die Herstellung einer Esterrolle. Sie betreffen das Schreibmaterial, das Schriftbild sowie gewisse Anforderungen an den Schreiber. Damit führen die Autoren eine Tradition fort, die bereits im 2. Jahrhundert n. u. Z. in der Mischna begründet wurde. Schon dort finden sich verpflichtende Vorgaben ausschließich für das Schreiben einer Esterrolle, die später allerdings auf die vier anderen Megillot übertragen wurden.

Die Herstellung der Schriftrollengruppe unterliegt strengen Reinheitsvorschriften, die das Schreibmaterial, das Schreiben selbst und letztlich auch die rituelle Handhabung der Rollen betreffen. Die Vorstellung von „rein" und „unrein" ist *die* zentrale Ordnungskategorie im jüdischen Denken und eng mit der Idee von „heilig" und „profan" verknüpft. Maßgeblich geprägt wurde die Vorstellung von „rein" und „unrein" durch die Heiligkeit des Tempels. Um dieser zu entsprechen, müssen „alle Menschen und Dinge, die in Kontakt mit dem Heiligtum standen, im Zustand absoluter Reinheit sein".[5] Der Begriff „Heiligkeit" ist hier im Sinne der biblischen Verwendung der hebräischen Wurzel *qdsch* in seiner Bedeutung als „bestimmt sein für", „zugehörig sein zu" und „getrennt sein von" zu verstehen.[6] Der Aspekt des Trennens im Zusammenhang mit „heilig" (*qadosch*) setzt sich in der rabbinischen Literatur und bei den religionsgesetzlichen Autoritäten des Mittelalters fort und schwingt bei der Herstellung der Schriftrollen immer mit. Etwas Heiliges gehört ganz der göttlichen Welt an und ist gleichzeitig von der geschaffenen Welt oder Minderheiligem zu trennen.[7]

Die Herstellungsregeln betreffen zunächst einmal den Beschreibstoff. Das Leder beziehungsweise Pergament, auf dem geschrieben wird, muss von den Häuten rituell reiner Tiere stammen. Damit sind Tiere gemeint, die nach jüdischen Speisevorschriften zum Verzehr geeignet sind, wie zum Beispiel Rind, Wild oder Schafe, aber im Unterschied zu diesen nicht rituell geschlachtet worden sein müssen. Trotz des Siegeszugs des Papiers werden die Schriftrollen der STaM bis heute ausschließlich auf beschreibbaren Tierhäuten geschrieben. Auch Papyrus schlossen die Rabbinen ausdrücklich aus dem Bereich der Heiligen Schriften aus.[8] Das mochte zum einen an der geringeren Haltbarkeit von Papyrus im Vergleich zu Leder gelegen haben, zum anderen beabsichtigten die Rabbinen sicherlich eine Abgrenzung gegen den kulturellen Ursprung dieses Schreibmaterials und den damit verbundenen Einfluss der hellenistisch geprägten Welt.[9]

Auch die Herstellung und Benutzung der Tinte hat nach alter Rezeptur und Anweisung zu erfolgen. Der Schreiber sollte ausschließlich schwarze Tinte verwenden, die nach dem Trocknen eine leicht erhabene Schicht bildet. Farbige Tinten machen den Text unrein und für den Ritus unbrauchbar. Als Schreibgeräte kommen verarbeitetes Schilfrohr, Vogelfedern oder sogar Eisenerzeugnisse infrage. Die Feder des Schreibers eignet sich idealerweise sowohl zum Schreiben von breiten Buchstaben als auch zum filigranen Verzieren der Schriftzeichen mit Krönchen. Der aus dem 19. Jahrhundert stammende Schreibertraktat *Qeset ha-Sofer* von Schlomoh Ganzfried vermerkt darüber hinaus:

Ein Schreiber sollte sich vor einem besonders schönen Schreibwerkzeug in Acht nehmen, auch wenn das Geschriebene selbst davon nicht betroffen ist. Manche sagen, es sollte mit einer Schreibfeder aus Schilfrohr und nicht mit einer Feder geschrieben werden. Doch das ist bei uns nicht Brauch. Wir schreiben mit Gänsefedern und sogar mit Metallfedern.[10]

Erst wenn der Schreiber sichergestellt hat, dass all diese Materialien den strengen Reinheitsvorschriften der rabbinischen Autoritäten entsprechen, kann er mit dem eigentlichen Schreiben beginnen.

Auch für den modernen *sofer* STaM - einen professionellen Schreiber von Torarollen, Tefillin und Mezuzot - im heutigen Jerusalem oder New York hat die fehlerfreie Weitergabe der Tora an die nächste Generation oberste Priorität. Er ist deshalb verpflichtet, eine zuverlässige, mehrfach geprüfte Vorlage zu benutzen. Damit sich beim Abschreiben kein Fehler einschleicht, muss jedes Wort von ihm laut gelesen werden, bevor er es schließlich auf das Pergament bringt. Damit soll zum einen die Heiligkeit des Textes auf die Schriftrolle übergehen, zum anderen aber auch verhindert werden, dass der Schreiber ganze Passagen aus dem Kopf schreibt - auch wenn ihm das sicherlich problemlos möglich wäre. Es ist wichtig, dass jeder einzelne Buchstabe gut lesbar ist. Besteht auch nur der leiseste Zweifel, ob ein Buchstabe die richtige Proportion hat oder durch einen Riss im Pergament oder Ähnliches in seiner Form bedroht ist, wird dem Schreiber eine recht unkonventionelle, aber zuverlässige Kontrollinstanz empfohlen. Er möge den betreffenden Buchstaben einem Kind vorlegen, das weder besonders klug noch in seiner Entwicklung beeinträchtigt ist. Liest das Kind ihn richtig, besteht kein Handlungsbedarf. Hat das Kind Schwierigkeiten beim Lesen oder liest es gar einen anderen Buchstaben als dort vorgesehen, gilt die Rolle als untauglich und muss ausgebessert werden.

Die Farb- und Schmucklosigkeit von Torarollen, Tefillin und Mezuzot gilt aus rabbinischer Perspektive als die angemessenste Form, um die ursprüngliche Offenbarung Gottes in der Schrift zu repräsentieren [Abb. 2]. Dieses Festhalten am Einfachen kann aber auch als eine bewusste Distanzierung von der Praxis der Umweltkulturen verstanden werden, die ihre Heiligen Schriften ganz besonders aufwendig gestalten. Die farbenprächtig ausgestatteten Korane und wertvoll illuminierten Evangeliare stehen in einem auffälligen Kontrast zur Torarolle, deren schwarz-weißes Erscheinungsbild Authentizität und Ursprünglichkeit ausstrahlt. Und so veranlasste dieses Bild die Autoren des Jerusalemer Talmud, von dem Gesetz zu sprechen, „das Gott Moses gab, geschrieben mit schwarzem auf weißem Feuer".[11] Die Schwärze der Tinte symbolisiert das Feuer, mit dem Gott seinen Schöpfungsplan auf einen weißen Untergrund gleichsam einbrannte.

Die Rollenform, das festgelegte, klare Schriftbild, das Schreibmaterial und die gleichbleibende Gestalt der Buchstaben inszenieren auf einer anderen Ebene zugleich das hohe Alter und die göttliche Autorität der Schrift. Ein *Sefer Torah* zeigt sich unbeeindruckt von den Bewegungen der Geschichte - als ideeller Fixpunkt der jüdischen Religion stiftet er Kontinuität, Orientierung und Identität. Um diesen Eindruck der Zeitlosigkeit hervorzurufen, *muss* das Geschriebene an der überlieferten Form festhalten. Jede Veränderung oder Anpassung an „moderne" Entwicklungen der Buchkunst würde den überzeitlichen Charakter der Schriftrolle empfindlich stören. Aus diesem Grund sind in einer Torarolle auch nie der masoretische Kommentar, das heißt die Vokalisierung, die Kantillationszeichen und grammatikalisch-philologische Überlegungen oder exegetische Anmerkungen, zu finden. Sie überliefert ausschließlich den göttlichen „Urtext" und bleibt frei von jeglichen Hinzufügungen der mündlichen Tradition.

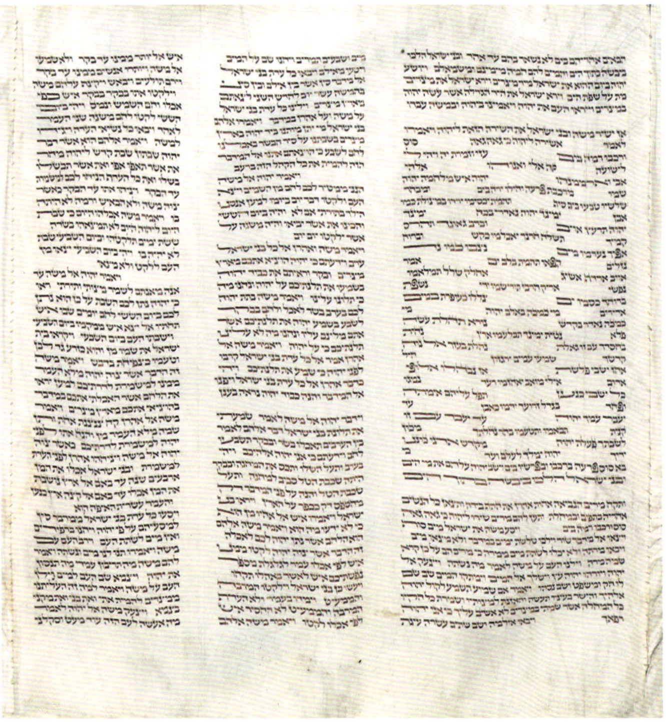

↑ Abb. 2 Torarolle mit dem Meerlied, Ms. or. fol. 1215. | SBB-PK

Ganz anders verhält es sich mit der Gestaltung von Gebetsbüchern, Megillot oder Bibelhandschriften. Hier finden sich farbenprächtige Illuminierungen, kalligrafische Ausschmückungen und kunstvoller Buchschmuck, in dem immer auch Parallelen zur Buchkunst der christlichen oder islamischen Welt entdeckt werden können. Liturgische poetische Texte und ihre Dekorierung in den Pesach-Haggadot, Machzorim und Siddurim - den Gebetsbüchern für Pesach, die hohen und niederen Feiertage - wandelten sich im Laufe der Zeit und führen tief in das rituelle, kulturelle und theologische Leben und Denken der Gemeinden hinein, die Auswahl und Anlage der liturgischen Gedichte regional unterschiedlich festlegten. Auch wenn ein großer Teil der *pijjutim* - der liturgischen Gedichte - aus der Spätantike stammt und früh einen festen Platz innerhalb der Gebetsbücher zugewiesen bekam, entschieden sich jüdische Gemeinden in Deutschland, Spanien, Frankreich oder im Jemen mitunter für neuere Dichtungen. So flossen auch zeitgenössische Texte rabbinischer, ritueller oder historischer Natur in die überlieferte Traditionsliteratur ein.

An die als Rolle oder Kodex materialisierten biblischen und liturgischen Texte ist seit der Antike eine Art Verhaltenskodex geknüpft, der ihre hohe Wertschätzung im Ritus, beim Lernen oder im privaten Raum zum Ausdruck bringt. Der Talmud und andere frühe Traditionsliteratur sprechen von einem *qevod Sefer Torah*, „der Ehrfurcht vor der Torarolle", und generell von einem *qevod ha-sefer*, „der Ehrfurcht vor dem Buch", wie auch von einem *bizajon ha-sefer*, „der Herabwürdigung des Buches". Der große Rechtsgelehrte Moses Maimonides (12. Jhd.), der mit seinem religionsgesetzlichen und philosophischen Werk enormen Einfluss auch in der aschkenasischen Welt erlangte, fasste die frühen rabbinischen Vorgaben zum Umgang mit einer Torarolle zusammen:[12]

§2 Eine koschere Torarolle sollte mit größter Heiligkeit und Würde behandelt werden. Es ist einer Person verboten, eine Torarolle zu verkaufen, auch wenn sie nichts zu essen hat. [Das trifft auch dann zu,] wenn diese Person viele Torarollen besitzt oder sie eine alte [Torarolle verkaufen möchte, um] eine neue zu erwerben. Eine Torarolle sollte nur aus zwei Gründen verkauft werden: erstens, um den Erlös für das Torastudium zu verwenden; zweitens, um zu heiraten. [Auch in diesen Fällen wird die Erlaubnis zum Verkauf nur dann erteilt,] wenn die Person nichts anderes zu verkaufen hat.
§3 Eine Torarolle, die abgenutzt oder unbrauchbar geworden ist, sollte in ein Tongefäß gelegt und neben einem Tora-Weisen begraben werden. Dies ist die Art und Weise, in der sie verborgen werden sollte. [...]

Maimonides mahnt auch den Respekt vor allem an, was mit einer Torarolle in enger Verbindung steht. Ausgediente Toramäntel, die mit Granatäpfeln dekorierten Aufsätze (*rimmonim*) oder ein in die Jahre gekommener Toraschrein sollten nicht, ihrem ursprünglichen Zweck entfremdet, im profanen Bereich weiterverwendet, sondern ebenfalls rituell beerdigt werden.

Bei der Handhabung der biblischen Bücher sollte grundsätzlich immer eine Heiligkeitshierarchie beachtet werden. Es sei zwar erlaubt, eine Torarolle auf einen Pentateuch (fünf Bücher Moses) oder ein anderes biblisches Buch zu legen. Eine einfache Abschrift des

Pentateuch sollte jedoch nicht auf einer Torarolle deponiert werden. Auf den Propheten oder den Schriften, das heißt den Büchern des zweiten und dritten Teils der Hebräischen Bibel, kann eine Tora jedoch abgelegt werden. Umgekehrt ist es hingegen nicht gestattet, die Propheten oder Schriften auf einen Pentateuch abzulegen.

Darüber hinaus erwähnt Maimonides einige Regeln, die den Umgang mit Schriftrollen im privaten Bereich betreffen. Generell gilt, dass „heilige Schriften, auch halachische und aggadische, nicht geworfen werden dürfen" (§5). Und weiter:

§6 Eine Person darf kein Badehaus, keine Toilette und keinen Friedhof betreten, während sie eine Torarolle in der Hand hält, selbst wenn diese mit einem Mantel bedeckt und in ihrer Hülle aufbewahrt wird. Sie darf nicht aus der Rolle lesen, bis sie sich vier Ellen von der Leiche oder der Toilette entfernt hat.
Eine Person darf eine Torarolle nicht nackt in der Hand halten. Es ist verboten, sich auf eine Couch zu setzen, auf der eine Torarolle liegt.

Des Weiteren sei es „verboten, in einem Raum, in dem sich eine Torarolle befindet, intime Beziehungen zu haben" (§7), sie mit schmutzigen Händen anzufassen, in Anwesenheit einer Torarolle auszuspucken, die Schuhe auszuziehen oder die Schriftrolle auf dem Kopf zu transportieren (§8, 9, 10). Reist eine Person mit einer Torarolle von einem Ort zum anderen, darf sie diese nicht in einem Sack verstauen, auf einen Esel laden und dann auf dem Tier reiten. Wenn sie jedoch Angst vor Dieben hat, ist dies zulässig. Doch wenn keine Gefahr besteht, soll die Torarolle während der Reise am Herzen getragen werden - selbst beim Reiten (§11).

Maimonides hatte in seinen Ausführungen - wie seine rabbinischen Vorlagen - ein *Sefer Torah* und gegebenenfalls die beschriebenen Pergamentstreifen in Tefillin und Mezuzot sowie deren Handhabung in der Synagoge, in der Schule und im privaten Bereich im Blick.[13] In den jüdischen Kulturen des Mittelalters wurde die heilige Aura eines solchen *sefer* jedoch auch auf nichtbiblische Bücher - insbesondere auf Gebetsbücher und sogar auf den Talmud und die Mischna - übertragen, die wie ausgediente Torarollen im Falle ihrer Unbrauchbarkeit in einer Geniza verborgen beziehungsweise beigesetzt werden sollten.[14] Diese Tendenz lässt sich ganz besonders eindrücklich in den überlieferten Schriften aus dem Kreis der sogenannten *Hasidei Aschkenas* - der „Frommen Deutschlands" - nachvollziehen, die im Rheinland des 12./13. Jahrhunderts wirkten. Sie drückten ihre wachsende Ehrfurcht vor Schriftrollen und Büchern auch im privaten Bereich in zahlreichen Paragrafen des *Sefer Hasidim* - dem *Buch der Frommen* - aus. Mit seinen über 2000 Kurznarrativen ist es eine wahre Fundgrube für das Wissen rund um Herstellung und Handhabung von Büchern und Schriftrollen - beides wird hier unter dem Begriff *sefer* zusammengefasst.

Die entsprechenden Paragrafen vermitteln den Eindruck eines etwas sorglosen Umgangs mit den Heiligen Schriften in jener Zeit: Ein *sefer* darf nicht zum Schutz gegen neugierige Blicke, Rauch oder die Sonne gehalten werden (SH §504-506). Ein Lehrer werfe es nicht gegen seine Schüler, noch wehre ein Schüler das auf ihn geschleuderte Buch mit einem *sefer* ab (SH §276, §662). Man berührt ein *sefer* nicht, nachdem man sich die Nase gewischt hat (SH §252), und küsst es nicht, nachdem man seine Kinder oder seine Frau geküsst hat (SH §274, §639). Ein *sefer* ist kein Aufbewahrungsort für Notizen (SH §499) oder Rechnungen (SH §649). Während der Talmud (bT Schabbat 14a) verbietet, nackt mit einer Torarolle in einem Zimmer zu sein, geht der *Sefer Hasidim* noch weiter: Er untersagt sogar das Ablegen von *sefarim* auf Kissen und Bettdecken, da dort wahrscheinlich zu einem früheren Zeitpunkt schon einmal eine unbekleidete Person gesessen habe (SH §648). Zu diesem Reinheitsanspruch gehört auch das Verbot, ein *sefer* unter einer Schürze zu deponieren, da sich dort körperliche Ausflüsse befinden könnten (SH §651, §654). Aus demselben Grund sollen Bücher eher auf dem Boden als auf dem Bett platziert werden (SH §661). Wie eine Synagoge kein Fenster gegenüber „einem Ort des Götzendienstes" aufweisen soll, so ist es auch nicht gestattet, ein *sefer* auf eine Fensterbank mit Blick auf eine Kirche zu legen (SH §1353).[15]

Die Beispiele deuten auf das große Bemühen der *Hasidei Aschkenas*, höchste Ehrfurcht vor der Tora in die Herzen der Gläubigen zu pflanzen – für die schriftliche Überlieferung gleichermaßen wie für die mündliche. Der respektvolle, zunehmend ritualisierte Umgang mit den Schriften erfasste nicht mehr nur den liturgischen, sondern auch auf den öffentlichen und privaten Raum. Mit didaktischem Eifer bemühten sich die Frommen, in der gesamten jüdischen Gemeinschaft ein tieferes Bewusstsein für die Notwendigkeit einer strikten Trennung des Heiligen vom Profanen im alltäglichen Leben zu verankern. In diesen Empfehlungen für die richtige Handhabung der *sefarim* zeigt sich nicht zuletzt auch die Sehnsucht nach – oder gar die Utopie – einer Gemeinschaft, die ihr Leben, ganz ähnlich wie die christliche Geistlichkeit, vollständig dem Heiligen widmet.

Beim Kopieren der Schriften wie auch im Umgang empfehlen die *Hasidei Aschkenas* dennoch, die dem Heiligkeitsgrad der Bücher entsprechende Ordnung einzuhalten. Der Talmud (bT Megillah 27a) legte eine solche Abstufung fest – absteigend von der Tora als heiligstem Bestandteil der Bibel über die Propheten bis hinab zu den Schriften.[16] Texte der schriftlichen Tora – das sind die Tora und im weitesten Sinne auch die Propheten und die Schriften – stehen im *Sefer Hasidim* in ihrem Wert dennoch über den Büchern der mündlichen Tora – das sind vor allem die Mischna, der Talmud und weitere rabbinische Kommentarliteratur; sie sollten dementsprechend im Fall einer Feuersbrunst als Erstes gerettet werden;[17] bei finanzieller Not verkaufe man zuerst Bücher, deren Inhalt auf mündlicher Tradition beruht;[18] auch wenn beiden Traditionen Heiligkeit innewohnt, ist eine Abschrift der schriftlichen Tora nicht zusammen mit einer Abschrift der mündlichen Tora in einem Behältnis aufzubewahren.[19] Ganz unten in der Heiligkeitspyramide der *Hasidei Aschkenas* stehen die profanen Schriften der Umweltkultur, etwa die Romanzen, die sich vor allem im 13. Jahrhundert in Frankreich (Chrétien de Troyes) und Deutschland (Hartmann von der Aue, Wolfram von Eschenbach) auch in jüdischen Kreisen großer Beliebtheit erfreuten. Die strikte Trennung von Büchern der Heiligen Schrift sowie christlicher oder profaner Literatur hatte allerdings auch für den Schreiber ganz praktische Konsequenzen:

> Wenn einer eine Lage […] der Tora, der Schriften oder der Propheten verloren und [deshalb] ein neues [Exemplar] zu schreiben begonnen hat, und sich, wenn die Hälfte geschrieben ist, das erste wieder anfindet, ist es ihm verboten, im noch nicht beschrifteten Teil andere Dinge zu schreiben – auch keine Worte der *soferim*, denn dann würde [dies] Hauptsache und der Pentateuch nebensächlich genannt werden. So soll man [auch] keine Bücher des Talmud auf die Bücher der Bibel legen. Und man soll sein *sefer* nicht mit Pergamentseiten einschlagen, auf die Romanzen geschrieben sind. [Davon erzählt] eine Begebenheit mit einem, der seinen Pentateuch in Leder einschlug, und darauf war in fremden Sprachen von den Nichtigkeiten der Kämpfe der Könige der Völker geschrieben. Und es kam ein Gerechter, zerriss [diesen Einschlag] und nahm ihn weg.[20]

Ivan Marcus greift dieses Narrativ auf, um die „relativ friedliche Koexistenz von Juden und Christen" im mittelalterlichen Europa zu unterstreichen und weist darauf hin, dass die Leidenschaft für unterhaltsame Lektüre nicht genuin christlich geprägt war. Hinter der ostentativen Trennung von heiligen Schriften und den „Romanzen" der Umweltkultur durch die *Hasidei Aschkenas* steckt seiner Ansicht nach auch die Lust jüdischer Leserinnen und

Leser auf Abenteuer- und Liebesgeschichten, wie sie etwa in den in Frankreich und Deutschland ungemein beliebten Romanen um König Artus und seinen Hof geboten wurden.[21] Solche Literatur sollte keinesfalls mit den Heiligen Schriften in Berührung kommen. Dasselbe galt für Chroniken, die „die Kämpfe der Könige der Völker" schilderten: Sie waren vom Schreibtisch eines *sofer* zu verbannen und durften nicht einmal als Einbandmaterial für Heilige Schriften verwendet werden.[22]

Die Würde Heiliger Schriften - von liturgischen Schriftrollen bis hin zur Hebräischen Bibel und Gebetsbücher in Kodexform - ist auch heute in Synagogen und privaten Räumen jüdischer Gemeinden präsent. Viele Elemente des traditionellen Schriftbildes bestimmter Genres, wie etwa Schriftart, Layout oder Schmuckelemente von Bibeln und Gebetsbüchern, wurden vom Buchdruck übernommen und über Generationen weitergetragen. Die besondere Aura des Handgeschriebenen jedoch umgibt nur noch die Schriftrollen. Ihr konstantes Erscheinungsbild und die archaische Herstellungsweise haben wesentlich dazu beigetragen - und tragen noch heute dazu bei -, dass in den jüdischen Gemeinden auch über große geografische Distanzen hinweg ein Gefühl von Sicherheit, Gemeinschaft und religiöser Identität erhalten bleibt.

1 Vgl. Simchah Assaf, „Am ha-Sefer ve-ha-Sefer", in: Simchah Assaf (Hg.), *Be-Ohole Ja'akov. Essays on the Cultural Life of the Jews in the Middle Ages* (Jerusalem: Mosad Harav Kook, 1943) 1-26; bT Berakhot 19b; bT Schabbat 21b, 94b; bT Menachot 38a; Megllah 3b.

2 Das Buch Ester wird an Purim, das Hohelied an Pesach, das Buch Rut an Schavuot, die Klagelieder am Tag der Tempelzerstörung, dem 9. Av, und Kohelet im Zuge des Laubhüttenfests gelesen. Siehe auch Annett Martini, *Zwischen Offenbarung und Kontemplation: Die Wolfenbütteler hebräischen Schriftrollen*, mit Beiträgen von Dagmara Budzioch und Ad Stijnman (Wolfenbüttel: Herzog August Bibliothek, 2021) (= Wolfenbütteler Forschungen, 163), 73-76.

3 bT Berachot 57b.

4 *Massechet Soferim*, Kapitel 14,18 und 18,4; vgl. auch Günter Stemberger, „Die Megillot als Festlesungen der jüdischen Liturgie", in: Martin Ebner u. a. (Hg.), Jahrbuch für Biblische Theologie, Bd. 18 (2003), 261-276.

5 Beate Ego, Stichwort „Reinheit / Unreinheit / Reinigung (AT)", in: *WiBiLex*, www.bibelwissenschaft.de/stichwort/33086/, erstellt: April 2007 (7.5.2025).

6 Baruch J. Schwartz, „Israel's Holiness: The Torah Traditions", in: *Purity and Holiness. The Heritage of Leviticus*, hg. von Marcel J. H. M. Poorthuis und Joshua Schwartz (Leiden u. a.: Brill, 2000) (= Jewish and Christian Perspectives, Bd. 2), 47-60.

7 Annett Martini, *„Arbeit des Himmels": Jüdische Konzeptionen rituellen Schreibens in der europäischen Kultur des Mittelalters* (Berlin: De Gruyter, 2022) (= Studia Judaica, Bd. 115), 43-51.

8 Vgl. bT Megillah 2,2; Jerusalemer Talmud, Megillah 1,71d.

9 Martini 2022 (wie Anm. 7), 34-42.

10 Schlomoh Ganzfried, Qeset ha-Sofer, Ofen: Königlich ungarische Universitätsbuchdruckerei 1835

11 Jerusalemer Talmud, Scheqalim 6,1; Tanchuma, Gen 1; vgl. auch Raschi zu Deuteronomium 33:2.

12 Maimonides, *Mischneh Torah, Sefer Ahavah*, Hilchot Tefillin ve-Mezuzah ve-Sefer Torah, Abschnitt 10; vgl. auch Assaf, „Am ha-Sefer ve-ha Sefer", 17.

13 Talya Fishman, *Becoming the People of the Talmud: Oral Torah as Written Tradition in Medieval Jewish Cultures* (Philadelphia: University of Pennsylvania Press 2011), 199. Siehe auch Martini 2022 (wie Anm. 7), 144-147.

14 SH §698 Ich beziehe mich hier auf den Textzeugen des *Sefer Hasidim*, der in der Handschrift Parma 3280 überliefert ist. Vgl. Fishman 2011 (wie Anm. 13), 201.

15 Martini 2022 (wie Anm. 7).

16 Carsten L. Wilke, „Les degrés de la sainteté des livres", in: *La conception du livre chez les piétistes ashkénazes*, hg. von Colette Sirat u. a. (Genf: Droz, 1996), 37-63, hier 50; vgl. auch Fishman 2011 (wie Anm. 13), 201f.

17 SH §603.

18 SH §666.

19 SH §646.

20 SH Bologna §142.

21 Ivan G. Marcus, „A Jewish-Christian Symbiosis: The Culture of Early Ashkenaz", in: David Biale (Hg.), *Cultures of the Jews: A New History* (New York: Schocken 2002), 449-516, hier 486.

22 Robert Bonfil, „Jewish Attitudes Toward History and Historical Writing in Pre-Modern Times", in: *Jewish History* 11 (1997), H. 1, 7-40, hier 12f.

Die hebräischen Handschriften der Staatsbibliothek zu Berlin – Preußischer Kulturbesitz

Petra Figeac

Mit circa 12 Millionen gedruckten Bänden, über 17.000 abendländischen und vor allem rund 43.000 orientalischen Handschriften ist die Staatsbibliothek zu Berlin – Preußischer Kulturbesitz (SBB) eine der wichtigsten Universalbibliotheken Europas.

Die Bibliothek wurde 1661 durch den Großen Kurfürsten (1620–1688) gegründet. Ihr erstes Domizil war der Apothekenflügel des Berliner Schlosses. Schon im Gründungsbestand finden sich arabische, äthiopische, koptische, persische, türkische und auch hebräische Handschriften. Das 18. Jahrhundert brachte hingegen kaum Bestandsvermehrung, während vor allem die zweite Hälfte des 19. Jahrhunderts als die „Blütezeit" der Bibliothek bezeichnet werden kann.

1817 wurde die Bibliothek des Geheimen Legationsrates und Prälaten Heinrich Friedrich von Diez (1751–1817) der Königlichen Bibliothek übergeben, eine Sammlung von 17.000 Bänden, darunter mehr als 400 orientalische Handschriften. Im Kontext der „Orientalia" sind die Sammlungen Wetzstein (erworben 1852 und 1862), Sprenger (1857) und Petermann (1853–1867) von großer Bedeutung. 1883 kaufte die Bibliothek schließlich die Handschriften des Sammlers Herzog Alexander Hamilton (1767–1852), unter denen sich auch einige „Orientalia" und vor allem wichtige hebräische Handschriften befanden.

Aufgrund der signifikanten Vermehrung des orientalischen Bestands erachtete der damalige Generaldirektor Adolf von Harnack (1851–1930) eine eigene Abteilung für das Material in nicht-europäischen Schriften für wichtig, weshalb folgerichtig 1918/1919 die Orientabteilung gegründet wurde.[1] Gründungsdirektor war der bekannte Semitist Gotthold Weil (1882–1960). Im Jahre 1931 folgte Weil einem Ruf der Universität Frankfurt am Main, war jedoch 1935 zur Emigration nach Palästina gezwungen und hatte schließlich bis 1946 die Leitung der Jüdischen National- und Universitätsbibliothek in Jerusalem inne.[2]

Neben dem wichtigen, circa. 10.000 Bände umfassenden Lesesaalbestand und den orientalischen Druckschriften betreute die Abteilung die Sammlung der orientalischen Handschriften, die an Bedeutung und Zahl die abendländischen Handschriften überragten.[3] Zu den Orientalia zählt die bedeutende Sammlung der Handschriften in hebräischer Sprache und Schrift, also Aramäisch, Jiddisch, Judäo-Arabisch, Judäo-Französisch, Judäo-Persisch und Judäo-Spanisch.

Nationalsozialismus und Zweiter Weltkrieg hinterließen ihre Spuren in der Geschichte der Bibliothek im 20. Jahrhundert. Aufgrund der ersten Bombenangriffe auf Berlin mussten die Bücher aus der Gefahrenzone der Stadt gebracht werden. Die orientalischen Handschriften wurden sehr früh – bereits 1941 – ausgelagert.[4] Die Handschriften kamen ins Kloster Banz in Oberfranken und ins Kloster Beuron. Sie überlebten nahezu[5] alle den Krieg: Ein Teil gelangte anschließend nach Marburg,[6] wo die heutige Staatsbibliothek zunächst unter dem Namen „Westdeutsche Bibliothek" als „westliche" Nachfolgeeinrichtung der Preußischen Staatsbibliothek gegründet wurde;[7] der andere Teil der orientalischen Handschriften wurde im sogenannten Tübinger Depot verwaltet. In den 1960er-Jahren kamen die Handschriften nach Westberlin und wurden von der nach dem Krieg in Marburg gegründeten Orientabteilung im neuen Gebäude am Potsdamer Platz betreut. Die Handbibliothek mit wichtigen Nachschlagewerken und Hilfsmitteln zur Orientalistik hatte den Krieg ebenfalls unbeschadet überstanden und wurde ebendort, im Lesesaal der Orientabteilung aufgestellt.

Die in den Osten ausgelagerten Bestände und die in Berlin im „Panzerkeller“[8] des Reichswirtschaftsministeriums verbliebenen Handschriften fanden ihren Weg wieder in das Stammhaus Unter den Linden in Ostberlin zurück, wo die Bibliothek zuerst als Öffentliche Wissenschaftliche Bibliothek (1946–1954), dann von 1954–1990 als Deutsche Staatsbibliothek (DSB) die Bestände verwaltete. Neben anderen Beständen gelangten die bedeutende Rabbinica-Sammlung und einige orientalische Handschriften in die Biblioteka Jagiellońska in Krakau, wo sie seither betreut werden.[9]

Im Haus Unter den Linden wurde die Orientalische Abteilung schließlich am 1. April 1969 in Asien-Afrika-Abteilung umbenannt, die für die orientalischen Bestände - Druck- wie Handschriften - zuständig war. Die Wiedervereinigung der beiden Abteilungen als Orientabteilung wurde am 1. Januar 1992 vollzogen.[10]

SCHENKUNGEN AN DEN GROSSEN KURFÜRSTEN FRIEDRICH WILHELM (1620–1688)

Der Erwerb hebräischer Handschriften geht auf die Anfangszeit der Bibliothek zurück. Moritz Steinschneider, der die Berliner Sammlung Ende des 19. Jahrhunderts katalogisierte, spricht in seinem Katalog von „Geschenke[n] von Juden in Folge einer Aufforderung des grossen Kurfürsten (1661)“,[11] aus dessen Hofbibliothek die heutige Staatsbibliothek hervorging.

Wie man sich diese Aufforderung vorzustellen hat, wissen wir nicht genau, beispielsweise geht jedoch aus einem jiddischen Eintrag in der sogenannten *Rösel-Bibel* (Ms. or. fols. 1–4) hervor, dass „die Rösel, Frau des Benjamin“ die „Torah, Nevi'im u-Ketuvim“ - „Tora, Propheten und Schriften“ - der „Bibliothek von Berlin“ schenkte. Diese sehr eindrucksvolle aschkenasische vierbändige Riesenbibel mit Mikrografien, Targum und Masora, gehört damit sicher zum Urbestand der Bibliothek und begründet die Folio-Signaturenreihe der hebräischen Handschriften.[12]

Weiterhin wissen wir aus Widmungseintragungen, dass der sehr schöne Kodex des Werkes *Sefer Halachot - Buch der Gesetze* - von Alfasi, eine typische Halacha-Handschrift aus dem 14. Jahrhundert, bereits 1661 der Königlichen Bibliothek gehörte: Mordechai Gumpel ben David aus Wesel schenkte den Kodex dem Großen Kurfürsten. Mordechai war Mitglied der Familie Gomperz, die im 17. und 18. Jahrhundert in ganz Europa zu Hofjuden aufstieg und ursprünglich aus Jülich-Kleve-Mark stammte, wo die Ansiedlung von Juden durch die kurfürstliche Politik gefördert wurde. Möglicherweise steht diese Schenkung somit auch in Verbindung mit der Erneuerung des Privilegs für die Juden in Kleve-Mark auf weitere 15 Jahre im Jahr 1661. In Brandenburg hingegen durften Juden sich erst ab 1671 wieder niederlassen.[13]

Ähnlicher Provenienz ist auch die Handschrift Ms. or. quart. 3, ebenfalls eine Halacha-Handschrift aus dem 14. Jahrhundert, die ein Kompendium des Werkes *Ammudei golah - Säulen des Exils*- von Isaak de Corbeil ben Joseph enthält.[14]

Aufgrund der Widmungen an den Großen Kurfürsten können auch drei sehr interessante Pergamentrollen als Gründungsbestand betrachtet werden: Hierbei handelt es sich um eine Esterrolle für den Synagogengebrauch, einen Baum mit Sefirot[15] und schließlich eine reich verzierte schematische Darstellung der hebräischen Grammatik.[16]

ERWERBUNGEN DES 19. JAHRHUNDERTS

Um 1800 besaß die Königliche Bibliothek nur 36 hebräische Handschriften, doch im 19. Jahrhundert konnte die Hebraica-Sammlung signifikant erweitert werden. In diesem Zusammenhang ist es wichtig zu erwähnen, dass Moritz Steinschneider (1816-1907), der große Gelehrte und Begründer der Hebräischen Bibliografie, ab 1865 als „externer Berater" im Dienst der Königlichen Bibliothek stand. Die äußerst durchdachte systematische Vermehrung sowohl des Druckschriften- als auch des Handschriftenbestands in dieser Zeit wurde sicherlich auch von ihm beeinflusst. Steinschneider hatte in den Jahren vor seiner Tätigkeit für die Königliche Bibliothek zu Berlin bereits sein Opus magnum, den Katalog der Bodleian-Library,[17] abgeschlossen und dürfte wohl einer der besten Kenner sowohl der hebräischen Drucke als auch Handschriften seiner Generation gewesen sein. Unter den zahlreichen Einzelerwerbungen dieser Zeit sind bei den hebräischen Handschriften fünf Provenienzgruppen besonders hervorzuheben, auf die im Folgenden kurz eingegangen werden soll.

Die Shapira-Handschriften aus dem Jemen (Erwerb 1873–1887)

Moses Wilhelm Shapira (1830-1884)[18] war eine äußerst schillernde Figur. Er wurde als Sohn jüdischer Eltern in Russland geboren, wanderte nach Palästina aus, konvertierte in Jerusalem zum Christentum und begann dort einen schwunghaften Antiquitätenhandel mit echten und gefälschten Stücken.

1883 bot Shapira dem British Museum, wie auch wahrscheinlich der Königlichen Bibliothek, Fragmente an, von denen er behauptete, sie am Toten Meer gefunden zu haben. Die Gelehrtenkommissionen der Bibliotheken zweifelten die Echtheit dieser in einer alten kanaanäischen Schrift abgefassten Fragmente an; sie wurden teilweise in London ausgestellt und der Expertise von Christian David Ginsburg unterworfen, der zu dem Schluss kam, dass es sich um eine Fälschung handeln müsse. Shapira verließ daraufhin London und nahm sich 1884 im Hotel Bloemendaal in Rotterdam das Leben. Die sonstigen Handschriften aus seinem Nachlass kamen 1887, samt Verzeichnis,[19] in die Sammlung der damaligen Königlichen Bibliothek, die bereits in den 1870er- und frühen 1880er-Jahren jemenitische Handschriften, meist Arabisch in hebräischer Schrift, von ihm erworben hatte.

Zu den besonders erwähnenswerten Handschriften dieser Bestandsgruppe, die Steinschneider nur kursorisch katalogisierte,[20] gehören beispielsweise eine lederne Torarolle,[21] eine Handschrift der Übersetzung des Pentateuchs von Saadja Gaon,[22] eine wichtige jemenitische Maimonides-Handschrift (*Sefer Mitsvot - Buch der Gesetze)* aus dem 16. Jahrhundert[23] und jemenitische Gedichtsammlungen mit zum Teil nicht edierten Gedichten von Schalom Schabasi und anderen.[24]

Die Erfurter Handschriften (Erwerb 1880)

Gänzlich anderer Provenienz als die jemenitischen Handschriften Shapiras, nämlich aus dem mittelalterlichen Aschkenas, ist eine andere Bestandsgruppe von hebräischen Handschriften, die ebenfalls Ende des 19. Jahrhunderts - genauer im Jahr 1880 - in die Königliche Bibliothek zu Berlin kam.[25]

Unter den 15 Handschriften aus Erfurt, die auf ihre Weise alle bedeutend sind, ragt die zweibändige Riesenbibel „Erfurt 1", die größte bekannte hebräische Pergamenthandschrift, besonders heraus. Sie wurde 1343 vollendet und enthält den vollständigen *Tana"kh* mit seiner aramäischen Übersetzung (Targum), sowie die große und kleine Masora. Die Buchanfänge sind reich mit Mikrografien versehen.

Mit ihrem Gewicht von jeweils 50 Kilogramm pro Band und ihrer außerordentlichen Größe dürfte eine Evakuierung aus Berlin während des Zweiten Weltkriegs schwierig gewesen sein, sodass man sie - zusammen mit anderen Zimelien der Orientabteilung - in den sogenannten „Panzerkeller" des Reichswirtschaftsministeriums einlagerte.[26] Am 3. Februar 1945 wurde das Gebäude durch eine Sprengbombe stark beschädigt, wodurch an den eingelagerten Büchern und Handschriften Brand- und Wasserschäden entstanden. Infolge dieser Ereignisse war die Bibel lange nicht mehr benutzbar. Heute ist der zweite Band vollständig restauriert.[27]

Die Bibliothek Pinner (Erwerb 1882)

Kurz nach dem erfolgreichen Erwerb der Erfurter Handschriften konnte die Berliner Bibliothek auch die hebräische Bibliothek des Berliner Talmudisten Ephraim Moses Pinner (1803-1880) erstehen. Darin befanden sich 23 Handschriften, darunter einige Handschriften mit religionsgesetzlichem Inhalt.[28] Zudem enthielt sie zahlreiche für die Geschichte der Berliner Jüdischen Gemeinde wichtige Dokumente, insbesondere ein umfangreiches Konvolut von Einzelblättern[29] aus dem Umkreis der Berliner Haskala - der jüdischen Aufklärung. Ein Beispiel dafür ist ein reich verziertes jiddisches Geburtstagsgedicht des späteren Komponisten Giacomo Meyerbeer auf seine Mutter Amalie Beer (1768-1854) zu ihrem 32. Geburtstag.[30] In der Staatsbibliothek vorhanden ist auch Pinners Notizbuch.[31]

Die Sammlung Hamilton (Erwerb 1883)

Mit dem Namen Hamilton ist eine der berühmtesten hebräischen Handschriften der Staatsbibliothek verbunden: der sogenannte *Hamilton-Siddur*.[32] Dieser spanische Kodex aus dem 13./14. Jahrhundert ist vor allem durch seine eigenartigen Illustrationen mit zoologischen und anthropomorphen Elementen berühmt. Aus der gleichen Provenienz, der Bibliothek der Herzöge von Hamilton, stammen noch weitere sehr bedeutende Handschriften, unter anderem eine italienische Renaissancehandschrift der Psalmen mit dem Kommentar von David Kimchi.[33] Die Hamilton-Handschriften beschrieb Moritz Steinschneider in seinem Verzeichnis nicht.

Die Steinschneideriana (Erwerb 1874–1878, 1891)

Eine weitere wichtige Bestandsgruppe in der Handschriftensammlung der Staatsbibliothek zu Berlin sind die Kodizes aus dem Besitz Moritz Steinschneiders, die die Bibliothek in den 1870er- und 1890er-Jahren von ihm käuflich erwarb.[34] Darunter befinden sich - gemäß den besonderen Interessen Steinschneiders - vor allem wissenschaftshistorisch bedeutende Sammelwerke aus den Bereichen Halacha, Medizin und Astrologie. Beispielhaft möge eine medizinische Sammelhandschrift aus dem 15. Jahrhundert (1482 datiert) erwähnt werden, die insgesamt 15 Werke medizinischen Inhalts enthält, darunter auch einige Schriften von Maimonides (1135-1204) in hebräischer Übersetzung.[35]

Rabbi Mose ben Maimon (abgekürzt RaMBaM oder Maimonides) hinterließ einige medizinische Werke, die ursprünglich in arabischer Sprache geschrieben waren. Von diesen Werken enthält die Handschrift den Kommentar zu den *Aphorismen des Hippokrates* in der hebräischen Übersetzung von Mose ibn Tibbon, die Abhandlungen über Hygiene, über Asthma, über Sexualverkehr und Hämorrhoiden, sein Werk über Gifte und Gegengifte und die medizinischen Aphorismen. Die Handschrift gehörte Moses Soave, einem italienischen Gelehrten aus Venedig (1820-1882). Moses Soave edierte als Erster unter dem Titel *Guida dei Medici* das ebenfalls in dieser Handschrift enthaltene Werk von Isaak Israeli, *Musar ha-Rofim* bzw. *Minhag ha-Rofim - Prinzipien bzw. Praxis der Ärzte* (Venedig 1861).

Von Soave kam die Handschrift in den Besitz Steinschneiders, der sie mit seinen handschriftlichen Eintragungen versah, die es uns ermöglichen, einen kleinen Einblick in die Arbeitsweise des großen Bibliografen und Wissenschaftlers zu bekommen.

ERWERBUNGEN DES 20. UND 21. JAHRHUNDERTS

Obwohl mit dem Erwerb der Steinschneideriana die spektakuläre Bestandsvermehrung durch den Ankauf größerer Sammlungen am Ende des 19. Jahrhunderts weitgehend abgeschlossen war, konnte der Bestand durch zahlreiche Erwerbungen aus dem Antiquariatshandel auch im ersten Viertel des 20. Jahrhunderts kontinuierlich weiter vermehrt werden. Die Erwerbungspolitik in dieser Zeit zeugt - auch nach dem Ausscheiden von Moritz Steinschneider, der bis kurz vor seinem Tod 1907 in der Berliner Bibliothek arbeitete - von kundigen Mitarbeitern und Ratgebern. In diesem Zusammenhang muss vor allem auf Arthur Spanier (1889-1944 in Bergen-Belsen)[36] hingewiesen werden. Erwähnenswert sind zahlreiche Erwerbungen aus dem Antiquariat J. Kauffmann aus Frankfurt, beispielsweise eine medizinische Sammelhandschrift aus dem 17. Jahrhundert[37] und Werke aus dem Bereich der Kabbala.[38]

In jüngster Zeit wurden ebenfalls wichtige Erwerbungen getätigt: zum Beispiel eine illuminierte *Ketubbah* aus Isfahan von 1845 (5605) (Hs. or. 15092), ein kleinformatiges Rechenbuch aus dem 18. Jahrhundert mit dem Titel װעלטשי פראקטיקא - *veltshe praqtiqa*, das 92 Rechenaufgaben aus dem kaufmännischen Bereich enthält (Hs. or. 14672), ein 1834/35 (5695) datiertes Gebetbuch einer Schreiberin (Hs. or. 14653), ein *Mohelbuch* des 18. Jahrhunderts aus Hamburg (Hs. or. 14654) und vor allem eine auf 1776 datierte illuminierte Esterrolle aus Italien (Hs. or. 15098).

ERSCHLIESSUNGSSITUATION - QALAMOS

Die Staatsbibliothek zu Berlin verfügt heute über circa 500 Bände hebräischer Handschriften.[39] 259 Bücher aus der Sammlung wurden von Moritz Steinschneider in zwei Teilbänden der Handschriftenverzeichnisse der Königlichen Bibliothek in den Jahren 1878 und 1897 beschrieben.[40] Der Rest der Sammlung bis in die Nachkriegszeit ist in einem unveröffentlichten Katalogmanuskript erfasst, das auf Ernst Róth[41] zurückgeht. Heute sind beide Kataloge in die Datenbank Qalamos[42] überführt, von der auch der Zugang auf die hochwertigen Digitalisate erfolgt. Aufgrund der Möglichkeiten einer leistungsfähigen Datenbank konnten die Einzeltexte von Sammelhandschriften aufgenommen und die Personen- und Titeleinträge mit Normdaten verknüpft werden, was die Recherche erleichtert und einen komfortablen Zugang zur Berliner Sammlung und den Digitalisaten ermöglicht.

Zusammenfassend kann gesagt werden, dass es sich bei den hebräischen Handschriften der Staatsbibliothek Preußischer Kulturbesitz um einen sehr ausgewogenen und klug aufgebauten Bestand handelt, der - vor allem aufgrund der bedeutenden Erfurter Bände - seine Stärken im Bereich der frühen aschkenasischen Bibelhandschriften hat, aber erstaunlicherweise auch alle anderen Bereiche jüdischen Lebens abdecken kann: Kabbala durch die erwähnten Erwerbungen des 20. Jahrhunderts, Halacha beispielsweise durch die *Tosefta*-Handschrift der Erfurter Sammlung[43] und die Kodizes des Talmudisten Moses Pinner, Liturgie durch die berühmte *Hamilton-Siddur*-Handschrift und anderen Machzorim, Medizin und Wissenschaft durch die Steinschneideriana und nicht zuletzt auch die Berliner Haskala.

קלא לאכל שרץ העוף כדכתי׳ כל שרץ העוף ההולך על ארבע שקץ הוא לכם

קלב לאכל שרץ כדכתי׳ וכל השרץ השורץ על הארץ שקץ הוא לכם ויצריך לאכל כזית

ממנו אוהבריא שלימה קודם שיתחייב מלקות אבל אם אכל משמנה שרצים המטמאים שיעו׳ שיעורן בכעדשה במיתה כשיעור טומאה אבל נחייהו בכזית והפירות שלא נפתחו עיניהם אם לדברי ר׳ אליעזר בן יעקב בכלל זה דדריש להו מי׳ מכל השרץ השורץ על הארץ וקל מותיה איסורא דר׳ רדבנן הוא וקרא אסמכתא בעלמא הוא והיינו שלא ישא׳ אסור לבע ואותם עופות שגדלו מן האילנות ודבוקי׳ אל האילנות כחוטם שלהם ר׳ היה אוסרן משום שרץ העוף׳ וכן רבי יחיאל היה אוסרן משום שרץ העוף׳ הגה״

קלג לאכל יג׳ טמא כדכתי׳ וכל אשר לו סנפיר וקשקשת במים לא תאכלו ועובר עליו בעשה דכתי׳ אך את זה לא תאכלו והגדלים בבורות שיחין ומערות ובכלים אעפ שאין להם סנפיר וקשקשת מותר היכא שלא פירשו לשרוץ על הארץ או במקום שאינם רביתי׳

לאח זמן לרשי׳ עיברו אם ורווק או׳ המומוחה אפי׳ יאמ׳ אבל אם לא בוודר וחדש בהו׳ — ומי שאין לו עכשיו ועתיד להגר זמן או אם יש לו עכשיו ועתיד להשירן כשעה שעולה מן הם המים הדידה מותר ואין לוקיח דגים אלא מן המומחה אבל אם לה אבי מלחתים מות׳ ורוו בשביומוחו בעינן מן אבי מלחת׳

כלדמן שלא פי׳ פירש מן הכלי חוץ לה אכל בי׳ פירש מהופבו הבלי מהובו ובן מרוסבו הבו מתו הייבו רביתיית דלא חשיב פי׳ פירש׳ הגה״

עע כמסכ עד שפי׳ דאה כשהוא מוציא שברי דגי׳ מן הדגים הטהורים נא׳ נאמן אפי׳ אינו מומחה׳ הגה״

טעו׳ יום נידפון המי׳ תשולי׳ והטע׳ נט כס וא׳כ יופי היה כבוי טיפו תיכשל הפו היתר דטעבטו ד׳ הטעם גם כחר טפו׳ ועו׳ דיינטו ולייה ולוחי שנתקיר התבשיל כפל אפי׳ ספיקות טומן׳ הגה״

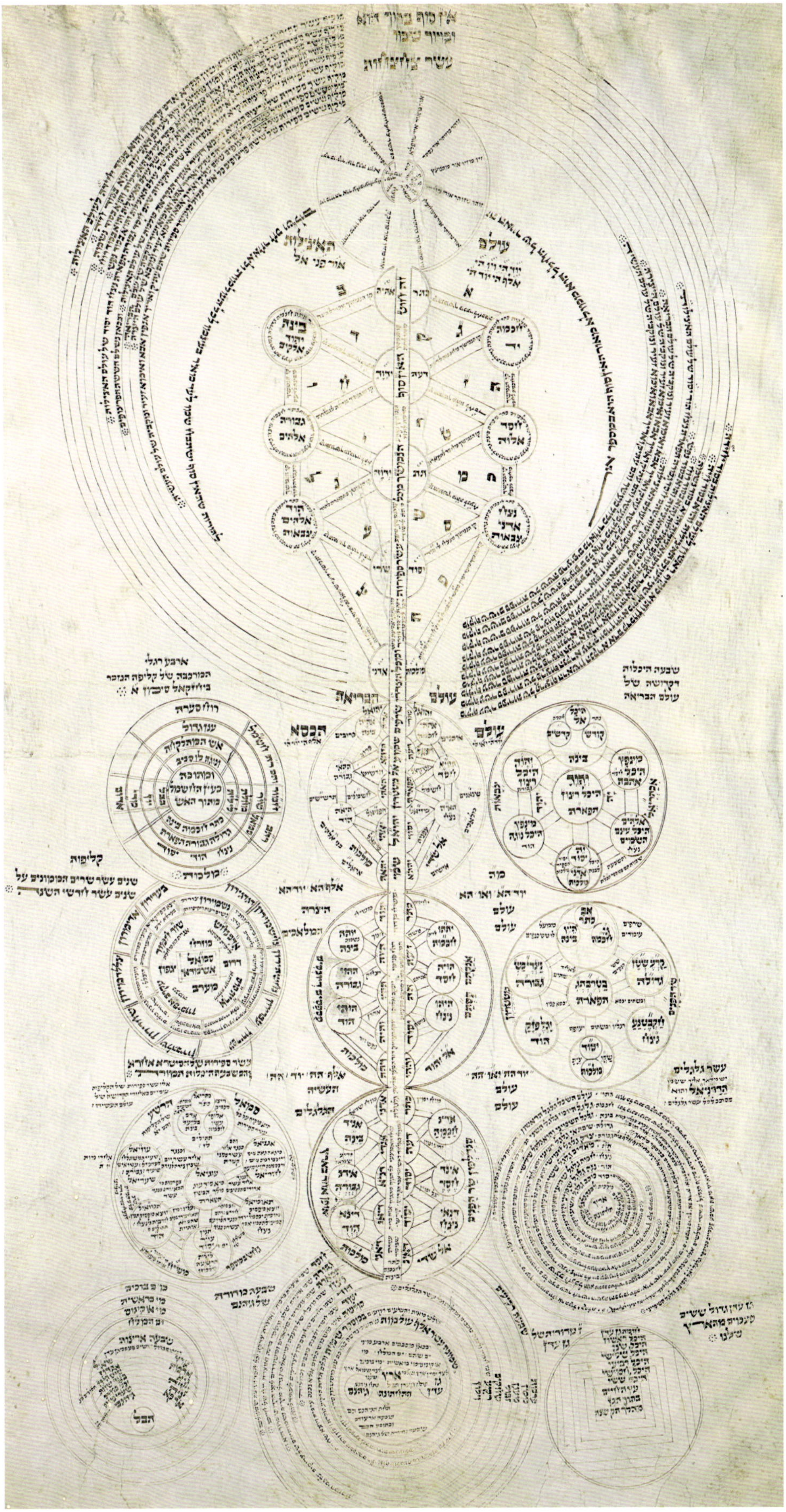

← **Abb. 1** Jizchaq ben Josef Corbeil, Sefer Mitsvot Qatan, Ms. or. quart. 3, fol. 133r, 14. Jhd. | SBB-PK

→ **Abb. 2** Sefirot Baum, Ms. or. fol. 130,2. | SBB-PK

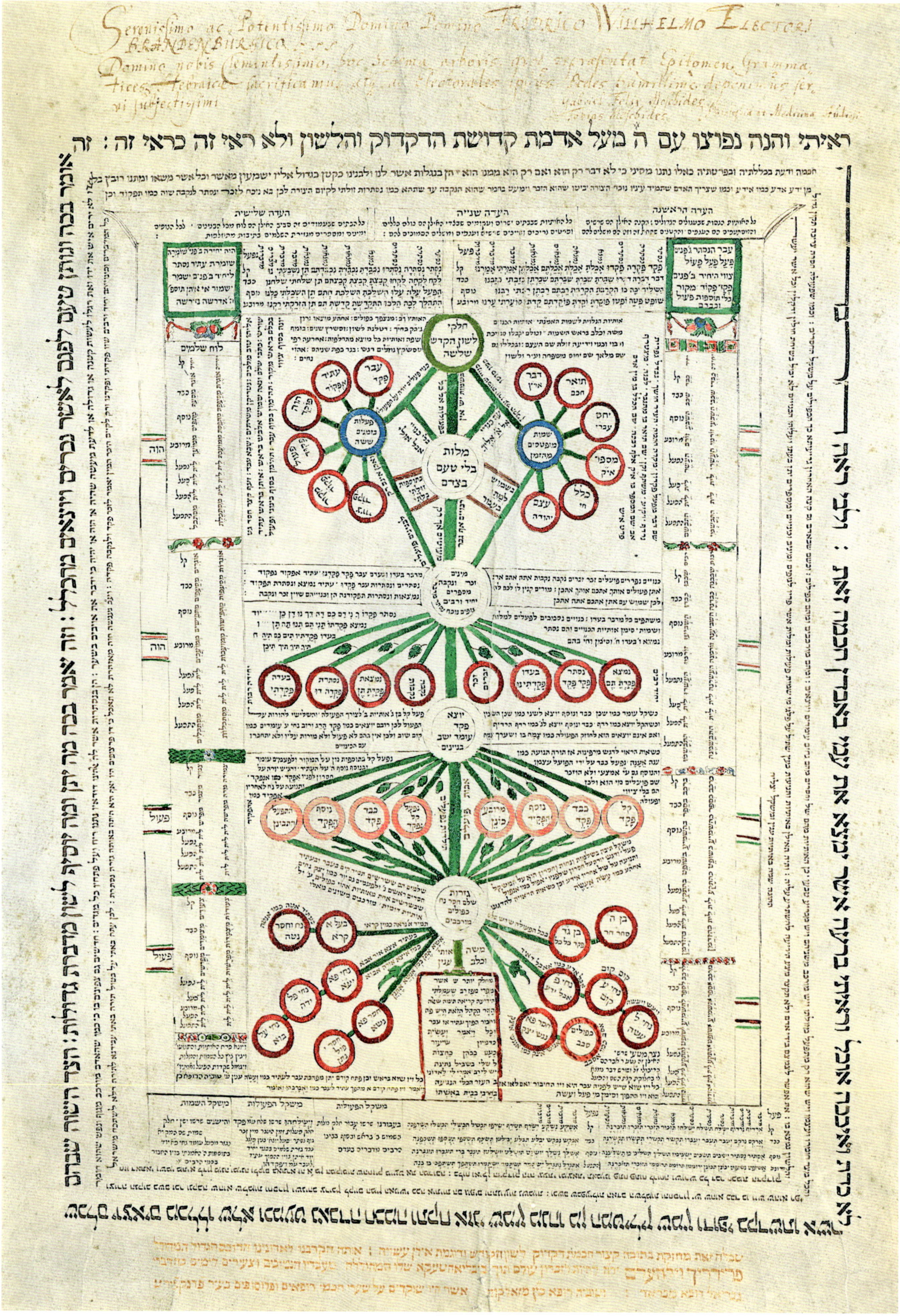
Serenissimo ac Potentissimo Domino Domino FRIDERICO WILHELMO ELECTORI
BRANDENBURGICO
Domino nobis Clementissimo, hoc Schema arboris quod repraesentat Epitomen Gramma-
ticae Hebraicae sacrificamus
vi subjectissimi
Tobias Moschides
ראיתי והנה נפרצו עם ה׳ מעל אדמת קדושת הדקדוק והלשון ולא ראי זה כראי זה : זה
מלות בלי טעם בצרם
חלקי לשון הקדש שלשה

← **Abb. 3** Tableau der hebräischen Grammatik, Ms. or. fol. 130,3. | SBB-PK

→ **Abb. 4** Moses Shapira, Eigenhändiges Verzeichnis der von Shapira gesammelten hebräischen Handschriften, Ms. or. fol. 1342, fol. 5r, 19. Jhd. | SBB-PK

↓ **Abb. 5** Moses Maimonides, Sefer ha-Mitsvot, Ms. or. quart. 684, fol. 2v, 1491. | SBB-PK

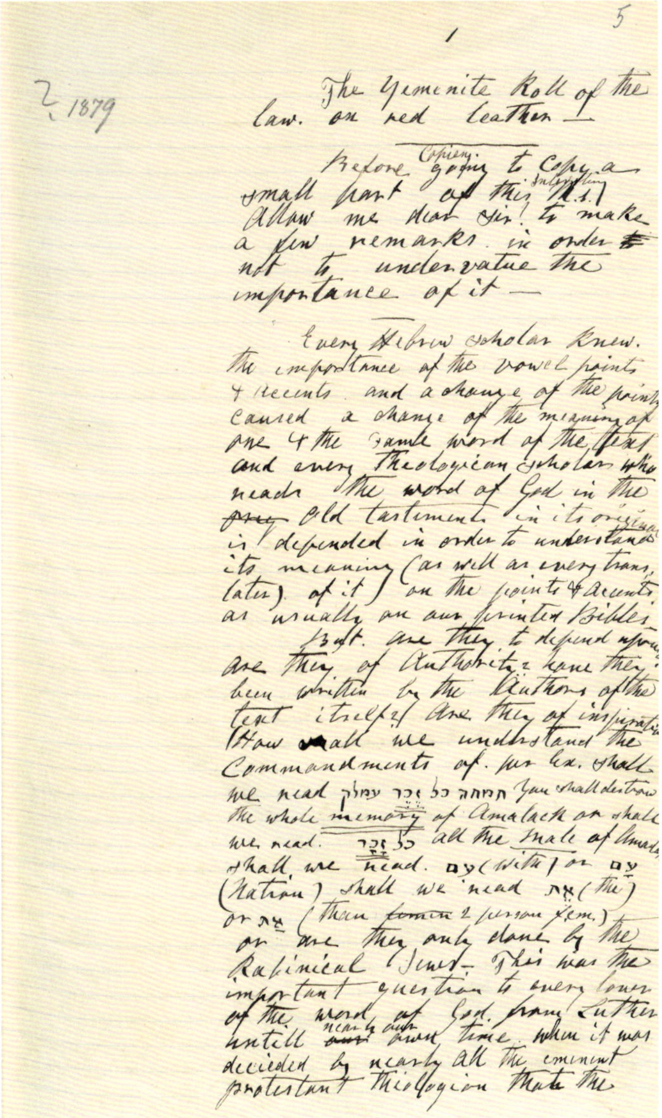

5

1

2. 1879

The Yemenite Roll of the law. on red leather —

Before copying a small part of this interesting M.S. allow me dear Sir! to make a few remarks in order not to undervalue the importance of it —

Every Hebrew scholar knew the importance of the vowel points & accents and a change of the points caused a change of the meaning of one & the same word of the text and every Theologican scholar who reads the word of God in the Old testament in its original is depended in order to understand its meaning (as well as every translator of it) on the points & accents as usually on our printed Bibles.

But are they to depend upon, are they of Authority, have they been written by the Authors of the text itself? Are they of inspiration? How shall we understand the Commandments of. for ex. shall we read תמחה כל זכר עמלק You shall destroy the whole memory of Amalack or shall we read כל זָכָר all the male of Amalack, shall we read עִם (with) or עָם (Nation) shall we read אֶת (the) or אַתְּ (than fomen 2 person fem.) or are they only done by the Rabinical Jews. This was the important question to every lover of the word of God, from Luther untill nearly our own time, when it was decided by nearly all the eminent protestant Theologion that the

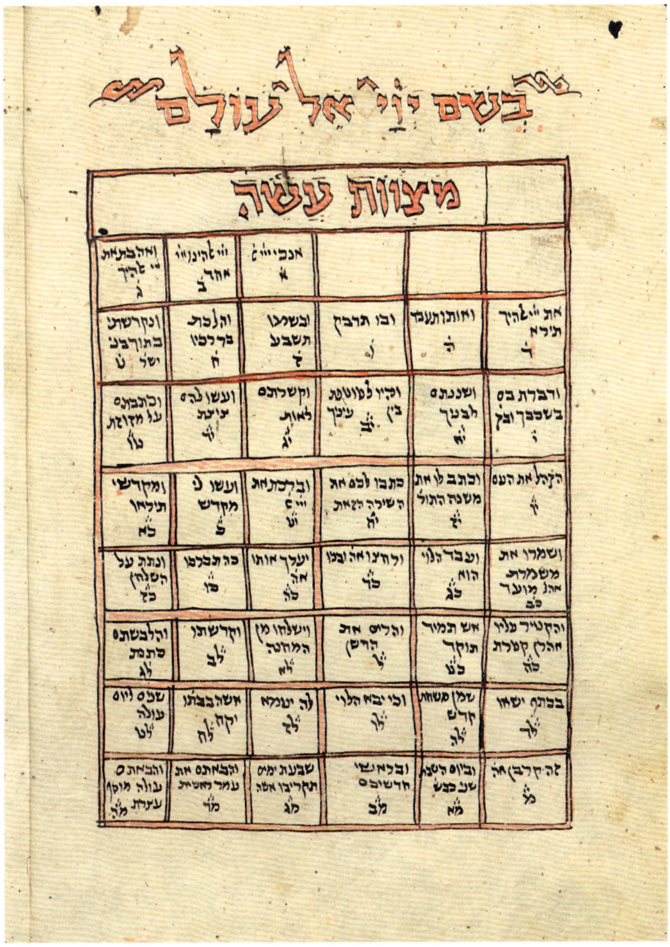

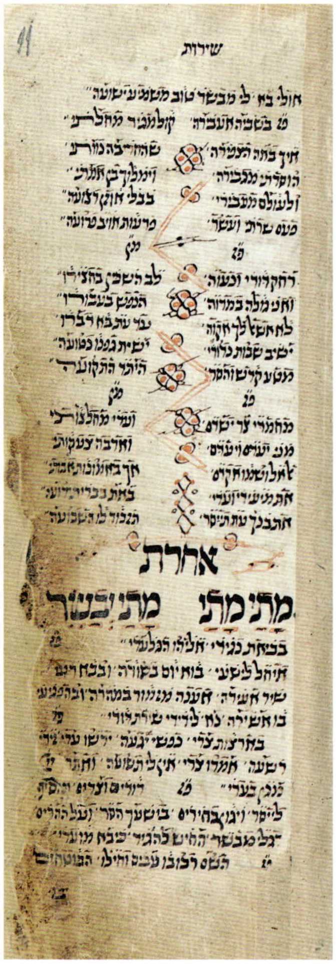

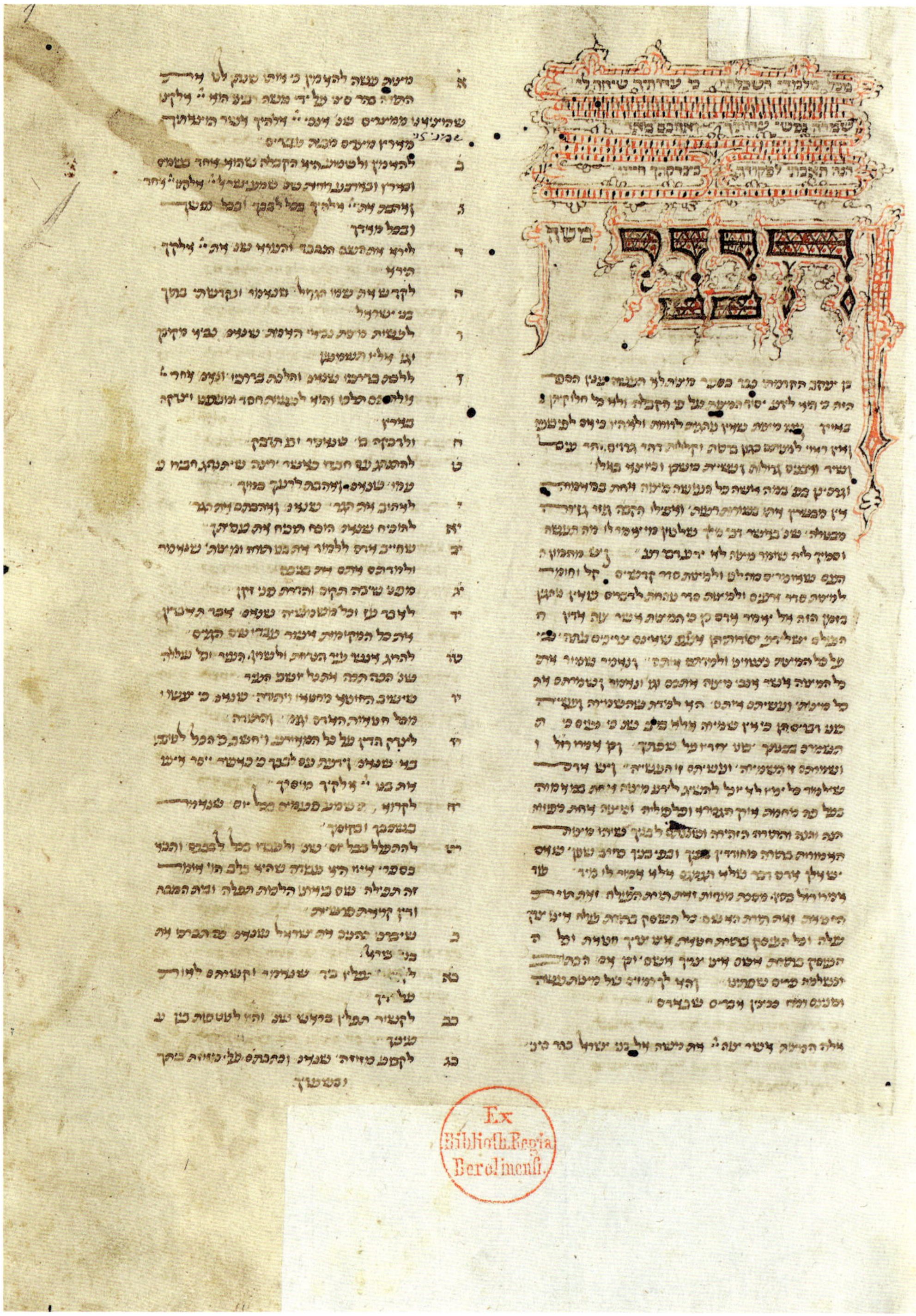

↑ Abb. 6 Jemenitische Gedichtsammlung mit Gedichten u. a. von Jehuda al-Charizi, Schalom Schabazi und Jehuda Halevi, Ms. or. oct. 398, fol. 11r, 17. Jhd. | SBB-PK

→ Abb. 7 Moses Nachmanides, Sefer mitsvot gadol, Ms. or. fol. 1263, fol. 1r, 15./16. Jhd. | SBB-PK

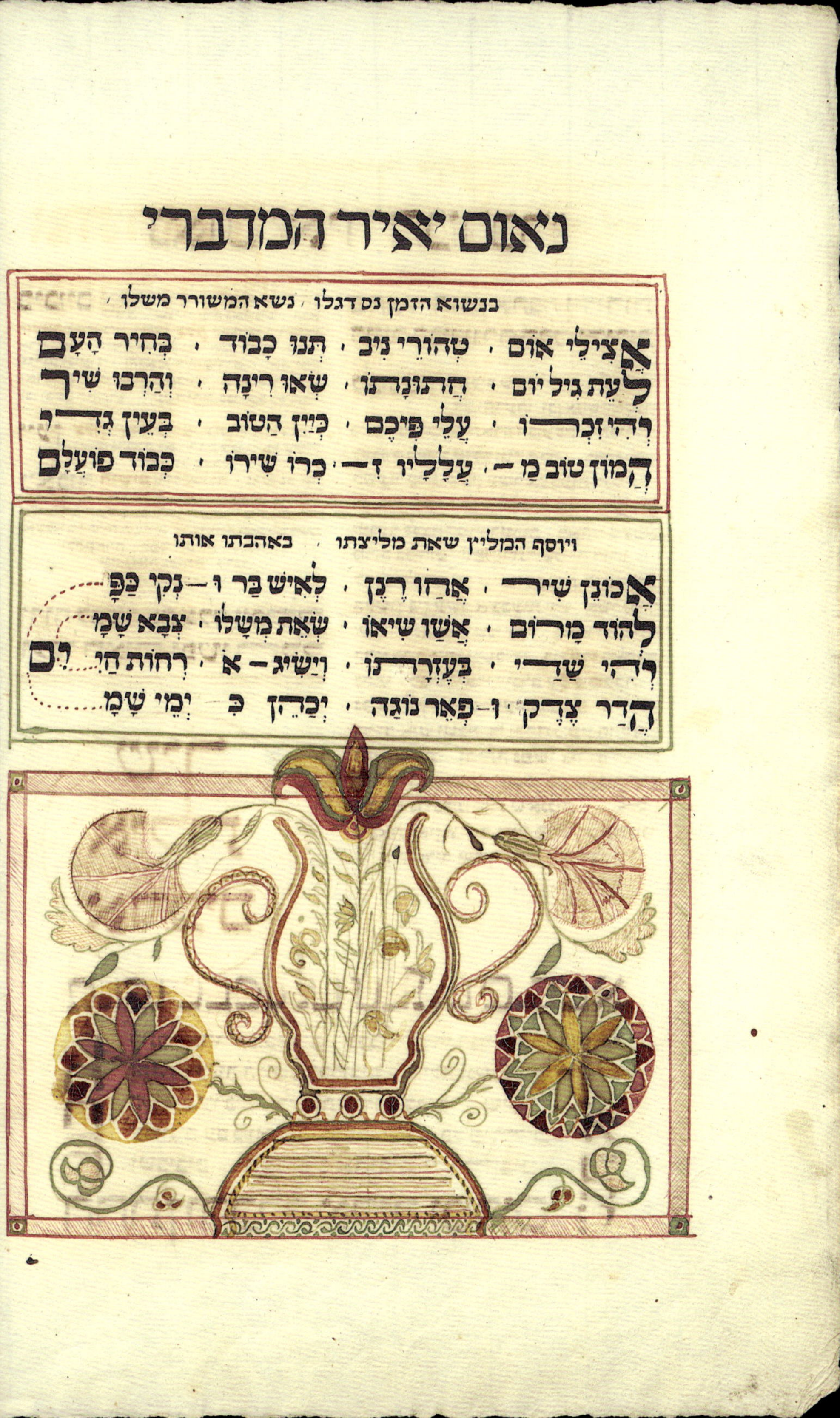

← **Abb. 8** Blatt aus einer Sammlung von Flugblättern, Formularen und Fragmenten, die in den Besitz Pinners gelangte, Ms. or. fol. 1267:5, fol. 3v, 18./19. Jhd. | SBB-PK

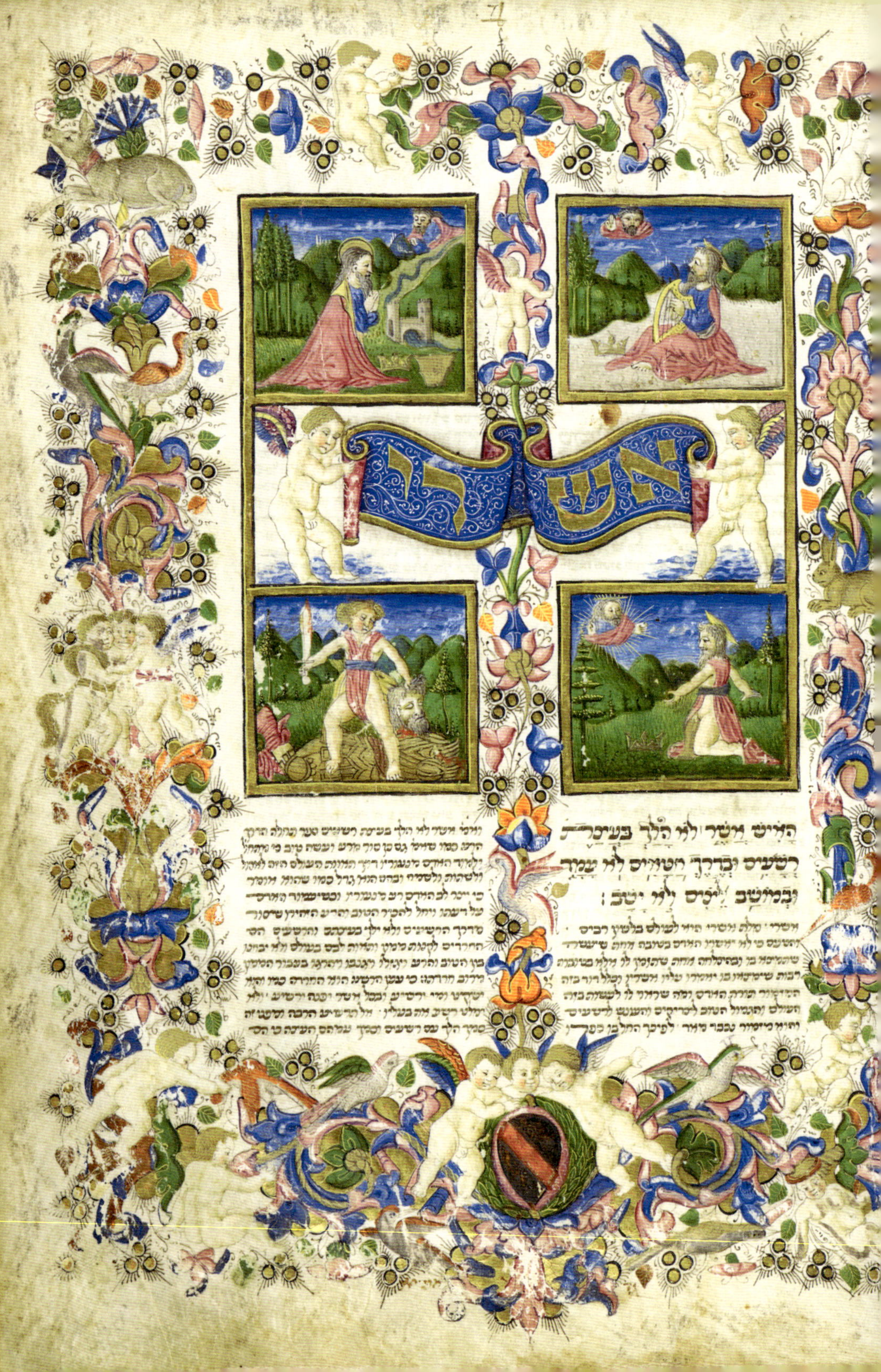
אשרי
האיש אשר לא הלך בעצת רשעים ובדרך חטאים לא עמד ובמושב לצים לא ישב׃

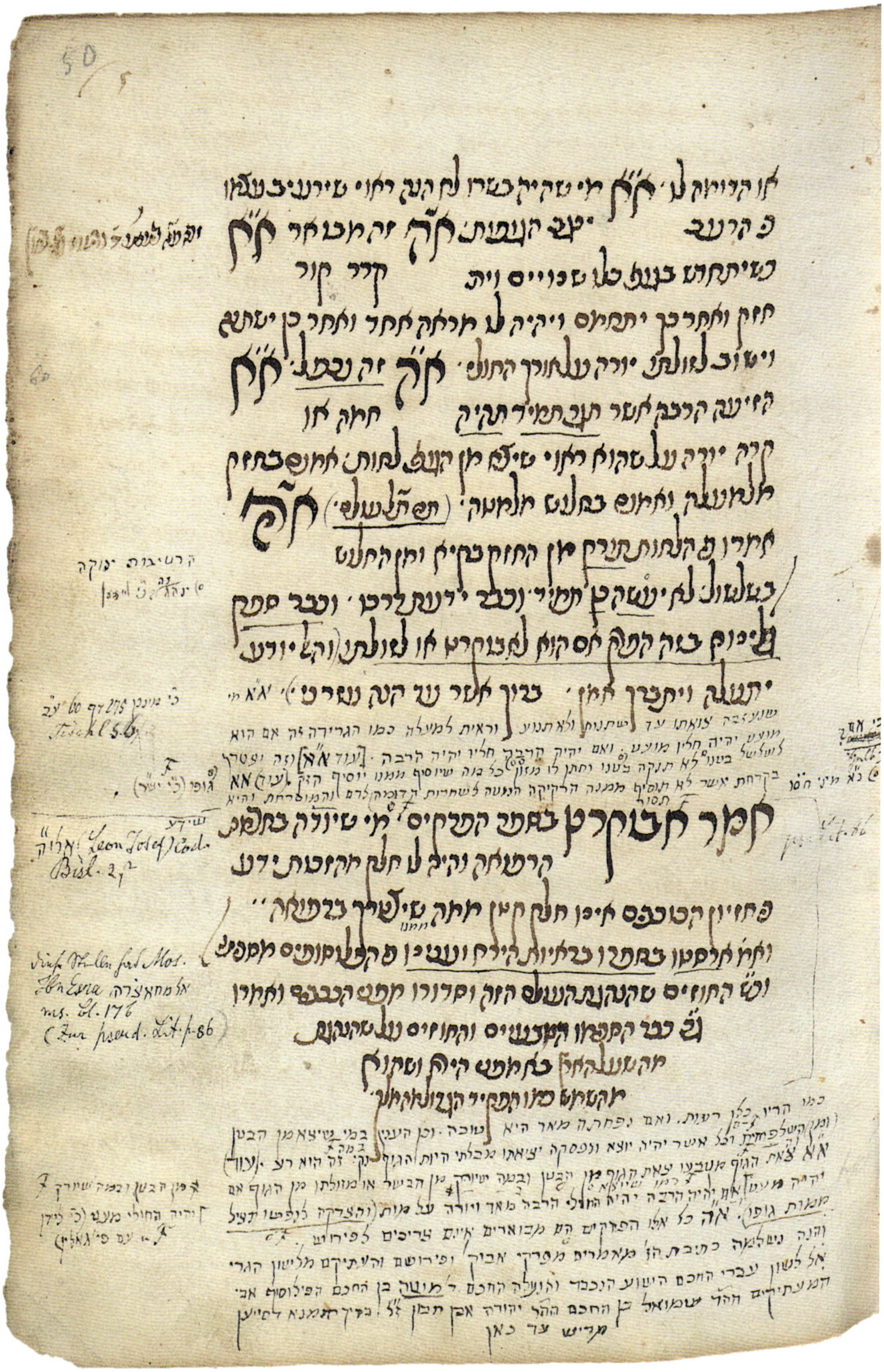

← **Abb. 9** Psalmenhandschrift mit dem Kommentar des David Kimchi, Hamilton 547, fol. 1r, 15. Jhd. | SBB-PK

→ **Abb. 10** Medizinische Sammelhandschrift, Ms. or. quart. 836, fol. 50r, 1482. | SBB-PK

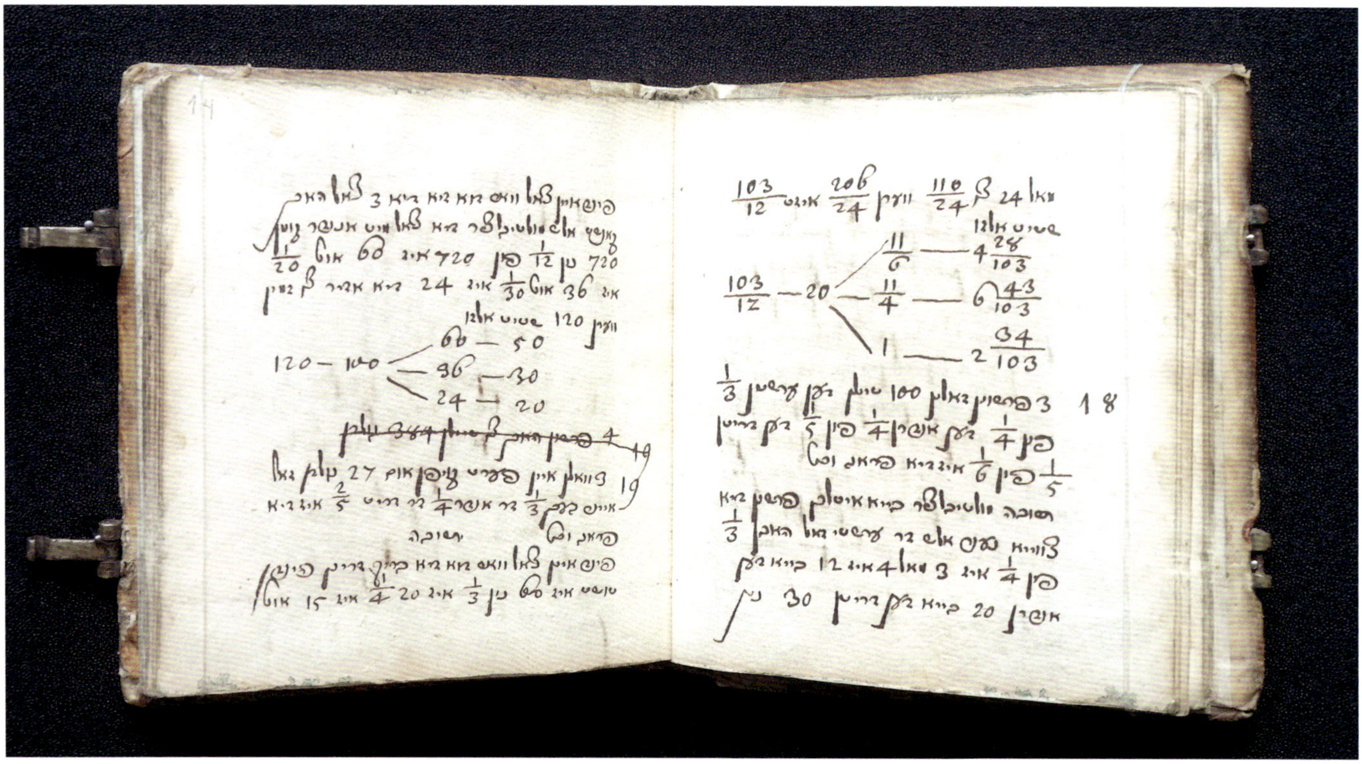

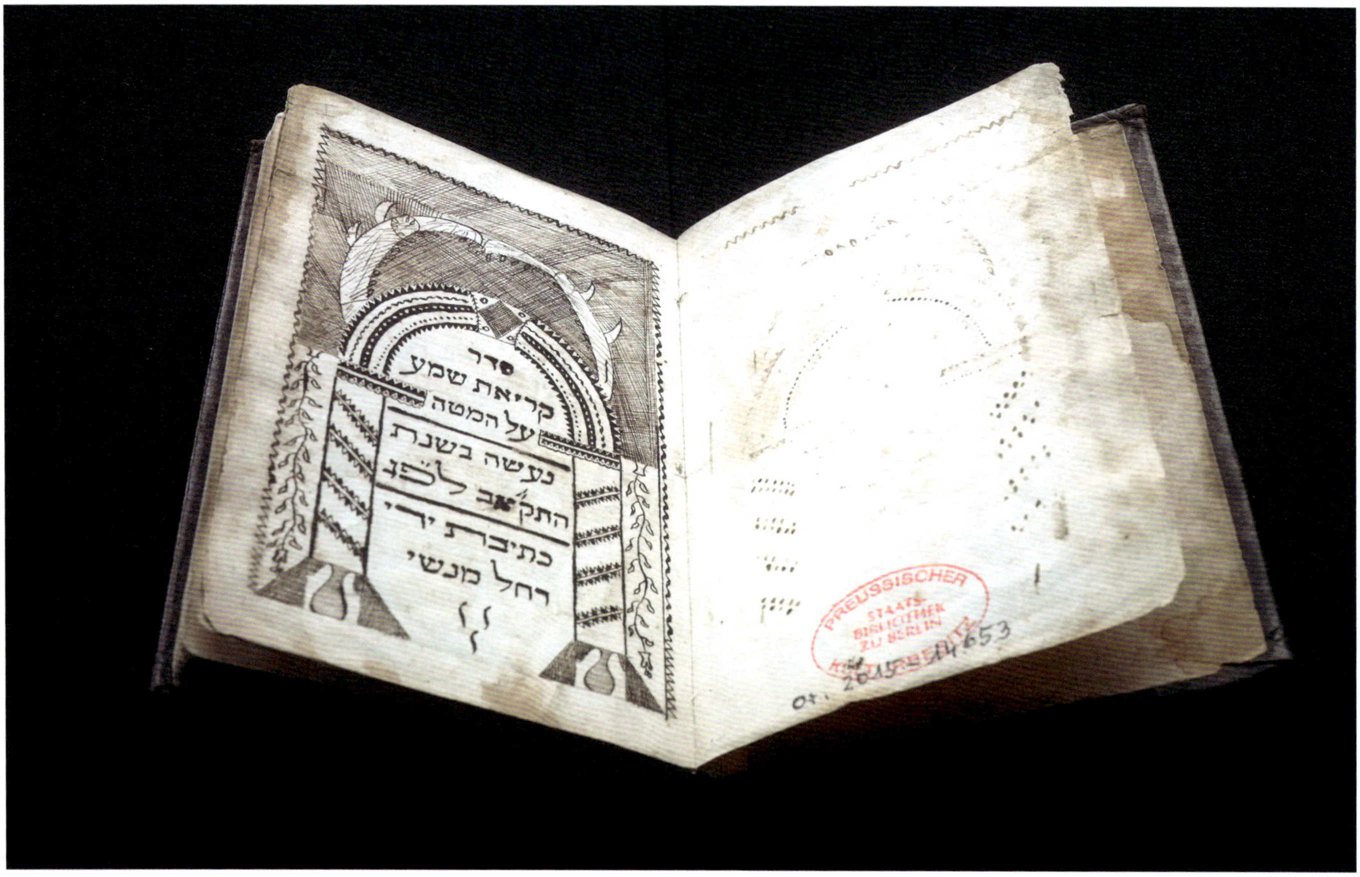
סדר
קריאת שמע
על המטה
נעשה בשנת
כתיבת ידי
רחל מנשי
PREUSSISCHER
STAATS
BIBLIOTHEK
ZU BERLIN

בס״ד [illegible] ולסדר [illegible]

תקס״ט לפ״ק

א ביום [illegible] מלתי את הילד ר׳
ויקרא שמו שמעון בר׳ אהרן מרדכי כ״ה
ו׳ [illegible] השם יגדלהו לתורה ולחופה

ב יום ג׳ ק״ד ניסן מלתי את הילד בן
של ר׳ זכריה ר׳ ויקרא שמו שמעון בר׳ שמחה
בני הירש כ״ה יזכה השם יזכהו
לגדלו לתורה לחופה ולמעשים טובים
אמן

ג תק״ע
יום ה׳ ב׳ מרחשון מלתי בעלות השחר
בן של שמואל ויקרא שמו [illegible]
[illegible] כ״ה שמואל. השם יזכהו
לגדלו לתורה ולחופה ולמעשים טובים אמן

ד ביום [illegible] ו׳ מרחשון מלתי את הילד
בן של ה׳ שלמה [illegible] ר׳
ויקרא שמו [illegible] בר׳ [illegible] כ״ה
שלמה השם יזכהו לגדלו
לתורה לחופה ולמעשים טובים
ואמן

1 Literatur zur Orientabteilung in Auswahl: Gotthold Weil, „Die Orientalische Abteilung", in: *Fünfzehn Jahre Königliche und Staatsbibliothek. Dem scheidenden Generaldirektor Exz. Adolf von Harnack zum 31. März 1921 überreicht von den wissenschaftlichen Beamten der Preussischen Staatsbibliothek* (Berlin: Preußische Staatsbibliothek, 1921), 180–186; Guido Auster, „Die Orientalische Abteilung", in: *Deutsche Staatsbibliothek 1661–1961* (Leipzig: Verlag für Buch- und Bibliothekswesen, 1961), 275–317; Wolfgang Voigt, „Die Orientabteilung der Staatsbibliothek", in: *Jahrbuch Preußischer Kulturbesitz* 6 (1968), 145–156; Karl Schubarth-Engelschall (Hg.), *Deutsche Staatsbibliothek: 50 Jahre Orientalische Abteilung, 1919–1969* (Leipzig: Bibliographisches Institut, 1969) (= *Zentralblatt für Bibliothekswesen*; Beiheft 85); Ders., „Die Vereinigung der Orientabteilung", in: Antonius Jammers (Hg.), *Schätze wieder vereint. Die Zusammenführung der historischen Sonderabteilungen der Staatsbibliothek zu Berlin* (Berlin: SBB-PK, 1999), 144–156; Hartmut-Ortwin Feistel, „Aus dem Harem an den Potsdamer Platz: die orientalischen Handschriften der Staatsbibliothek zu Berlin", in: *Indo-Asiatische Zeitschrift* 1 (1997), 14–23; Sabine Mangold-Will u. a. (Hg.), *Sammler – Bibliothekare – Forscher: Zur Geschichte der orientalischen Sammlungen an der Staatsbibliothek zu Berlin* (Frankfurt am Main: Klostermann, 2022).

2 Zur Biografie Weils vgl. Jacob M. Landau, „Gotthold Eljakim Weil (Berlin, 1882 – Jerusalem, 1961)", in: *Die Welt des Islams* 3 (1998), 280–285; Sabine Mangold-Will, „Zwischen Berlin und Jerusalem: Der Orientalist und Bibliothekar Gotthold Weil und die Anfänge der Orientalischen Abteilung der Preußischen Staatsbibliothek", in: Mangold-Will 2022 (wie Anm. 1), 209–238; David Mark Dror, „Beyond Mythical Rivers and Mighty Mountain-Ranges: Gotthold Weil's Orientreise 1927/28", in: Mangold-Will 2022 (wie Anm. 1), 239–276.

3 1910 standen 15.811 orientalische Handschriften 12.091 abendländischen gegenüber. Vgl. Auster 1961 (wie Anm. 1), 277. Heute ist das Verhältnis ca. 43.000 orientalischer zu ca. 18.300 abendländischen Handschriften.

4 Zur Auslagerungsgeschichte vgl. Werner Schochow, *Bücherschicksale. Die Verlagerungsgeschichte der Preußischen Staatsbibliothek. Auslagerung – Zerstörung – Entfremdung – Rückführung. Dargestellt aus den Quellen* (Berlin u. a.: De Gruyter, 2003).

5 „98 Handschriften müssen als verschollen angesehen werden." Vgl. Auster 1961 (wie Anm. 1), 288.

6 Vgl. Schochow 2003 (wie Anm. 4), 220ff.

7 Heute lautet der Name Staatsbibliothek zu Berlin – Preußischer Kulturbesitz (SBB).

8 Ein Teil der Handschriften konnte aus unterschiedlichen Gründen nicht ausgelagert werden, darunter die Bibel „Erfurt 1" (Ms. or. fols. 1210, 1211), vgl. Anm. 26.

9 Vgl. Petra Figeac, „Die Rabbinica-Sammlung der Berliner Staatsbibliothek: damals, heute und vielleicht in Zukunft", in: *Bücher und ihre Wege: Bibliomigration zwischen Deutschland und Polen seit 1939* (Paderborn: Brill Schöningh, 2024), 251–272.

10 Vgl. Karl Schubarth-Engelschall, „Die Vereinigung der Orientabteilung. Vollendung und Abschluß eines mehrjährigen Prozesses", in: *Schätze wieder vereint: Die Zusammenführung der historischen Sonderabteilungen der Staatsbibliothek zu Berlin* (Berlin: Staatsbibliothek zu Berlin – Preußischer Kulturbesitz, 1999), 144–156.

11 Moritz Steinschneider, *Die Handschriften-Verzeichnisse der Königlichen Bibliothek zu Berlin*, Teil 1: *Verzeichniss der hebraeischen Handschriften* (Berlin: Asher, 1878); Teil 2: *Verzeichniss der hebräischen Handschriften* (Berlin: Asher, 1897), hier Teil 1, iii.

12 Vgl. hierzu den Ausstellungskatalog *Kitve-Yad*, der einen kleinen Einblick in die „Highlights" der Sammlung bietet: *Kitve-Yad: Jüdische Handschriften*, hg. von Petra Werner (Berlin: Staatsbibliothek, 2002) (= *Kitve-Yad*, Nr. 4).

13 Ms. or. fol. 11; Ausst.-Kat. Kitve-Yad 2002 (wie Anm. 12): Nr. 22.

14 Ms. or. quart. 3; Steinschneider 1878 (wie Anm. 11): Nr. 37

15 Ms. or. fol. 130,2; Ausst.-Kat. Kitve-Yad 2002 (wie Anm. 12): Nr. 46.

16 Ms. or. fol. 130,3; Ausst.-Kat. Kitve-Yad 2002 (wie Anm. 12): Nr. 52.

17 Moritz Steinschneider, *Catalogus librorum Hebraeorum in Bibliotheca Bodleiana* (Berlin: Friedlaender, 1852–1860).

18 Zum Shapira-Komplex gibt es eine reichhaltige Literatur, in kleiner Auswahl: Irit Salmon (Hg.), *Truly Fake*: *Moses Wilhelm Shapira* (Jerusalem: Israel Museum, 2000); John Marco Allegro, *The Shapira Affair* (London: Allen, 1965). – Shapira ist auch der Held eines erfolgreichen Kriminalromans von Shulamit Lapid: *Ka-heres ha-nischbar* (Jerusalem: Keter, 1984; dt.: *Er begab sich in die Hand des Herrn: ein archäologischer Kriminalroman* (Reinbek bei Hamburg: Rowohlt, 1993)); Ross K. Nichols, *The Moses Scroll* (Saint Francisville: Horeb Press, 2021); Dan Dershowitz, „The Valediction of Moses: New Evidence on the Shapira Deuteronomy Fragments", in: *Zeitschrift für die alttestamentliche Wissenschaft* 133 (2021): 1–22. Weitere Literatur bei: www.manuscripthunters.gwi.uni-muenchen.de/index.php/shapira/ (13.1.2025).

19 Ms. or. fol. 1342; Steinschneider 1897 (wie Anm. 11): Nr. 176

20 Steinschneider schreibt selbst im Vorwort zu seinem Verzeichnis Berlin: „Ihre Beschreibung musste schneller erledigt werden, als ich sonst gewünscht hätte". Steinschneider 1878 (wie Anm. 11), V

21 Ms. or. fol. 1209; Ausst.-Kat. Kitve-Yad 2002 (wie Anm. 12): Nr. 10.

22 Ms. or. fol. 1320; Ausst.-Kat. Kitve-Yad 2002 (wie Anm. 12): Nr. 15.

23 Ms. or. quart. 684; Ausst.-Kat. Kitve-Yad 2002 (wie Anm. 12): Nr. 26.

24 Ms. or. oct. 398; Ausst.-Kat. Kitve-Yad 2002 (wie Anm. 12): Nr. 38; Ms. or. oct. 395, ebd.: Nr. 39, u.a.

25 Siehe den Beitrag von Annett Martini in diesem Band.

26 Vgl. hierzu Werner Schochow 2003 (wie Anm. 4), 16ff.

27 Vgl. hierzu Ausst.-Kat. Kitve-Yad 2002 (wie Anm. 12): Nr. 1, und besonders den Teil 2 des Katalogs: Erste Schritte der Restaurierung der Hebräischen Bibel „Erfurt 1" (Berlin: Staatsbibliothek, 2002). Der zweite Band der Bibel ist aufgrund seiner Aufbewahrung in Lagen heute sehr gut benutz- und ausstellbar. Der erste Band hingegen befindet sich noch in der Restaurierungswerkstatt, die aufgrund der Größe des Buches vor nicht alltäglichen Herausforderungen steht. Zur Bibel selbst vgl. Annett Martini, „Handschriftenbeschreibung", in: Die hebräischen Handschriften der Erfurter Sammlung (2018), URL: https://www.geschkult.fu-berlin.de/e/erfurter_sammlung/dokumentation/handschriftenbeschreibung/1210-1211/index.html (14.4.2025).

28 Z. B. Ms. or. fol. 1264, Steinschneider 1896 (wie Anm. 11): Nr. 161 Ms. or. fol. 1265, Steinschneider 1897 (wie Anm. 11): Nr. 162 Ms. or. fol. 1263, Steinschneider 1897 (wie Anm. 11): Nr. 164 und andere.

29 Ms. or. fol. 1267

30 Ms. or. fols. 1267–21 a, *Kitve-Yad*: Nr. 64

31 Ms. or. oct. 356, Steinschneider 1897 (wie Anm. 11): Nr. 175

32 Hamilton 288, Ausst.-Kat. Kitve-Yad 2002 (wie Anm. 12): Nr. 32.

33 Hamilton 547, Ausst.-Kat. Kitve-Yad 2002 (wie Anm. 12): Nr. 9.

34 Zum Thema vgl. Benjamin Richler, „Steinschneider's Manuscripts", in: Reimund Leicht und Gad Freudenthal (Hg.), *Studies on Steinschneider: Moritz Steinschneider and the Emergence of the Science of Judaism in Nineteenth-Century Germany* (Leiden u. a.: Brill, 2012), 301–318. Steinschneider bot der Berliner Bibliothek – wohl aus Geldmangel – mehrere Handschriften an, von denen sie 1878 vierzehn erwarb. 1891 offerierte er der Berliner Bibliothek dreizehn Handschriften, von denen sie sechs erwarb, ebenfalls 1891 kaufte die Bibliothek weitere sieben Handschriften, dazu kamen noch eine Schenkung von 1875 und ein Einzelkauf von 1874. Insgesamt besitzt die Staatsbibliothek also 29 Steinschneider-Handschriften; vgl. ebd., 311–314, der allerdings nur 27 listet.

35 Ms. or. quart. 836, Ausst.-Kat. Kitve-Yad 2002 (wie Anm. 12): Nr. 55. – Zu Steinschneider vgl. Leicht/Freudenthal 2012 (wie Anm. 34). Zur Biografie: Petra Figeac, *Moritz Steinschneider (1816–1907). Begründer der wissenschaftlichen hebräischen Bibliographie* (Berlin: Hentrich & Hentrich, 2007).

36 Zu Spanier vgl. Werner Schochow, „Arthur Spanier – die stille Autorität", in: Ders. (Hg.), *Die Berliner Staatsbibliothek und ihr Umfeld: 20 Kapitel preußisch-deutscher Bibliotheksgeschichte* (Frankfurt am Main: Klostermann, 2005), 335–344.

37 Ms. or. oct. 619, Ausst.-Kat. Kitve-Yad 2002 (wie Anm. 12): Nr. 53.

38 Vgl. hierzu Ausst.-Kat. Kitve-Yad 2002 (wie Anm. 12): „Die kabbalistischen Handschriften".

39 Geschätzt sind hierbei die buchbinderischen Einheiten ohne Sammelhandschriften. Hinzu kommen noch ca. 70 völlig unerschlossene samaritanische Handschriften unterschiedlicher Provenienz.

40 Steinschneider 1878/1897 (wie Anm. 11).

41 Ernst Róth, *Vorläufige Beschreibung der hebräischen Handschriften der Staatsbibliothek* [maschinenschriftliches Manuskript].

42 Qalamos, https://www.qalamos.net/content/index.xed (13.1.2025). Als Portal für orientalische Handschriften in ganz Deutschland konzipiert, finden sich dort zudem hebräische Handschriftenbeschreibungen zahlreicher anderer Bibliotheken.

43 Martini 2018 (wie Anm. 27).

Die Hebräische Bibel

Susanne Talabardon

Die Bibel prägt die Kultur vieler Menschen – unabhängig davon, ob sie sich positiv, gleichgültig oder negativ zu ihr verhalten Abb. 1. Sie hat Jahrhunderte lang Literaturen, Musik, die darstellenden und bildenden Künste auf allen Kontinenten durchdrungen und tut es noch.[1] Im westlichen Europa (und beinahe nur dort) hat die voranschreitende Säkularisierung dazu beigetragen, dass es einer wachsenden Mehrheit schwerfällt, die biblischen Grundlagen und Anspielungen in den eigenen kulturellen Äußerungen zu identifizieren und zu deuten.

Inzwischen wurde die Ära atheistisch motivierter Ablehnung der Bibel weitgehend von Gleichgültigkeit und Unkenntnis abgelöst – wobei infrage steht, ob eine klare Distanzierung aufgrund einer wenigstens rudimentären Kenntnis ihrer Inhalte einer schieren Ignoranz vorzuziehen sei.[2] Immerhin haben selbst ausdrücklich anti-religiöse Autoren wie Bertolt Brecht (1898–1956) die Bibel zum wichtigsten Werk der Weltliteratur erklärt. Im Folgenden wird es darum gehen, eine knappe Einführung in die Geschichte, den Umfang und die Bedeutung der Bibel zu geben – dies mit dem Ziel, das „Buch der Bücher" wenigstens von außen kennenzulernen.

ZUR BEZEICHNUNG

Schon die Bezeichnung „Bibel" (von griech. βιβλία/ *biblia*, Bücher) weist auf die hohe Bedeutung dieses Schriftwerks hin. Paradoxerweise gibt es jedoch Probleme mit dem Verständnis dessen, was sich hinter dieser Bezeichnung konkret verbirgt. Der Grund dafür liegt darin, dass die Bibel nicht nur als die Gründungsurkunde des Judentums, sondern auch als diejenige des Christentums fungiert.

Die in der Hebräischen Bibel zusammengefassten Bücher beschreiben die Entstehung Alt-Israels und seines Kults, der sich schließlich auf das Heiligtum in Jerusalem zentrierte.[3] Sie entwickeln und verteidigen die Verehrung des Einen Gottes; sie verhandeln und diskutieren theologische Entwürfe, die trotz des Verlusts von Heimat, Königtum und Tempel am überlieferten Kult und der mit ihm verbundenen ethnischen Identität festhielten.

Die Zerstörung des Zweiten Tempels in Jerusalem im Jahr 70 stellte die zweite, tief einschneidende Katastrophe dar, die einer gründlichen theologischen Bearbeitung bedurfte. Sie vollzog sich im Gefolge eines Aufstands gegen das Imperium Romanum (66–70). Der priesterliche Kult mit seinen noch in der Bibel so detailreich beschriebenen Opferpraktiken existierte nicht mehr. Auf den Trümmern Alt-Israels entwickelten sich deshalb zwei völlig neuartige Kulte, die auf die rituelle Darbringung von Tieren oder pflanzlichen Erträgen bewusst verzichteten. Damit war eine kultische Revolution angestoßen, die letztlich zur Entwicklung von Religionen führte, wie wir sie heute kennen.[4]

Beide – das werdende Judentum wie auch das werdende Christentum – nutzten die biblischen Schriften zur Begründung und Absicherung ihrer jeweiligen Neufassung der altisraelitischen „Religion". Beide schufen im Laufe der Zeit weitere Texte, die der Bibel zur Seite gestellt wurden: In der jüdischen Tradition entwickelte sich ein zwiefacher Offenbarungskorpus von schriftlicher und mündlicher Tora;[5] in der christlichen Überlieferung entstand gleichfalls ein Doppelkanon aus dem sogenannten Alten und dem Neuen Testament. Beide Begriffe, die Tora (hebr. „Weisung") in ihren beiden Formen wie auch das „Alte Testament", sind eminent theologisch konnotiert.

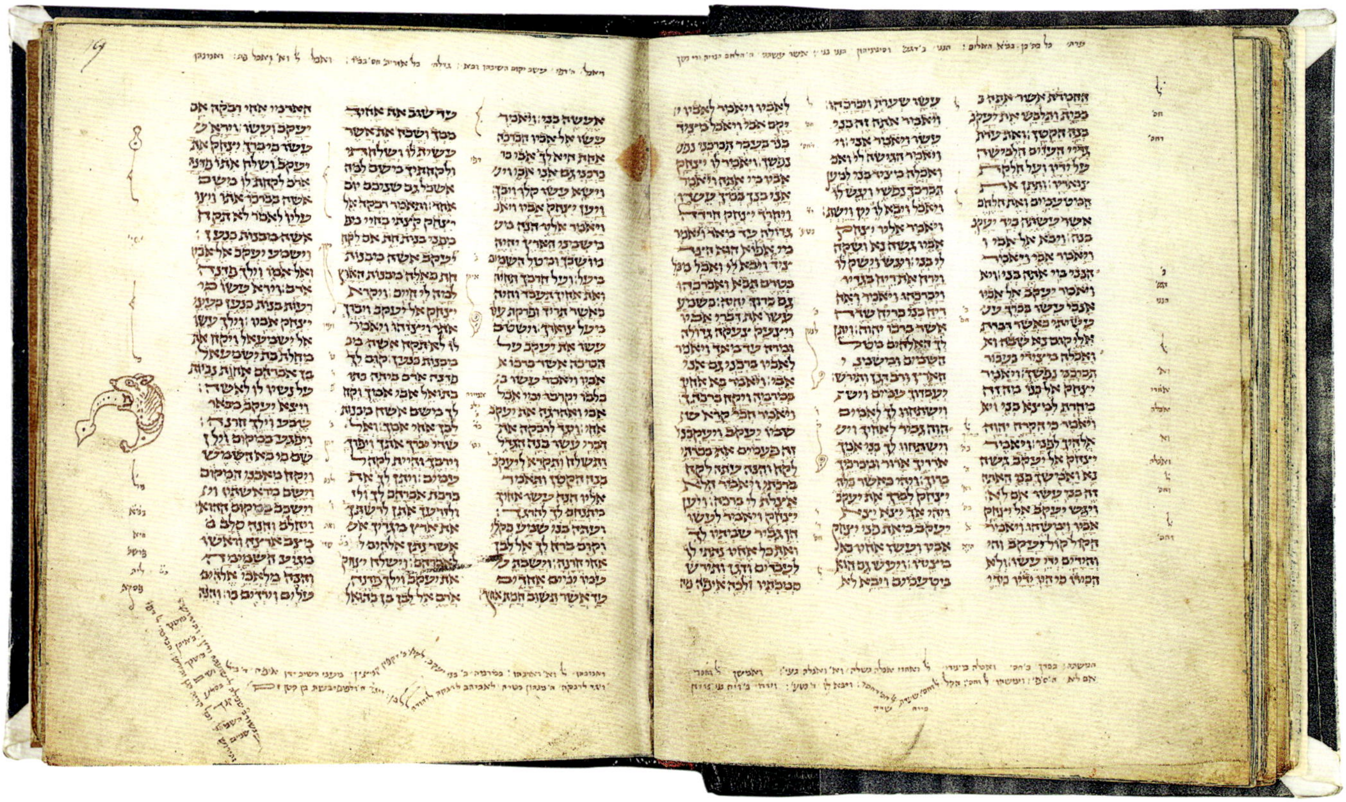

↑ **Abb. 1** Bibelhandschrift aus Rouen mit Pentateuch, Haftarot und Megillot, Ms. or. quart. 9, fols. 18v/19r, 1233. | SBB-PK

Die Unterscheidung zwischen mündlicher und schriftlicher Tora gründet in der Notwendigkeit, die sich neu entwickelnde jüdische Interpretation der Hebräischen Bibel als einen Teil der göttlichen Offenbarung abzusichern. Darüber hinaus diente diese theologische Figur zur institutionellen Abgrenzung vom werdenden Christentum:

Rabbi Jehudah ben Schalom sagte: Mosche wollte auch die Mischna in schriftlicher Form erhalten. Aber der Heilige, Er sei gepriesen, sah vorher, dass in der Zukunft die Völker die Tora übersetzen würden und in griechischer Sprache lesen. Und dann werden sie behaupten, Israel sei nicht Gottes Volk. Darum sprach der Heilige, Er sei gepriesen, zu Mosche: ‚Sieh, Mosche, die Völker werden den Anspruch erheben: Wir sind Israel, wir sind Gottes Kinder.' Und dann steht Anspruch wider Anspruch. Der Heilige, Er sei gepriesen, wird den Völkern aber erwidern: ‚Wenn ihr sagt, ihr seiet meine Kinder, so wisset, Ich kenne nur diejenigen, welche meine Geheimnisse in ihren Händen halten. Sie sind meine Kinder!' Die Völker rufen daraufhin: ‚Welches sind deine Geheimnisse?' Und er antwortet ihnen: ‚Die Mischna!' (Pesiqta Rabbati V, 14b)[6]

Die Bezeichnung „Altes Testament" ist dezidiert christlich bestimmt und funktioniert nur als Komplementärbegriff zum „Neuen Testament". Daher wird er auch im jüdischen Kontext nicht verwendet – zumal er suggeriert, dass die Offenbarung der (Hebräischen) Bibel eine Ergänzung nötig hat. Der Terminus „Neues Testament" greift eine spezifische Deutung der theologischen Figur des „Neuen Bundes" (Jer 31:31–34)[7] auf:

Sieh, Tage kommen, Spruch des Ewigen, da schneide ich dem Haus Jisrael und dem Haus Jehudah einen neuen Bund: Nicht wie der Bund, den ich mit ihren Vätern schnitt am Tage, da ich sie an ihrer Hand fasste, um sie aus dem Lande Ägypten hinauszubringen – denn sie haben meinen Bund gebrochen, ich aber erwies mich als Herrscher gegen sie, Spruch des Ewigen. Dies nämlich ist der Bund, den ich mit dem Haus Israel schneiden werde nach jenen Tagen, Spruch des Ewigen: Ich setze meine Tora in ihr Inneres und auf ihr Herz werde ich sie schreiben. Dann werde ich ihnen zum Gott und sie werden mir zum Volk. Dann werden sie einander nicht mehr belehren, einer seinen Nachbarn, oder einer seinen Bruder, indem sie sagen: Erkennt den Ewigen! Denn sie alle erkennen mich, von ihrem Kleinen bis zu ihrem Großen, Spruch des Ewigen, denn ich werde ihre Schuld verzeihen und ihrer Vergehen werde ich nicht weiter gedenken. (Jer 31:31–34)

Der Terminus „Neuer Bund" wird in dessen christlicher Rezeption zunächst auf die Anhänger Jesu bezogen, dann aber exklusiv auf das werdende Christentum appliziert. Diese Selbstzuschreibung dient dazu, Person und Werk Jesu als Ziel der biblischen Überlieferung zu klassifizieren. Die kategoriale Entgegensetzung von alt und neu enthält zudem eine polemische Spitze gegen die entstehende jüdische Gemeinschaft. Für die christlichen Kirchen späterer Jahrhunderte ergab sich daraus eine traurige Entwicklung: Das nunmehr „Alte Testament" wurde als vermeintlich „veralteter" Teil der Bibel in Predigt und theologischer Praxis immer weiter marginalisiert, sodass es seine schöpferische und kritische Funktion kaum mehr ausüben konnte.[8]

Mit einigem zeitlichen Abstand und unter dem Eindruck der Schoa erkannten die katholische und die evangelischen Kirchen (westlicher Prägung), dass der Jahrhunderte währende theologische Antijudaismus wesentlich zum Versuch der Vernichtung des europäischen Judentums beigetragen hatte. Im Rahmen des christlich-jüdischen Dialogs bemüht man sich seit den 1970er-Jahren, die unheilvollen Polemiken auch auf dem Gebiet der Bibelwissenschaften zu überwinden. Die Arbeit an den theologischen Bezeichnungen für die Bibel bildet einen notwendigen Teil dieses Reflexionsprozesses:

Das Neue Testament selbst kennt keine Kategorie „alte" Schriften als Sammelbegriff für die Bibel Israels. Erst die gezielte Absetzung der Kirche vom Judentum hat diese Bezeichnung geschaffen. Sie ist seit damals bis heute oft mit einer Geringschätzung nicht nur dieses angeblich „veralteten" Teils der christlichen Bibel verbunden, sondern vielfach mit einer Abwertung des Judentums, das immer noch an diesen durch das Neue Testament doch überholten und dadurch „alt" gewordenen Schriften festhalte. Das ist die Hypothek, die bis heute auf ihm lastet.[9]

Manche christliche Exegeten haben daher vorgeschlagen, das „Alte Testament" stattdessen als „Erstes Testament" zu bezeichnen.[10] Für die jüdische Praxis – und auch für den interreligiösen Dialog – erscheint eine solche Begrifflichkeit indessen untauglich, weil sie die Notwendigkeit suggeriert, dass auf das Erste auch ein zweites Testament folgen müsse.

Im jüdischen, teils auch im interreligiösen Kontext hat sich die traditionelle Bezeichnung Tana"kh etabliert. Es ist dies ein Akronym, zusammengesetzt aus den drei Teilen der Bibel: Tora, Nevi'im (Propheten) und Ketuvim (Schriften), wie sie in den jüdischen Gemeinschaften angeordnet ist.[11] Eine weitere interne Bezeichnung für die Bibel im jüdischen Kontext ist Miqra,[12] was auf die synagogale Lesung hinweist. Im interreligiösen Gespräch wird inzwischen auch die „Hebräische Bibel" als Benennung verwendet, was für Purist*innen allerdings das Problem aufwirft, dass (einige wenige) Teile der Hebräischen Bibel in Aramäisch verfasst sind.[13]

ZUM AUFBAU DER HEBRÄISCHEN BIBEL

Es sind jedoch nicht nur die verschiedenen Bezeichnungen, welche die gravierenden Unterschiede zwischen den jüdischen und den christlichen Traditionen im Umgang mit der Bibel markieren. Auch die Anordnung der biblischen Bücher, die Sprache, in der sie rezipiert werden, die materiale Gestalt und – soweit es die katholische Kirche betrifft – Anzahl und Umfang der biblischen Bücher differieren. Dabei lässt sich eine interessante Koinzidenz zwischen den zwei großen Korpora mit den divergenten theologischen Entwürfen feststellen, auf die sich Jüdinnen und Juden sowie Christinnen und Christen jeweils beziehen.

Die werdende jüdische Gemeinschaft fußt auf einer hebräisch (und aramäisch) abgefassten Bibel, deren präziser Umfang und Wortbestand erst im Laufe des 3. Jahrhunderts n. u. Z. verbindlich festgestellt wurden. Der jüdische Kanon,[14] auf den auch die Kirchen der Reformation zurückgriffen, umfasst 22 Schriften – zufällig oder nicht: entsprechend den Buchstaben des hebräischen Alphabets. Die späte Kanonisierung sagt nichts über das Alter der in der Hebräischen Bibel enthaltenen Texte aus. Die Entstehung der einzelnen biblischen Schriften umspannt vielmehr einen Zeitraum von mindestens 1000 Jahren – von etwa 800 v. u. Z. bis 175 n. u. Z. [Abb. 2–4].

Es darf als gesichert gelten, dass die *Tora* (תורה) das älteste und erste greifbare Korpus innerhalb der Hebräischen Bibel darstellt. Hier gilt es, zwischen der Zusammenfügung der „Fünf Bücher Mose“ zu einer autoritativen Grundschrift und den abschließenden Redaktionen der einzelnen Texte in ihrem konkreten Wortbestand zu unterscheiden. Das Konzept der „Tora des Mosche“ als die schlechthin einzigartige Quelle göttlicher Offenbarung dürfte bereits im 5. Jahrhundert entwickelt worden sein.[15] Zahlreiche biblische Texte betonen ihre überragende Bedeutung: Beispielhaft sei hier auf den programmatischen Abschluss der Tora in Deuteronomium/5. Mose 34, das sogenannte Mose-Epitaph, verwiesen:

> Mosche aber war 120 Jahre alt, als er starb. Nicht war sein Auge schwach geworden und nicht seine Frische gewichen. [...] Nie wieder stand ein Prophet [naví] auf in Israel wie Mosche, der den Ewigen kannte Angesicht zu Angesicht [Dtn 34:7–0].[16]

Um die Tora, die nach (biblischer und) jüdischer Auffassung das theologische Zentrum der Bibel darstellt, legen sich, gewissermaßen als deren erste Interpretations- und Aktualisierungsschicht die prophetischen Bücher – die Nevi'im (נביאים). Insbesondere das Deuteronomium (Dtn) wird nicht müde zu betonen, dass die nach und außerhalb der Tora vorgetragenen Botschaften des Ewigen der einzigartigen Tora Mosches nichts hinzuzufügen haben (Dtn 4:2).

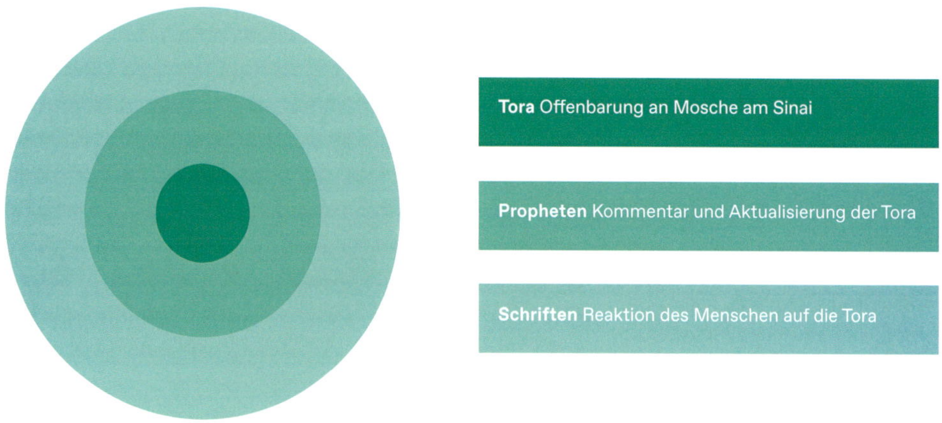

52

וידבר משה אל אהרן ואל אלעזר ואל איתמר בניו הנותרים קחו את המנחה הנותרת מאשי יהוה ואכלוה מצות אצל המזבח כי קדש קדשים הוא. ואכלתם אתה במקום קדש כי חקך וחק בניך היא מאשי יהוה כי כן צויתי. ואת חזה התנופה ואת שוק התרומה תאכלו במקום טהור אתה ובניך ובנתיך אתך כי חקך וחק בניך נתנו מזבחי שלמי בני ישראל. שוק התרומה וחזה התנופה על אשי החלבים יביאו להניף תנופה לפני יהוה והיה לך ולבניך אתך לחק עולם כאשר צוה יהוה. ואת שעיר החטאת דרש דרש משה והנה שרף ויקצף על אלעזר ועל איתמר בני אהרן הנותרם לאמר. מדוע לא אכלתם את החטאת במקום הקדש כי קדש קדשים הוא ואתה נתן לכם לשאת את עון העדה לכפר עליהם לפני יהוה. הן לא הובא את דמה אל הקדש פנימה אכול תאכלו אתה בקדש כאשר צויתי. וידבר אהרן אל משה הן היום הקריבו את חטאתם ואת עלתם לפני יהוה ותקראנה אתי כאלה ואכלתי חטאת היום הייטב בעיני יהוה. וישמע משה וייטב בעיניו.

חצי פסוקי התורה

וידבר יהוה אל משה ואל אהרן לאמר אלהם. דברו אל בני ישראל לאמר זאת החיה אשר תאכלו מכל הבהמה אשר על הארץ. כל מפרסת פרסה ושסעת שסע פרסת מעלת גרה בבהמה אתה תאכלו. אך את זה לא תאכלו ממעלי הגרה וממפריסי הפרסה את הגמל כי מעלה גרה הוא ופרסה איננו מפריס טמא הוא לכם. ואת השפן כי מעלה גרה הוא ופרסה לא יפריס טמא הוא לכם. ואת הארנבת כי מעלת גרה הוא ופרסה לא הפריסה טמאה הוא לכם. ואת החזיר כי מפריס פרסה הוא ושסע שסע פרסה והוא גרה לא יגר טמא הוא לכם. מבשרם לא תאכלו ובנבלתם לא תגעו טמאים הם לכם. את זה תאכלו מכל אשר במים כל אשר לו סנפיר וקשקשת במים בימים ובנחלים אתם תאכלו. וכל אשר אין לו סנפיר וקשקשת בימים ובנחלים מכל שרץ המים ומכל נפש החיה אשר במים שקץ הם לכם. ושקץ יהיו לכם מבשרם לא תאכלו ואת נבלתם תשקצו. כל אשר אין לו סנפיר וקשקשת במים שקץ הוא לכם. ואת אלה תשקצו מן העוף לא יאכלו שקץ הם את הנשר ואת הפרס ואת העזניה. ואת הדאה ואת האיה למינה. את כל ערב למינו. ואת בת היענה ואת התחמס ואת השחף ואת הנץ למינהו. ואת הכוס ואת השלך ואת הינשוף. ואת התנשמת ואת הקאת ואת הרחם. ואת החסידה האנפה למינה ואת הדוכיפת ואת העטלף. כל שרץ העוף ההלך על ארבע שקץ הוא לכם. אך את זה תאכלו מכל שרץ העוף ההלך על ארבע אשר לא כרעים ממעל לרגליו לנתר

בהן על הארץ. את אלה מהם תאכלו את הארבה למינו ואת הסלעם למינהו ואת החרגל למינהו ואת החגב למינהו. וכל שרץ העוף אשר לו ארבע רגלים שקץ הוא לכם. ולאלה תטמאו כל הנגע בנבלתם יטמא עד הערב. וכל הנשא מנבלתם יכבס בגדיו וטמא עד הערב. לכל הבהמה אשר היא מפרסת פרסה ושסע איננה שסעת וגרה איננה מעלה טמאים הם לכם כל הנגע בהם יטמא. וכל הולך על כפיו בכל החיה ההלכת על ארבע טמאים הם לכם כל הנגע בנבלתם יטמא עד הערב. והנשא את נבלתם יכבס בגדיו וטמא עד הערב טמאים המה לכם.

וזה לכם הטמא בשרץ השרץ על הארץ החלד והעכבר והצב למינהו. והאנקה והכח והלטאה והחמט והתנשמת. אלה הטמאים לכם בכל השרץ כל הנגע בהם במתם יטמא עד הערב. וכל אשר יפל עליו מהם במתם יטמא מכל כלי עץ או בגד או עור או שק כל כלי אשר יעשה מלאכה בהם במים יובא וטמא עד הערב וטהר. וכל כלי חרש אשר יפל מהם אל תוכו כל אשר בתוכו יטמא ואתו תשברו. מכל האכל אשר יאכל אשר יבוא עליו מים יטמא וכל משקה אשר ישתה בכל כלי יטמא. וכל אשר יפל מנבלתם עליו יטמא תנור וכירים יתץ טמאים הם וטמאים יהיו לכם. אך מעין ובור מקוה מים יהיה טהור ונגע בנבלתם יטמא. וכי יפל מנבלתם על כל זרע זרוע אשר יזרע טהור הוא. וכי יתן מים על זרע ונפל מנבלתם עליו טמא הוא לכם. וכי ימות מן הבהמה אשר היא לכם לאכלה הנגע בנבלתה יטמא עד הערב. והאכל מנבלתה יכבס בגדיו וטמא עד הערב והנשא את נבלתה יכבס בגדיו וטמא עד הערב. וכל השרץ השרץ על הארץ שקץ הוא לא יאכל.

חצי אותיות שבתורה

כל הולך על גחון וכל הולך על ארבע עד כל מרבה רגלים לכל השרץ השרץ על הארץ לא תאכלום כי שקץ הם. אל תשקצו את נפשתיכם בכל השרץ השרץ ולא תטמאו בהם ונטמתם בם. כי אני יהוה אלהיכם והתקדשתם והייתם קדשים כי קדוש אני ולא תטמאו את נפשתיכם בכל השרץ הרמש על הארץ. כי אני יהוה המעלה אתכם מארץ מצרים להית לכם לאלהים והייתם קדשים כי קדוש אני. זאת תורת הבהמה והעוף וכל נפש החיה הרמשת במים ולכל נפש השרצת על הארץ. להבדיל בין הטמא ובין הטהר ובין החיה הנאכלת ובין החיה אשר לא תאכל.

פרש

וידבר יהוה אל משה לאמר. דבר אל בני ישראל לאמר אשה כי תזריע וילדה זכר וטמאה שבעת ימים כימי נדת דותה תטמא. וביום השמיני ימול בשר ערלתו.

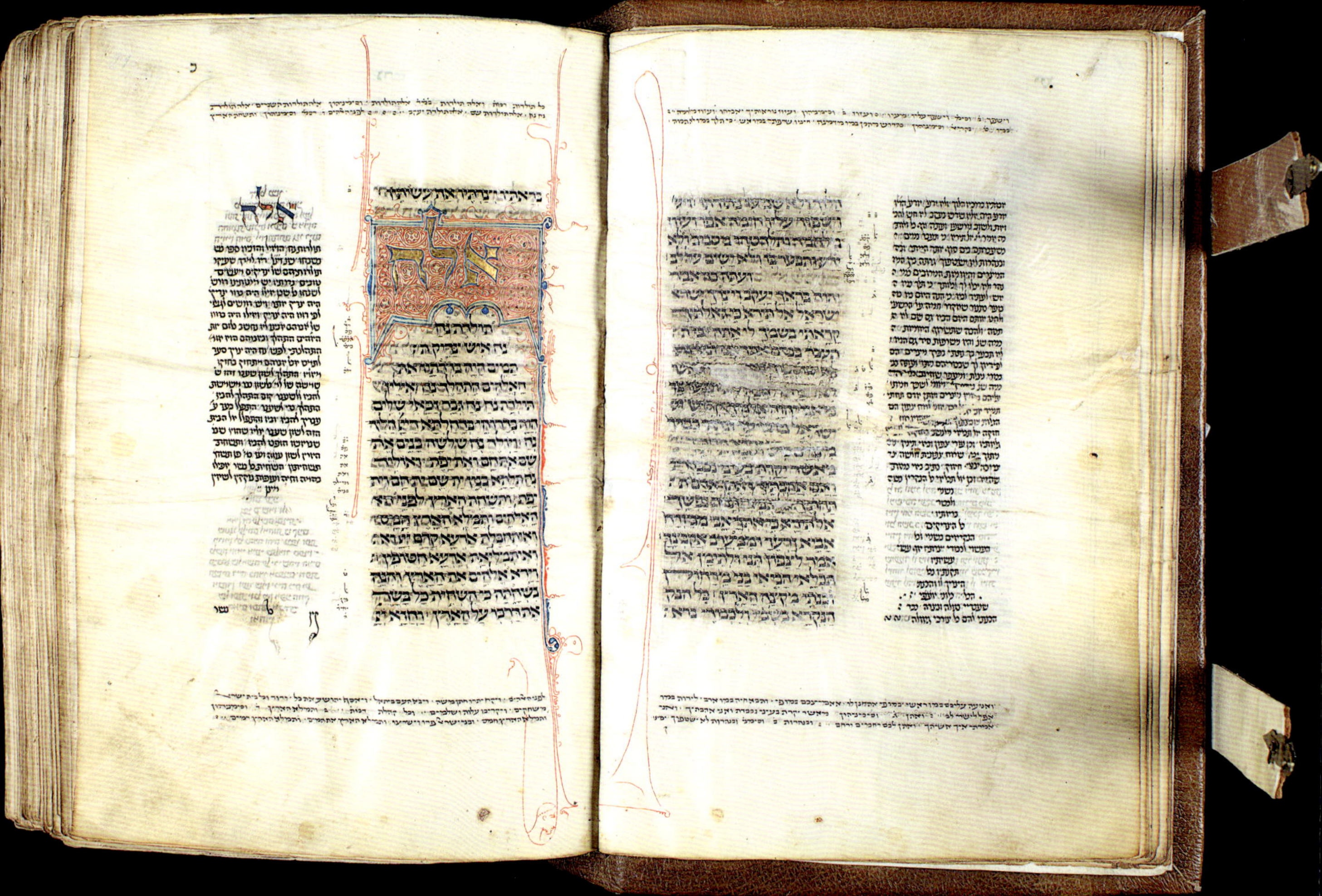

Das Korpus prophetischer Bücher umfasst neben den Büchern Josua/Jehoschu'a, Richter/Schoftim, Samuel/Schmu'el und Könige/Melakhim auch diejenigen der „klassischen" Nevi'im (Jesaja/Jeschaja - Jeremia/Jirmajahu - Ezechiel/Jechesqel - das Zwölfprophetenbuch/ Tré Assar). Aufgrund der inhaltlichen und stilistischen Differenzen zwischen diesen zwei Schriftengruppen untergliedert man die Nevi'im nochmals in zwei Gruppen: Die sogenannten Vorderen Propheten (die Nevi'im Rischonim) umfassen die Werke der theologischen Historiographie (Jos bis 2 Kön);[17] die Hinteren Propheten (Nevi'im Acharonim) enthalten die „klassischen" Bücher Jesaja bis Tré Assar. Die Kategorisierung großer Teile des Tana"kh als Nevi'im erklärt sich aus der Überzeugung der frühen jüdischen Interpreten, wonach nur den von Propheten vorgetragenen Worten Heiligkeit zukommt. Mit dem Ende der Prophetie endet auch die Ära der biblischen Texte und umgekehrt: Die Kanonisierung der biblischen Texte markiert zugleich das Ende der Prophetie. Dieser Auffassung folgend, hat bereits der Talmud (7. Jhd.) jedem einzelnen als kanonisch anerkanntem biblischen Buch einen prophetischen Autor zugewiesen:

Mose schrieb sein Buch und den Abschnitt Bileam [Num 22-24] und Ijov. Josua schrieb sein Buch und acht Verse, die in der Tora sind [in denen von Moses Tod die Rede ist]. Samuel schrieb sein Buch und Schoftim und Rut. David schrieb das Buch der Tehillim, mit Hilfe von zehn ‚Alten': mit Hilfe vom ersten Adam, mit Melchizedek, mit Abraham, mit Mosche, mit Hejman, mit Jedutun und durch Asaf und mit Hilfe der drei Söhne Korachs.[18] Jirmeja schrieb sein Buch und das Buch Melakhim sowie Ekha [Klagelieder]. Hiskija und seine Gehilfen[19] schrieben Jeschajahu, Mischle, Schir ha-Schirim und Qohelet. Die Männer der Großen Versammlung schrieben Jechesqel und Tré Assar, Daniel und die Ester-Rolle. Esra schrieb sein Buch und Divré ha-jamim [Chronikbücher] bis auf seine Zeit." (Babylonischer Talmud, Baba Batra 14b/15a)

Die talmudischen Zuschreibungen sind historisch durchweg nicht belastbar. Interessant ist allerdings, dass bereits dieses spätantike Kompendium eine literarisch-kritische Perspektive einnimmt, wenn es den Bericht über den Tod Mosches (Dtn 34:5-12) dem Josua als dessen Autor zuweist. Nicht einmal ein Prophet kann über sein eigenes Sterben Auskunft geben. Bemerkenswert erscheint darüber hinaus die Tatsache erscheint die Tatsache, dass Salomo, nach biblischer Geschichtsschreibung der Nachfolger König Davids, vom Talmud mit keinem der ihm üblicherweise zuerkannten biblischen Texte (Mischle/Sprüche, Hohelied, Qohelet/Prediger) bedacht und nicht einmal als Psalmautor (vgl. Ps 72:127) berücksichtigt wird. Auch in diesem Fall könnte eine literarkritische Haltung vermutet werden - oder ein Werturteil über die allzu frivolen Kontakte des Herrschers mit der nicht-israelitischen Damenwelt. Dem Prophet Ezechiel wird das gleichnamige Buch ebenfalls nicht zuerkannt. Stattdessen bemüht der Talmud ein historiografisches Konstrukt, das bereits in der Mischna (Traktat Avot) die Lücke zwischen den jüngsten biblischen Büchern und den ältesten rabbinischen Gelehrten[20] überbrücken soll: die „Männer der großen Versammlung". Sie werden für die Bücher Ezechiel, das Dodekapropheton/Zwölfprophetenbuch, Daniel und Ester verantwortlich gemacht, die tatsächlich zum jüngsten Bestand der biblischen Texte gehören.[21]

Aus diesem Grund findet sich das Buch Daniel - anders als in den christlichen Traditionen - nicht den Propheten, sondern den Ketuvim/Schriften, dem dritten Teil der Hebräischen Bibel zugeordnet. Die Schriften (כתובים) - so legt es mindestens deren Funktion als zweiter Ring um die Tora nahe - formulieren die menschliche Reaktion auf die Offenbarung Gottes an Israel (Tora) und deren Interpretation durch die Propheten. Man kann dies in besonderer Weise bei den Psalmen (*Tehillim*) beobachten. Sie sind, analog zur Tora, in fünf Bücher gegliedert und sprechen die gesamte Bandbreite menschlicher Emotionen und Lebenslagen an.

← **Abb. 3** Pentateuch vom Niederrhein mit Raschi-Kommentar, Ms. or. quart. 1, fols. 20v/21r, 14. Jhd. | SBB-PK

In die tiefsten Tiefen menschlichen Leidens dringt das Buch Hiob/Ijov vor, das um Antworten auf die Frage ringt, wie man die Sinnlosigkeit von Elend und Krankheit mit der guten Schöpfungsordnung Gottes in Zusammenhang bringen soll.

In den Alltag entführt hingegen das Buch der Sprüche/Mischle, das einen pädagogischen Ton anschlägt und seine Leser unter anderem zu Gottesfurcht und Weisheit anleiten möchte. Weiterhin gehören eine Sammlung von Festrollen (Megillot), die zu fünf großen Fest- und Gedenktagen vorgetragen werden sollen,[22] sowie drei bzw. fünf Bücher jüngeren Datums zum Bestand der Ketuvim.[23]

Die Nevi'im schließen mit einem programmatischen Verweis auf Mosche und „seine" Tora:

Erinnert euch der Tora Moses, meines Knechts, dem Ich am Horeb in Bezug auf ganz Israel Satzungen und Rechtssätze geboten habe. [Mal 3:22]

Die Ketuvim hingegen eröffnen mit einem Lobpreis der Tora [Ps 1:1–2] und enden mit einem Hinweis auf die Erlaubnis des persischen Großkönigs Kyros [um 590–530 v. u. Z.], aus dem Exil heimzukehren und das Heiligtum zu Jerusalem neu zu erbauen:

So spricht Koresch, der König Persiens: Alle Königtümer des Landes gab mir der Ewige, der Gott des Himmels. Er hat es mir aber auferlegt, Ihm ein Haus in Jeruschalajim zu erbauen, welches in Jehudah ist. Wer unter euch von Seinem ganzen Volk ist, der Ewige, der Gott ist mit ihm, er ziehe hinauf! [2 Chr 36:23]

Damit sind zwei zentrale Themen der Hebräischen Bibel noch einmal hervorgehoben: die Tora als einzigartige Weisung des Ewigen und das Exodusmotiv: der Verlust und Wiedergewinn des Heiligen Landes.

ZUM AUFBAU DES „ALTEN TESTAMENTS"

Die christlichen Bibeln hingegen folgen, soweit es das „Alte Testament" betrifft, einem linear-chronologischen Prinzip. In drei Ansätzen: auf die „historische" Darstellung folgt die weisheitliche bzw. „poetische" sowie schließlich eine prophetische Sequenz.[24] Dabei ist zu beachten, dass der umfangreichere Kanon des „Alten Testaments" nebst seinem vierteiligen Aufbau (Pentateuch[25] – Bücher der Geschichte – Weisheit – Prophetie) erst um das Jahr 400 festgelegt worden ist. In den Ostkirchen vollzog sich dieser Schritt sogar erst im 7. Jahrhundert. Im Neuen Testament und bei den frühen Kirchenvätern fehlt jeder Hinweis auf die (im jüdischen und protestantischen Verständnis) außerkanonischen Bücher der Hebräischen Bibel.[26]

Die Gründe für die (späte) Erweiterung des christlichen Kanons lassen sich kaum mit letzter Sicherheit benennen. Hier mag die griechische Überlieferung eine Rolle gespielt haben, in der kanonische wie außerkanonische Bücher des Alten und Neuen Testaments in die gemeindliche Praxis übernommen wurden. Womöglich diente die jeweils unterschiedlichen Fassungen der Hebräischen Bibel und des christlichen Alten Testaments auch der beiderseitigen Abgrenzung und Identitätsbildung. Die durchweg jüngere Entstehungszeit der deuterokanonischen Werke brachte zudem die beiden Teile der christlichen Bibel historisch wie inhaltlich näher zueinander.

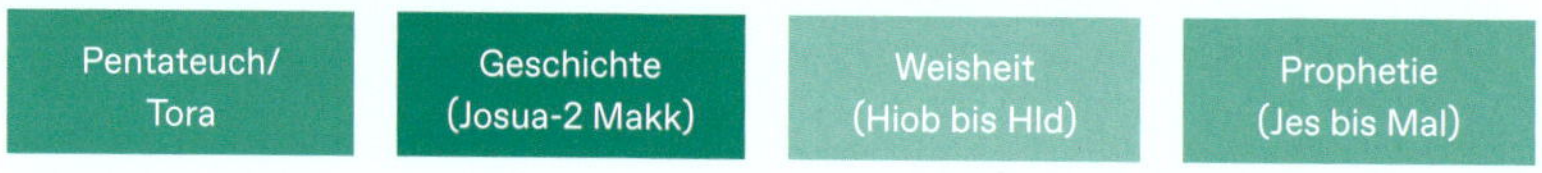

Die Frühe Kirche entwickelte eine Anordnung der biblischen Bücher, die sich einem geschichtstheologischen Schema von Vergangenheit - Gegenwart - Zukunft unterordnet. Die „Schriften", der vor allem weisheitlich geprägte Teil des „Alten Testaments", wurde - anders als im Tana"kh - direkt hinter den „historischen" Teil gesetzt; die prophetischen Bücher bildeten nun den Schluss. Diese Reihenfolge entspricht einer mit Jesus von Nazareth beginnenden „Heilsgeschichte". Die prophetischen Aussagen scheinen einen nahtlosen Übergang zum Neuen Testament zu ermöglichen. Führt man das Malachi-Zitat (Mal 3:22) vom Gedenken an die Tora weiter, so heißt es dort abschließend:

Sieh, ICH sende euch den Elijahu, den Künder, vor dem Kommen des großen und Furcht erregenden Tages des Ewigen. Und er wird das Herz der Väter den Söhnen zuwenden und das Herz der Söhne ihren Vätern, damit Ich nicht komme, um das ganze Land unter Bann zu stellen. (Mal 3:23-24)

Das prophetische Amt Elijas, das ihm bei seiner endzeitlichen Wiederkunft zugeschrieben wird, konnte die werdende Kirche aufgrund dieser Anordnung direkt auf das Wirken des apokalyptischen Predigers Johannes des Täufers beziehen, der von den Autoren der synoptischen Evangelien als Vorläufer Christi und Elija *redivivus* dargestellt wird.[27]

TEXTGESCHICHTE UND REZEPTION

Die Herausbildung der jüdischen Bibel und des christlichen „Alten Testaments" vollzog sich auf der Grundlage mehrerer großer Schriftengruppen, die im Laufe mehrerer Jahrhunderte in verschiedenen Sprachen, Trägergruppen und Regionen entstanden.

Von größter Bedeutung für die Verschriftlichung der priesterlichen und höfischen Traditionen Alt-Israels waren die Erfahrungen von Verlust und Exil, welche die beiden Königtümer Israel (722 v. u. Z.) und Jehudah (595/586 v. u. Z.) nacheinander ereilte. Aufgrund des längeren Fortbestands der Jerusalemer Eliten und des teilweisen Wiederaufbaus seines Gemeinwesens beherrscht die judäische Perspektive Textauswahl und Schwerpunktsetzung der Hebräischen Bibel.

Der dreiteilige Aufbau der jüdischen Bibel dürfte die Reihenfolge ihrer Entstehung widerspiegeln. Die derzeitige Forschung geht mehrheitlich davon aus, dass die Tora im Zusammenhang mit der Restitution eines jüdischen Gemeinwesens unter persischer Herrschaft im 5. Jahrhundert v. u. Z. erarbeitet wurde. Selbstverständlich finden sich ältere Texte in sie inkorporiert. Die Feststellung von Art und (ungefährem) Umfang der Nevi'im erfolgte jedoch erst in hellenistischer Zeit. Als ein wichtiger Zeuge dieser Prozesse wäre das Buch ben Sira (um 180 v. u. Z.) zu nennen, in dem bereits die noch heute gültige Anzahl prophetischer Bücher (im engeren Sinne) vorausgesetzt wird. Sir 48:20-25 erwähnt - im Rahmen einer kurzgefassten Darstellung der biblischen Historiografie - das Wirken Jesajas. In Bezug auf die weiteren prophetischen Bücher heißt es weiter:

Und sie [die Babylonier] zündeten die heilige Stadt an / und verwüsteten ihre Straßen / um Jeremias willen / denn sie hatten ihn gedemütigt, / und er war vom Mutterschoß an geschaffen zum Propheten, / auszureißen und niederzureißen und zu verderben, zu zerstören, / und so auch um zu bauen, zu pflanzen, wiederherzustellen. / Ezechiel schaute ein Gesicht/ und berichtete von den Gestalten des Wagens. / Auch schaffte er Erinnerung an Hiob, / der a[lles in G]erechtigkeit ausrichtete.[28] Und ferner die zwölf Propheten, / es mögen ihre Gebeine auf[sprießen aus ihrem] Grab, / die Jakob Heilung zuteil werden ließen / und ihm halfen durch [hoffnungsvollen Glauben]. (Sir 49:6-10)[29]

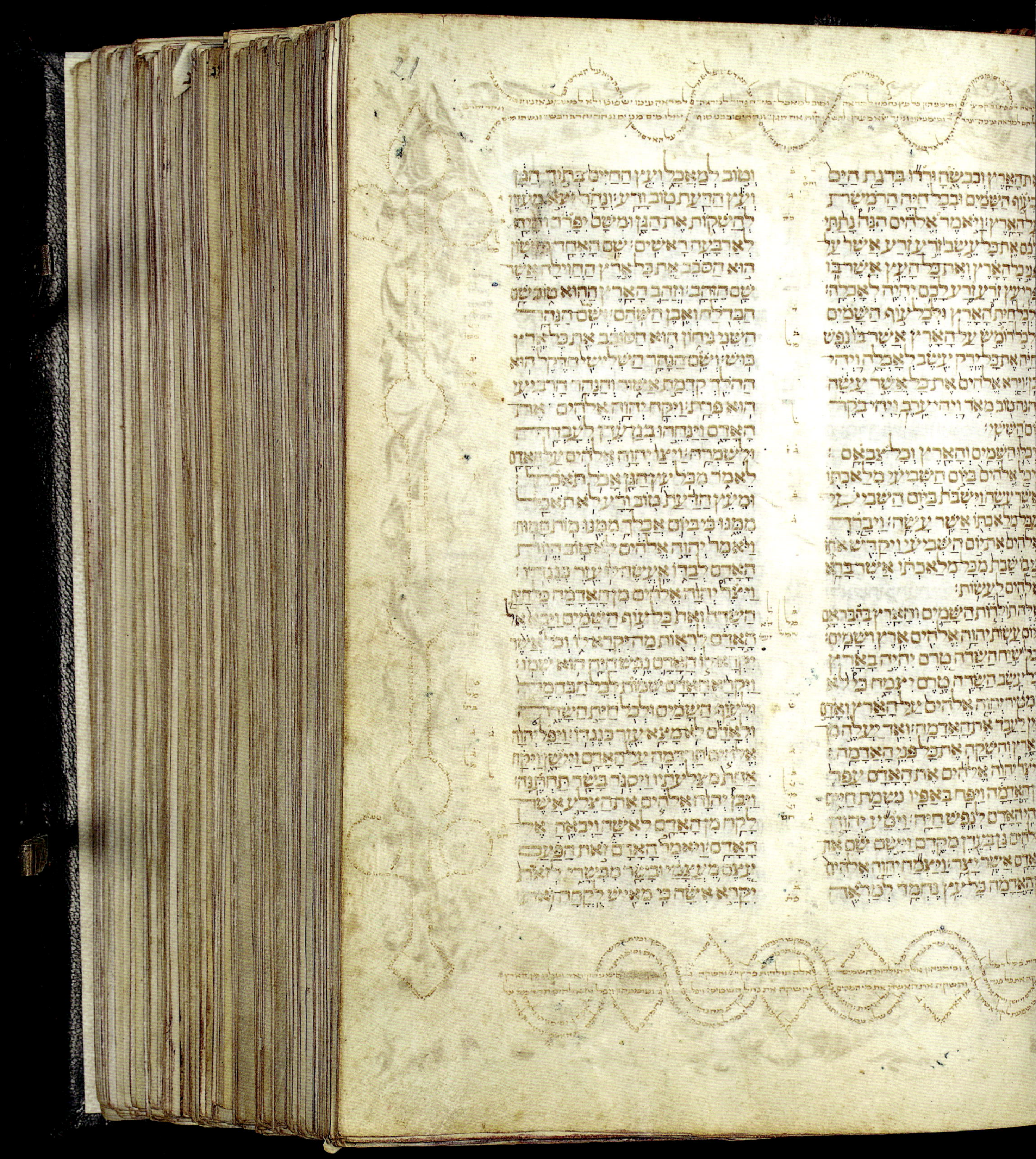
וטוב למאכל ועץ החיים בתוך הגן
ועץ הדעת טוב ורע ונהר יצא מעדן
להשקות את הגן ומשם יפרד והיה
לארבעה ראשים שם האחד פישון
הוא הסבב את כל ארץ החוילה אשר
שם הזהב וזהב הארץ ההוא טוב שם
הבדלח ואבן השהם ושם הנהר
השני גיחון הוא הסובב את כל ארץ
כוש ושם הנהר השלישי חדקל הוא
ההלך קדמת אשור והנהר הרביעי
הוא פרת ויקח יהוה אלהים את
האדם וינחהו בגן עדן לעבדה
ולשמרה ויצו יהוה אלהים על האדם
לאמר מכל עץ הגן אכל תאכל
ומעץ הדעת טוב ורע לא תאכל
ממנו כי ביום אכלך ממנו מות תמות
ויאמר יהוה אלהים לא טוב היות
האדם לבדו אעשה לו עזר כנגדו
ויצר יהוה אלהים מן האדמה כל חית
השדה ואת כל עוף השמים ויבא אל
האדם לראות מה יקרא לו וכל אשר
יקרא לו האדם נפש חיה הוא שמו
ויקרא האדם שמות לכל הבהמה ול
לעוף השמים ולכל חית השדה
ולאדם לא מצא עזר כנגדו ויפל יהוה
אלהים תרדמה על האדם ויישן ויקח
אחת מצלעתיו ויסגר בשר תחתנה
ויבן יהוה אלהים את הצלע אשר
לקח מן האדם לאשה ויבאה אל
האדם ויאמר האדם זאת הפעם
עצם מעצמי ובשר מבשרי לזאת
יקרא אשה כי מאיש לקחה זאת

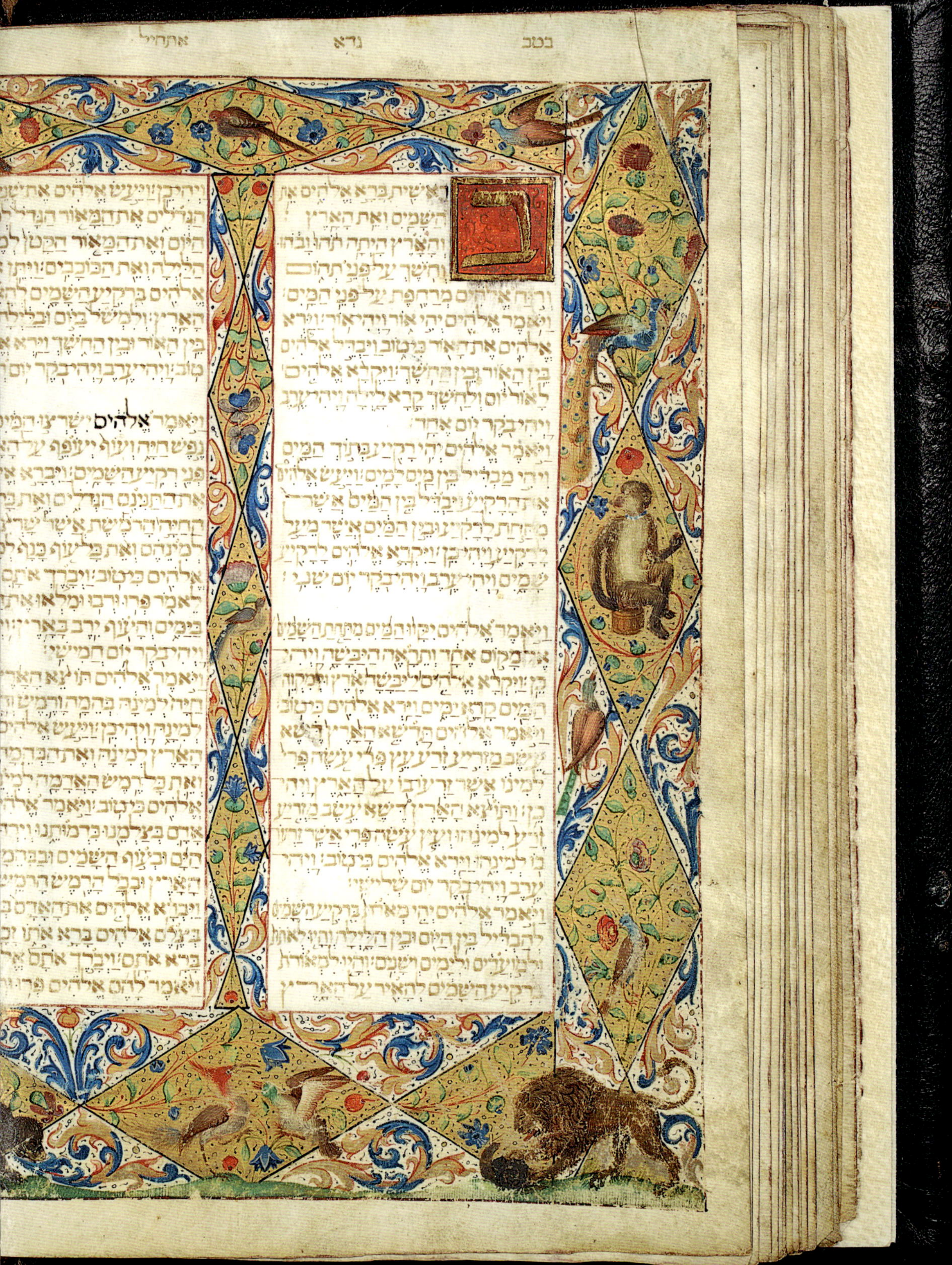

בראשית ברא אלהים את
השמים ואת הארץ
והארץ היתה תהו ובהו
וחשך על פני תהום
ורוח אלהים מרחפת על פני המים
ויאמר אלהים יהי אור ויהי אור וירא
אלהים את האור כי טוב ויבדל אלהים
בין האור ובין החשך ויקרא אלהים
לאור יום ולחשך קרא לילה ויהי ערב
ויהי בקר יום אחד
ויאמר אלהים יהי רקיע בתוך המים
ויהי מבדיל בין מים למים ויעש אלהים
את הרקיע ויבדל בין המים אשר
מתחת לרקיע ובין המים אשר מעל
לרקיע ויהי כן ויקרא אלהים לרקיע
שמים ויהי ערב ויהי בקר יום שני
ויאמר אלהים יקוו המים מתחת השמים
אל מקום אחד ותראה היבשה ויהי
כן ויקרא אלהים ליבשה ארץ ולמקוה
המים קרא ימים וירא אלהים כי טוב
ויאמר אלהים תדשא הארץ דשא
עשב מזריע זרע עץ פרי עשה פרי
למינו אשר זרעו בו על הארץ ויהי
כן ותוצא הארץ דשא עשב מזריע
זרע למינהו ועץ עשה פרי אשר זרעו
בו למינהו וירא אלהים כי טוב ויהי
ערב ויהי בקר יום שלישי
ויאמר אלהים יהי מארת ברקיע השמים
להבדיל בין היום ובין הלילה והיו לאתת
ולמועדים ולימים ושנים והיו למאורת
ברקיע השמים להאיר על הארץ

Auch die Deutung der „Vorderen Propheten“, der Bücher des Deuteronomistischen Geschichtswerks (DtrG: Jos, Ri, Sam, Kön) als prophetischen Ursprungs kann man ben Sira (46–48) entnehmen. Wie bereits für die Tora konstatiert, so muss mit Blick auf die *Nevi'im Acharonim* ebenfalls mit langen Traditionsprozessen gerechnet werden. Sie reichten vom (möglicherweise) gesprochenen Wort über dessen erste Verschriftlichung bis zu einem theologisch strukturierten, jeweils aktualisierten und literarisch überarbeiteten „Buch“.

Der genaue Umfang der Ketuvim, des dritten Teils der Hebräischen Bibel, war noch unter den Rabbinen im 2. Jahrhundert n. u. Z. umstritten. Weder ben Sira noch das Neue Testament, das durchgängig von „dem Gesetz und den Propheten“ spricht, verweisen auf die weisheitlichen Bücher als eine eigenständige Sammlung.[30]

Als die früheste noch erhaltene Überlieferung von Texten des Tana"kh gelten die zahlreichen am Toten Meer aufgefundenen Handschriften. Die ältesten unter ihnen, aus der Siedlung Chirbet Qumran stammend, lassen sich auf das 3. Jahrhundert v. u. Z. datieren.[31] Außer dem Buch Ester sind dort alle Schriften der heutigen Hebräischen Bibel ganz oder in Fragmenten vertreten, dazu die deuterokanonischen Bücher Tobit, Baruch, Sirach, Jubiläen und Henoch. Neben der hebräisch-aramäischen Überlieferung gehört zu den Funden vom Toten Meer sogar eine griechische Übersetzung von Teilen des Zwölfprophetenbuchs aus Nachal Hever (HevXIIgr., 1. Jhd. n. u. Z.). Die Funde vom Toten Meer repräsentieren verschiedene Textsorten. So enthalten etwa die Hälfte der Qumran-Handschriften den später normativen (sogenannten masoretischen) Text der Hebräischen Bibel, andere bieten eigene, bis dato unbekannte Varianten.[32]

Die zweite (für die jüdisch-christliche Tradition) bedeutsame Überlieferungsgruppe umfasst die sogenannten Septuaginta-Texte. Sie beziehen ihren Namen aus einer Legende, die sich um die Übersetzung der Tora ins Griechische rankt. Die in verschiedenen Varianten wiedergegebene Erzählung[33] berichtet vom Auftrag des Königs Ptolemaios II. Philadelphos (reg. 285–247 v. u. Z.) an den Hohepriester zu Jerusalem, geeignete Gelehrte mit den „Schriftrollen des jüdischen Gesetzes“ nach Ägypten zu schicken, um diese dort in die griechische Sprache zu übersetzen. Die solcherart ausgewählten 72 Schriftkundigen, sechs aus jedem Stamm Alt-Israels, wurden auf der Insel Pharos untergebracht. Wunderbarerweise gelang ihnen in nur 72 Tagen eine makellose Übersetzung der Tora, die von der judäisch-jüdischen Gemeinde Alexandrias sogleich approbiert wurde.

Als historisch belastbar an dieser Erzählung kann die alexandrinische Diaspora als Adressat jener ältesten Übersetzung der Tora gelten; zusätzlich womöglich die Zeit um 300 v. u. Z. als Beginn des ganzen Vorhabens. Der Bedarf und der große praktische Nutzen eines griechischen Pentateuchs für Liturgie und Unterricht in der zahlenmäßig und kulturell bedeutsamen judäisch-jüdischen Gemeinde Alexandrias ist evident. Das Gesamtprojekt einer Übersetzung der Hebräischen Bibel (und mithin die Entstehung des Schriftenkorpus „Septuaginta“) zog sich über fünf Jahrhunderte und teilweise mehrere Fassungen hin bis in das 2. Jahrhundert n. u. Z.. Auch ein Jerusalemer Normtext fand bei der Arbeit keine Verwendung – einige Bücher (vgl. Jer und Dan) sind in Art und Umfang deutlich vom masoretischen Text verschieden. Ebenso wenig lässt sich eine einheitliche Methode beobachten. Freie und wörtliche Übersetzungen wechseln.[34] Zum Bestand der Septuaginta-Überlieferung gehören weiterhin zusätzliche Schriften und Texte, von denen einige direkt in griechischer Sprache verfasst wurden (SapSal, 2–4 Makk). Die meisten dieser Texte fanden Aufnahme in den katholischen Kanon.

Mit den griechischen Übersetzungen wurde die Bibel Alt-Israels Teil der hellenistischen Diskurse; passte sich jedoch auch umgekehrt in Sprachgebung und Begriffsfindung in die theologisch-philosophischen Denkgebäude der griechischen Umwelt ein. Ihre kulturgeschichtlich größte Bedeutung erlangte die „Septuaginta" als Normtext der werdenden Kirche. Die bedeutendste lateinische Tochterübersetzung der LXX, die sogenannte Vulgata (um 400 n. u. Z.), wurde zur Normbibel des christlichen Mittelalters.

NARRATIVE BÖGEN UND DER BIBLISCHE WAY OF LIFE

Die Hebräische Bibel birgt in sich vielfältige Theologien, diverse Reflexionen über das gesellschaftliche Leben und sehr heterogene Ansichten über das menschliche Wesen im Allgemeinen und Speziellen. Sie bilden eine Generationen übergreifende Vielstimmigkeit, die den eigentlichen Wert des Tana"kh ausmacht. Über Hunderte von Jahren hinweg haben sich Menschen buchstäblich über Gott und die Welt Gedanken gemacht und den Einsichten ihrer Vorfahren eigene Erfahrungen und Perspektiven hinzugefügt. Brüche und Widersprüche bleiben da nicht aus - sie sind als Ausdruck unterschiedlicher Positionen sogar besonders wertvoll.

Dennoch lassen sich einige große Erzählungen und dominierende Themen benennen, welche die Hebräische Bibel wiederholt zur Sprache bringt. Eines dieser Narrative ist dasjenige von Sklaverei und Befreiung, von der Rückkehr aus der Fremde in das Eigene. Das zugehörige Thema, inspiriert vom Untergang der eigenen Staatswesen und der Existenz im fernen Exil, reflektiert die Bedingungen, unter denen das Wohnen im Heiligen Land möglich und auf Dauer gesichert werden kann. Dabei konkurrieren priesterliche Stimmen, die - wen wundert's - im korrekt ausgeführten Kult das wesentliche Element zur Rettung vor erneuter Vertreibung sehen, mit nicht-priesterlichen Autoren, die eher ethische, soziale und politische Faktoren zur Geltung bringen. Das Ringen um eine angemessene gesellschaftliche Verfassung eines von dem Einen Gott angeleiteten Volkes im eigenen Land durchzieht weite Teile der Tora und der Nevi'im. Die wesentliche Gemeinsamkeit priesterlicher und höfischer Theologen, die in jedem Fall bleibende Bedeutung haben sollte, besteht in der Einsicht, dass Frömmigkeit bzw. der Dienst an Gott nicht zu trennen sind vom Ringen um Gerechtigkeit, vom Einsatz für die Menschen am Rande der Gesellschaft. Wer meint, dem Ewigen dienen zu können, ohne die gravierenden Probleme um sich herum beherzt anzugehen, der hat nach Ansicht der meisten biblischen Autoren im Heiligtum nichts verloren.

Die Texte des Tana"kh spiegeln in Erzählungen, ethischen Reflexionen und gesellschaftlichen Normen eine sich über Jahrhunderte wandelnde Gemeinschaft ebenso wie die beharrliche (Selbst-)Vergewisserung einer eigenen kulturellen Identität, die Orientierung vermittelt, aber auch Sehnsucht nach Veränderung und Verbesserung in sich trägt.

1 Vgl. dazu Martin Bocian, *Lexikon der biblischen Personen* (Stuttgart: Kröner, 1989); Karin Schöpflin, *Die Bibel in der Weltliteratur* (Tübingen: Mohr Siebeck, 2011).

2 „To construct one's self against something one does not understand, or care much about, does not make for a very coherent, compelling, or durable self. It does not make for an influential or rich culture of ideas either." Jaques Berlinerblau, *The Secular Bible: Why Nonbelievers must take Religion Seriously* (Cambridge u. a.: Cambridge University Press, 2005), 4.

3 Der Begriff Alt-Israel bezieht sich auf die politischen Territorien des Königtums Israel (mit Samaria als Hauptstadt) und das südlich davon gelegene Königtum Juda (mit Jerusalem als Zentrum). Das Königtum Israel ging im Jahre 722 v. u. Z. im Neuassyrischen Reich auf; Juda hielt sich bis 597/686 v. u. Z.; dann wurde der Tempel zu Jerusalem zum ersten Mal zerstört und die Elite des Landes ins Zweistromland deportiert („Babylonisches Exil", 597–539/520 v. u. Z.). Die Bücher der Bibel sind weit überwiegend aus der Perspektive des kleinen südlichen Königtums Juda verfasst und unter dem Eindruck des Babylonischen Exils redigiert worden. Vgl. Rainer Albertz, *Religionsgeschichte Israels in Alttestamentlicher Zeit, Grundrisse zum Alten Testament*, 2 Bde. (2. Aufl., Göttingen: Vandenhoeck und Ruprecht, 1996–1997), hier Bd. 2.

4 Guy Stroumsa, *The End of Sacrifice: Religious Transformation in Late Antiquity* (Chicago/London: Chicago University Press, 2009).

5 Materialiter bezeichnet die schriftliche Tora im engeren Sinne die Fünf Bücher Mose (den Pentateuch), im weiteren Sinne die gesamte Hebräische Bibel. Die mündliche Tora ist ein theologisches Konstrukt zur Absicherung der frühjüdischen Überlieferung. Sie umfasst per definitionem alles, was in Auslegung der schriftlichen Tora gesagt wurde, gesagt wird und gesagt werden wird. All dies sei bereits Moses am Sinai mündlich mitgeteilt worden. Zur „mündlichen Tora" gehören demnach die klassischen jüdischen Texte wie Mischna, Talmud und Midrasch, aber auch alles, was in der Folgezeit kommentierend gelehrt worden ist.

6 Die Pesiqta Rabbati ist eine Sammlung von Predigten, die im frühen Mittelalter zusammengestellt wurde, aber Elemente aus einem langen Entstehungszeitraum in sich birgt. Vgl. Günter Stemberger, *Einleitung in Talmud und Midrasch* (9. Aufl., München: C H. Beck, 2011), 332–335.

7 Vgl. auch die Rezeption der jeremianischen Figur bei Ez 11:19–20 und 36:26–28.

8 Vgl. Heinz-Günther Schöttler, „Re-Visionen christlicher Theologie aus der Begegnung mit dem Judentum, Judentum – Christentum – Islam", in: *Interreligiöse Studien* 13 (2016), bes. 435–456; Susanne Talabardon, „Die Hebräische Bibel und ihr Einfluss auf die christliche Spiritualität", in: *Perspektiven einer ökumenischen Spiritualität* (Stuttgart: Kohlhammer, 2011), 329–344.

9 Erich Zenger und Christian Frevel, „Heilige Schrift der Juden und Christen", in: Erich Zenger u. a., *Einleitung in das Alte Testament*, hg. von Christian Frevel (9. Aufl., Stuttgart: Kohlhammer, 2016), 15.

10 Vgl. ebd., 16–17.

11 Das stimmlose „ch" („kh") am Ende des Akronyms ergibt sich aus der Besonderheit des hebräischen Buchstabens kaf („k"), der am Ende einer Silbe meist wie „kh" ausgesprochen wird. Das Kurzwort (Akronym) Tanakh wird oft auch mit T'nakh (Tenakh) vokalisiert, da der erste Vokal, wenn unbetont, an Wert verliert.

12 Abstraktnomen, vom hebr. qr' ausrufen, (laut) vorlesen.

13 Bei den in aramäischer Sprache abgefassten Texten handelt es sich um Jer 10:11; Dan 2:4–7,28; Esra 4:8–6,18; 7:12–26.

14 Unter Kanon (von griech. κανών; d.i. Maßstab, Richtschnur) versteht man eine Liste verbindlicher Bücher, welche die Kultur und Identität einer Gemeinschaft zum Ausdruck bringen. Der Begriff wurde erst im 4. Jahrhundert durch christliche Theologen (Konzil von Laodicea im Jahr 360 n. u. Z.) auf die Bibel angewendet. In der frühen jüdischen Tradition spricht man hingegen von Texten, welche „die Hände verunreinigen", d. h. von Texten, die im kultischen Sinne so heilig sind, dass man sie nicht berühren darf (vgl. Mischna, Traktat Jadajim III,5: „Alle heiligen Schriften machen die Hände unrein."). Vgl. dazu Zenger 2016 (wie Anm. 9), 149–151.

15 Zenger (ebd.: 141–142) datiert den gesamten Prozess des Werdens des Pentateuch/der Tora auf 450–350 BCE. Die Formierung der Tora „als eigenständiger Größe" sei in die zweite Hälfte des 5./auf den Anfang des 4. Jahrhunderts zu terminieren.

16 Vgl. auch Ex 19:9; 34:29–35; Num 11:16–17; Dtn 4:4.44; 27:3.8; 31:9.11 u. ö.; Jos 1:7,8; 8:31–32.34 u. ö.).

17 In der Forschung bezeichnet man diese Schriftengruppe auch als „Deuteronomistisches Geschichtswerk", weil es wesentliche theologische Einsichten des Deuteronomiums zu einer theologischen Historiografie der Entwicklung Israels im Heiligen Land ausrollt; vgl. dazu Jan Christian (Hg.), *Grundinformation Altes Testament* (5. Aufl., Göttingen: Vandenhoeck & Ruprecht, 2016), 285–312.

18 Bei dieser Passage geht es um verschiedene biblische Persönlichkeiten, denen einzelne Psalmen (sekundär) zugeschrieben werden. Einer nachbiblischen Tradition zufolge sei Adam der (Ko-)Autor von Psalm 139 (wegen der primordialen Wahrnehmungen 139:14–16), Melchizedek der von Ps 110 (vgl. 110:4), Avraham der von Ps 89, weil er sich hinter dem Namen „Etan, der Esrachite" verbergen soll. Ps 90 wird schon in dessen Text (Ps 90:1a) Mosche zuerkannt; ebenso Ps 88 dem Hejman, Ps 39 dem Jedutun und Asaf die Psalmen 50, 73–83. Als Korach-Psalmen werden 42:44–49, 84, 85, 87 und 88 geführt.

19 Mit „Hiskija und seine Gehilfen" ist der judäische König Hiskija (um 750–696 BCE) gemeint, der als besonders frommer König geschildert wird (2 Kön 18:1–20,21). Grundlage für die obige Zuschreibung ist Spr 25:1.

20 Die rabbinischen Gelehrten (von hebr. Rav, d. i. Meister) schufen die Voraussetzungen für die Entwicklung des Judentums in der Spätantike vom 2. bis zum 7. Jahrhundert CE. Die rabbinische Ära endete mit der Kompilation des babylonischen Talmuds bzw. mit der Eroberung der Levante durch die muslimischen Araber. Die Rabbinen entwickelten eine Kultur respektive Religion, in der das Studium der Tradition (Talmud Tora), das Gebot (*mitswa*) und das Gebet (*tefilah*) den durch die Römer zerstörten Tempel und den Opferkult ersetzten.

21 Ester (3. Jhd. v. u. Z.) und Daniel (um 167 v. u. Z.) sind bereits in die hellenistische Ära zu datieren.

22 Dazu gehören das Hohelied/Schir ha-Schirim, das zu Pesach gelesen wird; das Buch Rut, welches zum Wochenfest (Schavuot) gehört, Klagelieder/Eikha – die Schriftrolle zum 9. Av, dem Gedenktag der Tempelzerstörung; Qohelet (Sukkot/ Laubhüttenfest) sowie die Esterrolle, die zum Purimfest gelesen wird.

23 Dani'el, Esra/Nechemja, Divre ha-jamim bzw. 1/2 Chronik. Die Zählung differiert zwischen der jüdischen und der christlichen Tradition.

24 Die „Bücher der Geschichte" reichen von Genesis (1. Mose) bis Esra/Nehemia und Ester in den reformatorischen Kanones bzw. den Makkabäerbüchern im katholischen Kanon; der weisheitliche von Hiob bis Hohelied in den reformatorischen Bibeln und bis Sirach in den katholischen; die prophetischen Bücher jeweils bis Maleachi, wobei die katholischen Bibeln noch das Buch Baruch und Zusätze zum Daniel enthält.

25 Πεντάτευχος, griech. für „Fünfgefäß", das fünf Bücher Umfassende. Die hebräische Parallelbezeichnung wäre חמישה חומשי תורה (Chamischa Chumsche Tora, d. i. Fünf Fünftel der Weisung) – die in traditionellen jüdischen Strömungen auch verwendet wird.

26 Melito von Sardes (gest. um 180) übermittelt in seinem Werk Ἐκλογάι noch eine Liste biblischer Bücher, die dem Umfang der hebräischen Bibel genau entspricht, wenn auch nicht ihrer Reihenfolge. Er war es auch, der den von Paulus geprägten Begriff „Alter Bund" (2 Kor 3:14) als mutmaßlich Erster auf die Schriften des Tana"kh bezog. Augustin (354–430) ist, nach heutigem Kenntnisstand, der Erste unter den frühchristlichen Theologen, der mit „de Tobia" (Über das Buch Tobit) ein deuterokanonisches Werk kommentiert.

27 Als synoptische Evangelien bezeichnet man die ersten drei der vier im Neuen Testament enthaltenen Texte: Matthäus (Mt), Markus (Mk) und Lukas (Lk). „Synoptisch" deshalb, weil sie in Aufbau und Inhalt einander so ähnlich sind, dass man sie vergleichend betrachten kann. Der älteste der drei „Synoptiker", das Markusevangelium, das zugleich als Vorlage für Mt und Lk diente, beginnt mit einer Vorstellung Johannes' des Täufers als eines neuen Elija (Mk 1:2–8).

28 Ez 14:14.20.

29 Zit. nach Georg Sauer und Werner Kümmel, *Jesus Sirach (Ben Sira): JSHRZ III: Unterweisung in lehrhafter Form*, Bd. 5 (Gütersloh: Gütersloher Verlagshaus, 1981), 629.

30 Die sogenannte Goldene Regel formuliert beispielsweise: „Alles nun, was ihr wollt, dass euch die Menschen tun sollten, solches tut auch ihr an ihnen! Dies nämlich ist das Gesetz und die Propheten" (οὖτος γάρ ἐστιν ὁ νόμος καὶ οἱ προφῆται). (Mt 7:12) Weitere Belege finden sich in Mt 5:17; Joh 1:45; Act 13:15; Röm 3:21 u. ö.; „Propheten und Gesetz": Mt 11:13 par Lk 16:16.

31 Vgl. Alexander A. Fischer, *Der Text des Alten Testaments* (Darmstadt: Wissenschaftliche Buchgesellschaft 2020), 75. Bei ihnen handelt es sich u. a. um 4Q17 mit Teilen von Ex und Lev, 4Q46 (Dtn in paläohebräischer Schrift) oder 6Q 1 (Gen in paläohebräischer Schrift). Neben der Tora zählen auch Schriftrollen mit Jer, Ps und Qoh unter die ältesten Handschriften. Eine eindrucksvolle Übersicht zum Gesamtbestand der Manuskripte findet man bei Fischer 2020 (wie Anm. 31), 79.

32 Als masoretisch (von hebr. Masora/ מסורה; Tradition) bezeichnet man denjenigen Teil der biblischen Textüberlieferung, der von den sogenannten Masoreten, einer Gelehrtengruppe des 7.–10 Jhd. n. u. Z., gesichert und zu einem Normtext bearbeitet worden ist. Zu den unterschiedlichen Überlieferungen (masoretisch, protomasoretosch, samaritanisch etc.) vgl. Fischer 2020 (wie Anm. 31), 88–92.

33 Die Legende über den Ursprung der Septuaginta findet man im sogenannten Aristeas-Brief (2./1. Jhd. v u. Z.), bei Philo von Alexandrien (Vita Mosis II, 29–41) und Josephus (Ant. XII, 11–119). Christliche Versionen vermitteln Justin (Apg 1:31) und Irenäus (Adv.Haer. III, 21.2).

34 Vgl. die Übersicht bei Fischer 2020 (wie Anm. 31), 123. Bereits im 2. Jhd. entstanden erste jüdische Rezensionen der Septuaginta (LXX), welche die Qualität der griechischen Übersetzungen verbessern und Differenzen zum masoretischen Text vermindern sollten.

Die Erfurter Riesen: Geschichte und Rezeption einer außergewöhnlichen Sammlung

Annett Martini

Wenn über jüdische Kultur im mittelalterlichen Deutschland die Rede ist, rücken zunächst die großen Traditionsgemeinden des Rheinlands - Mainz, Worms, Speyer oder auch Regensburg - in den Vordergrund, Orte, die sich durch eine dichte Präsenz von Gelehrten und Schulen auszeichneten. Dagegen ist das jüdische Erfurt erst in den letzten Jahren und vor allem wegen seiner kulturell-materiellen Hinterlassenschaft in den Fokus der Forschung geraten.

Der Bestand umfasst eine Synagoge, deren älteste Bauabschnitte ins 12. Jahrhundert weisen, einen jüdischen Friedhof mit Grabsteinen aus dem 13. Jahrhundert sowie eine mittelalterliche Mikwe (rituelles Tauchbad). 1998 stieß man bei Bauarbeiten in unmittelbarer Nachbarschaft zur Synagoge auf Schmuck, Münzen und Barren sowie Silbergeschirr von unschätzbarem Wert. Der „Erfurter Schatz“ wurde wahrscheinlich im Zuge des Pestpogroms 1349 eilig vergraben und geriet anschließend in Vergessenheit.

Zu den überlieferten Zeugnissen der zerstörten jüdischen Gemeinde zählen auch 14 hebräische Handschriften, für die nach dem Pestpogrom im Jahre 1349 eine abenteuerliche Odyssee durch nichtjüdische Bibliotheken begann, die 1880 in der Orientabteilung der heutigen Staatsbibliothek zu Berlin endete. Zu der spektakulären Sammlung gehören die weltweit größte überlieferte Bibelhandschrift, vier der ältesten uns erhaltenen Torarollen, ein kunstvoll illuminierter Machzor (jüdisches Gebetbuch für die hohen Feiertage) sowie ein seltener Textzeuge eines rabbinischen Regelwerks der Antike, der Tosefta.

↓ **Abb. 1** Aschkenasische Bibelhandschrift mit aramäischem Targum Onqelos sowie Masora parva und Masora magna, Bd. 1, Ms. or. fol. 1210, fols. 1v/2r, 1343. | SBB-PK

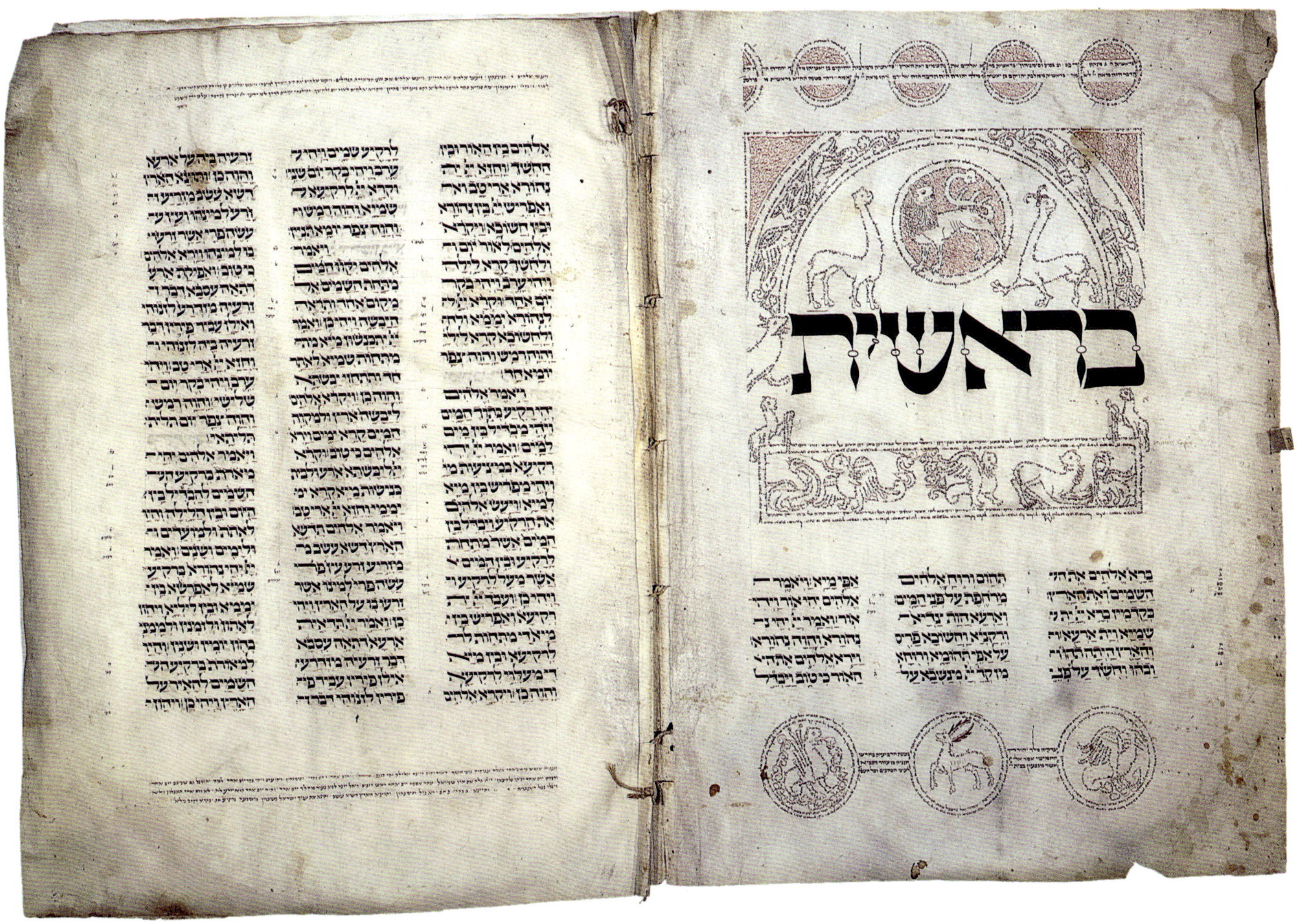

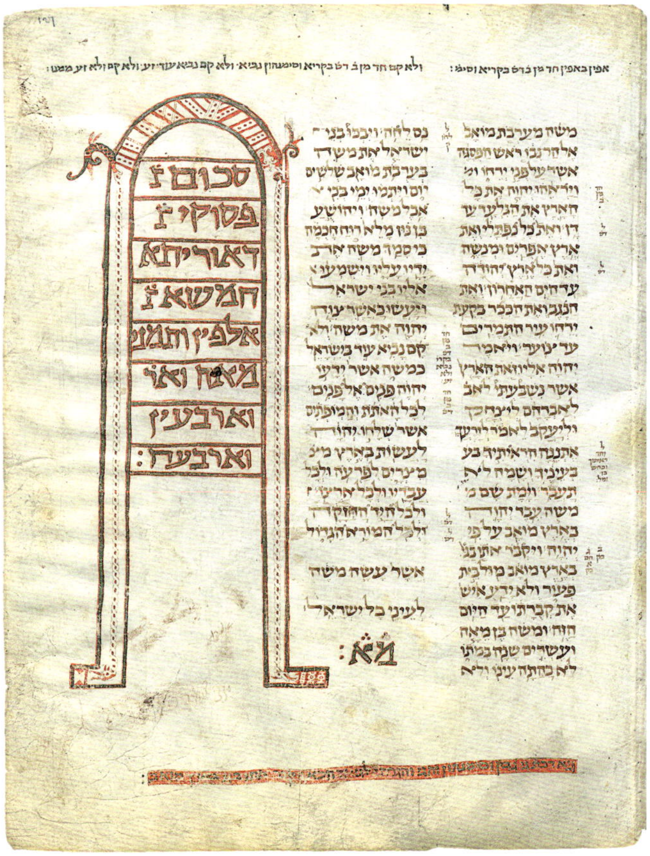

↑ Abb. 2 Bibelhandschrift aus dem 10./11. Jhd. In Rottönen gehaltene bogenförmige Einfassung der Worte: סכום פסוק יד ואריתא חמישא אלפין וחמש מאה וארבעין וארבעה (Die Gesamtzahl der Verse der Tora beträgt 5844), Ms. or. fol. 1213, fol. 127r. | SBB-PK

DIE SAMMLUNG

Die Sammlung umfasst vier Bibelhandschriften, von denen die zweibändige Bibelhandschrift 1210 und 1211 sicherlich das Herzstück der Sammlung darstellt. Sie enthält den kompletten Tana"kh, das heißt alle 24 biblischen Bücher, mit einer aramäischen Übersetzung, dem sogenannten Targum Onqelos, sowie die große und kleine Masora, die zwischen und neben den Kolumnen sowie über und unter dem Text die Vokalisation, Kantillationszeichen und philologische Besonderheiten notiert. Mit einer Höhe von 63 Zentimetern und einer Breite von 47 Zentimetern ist sie die größte mittelalterliche hebräische Bibel weltweit und glänzt darüber hinaus mit kunstvollen Mikrografien, die – wie am Beginn des Buches Genesis [Abb. 1] – manche Abschnitte des masoretischen Kommentars um eine Bildebene bereichern.[1]

Die ebenfalls eindrucksvoll große Bibelhandschrift 1212 stammt sehr wahrscheinlich aus dem 13. Jahrhundert. Auch diese Bibel enthält den gesamten Tana"kh, wobei ausschließlich der Pentateuch durch den versweise eingeschobenen Targum Onqelos ergänzt ist. Die große und kleine Masora kommentieren und illuminieren in Form von zahlreichen Mikrografien den gesamten Bibeltext.

Die älteste Bibelhandschrift der Sammlung [Abb. 2] stammt vermutlich aus dem 10. oder 11. Jahrhundert und wurde wahrscheinlich von einem Schreiber aus dem Nahen Osten kopiert [Abb. 3]. Neben diesen drei außergewöhnlichen Manuskripten gibt es noch einen einfachen Pentateuch mit dem Targum Onqelos und den Haftarot – ebenfalls aus dem 13. Jahrhundert. Bestandteil der „Erfurter Sammlung" sind darüber hinaus 4 Torarollen, die zu den wenigen mittelalterlichen Torarollen gehören, die uns vollständig überliefert sind [Abb. 4]. Dementsprechend sind sie mit Blick auf das Schriftbild und die Herstellungspraxis von außerordentlichem Interesse.

Die Sammlung umfasst außerdem eine Masora, die eine Mischform zwischen kleiner und großer Masora ist [Abb. 5]. Die Schrift enthält eine einspaltige Auflistung von Wörtern, die den Buchstaben *sin* enthalten. Die Masora ist die einzige auf Papier geschriebene Handschrift der Erfurter Sammlung und weist ein Wasserzeichen auf, das in der zweiten Hälfte des 14. Jahrhunderts in Frankreich, Deutschland und Norditalien zu finden ist. Die semikursive aschkenasische Hand, das Wasserzeichen und die vielen hebräischen Benutzerspuren in Form von Korrekturen und Glossen führen zu der Annahme, dass diese Handschrift wahrscheinlich aus dem Besitz der zweiten Erfurter Gemeinde stammt, die sich nur fünf Jahre nach dem Pogrom 1349 in Erfurt ansiedelte. Beigefügt ist auch ein Brief vom 15. November 1876 von Samuel Baeck an den Diakon der Barfüßerkirche Friedrich Heinrich Winkler, den er um Verleihung der Handschrift außer Haus bittet.

Von besonderem Interesse ist das Erfurter Exemplar der Tosefta, die aus dem beginnenden 12. Jahrhundert stammt und damit einen der ältesten Textzeugen dieses Regelwerks darstellt [Abb. 6]. Gleich zwei Sammelhandschriften des Erfurter Konvoluts beinhalten Kommentare Raschis zu unterschiedlichen Büchern des Tana"kh.

Die Quarthandschrift 685 enthält mehrere halachische Abhandlungen und Responsen unter anderem des Natronai Gaon, Paltoi Gaon, Sar Schalom, Rav Scherira Gaon, Rav Samuel

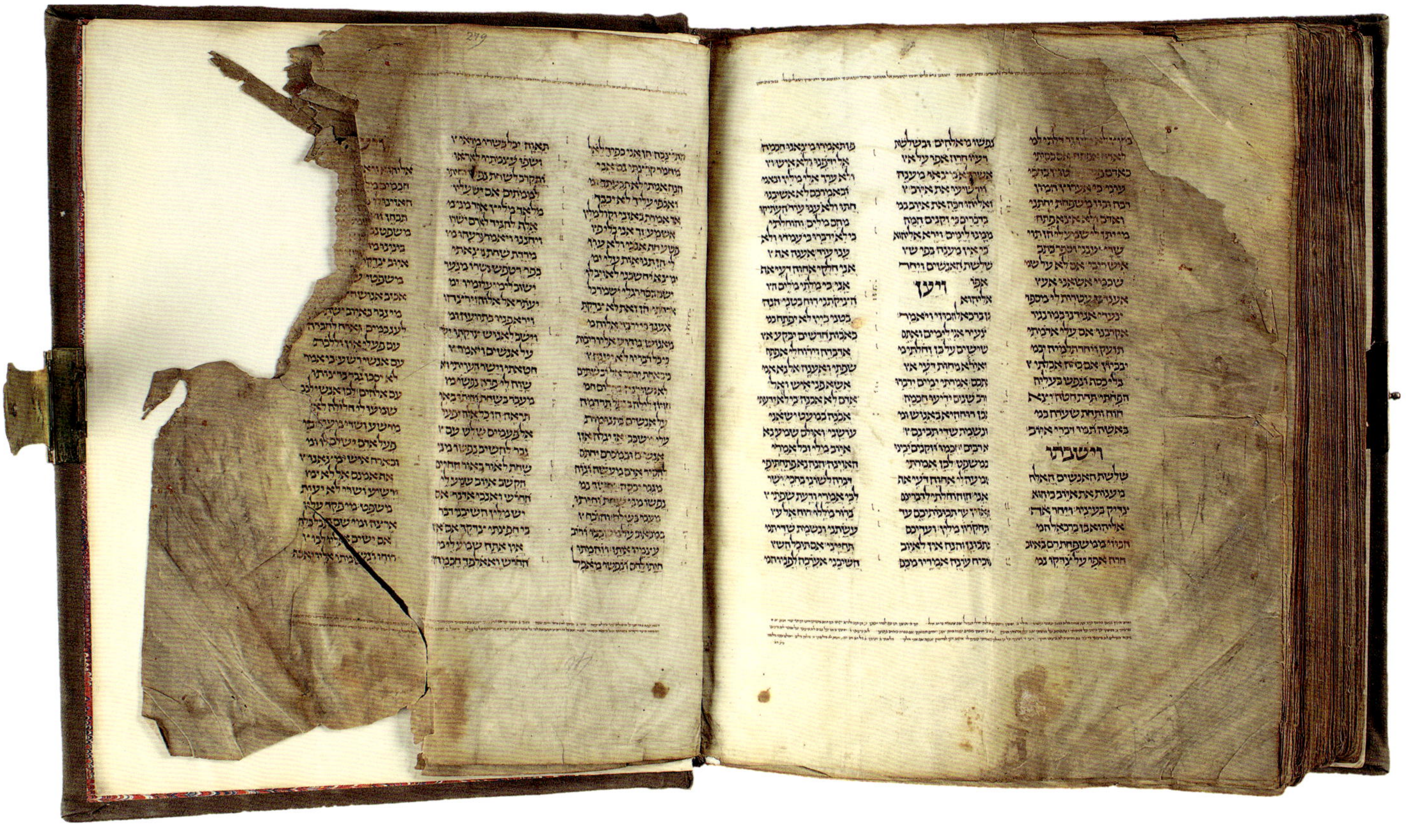

↑ **Abb. 3** Pentateuch aus Aschkenas mit Targum Onqelos, Megillot und Haftarot, Hiob 1–33,33, Ms. or. fol. 1214, fol. 278v/279r, 13. Jhd. | SBB-PK

ben Chofni und des R. Meschulam bar Qalonymos an R. Simon ben Isaak aus Mainz sowie religionsgesetzliche Abhandlungen des Hai ben Scherira Gaon. Darüber hinaus enthält die Handschrift eine Anthologie Äsop'scher Fabeln. Ursprünglich umfasste der Kodex noch Responsen Raschis an R. Menachem in Mainz, Responsen des R. Isaak ha-Levis und R. Isaak ben Jehudas an Raschi sowie Erklärungen zum Traktat Avodah Zarah, die sehr wahrscheinlich die ersten beiden Lagen, das heißt circa 34 Seiten, ausmachten.[2] Für die Editionen von David Cassel oder Baer Goldberg[3] der meisten halachischen Abhandlungen der Handschrift lag die vollständige Fassung noch vor. Auch Jaraczewski erwähnt im Jahre 1868 noch „eine Sammlung von Gutachten von Raschi und Rabbenu Tam".[4] Da sich Lagarde über diese Angabe von Jaraczewski bereits mokiert, ist davon auszugehen, dass diese ersten Lagen bei der von Lagarde in Auftrag gegebenen Neubindung verloren gegangen sind.

Schließlich sei der Machzor genannt. Das Gebetbuch aus dem 13. Jahrhundert bestand ursprünglich aus zwei Bänden. Der erste Band muss zwischen den Jahren 1868 – als Jaraczewski noch von beiden Bänden berichtete – und 1876 der Erfurter Ministerialbibliothek abhandengekommen sein, da Paul de Lagarde nurmehr den zweiten Band vorfand.[5]

Zu den Erfurter Handschriften gehören auch ein Fragment mit Psalmen Abb. 7 – das einige Zeit als Einbandverstärkung diente –, eine arabische Hadith-Handschrift, die allerdings erst später der Sammlung hinzugefügt wurde, und eine Handschrift, die 1727 von Abgeordneten des Rates und des Ministeriums dem Kurfürsten Franz Lothar zu Mainz zum Geschenk gemacht wurde. Die alte Bibliothek des bibliophilen Kurfürsten ist vollständig in den Buchbestand des Schlosses Weissenstein in Pommersfelden eingegangen. Die Bibelhandschrift ist heute sehr wahrscheinlich noch im Privatbesitz der Familie Schönborn.

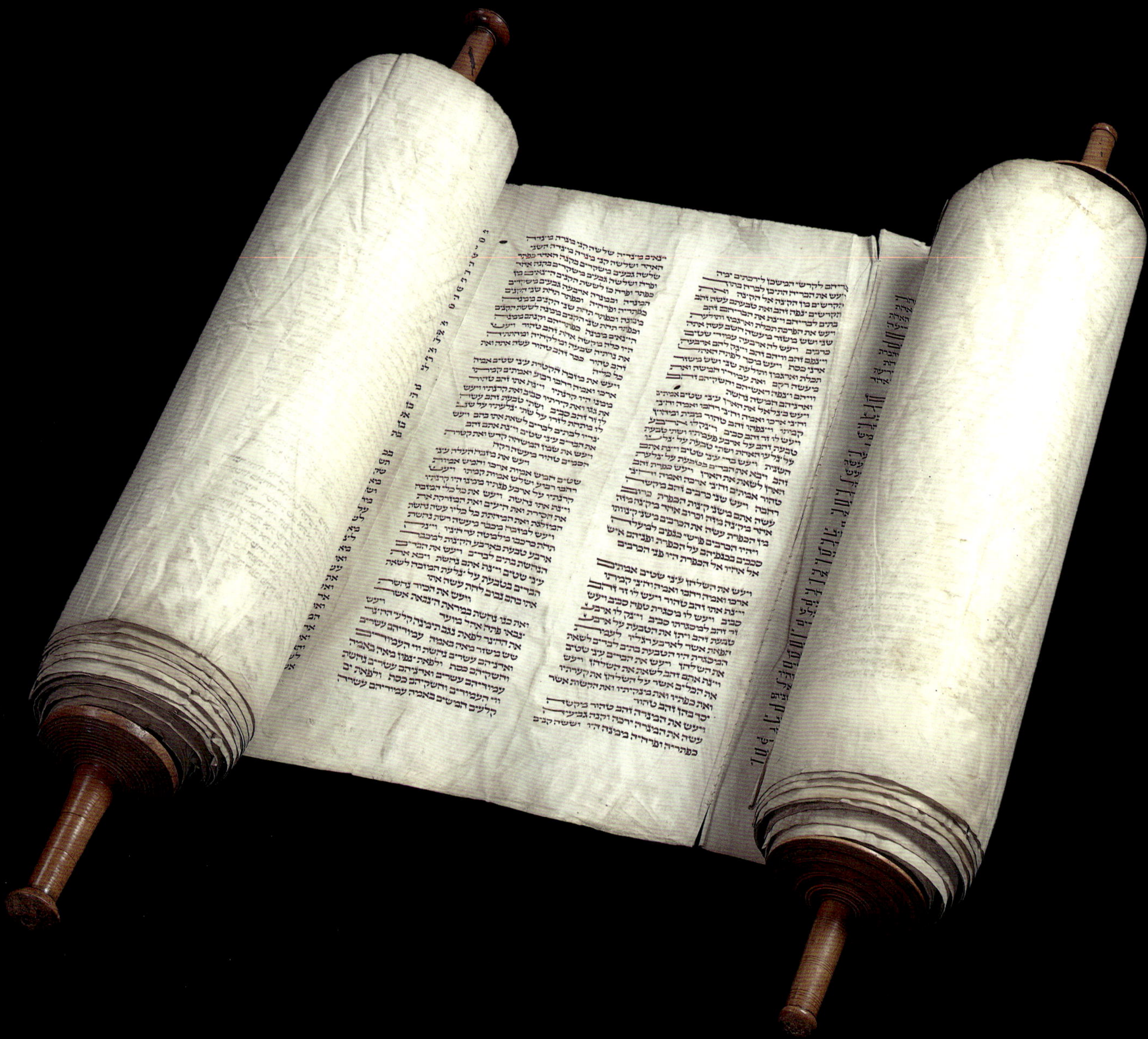

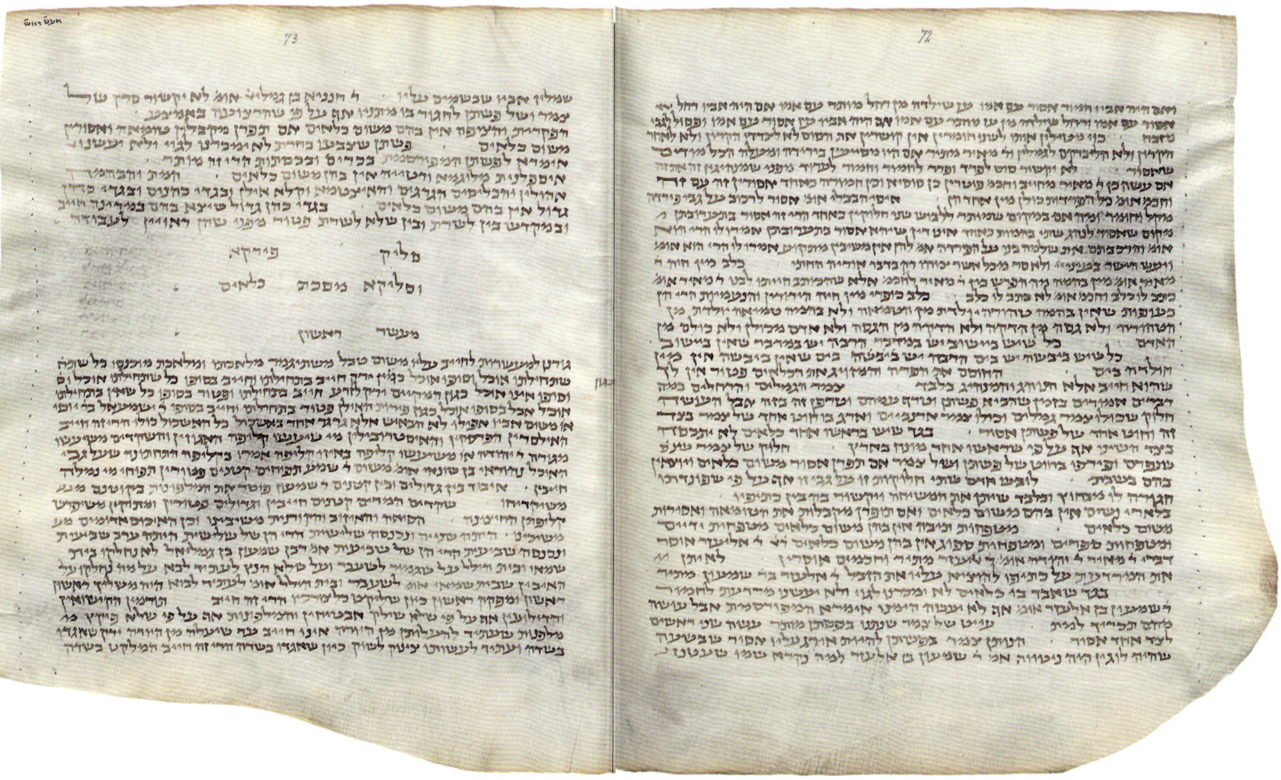

← Abb. 4 Aschkenasische Torarolle, Ms. or. fol. 1215, 14. Jhd. | SBB-PK

↑ Abb. 6 Tosefta, Ms. or. fol. 1220, fols. 72/73, 12. Jhd. | SBB-PK

→ Abb. 7 Fragment, Ps 9,15–18,6, Ms. or. fol. 707, 13. Jhd. | SBB-PK

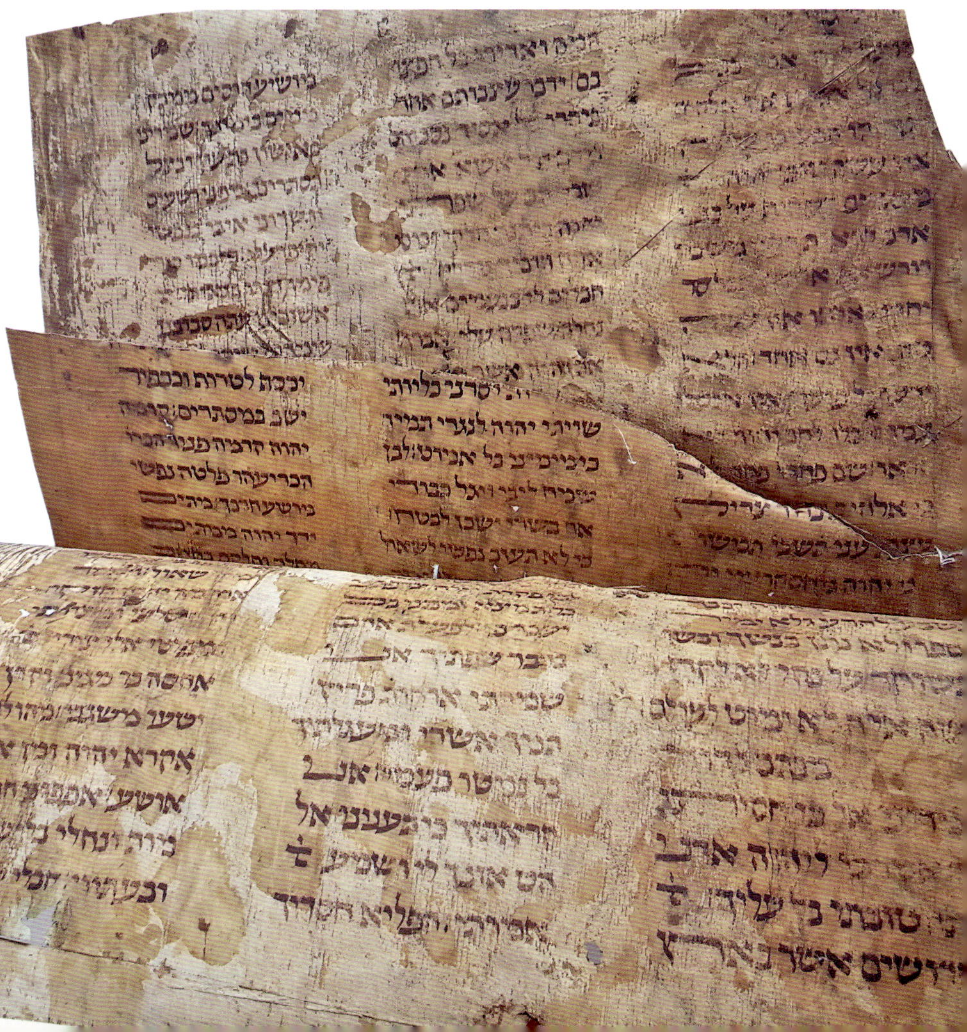

אלהים ג'
Cap: ויאמר יי' קדה
ויאמר אלהים לנח
תני ויאמר יי' וטי'
לאלהים יי'
הטהורה כח' בע'
עבדה ה' גח' ובח'
ט' זוג מן כב' בחר
מפני קדה ח' תני ח'
3 גם ד' רב' בתן
לחיות ל'
ומחיתי ב' את יקום
היקום ג' ובתן
צוהו י' ונח ג' רב'
8 מן ג' רב' בתו
הטהורה בח' בע'
10. לשבעת הימים ב'
11 לחיי ג'
ביום הזה ו'

23. וימח ל' היקום ג'
מאדם עד בהמה ד'
וימחו ל' עשאר ל'
ואתחר אך לן יחיד
נאשר דכל חד נחד
לית זוגא וכל קרי חלון
Cap. IIX וידבר אלהים ד'
יד עפסן כסי את
18. ויעבר ט' ואת
ואת
וישכן ל' וא' ויסכן
19 ותעשה כ' ח'
ויסכרו כל לשון
מכירה כת' ס' בתא
20 עשי שבר וכל
21 לשו מקרא כת' ט'
בתא וספרים עליהם
ותרבת ב' וחס
ויבוא ב' העם

ותפקחנה ל [illegible]
עלה תאנה
חגרת ל חס
8 לרוח היום ל
מפני אלהים בכת
איכה ל
10 קלך ב חס
ואירא ב
עירם ג כת כן
[illegible]
ולבלתי [illegible]
ואכל ל
11 הגיד לך ב וא והגיד לך
לך יי [illegible]
עירם ב כת כן
התן ב
צויתיך כת רחבת
אכל ל חס
אכלת כל פת
13 ויאמר יי אלהים ר כתו
14 גחנך ל וחיתו ל
15 ישופך ל
תשופנו ל
עקב ב סת
16 אל האשה ל רפ
הרבה ארבה ב
עצבונך ל וא
והרנך ל וח
בעצב ל וא
אישך ו
תשוקתך ל
17 ולאדם ב
שמעת לקול ג
צויתיך כמובעי
ארורה ל וא
בעצבון ל
תאכלנה ב [illegible]

18 וקוץ ב תשוקתו ב
ודרדר ל 8 אל הבל אחיו
19 בזעת ל פס
אפיך בט כתו 9 אי ה
האדמה ל השמר ל
10 לקחת ל ורפי צעקים ב
ואל עפר ב פצתה ל
20 לאדם ולאדם ב תשוב
21 כתנות ב ותפתח
ועזר כחה ב
וילבשם ב וח 13 נע ונד ב
משא ל נח
22 ויאמר יי אלהים
כאחד יב אסתר ב וא
לעלם יח חס נעד ונד ב
23 וישלחהו ל מוצאי ב
15 ויאמר לו יי
לקחת ה
וישכן ב וא ישבו יקם ב
16 הכרבים כלאור ח
ואת להט ל
את את ואת
והאדם ג
קני ה
והוסף ה
ללדת ר
רעה ר כת ה רבוץ
אדמה יא ועוגב ב
ויהי מקץ ימים ב
23 ויבא שמען ל האזנה ב
והבל ג
מבכרת בת ל וכל
ומחלבהן ל וח
וישע ל
ואל קין ל
26 ויחר ל רא פס מסורת
ויקרא את שמו
וחר ל ג אל כבו
ואם לא יח
במעפם
רבץ ג
ואליך ד
[illegible]

כדה [illegible]
ויקרא את שמו
4 ויהיו ימי ג
ומת ג ה
5 ויהיו ימי ג
כל ימי ויהיו
באו לאדם ויהיו
וסיה ויגרש את
כל ימי ויהיו
כמוג חנך סיה ושאר
ויהיו כל
ומת ב ה
6 ויחי שת
שילו סיה
9 ויחי אנוש ג כת
אנוש סיה
11 ויהיו כל ימי
12 ויחי קינן
13 ויהיו כל ימי
ויולד
15 ויחי מהללאל
17 ויהיו כל ימי
18 ויחי ירד
20 ויהיו כל ימי
21 ויחי חנוך ג כת
22 ויתהלך ג רפ
24 ואיננו
ושמונים
ולא
29 זה
ממעשנו
ומעצבון
30 ארורה ל ומאת
31 ויהי כל ימי
32 ויחי נח
את שם
ואת ואלה
Cap. VI. 1 ולדו ה
2 בנע האלהים
טבת
3 בחרו ב ידון לו וא
לעלם יח חס
4 ויהי בנפלים
בני האלהים
ילדו ל הגברים
אנשי השם ל וא

5 וירא יי ר כתו
וכל יצר ב
מחשבת ב חס
6 אל לבו ב
7 מאדם עד בהמה ר
עשיתם ב וח
ונח ג רפ
[illegible]
[illegible]

נח

9 אלה תולדת ר
נח נח ל
בדרתיו ל וח
את שם
את ואת
11 לפני האלהים
ותמלא הארץ
12 וירא אלהים
נשחתה ל
13 ויאמר אלהים
והנני משחיתם
14 עשה לך
וכפרת ל
בכפר ל
15 וזה
תעשה
16 צהר ל
ואל אמה
תכלנה ל
ופתח ה
תחתים שנים
ושלשים
18 והקמתי
ובאת
19 ומכל
מכל בשר
[illegible]
20 מהעוף
ומינהו
21 ואתה קח לך מכל מאכל
22 ויעש נח

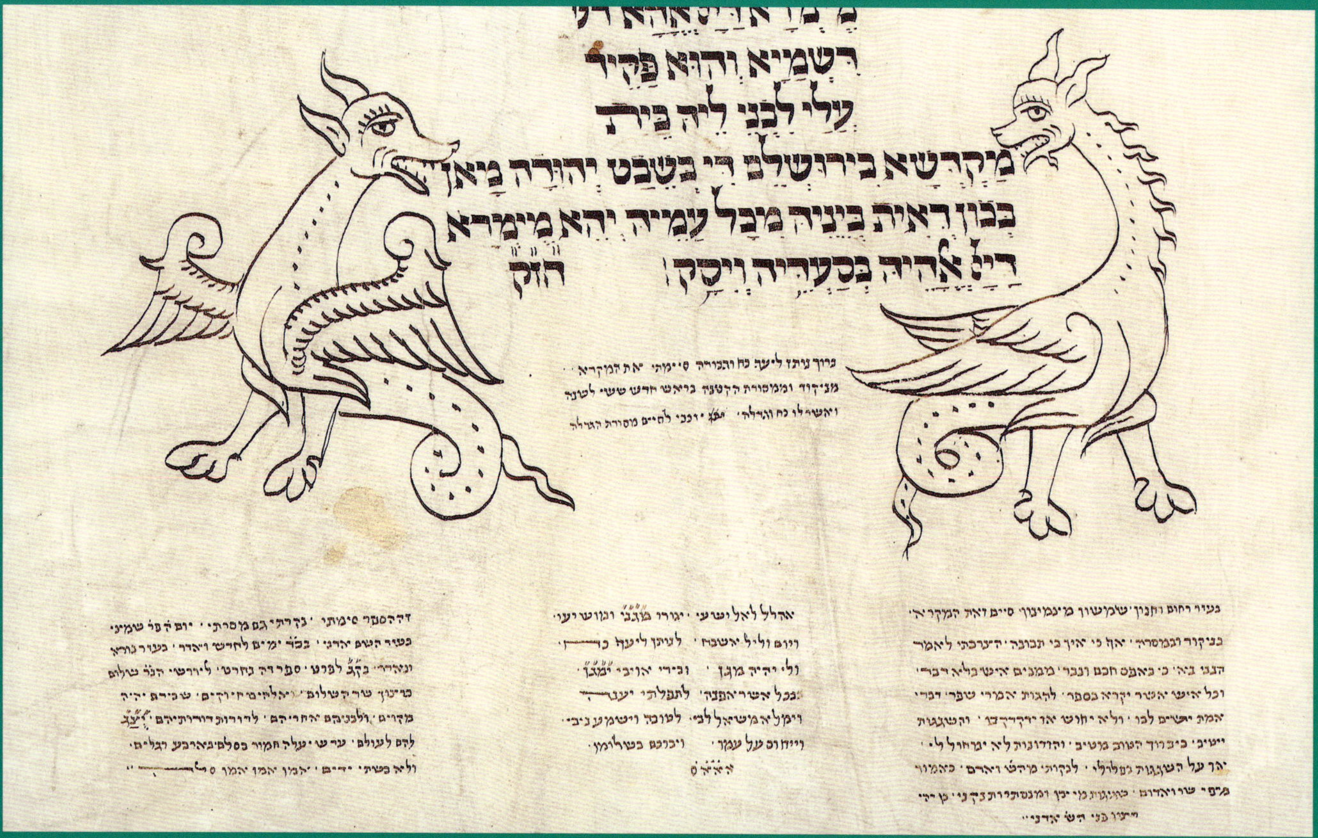

Übersetzung des Kolophons

Gesegnet sei, der Kraft und Stärke den Schwachen gibt! Ich vollendete die [Heilige] Schrift mit Punktierung und kleiner Masora am Beginn des sechsten Monats des Jahres. Und Er, dem Kraft und Größe eigen ist, gewährte mir, die große Masora zu vollenden.

Dieses Buch schloss ich ab, punktierte es und versah es auch mit einer Masora am fünften Tag [der Woche des Schabbats] Schmini mit der Hilfe Gottes, meines Herrn. [Ich beendete die Arbeit] am 24. Tag des Monats Weadar, mit der Hilfe des Erfuchtgebietenden und Glorreichen, [im Jahre] 103 der kleinen Rechnung [5103/1343]. Dieses Buch ist mit dem Willen des Friedensfürsten, unseres lebendigen und ewiglichen Gottes, den Erben des verdienten Rabbi Schalom eingeschrieben. Es soll in ihren Händen bestehen und [im Besitz] ihrer Kinder und Nachkommen, von Generation zu Generation [bleiben]. Es soll für sie ewigen Bestand haben [Zahlenwert des Wortes 103 – יצג – ist als Hinweis auf das Entstehungsjahr der Handschrift = [5]103 zu verstehen], bis ein Esel auf vier Beinen und nicht mit zwei Händen eine Leiter erklimmt. Amen, amen, amen, Sela

Ich werde loben den Herrn, der mich erlöst, meinen Schild [‚מ'ג'נ'י' = Zahlenwert 103] und meinen Erlöser. Tag und Nacht werde ich preisen, der den Schwachen Kraft gibt. Mir ist Gott ein Schild, durch meine Hände wird mein Feind abgewehrt [103 = ‚י'מ'ג'ן'], indem ich alles auf mein Gebet richte, möge er antworten und mein Herz mit der Sehnsucht nach dem Guten füllen und meinen Äußerungen Gehör schenken und sich seinem Volk zuwenden. Er möge sie segnen mit Seinem Frieden.
Amen, amen, amen, Sela

Mit Hilfe der Gnade und Nachsicht [Gottes] vollendete Schimschon Mizminon [aus Zminon?] diese Schrift mit Punktation und Masora. Auch wenn in mir keinerlei Einsicht vorhanden ist, war es an mir zu sagen: Schau mich doch an! Denn durch das Fehlen von Weisheit ist der Mensch keinesfalls der Bildung abhold. Jeder Mensch, der in der Schrift liest, erfährt der Rede Schönheit, die Worte der Wahrheit setzen sich in sein Herz. Doch eile nicht und sei nicht spitzfindig dabei. Fehler bringt Er zum Guten, denn der Gesegnete ist das Gute und bringt das Gute [vgl. Ps 119,68]. Sündhaftigkeit wird Er mir nicht vergeben, doch einen [Schreib] Fehler schon; in meinem Gebet [bitte ich Dich], mich und den Menschen von seinen Fehlern zu reinigen. Wie gesagt ist aus dem Mund des Fürsten und Rötlichen [David, vgl. 1Sam 16,12]: Wer kennt all seine Fehler? Reinige mich von den verborgenen [Fehlern]. [Ps 19,13]
So geschehe der Wille [vor] dem Angesicht Gottes, des Herrn.

GENESE DER HANDSCHRIFTEN

Innerhalb der Handschriften finden sich zum Teil versteckte Hinweise auf Genese und Provenienz, über die in diesem Abschnitt berichtet werden soll. Die kodikologische und paläografische Untersuchung der Manuskripte der Erfurter Sammlung ergibt leider kein präzises Bild von Herkunft und Entstehung der Handschriften. Auch über den Weg der einzelnen Handschriften in die Erfurter Gemeinde lassen sich kaum mehr als Vermutungen anstellen. Die meisten Manuskripte wurden im 13. oder 14. Jahrhundert geschrieben. Die Bibelhandschrift Ms. or. fol. 1213 stammt aus dem 10. oder 11. Jahrhundert, die Tosefta aus dem 12. Jahrhundert und die größten Teile der Sammelhandschrift Ms. or. Quart. 685 aus dem 11. Jahrhundert. In den meisten Fällen entsprechen diese Handschriften einer aschkenasischen Schreibpraxis und sind im deutschen Raum oder – in einigen wenigen Fällen – vielleicht auch in Frankreich geschrieben worden.

Allein die große Bibelhandschrift Ms. or. fol. 1210/1211 und der Raschi-Kommentar Ms. or. fol. 1221 beinhalten ein Kolophon, das Auskunft über den Auftraggeber, den Ort und die Zeit der Entstehung einer Handschrift oder die Arbeit des Schreibers geben kann [Abb. 8]. So ist am Ende des zweiten Bandes der Bibelhandschrift dem ausführlichen Kolophon folgendes zu entnehmen:

Dieses Buch schloss ich [Schimschon Mizeminon (aus Zeminon?)] ab, punktierte es und versah es auch mit einer Masora am fünften Tag [der Woche des Schabbats] Schmini mit der Hilfe Gottes, meines Herrn. [Ich beendete die Arbeit] am 24. Tag des Monats Weadar, mit der Hilfe des Erfuchtgebietenden und Glorreichen, [im Jahre] 103 der kleinen Rechnung [5103=1343]. Dieses Buch ist mit dem Willen des Friedensfürsten, unseres lebendigen und ewiglichen Gottes, den Erben des verdienten Rabbi Schalom eingeschrieben. Es soll in ihren Händen bestehen und [im Besitz] ihrer Kinder und Nachkommen, von Generation zu Generation [bleiben]. Es soll für sie ewigen Bestand haben, bis ein Esel auf vier Beinen und nicht mit zwei Händen eine Leiter erklimmt. Amen, amen, amen, Sela.

← **Abb.** 8 Kolophon in der Bibelhandschrift, Ms. or. fol. 1210/1211, fol. 546r | SBB-PK

↓ **Abb.** 9a Erstes Kolophon im Raschi-Kommentar, Ms. or. fol. 1221, fol. 98r | SBB-PK

↓ **Abb.** 9b Zweites Kolophon im Raschi-Kommentar, Ms. or. fol. 1221, fol. 190v. | SBB-PK

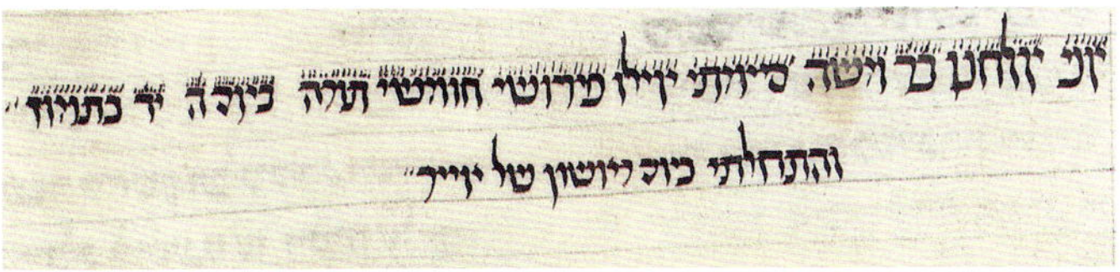

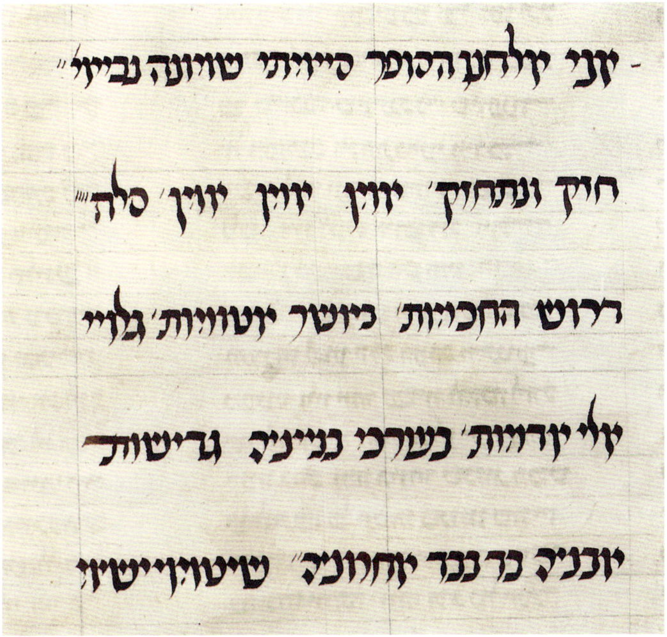

Wahrscheinlich handelt es sich bei der Bezeichnung מצמינון um eine Ortsbezeichnung, deren Bedeutung jedoch bislang nicht geklärt werden konnte. Es wurde bereits die Vermutung geäußert, dass es sich um Cheminon – eine jüdische Siedlung nahe eines Zisterzienserklosters in den Ardennen – handeln könnte, wo Juden im 13. Jahrhundert bis zu ihrer Vertreibung im Jahre 1306 siedelten.[6] Der Schreiber Schimschon oder seine Familie könnte aus dieser Gegend gestammt und eine neue Heimat im deutschen Raum gefunden haben. Seine Handschrift spricht für eine aschkenasische deutsche Schreibpraxis. Das Manuskript weist kaum Benutzerspuren auf und ist sehr wahrscheinlich nur sechs Jahre nach seiner Herstellung in den Besitz des Erfurter Rats gelangt.

Ein weiteres Kolophon, von einer aschkenasischen semikursiven Hand geschrieben, findet sich in dem Raschi-Kommentar Ms. or. fol. 1221 [Abb. 9a]. Dort heisst es: „Ich, Elchanan, Sohn, des Rabbi Mosche, vollendete diese Kommentare der Mosesbücher am fünften Tag im [Monat] Tamuz [Juni/Juli] und ich begann am ersten Tag des [Monats] Ijar [April/Mai]“. Dieser Schreiber kopierte sicherlich auch alle weiteren

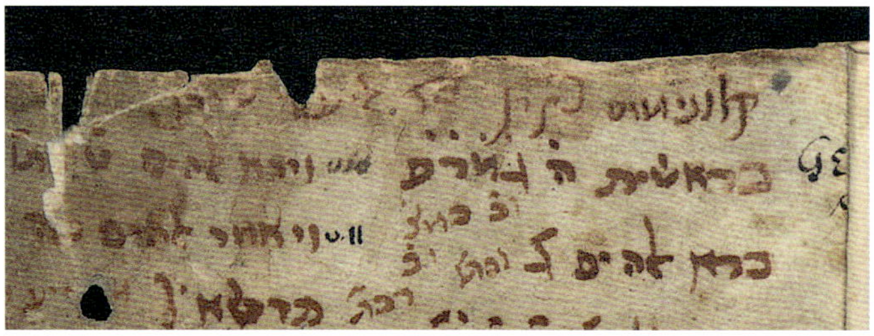

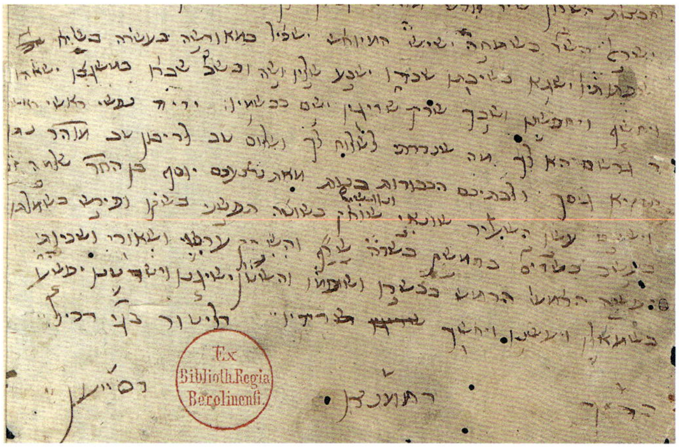

↑ **Abb. 10a** Der Name des Schreibers, Qalonymos Naqdan, Sohn des Eliezer, dem noch gute Tage sein mögen, ist oben rechts an den Rand notiert. Masora, Ms. or. fol. 1219, fol. 1r, 14./15. Jhd. | SBB-PK

↑ **Abb. 10b** Josef der Sohn des Edlen Schlomoh hat die Kompilation der Wörter mit *sin* für einen gewissen Gerschom zusammengestellt mit einem Gruß an „Natan Hizkia, deinen Schwager, und eure Frauen". Masora, Ms. or. fol. 1219, fol. 111v, 14./15. Jhd. | SBB-PK

Kommentare Raschis in diesem Band Abb. 9b. Dafür spricht nicht nur der paläografische Befund, sondern ein weiteres Kolophon auf fol. 190v: „Ich, Elchanan der Schreiber, vollendete die acht Propheten, sei stark und lass uns stark sein, amen amen amen, selah [...]." In einer Handschrift der Universitätsbibliothek Lund (Ms. L.O. 3) aus dem Jahre 1285, die eine Abschrift des religionsgesetzlichen Werkes *Sefer ha-Terumah* enthält, nennt sich ebenfalls ein Elchanan ben Mosche als Kopist. Doch leider sind über den Namen hinaus keine weiteren Angaben über den Schreiber oder die Umstände des Schreibprozesses überliefert, die uns eventuell mehr über den Schreiber dieses Erfurter Raschi-Kommentares hätten erzählen können.

Über die Sammelhandschrift Ms. or. Quart. 685 können ebenfalls einige Aussagen zur Genese getroffen werden. Sie besteht aus mehreren halachischen Abhandlungen und Responsen sowie einer Anthologie Äsop'scher Fabeln – Texte, die von mindestens drei verschiedenen Händen kopiert wurden. Der paläografische Befund des Manuskripts bezeugt mit verschiedenen Händen einer alten deutschen Quadratschrift größtenteils eine Niederschrift im 11. Jahrhundert. Doch es gibt auch Abschnitte, die sehr wahrscheinlich später hinzugefügt wurden. Die Tatsache, dass Responsen von Gelehrten des Rheinlands aufgenommen wurden und sogar den ursprünglichen Anfang der Handschrift ausmachten, ließ Jakob Epstein zu der Überzeugung kommen, dass die Zusammenstellung und die Herstellung dieses Kodex innerhalb der jüdischen Gemeinden des Rheinlands im 11. Jahrhundert stattgefunden haben muss. Für eine solche Genese spricht auch eine Bemerkung des Kompilators, die nicht mehr in der Handschrift selbst, aber in der Edition von David Cassel[7] erhalten ist. Bei dem dort erwähnten Rabbi Itiel, der dieses Responsum aus einer Schrift in Kairouan (Tunesien) abgeschrieben haben will, handelt es sich nach Epstein wahrscheinlich um einen italienischen Vorfahr des Rabbi Meschulam b. Mose aus Mainz, dessen Familie im Rheinland die Responsensammlung überliefert wurde. Epstein weist darüber hinaus auf die Übereinstimmung von spezifischen Varianten einiger halachischer Abschnitte mit italienischen Vorlagen hin.[8] Möglicherweise ist diese Sammelhandschrift als ein Familienerbstück eines Nachfahren der berühmten Kalonymiden-Familie, der auch Meschulam b. Mose aus Mainz angehörte, nach Erfurt gelangt. Ein Samuel ben Qalonymos ist bereits im Nürnberger Memorbuch als ein Opfer der Verfolgung Erfurter Juden im Zuge der Kreuzzüge im Jahre 1221 erwähnt. Darüber hinaus tragen einige mittelalterliche Grabmale Erfurts den Namen Qalonymos und legen so Zeugnis von der Anwesenheit der Familie im mittelalterlichen Erfurt ab.

Ein Qalonymos Naqdan, Sohn des Eliezer, verewigte sich als Schreiber auch in der Erfurter Masora Abb. 10a. Dieser Name war laut Bellermann[9] ebenfalls auf dem früheren Einband notiert, der im Jahre 1871 in Erfurt durch einen neuen Einband ersetzt wurde. Die Masora ist die einzige auf Papier geschriebene Handschrift der Erfurter Sammlung und weist glücklicherweise ein Wasserzeichen (Kreis Kreis Kreuz – einkonturig) auf, das in der zweiten Hälfte des 14. Jahrhunderts in Frankreich, Deutschland und Norditalien zu finden ist. Die semikursive aschkenasische Hand, das Wasserzeichen und die vielen hebräischen Benutzerspuren in Form von Korrekturen und Glossen führen zu der Annahme, dass diese Handschrift wahrscheinlich aus dem Besitz der zweiten Erfurter Gemeinde stammt, das heißt nicht kurz

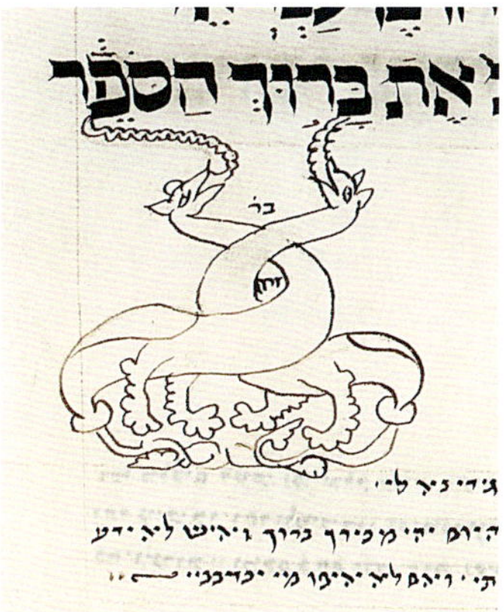

↑ Abb. 11a Auf diesem Blatt des zweiten Bandes der großen Bibelhandschrift ist der Name „Baruch" in Drachenfiguren an den biblischen Text Jeremia 36,26 gebunden: ברוך ב'ר זרח הספר (Baruch ben Rabbi Serach der Schreiber), Ms or. fol. 1211, fol. 53v | SBB-PK

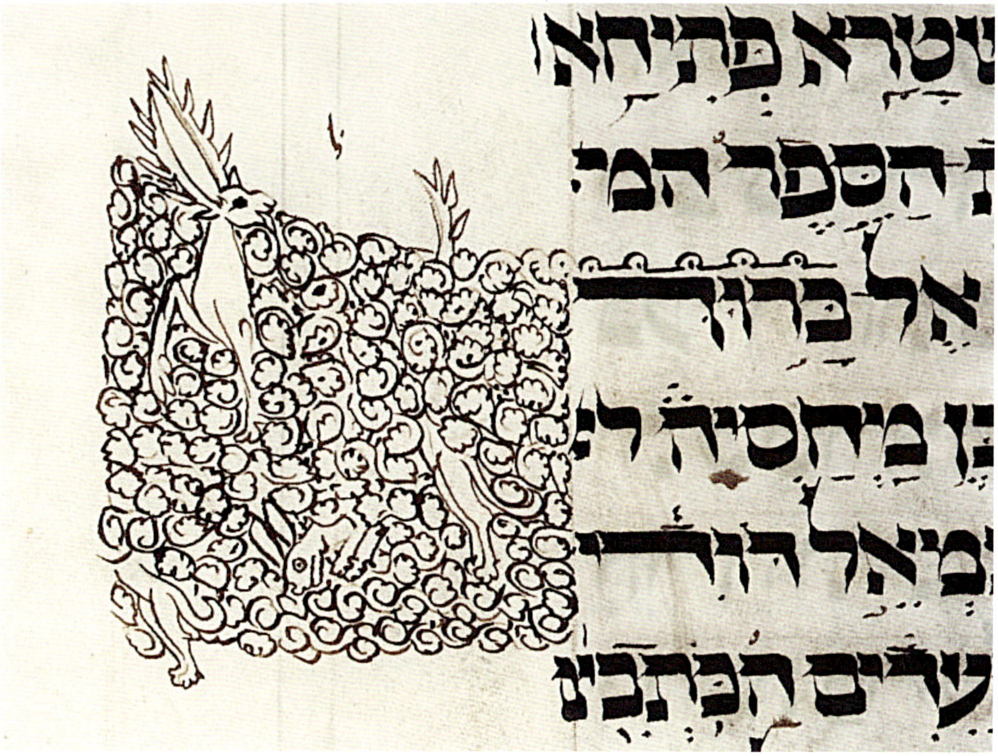

→ Abb. 11b Der Name „Baruch" ist ebenfalls auf diesem Blatt (Jer 32,12) im Text markiert und mit einer Miniaturzeichnung am Rand der Textkolumne versehen. Ms or. fol. 1211, fol. 46r | SBB-PK

nach ihrer Herstellung im Zuge des Pogroms 1349 in die Ratsbibliothek gelangte Abb. 10b. Auf Folio 111v ist außerdem noch ein gewisser „Josef, Sohn des Edlen Schlomoh", genannt, der die Kompilation der Wörter mit *sin* für einen Gerschom mit einem Gruß an „Natan Hizkia, deinen Schwager, und eure Frauen" zusammengestellt habe. Leider tauchen diese Namen weder im Namensverzeichnis der mittelalterlichen Erfurter Grabmale noch in Chroniken auf, sodass auch in diesem Fall nicht mehr über die Entstehung des Manuskripts festgestellt werden kann.[10]

Dasselbe muss auch mit Blick auf die anderen Namen von Schreibern, die in den Handschriften mehr oder weniger versteckt notiert sind, bemerkt werden. Es gibt in der großen Bibelhandschrift Ms. or. fol. 1210/1211 einen Schreiber namens Baruch ben Rabbi Serach, der kaum einen Bibelvers, in dem der Name „Baruch" erwähnt ist, auslässt, um auf seine Schreibertätigkeit hinzuweisen. Auf Blatt 53v des zweiten Bandes ist sein Name in Drachenfiguren an den biblischen Text Jeremia 36,26 gebunden: ברוך ב'ר זרח הספר - Baruch ben Rabbi Serach der Schreiber Abb. 11a. Der Name „Baruch" ist ebenfalls auf Blatt 46r (Jer 32,12) im Text markiert und mit einer Miniaturzeichnung am Rand der Textkolumne versehen, um die Aufmerksamkeit des Lesers auf den Schreiber zu lenken. Paul de Lagarde[11] gibt für die Auszeichnung des Namens „Baruch" im ersten (im Moment nicht einzusehenden) Band der Bibelhandschrift die Verse Gen 24:31, Ex 18:10, Deut 7:14 an und liest „am bauche des Massoratieres" bei Num 22,12, wo ebenfalls ein Baruch auftaucht: ב'ר זרח הלבלר - Sohn des Rabbi Serach der Schreiber - einen weiteren Hinweis des Schreibers auf seine Identität Abb. 11b. Weniger versteckt erstreckt sich der Schreibername im zweiten Band der Handschrift auf Blatt 459v und 460r, wo über die gesamte Breite der beiden Blätter als Mikrografie verkleidetet ברוך ברבי זרח הסופר - Baruch ben Rabbi Serach der Schreiber - geschrieben steht Abb. 11c. Darüber hinaus taucht ein Punktator namens Brotmark auf, der auf Blatt 182r eine Bemerkung bezüglich der Vokalisierung eines Wortes machte.

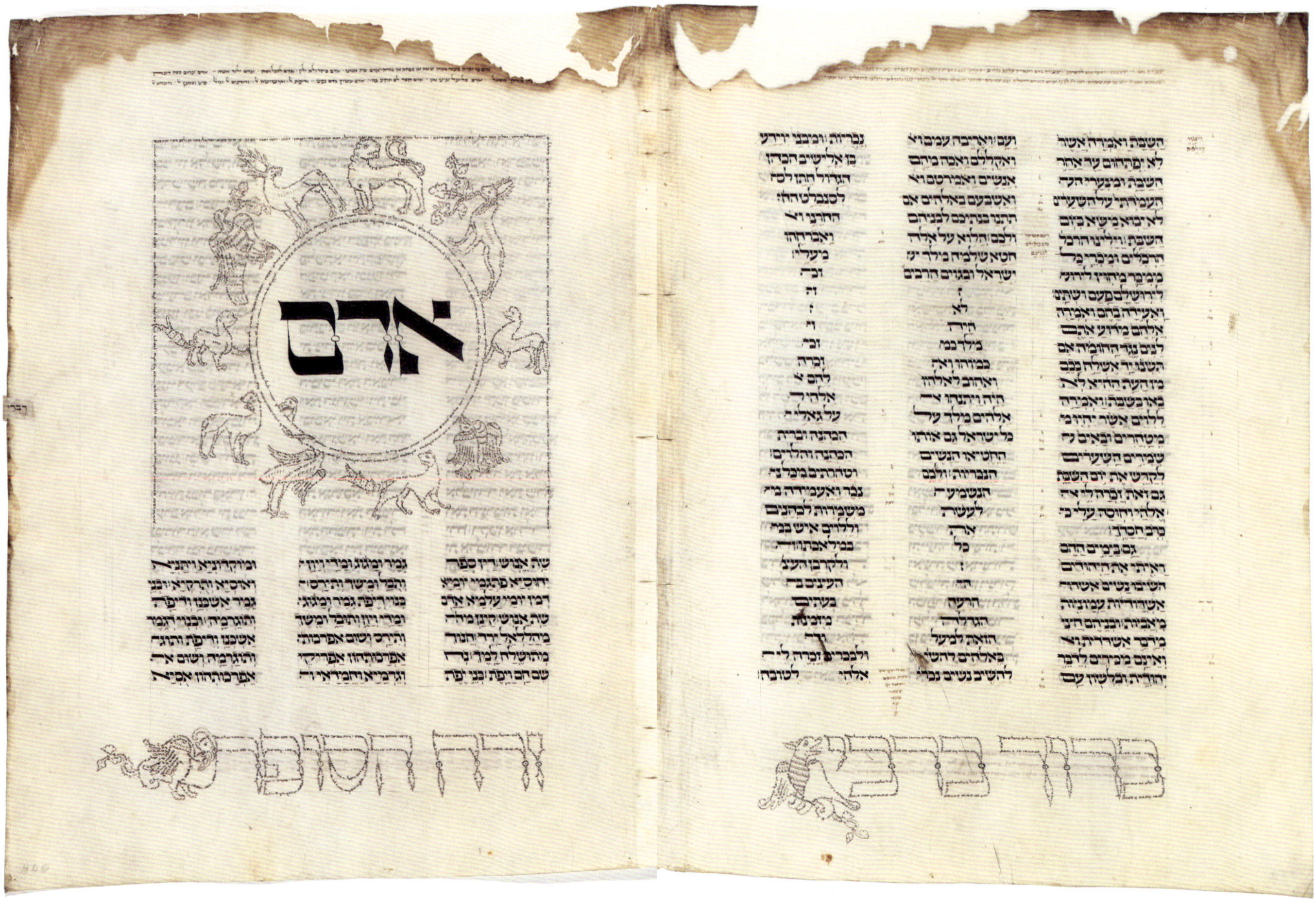

↑ **Abb. 11c** Über die gesamte Breite der beiden Blätter als Mikrografie verkleideter Name des Schreibers ברוךברבי ר זרח הסופר (Baruch ben Rabbi Serach der Schreiber), Ms. or. fol. 1211, fols. 459v/460r | SBB-PK

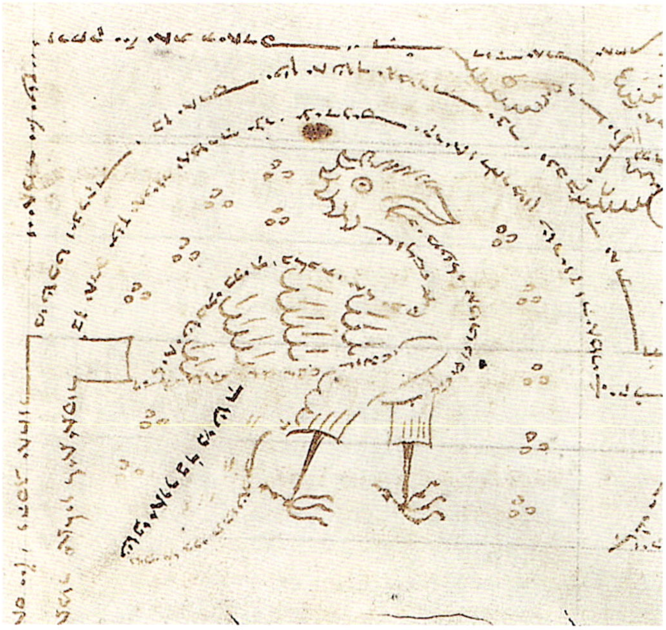

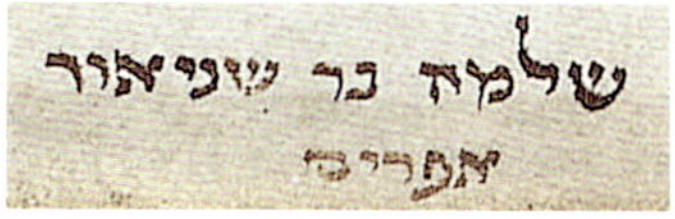

→ **Abb. 12a** Bibelhandschrift Ms. or. fol. 1212. Auf fol. 1v ist in die Masora magna verwoben am Schwanz eines Vogels der Name שניאור ב 'ר משה (Schneor Sohn des Rabbi Mosche) geschrieben.

→ **Abb. 12b** Auf fol. 157v ist unten links der Name שלמה בר שניאור אפרים (Schlomoh Sohn des Schneor Efraim) notiert. Es handelt sich wahrscheinlich um die Schreiber des masoretischen Kommentars, bei denen ein Verwandtschaftsverhältnis nahe liegt. Der Vater hat wahrscheinlich die Arbeit begonnen und der Sohn ab fol. 157 fortgesetzt. Geringfügige Veränderungen im Schriftbild sprechen für einen solchen Schreiberwechsel.

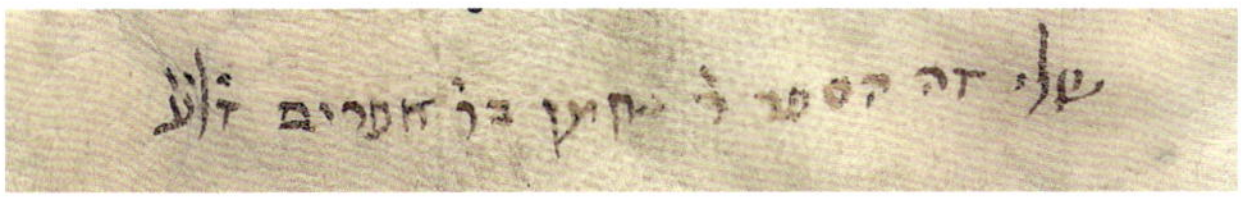

← **Abb. 13** Bibelhandschrift aus dem Nahen Osten mit Masora parva und Masora magna, Ms. or. fol. 1213, fol. 459r, 10./11. Jhd. | SBB-PK

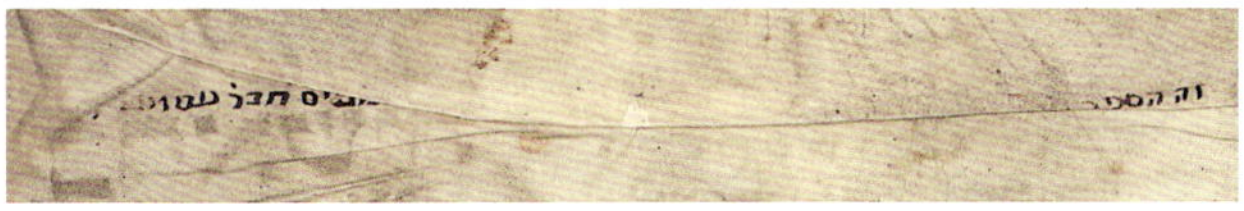

← **Abb. 14** Der Raschi-Kommentar Ms. or. fol. 1221 enthält in einer Pergamentfalte auf Blatt 1r versteckt den leider beinahe vollständig ausgelöschten Besitzeintrag: ז] ההפסר [...] מא יר וע וד יש לי ח ומש תר גום כת וב ים – [חבר עם מ גל ות (Dieses Buch [...] Meir. Ich besitze außerdem einen Chumasch [mit] Targum, Ketuvim verbunden/zusammen mit den Megillot).

↓ **Abb. 15** Ein schwer zu entziffernder Eintrag in der Tosefta erwähnt in einer Pfandurkunde als zeitweisen Besitzer der Handschrift einen gewissen Rabbi Schneor, einen Rabbi Jakob, Sohn des Rabbi Simchah ha-Levi und einen Rabbi Elazar, Sohn des Rabbi Isaak ha-Levi. Ms. or. fol. 223v, 12. Jhd. | SBB-PK

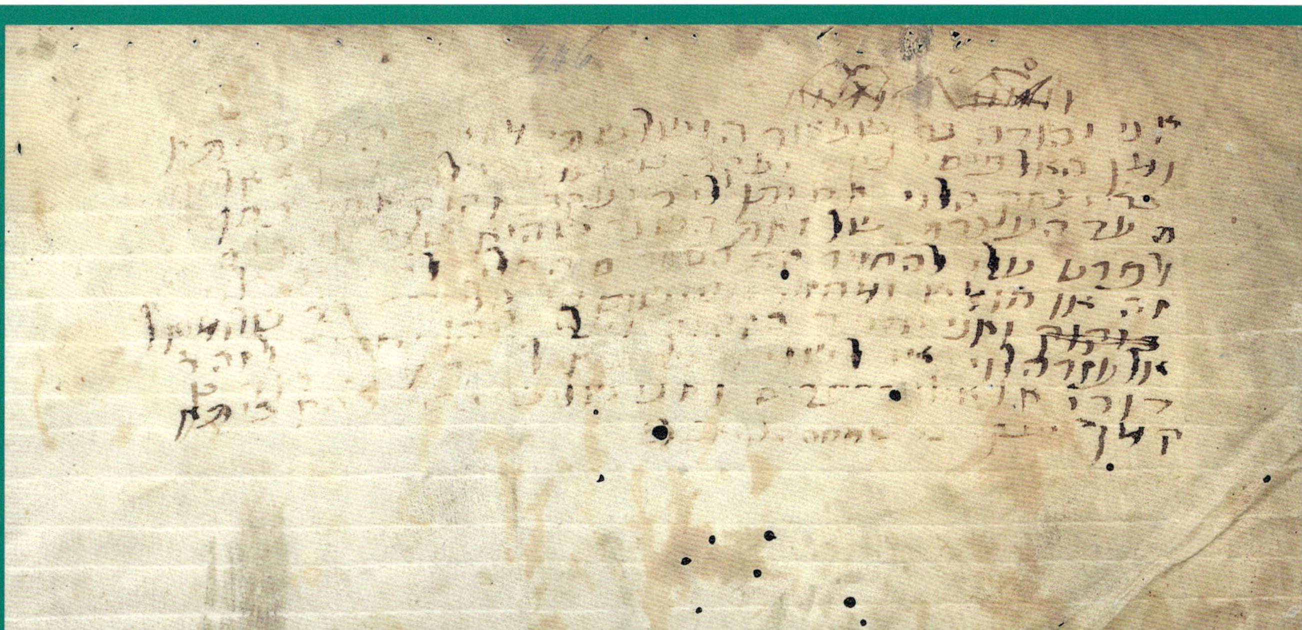

Übersetzung des Eintrags in der Tosefta Ms or 1220:

Mir, Jehudah, Sohn des Rabbi Schneor, wurde diese Tosefta und der Alfasi [in der Angelegenheit] zwischen Rabbi Jakob, Sohn des Rabbi Simchah ha-Levi und Rabbi Elazar, Sohn des Rabbi Isaak ha-Levi [in der Funktion als Sequester] hinterlegt. Wenn mir Rabbi Jakob bis zum Abschluss von Schavuot in diesem Jahr, welches das zwanzigste [des 5. Jahrtausends, d.h. 5020/1260) nach der [kleinen] Zählung ist, eine Mark [mit einem Wert von] 400 [g] Silber gibt, dann ist es an mir, diese Bücher Rabbi Jakob ha-Levi zurückzugeben. Dies oder einen Chumasch und einen Machzor. Sechzig [...] Sohn des Rabbi Schlomiel. Und ich werde [mich verpflichten] durch die Silbermark [...] zu geben [...] dem Schuldner Rabbi Elazar ha-Levi. Oder [beiden ...] so ... oder diese Bücher und ich ein Drittel [...] ihnen das Haus in unserer Anwesenheit Jakob, Sohn des Rabbi Simchah ha-Levi [...]

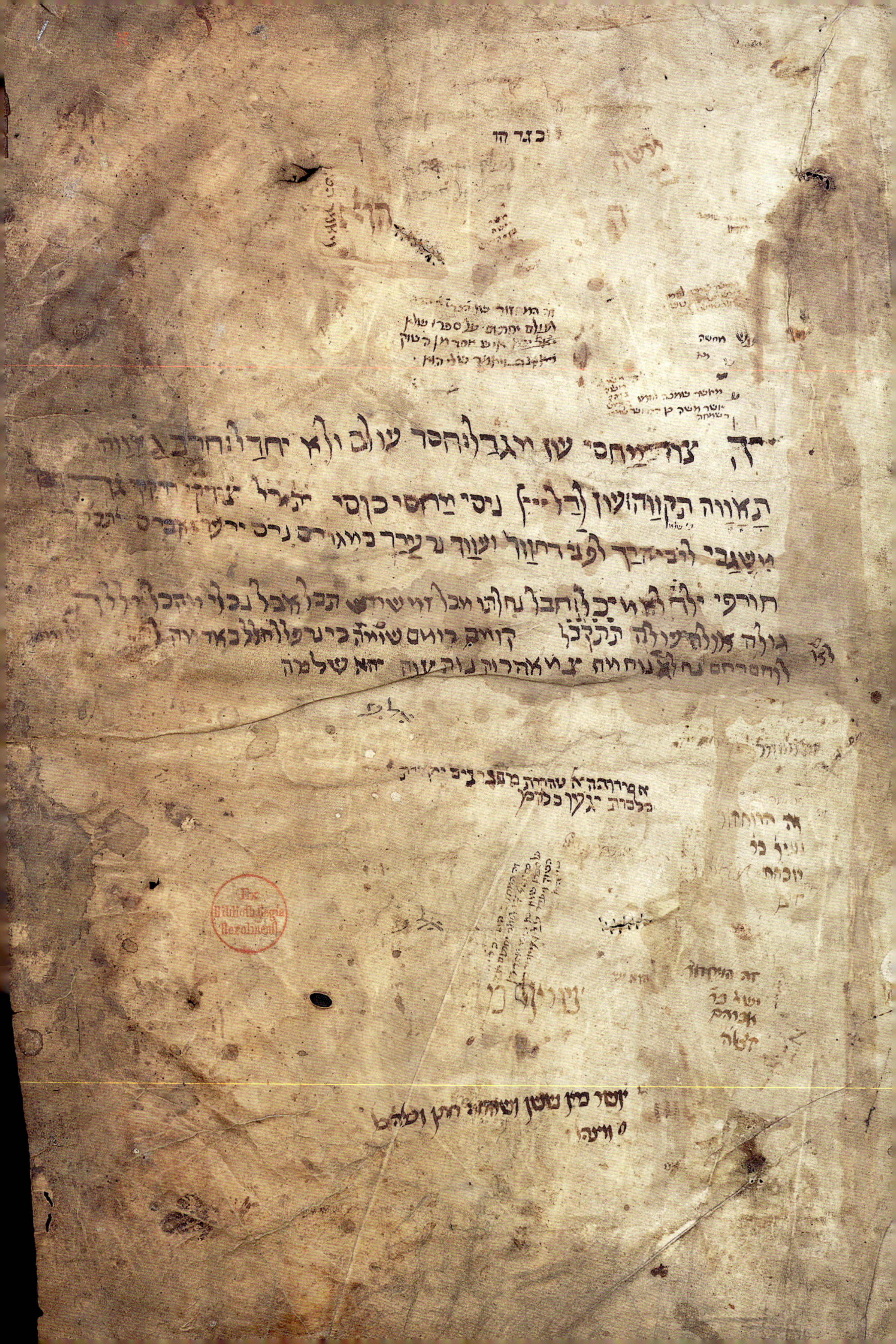
Ex
Biblioth. Regia
Berolinensi

In der Bibelhandschrift Ms. or. fol. 1212 versteckt sich auf Blatt 1v in die Masora magna verwoben oben links am Schwanz des Vogels der Name שניאור ב'ר משה - Schneor Sohn des Rabbi Mosche und auf Blatt 157v unten links der Name שלמה בר שניאור אפרים - Schlomoh Sohn des Schneor Efraim Abb. 12a und 12b. Es handelt sich wahrscheinlich um die Schreiber des masoretischen Kommentars, wobei ein Verwandtschaftsverhältnis naheliegt. Der Vater kann die Arbeit begonnen und der Sohn ab Blatt 157 fortgesetzt haben. Geringfügige Veränderungen im Schriftbild sprechen für einen solchen Schreiberwechsel.

Auch die Besitzanzeigen innerhalb der Handschriften liefern kaum mehr konkrete Hinweise. In der ältesten Bibelhandschrift, der Ms. or. fol. 1213, nennt sich auf Blatt 459r ein Rabbi Nachman, Sohn des Rabbi Efraims, als Besitzer des Manuskripts Abb. 13. In dem Pentateuch Ms. or. fol. 1214 fand Bellermann, der zu Beginn des 19. Jahrhunderts noch einen älteren Einband vorliegen hatte[12], den Vermerk eines Josef, Sohn des Isaaks, vor Abb. 14. Der Raschi-Kommentar Ms. or. fol. 1221 enthält in einer Pergamentfalte auf Blatt 1r versteckt den leider beinahe vollständig ausgelöschten Besitzeintrag: זה הספר [...] מאיר ועוד יש לי חומש תרגום כתובים חבר עם מג(לות - „Dieses Buch [...] Meir. Ich besitze außerdem einen Chumasch (mit) Targum, Ketuvim verbunden/zusammen mit den Megillot." Abb. 15 Ein nurmehr schwer zu entziffernder Eintrag in der Tosefta erwähnt in einer Pfandurkunde als zeitweise Besitzer der Handschrift einen gewissen Rabbi Schneor, einen Rabbi Jakob, Sohn des Rabbi Simchah ha-Levi und einen Rabbi Elazar, Sohn des Rabbi Isaak ha-Levi Abb. 16. Diese Namen führen leider ebenso wenig zu einem tieferen Verständnis der Entstehung der Tosefta wie der Vermerk eines zeitweisen Besitzer des Machzor - Israel, Sohn des Rabbi Abraham - uns Aufschluss über die Geschichte dieser Handschrift geben kann. Zukünftige Datenbanken, die Schreiber, Punktierer oder auch Besitzer mittelalterlicher hebräischer Handschriften sammeln, wären sicherlich eine große Hilfe, Handschriften wie die Erfurter Exemplare besser verorten und bestimmten Schreiberschulen zuordnen zu können.

Schließlich sei noch herausgestrichen, dass zwei der ältesten Manuskripte der Sammlung - die Bibelhandschrift Ms. or. fol. 1213 und die Tosefta Ms. or. fol. 1220 - nicht im aschkenasischen Raum geschrieben wurden. Die Bibelhandschrift stammt wahrscheinlich aus dem Nahen Osten oder dem sefardischen Raum und die Tosefta aus Italien. Auch diese beiden Manuskripte können als alter Familienbesitz, als Geschenk oder natürlich durch Erwerb in die Erfurter Gemeinde gelangt sein.

DER WEG DER HANDSCHRIFTEN AUS DEM BESITZ DER MITTELALTERLICHEN JÜDISCHEN GEMEINDE IN CHRISTLICHE BIBLIOTHEKEN

Über die genauen Umstände der Inbesitznahme der 14 hebräischen Handschriften und des einen Fragments - die der Sammlung später hinzugefügte arabische Handschrift „Erfurt 16" aus dem Jahre 1634 wird an dieser Stelle nicht mitgezählt - aus dem Besitz der mittelalterlichen Gemeinde von Erfurt durch den Erfurter Rat, kann heute nur noch spekuliert werden. Doch lassen historische Quellen und Zeugnisse Erfurter Chronisten kaum Zweifel daran aufkommen, dass die für die jüdische Gemeinde so dramatischen Ereignisse im Jahre 1349 für die Mehrzahl der Manuskripte als Ausgangspunkt ihrer abenteuerlichen Odyssee durch christliche Bibliotheken Erfurts bis in die Orientabteilung der Staatsbibliothek zu Berlin zu betrachten sind.[13] Über den 21. März 1349 berichtet der Erfurter Chronist Zacharias Hogel im Jahre 1638 von einem „Juden Sturm", zu dem sich Erfurter Bürger zusammenrotteten:

← **Abb. 16** Auf der ersten Seite des Erfurter Machzor gibt es verschiedene Notizen, Besitzeinträge und Schreibproben durch verschiedene Hände, Ms. or. fol. 1224, fol. 1r | SBB-PK

[...] die übrigen die nicht entlaufen konnten, als sie sahen, es wäre keine Rettung, liefen in etliche Häuser zusammen, stekten sie mit Feuer an, und verbranden sich mit allen was sie bey sich hatten, als verzweiferte Buben. Es sollen aber der Juden wohl 6000 oder nach etlicher Bericht 9000 zu der Zeit in der Stadt gewesen seyn, so durch Gottes schreckliches Gerichte durch Feuer oder mörderische Waffen umkommen oder doch zerstreut sind worden.[14]

In der Forschung geht man heute von der Ermordung von insgesamt etwa 1000 Erfurter Jüdinnen und Juden aus, wobei der in den Chroniken gelegentlich vorgeschobene gemeinschaftliche Selbstmord der bedrängten Menschen sicher nicht der Wahrheit entspricht. Vielmehr wurden die jüdischen Bewohner Erfurts von einer Rotte „Judenschläger" in die Häuser getrieben und dort von ihren Verfolgern verbrannt.[15] Es handelte sich bei diesem Pogrom auch nicht um „eine panikartige Massenhysterie"[16] infolge der Pestepidemie. Die Pest breitete sich ab 1348 von Südfrankreich ausgehend ins Reich aus, erreichte allerdings erst im Sommer 1349 Thüringen, also mehrere Monate nach dem Massaker an den Erfurter Juden. Die Quellen, insbesondere die überlieferten Verhörprotokolle der zur Verantwortung gezogenen Personen, welche leider nur in einer Abschrift aus dem 16. Jahrhundert vorliegen,[17] belegen einen gezielten Anschlag der Erfurter Bürger, die sich mit Unterstützung des Erfurter Rats der jüdischen Gemeinde entledigen wollten. Die allgemeine Pogromstimmung gegen Juden als „Brunnenvergifter" und angebliche Verursacher der Pest sollte über die eigentlichen Beweggründe des Massakers hinwegtäuschen. Christian Maria Weigelt vertritt überzeugend die These, dass es dem Erfurter Rat in erster Linie um die Inbesitznahme der materiellen Werte der Erfurter Juden ging. Tatsächlich übernahm der Erfurter Rat direkt nach dem Pogrom nicht nur die Liegenschaften der jüdischen Gemeinde. Ihm wurde auch zugesichert, die ausstehenden Schulden der Ermordeten eintreiben und für sich behalten zu dürfen. Der Chronist Hogel berichtet darüber hinaus, dass der Rat in dem zerstörten Wohnviertel Wertgegenständen aller Art zusammensuchen und gegebenenfalls zu Geld machen ließ. Dass im Zuge der Ermordung der Erfurter Juden auch die Häuser teilweise in Schutt und Asche gelegt wurden, konnte – so Weigelt – nicht im Interesse des Rats gewesen sein, da diese Entgleisung der Erfurter Bürger mit einem enormen Wertverlust einherging.[18]

Die Handschriften sind sehr wahrscheinlich unter diesen furchtbaren Umständen in die Hände des Erfurter Rates gelangt. Davon sind frühneuzeitliche Chronisten wie beispielsweise Johann Hundorph[19] jedenfalls überzeugt. Ob die Bücher tatsächlich alle „auß der Jüden Synagog alhier"[20] oder nicht doch teilweise aus privaten Haushalten stammen, ist nicht mit Sicherheit zu sagen. Die Torarollen, Haftarot (Ms. or. fol. 1214) und der Machzor gehören als feste Bestandteile des jüdischen Ritus in die Synagoge. Auch die anderen Handschriften könnten Teil der Gemeindebibliothek des Schulhauses gewesen sein. In der Bibelhandschrift Ms. or. fol. 1212 sind die Haftarot zur Lesung deutlich lesbar markiert, das heißt, auch diese Handschrift könnte trotz ihrer Größe Teil des rituellen Gemeindelebens gewesen sein. Die unhandliche Größe und das Gewicht der Bibelhandschrift Ms. or. fol. 1210/1211 sprechen jedoch gegen eine allgemeine Benutzung im Unterricht durch Schüler oder bei der Lesung im Ritus. Diese zwei je 50 Kilogramm schweren Bände könnten genau wie die anderen nichtliturgischen Schriften durchaus auch Teil einer privaten Bibliothek gewesen sein. Bedenkt man den enormen finanziellen Herstellungsaufwand der Riesenbibeln, konnte es sich bei dem Besitzer nur um eine der einflussreichen und finanzkräftigen jüdischen Familien in Erfurt gehandelt haben, die sich diese Prachtbände als fromme Prestigeobjekte herstellen ließen. Ob die Brand-, Schmutz-, Glas- und Blutspuren in den Handschriften tatsächlich als Spuren der Katastrophe von 1349 betrachtet werden können, wie der Rabbiner und Geschichtsschreiber Adolph Jaraczewski oder der Forscher Moses Zuckermandel annahmen, bleibt dahingestellt.

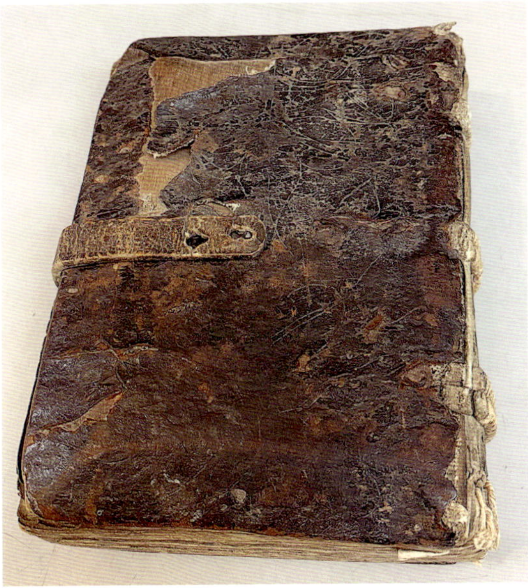

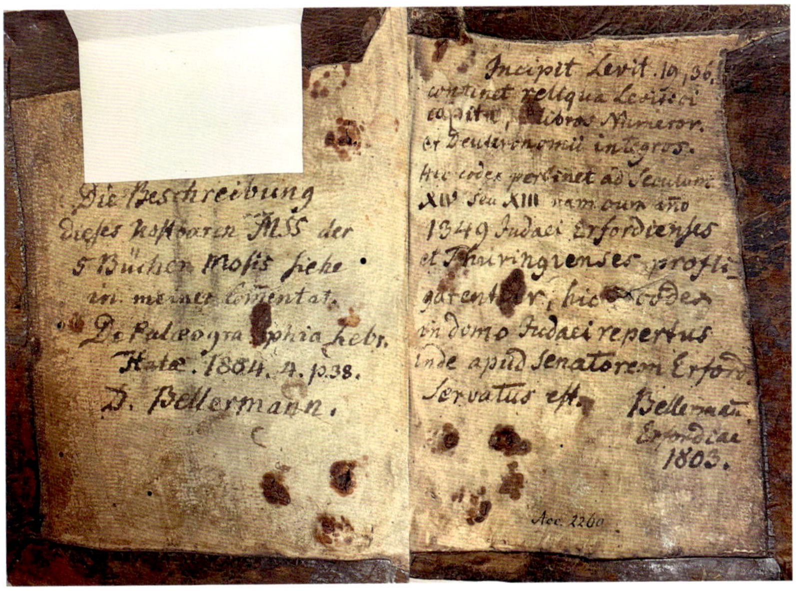

↑ **Abb. 17a** Einband des mittelalterlichen Pentateuchs, Ms. or. oct. 147, 14. Jhd. | SBB-PK

↑ **Abb. 17b** Notizen Bellermanns auf den Rückseiten des Einbands, die auf die Herkunft dieses Manuskripts aus der mittelalterlichen jüdischen Gemeinde Erfurts hinweisen, Ms. or. oct. 147, 14. Jhd. | SBB-PK

Es ist sehr gut möglich, dass beim Ausverkauf des Besitzes der Erfurter Juden durch die Stadtväter auch Bücher gewinnbringend veräußert wurden oder über andere Wege in eine private Sammlung oder Bibliothek gelangt sind, die nicht Teil der heutigen „Erfurter Sammlung“ sind. Ein Beispiel dafür ist ein mittelalterlicher Pentateuch der Berliner Staatsbibliothek, von dem Bellermann 1803 und 1804 direkt auf die Rückseiten des Einbandes schrieb, dass es sich bei diesem Manuskript ebenfalls um ein Buch aus dem Besitz der mittelalterlichen Erfurter Gemeinde handle [Abb. 17a und 17b]. Darüber hinaus ist die Möglichkeit nicht völlig zu vernachlässigen, dass einige Bände aus dem Besitz der zweiten Erfurter Gemeinde stammen, die sich ab dem Jahr 1354, also nur fünf Jahre nach dem sogenannten Pestpogrom, in Erfurt ansiedelte, deren Schutz durch den Erfurter Rat allerdings bereits 1453 wieder aufgekündigt wurde. Auch im Zuge dieser Vertreibung der Erfurter Juden kam es zur Beschlagnahmung von jüdischem Besitz. Reinhold Ruf-Haag führt in seiner Studie *Juden und Christen im spätmittelalterlichen Erfurt*[21] einige Fälle an, in denen „ehemalige Erfurter Juden oder deren Erben versuchten, die in der Stadt zurückgelassenen Besitz- und Außenstände zurückzufordern“.[22] An dieser Stelle interessant ist eine Klageführung aus den Jahren 1453–1455 um mehrere Bücher. Ein gewisser Zyprian forderte seine Bücher zurück, die er bei dem Erfurter Juden David Zenner hinterlassen habe. Um was für Bücher es sich dabei handelte, ist nicht überliefert. Der Erfurter Stadtrat versicherte, er habe die Bücher dem Gericht in Mainz übergeben, da ein Jude namens Katzmann, Sohn des Meir, ebenfalls Ansprüche erhoben und die Bücher letztlich erstritten habe. Ruf-Haag kann jedoch belegen, dass diese Bücher 1453 dennoch jenem Zyprian zugesprochen wurden – Gründe dafür sind nicht bekannt. Die Bände gingen zurück in den Besitz des Stadtrats, der sie aufbewahren wollte, bis der jüdische Eigentümer sie sicher in Erfurt in Besitz nehmen könne.[23] Diese Sicherheit konnte bis Juni 1454 nicht gegeben werden, sodass der Stadtrat den Markgrafen aufforderte, für eine Zahlung der städtischen Unkosten und für die Übergabe der Bücher zu sorgen. Das Schicksal dieser Bücher ist ungewiss, doch erwähnt Ruf-Haag ein Mandat Kaiser Friedrichs III. vom 25. Juli 1489 an den Erfurter Stadtrat, in dem er den Verkauf einer Anzahl Bücher aus dem Besitz der Erfurter jüdischen Gemeinde an einen gewissen Levi forderte. Ob dieser Verkauf tatsächlich stattfand und um was für Bücher es sich überhaupt handelte, ist nicht überliefert.[24]

Als sicher kann jedoch gelten, dass der Erfurter Rat Anfang des 18. Jahrhunderts eine Bibelhandschrift an eine private Bibliothek verschenkte. Diesbezüglich berichtet Adolph Jaraczewski: „Der als Cod. V. von Michaelis angeführte, ist im Jahre 1727 von Abgeordneten des Raths und des Ministeriums dem Kurfürsten Franz Lothar zu Mainz zum Geschenk gemacht, und von diesem in der Bibliothek des Grafen von Schönborn zu Gaybach in Franken aufgestellt worden.“[25]

Kall und Michaelis konnten die Handschrift noch einsehen und hinterließen glücklicherweise eine Beschreibung des Manuskripts.[26] Die Bibliothek des Grafen von Schönborn zu Gaybach ist vollständig in den Buchbestand des Schlosses Weissenstein in Pommersfelden eingegangen.

Für den Verbleib der hebräischen Handschriften in Erfurt konnte Michael Ludscheidt auf Grundlage unterschiedlicher historischer Quellen überzeugend darlegen, dass die Manuskripte lange Zeit im Besitz des Erfurter Rates waren. Noch 1651 schilderte der Erfurter Chronist Hundorph auf die baulichen Veränderungen am Erfurter Rathaus im Jahre 1624 rückblickend seine Eindrücke über die Einrichtung eines „Losament[s] zur Bibliothec“ und die darin befindlichen Bücher:

> In der Bibliothec seynd / beneben guten außerlesenen kostbarlichen Büchern / sonderlich zu sehen die gantze H. Bibel Hebräisch auf Pergament geschrieben / undt zu sammen gerollet. Item eine schöne Hebräische Bibel / so ein gewaltig groß Buch / und noch auß der Jüden Synagog alhier herkommen / darinnen die initial Buchstaben von Bildern / Thieren Vnd Vögeln gantz künstlich mit Schriften formiret sind.[27]

Hundorph zeigt sich hier zweifelsohne von einer der Torarollen und der reich mikrografierten großen Bibelhandschrift Ms. or. fol. 1210/1211 beeindruckt – beides Artefakte, die aus einer christlichen Bibliothek hervorstechen mussten. Als der Chronist Sigmund Friese etwa 100 Jahre später denselben baulichen Vorgang im Rathaus beschreibt, fügt er in einem Nebensatz die wichtige Information hinzu, dass „diese Hebräische bücher [...] der Raht zue Ministerial Bibliothec verehret [habe], wo sie noch zu finden sind“.[28] Aus dieser Nachricht zieht Ludscheidt den Schluss, dass die Handschriften Mitte des 17. Jahrhunderts von der Erfurter Ratsbibliothek „zu einem vorläufig nicht genauer zu bestimmenden Zeitpunkt in den Bestand der 1646 gegründeten Ministerialbibliothek überführt worden sind“.[29] Dass dieser Schenkungsvorgang in keiner Weise von der Ministerialbibliothek dokumentiert wurde, ist eine Merkwürdigkeit, die sicherlich der Herkunft und Inbesitznahme der Bücher geschuldet ist. Eine Geheimhaltung des außergewöhnlichen Bestands gelang der Ministerialbibliothek dennoch nicht. Die Ausführungen des Pädagogen Christian Gotthilf Salzmann (1744–1811) über das Augustinerkloster, die Ende des 18. Jahrhunderts in einen Reisebericht über das „Evangelische Zion“ mündeten, legen dafür ein beredtes Zeugnis ab:

> In die Gebäude dieses Klosters haben die Evangelischen einen großen Theil der Anstalten verleget, die unter ihrer Aufsicht stehen, und pflegen daher dieß Kloster im Scherz das Evangelische Zion zu nennen. Hier ist [...] die Bibliothek des Ministeriums, welche vorzüglich deßwegen merkwürdig ist: weil sie verschiedene alte Abschriften vom Alten Testamente, in Hebräischer Sprache, auf Pergament geschrieben, enthält, die, wegen ihres Alterthums, durch ganz Europa bekannt sind, und einen großen Werth haben.[30]

Trotz des hohen Wertes der Manuskripte lag der Evangelischen Ministerialbibliothek Ende des 19. Jahrhunderts offensichtlich viel daran, ihre hebräischen Schätze abzugeben. Bereits

Anfang der 1870er-Jahre hatte es erste Überlegungen hinsichtlich eines Verkaufs der Hebraica gegeben. Nach Jahren zäher Verhandlungen konnte die Königliche Bibliothek in Berlin die hebräischen Handschriften für nur 5000 Mark im Juni 1880 in den Bestand aufnehmen. Sie sollten als ein geschlossenes Konvolut unter dem Namen „Erfurter Handschriftensammlung" in den Katalog verzeichnet werden – so verlangte es das Evangelische Ministerium.

Während des Zweiten Weltkriegs wechselten die Handschriften noch einmal die Bibliothek. Die im Herzen Berlins gelegene Preußische Staatsbibliothek entschloss sich angesichts befürchteter Luftangriffe im August 1939 zur Umlagerung wertvoller Bestände in den gepanzerten Keller des Reichswirtschaftsministeriums, das gegenüber der Staatsbibliothek Unter den Linden gelegen war. Darüber hinaus begann im Herbst 1941 die Verlagerung des Bestands in auswärtige Depots unter anderem nach Banz, Beuron und Fürstenstein.[31] Über den Verbleib der Erfurter Handschriftensammlung während der Kriegszeit lässt sich allerdings nur mit Blick auf die Bibelhandschrift Ms. or. fol. 1213 mit absoluter Sicherheit etwas sagen, da ein Besitzstempel vom „Zollamt Marburg" die vorübergehende Lagerung dieses Manuskripts in Marburg anzeigt. Es spricht allerdings Einiges dafür, dass ein Teil der Erfurter Handschriftensammlung zusammen mit zahlreichen anderen als besonders wertvoll befundenen Manuskripten und Büchern zunächst in den Keller des Wirtschaftsministeriums wanderte. Die Decke des Lagerraums hielt dem Druck einer Sprengbombe beim Luftangriff am 3. Februar 1945 jedoch nicht stand, sodass die dort eingelagerten Bände durch den Brand und vor allem das Löschwasser erheblichen Schaden nahmen. Das Schadbild des zweiten Bandes der Bibelhandschrift Ms. or. fol. 1210/1211 mit aufeinandergeklebten Pergamentblättern und extremen Verwerfungen, die eine Benutzung bis zu ihrer Restauration unmöglich machten, spricht für eine Lagerung dieser Handschrift im Keller des Wirtschaftsministeriums. Auch einige der anderen Handschriften – wie das Ms. or. 1214, 1224, 1220 und Ms. or. Quart. 685 – weisen Ruß- und Wasserschäden auf, die sehr wahrscheinlich in diesen Räumlichkeiten entstanden sind. Von September 1945 bis März 1946 kehrten die eingelagerten Handschriften und Drucke in das Stammhaus zurück. Aus der Orientabteilung sind etwa 1100 Bände – darunter 100 „Ms. or."- Signaturen – im Wirtschaftsministerium belegt.[32] Doch es waren aus der Orientabteilung auch 94 Bücherkisten zu ihrem Schutz auf den Weg in das Schloss Banz in Oberfranken, 108 Bücherkisten in das Benediktinerkloster nach Beuron im oberen Donautal – davon 6000 Bände mit einer „Ms. or."-Signatur – und weitere 800 Handschriften aus dem Nahen und Mittleren Osten in die Burg Fürstenstein bei Breslau geschickt worden. Werner Schochow betont die Schwierigkeit, die Aufteilungskriterien heute noch nachvollziehen zu können, stellt jedoch fest, dass „in Beuron die Orientalia im engeren Sinne überwiegen, während in Banz und zumal in Fürstenstein die Ostasiatica dominieren"[33]. Es ist dementsprechend möglich, dass ein Teil der Erfurter Handschriftensammlung aus der Stadt heraus in Sicherheit gebracht wurde.

Nach dem Krieg wurden die in Süddeutschland verstreuten Bestände bis in die Jahre um 1968 in Bibliotheken von zwischenzeitlich Bamberg und München, dann Tübingen und Marburg verteilt und der öffentlichen Nutzung zugänglich gemacht. Die Bibelhandschrift 1213 weist, wie bereits erwähnt, den Besitzstempel Marburgs auf. Die orientalischen Handschriften kamen 1965 aus Marburg und 1968/69 aus Tübingen in das nun geteilte Berlin und fanden in Berlin-Dahlem ein provisorisches Lager im Gebäude des Geheimen Staatsarchivs.[34] Das dritte hier genannte Depot aus dem Schloss Fürstenstein musste bereits im Jahr 1944 in das zwanzig Kilometer entfernte Grüssau umgelagert werden, wo es den Krieg unbeschadet überstand. 1946 wurden die Bücherkisten von polnischen Behörden beschlagnahmt und in polnische Bibliotheken verteilt. Die Erfurter Handschriftensammlung ist glücklicherweise vollständig in die Orientabteilung der Staatsbibliothek zu Berlin Preußischer Kulturbesitz zurückgekehrt.

FORSCHUNG

Die Forschung wandte sich zuerst den hebräischen Bibelhandschriften der Handschriftensammlung zu. Den Anfang machte 1680 der Augsburger Prediger und Orientalist Matthias Friedrich Beck, der auf der Grundlage der zweibändigen Erfurter Bibelhandschrift Ms. or. fol. 1210/1211 eine kommentierte Ausgabe des aramäischen Targum Onqelos der Chronikbücher mit lateinischer Übersetzung herausgab.[35] Es folgte die 1706 gedruckte Dissertation von Abraham Kall,[36] der unter der Anleitung von Johann Heinrich Michaelis auf 36 Seiten die Bibelhandschriften der Sammlung abhandelte. Kall beschränkte sich auf einige wenige Notizen zur Vollständigkeit der Manuskripte, zur Anordnung der biblischen Bücher innerhalb der Hebräischen Bibeln und einigen Feststellungen zu Korrekturen und Varianten der kleinen und großen Masora. Kall ging – wie alle Bibelwissenschaftler, die nach ihm die Manuskripte untersuchten – methodisch eindimensional mit linguistisch-philologischen Fragestellungen an die Bibelhandschriften heran. Die Erforschung der eigentlichen Textgenese und die damit verbundene Betrachtung des soziokulturellen Umfelds des Schreibers, des Auftraggebers und der jüdischen Gemeinde in Erfurt zu einer bestimmten Zeit im Mittelalter standen hier nicht zur Debatte.

Einen großen Schritt zur historisch-kritischen Bibelauslegung machte der Hallenser Professor für orientalische Sprachen und Theologie, Johann Heinrich Michaelis, mit seiner Ausgabe der Hebräischen Bibel, die 1720 in Halle erschien. Bei der Erstellung dieser Textfassung stützte er sich nicht nur auf die Erfurter Textzeugen, sondern berücksichtigte die gesamten ihm damals zur Verfügung stehenden Überlieferungen der Hebräischen Bibel. Sein Großneffe Johann David Michaelis führte diesen Ansatz weiter und beauftragte seinen Schüler Johann Christian Wilhelm Diederichs mit einer Überarbeitung des kritischen Apparats der Halleschen Bibel. Diederichs untersuchte erneut die Erfurter Bibelhandschriften und legte nach zweijährigem Studium der Manuskripte seine Ergebnisse 1775 in einer Abhandlung über die Lesarten von 83 Psalmen (insbesondere Varianten der Konsonanten- und Kantillationszeichen) dar.[37] Auch der englische Hebraist und Bibelforscher Benjamin Kennicott arbeitete mit den Erfurter Bibelhandschriften und nahm sie in seinen Katalog *Dissertatio Generalis in Vetvs Testamentvm Hebraicvm cvm Variis Lectionibvs ex Codibvs Manuscriptis et Impressis* aus dem Jahre 1783 auf. Er äußerte sich bereits in der von ihm herausgegebenen Reihe *The Ten Annual Accounts of the Collation of Hebrew MSS of the Old Testament* anerkennend über die Erfurter Bibelhandschriften.[38]

Anfang des 19. Jahrhunderts fasste der gebürtige Erfurter Hebraist und Theologe Johann Joachim Bellermann in seiner Geschichte der bibliothekarischen und musealen Institutionen Erfurts[39] die Forschungsergebnisse seiner Vorgänger zusammen, wofür er von Paul de Lagarde unermüdlich als Abschreiber diffamiert wurde, dem es unmöglich sei, „ein weilchen ohne IHMichaelis klug zu sein".[40] Tatsächlich ist der Eigenanteil in Bellermanns Handschriftenbeschreibungen gering. Bemerkenswert ist allerdings, dass abgesehen von den Bibelhandschriften auch andere Manuskripte der Sammlung in aller Kürze beschrieben werden. Dazu gehören die vier Torarollen die kleine Masora und die Tosefta, von Bellermann als „Thalmud, et quidem ea pars, quae Gemara dicitur" verkannt.

Mit den Arbeiten von Moses Samuel Zuckermandel und Paul de Lagarde gelangte die Forschungsgeschichte zur Erfurter Handschriftensammlung auf ihren Höhepunkt. Zuckermandel hob in seiner 1876 erschienenen Studie zur Erfurter Tosefta erstmals deren hohen Wert hervor.[41] Er war derjenige, der die Schrift als einen wichtigen Textzeugen des halachischen Werks würdigte, das nur in wenigen, zum Teil fragmentarischen Exemplaren überliefert sei. Der Kodex war vor der richtungsweisenden Studie Zuckermandels wahlweise als Jerusalemer Talmud[42] oder Mischna[43] in die Kataloge eingegangen. Allein Zacharias Frankel hatte bereits 1870 in seiner Einführung zum Jerusalemer Talmud[44] notiert, dass es sich bei

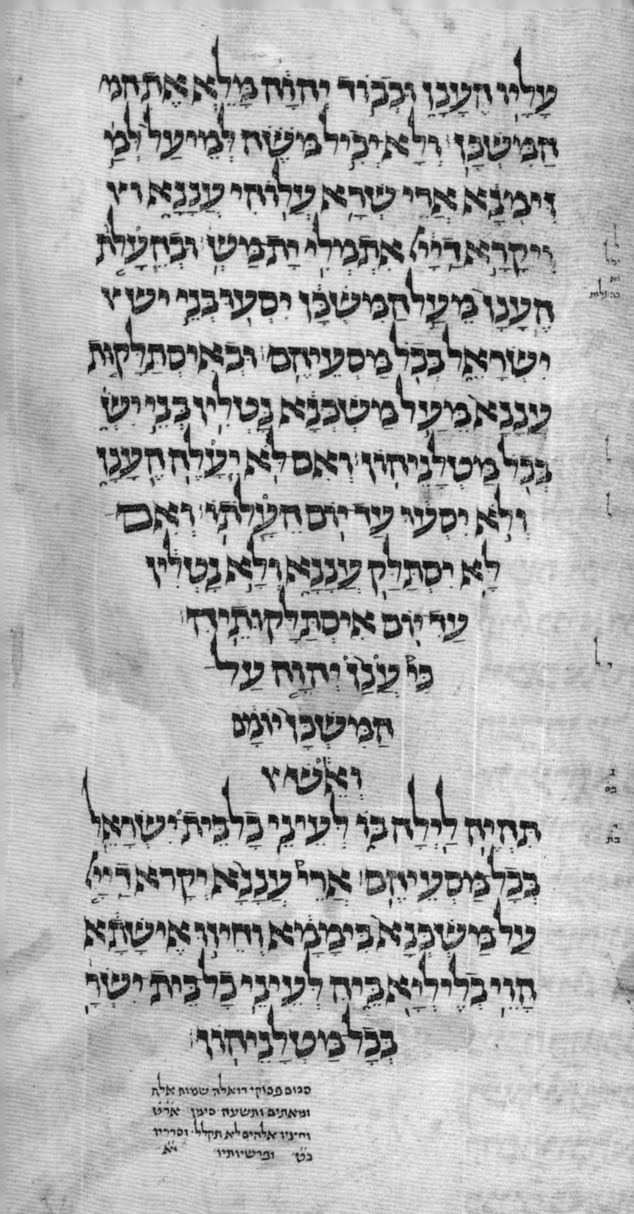

← **Abb. 18** Kelchförmige Figur aus den Wörtern der Schrift gebildet, Ms. or. fol. 1214, fol. 78v | SBB-PK

↓ **Abb. 19a–e** Mikrografien der Bibelhandschriften Ms. or. fol. 1210/1211 und 1212 | SBB-PK

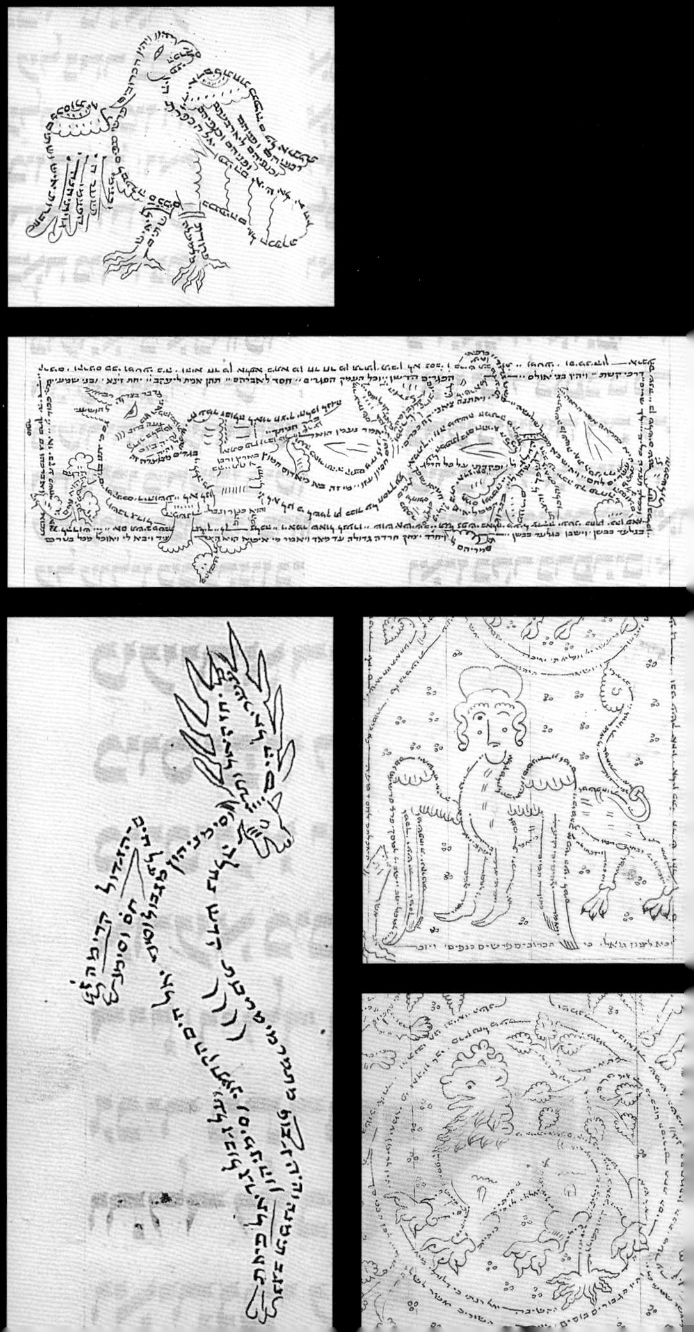

dieser Handschrift um das seltene Exemplar einer Tosefta handelte, allerdings ohne weiter auf die Schrift einzugehen. Zuckermandels Arbeit ist – abgesehen von der kommentierten Übersetzung der Äsop'schen Fabeln (Ms. or. Quart. 685) durch Julius Landsberger[45] – die einzige umfassende Studie über eine Handschrift aus dem Konvolut. Die Arbeit gilt bis heute als Standardwerk für die Erforschung der zur Tosefta gehörenden Textgruppe.

Der Kulturphilosoph und Orientalist Paul de Lagarde unternahm Ende des 19. Jahrhunderts die bis zu diesem Zeitpunkt vollständigste Beschreibung der Handschriften. In seinem Beitrag „Hebräische Handschriften in Erfurt" besprach er sämtliche Manuskripte der „Erfurter Sammlung" mit Ausnahme der Torarollen und diskutierte darüber hinaus in einem mitunter extrem polemischen Ton die vorhandene Forschungsliteratur. Lagarde war sich durchaus der Tatsache bewusst, dass seine knappen Ausführungen lediglich Ausgangspunkt für weiterführende Forschungen sein konnten. Dementsprechend beschloss er seine Ausführungen mit den Worten:

Die vorliegende beschreibung wird hoffentlich bewirken, daß diese handschriften von nun ab besser in ehren gehalten werden als sie so lange Jahre hindurch in ehren gehalten worden sind. Der dritte bibelkodex, tosefta, die sammlung von schriften der geonen sind schätze, wie sie die größesten bibliotheken nicht aufzuweisen haben, und auch der maxzor scheint von hohem werte. Die massora ist nicht erheblich; der targum des ungetüms A hat, soweit ich ihn untersucht, seine bedeutung, obwohl keine grundlegende, und die abschrift der noten Rawis wird ohne frage einem herausgeber der werke Rawis sehr gute dienste leisten.[46]

Seit der Überführung der „Erfurter Sammlung" in die Orientalische Abteilung der Königlichen Bibliothek zu Berlin im Jahre 1880 sind die Forschungsbemühungen praktisch zum Erliegen gekommen. Moritz Steinschneider beschrieb den Erwerb des Konvoluts und dessen allernotwendigste paläografische Eckdaten in seinem 1897 veröffentlichten Handschriftenkatalog[47] in kürzester Form. Mit keinem Wort deutete der große Kodikologe des 19. Jahrhunderts an, dass die mittelalterlichen Manuskripte der „Erfurter Sammlung" zu den spektakulärsten der Berliner Sammlung zählen.

Erst mit der von der Staatsbibliothek initiierten Ausstellung *Kitwe-Jad. Jüdische Handschriften – Restaurieren, Bewahren, Präsentieren* im August 2002 begann eine erneute Beschäftigung mit den wertvollen Manuskripten, die immer wieder neue Erkenntnisse zur Genese und Rezeption dieser außerordentlichen Sammlung hebräischer Manuskripte ans Licht brachte.

DIE MIKROGRAFIEN IN DEN BIBELHANDSCHRIFTEN

Die Bibelhandschriften der Erfurter Sammlung sind wiederholt für ihre kunstvollen Mikrografien bewundert worden. Mikrografien bestehen aus winzig kleinen Buchstaben, Wörtern und Sätzen der sogenannten Masora magna – der großen Masora – und sind oft nur mit einer Lupe lesbar. In der jüdischen Tradition sind zwei Versionen von Mikrografien überliefert. Es gibt die weniger bekannte Form, in der übereinander angeordnete Schriftlinien von unterschiedlicher Länge eine bestimmte Form ergeben. Ein schlichtes Beispiel dieser Buchstabenkunst findet sich in dem oben beschriebenen Pentateuch (Ms. or. fol. 1214), der auch die für die jüdische Liturgie relevanten Prophetenlesungen und Megillot beinhaltet. Abb. 18

Dieser Typus ist mit paganen und christlichen Kaligrammen der Antike vergleichbar und wahrscheinlich auch von dort inspiriert. Die wichtigere und spezifisch jüdische Form der Mikrografie unterscheidet sich vom weit verbreiteten Kaligramm oder Figurengedicht (*carmen*

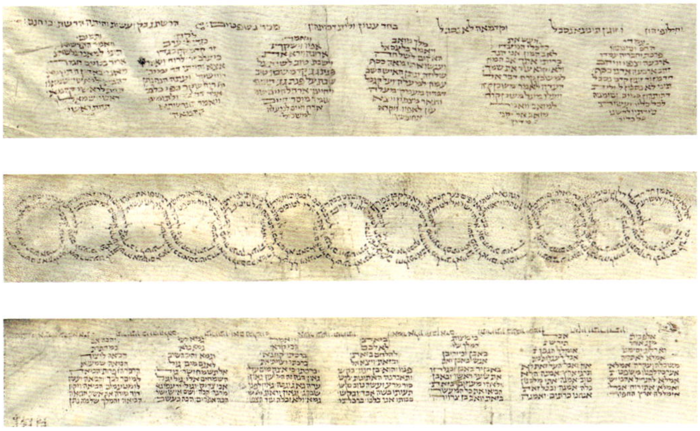

↑ Abb. 20a–c Einfache Mikrografien in der Bibelhandschrift Ms. or. fol. 1213, fols. 49r, 46r, 47r | SBB-PK

figuratum) dadurch, dass der Text das Bild nicht ausfüllt, sondern lediglich seine Außenlinien markiert. Allerdings gibt es auch Mischformen, wie beispielsweise die Darstellung des Jona, der von einem großen Fisch verschlungen wird, in dem berühmten Jona-Pentateuch aus der zweiten Hälfte des 13. Jahrhunderts, der in der British Library aufbewahrt wird (Add. Ms. 21160, fol. 292r).

In Deutschland und Frankreich erlebte die Mikrografie im 13. und 14. Jahrhundert eine Blütezeit und die beiden großen Bibelhandschriften Mss. or. fol. 1210/1211 und 1212 legen mit ihren kunstvollen Buchstabenbildern beredtes Zeugnis dafür ab. Tier- und Fabelwesen bevölkern die beiden Handschriften und ziehen die Blicke der Betrachtenden auf sich. Abb. 19 Doch die Verwendung des Textes der großen Masora als Schmuckelement ist viel älter. Auch dafür enthält die Erfurter Handschriftensammlung mit der Bibel Ms. or. fol. 1213 aus dem 10./11. Jahrhundert ein Beispiel. In dem Manuskript ist der masoretische Kommentar durch unterschiedliche einfache, meist geometrische Formelemente mikrografiert. Abb. 20a–c

Es gibt weitere Bibelhandschriften im Bestand der Berliner Staatsbibliothek mit dieser einfachen Form der Mikrografie, beispielsweise ein jemenitischer Pentateuch aus dem 15. Jahrhundert (Ms. or. 13420) oder eine Hebräische Bibel aus der Hamilton-Sammlung, die 1290 vollendet wurde.

Die Mikrografien der Bibelhandschrift Ms. or. fol. 1212 aus der zweiten Hälfte des 13. Jahrhunderts treten im Gegensatz zu den einfachen dekorativen Schmuckelementen dieser alten Bibeln viel mehr in den Vordergrund. Die Forschung widmete den Mikrografien dieser Handschrift besondere Aufmerksamkeit, da diese Kunstform hier als Stilmittel einen Höhepunkt fand und das Erscheinungsbild der wertvollen Handschrift entscheidend prägt. So füllen die ornamentalen, figürlichen und geometrischen Schmuckelemente – vor dem Buch Genesis, dem Hohelied und den Chroniken – ganze Seiten der Handschrift. In den meisten Fällen ist jedoch allein das erste Wort der 24 biblischen Bücher ins Zentrum gerückt und auf unterschiedliche Weise mit Mikrografien dekoriert Abb. 21a und b. Sieht man sich diese Mikrografien am Anfang der biblischen Bücher vergleichend an, entsteht der Eindruck, dass sich der Schreiber bei der Ausführung dieser Verzierungen von keinem festen Formenkanon leiten ließ, sondern mit verschiedenen Mustern experimentierte. Dabei überwiegen rechteckige Tafeln mit floralen und geometrischen Ornamenten oder Medaillons, die diverse Tiere, Drachen und andere Phantasiewesen – manche sogar mit menschlichem Antlitz – beherbergen. Es finden sich auch runde Tafeln, einzelne Tiere und menschliche Figuren, die im Zusammenhang mit dem Text interpretiert werden können.

↓ Abb. 21a Beginn des biblischen Buches Sprüche, Ms. or. fol. 1212 | SBB-PK

↓ Abb. 21b Beginn des biblischen Buches Samuel, Ms. or. fol. 1212 | SBB-PK

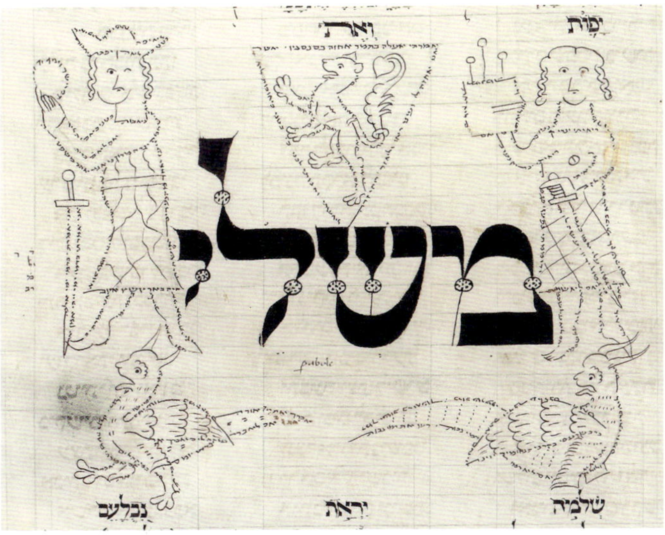

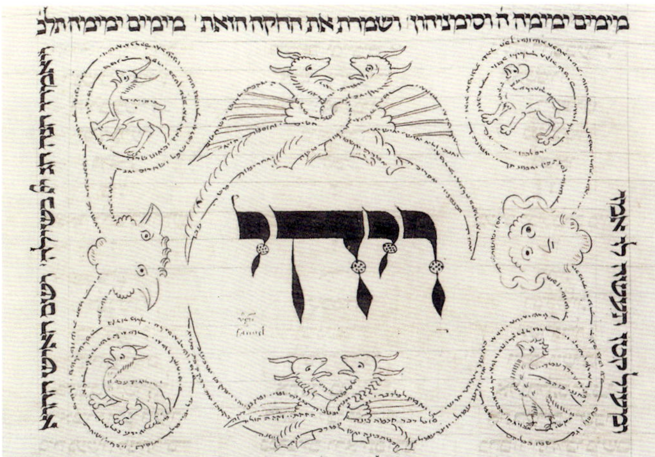

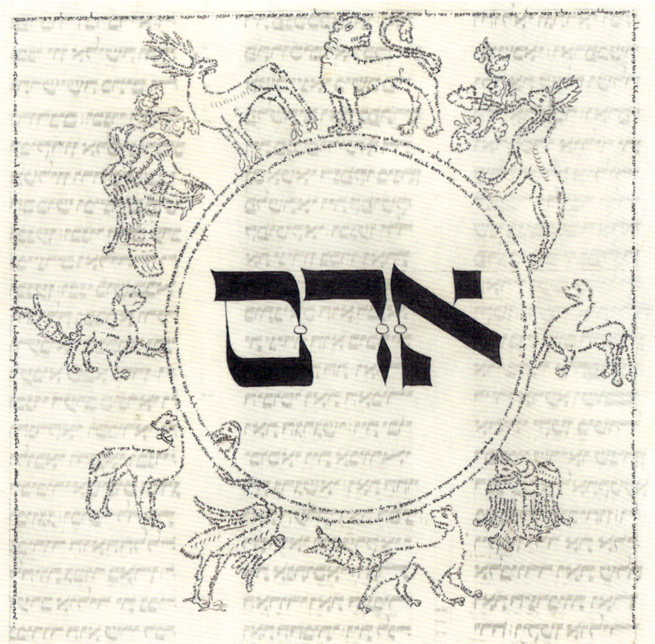

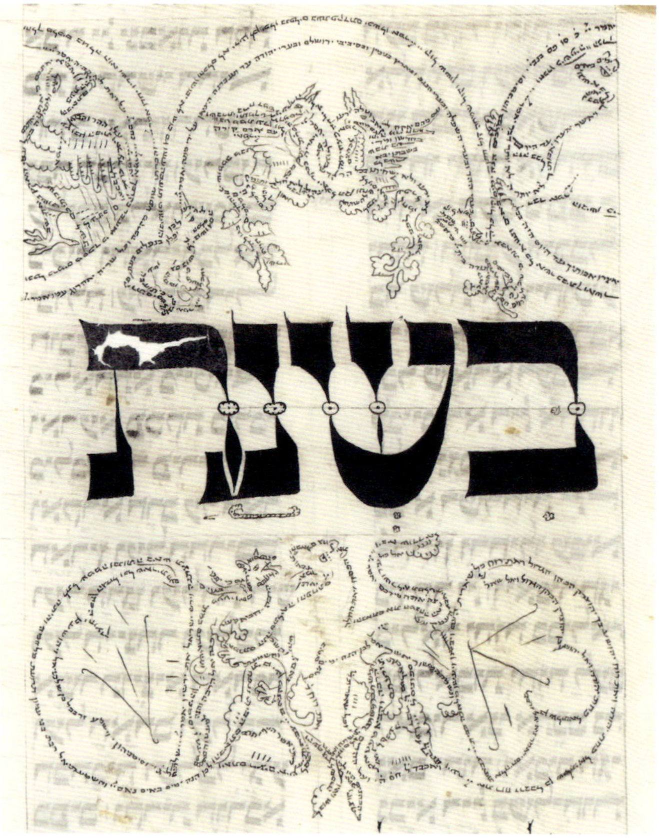

↑ **Abb. 22a** Beginn des biblischen Buches Chroniken, Ms. or. fol. 1210/1211 | SBB-PK

↑ **Abb. 22b** Beginn des biblischen Buches Hagai, Ms. or. fol. 1210/1211 | SBB-PK

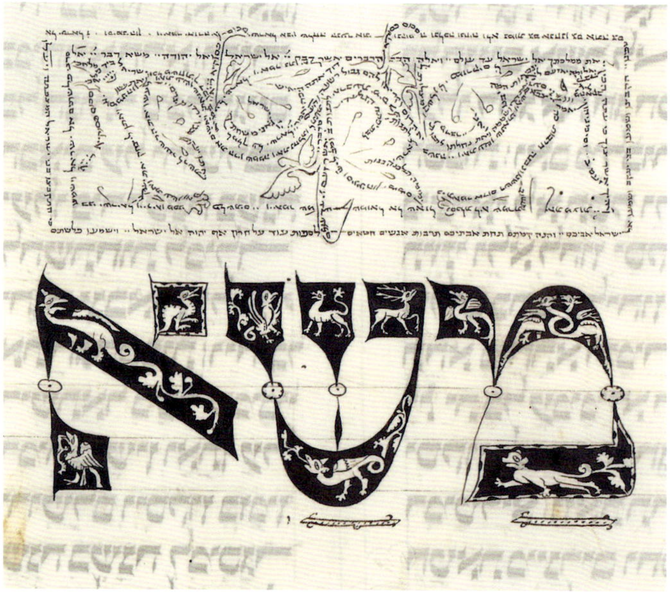

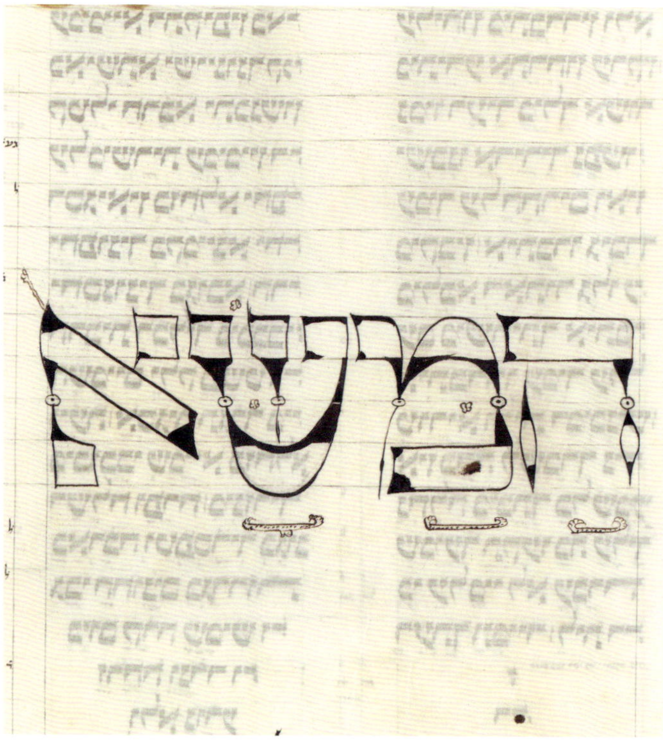

↓ **Abb. 23a** Beginn des biblischen Buches Malachi, Ms. or. fol. 1210/1211 | SBB-PK

↓ **Abb. 23b** Noch unfertiger Beginn des biblischen Buches Habakuk, Ms. or. fol. 1210/1211 | SBB-PK

Ein ganz ähnlicher Eindruck entsteht bei der Betrachtung der Mikrografien der großen Bibelhandschrift Ms. or. fol. 1210/1211, die etwa 50 Jahre später, Mitte des 14. Jahrhunderts, hergestellt wurde [Abb. 22a und b]. Einige der gezeigten Illuminierungen wirken im Vergleich zu den Darstellungen im ersten Band unvollständig bzw. noch in ihrer Entstehung begriffen. Um die jeweils ersten Wörter der Bücher Nahum, Sprüche, Hohelied und Klagelieder erscheinen freie Flächen auf dem Pergament, die ursprünglich sicherlich für Dekorationen eingeplant waren. Der unvollendete Anfang des Buches Habakuk könnte die ersten Schritte einer weiteren Verzierung der Buchstaben des ersten Wortes zeigen [Abb. 23a und b]. Der Schreiber füllte nur die Ecken und die engen Stellen der noch hohlen Buchstabenkörper mit schwarzer Tinte, während er die großen Flächen frei ließ. So könnte die leichtere Füllung des ganzen Buchstabens mit Tinte vorbereitet oder aber Platz für die Einfügung figürlicher oder floraler Elemente innerhalb der Buchstabenkörper gelassen worden sein. Die Bibelhandschrift Ms. or. fol. 1211 enthält am Beginn des Buches Malachi ein einziges Zeugnis dieses Stilmittels, das in aschkenasischen Bibelhandschriften des Mittelalters durchaus beliebt war. [Abb. 23c und 23d]

Von besonderem Interesse ist der Beginn des Buches Hiob, da hier die Arbeitsweise des Schreibers besonders gut nachvollzogen werden kann. Rechts über dem ersten Buchstaben des Wortes *isch* – Mann – ist ein Löwe auf seinen Hinterbeinen stehend platziert. [Abb. 24] Auf der linken Seite über dem Buchstaben *schin* ist ein gekrönter Vogel mit detaillierter Flügelstruktur vorgezeichnet, dessen Ränder noch keine Buchstabenverzierung aufweisen. Zwischen den beiden Tiergestalten zeichnen sich schwach die Umrisse eines doppelten Kreises auf dem hellen Pergament ab – auch das eine vorläufige Skizze. In den oberen Abschnitten der noch hohlen Buchstabenkörper ist mit kleiner Schrift der Name „Schalom“ zu lesen, bei dem es sich sicherlich um den „verdienten Rabbi Schalom“ handelt, der im Kolophon der Handschrift als ursprünglicher Initiator der Manuskriptherstellung erwähnt ist. Die vollständige Illuminierung dieses Initialwortes blieb unvollendet.

Es ist bemerkenswert, dass manche dieser Initialworte bereits eine teilweise Illuminierung erfahren haben, während andere noch komplett von einem leeren Raum umgeben sind. Das und die Tatsache, dass zwischen diesen unvollendeten Initialwortseiten bereits fertig mikrografierte Seiten liegen, lassen den Schluss zu, dass der Schreiber nicht systematisch der Reihenfolge der biblischen Bücher entsprechend vorging, sondern die noch nicht dekorierten, wahrscheinlich ungebundenen Folios teilweise parallel nach eigenem Ermessen bearbeitete. In jedem Fall ist schließlich festzustellen, dass der zweite Band der großen Bibelhandschrift „Erfurt 1“ zum Zeitpunkt seiner Inbesitznahme durch den Erfurter Rat im Jahre 1349 noch nicht gänzlich fertiggestellt war, auch wenn der Nakdan Schimschon seine Arbeit an der Handschrift – nämlich die Vokalisierung und die Hinzufügung der (kleinen) Masora – im Jahre 1343 für beendet erklärte. Wodurch wurde die Fertigstellung der Handschrift verhindert? Angenommen, der Schreiber der großen Masora begann nach Fertigstellung des kleinen masoretischen Kommentars im Jahre 1343/44 mit seiner Arbeit, so standen ihm bis zum Pogrom Anfang 1349 immerhin mehr als fünf Jahre zur Verfügung. Auch die Frage nach dem Zeitpunkt der Bindung muss offenbleiben. Die Erstellung des großen masoretischen Kommentars und der Mikrografien erfolgte sehr wahrscheinlich an den ungebundenen Seiten. Wurde das Manuskript noch unvollständig durch seine jüdischen Besitzer gebunden? Oder fielen dem Erfurter Rat die noch ungebundenen Blätter der Bibel in die Hände? Gesetzt den Fall, die Handschrift wurde im Zuge des Pestpogroms gestohlen, hieße das zum einen, dass sich die Werkstatt des Schreibers sehr wahrscheinlich in Erfurt befand und, zum anderen, dass die Bindung und Verwahrung der beiden Bände in den großen Kasteneinbänden durch seine christlichen Besitzer veranlasst wurde.

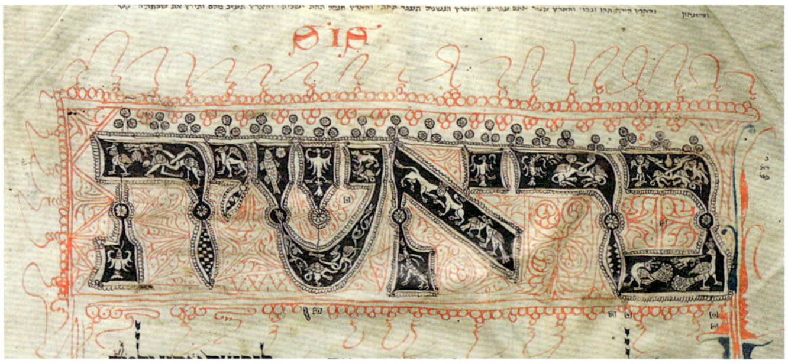

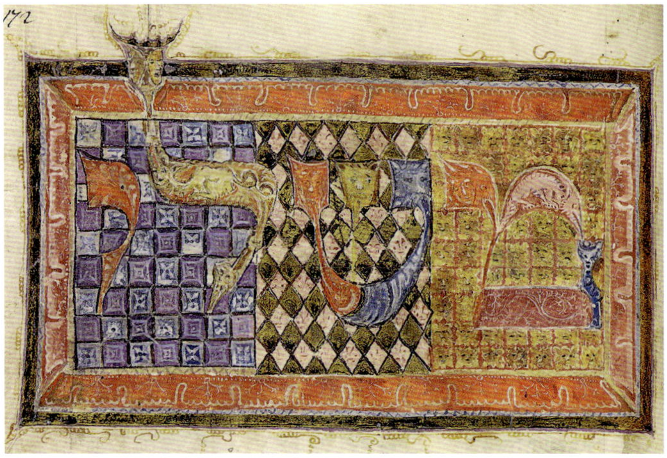

↑ Abb. 23c Ein besonders schönes Beispiel der belebten Buchstabenkörper findet sich in einer Bibelhandschrift, die im 14. Jhd. im aschkenasischen Raum hergestellt wurde. Die Abbildung zeigt das erste Wort der Bibel – *bereschit* – durch Muster und kleine Tierdarstellung hervorgehoben, Ms. or. fol. 5, fol. 1v | SBB-PK

↑ Abb. 23d In dieser aschkenasischen Bibelhandschrift aus dem 14. Jhd. sind die Buchstabenkörper des ersten Wortes des biblischen Buches *mischle* (Sprüche) mit Fabelwesen und floralen Mustern verziert, Ms. or. fol. 126, fol. 172r | SBB-PK

In der Forschung wurde bereits darauf hingewiesen, dass die Erfurter Bibelhandschriften Ms. or. fol. 1210/11 und 1212 einer Handschriftengruppe angehören, die Ende des 13. bis Mitte des 14. Jahrhunderts im Fränkischen Raum hergestellt wurden.[48] Diese Aussage konnte aufgrund der starken Parallelen zwischen den mikrografischen Bildprogrammen der Bibelhandschriften getroffen werden. Leila Avrin deutete als Erste auf die Ähnlichkeit der Motive - florale und geometrische Flechtmuster, Jagdszenen, Bogenmuster mit Tier- und Phantasiewesen - zwischen der Erfurter Bibelhandschrift Ms. or. fol. 1212 und der zweibändigen Bibelhandschrift Ms. Hébr. 5 und 6 (Bibliothèke nationale in Paris) hin, die in Deutschland 1295 hergestellt wurde.[49] Rahel Fronda vertiefte diese Feststellung durch die vergleichende Analyse einiger Bildmotive der Handschriften und zeigte eindrücklich, dass die Untersuchung der Mikrografien unterschiedlicher Manuskripte ein wichtiges Werkzeug zur Identifizierung von Gruppen mittelalterlicher Bibelhandschriften sein kann, die in derselben Werkstatt hergestellt wurden.[50] Sie kommt zu dem Schluss, dass die Herstellung dieser Handschriftengruppe von Schreibern durchgeführt wurde, die - der Praxis nichtjüdischer Schreibwerkstätten ihrer Zeit folgend - in professioneller Zusammenarbeit Aufträge nach individuellem Wunsch umsetzten. Die Städte Würzburg, Nürnberg und Erfurt scheinen dabei als Standorte der Manuskriptherstellung eine wichtige Rolle gespielt zu haben. Neben der Pariser Bibelhandschrift gibt es eine Reihe von Manuskripten aus dem 13. und 14. Jahrhundert, deren Mikrografien ebenfalls starke Parallelen zu den beiden Erfurter Bibelhandschriften aufweisen. Dazu gehören beispielsweise die von Rahel Fronda in einem weiteren Artikel besprochene „Sofer Bibel“ aus der privaten Sammlung von David Sofer in London, eine aschkenasische Bibel, die in Oxford in der Bodleian Library (Bodleian Library, Ms. Canonici Or. 137) aufbewahrt wird, und die vierbändige Rösel-Bibel (Ms. or. fol. 1-4), die heute Teil des Bestandes der Staatsbibliothek zu Berlin - Preußischer Kulturbesitz ist.[51] Ein Blick in das mikrografische Bildprogramm der Rösel-Bibel zeigt eindrücklich die visuelle Verwandtschaft mit den beiden großen Erfurter Bibeln Abb. 25.

Schließlich sei bemerkt, dass die Ästhetik dieser Mikrografien stark an der christlichen Umweltkultur angelehnt ist. Viele mikrografische Motive spiegeln dekorative Elemente lateinischer Manuskripte dieser Zeit wider und bezeugen so den in vielen Bereichen lebendigen Austausch zwischen der jüdischen und christlichen Welt.

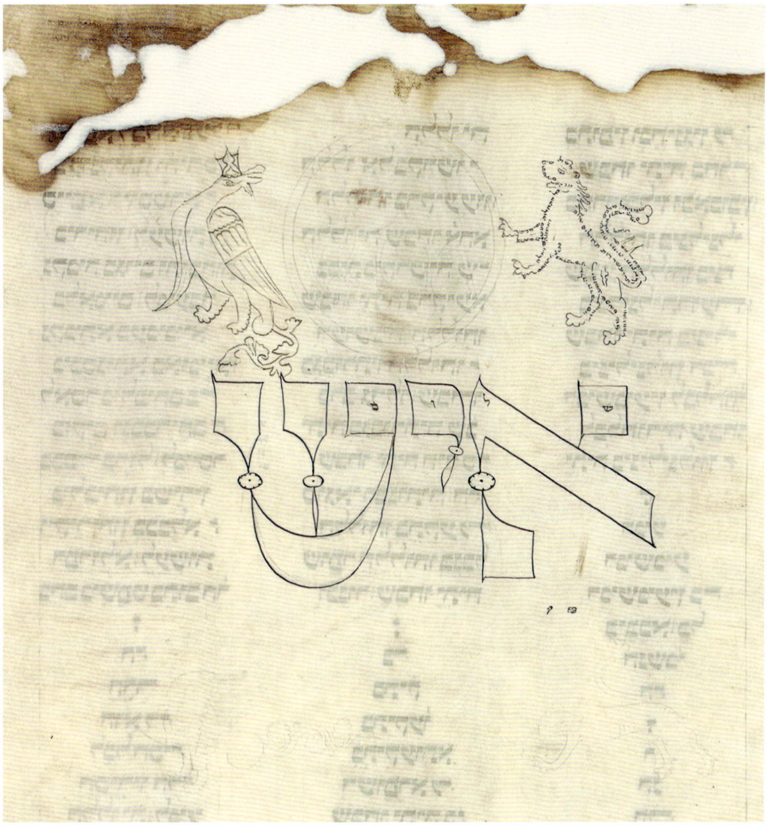

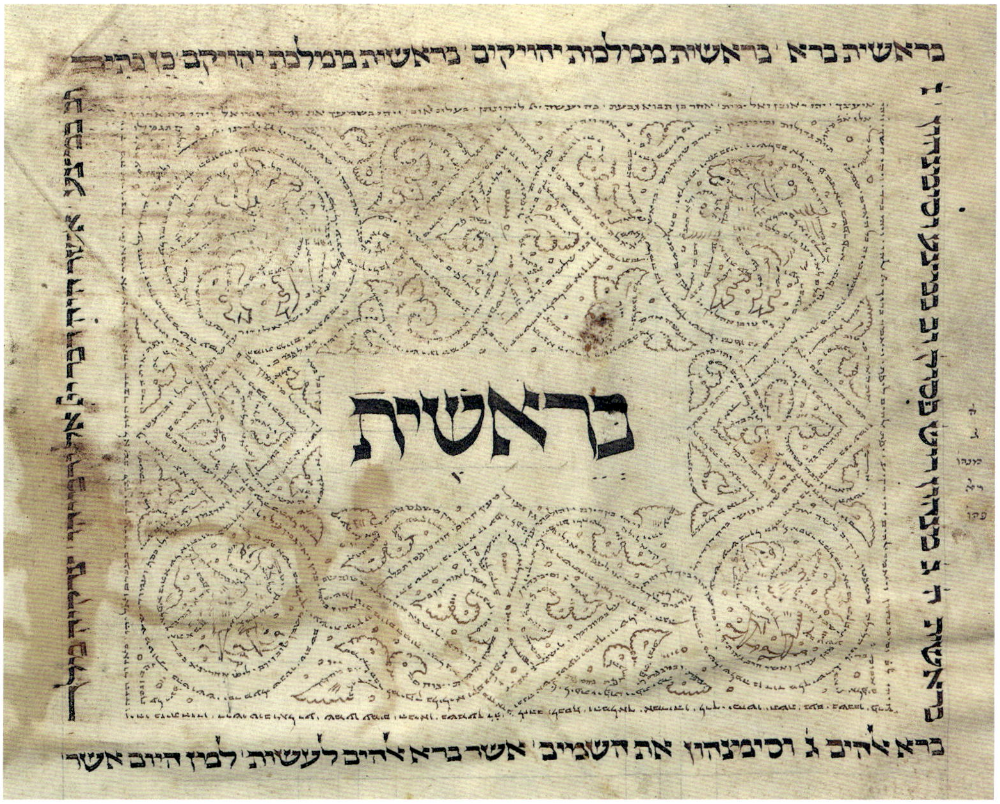

↑ **Abb. 24** Noch unfertiger Beginn des biblischen Buches Hiob, Ms. or. fol. 1210/1211 | SBB-PK

→ **Abb. 25** Mikrografische Motive der Rösel-Bibel, hier der Beginn des biblischen Buches Genesis, Ms. or. fol. 1–4 | SBB-PK

1 Für eine ausführliche Beschreibung der Handschriften siehe Annett Martini, „Handschriftenbeschreibung", in: *Die hebräischen Handschriften der Erfurter Sammlung* (2018), https://www.geschkult.fu-berlin.de/e/erfurter_sammlung/dokumentation/handschriftenbeschreibung/index.html.

2 Vgl. Jakob N. Epstein, „Die Rechtsgutachten der Geonim, ed. Cassel nach Cod. Berlin und MS Michael", in: *Jahrbuch der Jüdisch-Literarischen Gesellschaft* 9 (1911), 214–304.

3 Baer Goldberg, *Chofes matmonim sive Anecdota Rabbinica* (Berlin: Bethge, 1845).

4 Adolph Jaraczewski, *Die Geschichte der Juden in Erfurt* (Erfurt: Selbstverlag des Verf., 1868): 117.

5 Eine genauere inhaltliche Beschreibung dieser Handschrift hat Christian Schorer in diesem Buch vorgenommen, S. 112–132.

6 Vgl. Corpus der Quellen zur Geschichte der Juden im spätmittelalterlichen Reich, Alfred Haverkamp und Jörg R. Müller, Teilcorpus: Von Werra und Leine bis zum Bober: Quellen zur Geschichte der Juden in Thüringen und Sachsen, Trier/Mainz 2015, http://www.medieval-ashkenaz.org/quellen/1273-1347/tw01/nr/tw-c1-004n.html?tx_hisodat_sources%5Baction%5D=show&tx_hisodat_sources%5Bcontroller%5D=Sources&cHash=003902a301083542c3baffbc40c3c2cd (7.4.2025).

7 Epstein 1911 (wie Anm. 2), Nr. 91.

8 Jakob N. Epstein, *Der gaonäische Kommentar zur Ordnung Tohoroth* (Berlin: Mayer & Müller, 1915), 139.

9 Johan J. Bellermann, *De bibliothecis et museis Erfordensibus*, praecipue de Rev[erendi] Ministerii Aug[ustanae] Conf[essionis] Bibliotheca (Erfurt 1800–1803), 2–7.

10 Landeshauptstadt Erfurt und Universität Erfurt (Hg.), *Erfurter Schriften zur jüdischen Geschichte.* Bd 2: *Die Grabsteine des mittelalterlichen jüdischen Friedhofs von Erfurt* (Jena/Quedlinburg: Bussert & Stadeler, 2013): 182–192.

11 Paul de Lagarde, „Hebräische Handschriften in Erfurt", in: *Symmicta* 6 (Göttingen 1877), 142–151, 134.

12 Ebd., 138–139.

13 Die Bibliotheksgeschichte der Handschriften hat Michael Ludscheidt in verschiedenen Beiträgen dargestellt: „Zur Geschichte der Erfurter hebräischen Handschriften", in: *Stadt und Geschichte* 35 (2007), 21–23; „Überlieferung und Erforschung der Erfurter hebräischen Handschriften zwischen 1349 und 1880", in: *Erfurter Hebräische Handschriften / Kitve yad ʿivriyim me-'Erfurṭ*, hg. von Landeshauptstadt Erfurt (Jena: Bussert & Stadeler, 2010), 25–45; „‚Seltenheiten orientalischer Literatur': Überlieferung, Erforschung und Verkauf der Erfurter hebräischen Handschriften", in: *Erfurter Schriften zur jüdischen Geschichte* 3: *Zu Bild und Text im jüdisch-christlichen Kontext im Mittelalter* 3: *Zu Bild und Text im jüdisch-christlichen Kontext im Mittelalter*, hg. von Landeshauptstadt Erfurt (Jena/Quedlinburg: Bussert & Stadeler, 2014), 80–107.

14 Zacharias Hogel, *Der Chronicken von der Stadt Erffurth 320–1638*; entsprechende Abschnitte als Anhang abgedruckt in: Christian Maria Weigelt, „Das Erfurter Pestpogrom 1349: Eine kritische Rekonstruktion", in: *Erfurter Schriften zur jüdischen Geschichte* 4: *Die Erfurter jüdische Gemeinde im Spannungsfeld zwischen Stadt, Erzbischof und Kaiser*, hg. von Landeshauptstadt Erfurt, Universität Erfurt (Jena: Bussert & Stadeler, 2016), 30–122, 117.

15 Vgl. Weigelt 2016 (wie Anm. 14), 89; Maike Lämmerhirt, „Zur Geschichte der Juden im mittelalterlichen Erfurt", in: *Die mittelalterliche jüdische Kultur in Erfurt* 1: *Der Schatzfund: Archäologie – Kunstgeschichte – Siedlungsgeschichte*, hg. von Sven Ostritz (Langenweißbach: Beier & Beran, 2010), 334–75; Maike Lämmerhirt, „Die Stellung der jüdischen Gemeinde Erfurts in Thüringen und Aschkenas: Erste Ergebnisse," in: *Erfurter Schriften zur jüdischen Geschichte*, 1: *Die jüdische Gemeinde von Erfurt und die SchUM-Gemeinden. Kulturelles Erbe und Vernetzung*, hg. von Landeshauptstadt Erfurt (Jena: Bussert & Stadeler, 2012): 28–39; Reinhold Ruf, „Juden im spätmittelalterlichen Erfurt: Bürger und Kammerknechte," in: Frank G. Hirschmann und Gerd Mentgen (Hg.), *Campana pulsante convocati. Festschrift anläßlich der Emeritierung von Prof. Dr. Alfred Haverkamp* (Trier: Kliomedia, 2005), 487–517.

16 Weigelt 2016 (wie Anm. 14), 76.

17 Hogel, entsprechende Abschnitte als Anhang abgedruckt in: Weigelt 2016 (wie Anm. 14), 115–122.

18 Weigelt 2016 (wie Anm. 14), 100.

19 Ludscheidt 2014 (wie Anm. 13), 82.

20 Johann Hundorph, *Encomii Erffurtini Continuatio Oder Fernere Beschreibung der Stadt Erfurt* (Erfurt, 1651); zit. nach Ludscheidt 2014 (wie Anm. 13), 82.

21 Reinhold Ruf-Haag, *Juden und Christen im spätmittelalterlichen Erfurt. Abhängigkeiten, Handlungsspielräume und Gestaltung jüdischen Lebens in einer mitteleuropäischen Großstadt*, Dissertation Universität Trier 2007, Mikrofiche-Ausgabe 2009; vgl. auch Reinhold Ruf, „Juden im spätmittelalterlichen Erfurt: Bürger und Kammerknechte", in: Hirschmann/Mentgen 2005 (wie Anm. 15), 487–517.

22 Ruf-Haag 2007/2009 (wie Anm. 21), 334.

23 Ebd., 341.

24 Ebd., 242.

25 Jaraczewski 1868 (wie Anm. 4), 116.

26 Johann David Michaelis und Abraham Kall, *Dissertationem Philologico-Criticam De Codicibus Mss. Biblico-Hebraicis, Maxime Erffurtensibus*, Halle/Magdeburg 1706, § 8, 7–8.

27 Johann Hundorph, *Encomii Erffurtini Continuatio Oder Fernere Beschreibung der Stadt ERFURT* [...], Erfurt 1651, P 1r.; zit. nach Ludscheidt 2014 (wie Anm. 13), 82–83.

28 Sigmund Friese, *Nachricht von der Kirchen St. Michaelis* ..., Bd. 1 [1746], Stadtarchiv Erfurt: 5/101-3; zit. nach Ludscheidt 2014 (wie Anm. 13), 83.

29 Ludscheidt 2007 (wie Anm. 13), 23.

30 Christian Gotthilf Salzmann, *Reisen der Salzmannischen Zöglinge* (Leipzig, 1793), 4:89.

31 Werner Schochow, „Zur Bücherverlagerung der Preußischen Staatsbibliothek im Zweiten Weltkrieg", in: *Mitt. SBB (PK) N.F.* 7 (1998), 165-233.

32 Ebd., 176.

33 Ebd., 203.

34 Ebd., 214-220.

35 Matthias Friedrich Beck, *Targum sel divre haj-jamim. Paraphrasis chaldaica. Libri Chronicorum* (Augsburg: Göbel, 1680).

36 Abraham Kall und Johann Heinrich Michaelis, *Dissertationem Philologico-Criticam de Codicibus Mss. Biblico-Hebraicis* (Halle/Magdeburg: Orphanotropheum, 1706).

37 Johann Christian Wilhelm Diederichs, Excerpta ex Codice Erfurtensi Quarto. (Erfurt: J.C.W. Diederichs, 1773); Ders., Specimen variantium lectionum codicum Hebraicorum MSS. Erfurtensium in psalmis (Göttingen, 1775); Ders., Observationes philologico-criticae ad loca quaedam V. T. (Göttingen, 1775).

38 Benjamin Kennicott, *Dissertatio Generalis in Vetvs Testamentvm Hebraicvm cvm Variis Lectionibvs ex Codibvs Manuscriptis et Impressis*, Braunschweig, 1783; Ders., *The Ten Annual Accounts of the Collation of Hebrew MSS of the Old Testament* (Oxford, 1760-1769), 86, 128, 145, 160.

39 Bellermann 1800-1803 (wie Anm. 9), Kap. IV-X.

40 Lagarde 1877 (wie Anm. 11), 136.

41 Moses S. Zuckermandel, *Die Erfurter Handschrift der Tossefta* (Berlin: Gerschel, 1876).

42 Adolph Jaraczewski spricht in seiner Abhandlung hinsichtlich der Tosefta etwa vom „jerusalemitischen talmud", vgl. Jaraczewski 1868 (wie Anm. 4), 117, Note XII.

43 Johann David Michaelis spricht im ersten Band seiner Reihe *Orientalische und exegetische Bibliothek* (Göttingen, 1781-1785, 15) vom „codex mischnicus".

44 Zacharias Frankel, *Einleitung in den Palästinensischen Talmud* (Breslau: Schletter, 1870).

45 Josef Landsberger, *Die Fabeln des Sophos, Syrisches Original der Griechischen Fabeln des Syntipas* (Posen: Merzbach, 1859).

46 Lagarde 1877 (wie Anm. 11), 164.

47 Moritz Steinschneider, *Die Handschriften-Verzeichnisse der Königlichen Bibliothek zu Berlin*, Teil 2: *Verzeichniss der hebraeischen Handschriften* (Berlin: Vogt, 1878), 1-25.

48 Siehe Rahel Fronda, „Micrographic Illustrations in a Group of Thirteenth Century Hebrew Bibles", in: *KUSATU 21* (2016), 37-73; Rahel Fronda, „Text and Image: The Case of Micrographic Ornaments in 13th and 14th century Ashkenazi Bibles", in: *Erfurter Schriften zur jüdischen Geschichte* 3: *Zu Bild und Text im jüdisch-christlichen Kontext im Mittelalter* (Erfurt: Bussert, 2014): 108-117.

49 Leila Avrin, „Micrography as Art", in: Colette Sirat und Leila Avrin (Hg.), *La letter hébraïque et sa signification* (Jerusalem/Paris: Ed. du Centre National de la Recherche Scientifique u. a.: 1980): 43-63, hier: 52.

50 Fronda 2016 (wie Anm. 48), 61.

51 Zu dieser Handschriftengruppe siehe Rahel Fronda, „Attributing of Three Ashkenazi Bibles with Micrographic Images", in: *Ars Judaica* 9 (2013), 45-56.

„Der Weisheit Anfang“: Deutsche Gelehrte und ihre Hebraica-Sammlungen

Ilona Steimann

Bevor Bodeker die biblischen Kodizes seiner Büchersammlung hinzufügte, konnte er 1436 in den Besitz des hebräischen biblischen Lexikons *Machberet* gelangen, das ursprünglich vom sefardischen Grammatiker Menachem ben Saruk im 10. Jahrhundert verfasst wurde. Dieses Manuskript wurde von demselben Schreiber, Isaak ben Samson, geschrieben, der auch die Sprüche und Fünf Schriftrollen kopierte, und es ist sehr wahrscheinlich, dass Bodeker selbst diese Kopie von *Machberet* in Auftrag gab.[15] Damit Bodeker den hebräischen Text des *Machberet* kommentieren konnte, ließ Isaak um den Text herum viel Platz für Anmerkungen. Bodeker nutzte die Ränder dazu, um den Wortlaut der hebräischen Bibel auf Latein zu erklären und mit der Vulgata-Übersetzung zu vergleichen, auf die er sich mit bestimmten biblischen Versen bezog Abb. 3.[16] Dadurch konnte Bodeker seine Bildung im Hebräischen vorantreiben.

Machberet von Menachem ben Saruk war eines der beliebtesten Werke zur biblischen Lexikografie unter den deutschen Hebraisten, da es die notwendigen Werkzeuge für den Umgang mit der hebräischen Bibel bereitstellte. Im Gegensatz zu anderen Werken zur hebräischen Grammatik und Lexikografie, die von sefardischen Autoren auf Arabisch verfasst wurden, wurde *Machberet* auf Hebräisch geschrieben und war daher in Europa weit verbreitet.[17] Es ist kein Zufall, dass Johannes Reuchlin fünfzig Jahre später, im Jahr 1486, mit dem Aufbau seiner Hebraica-Sammlung begann, indem er auch eine Kopie des *Machberet* bei dem aschkenasischen Juden Kalman in Auftrag gab.[18] Später wurde Reuchlins *Machberet* in ein hebräisches Manuskript eingebunden, das dem Prior des Augustinerklosters in Lauingen, Kaspar Amman (1450–1524), gehörte.[19] Ammans Freund, der Esslinger Priester Johannes Renhart (Daten unbekannt), verwendete diese Abschrift des *Machberet* als Grundlage für die Zusammenstellung seines eigenen hebräisch-lateinischen Vokabulars.[20] *Machberet* von Ben Saruk ist eines von vielen Beispielen für jüdische Werke, die von den Hebraisten untereinander weitergegeben, geteilt und immer wieder neu kopiert wurden.

Die Notwendigkeit, eigene Kopien jüdischer Texte in Auftrag zu geben und sie in den Kreisen der Hebraisten zu verbreiten, war eine direkte Folge des Mangels an jüdischen Originalmanuskripten, die im deutschsprachigen Raum des 15. Jahrhunderts für christliche Studien zur Verfügung standen. Die Schwierigkeiten, auf die die Hebraisten beim Erwerb hebräischer Manuskripte stießen, waren nicht nur auf die traditionelle Abneigung der Juden zurückzuführen, ihre Bücher mit Christen zu teilen, weil sie befürchteten, dass diese gegen sie verwendet werden könnten, sondern auch auf die Verfolgungen und Vertreibungen der Juden in jener Zeit allgemein. Johannes Reuchlin ging auf das letztgenannte Problem ein und brachte seine Bedenken in einem Brief an seinen Bruder Dionysius zum Ausdruck, der in Reuchlins Einleitung zu seinen *Rudimenta linguae hebraicae* abgedruckt ist:

Sane recordatus miseros nostra aetate Iudaeorum casus, qui non tam ex Hispaniae quam etiam Germaniae nostrae finibus pulsi coguntur alias sibi sedes quaerere atque ad Agarenos divertere, quo futurum est, ut tandem Hebraica lingua cum sacrarum literarum magna pernicie penes nos posset desinere atque evanescere.[21]

(Tatsächlich bin ich mir der bedauernswerten Lage der Juden in unserer Zeit bewusst. Sie wurden nicht nur aus Spanien, sondern auch aus den Grenzen unseres Deutschlands vertrieben, gezwungen, anderswo eine Heimat zu finden und sogar in das Osmanische Reich auszuwandern. Daher können wir davon ausgehen, dass die hebräische Sprache zusammen mit dem großen Verlust der Heiligen Schrift [auf Hebräisch] aus unserer Mitte verschwinden und vergehen wird.)

← **Abb. 3** Menachem ben Saruk, Machberet, kopiert von Isaak ben Samson, Ms. or. fol. 120, fol. 160r, 1436. | SBB-PK

Indem er diesen Brief in die *Rudimenta* aufnahm, verwies Reuchlin auf die Vertreibungen jener Zeit als einen Grund für die Veröffentlichung der hebräischen Grammatik. Diese und andere Ausgaben der hebräischen Grammatik, die gegen Ende des 15. Jahrhunderts von Christen für Christen in lateinischer Sprache veröffentlicht wurden, sollten den Zugang zu den jüdischen heiligen Texten in ihrer hebräischen Originalsprache ohne jüdische Hilfe ermöglichen.[22]

Für die Art und Weise, wie hebräische Sprache und jüdische Texte studiert wurden, sind hebräische Manuskripte, die christliche Gelehrte eigenhändig kopierten, noch aufschlussreicher als gedruckte Ausgaben von Hebraisten. Ein Korpus jüdischer Texte in christlichen Abschriften, von denen etwa zwei Dutzend Manuskripte erhalten sind, wurde zwischen circa 1495 und 1520 von einer Gruppe von Reuchlins Kollegen aus Schwaben und Bayern erstellt. Zu dieser Gruppe gehörten neben oben erwähnten Kaspar Amman und Johannes Renhart auch der zum Christentum konvertierte und nun als Mönch im Benediktinerkloster St. Sebastian in Ebersberg lebende Johannes von Grafing (gest. nach 1519), der wandernde Gelehrte und Hebraist Johannes Böschenstein (1472–1540) und der Theologe und Prediger Johannes Eck (1486–1543) aus Ingolstadt.[23] Die Manuskripte, die von diesen hebräischen Priestern und Mönchen angefertigt wurden, enthielten mit der Bibel, liturgischen und halachischen Texten sowie grammatikalischen und philosophischen Abhandlungen eine viel größere Bandbreite an hebräischen Materialien als diejenigen, die früheren deutschen Hebraica-Sammlern zur Verfügung standen. Der vielfältige Charakter der von ihnen hergestellten Manuskripte, ihr kleines, tragbares Format und ihr oft entwurfsartiges Aussehen erinnern stark an spätmittelalterliche Gelehrtenkodizes, die für den persönlichen Bedarf etappenweise hergestellt wurden und im Laufe der Zeit immer umfangreicher wurden. Nach dem gleichen wissenschaftlichen Muster sind hebräische Manuskripte von Hebraisten oft Zusammenstellungen verschiedener Texte, die unabhängige kodikologische Einheiten – frisch kopierte und ältere Bögen – zusammenführen und Teile gedruckter Bücher miteinander vermischen. Die stückweise Arbeitsmethode führte zu textlichen und materiellen Unstimmigkeiten in den Manuskripten, die den Eindruck einer individuellen Textauswahl vermitteln.

Auf diese Weise wurden zwischen 1496 und 1519 zwei kleine Papierkodizes von Johann von Grafing kopiert.[24] Diese Kodizes enthalten biblische Texte, jüdisches und christliches Material zum Studium der hebräischen Sprache sowie eine Vielzahl verschiedener Auszüge und Fragmente, von denen die meisten von Johannes eigenhändig kopiert wurden. Nicht nur jüdische literarische Werke, sondern auch epigrafische hebräische Inschriften, die Johannes in seiner Umgebung begegnet sein könnten, weckten sein Interesse und wurden in seine hebräischen Kompilationen integriert.[25] Ein ähnlicher Ansatz spiegelt sich in sechs hebräischen Kompilationen wider, die Caspar Amman für seine hebräischen Studien kopierte. Als sich die Gelegenheit bot, kopierte Amman im Laufe der Jahre sowohl jüdische Texte als auch Werke von Hebraisten zur hebräischen Grammatik und Lexikografie aus verschiedenen Quellen. Bis in seine letzten Lebensjahre bewahrte er sie ungebunden auf, um die Bögen ständig mit Anmerkungen versehen und neu kopieren zu können.[26] Ein weiteres gutes Beispiel für eine solche persönliche Zusammenstellung hebräischer Texte ist ein kleines Papiermanuskript, das um 1520 von einem anderen Mitglied dieser Gruppe, dem Prior des Klosters Rebdorf in Eichstätt, Kilian Leib (1471–1553), kopiert wurde und sich heute in der Staatsbibliothek zu Berlin befindet.[27] Das Manuskript enthält die Haggada, Auszüge aus der Mischna, Moses Kimhis grammatikalische Abhandlung *Mahalakh schevilei ha-da'at* („Verlauf der Pfade des Wissens"), Segenssprüche vor dem Essen und eine hebräische Übersetzung christlicher Hymnen, die auf der hebräischen Übertragung der christlichen Liturgie durch Petrus Nigri basiert.[28]

Christliche Andachtstexte, wie sie von Leib abgeschrieben wurden, galten als eines der wirksamsten Mittel, um sich das Hebräische zu eigen zu machen, und sie erschienen regelmäßig in christlichen hebräischen Manuskripten und Drucken. Über ihre praktische Funktion für den Sprachunterricht hinaus schuf die in Hebräisch verfasste christliche Andacht eine Brücke zwischen Christen und jüdischer Literatur und machte die hebräische Sprache für fromme Christen relevant. Daher enthält eine der frühesten gedruckten Einführungen in die hebräische Grammatik, die von Aldus Manutius (1449–1515) um 1503 in Venedig veröffentlicht wurde, auf nur acht Seiten fast zur Hälfte christliche liturgische Hymnen in hebräischer Sprache.[29] Böschenstein verwendete sie, der das hebräische *Pater noster* und *Sanctus* aus Manutius' Ausgabe in einem der hebräischen Manuskripte von Amman kopierte, um Amman bei seinem Hebräischunterricht zu unterstützen.[30] Manutius' hebräische Wiedergabe des *Pater noster* in lateinischen Buchstaben findet sich auch in Johannes Ecks Manuskript.[31] Diese und andere Übersetzungen christlicher Gebete ins Hebräische markieren einen wichtigen Wandel von hebräischen Texten, die ursprünglich von Juden für Juden verfasst wurden, hin zu christlichen Texten in hebräischer Sprache.[32] Durch die Integration beider Textarten in ein und denselben Kodex schufen die christlichen Kopisten ein neuartiges Objekt, das zwar traditionelle jüdische Werke enthielt, aber kein jüdisches, sondern ein christliches Buch war.

Die frühe Geschichte des deutschen Hebraica-Sammelns zeigt jüdische Bücher als ambivalente Objekte, die einerseits als gefährliche Objekte mit jüdischem Irrglauben und Gotteslästerungen wahrgenommen wurden, andererseits aber auch als äußerst wichtige Quellen für die humanistische Gelehrsamkeit galten. Die christlichen Anmerkungen in hebräischen Manuskripten sowie spätere christliche Abschriften hebräischer Texte und ihre gedruckten Ausgaben befassen sich mit diesen beiden Eigenschaften der jüdischen Literatur und schlagen verschiedene Möglichkeiten vor, mit ihnen umzugehen. Während frühere christliche Marginalien stark von Missionierung und Polemik motiviert waren, bestand das Ziel der hebraistischen Abschriften jüdischer Texte und ihrer gedruckten Ausgaben darin, das hebräische Wissen zu bewahren und zu verbreiten, es jedoch gleichzeitig in eine humanistische Gestalt zu transformieren. In den Mitteln der Umwandlung spiegelt sich zweifellos die gezielte Strategie wider, den Inhalt und die materielle Erscheinung jüdischer Texte zu manipulieren, um diese vom Judentum zu trennen und sie zu einem integralen Bestandteil der christlichen Gelehrsamkeit zu machen. Diese Entwicklung minimierte die Notwendigkeit für Juden, zwischen ihren Büchern und Christen zu vermitteln, und durchbrach das jüdische Monopol auf die hebräische Buchproduktion, wodurch eine neue Ära in der Geschichte der hebräischen Bücher eingeleitet wurde.

1 Zu seiner Bibliothek siehe z. B. Lewis W. Spitz, *The Religious Renaissance of the German Humanists* (Cambridge, MA: Harvard University Press, 1963), 156.

2 Zur umfangreichen Literatur zu diesem Thema siehe z. B. Sophie Kessler Mesguich, „Early Christian Hebraists", in: Magne Sæbø (Hg.), *Hebrew Bible / Old Testament: The History of Its Interpretation*, Bd. 2 (Göttingen: Vandenhoeck & Ruprecht, 2008), 254-275; Arjo Vanderjagt, „*Ad fontes*! The Early Humanist Concern for the *Hebraica veritas*", ebd., 154-189.

3 Wolfgang von Abel und Reimund Leicht, *Verzeichnis der Hebraica in der Bibliothek Johannes Reuchlins* (Ostfildern: Jan Thorbecke, 2005) (= Pforzheimer Reuchlinschriften, 9).

4 Beryl Smalley, *The Study of the Bible in the Middle Ages* (Oxford: Oxford University Press, 1952), 83-195; Deeana Copeland Klepper, *The Insight of Unbelievers: Nicholas of Lyra and Christian Reading of Jewish Text in the Later Middle Ages* (Philadelphia: University of Pennsylvania Press, 2007), 82-108.

5 Xavier Kraus, „Die Handschriften-Sammlung des Cardinals Nicolaus von Cusa", in: *Serapeum* 26 (1865), 97-103; Bernhard Walde, *Christliche Hebraisten Deutschlands am Ausgang des Mittelalters* (Münster: Aschendorffsche Verlagsbuchhandlung, 1916), 64-69.

6 Mainz, Wissenschaftliche Stadtbibliothek, Hs I 378; Ernst Roth, Hans Striedl und Lothar Tetzner (Hg.), *Hebräische Handschriften*, Teil 2 (Wiesbaden: Steiner, 1965), 213 (= Verzeichnis der orientalischen Handschriften, 6).

7 Ilona Steimann, *Jewish Book - Christian Book: Hebrew Manuscripts in Transition between Jews and Christians in the Context of German Humanism* (Tournhout: Brepols, 2020), 32-33.

8 Siehe z. B. Ilona Steimann, „A Forced Journey between Two Faiths: The Hebrew Manuscripts of the University of Vienna", in: Katrin Kogman-Appel und Ilona Steimann (Hg.), *Premodern Jewish Books, their Makers and Readers in an Era of Media Change* (Turnhout: Brepols, 2024), 381-88.

9 Karl Hegel (Hg.), *Die Chroniken der fränkischen Städte: Nürnberg*, Bd. 5: Die Chroniken der deutschen Städte XI (Leipzig: S. Hirzel, 1874), 353; Carl T. Gemeiner, *Reichsstadt Regensburgische Chronik: Die wichtigsten und merkwürdigsten Begebenheiten, die sich in Regensburg und in der Nachbarschaft der Stadt seit Entstehung derselben bis auf unsere Zeiten zugetragen haben*, Bd. 3: *1430-1496* (München: C. H. Beck, 1971), 350-351.

10 Berlin, Staatsbibliothek, Preussischer Kulturbesitz (im Folgenden abgekürzt: SSB-PK), Ms. theol. fol. 118, fol. 302r. Valentin Rose, *Verzeichniss der lateinischen Handschriften der Königlichen Bibliothek zu Berlin*, Bd. 2/1 (Berlin: Asher, 1901), 469-473 (= Die Handschriften-Verzeichnisse der Königlichen Bibliothek zu Berlin, 13). Siehe auch Milan Žonca, „The ‚Imagined Communities' of Yom Tov Lipman Mühlhausen: Heresy and Communal Boundaries in Sefer Niẓẓaḥon", in: Lukas Clemens und Christoph Cluse (Hg.), *The Jews of Europe around 1400: Disruption, Crisis, and Resilience* (Wiesbaden: Harrassowitz Verlag, 2018), 119-120 und dortige Referenzen. Zu Bodekers Ansichten über die Judenverfolgung in Brandenburg an der Havel im Jahr 1446 siehe Aaron Ackermann, *Geschichte der Juden in Brandenburg a. H. nach gedruckten und ungedruckten Quellen dargestellt und mit urkundlichen Beilagen* (Brandenburg a. H.: L. Lamm, 1906), 25.

11 SSB-PK, Ms. theol. fol. 118, fols. 307v-309v; transkribiert in Walde 1916 (wie Anm. 5), 51-58. Siehe auch SSB-PK, Ms. theol. fol. 118, fols. 309v-312r and Ms. theol. fol. 306, fols. 46r-48r. Letzteres ist eine Zusammenstellung antijüdischer Texte, die Bodeker gehörten. Rose 1901 (wie Anm. 10), 473-479.

12 SSB-PK, Ms. or. fols. 5-7. Moritz Steinschneider, *Die Handschriften-Verzeichnisse der Königlichen Bibliothek zu Berlin*, Teil 1: *Verzeichniss der hebraeischen Handschriften* (Berlin: Vogt, 1878). Über in Esslingen hergestellte illuminierte hebräische Gebetsbücher siehe Evelyn M. Cohen und Emile G. L. Schrijver, „The Esslingen: A Description of the ‚New Amsterdam' and ‚Old Amsterdam' Volumes", in: *Studia Rosenthaliana* 25,1 (1991), 55-82.

13 Walde 1916 (wie Anm. 5), 30-34.

14 SSB-PK, Ms. or. fol. 123, fols. 1r-57r (die erste kodikologische Einheit) und fol. 58r-91v (die zweite kodikologische Einheit). Steinschneider 1878 (wie Anm. 12), 6; Walde 1916 (wie Anm. 5), 34.

15 SSB-PK, Ms. or. fol. 120. Steinschneider 1878 (wie Anm. 12), 4-5; Walde 1916 (wie Anm. 5), 35-36.

16 Transkribiert in Walde 1916 (wie Anm. 5), 38-51.

17 Irene E. Zwiep, „The Hebrew Linguistic Tradition of the Middle Ages", in: *Histoire Épistémologie Langage* 18, 1 (1996), 41-61.

18 Abel/Leicht 2005 (wie Anm 3), 177-182.

19 München, Bayerische Staatsbibliothek (im Folgenden abgekürzt: BSB), Chm 425, fol. 136r-167v. Roth/Striedl/Tetzner 1965 (wie Anm. 6), 235-237.

20 Universitätsbibliothek der Ludwig-Maximilians-Universität München (im Folgenden abgekürzt: LMU), 4° Cod. ms. 759, fols. 1r-145r. Steimann 2020 (wie Anm. 7), 95.

21 Johannes Reuchlin, *Rudimenta linguae hebraicae* (Pforzheim: Anshelm, 1506), 3; veröffentlicht in Johannes Reuchlin, *Briefwechsel*, hg. von Matthias Dall'Asta und Gerald Dörner, Bd. 2 (Stuttgart: Frommann-Holzboog, 2003), 37.

22 Reuchlin 1506/2003 (wie Anm. 21), 1.

23 Zu diesen Gelehrten und ihren Hebraica-Sammlungen siehe Steimann 2020 (wie Anm. 7), 53-103 und dortige Referenzen.

24 BSB, Clm 400 und Chm 401. Georg N. Knauer, *The Humanistic Collectanea of a Benedictine Monk, Johannes ex Grafing, a Student of Johannes Reuchlin and Conrad Celtis. Observations Concerning Munich, Bayerische Staatsbibliothek, Manuscripts Cgrm 582a, Chm 400, 401, and also Cgrm 323* (unvollendet und unveröffentlicht, München 2012), 42–63; Ilona Steimann, „Jewish Exemplars and Hebraist Copies of Hebrew Manuscripts“, in: Jürgen Paul und David Durand-Guedy (Hg.), *Personal Manuscripts: Copying, Drafting, Taking Notes* (Berlin: De Gruyter, 2023), 484–494.

25 Steimann 2020 (wie Anm. 7), 184.

26 Ebd., 93–94.

27 SSB-PK, Or. oct. 148. Moritz Steinschneider, *Die Handschriften-Verzeichnisse der Königlichen Bibliothek zu Berlin*, Teil 2: *Verzeichniss der hebraeischen Handschriften* (Berlin: Asher, 1897), 53.

28 BSB, Clm 23818, fols. 330r–332r; veröffentlicht in Walde 1916 (wie Anm. 5), 137–140. Für die Sammlung hebräischer Manuskripte, die Leib besaß und von denen die meisten im Vatikan aufbewahrt werden, siehe Steimann 2020 (wie Anm. 7), 103–113. – Siehe auch den Beitrag von Annett Martini, *„Die Autoren der Glossen in der Erfurter Bibelhandschrift Ms. or. fol. 1212: eine Spurensuche“*, in diesem Band, S. 94–111.

29 Angehängt am Ende von Constantine Lascaris, *De octo partibus orationis* (Venedig: Manutius, o. J. [ca. 1503]).

30 BSB, Chm 424, fol. 231r.

31 LMU, 4° Cod. ms. 800, fol. 78v.

32 Steimann 2020 (wie Anm. 7), 171–186.

Die Autoren der Glossen in der Erfurter Bibelhandschrift Ms. or. fol. 1212: Eine Spurensuche

Annett Martini

Der Bibelkodex Ms. or. fol. 1212 - im Folgenden wird die etwas sperrige Bezeichnung durch „Erfurter Bibel" ersetzt - ist eines der eindrucksvollsten Manuskripte der „Erfurter Sammlung", die seit 1880 in der Staatsbibliothek zu Berlin aufbewahrt wird. Die 588 Folios mit dem biblischen Text sind in drei Spalten mit je dreiunddreißig Zeilen angelegt. Der Pentateuch wird von dem aramäischen Targum Onqelos begleitet, den der Schreiber nach jedem hebräischen Vers einfügte. Rechts neben den Kolumnen begleitet die Masora Parva und in zwei Zeilen am oberen und drei Zeilen am unteren Rand die Masora Magna den biblischen Text. Aufgrund ihrer ungewöhnlichen Größe - Höhe 54 cm / Breite 38 cm - und des beträchtlichen Gewichts dürfte die Benutzung dieser „klassischen" aschkenasisch-masoretischen Bibel im Ritual oder in der Schule schwierig gewesen sein. Doch da die Haftarot-Lesungen gekennzeichnet sind, sollte die Möglichkeit in Betracht gezogen werden, dass dieser kostbare Bibelkodex nicht nur als repräsentatives Objekt der Frömmigkeit in einer Privatbibliothek ausgestellt, sondern auch benutzt und studiert worden sein könnte.

Darüber hinaus zeichnet sich die „Erfurter Bibel" durch kunstvolle Mikrografien aus, die meist die ersten Seiten der biblischen Bücher mit ornamentalen, figürlichen und geometrischen Darstellungen beleben.[1] Leider fehlt in dieser Erfurter Bibel ein Kolophon, das den Leserinnen und Lesern mehr Informationen über den Auftraggeber, den oder die Schreiber, den Herstellungsprozess oder den Verwendungszweck des Kodex verraten könnte. Die kodikologischen und paläografischen Merkmale führen zu der Annahme, dass die gut und vollständig erhaltene Handschrift im 13. Jahrhundert höchstwahrscheinlich in Deutschland von einer aschkenasischen Hand geschrieben wurde.

Bei der Betrachtung der materialen Eigenschaften dieser Bibel fällt allerdings noch eine weitere Besonderheit auf. In Form zahlreicher lateinischer und deutscher Glossen, Transliterationen und Übersetzungshilfen verschiedener Rezipienten bezeugt diese Handschrift einen Kulturtransfer jüdischer Traditionsliteratur in das humanistisch geprägte Erfurt der Frühen Neuzeit. Auf Grundlage einiger ausgesuchter Beispiele sollen im Folgenden die unterschiedlichen Denk- und vor allem Lernansätze vorgestellt werden, die in diesen Rezeptionsspuren zum Ausdruck kommen, um schließlich nach möglichen Autoren zu fragen.[2]

↓ **Abb. 1** Einband der Bibelhandschrift, Ms. or. fol. 1212 | SBB-PK

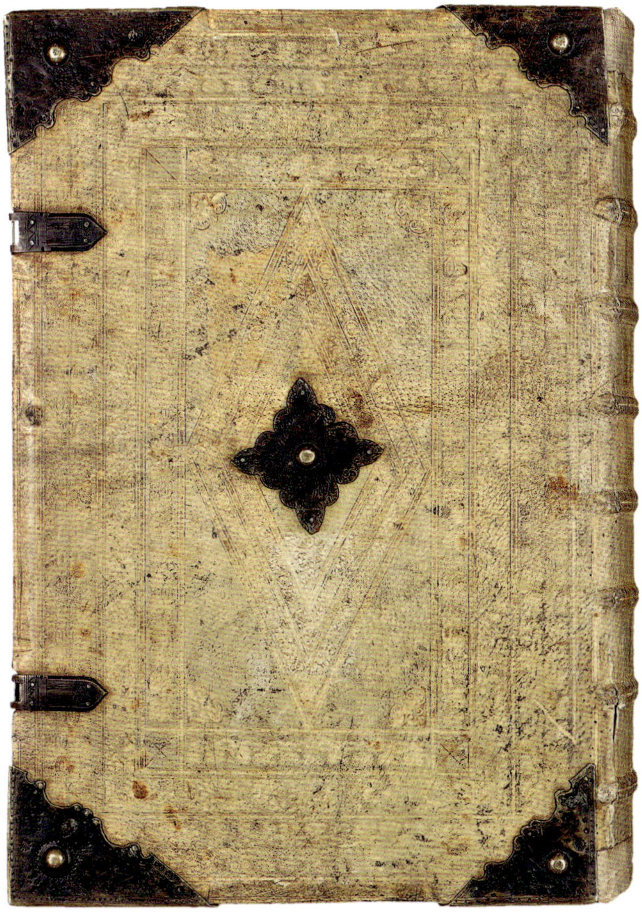

Als Präludium zum eigentlichen Thema soll die Aufmerksamkeit auf eine eher nebensächliche Beobachtung gelenkt werden, die in ihrem Kern jedoch viel von dem enthält, worüber es in diesem Kapitel gehen soll.

Der Einband der Bibelhandschrift 1212 besteht aus einem Holzdeckel, der mit einem hellen Schweinsleder bezogen ist Abb. 1. An den Ecken und in der Mitte des Vorderdeckels befinden sich ornamentale Metallbeschläge mit Buckel sowie zwei Metallschließen mit Lederscharnieren. Die figürlichen Prägungen in dem hellen Leder sind stark abgerieben. Es finden sich kleine Medaillons mit Porträts und florales Rankenwerk ebenso wie verschiedene leistenförmig untereinander angeordnete Miniaturprägungen mit Bildunterschriften. Leider sind die Motive der offensichtlich figürlichen Prägungen und deren textliche Elemente - abgesehen von einigen wenigen Einzelbuchstaben - kaum zu erkennen. Erst im Vergleich mit anderen Einbänden der Frühen Neuzeit wird klar, dass es sich bei einer der Miniaturen um ein Kreuzigungsmotiv handelte

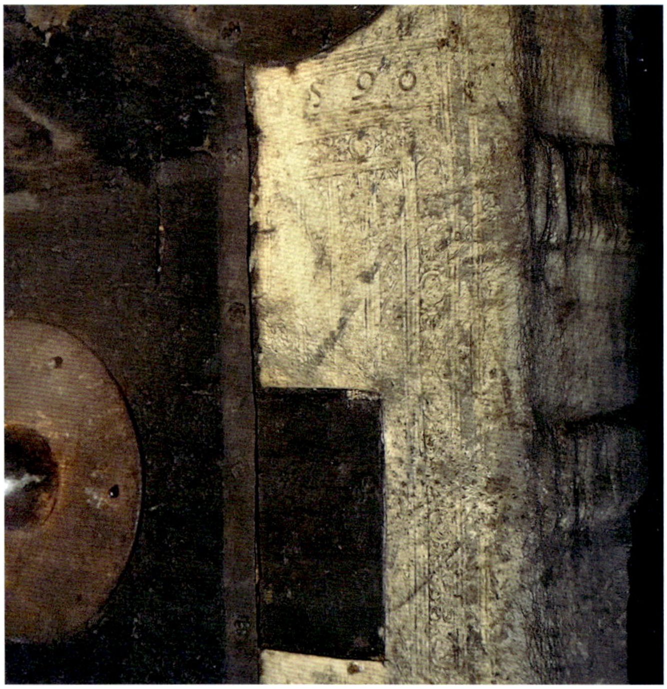

↑ **Abb. 2** Einband der großen Bibelhandschrift Ms. or. fol. 1210 | SBB-PK

und die schemenhaften Buchstaben „Ag“, die mit etwas Phantasie noch zu erkennen sind, dem „Agnus Dei Qui Tollit Peccata Mundi“, dem „Lamm Gottes, das hinwegnimmt die Sünden der Welt“ angehören.

In der Hallenser Marienbibliothek wird ein Manuskript naturwissenschaftlichen Inhalts mit beinahe dem gleichen, jedoch sehr gut erhaltenen Einband aufbewahrt. Auf Grundlage dieses Fundes kann nicht nur das Kreuzigungsmotiv bestätigt werden, sondern auch alle weiteren Prägungen auf dem Einband der Erfurter Bibelhandschrift lassen sich so rekonstruieren: Mariae Verkündigung mit der Unterschrift *Ecce virgo concipiet et pariet filium*; die Taufe Christi mit *Hic est filius meus dilectus* und das Motiv der Auferstehung Christi mit der Bildunterschrift *Mors ero mors tua o mors ero.*

Auch die einfachen Holzdeckel der Bibelhandschrift 1213 sind - allerdings nur zum Teil - mit eben diesem hellen Leder mit Blinddruck bezogen. Genauso wie die beiden großen Kasteneinbände der sogenannten „Erfurt 1“, die am Rücken und auf einem Teil des Vorderdeckels die gleichen floralen Rankmuster und Medaillons mit Porträts aufweisen Abb. 2. In das helle Leder der beiden riesigen Kasteneinbände ist mit dunkler Farbe die Zahl 1590 eingeprägt. Hierbei handelt es sich sehr wahrscheinlich um das Jahr der Restaurierung nicht nur der alten Kasteneinbände, deren Bestandteile zum Teil noch zu den originalen mittelalterlichen Einbänden gehören, sondern auch der Foliohandschriften 1212 und 1213.

Aus dem Jahr 1590 sind in Erfurt verschiedene Buchbinder bezeugt, von denen insbesondere Georg Kirsten als Hersteller der vier Einbände infrage kommt.[3] Der Buchbinder Kirsten war 1596 ein Gründungsmitglied der Erfurter Buchbinderinnung, hatte jedoch schon ab 1564 für die Stadt Erfurt gebunden.[4] Unter seinen Arbeiten befindet sich auch das im spätmittelalterlichen und frühneuzeitlichen Bildprogramm so beliebte Motiv der Kreuzigung Christi. Konrad Haebler berichtet in seiner Studie zu *Rollen- und Plattenstempel* unter anderem von einem mit G[eorg] K[irsten] gekennzeichneten Plattenstempel mit Kruzifixus und der Unterschrift *Ecce Agnus Dei* sowie einem Rollenstempel, der Köpfe, Blattwerk und einen Engelskopf abbildet - das heißt Motive, die auch auf unseren Erfurter Einbänden zu sehen sind. In Adolf Rheins 1937 publizierter Abhandlung zur Erfurter Buchbinderei befindet sich - leider ohne exakte Quellenangabe - darüber hinaus die Abbildung eines Einbands von Kirsten aus dem Jahre 1580, der exakt die gleichen floralen Stempelmuster und figürlichen Miniaturen aufweist. Georg Kirsten kann dementsprechend sehr wahrscheinlich als Restaurator und Binder der 1590 hergestellten Einbände der hebräischen Bibeln betrachtet werden.[5]

Der Buchbinder Kirsten sah in einer hebräischen Bibel, in Schweinsleder mit Christusmotiven gebunden, sicherlich kein Problem oder gar einen bewussten Akt der Vereinnahmung jüdischer Tradition. Dennoch machen diese Einbände auf bildhafte Weise sehr deutlich, dass die „Erfurter Handschriftensammlung“ im Verlauf ihrer Geschichte in christlichen Bibliotheken im wahrsten Sinne des Wortes einen Stempel aufgedrückt bekam, dessen Botschaft auch in den Glossen abzulesen ist.

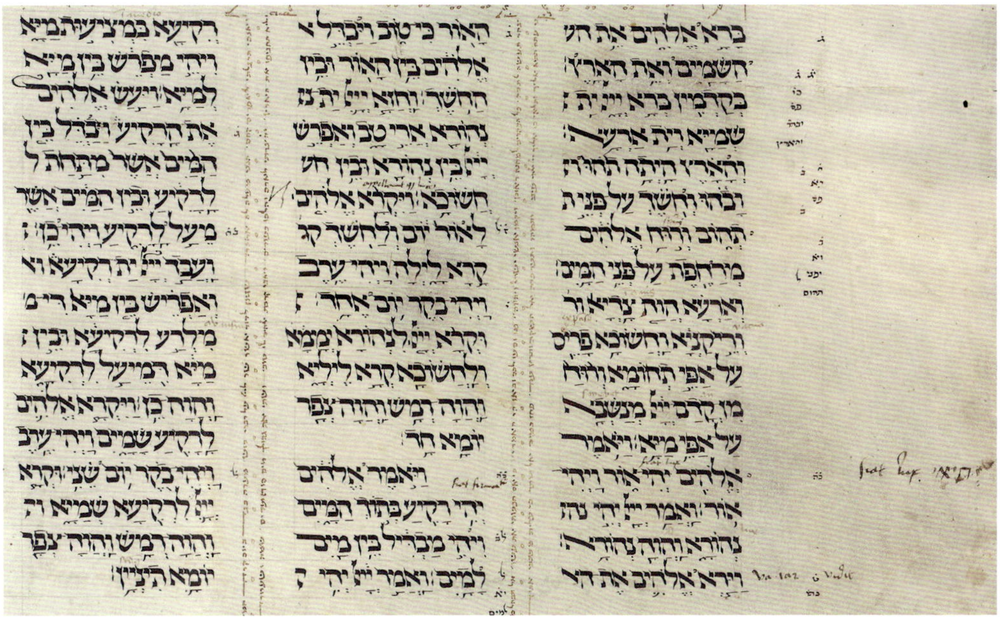

→ **Abb. 3** Ms. or. fol. 1212, fol. 1v | SBB-PK

ÜBERSETZUNGSHILFEN VOM HEBRÄISCHEN UND ARAMÄISCHEN INS DEUTSCHE UND LATEINISCHE

Am Anfang des Buches Genesis finden sich zwei stark verblasste lateinische Hände mit Übersetzungen zwischen den Zeilen und am Rand der Kolumnen [Abb. 3]. Eine Hand befasst sich nur mit dem hebräischen Text und versieht einige Wörter mit einer lateinischen Version. So steht über dem Hebräischen *ve-ruach* das lateinische *spiritus* [Abb. 4a]. Gut lesbar steht *fiat lux* über dem Hebräischen *jehi or* [Abb. 4b], und über *va-jiqra Elohim la-or* erkennt man das Lateinische *appelavitque lucem* [Abb. 4c]; das Hebräische *jehi raqia* ist mit *fiat firmamentum* überschrieben [Abb. 4d]. Die Hand, die sich immer an der Vulgata orientiert, versiegt an dieser Stelle auch schon wieder und taucht später nur sporadisch wieder auf.

Systematischer arbeitet die zweite Hand, die sich beinahe ausschließlich dem Targum Onqelos widmet und ihn mit hunderten Übersetzungshilfen versieht. Diese Hand lässt sich etwa bis zum Meerlied beobachten. Das aramäische *zarja ve-reqanja* – *wüst und leer* – vor dem ersten Schöpfungstag ist mit dem Lateinischen *inanis (et) vacua* überschrieben [Abb. 4e]. *Nehora* – *Licht* – ist mit *lux* gekennzeichnet [Abb. 4f]. Diese Wörter können rein theoretisch natürlich leicht mithilfe der Vulgata nachvollzogen werden, doch Varianten im aramäischen Targum [Abb. 4g], wie beispielsweise *fares* statt *merachefet*, übersetzt dieser Rezipient nicht einfach mit der Vulgata durch *ferebatur* – der Geist Gottes ist *getragen* über den Wassern –, sondern vielmehr mit dem aramäischen Text als *expansum* – der Geist Gottes *breitete sich aus* über den Wassern.

Diese Beispiele könnten in großer Zahl so bis zum Meerlied fortgeführt werden, wobei ein großes Interesse dieses Übersetzers am Sündenfall zu bemerken ist, wo sich die Eintragungen verdichten und danach nurmehr sporadisch den einen oder anderen Satz sprachlich analysieren.

Dazu sei an dieser Stelle nur am Rande bemerkt, dass Hebräischkenntnisse in christlichen Kreisen von patristischer Zeit an die Ausnahme geworden waren. Die Hebräische Bibel ist zwar noch während des Mittelalters von einigen Gelehrten immer wieder in die Argumentation theologischer Exegese auf einem hohen Sprachniveau herangezogen worden, doch Aramäisch-Kenntnisse sind auf diesem Level erst im 16. Jahrhundert anzutreffen – auch

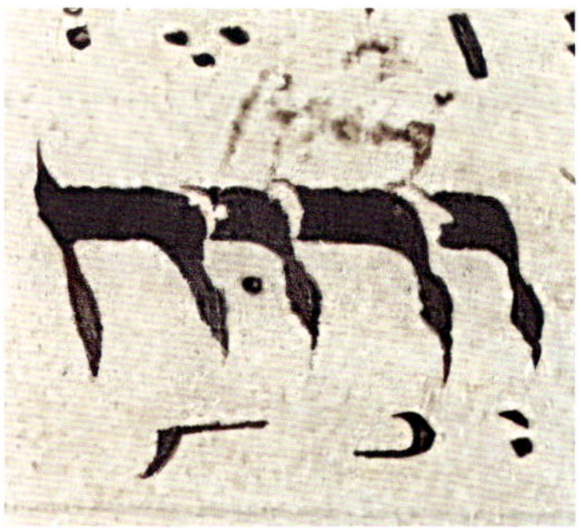

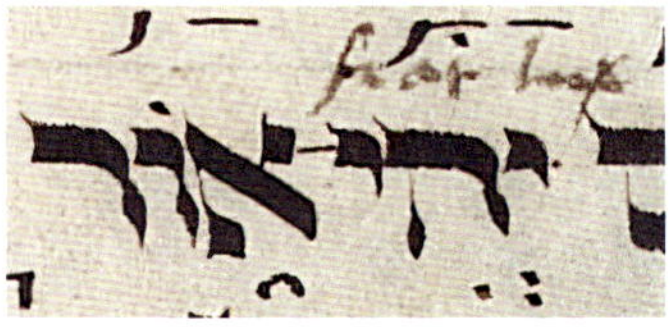

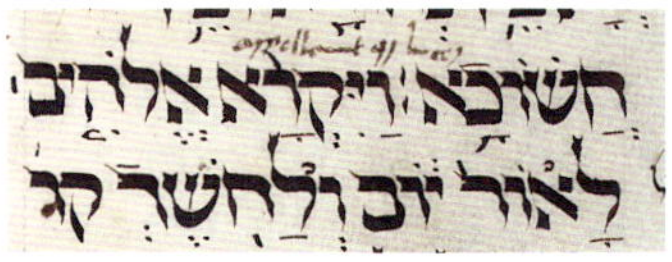

↑ **Abb. 4a** Über dem Hebräischen *ve-ruach* steht das lateinische *spiritus.*

↑ **Abb. 4b** Gut lesbar steht *fiat lux* über dem Hebräischen *jehi or.*

↑ **Abb. 4c** Über *va-jiqra Elohim la-or* steht das lateinische *appelavitque lucem.*

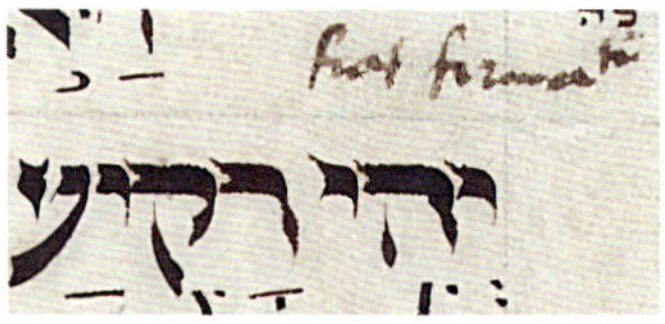

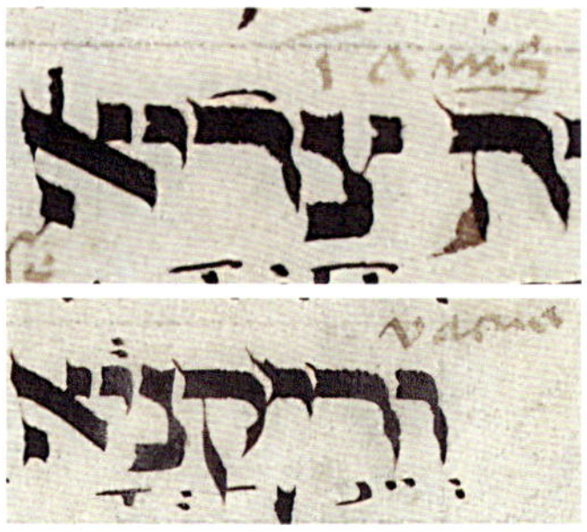

↑ **Abb. 4d** Das Hebräische *jehi raqia* ist mit *fiat firmamentum* überschrieben

↑ **Abb. 4e** *zarja ve-reqanja* vor dem ersten Schöpfungstag ist mit dem Lateinischen *inanis (et) vacua* überschrieben.

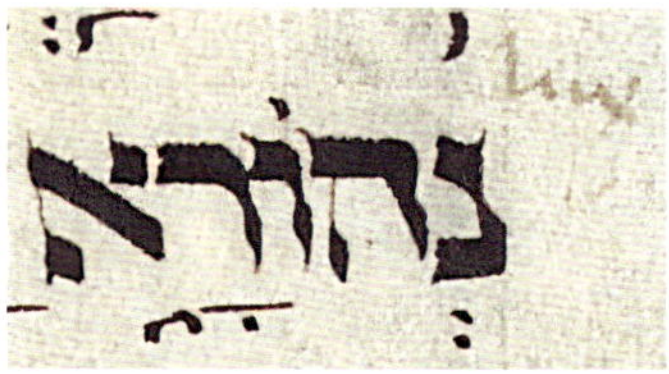

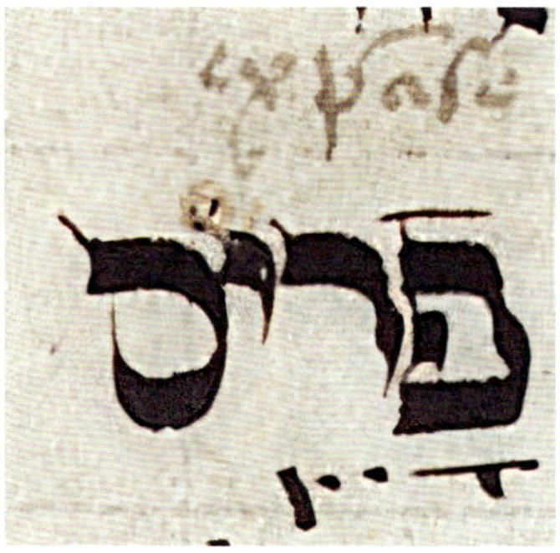

↑ **Abb. 4f** *Nehora* ist mit *lux* gekennzeichnet.

↑ **Abb. 4g** Das aramäische *fares* ist mit *expansum* überschrieben.

wenn die Targumim durchaus von einigen christlichen Gelehrten des Mittelalters wahrgenommen wurden, beispielsweise von dem Franziskaner Roger Bacon oder Nikolaus von Lyra. Die Motivation, sich mit den Targumim auseinanderzusetzen, speiste sich vor allem aus apologetischen und polemischen Interessen. Die Varianten des Targum konnten messianische Interpretationen bestimmter Verse unterstützen und Juden in Zwangsdisputationen vorgehalten werden. Auf diese mittelalterlichen Übersetzungsschulen im Geiste der Mission wird noch zurückgekommen werden.

Die Wichtigkeit der aramäischen Targumim für das Studium des biblischen Textes, seiner Geschichte und für die Interpretation wurde erst durch die multilingualen Bibeleditionen der Renaissance ins Zentrum des theologischen Bewusstseins gerufen. Manche dieser polyglotten Bibeln beinhalteten bereits ein hebräisch-aramäisches Wörterbuch, wie beispielsweise die Bibel des Kardinals Jiménez de Cisneros. Mit der Reformation und der protestantischen Idee „sola scriptura“ – „allein durch die Schrift“ – gewann das humanistische Interesse an originalen Texten nicht nur mit Blick auf den hebräischen Bibeltext, sondern auch hinsichtlich seiner aramäischen Varianten weiter an Gewicht. Dafür waren Grammatiken und Wörterbücher notwendig. In Italien wurden Anfang des 16. Jahrhunderts die ersten Aramäischwörterbücher gedruckt, beispielsweise von Elija Levita.

In den alten Beständen der Erfurter Universitätsbibliothek und der Bibliothek des Evangelischen Ministeriums sind Johannes Reuchlins Arbeiten zur hebräischen Sprache, Sebastian Münster und Johannes Buxtorf der Ältere und Jüngere zu finden. Sebastian Münsters Aramäisch-Wörterbuch – das *Dictionarium Chaldaicum* – wurde 1527 gedruckt. Das *Lexicon Chaldaicum, Talmudicum et Rabbinicum* der beiden Buxtorfs erschien 1639 und umfasst neben den Targumim auch andere nachbiblische aramäische Sprachzeugnisse in beeindruckender Breite.

Die Erfurter Universität erlebte im Zeitalter des Humanismus und der Reformationszeit ihre höchste Blütezeit, da sie offen für die neuen sprachwissenschaftlichen Studien war. Ihr berühmtester Student, Martin Luther, empfahl „wer gut studieren will, der gehe nach Erfurt“. Ab 1500 bildete sich um den Philologen Nikolaus Marschalk in Erfurt ein Humanistenkreis, der die antike Literatur und die „Ursprachen“ Latein, Griechisch und Hebräisch in Lehrveranstaltungen sowie mit einer eigenen Druckerei verbreitete. Später waren es die Erfurter Humanisten Mutianus Rufus und Eobanus Hessus, um die sich im „Haus zur Engelsburg“ ein Kreis bildete, der – befeuert durch eine humanistische Universitätsreform – vermehrte Sprachstudien anstieß. Die Universität Jena bot bereits 1601 erste Aramäischkurse an.[6]

Sicherlich ist es auch kein Zufall, dass die sagenumwobenen Dunkelmännerbriefe, in denen Johannes Reuchlins Einsatz für den Erhalt hebräischer Literatur verteidigt und die erstarrte Kirche dem Spott preisgegeben wurde, von dem Erfurter Humanistenkreis initiiert wurden. Ausgangspunkt der bis zu Papst Leo X. gelangten öffentlichen Diskussion, „ob man den Juden alle ihre Bücher nehmen, abtun und verbrennen soll“, war eine Expertise, die Kaiser Maximilian von den Universitäten zu Köln, Mainz, Erfurt und Heidelberg sowie drei Gelehrten, darunter Reuchlin als Kenner der jüdischen Schriften, einholen ließ. Das einzig abweichende Gutachten stammt von Reuchlin und stellt ein für die Zeit ungewöhnliches Zeugnis für den tiefen Respekt eines christlichen Gelehrten vor jüdischer Tradition und Religionsphilosophie dar. Gut humanistisch argumentiert Reuchlin gegen jenen Diskurs, der die Juden als rechtlose Herrschaftssubjekte definierte. Er verweist auf die Grundlagen des Römischen Rechts, wonach die jüdische Minderheit als anerkannte Mitbürger Anspruch auf kaiserlichen Rechtsschutz hatte, der die körperliche Unversehrtheit, die Sicherheit des Eigentums sowie die freie Religionsausübung umfasste. Das war in dieser Zeit neu!

Reuchlin war der wichtigste Wegbereiter der neuen Übersetzungsbewegung in Deutschland. Der Humanist und Großonkel Melanchthons hat in Deutschland nicht nur die Tore für das Studium der griechischen Sprache aufgestoßen, sondern war maßgeblich an der Wiederentdeckung des Hebräischen in christlichen Kreisen beteiligt. Er war der erste christliche Gelehrte, der eine hebräische Grammatik mit Wörterbuch als Einführung in diese Sprache für Nicht-Juden in dieser umfassenden Form verfasst und im Jahre 1506 herausgegeben hat. Reuchlin betont in seinen Schriften die sprachliche Vermitteltheit der biblischen Offenbarung und fordert ganz klar eine Theologie, der philologische Textkritik vorauszugehen hat. Das heißt jedoch auch, dass gegebenenfalls autoritativ fixierte Überlieferungen zugunsten besser begründeter Lesarten korrigiert werden sollten.

Doch zurück zu den Glossen.

Die Erfurter Bibel enthält außer den oben vorgestellten lateinischen Übersetzungshilfen eine interlineare deutsche Übersetzung der Psalmen 1–12,7.[Abb. 5] Diese Annotationen können nicht als eine ausgefeilte Übersetzung des biblischen Textes angesehen werden, sondern scheinen eher das Werk eines Hebräisch-Schülers mit Basiskompetenzen im Hebräischen zu sein, der sich die Bedeutung von für ihn schwierigeren Wörter ins Gedächtnis rufen wollte.

So ist zum Beispiel der erste Vers – אַשְׁרֵי הָאִישׁ אֲשֶׁר לֹא הָלַךְ בַּעֲצַת רְשָׁעִים – Luther: *Wol dem der nicht wandelt im Rat der Gottlosen*, zwischen den Zeilen mit „dass nicht hat gegangen in den rath die felgehe" kommentiert. Sprachlich entsprechen diese vermutlich im frühen 16. Jahrhundert entstandenen Übersetzungen dem Frühneuhochdeutschen in einem mittel- beziehungsweise süddeutschen Dialekt. Dieser Rezipient – das konnte die Autorin prüfen – ließ sich nicht von anderen deutschen Versionen der Psalmen inspirieren, sondern fertigte eine eigene Übersetzung an.

Das besondere Interesse an den Psalmen und deren Übertragung ins Deutsche entspricht einer generellen Tendenz in der Reformationszeit, da sich mit dem Psalmlied, dem Reimpsalter, dem elegischen Bußpsalter oder dem barocken Psalmoden ein neues literarisches Genre herausbildete. Reformatorische Theologen – allen voran Luther – machten sich daran, „Psalmen in Kirchenlieder umzuwandeln, die innerhalb der neuen Gebetsordnung neben Lesung und Predigt zur Verbreitung des Gotteswortes durch Gesang beitragen sollten".[7] Dabei war es der deutschsprachigen Psalmendichtung nicht so sehr an Worttreue, sondern vielmehr an erklärender, freier Paraphrase gelegen. Dieses Verfahren entsprach ganz dem exegetischen Übersetzungsverfahren Luthers, so wie er es in seinen „Summarien über die Psalmen und Ursachen des Dolmetschens" darlegt. Die Psalmen waren auch unter neulateinischen Dichtern eine beliebte Gattung, wobei hier die am klassischen Stilideal ausgerichtete Form vor der Vermittlung des biblischen Textes an ein wenig gebildetes Publikum stand. Ein prominentes Beispiel dieser poetischen Bearbeitungen des Psalters im Neulateinischen war der Erfurter Dichter Helius Eobanus Hessus, der mit seiner 1525 erschienenen Psalmenübertragung bei den Wittenberger Reformatoren Luther und Melanchton große Begeisterung auslöste.[8]

TRANSLITERATIONEN

Eine deutsche Hand übt sich in der Aussprache und Übersetzung des hebräischen Bibeltextes Genesis 18,5–19,16, wo drei Gesandte Gottes Abraham und Sara einen Besuch abstatten, die Geburt Isaaks vorhersagen und sich gegen Sodom und Gomorra wenden, um es wegen seiner Sünden zu zerstören. Neben der Übersetzung einiger Worte und Satzfetzen notiert diese Hand auch die Transliteration ausgesuchter Wörter des Hebräischen. [Abb. 6]

→ **Abb. 5** Mit deutschen Übersetzungen versehene Psalmenverse in der hebräischen Bibel, Ms. or. fol. 1212, fol. 476v | SBB-PK

לית כן ליט וסימניהון ויאמר יוסף אל אביו לא כן אבי · לית כן לכו נא הגברים ועבדו את · לית כן עבדי משה בכל ביתי · ויתהר לית כן נתן לך ייי אלהיך · לית כן אתה
ותוחילה לפניך · לא כן הדבר כי איש מהר אפרים · והוא לית כן ירמיה · בכו · שמעני גאון מואב גי מאד · הקשתי ואשמע לית כן · גבורהם לית כן · אני ירעתי

במשפט ח׳ רגשין וסימניהון לא תעשה עול׳ לא תכירו פנים׳ ויגבה יי׳

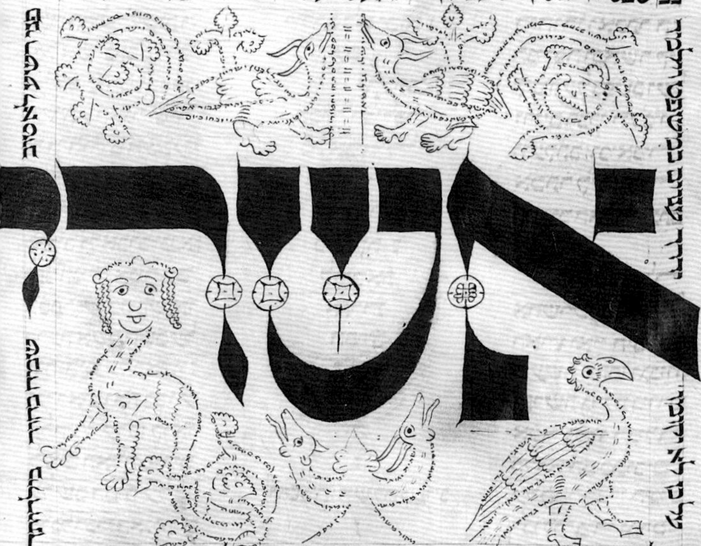

וכל אויב רבותיה רגש בר מן חד וסימניהון את על זה פקחת עינך אתי

האיש אשר לא הלך
בעצת רשעים
ובדרך חטאים לא
עמד ובמושב ז
לצים לא ישב׃ כי אם
בתורת יהוה חפצו
ובתורתו יהגה יומם
ולילה׃ והיה כעץ
שתול על פלגי מים
אשר פריו יתן ז
בעתו ועלהו לא יבול
וכל אשר יעשה
יצליח׃ לא כן הרשעים

כי אם כמוץ אשר
תדפנו רוח׃ על כן
לא יקמו רשעים במ׳
במשפט וחטאים
בעדת צדיקים׃ כי יודע
יהוה דרך צדיקים
ודרך רשעים תאבד׃
למה רגשו ז
גוים ולאמים יהגו ר
ריק׃ יתיצבו מ׳
מלכי ארץ ורוזנים נו
נוסדו יחד על
יהוה ועל משיחו׃ ז

ננתקה את מוסרותימו
ונשליכה ממנו
עבתימו׃ יושב בשמים
ישחק אדני ילעג
למו׃ אז ידבר אלימו
באפו ובחרונו יב
יבהלמו׃ ואני נסכתי
מלכי על ציון הר
קדשי׃
אספרה אל חק
יהוה אמר אלי
בני אתה אני היום
ילדתיך׃ שאל ממני

לא כן הרשעים כי אם כמוץ · לא אתנו עשים · ויחפאו בני ישראל דברים · לא כן כי עם · ולב כסילים לא כן · כי לא כן אנכי עמדי · יחד ולא כן כיו
במשפט ח׳ וסימניהון לא תעשו עול במשפט · לא תעשו עול · לא תכירו פנים במשפט · ויגבה ייי צבאות במשפט · על כן לא יקומו רשעים במשפט · ידרך
ענוים במשפט · שאת פני רשע לא טוב · שמח בחור בילדותיך · וכל אויב רבותיה רגש בר מן חד וסימניהון את על זה פקחת עינך ואתי תביא במשפט

את ישמעאל בנו ואת
כל ילידי ביתו ואת כל
מקנת כספו כל זכר
באנשי בית אברהם
וימל את בשר ערלתם
בעצם היום הזה כאשר
דבר אתו אלהים׃ ודבר
אברהם ית ישמעאל
בריה וית כל ילידי בי
ביתיה וית כל זביני כ
כספיה כל דכורא באנ
באנשי בית אברהם
וגזר ית בישרא דערלתה׃
בכרן יומא הדין כמא
דמליל עמיה יי׃ ואב
ואברהם בן תשעים ו
ותשע שנה בהמלו בשר
ערלתו׃ ואברהם בר
תשעין ותשע שנין כד
גזר ית בישרא דערלתיה׃
וישמעאל בנו בן של
שלש עשרה שנה
בהמלו את בשר ערלתו׃
וישמעאל בריה בר
תלת עשרה שנין כד
גזר ית בישרא דערלתיה׃
בעצם היום הזה נמול
אברהם וישמעאל בנו׃
בכרן יומא הדין אתגזר
אברהם וישמעאל בריה׃
וכל אנשי ביתו יליד
בית ומקנת כסף מא
מאת בן נכר נמלו אתו׃

וכל אנשי ביתיה יליד
ביתא וזביניה כספא
מן בר עממין איתגזרו
עמיה׃

פ פ פ

וירא אליו יהוה באלני
ממרא והוא ישב פתח
האהל כחם היום׃ וא
ואיתגלי ליה יי במישר
ממרא והוא יתיב בתר
משכנא כמיחם יומא׃
וישא עיניו וירא והנה
שלשה אנשים נצבים
עליו וירא וירץ לקר
לקראתם מפתח האהל
וישתחו ארצה׃ וזקף
עינוהי וחזא והא תל
תלתא גברין קימין
עלוהי וחזא ורהט
לקדמותהון מתרע
משכנא וסגיד על
ארעא׃ ויאמר אדני א
אם נא מצאתי חן בע
בעיניך אל נא תעבר
מעל עבדך׃ ואמר ר
רבוני אם כען אשכחית
רחמין בעינך לא כען
תעבר מעל עבדך׃ יקח
נא מעט מים ורחצו
רגליכם והשענו תחת
העץ׃ יסבון כען זעיר
מיא ואסחו רגליכון
ואסתמיכו תחות א

אילנא׃ ואקחה פת
לחם וסעדו לבכם
אחר תעברו כי על כן
עברתם על עבדכם
ויאמרו כן תעשה כא
כאשר דברת׃ ואיסב
פיתא דלחמא וסעידו
לבכון בתרכן תעברון
ארי על כן עברתון על
עבדכון ואמרו כן ת
תעביד כמא דמללתא׃
וימהר אברהם האהלה
אל שרה ויאמר מהרי
שלש סאים קמח ס
סלת לושי ועשי עגות׃
ואוחי אברהם למשכנ
לות שרה ואמר אוחא
תלת סאין קימחא ס
סולתא לושי ועבידי
גריצן׃ ואל הבקר רץ
אברהם ויקח בן בקר
רך וטוב ויתן אל הנער
וימהר לעשות אתו׃
ולות תורי רהט אברה
ונסיב בר תורי רכיך
וטב ויהב לעולימא
ואוחי למעבד יתיה׃
ויקח חמאה וחלב ובן
הבקר אשר עשה ויתן
לפניהם והוא עמד
עליהם תחת העץ ויאכ
ויאכלו׃ ונסיב שמן
וחלב ובר תורי דעבד

Den aramäischen Targum überspringt dieser Rezipient hier und des Weiteren konsequent und fährt mit Vers 18,6 - *Und Abraham eilte ins Zelt zu Sarah, und sprach: Eile, drei Maß Kernmehl knete und mache Kuchen* - fort. *Va-jemaher* (und er eilte) ist mit *vaiemair und eilt* überschrieben. Zwischen den Zeilen notiert diese Hand *zu dem zaelt. Mahari* (eile) ist mit *mari eyle* am Rand neben der Kolumne festgehalten. Eine andere Hand ergänzt in einem lateinisch-deutschen Mix: *mensuras* (Lat.: Maß) *semeln mels knet* und schreibt über *ugot torten*, während unsere transliterierende Hand statt *ugot* - *hekut kuchen* am Rand notiert.

In den Übersetzungen fällt auf, dass Präfixe und Suffixe separat und meist nicht im Zusammenhang mit dem Hauptwort übertragen sind, beispielsweise bei dem Wort *lifneihem*, das dieser Schreiber zunächst mit *lifneham* transliteriert und dann mit *zu vor sy* auseinandernimmt. Das und die Tatsache, dass die Übersetzung manchmal knapp danebenliegt, sprechen für die Annahme, dass hier nicht mit einer deutschen oder lateinischen Übersetzung, sondern mit einem Wörterbuch gearbeitet wurde. Wenn Abraham beispielsweise *el ha-bakar* - *zu der Rinderherde* - läuft, um ein Kalb für die Bewirtung der drei Gäste auszuwählen, findet dieser Rezipient in einem Wörterbuch den Piel *levaqer* (לבקר) - genau untersuchen, betrachten, bedenken usw. - und liest statt Rind „den rath". Abraham holt sich mit dieser Lesart also erst einen Rat ein, bevor er seine Gastfreundschaft pflegt.

Fehler wie dieser in Kombination mit dem etwas ungeschulten Charakter dieser Glossen weisen insgesamt auf einen fortgeschrittenen Anfänger im Hebräischen hin.

← Abb. 6 Transliterationen in der hebräischen Bibel, Ms. or. fol. 1212, fol. 17 | SBB-PK

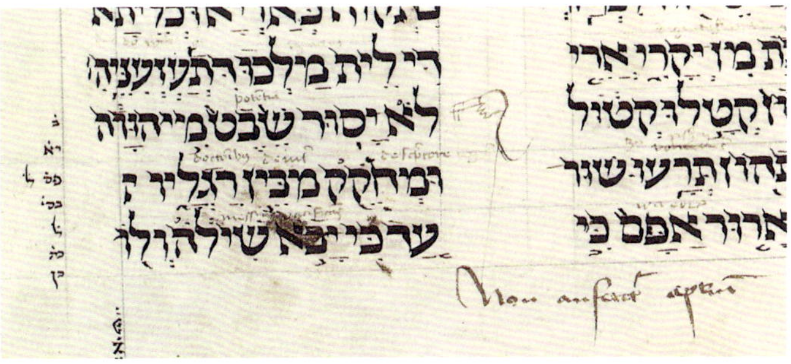

↓ Abb. 7 Ein Zeigefinger weist auf Gen 49:10, Ms. or. fol. 1212, fol. 59r | SBB-PK

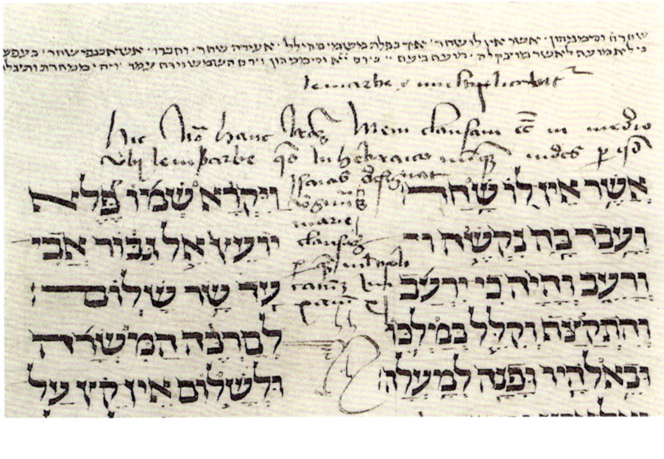

↓ Abb. 8 Ein Zeigefinger weist auf das ungewöhnlich geschriebene Wort „lemarbe", Ms. or. fol. 1212, fol. 414r | SBB-PK

CHRISTOLOGISCH MOTIVIERTE GLOSSEN

Auf Folio 59r macht sich erstmals eine Hand bemerkbar, die die Hebräische Bibel ausschließlich aus christologischer Perspektive betrachtet. [Abb.7] Eine Hand weist mit dem Zeigefinger auf den Vers Genesis 49,10 - *Nicht weichen wird das Zepter von Jehuda, noch der Herrscherstab von seinen Füßen, bis der von Schiloh kommt, und ihm wird der Gehorsam der Stämme.* Dieser Satz im „Segen Jakobs" bildet das Zentrum zahlloser jüdischer und christlicher Schriftauslegungen, die von messianischen Hoffnungen geleitet sind. Adolf Posnanski hat hunderte Auslegungen zusammengetragen und konnte zeigen, wie die rabbinische Tradition diesen Vers „im Geiste jüdisch-messianischer Hoffnung" auslegt, während christliche Exegeten seine Erfüllung in Christus sahen.[9] Der Vers spielte auch eine zentrale Rolle in mittelalterlichen Zwangsdisputationen und polemischen Schriften. Unser Rezipient kommentiert diesen Vers nicht, aber zeigt mit der Übersetzung der ersten Wörter - *non auferetur [s]ceptrum* - sehr deutlich, in welche Richtung seine Interessen gehen:

Auf Folio 414r weist der Zeigefinger der gemalten Hand auf das Wort *lemarbeh* (למרבה) - „dass sich vergrößere". [Abb.8] Es ist Teil des Verses Jesaja 9,6, in dem es heißt: *dass sich vergrößere die Herrschaft und dem Frieden kein Ende sei auf dem Thron Davids und in seinem Königreich; dass er es aufrichte und stütze durch Recht und Gerechtigkeit* usw. Dem geht der aus christologischer Perspektive interessante Vers voraus: *Denn uns ist ein Kind geboren, ein Sohn ist uns gegeben und es wurde ihm die Herrschaft auf seine Schulter gegeben.* Unsere Hand bemerkt nun die

Besonderheit, dass mitten in dem Wort *lemarbeh* ungewöhnlicherweise ein *mem finale* statt eines offenen *mem* erscheint. Das *mem finale* wird gewöhnlich am Ende eines Wortes gebraucht, während das offene *mem* ausschließlich innerhalb eines Wortes steht. Der Rezipient kommentiert diese Sonderbarkeit der Hebräischen Bibel:

Lemarbe id est multiplicabitur
Hic littera hanc vides Mem clausam circa in medio verbi lemarbe, quod in hebraico nunquam vides per quod Isaias designat virginis mariae clausam per quam multiplicatum est [?] imperium Christi.

Lemarbe, das bedeutet „vergrößern" (Vulgata)
Siehe, dieser Buchstabe ist ein geschlossenes Mem in mitten des Wortes lemarbe, was du im Hebräischen niemals siehst. Damit weist Jesaja auf die verschlossene Jungfrau Maria hin, durch die das Reich Christi vergrößert wurde.

Die besondere Schreibweise des *mem* in dem Wort *lemarbeh* wurde natürlich auch und schon viel früher von jüdischen Exegeten bemerkt und kommentiert. Dabei stand von Anfang an eine messianische Konnotation im Vordergrund. Der Babylonische Talmud erklärt sich die ungewöhnliche Schrifttradition des geschlossenen *mem* innerhalb des Wortes als einen sinnbildlichen Hinweis auf die Tatsache, dass weder König David noch König Hiskia zum Messias gemacht wurde. Die Rabbinen fragen im Babylonischen Talmud, Traktat Sanhedrin 94a:

Weshalb ist das *mem* in der Mitte eines Wortes überall offen, dieses aber geschlossen? Der Heilige, gepriesen sei er, wollte Hiskia zum Messias und Sancherib zu Gog und Magog machen, da sprach die Eigenschaft der Gerechtigkeit vor dem Heiligen, gepriesen sei er: Herr der Welt, wenn du David, den König von Israel, der viele Lieder und Lobgesänge vor dir angestimmt hat, nicht zum Messias gemacht hast, wie willst du nun Hiskia, dem du all diese Wundertaten erwiesen hast, ohne dass er vor dir ein Lied angestimmt hätte, zum Messias machen? Daher blieb es [das *mem*] verschlossen.

Da half es auch nicht, dass sich die Erde für Hiskia einsetzte, ein Lied „für diesen Frommen" anstimmte und bat, „mache ihn doch zum Messias".

Christliche Theologen lesen in den Versen Jesaja 9,1–9 schon seit der Antike eine Prophezeiung der Ankunft Jesu Christi. Doch erst ab dem Mittelalter fließen Argumente der jüdischen Traditionsliteratur und damit Spekulationen über das mysteriöse *mem clausam* in die Interpretationen zu diesen Versen ein. Dazu waren Kenntnisse des Hebräischen und vor allem des Aramäischen – der Sprache des Talmud – notwendig, die erst in den aus missionarischem Eifer neu gegründeten Übersetzungsschulen Nordspaniens wiederbelebt wurden. Um Juden (und auch Muslime) mit ihren eigenen Waffen zu schlagen, trugen christliche Gelehrte oftmals mithilfe jüdischer Konvertiten zahlreiche Passagen nicht nur aus der hebräischen Bibel, sondern nun erstmals auch aus der rabbinischen Literatur zusammen, die in öffentlichen Zwangsdisputationen gegen prominente Vertreter der jüdischen Gemeinden Spaniens und Frankreichs zur Diskussion gestellt wurden. Das bekannteste Werk aus diesen Kreisen ist sicherlich *Pugio Fidei adversus Mauros et Judaeos* des katalanischen Dominikaners Raimund Martini. Hier findet man nicht nur die oben angeführte Diskussion des Talmud zu Jesaja 9 und dem *mem clausam* als ein Argument für die christliche Wahrheit – und jüdische Blindheit – wieder, sondern das Werk liefert auch die christologische Interpretation des geschlossenen *mem*, die in unterschiedlichen Varianten bei zahlreichen späteren Exegeten fortwirkte.

Auch in der Zwangsdisputation von Tortosa – einem Schauprozess vor Papst Benedikt XIII., der in den Jahren 1413/14 über 21 Monate mit 69 Sitzungen großen Druck auf die jüdischen Gemeinden Nordspaniens ausübte – wurde das geschlossene *mem* von den Disputanten ins Feld geführt. Das deplatzierte *mem* spiele einerseits auf den Namen der Mutter Jesu an, Maria, die, wie die geschlossene Form des *mem clausam* ja schon andeute, auch nachdem sie ihren Sohn geboren hatte, noch Jungfrau gewesen sei.

Der Reformator Luther wurde etwa einhundert Jahre später noch deutlicher. In seiner „Kurzen Auslegung zum Propheten Jesaia“ bemerkt er zunächst die Erklärung, dass es sich hier um einen Hinweis auf die Jungfräulichkeit Mariae handelte, einer – wie er sich ausdrückte – „verschlossenen Mutter“ mit Kind. Luther ist von diesem „gottseeligen Gedanken“ angetan und behauptet, dass „so wohl die frommen Juden, als auch unsere Leute, die der Hebräischen Sprache kundig sind“, diese Interpretation annähmen. Doch vielmehr noch scheint ihm das geschlossene *mem* ein Zeugnis für „die erschreckliche Zuschliessung, daß die Juden die wunderbare Regierung dieses Reiches niemals verstanden haben“:

Als wolte er [Jesaja] sagen: Die Vermehrung [*lemarbeh*] dieses Reichs wird wundersam seyn, welche sie [die Juden] nicht verstehen werden, weil sie ganz und gar geistlich ist. Denn sie träumen und gedencken auf ein zeitlichs Reich, und dasselbe würde sich zeitlicher weise vermehren. Derowegen ist ihnen diese Vergrösserung und ganze Beschaffenheit des Reichs Christi verschlossen. Diese erschreckliche Verschliessung und Blindheit derer Juden, düncket mich, sey im Hebräischen durch das Mem, so im Anfange des Worts zugeschlossen geschrieben ist, angedeutet worden [...].

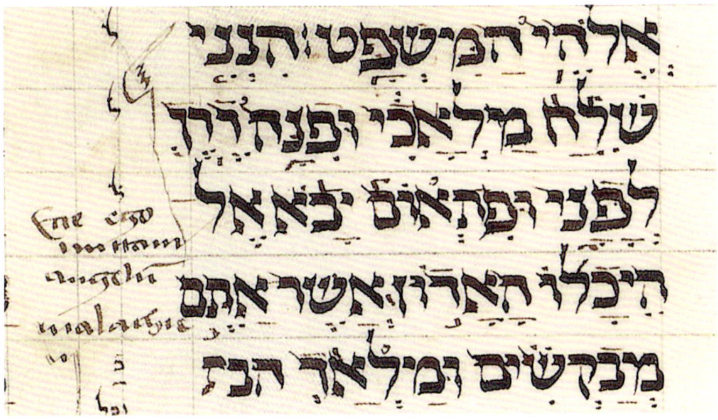

↑ **Abb. 9** Der Zeigefinger weist auf den Vers Malachi 3:1, Ms. or. fol. 1212, fol. 458r | SBB-PK

Luther beschwört dementsprechend das alte Bild von der blinden Synagoga herauf, die in ihrer Sehnsucht nach einem irdischen messianischen Reich des Gesetzes das geistliche Reich der Liebe nicht erkennen könne – obwohl es im sogenannten Alten Testament bereits aufscheint. Der Kommentator der Erfurter Bibelhandschrift überrascht hier also nicht mit einer originellen Interpretation des geschlossenen *mem* in Jesaja 9,6, sondern führt etwas fort, das seinen Ursprung in einer spanischen Missionarsschule des 13. Jahrhunderts hatte.

Derselbe Rezipient zeigt in der mittleren Kolumne von Folio 458r wieder mittels einer Zeigehand auf einen Vers (Mal 3,1), wo es heißt: *Siehe, ich will meinen Engel senden, der vor mir her den Weg bereiten soll.* [Abb.9] Dieser Vers wird in der christlichen Tradition als eine Anspielung auf Johannes gelesen, dessen Zukunft als Prophet und Täufer Christi hier angezeigt werde. Zwischen den Kolumnen ist die Übersetzung der ersten Vershälfte notiert: *Ecce ego mittam angelum* – so weit auch die Vulgata – und ergänzt mit *malachie*, der Transliteration des hebräischen Wortes „mein Engel“ bzw. „mein Sendbote“, nach dem das biblische Buch benannt ist.

Die Hand interessierte sich auch für den Vers Jeremia 23,5, wo es heißt: *Siehe, Tage kommen, ist der Spruch des Ewigen, und ich lasse aufkommen von David einen gerechten Sproß, und er regiert als König und ist glücklich, und übt Recht und Gerechtigkeit im Lande.* Mit der Vulgata übersetzt der Rezipient die erste Vershälfte: *Ecce dies veniunt ait Dominus et suscitabo David.* Der „gerechte Sproß“ gilt christlichen Theologen als Synonym für Christus, während in der jüdischen Tradition das Wort *zemach* – *Spross* – als Name des Messias gelesen wurde.

Es ist sicherlich kein Zufall, dass diese Hand auch die ersten Worte des Verses Jesaja 2,1 in lateinischer Übersetzung an den Rand schrieb: *capitulum 2: verbum quod vidit*. Dieser und insbesondere die folgenden Verse 2–5 sind in der jüdischen wie auch christlichen Tradition messianisch konnotiert. In der christologischen Deutung wurden sie direkt an die Geburt Christi geknüpft und spätestens ab dem Mittelalter in der Disputationsliteratur als Zeugnis für die Ankündigung Christi gegen jüdische Gelehrte ins Feld geführt. Ganz ähnlich verhält es sich mit Hosea 13,14 und Psalm 72,1 – Verse, die alle traditionell mit dem Messias oder der Überlegenheit des christlichen Glaubens konnotiert wurden. Schließlich kann die lateinische Übersetzung *Non est enim homo in terra qui non peccet* (Koh 7,20) dieser lateinischen Handschrift zugeschrieben werden. Der Vers spielt sowohl in der jüdischen als auch in der christlichen Theologie eine wichtige Rolle in Bezug auf Sünde, Barmherzigkeit und Gerechtigkeit. Unter anderem aufgrund dieses Verses entwickelte Luther seinen Umgang mit dem Begriff „Sünde" innerhalb seiner Rechtfertigungslehre.

URHEBER DIESER GLOSSEN

Über die Frage, wer die lateinischen Übersetzungshilfen des hebräischen und insbesondere der aramäischen Version am Anfang des Buches Genesis vorgenommen hat, kann nur spekuliert werden. Es bedürfte eines intensiven Studiums von handschriftlichen Zeugnissen einer langen Reihe von Personen, die aufgrund ihres Forschungs- und Lehrschwerpunkts theoretisch infrage kämen. Versucht man ein Profil dieser beiden Schreiber zu erstellen, können dem Glossator des hebräischen Textes nur rudimentäre Kenntnisse zugebilligt werden, die er durch die Vulgata, die ganz sicher auf seinem Schreibtisch direkt neben der Erfurter Bibel lag, zu kompensieren suchte.

Die zweite Hand ist interessanter, da sie sich über eine lange Strecke selbstständig dem aramäischen Targum zuwendet. Aus der Tatsache, dass auch aramäische Wörter übersetzt werden, die nicht aus dem Hebräischen abgeleitet werden können, kann man schließen, dass der Schreiber dieser lateinischen Übersetzungen ein aramäisch-lateinisches Wörterbuch verwendete. Aufgrund des einfachen Niveaus der Übersetzungen können Bibelforscher des 17. und 18. Jahrhunderts, die nachweislich mit den Erfurter Bibelhandschriften gearbeitet haben, ausgeschlossen werden. Viel wahrscheinlicher haben wir es mit einem weniger bekannten Gelehrten oder einem Studenten zu tun, der in der humanistischen Atmosphäre Erfurts seinen Horizont in der Praxis zu erweitern suchte. Dass sich die Arbeit am biblischen Text nicht auf das Hebräische beschränkte, sondern auch den aramäischen Targum ins Auge fasste, spricht für einen offenen, interessierten Geist ganz im Sinne des Humanisten Reuchlin, der vor einer Vorverurteilung der aramäischen jüdischen Schriften – insbesondere des Talmuds – warnte und das Studium dieser Sprache dringend empfahl.

In Bezug auf den Autor der tendenziösen christologischen Kommentare kann jedoch ein konkreter Vorschlag gewagt werden. Die gotische Kursivschrift weist darauf hin, dass diese Glossen im späten 15. oder frühen 16. Jahrhundert entstanden sind, höchstwahrscheinlich in der Bibliothek des Erfurter Rates. Hier wurde die Bibel zusammen mit den anderen hebräischen Handschriften der mittelalterlichen jüdischen Gemeinde bis zur Überführung der Erfurter Sammlung in die Evangelische Ministerialbibliothek Erfurt in der zweiten Hälfte des 17. Jahrhunderts aufbewahrt. Es muss eine Person mit einigen Kenntnissen des Hebräischen und einem besonderen Interesse an theologischen Argumenten in Bezug auf die „Wahrheit" des Christentums gewesen sein. Dieses – zugegebenermaßen unscharfe – Profil passt zu einer bekannten Persönlichkeit der deutschen Theologielandschaft am Ende des 15. und Anfang des 16. Jahrhunderts, die sich in der fraglichen Zeit sehr wahrscheinlich in Erfurt aufgehalten hat: Kilian Leib (1471–1553).

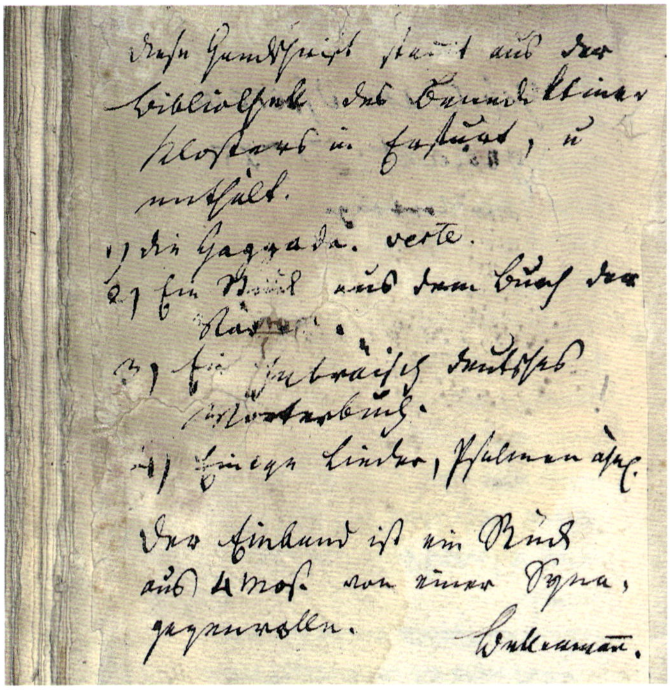

↑ **Abb. 10** Bemerkungen Johan J. Bellermanns auf dem fliegenden Blatt vorne in der Handschrift Ms. or. oct. 148 | SBB-PK

↓ **Abb. 11** Moses Kimhis hebräische Grammatik מלהך שבילי הדעת (Der Lauf des Pfades der Erkenntnis) mit einer deutschen Übersetzung von Kilian Leib, Ms. or. oct. 148, fol. 25r | SBB-PK

Der Humanist und Augustinermönch aus dem fränkischen Ochsenfurt trat früh in das Augustinerkloster ein und übernahm 1499 das Priorat des Klosters Schamhaupten. 1503 wurde er Prior in Rebdorf, wo er bis zu seinem Tod 1553 blieb. Der glühende Luther-Gegner pflegte einen regen Austausch mit Humanisten seiner Zeit – wie Willibald Pirckheimer und Johannes Reuchlin – und wurde selbst von seinen Zeitgenossen als „doctissimus multarum linguarum"[10] verehrt. Neben Latein und Griechisch widmete er sich dem Hebräischen und Aramäischen. Aus seiner Korrespondenz lässt sich nachverfolgen, wie er Schritt für Schritt Fortschritte im Erlernen des Hebräischen machte.

1506 übersandte ihm der Prior Wolfgang von Rohr Johannes Reuchlins im selben Jahr erschienenes *De rudimentis Hebraicis*, das damals wichtigste Lehrbuch für christliche Studenten der hebräischen Sprache. Die Forschung setzt den Beginn von Leibs Hebräischstudien in der Regel mit seiner Aneignung von Reuchlins Grammatik in Beziehung. Doch es gibt Hinweise dafür, dass Leib schon einige Jahre früher mit seinen Sprachstudien begann.

Die nächste Stufe seiner Bemühungen, Hebräisch und Aramäisch zu lernen, kann in einer Handschrift nachgezeichnet werden, die in der Staatsbibliothek zu Berlin aufbewahrt wird. Ohne Zweifel ist Kilian Leib nicht nur Autor, sondern auch Schreiber dieser Handschrift, denn auf Folio 120v befindet sich eine Notiz in hebräischer und lateinischer Sprache, die besagt, dass er die Abschrift der Grammatik am Tag des heiligen Gregor (3. September) fertiggestellt hat. [Abb.10] Wie der zeitweilige frühere Besitzer der Handschrift – Johan Bellermann – auf der Innenseite des vorderen Umschlags vermerkte, stammt das Manuskript Ms. or. oct. 148 „aus der Bibliothek des Benediktinerklosters Erfurt". Ob Leib die Handschrift tatsächlich in Erfurt geschrieben hat oder ob sie nach einer der zahlreichen Auflösungen von Klosterbibliotheken im Zuge der Reformation in den Bestand des Stiftes St. Peter gelangt ist, lässt sich nicht mit Sicherheit sagen.[11]

Der größte Teil des kleinen Kodex enthält Moses Kimchis einflussreiche hebräische Grammatik, die nach ihren ersten drei Wörtern als מַהֲלַךְ שְׁבִילֵי הַדַּעַת – *Der Lauf des Pfades der Erkenntnis* – benannt ist. [Abb.11] Das wegweisende grammatikalische und lexikalische Werk zur hebräischen Sprache wurde in dieser Abschrift mit einer volkssprachlichen Übersetzung ins Deutsche versehen, die aufgrund sprachlicher Besonderheiten dem bayerischen Raum zugeordnet werden kann und sehr wahrscheinlich von Kilian Leib stammt.[12] Das Manuskript enthält unter anderem auch Teile des Pessachritus, Auszüge aus dem Talmudtraktat Avot, eine hebräische Version des Segens vor oder nach dem Essen mit einer lateinischen und deutschen Interlinearübersetzung, eine hebräische Version des Paternosters, des Ave Maria, des Credo, des Gesangs Mariae.

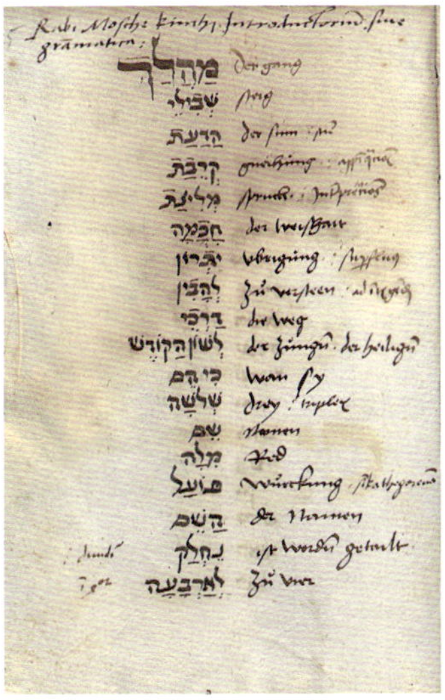

Joanna-Maria und Karl Heinz Keller äußerten die Vermutung, dass Kilian Leib kurz vor 1499 in Rebdorf an dieser Handschrift gearbeitet haben muss.[13] Diese Datierung basiert auf der Beobachtung, dass Leib, der Dokumente gewöhnlich mit seinem Titel „Prior" zeichnete, in diesem Manuskript seinen Namen ohne Angabe der Profession schrieb. Ilona Steimann wies jedoch bereits darauf hin, dass „sich viele Brüder aus Bescheidenheit weiterhin als ‚Brüder' bezeichneten, auch nachdem sie begonnen hatten, höhere kirchliche Ämter zu bekleiden".[14] Tatsächlich stellte sich Leib im Manuskript seines Buches *Der Ketzereyen Ursachen,*

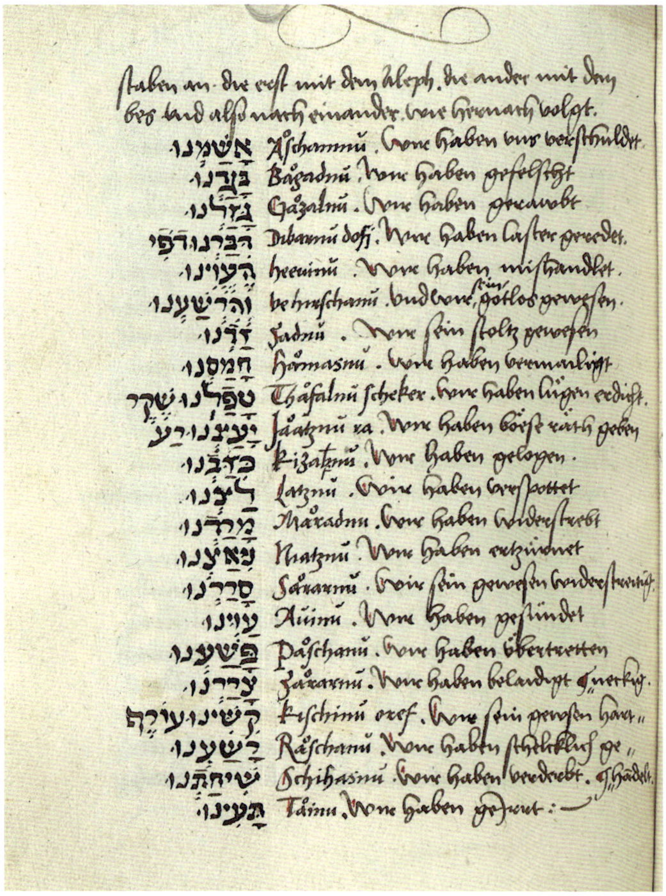

↑ **Abb. 12** Kilian Leib, *Der Ketzereyen Ursachen, Nämlich Siben*, Cod. st. 385, fol. 57v | Universitätsbibliothek Katholische Universität Eichstätt-Ingolstadt

Nämlich Siben aus dem Jahr 1528 (Cod. str. 385) auf Hebräisch schlicht als „Bruder Kilian Leib, der dieses Buch gemacht und geschrieben hat" vor.[15] [Abb.12] Sehr wahrscheinlich wurde das Manuskript mit der Grammatik Kimhis zu Beginn des 16. Jahrhunderts geschrieben, und zwar irgendwann zwischen 1506, als Leib Reuchlins *De rudimentis Hebraicis* erhielt, und 1520, als er sich intensiver mit seinen Hebräischstudien beschäftigte. Denn zumindest für eine Übersetzung der Gebete und halachischen Texte waren tiefere Kenntnisse des Hebräischen und Aramäischen notwendig.[16]

Als Argument für Kilian Leib als Autor der christologisch motivierten Anmerkungen in der „Erfurter Bibel" sollen diese beiden erwähnten Schriften herangezogen werden. Nicht nur, dass die Handschrift Kilian Leibs aus paläografischer Sicht eine verblüffende Ähnlichkeit mit den Glossen innerhalb des mittelalterlichen hebräischen Codex aufweist. Auch die besondere Vorliebe für einschlägige Bibelverse spiegelt Leibs tendenziöse Sicht auf das „Alte Testament" und seinen methodologischen Ansatz wider, der sich insbesondere in der Abhandlung *Der Ketzereyen Ursachen* voll entfaltet. Leib diskutiert hier die generelle Schwierigkeit, bei der Übersetzung der biblischen Bücher die richtige Bedeutung zu erfassen. Ihm ging es vor allem darum, den authentischen Urtext in seiner „wahren" Intention zu ermitteln und festzuhalten. Als Übersetzungsbeispiele zieht Leib mit großer Vorliebe Bibelstellen heran, die nach traditioneller kirchlicher Lesart Jesus als den wahren Messias ankündigten und dergestalt die Wahrheit des christlichen Glaubens bezeugten. In seiner Argumentation lässt er sich von der alten Befürchtung leiten, die Juden hätten die Heilige Schrift verfälscht überliefert, um die Christen zu täuschen. In diesem Zusammenhang wirft er auch Luther vor, dem Einfluss jüdischer Übersetzer ausgesetzt zu sein, die den Reformator dazu verleiteten, bestimmte Passagen und Worte von eminenter Bedeutung für das Christentum falsch zu interpretieren.[17]

In unserem Zusammenhang ist auch ein weiteres wiederkehrendes Argumentationsmuster interessant: Leib wählt einen Bibelvers im hebräischen Original, transkribiert ihn mit Vokalisierung, transliteriert ihn und schlägt schließlich eine deutsche Übersetzung vor. [Abb.13] Wie beispielsweise hier zu Psalm 119,36, wo er nicht nur die hebräische, sondern auch die aramäische Variante in seine Betrachtungen einbezieht. Dieses Vorgehen in Kombination mit der Art und Weise, wie Leib mit der Grammatik von Moses Kimhi arbeitet, ist ein starkes Indiz dafür, dass auch die im Kontext von Genesis 18,5–19,6 im „Erfurter Bibelcodex" gefundenen Transliterationen mit Übersetzung von Kilian Leib stammen.

Vorausgesetzt diese Annahme trifft zu, müssen diese Anmerkungen als Zeugnis eines früheren Stadiums von Kilian Leibs Bemühungen um das Hebräische angesehen werden – einem Stadium, das den Sprachkenntnissen von *Der Ketzereyen Ursachen* aus dem Jahre 1528 und den Übersetzungen in dem Manuskript Ms. Or. oct. 148 – Anfang des 16. Jahrhunderts – für einige Jahre vorausging. Wie bereits erwähnt, wissen wir, dass Leibs erste Versuche, Hebräisch zu lernen, Ende des 15. Jahrhunderts begannen.[18] Spätestens seit 1518 besaß er eine vollständige Hebräische Bibel, nämlich die von Daniel Bomberg gedruckte *Miqraot Gedolot* von Felix Pratensis, die auch die aramäischen Targumim sowie die Kommentare von

Raschi und anderen Exegeten enthielt. Zuvor - vielleicht im Rahmen eines oder mehrerer Besuche seiner Glaubensbrüder im Augustinerkloster - hätte er die Gelegenheit ergreifen können, seine ersten theoretischen Kenntnisse in der Praxis anzuwenden, indem er seine Hebräischkenntnisse am „Erfurter Bibelkodex" erprobte. Die Tatsache, dass die Schreibweisen bestimmter deutscher Begriffe in seinen Schriften leicht von denen der Anmerkungen in der Bibelhandschrift abweichen, sollte dabei nicht überraschen. Es gibt Fälle, in denen Leib ein Wort in einem Satz auf unterschiedliche Weise schreibt, was zu seiner Zeit nichts Ungewöhnliches war.

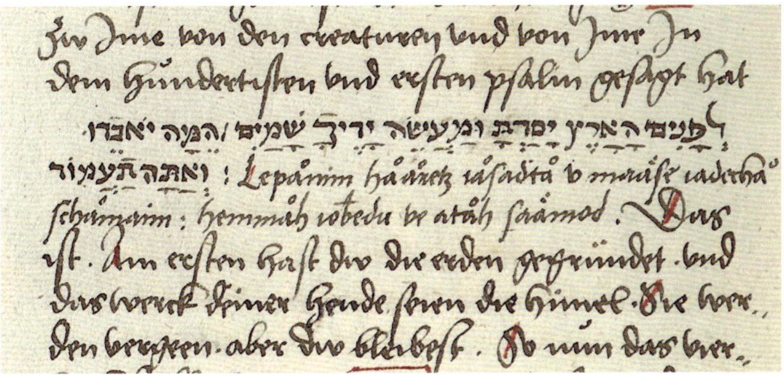

↑ **Abb. 13** Kilian Leib, *Der Ketzereyen Ursachen, Nämlich Siben*, Cod. st. 385, fol. 11r | Universitätsbibliothek Katholische Universität Eichstätt-Ingolstadt

Nicht zuletzt sind auch die deutschen Interlinearübersetzungen der ersten Psalmen aufgrund der Handschrift und der wörtlichen Übersetzungsweise dem Augustinermönch zuzuschreiben. Wir wissen, dass Leib, der mehrfach nicht-wörtliche Übersetzungen der hebräischen Bibel kritisierte, im dritten Jahrzehnt des 16. Jahrhunderts an einer Auslegung der Psalmen auf der Grundlage des Urtextes arbeitete. Dementsprechend fügen die Glossen des mittelalterlichen Bibelkodex ein zentrales Puzzlestück in das noch recht unvollständige Bild der hebräischen Materialquellen Leibs ein - Quellen, die von seinen ersten Bemühungen in dieser Richtung zeugen.

Die komplexe Textur unterschiedlicher Handschriften und Annotationstypen innerhalb der Erfurter Bibel bezeugt das neu erwachte philologische Interesse am Urtext der Bibel. Diese positive Wahrnehmung des Hebräischen und Aramäischen, die in den Übersetzungen und Transliterationen innerhalb der Bibelhandschrift zweifelsohne zum Ausdruck kommt, wird jedoch von der vorgestellten christologischen Hand in gewisser Weise überschattet. Folgt man ihren Spuren durch den Text und setzt die biblischen Mosaiksteine, auf die sie deutet, zusammen, erscheint das alte Bild von der siegreichen Ecclesia, die über das überholte Gesetz der Synagoga triumphiert.

Der eingangs beschriebene Einband des Manuskripts versinnbildlicht diese Ambivalenz von Humanismus und Reformation in gewisser Weise. Er schützt den Kodex vor Beschädigungen, bewahrt ein Stück jüdische Tradition und macht sie christlichen Lesern zugänglich. Doch gleichzeitig erinnern die Prägungen in das Einbandleder mit den Motiven aus der christlichen Heilsgeschichte daran, dass der Umgang mit dem Inhalt dieses Manuskripts kein neutraler ist.

Die zahlreichen Rezeptionsspuren in den Manuskripten der Erfurter Handschriftensammlung, von denen ich nur einen kleinen Ausschnitt vorstellen konnte, bezeugen dementsprechend auch einen Prozess der Transformation, bei dem den hebräischen Handschriften der mittelalterlichen jüdischen Gemeinde Erfurts ein neuer Kontext, eine andere Funktion und eine Bedeutung zugewiesen wurde, die nur noch wenig mit dem ursprünglichen Gebrauch dieser Bücher zu tun hatte. Kilian Leibs Herangehensweise an den Kodex verkörpert diese Tendenz.

1 Siehe den Beitrag von Annett Martini, *Die Erfurter Riesen: Geschichte und Rezeption einer außergewöhnlichen Sammlung,* in diesem Band, S. 54–82.

2 Die Argumente dieses Beitrags können ausführlicher in meinem Artikel nachvollzogen werden: Annett Martini, „What the Glosses Are Telling Us: Latin and German Commentaries within the Erfurt Bible Codex MS or. fol. 1212", in: Naftali S. Cohn und Katrin Kogman-Appel (Hg.) *Beloved David-Advisor, Man of Understanding, and Writer: A Festschrift in Honor of David Stern* (Atlanta: Brown Judaic Studies), 567–595, mit einer vollständigeren Bibliografie.

3 Adolf Rhein, *Erfurter Buchbinder seit 500 Jahren. Festschrift zum 3. Reichsinnungstag des Buchbinder-Handwerks 23. bis 27. Juli 1937 in Erfurt* (Erfurt: Thiel & Böhm, 1937), 30–36.

4 Hellmuth Helwig, *Handbuch der Einbandkunde,* 3 Bde. (Hamburg: Maximilian-Gesellschaft, 1953–1954), Bd. 2, 35.

5 Konrad Haebler, *Rollen- und Plattenstempel des XVI. Jahrhunderts,* 2 Bde. (Leipzig: Harrassowitz, 1928–1929), Bd. 1, 226–227.

6 Franz Wilhelm Kampschulte, *Die Universität Erfurt in ihrem Verhältnisse zu dem Humanismus und der Reformation,* 2 Teile (Trier: Lintz, 1858–1860); Gerlinde Huber-Rebenich, Walther Ludwig (Hg.), *Humanismus in Erfurt* (Rudolstadt: Hain, 2002); Paul Kalkoff, *Humanismus und Reformation in Erfurt (1500–1530)* (Halle: Buchhandlung des Waisenhauses, 1926).

7 Anja Stewing, „Die Psalterübertragung des Eobanus Hessus", in: Huber-Rebenich/Ludwig 2002 (wie Anm. 6), 195–211, hier 196.

8 Ebd.

9 Adolf Posnanski, *Schiloh: Ein Beitrag zur Geschichte der Messiaslehre* (Leipzig: Ginrichs, 1904).

10 Christoph Fasbender, „Leib, Kilian", in: Franz Josef Worstbrock (Hg.), *Deutscher Humanismus 1480–1520. Verfasserlexikon,* 2 Bde. (Berlin/New York: De Gruyter, 2009–2013), Bd. 2, 31–52, hier 31.

11 Siehe Mathias Eifler, *Die Bibliothek des Erfurter Petersklosters im späten Mittelalter* (Köln: Böhlau, 2017), 1–132.

12 Joanna-Maria Keller und Karl Heinz Keller, „Kilian Leib als Hebraist", in: *Bibliotheksforum Bayern* 22 (1994), 193–203.

13 Ebd., 198.

14 Ilona Steimann, *Jewish Book – Christian Book. Hebrew Manuscripts in Transition between Jews and Christians in the Context of German Humanism* (Turnhout: Brepols, 2020), 103–113, hier 110; Dies., „'Anathema upon Anyone Who Would Destroy This Codex': Hebrew Fragments in Hebraist Hands", in: *European Genizah Texts and Sudies* 5: *European Genizah. Newly Discovered Hebrew Binding Fragments in Context* (Leiden: Brill, 2020) (= *Studies in Jewish History and Culture,* hg. von Andreas Lehnard, 63), 313–331.

15 Cod. st. 385, Universitätsbibliothek Katholische Universität Eichstätt-Ingolstadt, fol. 255v.

16 Zu Leibs halachischen Quellen siehe Steimann 2020 (wie Anm. 14), 103–113.

17 Siehe Ulrich Hausmann, „Hebräisch als Heilmittel gegen ‚jüdische und andere Irrungen und Ketzereyen': Der Klosterhumanist Kilian Leib und seine Auseinandersetzung mit Martin Luther", in: Bernward Schmidt and Simon Falch (Hg.), *Kilian Leib (1471–1553): Prediger – Humanist – Kontroverstheologe* (Münster: Aschendorff, 2020), 147–168, hier 153. Hausmann zitiert Leib, *Der Ketzereyen Ursachen, Nämlich Siben* (Cod. st. 385, Universitätsbibliothek Katholische Universität Eichstätt-Ingolstadt), fol. 145v: „Sie haben auch gemaint, sie heiligen den namen Gottes, unnd thuen ime angenemen dienst, so sie die schrifften mit denen der Christlich glawbe bewäret mocht werden, geendert haben. Dessen halben ire püecher als zw gedencken von vil hundert jarn bis her nymmer glawbwirdig seien. Und nach dem die Hebreischen büecher und Bibel nun vil jar bey etlichen Christen gewesen, haben die Juden den Text der heiligen schrifft nit wol ferner verkeren oder felschen mügen. Jedoch was sie im text nit haben thuen mügen, haben sie sich mit erdichtem Geschwetz und mit falschen glosen beflissen awszurichten."

18 Hausmann 2020 (wie Anm. 17), 148.

Poetische Welten der Gebets-Pijjutim im Erfurter Machzor

Christian Schorer

Wenn alle Wasser Tinte, die Schilfrohre der Seen Schreibrohre, die Menschen Kopisten, das Pergament die weiten Flure und alle Haare des Menschen Münder und lobpreisende Zungen wären, dann reichten sie nicht aus, die kleinen und großen Wunder zu ergründen.[1] Abb. 1

Wie lobpreisen wir Gott? Wie bitten wir ihn um Beistand und Trost? Wie finden wir Worte für ihn? Sprache hat im kollektiven Gebet der jüdischen Gemeinde seit jeher einen besonderen Status eingenommen. Neben den antiken Psalmen kommt ab dem 4. Jahrhundert die liturgische Dichtung in der jüdischen Liturgie auf. Der *pijjut* (Pl. *pijjutim*) - das liturgische Gedicht - versucht fortan religiös-kollektiven Gefühlen Ausdruck zu verleihen, die - von Generation zu Generation weitergegeben - die Gemeinde mit dem Göttlichen verbinden sollen. *Pijjutim* verzieren die Liturgie, indem sie das Gebet deskriptiv, emotional oder exegetisch ausgestalten. Dabei nehmen sie häufig auf biblische Geschichten Bezug, indem sie diese dramatisch nacherzählen und interpretieren. Durch ihre symbolische und oftmals rätselhafte Sprache regen sie die Zuhörerinnen und Zuhörer zum Nachdenken an. *Pijjutim* sind somit, geprägt durch den jeweiligen lokalen Zeitgeist, als Ausdruck kreativen Schaffens zu verstehen und tragen gleichzeitig immer wieder das Neue in die liturgische und poetische Tradition hinein.

Über die Jahrhunderte hinweg etablierten sich lokale Gedichtsammlungen, Machzorim (Sg. Machzor). Bis heute ist der Machzor das Gebetbuch für den jüdischen Gottesdienst an Feiertagen sowie die sieben besonderen *schabbatot* (Sg. Schabbat). Die *pijjutim* ordnet der Machzor den Ordnungsgebeten, wie zum Beispiel den Segenssprüchen, in ihrer traditionellen Reihenfolge zu. Die Sammlungen innerhalb der Machzorim wurden im Laufe der Geschichte immer wieder überarbeitet, wobei neue *pijjutim* den traditionellen, liturgisch-poetischen Kanon allenfalls nur ergänzten. Die sich dadurch abzeichnende textuelle Segmentierung gibt demzufolge Aufschluss über die Geschichte der hebräischen liturgischen Dichtung.

↓ **Abb. 1** Beginn Jotser für Schabbat Scheqalim, anonymer Dichter, Ms. or. fol. 1224, fol. 2r | SBB-PK

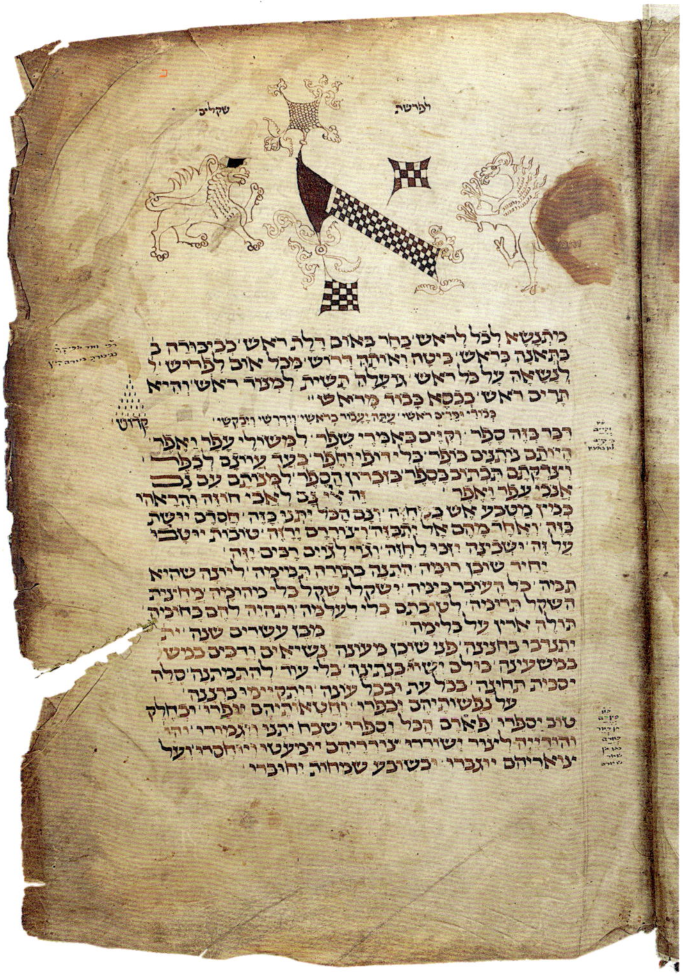

Ein Beispiel dafür ist der Erfurter Machzor, Ms. or. fol. 1224, der Teil der Erfurter Sammlung hebräischer Handschriften ist, die in der Staatsbibliothek zu Berlin beherbergt wird. Der Erfurter Machzor stammt aus Aschkenaz, dem jüdischen Zentraleuropa des 13. bis 14. Jahrhunderts. Ursprünglich bestand er aus zwei Bänden, wobei der erste Band im 19. Jahrhundert in der Erfurter Ministerialbibliothek abhandenkam. Einer der ursprünglichen Besitzer dieser Handschrift war Israel ben Avraham, dessen Name auf der ersten Seite der Handschrift verzeichnet ist. Der Erfurter Machzor lässt sich dem aschkenasischen Ritus östlich des Rheins zuordnen. Er enthält hebräische und teils aramäische *pijjutim* des liturgischen Zyklus der Leseabschnitte *schabbat paraschat scheqalim* bis *schabbat paraschat eqev*.[2] Neben *pijjutim* für Feiertage wie Pesach und Schavuot, besonderen *schabbatot* sowie *pijjutim* für Buß- und Fastentage enthält der Erfurter Machzor auch Gedichte für den Gottesdienst am Schabbat anlässlich von Lebenszyklusfeiern wie Beschneidung und Hochzeit. Diese Sammlung belegt die lange Tradition der hebräischen liturgischen Dichtung im Judentum und ihre geografische Verbreitung. So stammen die *pijjutim* des Erfurter Machzors aus acht Jahrhunderten (7.– ca. 14. Jahrhundert) und aus diversen Regionen wie Palästina, Süditalien, der norditalienischen Lombardei sowie dem Loire- und Rheintal. Unser Wissen um ihre Dichter variiert. Teilweise bleiben sie anonym, oder sind lediglich durch ihre Vornamen bekannt. Andere sind uns wiederum durch weitere literarische Werke geläufig und werden in zeitgenössischen hagiografischen Berichten erwähnt.[3] Somit präsentiert der Erfurter Machzor einen Einblick in die Genesis der hebräischen liturgischen Dichtung, die sich – durch den jeweiligen Zeitgeist angeregt – immer wieder aufs Neue zwischen textlicher Kanonisierung und dem menschlichen Wunsch nach kreativem Ausdruck positionieren musste.

Ziel dieses Beitrags ist es, die Entstehungsgeschichte der hebräischen liturgischen Dichtung am Beispiel des Erfurter Machzors chronologisch darzustellen. Dabei sollen Auszüge aus vier *pijjutim* in Bezug auf ihre Epoche sowie auf ihr Verhältnis zur jüdischen Traditionsliteratur hin genauer betrachtet werden.[4]

DIE ÄLTESTE DICHTUNG IM ERFURTER MACHZOR

Der Erfurter Machzor enthält einige der ältesten Zeugnisse der hebräischen liturgischen Dichtung. *Pijjutim* kamen erstmals im byzantinischen Palästina im 4. Jahrhundert auf, wo die liturgische Dichtung bis ins 7. Jahrhundert eine Blütezeit erlebte und sich ein Großteil ihrer Genres bereits herausbildete. In dieser von der Forschung als „klassisch" charakterisierten Epoche dienten die *pijjutim* nicht nur der reinen literarischen Verzierung der Liturgie,[5] sondern ihnen kam darüber hinaus eine didaktische Funktion zu, indem sie der Gemeinde die hebräische Bibel nahebringen sollten. Dichter der klassischen Epoche nahmen sich in ihren poetischen Interpretationen des Bibeltexts Freiheiten heraus, die nicht notwendigerweise im Einklang mit den sich etablierenden rabbinischen Interpretationen standen.[6] Einer ihrer bedeutendsten Vertreter ist Eleazar bi-Rabbi ha-Qalir, der vermutlich Ende des 6. Jahrhunderts bis Anfang des 7. Jahrhunderts im byzantinischen Palästina lebte und prominent im Erfurter Machzor vertreten ist. 18 seiner 29 *pijjutim* darin sind Klagelieder für den *tischa be-av*, einen wichtigen Buß- und Fastentag, an dem man der Zerstörung des Jerusalemer Tempels gedenkt; weitere Werke schmücken wichtige liturgische Stationen wie die Feiertage Pesach und Schavuot.[7]

So enthält der Erfurter Machzor die *qeduschta* Eleazar ha-Qalirs für den morgendlichen Gottesdienst am siebten Tag von Pesach.[8] Neben dem *jotser* ist die *qeduschta* eines der ältesten poetischen Genres der klassischen Epoche. Sie dient der Verzierung der *amidah*, der Rezitation der 18 Segenssprüche während des morgendlichen Gottesdienstes am Schabbat und an Feiertagen.[9] Sie setzt sich aus acht einzelnen *pijjutim* zusammen, die wiederum drei Abschnitte um die ersten drei Segenssprüche bilden. Klassische *qedushtaot* (Sg. *qeduschta*) für Feiertage weisen oftmals einen noch größeren Umfang auf. Trotz der Standardisierung dieses Genres in der klassischen Epoche lassen sich von Dichter zu Dichter formale und inhaltliche Unterschiede beobachten.[10] Ein besonders wichtiger *pijjut* dieser Komposition ist der finale *silluq*[11], der im dritten Segensspruch, der *qeduschah*, mündet.[12] Der *silluq* hat einen prosaischen, nicht-strophischen Aufbau. Durch variierende Endreime werden seine 95 Verse in Abschnitte gegliedert. Diesen *pijjut* widmet Eleazar ha-Qalir den zehn Plagen, mit denen Gott Ägypten heimsuchte, um den Auszug der Israeliten zu erzwingen. Der Dichter wendet sich direkt an Gott, aus dessen Perspektive er die biblische Geschichte rekapituliert. Ägypten habe seinen Gesandten verschmäht und ihn verhöhnt, was Gott zum Handeln gezwungen habe.

Eifersucht gürtest du gegen die Völker.	וְאַתָּה לְעֳמָם קִנְאָה עַזַרְתָּה	11
Wie ein trunkener Held [Ps 78:65] erwachtest du aus dem Schlaf.	וּכְגִבּוֹר מִתְרוֹנֵן כְּמִשֵּׁינָה הֵעַרְתָּה	12
Kriegszeug [Qoh 9:18] hast du angelegt.	כְּלֵי קְרָב חַגַּרְתָּה	13
In ihr Land gingst du hinüber [Ex 12:12].	בְּאַרְצָם עַבַרְתָּה	14
Ihre Erstgeborenen [Ex 12:29] ließest du ermatten.	בְּכוֹרֵיהֶם פִּיגַּרְתָּה	15

Anstatt dem biblischen Narrativ zu folgen, wonach Gott den Hilfeschrei Israels in der Sklaverei Ägyptens vernimmt, beschreibt Eleazar ha-Qalir Gott als Kriegshelden, der trunken aus dem Schlaf erwacht und gegen Ägypten in die Schlacht zieht. Das Narrativ von Gott als Kriegshelden wird bereits in einem frühen exegetischen Werk, dem Midrasch *Mekhilta de-Rabbi Ischmael* Traktat *de-Schirata*, diskutiert. Da die Forschung von einer ersten Redaktion dieses Midraschs in der zweiten Hälfte des 3. Jahrhunderts ausgeht, lässt sich annehmen, dass dessen Inhalt dem Dichter bekannt war.[13] Gleich dem *silluq* Eleazar ha-Qalirs präsentiert dieser Midrasch Gott als Kriegshelden, der für die Israeliten gegen die Ägypter heroisch in die Schlacht zieht.[14] Die Darstellung Eleazar ha-Qalirs unterscheidet sich jedoch von der des Midraschs, indem sie Psalm 78:65 miteinbezieht. Seine Darstellung Gottes als verkateter, schlaftrunkener Kriegsherr ist somit gewagt und demonstriert die relative exegetische Freiheit des klassischen Dichters. Die Kombination eines oder mehrerer Zitate aus weiteren biblischen Büchern, wie hier Exodus 12:12 mit Psalm 78:65, bezweckt in den klassischen *pijjutim* nicht nur eine originelle Paraphrasierung des zugrunde gelegten biblischen Narrativs, sondern wird durch den Dichter zu dessen Exegese herangezogen. Derlei Zitate sollten das Publikum im byzantinischen Palästina mit kreativen Deutungsansätzen zum Nachdenken anregen und dessen Bibelkenntnisse testen.[15]

Charakteristisch für die klassische Epoche ist ferner die Verwendung von Synonymen und Nebennamen für biblische Figuren und Orte, auf deren Grundlage Eleazar ha-Qalir das Ringen Gottes mit Pharao in diesem *silluq* in Szene setzt:

Die *Meeresschlange* hast du *zerschmettert* [Ps 74:13-14].	תַּנִּין רִיעַצְתָּ	21
Den *Kopf des Leviathans* hast du *zertrümmert* [Ps 74:14].	רֹאשׁ לִוְיָתָן רִיצַּצְתָּה	22
Schließlich durchtrenntest du sein Fleisch im Schilfmeer.	וּבְסוּף בְּסוּף לְחוּמוֹ הֵיפַצְתָּה	26
Zum Toben brachtest du ihn, *als du ihn aufscheuchtest* [Jes 27:8].	וְכָל שְׁאוֹנוֹ בְּסַאסְאָה לַחַצְתָּה	27

Eleazar ha-Qalir greift auf das biblische Synonym für Pharao – den Meeresdrachen in Ezechiel 29:3 und Psalm 74:13-14 – zurück. Auf Basis von Jesaja 27:1 unterscheidet die jüdische Tradition zwischen einem männlichen und einem weiblichen Leviathan, wobei Letzterer von Gott geschlachtet am Ende der Tage den Gerechten zum Festmahl gereicht wird.[16] Von der biblischen Bezeichnung des Meeresdrachen für Pharao ausgehend, assoziiert Eleazar ha-Qalir die Teilung des Schilfmeers im Buch Exodus 14 mit der Zerschlagung des Leviathans in

Psalm 74:13-14 und macht die Teilung des Schilfmeers so zu einem Kampf kosmologischen Ausmaßes. Indem er die Israeliten aus der Sklaverei befreit, erlöst Gott gleichsam die ganze Welt und läutet das Ende aller Zeiten ein.

Darüber hinaus hat dieser *silluq* auch homiletische Züge, die gleichsam charakteristisch für den klassischen Stil sind.[17] Eleazar ha-Qalir stellt die zehn Plagen als Strafe für zehn Verbrechen dar, die Ägypten an den Israeliten begangen hat. Dabei wirft er Fragen nach der Angemessenheit jeder Plage auf.

Mit dem ganzen Volk *Hams* [Ps 78:51] *Dornen gleich* [Hld 2:2] hadertest du.	כָּל הַמוֹנֵי חַם כְּחוֹחִים הִיצֵיתָה	31
Ihrem Maße entsprechend setztest du dein Maß an.	וּכְמִידָּתָם לַמוֹ מַדַּדְתָּה	32
Die *ganze Existenz* [Gen 7:4] hast du sie gelehrt.	וְכָל הַיְקוּם בָּם לִימַּדְתָּה	33
So wie sie das Volk *versklavten* [Gen 15:13], welches du gewählt hattest,	וּכְמוֹ עִינּוּ עָם אֲשֶׁר בָּחַרְתָּה	34
so hast du sie entsprechend ausgerottet.	בָּה בְּמִידָּה אוֹתָם הִישְׁמַדְתָּה	35

Fragen nach der Angemessenheit der Strafen Ägyptens werden ebenfalls im bereits vorgestellten Midrasch *Mekhilta de-Rabbi Ischmael* Traktat *Schirata* erörtert. Das dramatische Ertrinken der ägyptischen Streitkräfte im Schilfmeer entspräche dem versuchten Massenmord an den israelitischen Erstgeborenen, die man im Nil ertränkt habe.[18] Im Gegensatz zu *Mekhilta de-Rabbi Ischmael* Traktat *Schirata* behandelt Eleazar ha-Qalir jede Plage, der er jeweils ein Verbrechen zuordnet, das Ägypten an den Israeliten begangen habe.

Wie Wasser vergossen sie das Blut ihrer Kinder, deshalb	הֶם שַׁפְכוּ כַּמַּיִם דַּם עוֹלַלֵיהֶם לַכֵן	36
verwandelten sich ihre Flüsse zu Blut [Ps 78:44].	לַדָּם נֶהֶפְכוּ נוֹזְלֵיהֶם	37
Sie erniedrigten sie, deshalb drücktest du sie nieder.	הם מְעַכוּם לְמַעַן הַשְׁחִיתָם	38
Deshalb stiegen die *Frösche* herauf, *um sie zu zerstören* [Ps 78:45].	לכן עַלְתַה צְפַרְדֵע וַתַשְׁחִיתָם	39
Sie drängten sie zu Lehm, *um Ziegel zu streichen* [Ex 5:7],	הם לְחַצוּם בְּחוֹמֶר לִלְבּוֹן לְבֵנִים	40
deshalb wart ihr Staub zu Mücken.	לכן נֶהְפַך עַפָרָם לַכִינִים	41

In der zehnten Plage, dem Mord an den ägyptischen Erstgeborenen, findet diese Darstellung ihren tragischen Höhepunkt.

Sie rieten zum Verlust der Erstgeborenen,	הֵם עָצוּ לְאַבֵּד בֵּן בְּכוֹר	54
deshalb wurden *um Mitternacht alle Erstgeborenen* [Ex 12:29] unter ihnen erschlagen.	לכן חֲצוֹת לַיְלָ נוּגַּף בָּם כָּל בְּכוֹר	55
Sie planten, sie im Wasser verschwinden zu lassen,	הֵם זָמְמוּ לְאַבְּדָם בַּמַּיִם	56
deshalb *kamen sie mit Feuer und Wasser* [Ps 66:12].	לכן בָּאוּ בָּאֵשׁ וּבַמַּיִם	57

Im dritten und letzten Abschnitt des *silluqs* beschreibt und lobt der Dichter die Erlösung der Israeliten aus Ägypten.

So wie sie waren *zwischen den Dornen* [Hld 2:2],	וּכְמוֹ הָיוּ בֵּין הַחוֹחִים	71
so hast du dich dem Vertrauten auf dem Weg zwischen den Dornen enthüllt.	לְנֶאֱמָן נִגְלֵיתָה בִּסְנֶה וְחוֹחִים	72
So wie sie auf Ziegel und Lehm niedergedrückt worden,	וּכְמוֹ לוּחֲצוּ בִּלְבֵינִים וְחוֹמֶר	73
so enthülltest du einen *Ziegelsteinweg aus Saphir* [Ex 24:10] durch deine Worte.	לַכֵן נִגְלֵיתָה בִּלְבְנַת סַפִּיר בְּאוֹמֶר	74

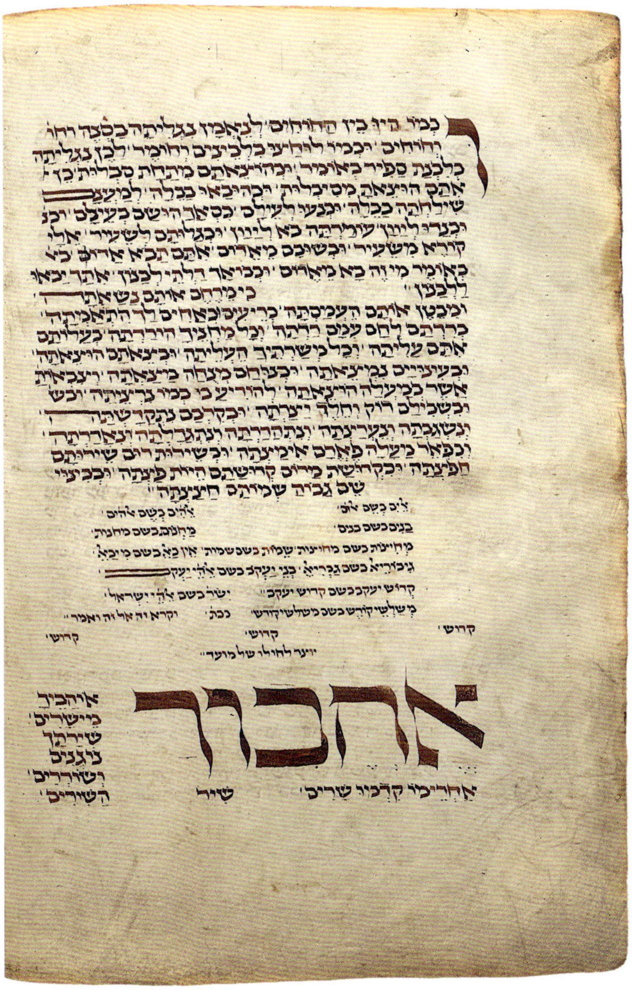

Gott teilt das Leid der Israeliten, mit denen zusammen er aus Ägypten zieht Abb. 2. Diese Vorstellung findet sich ebenfalls im *Mekhilta de-Rabbi Ischmael* Traktat *Pischa*, der den mit Saphiren gepflasterten Weg mit der göttlichen Präsenz auf Erden, der *schekhinah*, assoziiert.[19] Schließlich führt Gott die Israeliten hinauf zu himmlischen Höhen, wo die Engel Zeugen der besonderen Verbindung zwischen ihm und seinem Volk werden. Israel wird zum Pendant der himmlischen Heerscharen auf Erden.

← **Abb. 3** Finale Silluq der Qeduschta Eleazar birabbi ha-Qalirs, Ms. or. fol. 1224, fol. 54v | SBB-PK

Wie die Zierde in der Höhe fördertest du ihre Zierde.	וְכִפְאֵר מַעְלָה פְּאֵרָם אִימַּצְתָּה
Wie den Dienst der Höhen begehrtest du ihren Dienst.	וּכְשֵׁירוּת רוּם שֵׁירוּתָם חָפַצְתָּה
Wie die *qeduschah* in der Höhe, so singst du ihre *qeduschah*.	וּכִקְדוּשַּׁת מָרוֹם קְדוּשָּׁתָם הֱיוֹת פָּצְתָּה

In seinem hymnischen Finale konkurrieren die Israeliten mit den Engeln im Gebet und Tempeldienst. Die apotheotische Sprache Eleazar ha-Qalirs soll die Gemeinde auf die *qeduschah* vorbereiten, die durch das Zitat Jesajas 6:3 und Ezechiel 3:12 das himmlische Gebet der Engel beschreibt.

Die Werke Eleazar ha-Qalirs repräsentieren neben einem Gedicht Jannais, einem Dichter des 5. Jahrhunderts, die ältesten *pijjutim* im Erfurter Machzor und im östlich-aschkenasischen Ritus.[20] Ihre Präsenz in den bedeutendsten liturgischen Einheiten ist sicherlich den mittelalterlichen Legenden um seine Person zu verdanken. So setzte ihn Rabbeinu Tam (ca. 1110–1171) mit Rabbi Eleazar bi-Rabbi Schimon gleich, einem gefeierten Rabbiner und Dichter der tannaitischen Epoche.[21] Der enigmatische Stil der Gedichte Eleazar ha-Qalirs brachte Rabbeinu Tam wahrscheinlich zu der Annahme, der Dichter sei der Sohn des Schimon bar Jochais, des vermeintlichen Autors des mystischen *Sefer ha-Zohar*, gewesen. Durch diese Zuschreibung sicherte Rabbeinu Tam dem spätantiken Eleazar ha-Qalir den prominentesten Status im aschkenasischen Ritus zu.[22]

↓ Abb. 2 Beginn Jotser von Schlomoh ha-Bavli, Ms. or. fol. 1224, fol. 38r | SBB-PK

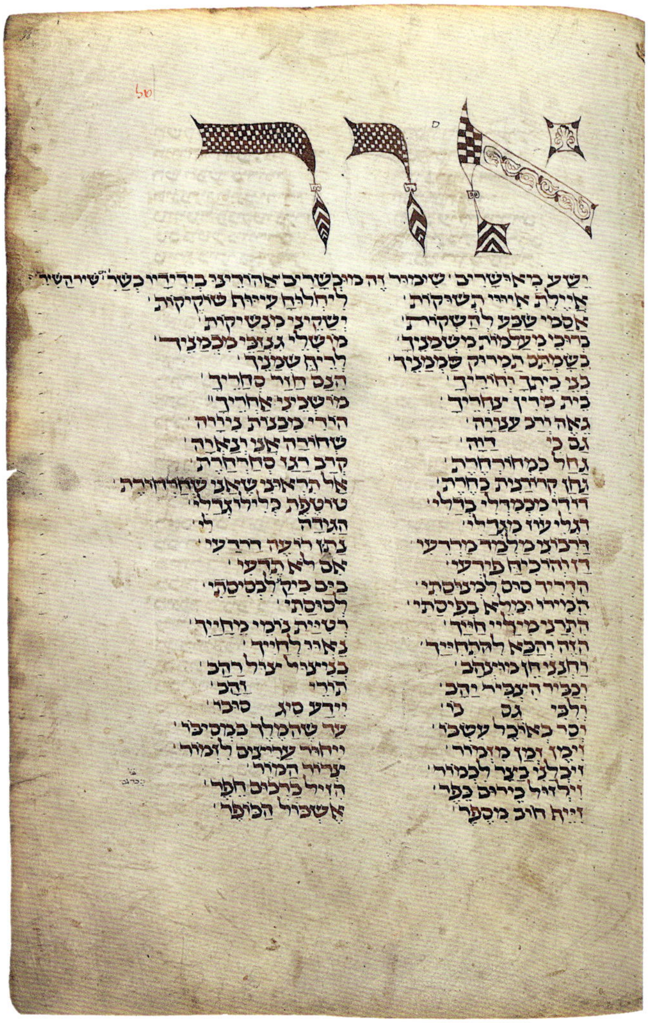

ZWISCHENSTATION IN ITALIEN – ENTSTEHUNG DER ASCHKENASISCHEN DICHTERSCHULE

Wie die meisten aschkenasischen Machzorim enthält auch der Erfurter Machzor *pijjutim* aus Italien, wo die liturgische Dichtung bereits ab dem 9. Jahrhundert belegt ist. Die hebräischen Dichter Italiens kamen mit der liturgischen Dichtung Palästinas in Kontakt und entwickelten in Auseinandersetzung mit den klassischen Werken ihren eigenen Stil. Schlomoh bi-Rabbi Jehudah ha-Bavli, der im 10. Jahrhundert in Lucca und in der Lombardei wirkte, hauchte den klassischen Genres neues Leben ein.[23] Der Erfurter Machzor enthält seinen *jotser* für den morgendlichen Gottesdienst am ersten Tag zu Pesach.[24] Der *jotser* ist wie die *qeduschta* ein Genre, das bereits im byzantinischen Palästina entstand und als mehrteilige Komposition der Verzierung des zentralen Gebets *Schma Jisra'el* („*Höre Israel!*") dient.[25] Der erste Teil des *jotsers* besteht aus 45 Strophen à vier Versen, die jeweils nur aus drei Wörtern bestehen. Mit seinem kurzen Versmaß und reduzierter Syntax knüpft Schlomoh ha-Bavli an den enigmatischen Stil Eleazar ha-Qalirs an. Der vierte und letzte Vers jeder Strophe wird durch ein Zitat der Anfangswörter eines Verses aus dem Hohelied gebildet, wodurch der Dichter auf diese Weise das Hohelied in voller Länge zitiert. Das Hohelied, das die rabbinische Tradition meist als Dialog zwischen dem Volk Israel und Gott interpretiert, wird in Schlomoh ha-Bavlis *jotser* mit dem Auszug der Israeliten aus Ägypten in Verbindung gebracht. Die Liebe Gottes zu seinem auserwählten Volk, wie im Hohelied besungen, manifestiert sich somit in der Errettung der Israeliten aus der ägyptischen Sklaverei. Dementsprechend lässt Schlomoh ha-Bavli die Braut Israel in der Ich-Form von ihrer Liebschaft und Erlösung erzählen.

Ohne Weg [Ps 197:40] ließ er mich aufbrechen,	לֹא דֶרֶךְ כְּהִפְלִישִׁי	89
Als er mich in der Wüste verstreute.	גַּם צִיָּה כְּהַפְרִישִׁי	90
Er bedeckte und räumte den felsigen Grund.	לְמַסָךְ וּפִינוּי טְרָשִׁי	91
Seine Linke ward unter meinem Kopf [Hld 1:6].	שְׂמֹאל תַּחַת לְרֹאשִׁי	92

Im Midrasch Mekhilṭa *de-Rabbi Ischmael* Traktat *Ba-chodesch*, der den in dieser Strophe zitierten Vers des Hohelieds 1:6 auslegt, wird die linke Hand Gottes mit den Engeln assoziiert, die den Israeliten in der Wüste zu Hilfe eilen. Die rechte Hand dagegen wird mit Gott selbst in Verbindung gebracht, der zu den Israeliten hinabsteigt.[26] Der Dichter betont in dieser Strophe, dass Gott das Volk bei seiner gefährlichen Wanderschaft durch die Wüste schützend begleitet.

Aus dem *Haus des Lehms* [Hiob 4:19] holte er mich.	מִבֵּית חוֹמֶר קְצָבִי	101
In das Haus des Lebens stellte er mich.	בֵּית חַיִּים נִיצְּבִי	102
Er sieht mir entgegen, überhäuft mich, lässt mich bleiben.	מְצַפֶּה מְצִיפִי מַצְּבִי	103
Mein Geliebter ist wie eine Gazelle [Hld 2:9]!	דּוֹמֶה דוֹדִי לִצְבִי	104

Gott wird hier gemäß der Exegese des Hohelieds mit dem Hirsch gleichgesetzt, der der Braut Israel in ihrer ägyptischen Gefangenschaft – symbolisiert durch das Lehmhaus – zur Seite springt. Ezra Fleischer interpretiert die drei Partizipien im dritten Vers als Synonyme für Gott. So kann das Partizip *matsbi* zum einen auf die Beschreibung Gottes als Hirsch hin- und zum anderen auf Psalm 41:13 verweisen, „[...] *va-tatsiveni lefaneikha le-olam*" („[...] *und du ließest mich ewig vor dir bleiben*").[27]

Mit der Beschreibung des göttlichen Lagers endet der erste Teil des *jotsers*. Schlomoh ha-Bavli assoziiert die Lagerstätte des Geliebten im Hohelied 3:7 mit dem Stiftszelt, das dem biblischen Narrativ zufolge im Lager der Israeliten errichtet wird. Im Stiftszelt und in unmittelbarer Nähe zur israelitischen Gemeinde ist Gott nur noch wenige Schritte entfernt.

Der Dienst seines *Pavillons* [Jer 43:10] aus Akazienholz,	שֵׁירוּת שַׁפְרִיר שִׁיטָּתוֹ	161
dessen Stämme er mehrte wie seine Ähren.	מַטּוֹת וְרִיבּוֹ חִיטָּתוֹ	162
Ein Tor, durch das geh [Ex 11:8] auf seine Weise!	שַׁעַר צֵא וְשִׁיטָתוֹ	163
Hier ist sein Lager [Hdl 3:7].	הִנֵּה מִיטָּתוֹ	164

Schlomoh ha-Bavli verwendet hier das biblische Nomen *schafrir* für „Prunkzelt", das nur einmal in der Bibel in Jeremia 43:10 vorkommt. Solche singulär auftauchenden Wörter in der Bibel waren bei den hebräischen Dichtern der Antike und des Mittelalters sehr beliebt.[28] Das Motiv der Ähren verweist gemäß der rabbinischen Interpretation im Midrasch *Schir ha-Shirim Rabbah* 3:7:4 auf die sechzig Kämpfer Israels, die dem hier zitierten Vers des Hoheliedes zufolge das Lager des Geliebten schützend umstellen.[29] Im dritten Vers der Strophe fordert der Dichter, Exodus 11:8 zitierend, die Gemeinde dazu auf, gemäß der Art und Weise der Israeliten, das Exil zu verlassen und die Tempelstätten Jerusalems aufzusuchen [Abb. 3].

Wie Elisabeth Hollender betont, wurde dieser *jotser* Schlomoh ha-Bavlis zum Vorbild für die folgenden Generationen der Dichter Aschkenaz'. Sein Stil zeichnet sich durch kurze Verse und ebensolche Bibelzitate aus. Letztere umfassen oftmals nicht mehr als zwei Wörter eines Bibelverses. In seiner Verarbeitung des biblischen Stoffes bezieht sich Schlomoh ha-Bavli nicht nur auf den Text der hebräischen Bibel, sondern bezieht in hohem Maße die aramäischen Bibelübersetzungen und die exegetischen Midraschim (Sg. Midrasch) mit ein.[30]

Die liturgische Dichtung gelangte von Norditalien aus nach Aschkenaz, vor allem in die Städte des Rheintals, wie Mainz. Dieser kulturelle Transfer wird traditionell mit der Familie Qalonymos in Verbindung gebracht, die ab dem Jahr 917 von Lucca nach Mainz migrierte.[31] Zu den *pijjutim*, die diese Familie mit nach Aschkenaz nahmen, zählten neben den klassischen Werken Eleazar ha-Qalirs auch Gedichte Schlomoh ha-Bavlis. Grund für die Überlieferung Letzterer war der persönliche Kontakt zwischen Schlomoh ha-Bavli und seinem Schüler Meschullam bar Qalonymos (gest. 1000/1015), der die Werke seines Lehrers im aschkenasischen Ritus etablierte.[32] Dieser kulturelle Transfer zwischen Norditalien und Aschkenaz war jedoch, wie Elisabeth Hollender aufzeigt, kein einmaliges Ereignis, das alleinig der Qalonymos-Familie zu verdanken ist, sondern Resultat eines lang anhaltenden Prozesses. So enthält der Erfurter Machzor neben den Gedichten Schlomoh ha-Bavlis auch Werke von Amitai ben Schefatijah, der im 9. Jahrhundert in Süditalien wirkte.[33] Im Gegensatz zu den Werken Schlomoh ha-Bavlis wurden die Gedichte Amitais nicht durch die Qalonymos-Familie mit nach Aschkenaz gebracht, sondern fanden ihren Weg erst ab dem 12. Jahrhundert in die Machzorim des östlich-aschkenasischen Ritus, wo sie oftmals in Kombination mit Werken anderer Dichter erschienen und zeitgenössische Dichter in Aschkenaz beeinflussten.[34]

↓ **Abb. 4** Beginn Jotser Schimon bar Jitzchaks zu Pesach, Ms. or. fol. 1224, fol. 59v | SBB-PK

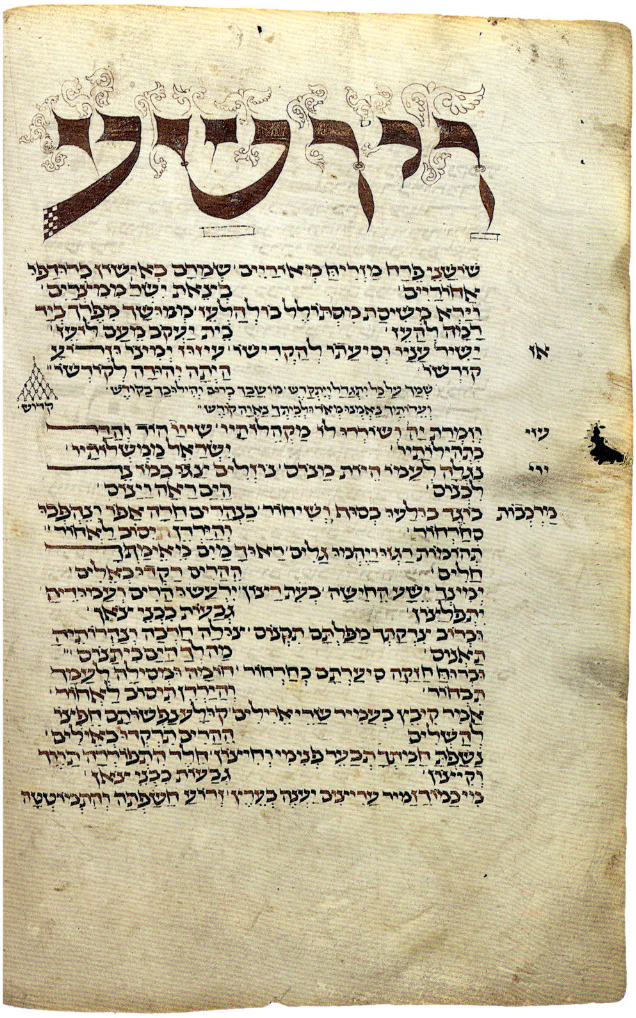

DIE BLÜTEZEIT DER LITURGISCHEN DICHTUNG IM MITTELALTER

Die liturgische Dichtung erlebte zwischen dem 9. und 11. Jahrhundert mehrere Blütezeiten in Aschkenaz.[35] Die aschkenasischen Dichter komponierten wie ihre klassischen Vorgänger für die Synagoge. Neben ihrer Arbeit als Dichter bekleideten sie meistens wichtige religiöse und politische Ämter innerhalb ihrer Gemeinden.[36] Der Erfurter Machzor beinhaltet einige der ältesten Werke der aschkenasischen Dichterschule, so etwa die *qeduschta* zum siebten Tag zu Pesach von Rabbi Schimon bar Jitzchak,[37] der in Mainz nicht nur als Dichter für die Synagoge, sondern auch bis zu seinem Tod im Jahr 1015/1020 als Richter tätig war.[38] Anhand des *silluq* seiner *qeduschta*, der oben erläuterten poetischen Ausgestaltung der *amidah*, lässt sich nicht nur demonstrieren, dass er mit der klassischen Dichtung Eleazar ha-Qalirs vertraut war, sondern darüber hinaus neue Standards setzte, die die Merkmale der aschkenasischen Dichterschule bilden sollten. Abb. 4

Wie Eleazar ha-Qalir zieht Schimon bar Jitzchak dem strophischen einen prosaischen Aufbau vor, dessen 148 Verse sich ebenfalls durch wechselnde Endreime in Abschnitte aufteilen. Wie der antike Dichter widmet Schimon bar Jitzchak seinen *silluq* den zehn Plagen und dem Auszug aus Ägypten. Doch ein inhaltlicher Vergleich fördert Unterschiede zutage. Anstatt der Analogie zum Leviathan charakterisiert Schimon bar Jitzchak Pharao auf Grundlage der ihm zur Verfügung stehenden exegetischen Literatur. In seinem *silluq* ist Pharao ein Mensch aus Fleisch und Blut, der mit seinen demagogischen Fertigkeiten die ägyptischen Streitkräfte zur Verfolgung der Israeliten anstachelt. Der Dichter lässt Pharao mit direkter Rede zu Wort kommen, indem er den bereits oben zitierten Midrasch Mekhilṭa *de-Rabbi Ischmael* Traktat *Beschalach*[39] paraphrasiert.

Und sein Volk nahm er mit sich mit [Ex 14:6] trügerischen Worten.	וְאֶת-עַמּוֹ לָקַח עִמּוֹ בִּדְבָרִים לְרַמּוֹתָם	58
Wie die Könige sich zu gebaren hinter ihren Armeen.	דֶּרֶךְ מְלָכִים לְהִתְנַהֵג אַחְרֵי חַיָּילוֹתָם	59
Doch *ich werde vorangehen als Erster* zu kämpfen im Krieg gegen sie.	וַאֲנִי אַקְדִּים רִאשׁוֹן לְהִלָּחֵם בְּמִלְחַמְתָּם	60
Es ist die Art der Könige das erste Stück Beute zu nehmen.	דֶּרֶךְ מְלָכִים לִיטּוֹל חֵלֶק רֵאשִׁית בִּזָּתָם	61
In der Aufteilung der Beute mit euch, will ich es den Farben ihrer Stickereien nach gleichtun [Mekhilta de-Rabbi Ischmael Beschalach]	וַאֲנִי אַשְׁוֶה אֶתְכֶם בִּשְׁלַל צִבְעֵי רִיקְמָתָם	62

Auf dem Höhepunkt der wundersamen Erlösungsgeschichte zu Pesach, der Teilung des Schilfmeers und dem Durchzug der Israeliten, zitiert Schimon bar Jitzchak eine Passage aus dem Babylonischen Talmud Traktat *Schabbat* 11a 1:5, die sich darüber hinaus auch im Midrasch *Schir ha-Schirim Rabbah* 1:3:1 finden lässt.

Wenn *alle Wasser Tinte und [die Schilfrohre] der Seen Schreibrohre,*	וְאִם כָּל-הַיַּמִּים דְּיוֹ וַאֲגַמִּים קוּלְמוֹסִים
die Menschen Kopisten und das Pergament die weiten Flure,	וּבְנֵי אָדָם לַבְלָרִים וְיִרְעוֹת אֲרָצוֹת פְּרוּסִים
alle Haare des Menschen Münder und lobpreisende Zungen wären,	וְכָל שַׂעֲרוֹת אָדָם פִּיּוֹת וּלְשׁוֹנוֹת מְקַלְּסִים
dann reichten sie nicht aus [bT Schabbat 11a:1:5], die kleinen und großen Wunder zu ergründen.	אֵינָם מַסְפִּיקִים לַחְקוֹר פְּלָאוֹת וְנִסִּים

Mithilfe dieses Zitats scheint Schimon bar Jitzchak seinem poetischen Schaffen eine klare Grenze zu setzen [Abb. 5]. Zu groß sind die Wunder der Erlösung Gottes, als dass man sie mit Worten beschreiben und auslegen könne.

Wie bereits Eleazar ha-Qalir in seiner *qeduschta*, beendet auch Schimon bar Jitzchak seinen *silluq* mit einer Überleitung auf die *qeduschah*, indem er den Lobpreis der Israeliten mit dem der Engelwesen gleichsetzt.

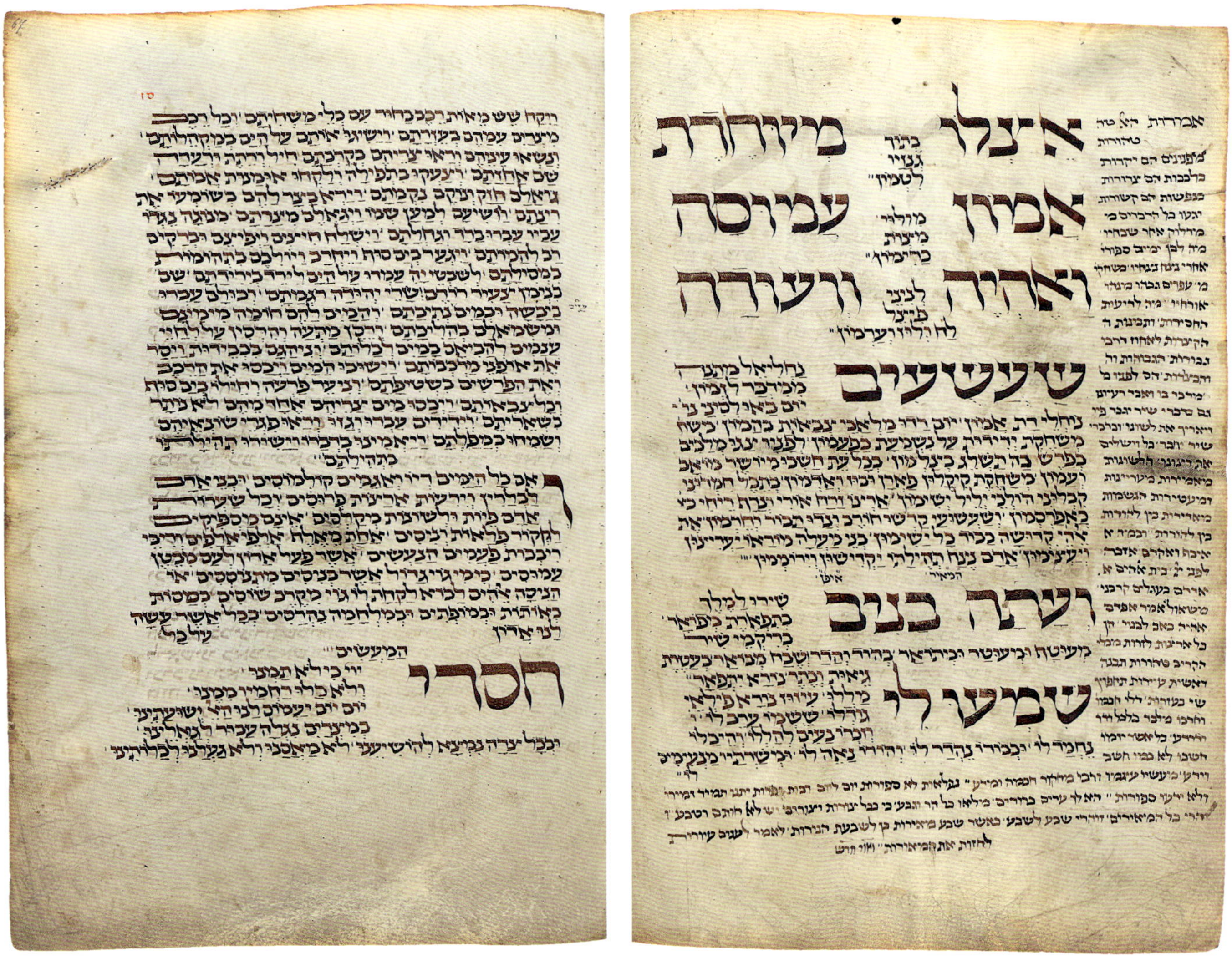

Übersetzung	Hebräisch	Nr.
Sie mögen dich preisen in der Glorie des Heiligtums.	וִיהַלְלוּךָ בְּהַדְרַת-קוֹדֶשׁ	131
Sie mögen sich niederwerfen auf dem Berg des Heiligtums.	וְיִשְׁתַּחֲווּ בְּהַר הַקּוֹדֶשׁ	132
Die Boten- und Feuerengel des Heiligtums	בְּאֶרְאֵלִים וְחַשְׁמַלֵּי קוֹדֶשׁ	133
mögen lobpreisen und loben im Heiligtum.	יַקְדִּישׁוּ וְיַעֲרִיצוּ בַּקּוֹדֶשׁ	134
Der Laut von Flügeln der Bestien [Ez 3:13] des Heiligtums.	וְקוֹל כַּנְפֵי חַיּוֹת הַקּוֹדֶשׁ	135
ist wie *der Laut von Wasserströmen* [Jer 51:55] im Heiligtum.	כְּקוֹל מַיִם רַבִּים בַּקּוֹדֶשׁ	136
Der Laut der Räder [Ez 3:13] des Heiligtums	וְקוֹל אוֹפַנֵּי הַקּוֹדֶשׁ	137
Ihnen entgegen erheben sie sich im Heiligtum.	לְעוּמָּתָם מְנַשְּׂאִים בַּקּוֹדֶשׁ	138
Der *Laut großen Lärms* [Ez 3:13] im Heiligtum	קוֹל רַעַשׁ גָּדוֹל בַּקּוֹדֶשׁ	139
und *kleiner weicher Laut* [1Kön 19:12] im Heiligtum.	וְקוֹל דְּמָמָה דַקָּה בַּקּוֹדֶשׁ	140
Sie rufen sich gegenseitig.	וְקוֹרְאִים זֶה לַזֶּה	141
Sie bitten sich gegenseitig.	וְשׁוֹאֲלִים זֶה מִזֶּה	142
Sie gewähren einander.	נִרְשִׁים זֶה מִזֶּה	143
Einer dem anderen gegenüber.	זֶה לְעוּמַּת-זֶה	144
Der gegen den.	זֶה מוּל זֶה	145
Der gegenüber dem.	זֶה כְּנֶגֶד זֶה	146
Der von dem.	מִזֶּה וּמִזֶּה	147
Sie sprechen dreimal das dreifache „heilig“.	מְשַׁלְּשִׁים בשילוש קדושים	148

← **Abb. 5** Ausschnitt aus Siluq der Qeduschta Schimon bar Jitzchaks, Ms. or. fol. 1224, fol. 67r | SBB-PK

← **Abb. 6** Auszug aus Jotser Schimon bar Jitzchaks mit einer Me'orah Jehudah ha-Levis am äußeren Seitenrand, Ms. or. fol. 1224, fol. 102v | SBB-PK

In dieser apotheotischen Szene, die der Dichter ohne Bibelverszitate komponiert, verschmilzt der Lobpreis der Israeliten im Jerusalemer Tempel mit dem der Engelwesen der Himmelshöhen, die sich um den Thronwagen Gottes scharen. Wie die Engelwesen ist das Volk Israel im Zuge seiner Erlösung mit dem Lobpreis Gottes betraut worden. Der letzte Vers bildet den Übergang zum Ordnungsgebet der *qeduschah*, dem dritten Segensspruch der *amidah*, den die Gemeinde gemeinsam spricht. Im Gegensatz zu Eleazar ha-Qalir und Schlomoh ha-Bavli, deren alludierende, symbolische Verse dezent oder punktuell auf Bibelverse verweisen, inkorporiert Schimon bar Jitzchak teilweise ganze Halbverse unterschiedlicher biblischer Bücher, indem er diese dem Reimschemata des *silluq* anpasst. Auch in seiner Interpretation der Geschichte stützt er sich mittels Analogien und Metaphern hauptsächlich auf die ihm durch die exegetische Literatur vorgegebenen Interpretationen. Die hohe

Anzahl von Direktzitaten aus Bibel, Talmud und Midraschim – Texten, die vielen Gemeindemitgliedern mehr oder weniger stark vertraut waren – sollte dem Publikum vermutlich das Verständnis des Gedichts erleichtern. Der *silluq* bündelt die biblischen Primärquellen mit den interpretativen Sekundärtexten und präsentiert sie dem Publikum in einfacher Sprache und im Rahmen der Auslegungstradition. Auf diese Weise war es dem Publikum sicherlich leichter, dem Gedicht zu folgen.

Schimon bar Jitzchak ist einer der frühen aschkenasischen Dichter, deren Werke im Erfurter Machzor überliefert sind. Seine *qedushtaot* und *jotserot* markieren die wichtigsten liturgischen Stationen, die die Gemeinde begeht, wie den siebten Tag zu Pesach oder den ersten Tag zu Schavuot. Unter seinen 13 *pijjutim* im Erfurter Machzor finden sich darüber hinaus auch Hochzeitsgedichte [Abb. 6].[40]

DER SEFARDISCHE EINFLUSS

Der Erfurter Machzor enthält außerdem Werke aus *al-Andalus* (hebr. *sefarad*), dem heutigen Andalusien, wo die liturgische Dichtung ab dem 9. Jahrhundert unter dem Einfluss der arabischen Umweltkultur eine fundamentale Wandlung vollzog. Dichtung war hier nicht nur im Kontext der Synagoge möglich, sondern auch an den arabischen Fürstenhöfen eine hochgeschätzte Form der Unterhaltung. Somit waren Dichter in al-Andalus von höfischen Mäzenen und deren literarischen Vorlieben abhängig und weniger – wie die Dichter der klassischen Epoche – vom Publikum in der Synagoge. Dadurch beeinflusste die arabische Prosodie nicht nur die weltlich-höfische, sondern bald auch die liturgische hebräische Dichtung. Letztere öffnete sich inhaltlich neuen Themen wie der arabisch-griechischen Philosophie, den Wissenschaften wie der Astronomie sowie der Spiritualität und Mystik. Ebenso wie ihre arabischen Kollegen waren die hebräischen Dichter in al-Andalus um eine „reine und klare“ Sprache bemüht, indem sie ihr Vokabular ausschließlich aus der hebräischen Bibel bezogen und dagegen spätere hebräische Texte wie Midrasch und Talmud aufgrund ihrer hohen Anzahl aramäischer und griechischer Fremdwörter ablehnten.[41] Der Erfurter Machzor enthält mehrere Werke von drei der bekanntesten Dichter der andalusischen Schule: Schlomoh ibn Gabirol (ca. 1021–1070), Jehudah ha-Levi (ca.1074–1141) sowie Abraham ibn Ezra (ca. 1088–1167) [Abb. 7].[42]

Eines der innovativsten und beliebtesten Genres in al-Andalus war die *selichah*, ein Gedicht für die Buß- und Fastentage. Der Erfurter Machzor enthält beispielsweise eine *selichah* von Jehudah ha-Levi, in der der Dichter seine Klage aus dem Exil gen Jerusalem richtet.[43] Dieser *pijjut* weist die charakteristischen Merkmale der sefardischen Dichterschule auf. Der Aufbau entspricht einer arabischen Kasside, einem nicht-strophischen Gedicht mit einem einzigen Metrum und Endreim. Dessen 28 Verse werden durch ein Hemistichion halbiert. Der letzte Halbvers trägt den Endreim auf der Silbe *-ajikh*, der sich nicht verändert und die Verse miteinander verbindet. Darüber hinaus verwendet der Dichter ein quantitatives Metrum, das auf der Unterscheidung zwischen Lang- und Kurzvokalen basiert. Diese Metren stammen ebenfalls aus der arabischen Prosodie und wurden zum Charakteristikum für die sefardische Dichtung.[44] Der Dichter beginnt die *selichah* mit einer Klage:

צִיּוֹן הֲלֹא תִשְׁאֲלִי לִשְׁלוֹם אֲסִירַיִךְ　　דּוֹרְשֵׁי שְׁלוֹמֵךְ וְהֵם יֶתֶר עֲדָרַיִךְ

1 Zion! Wirst du dich nicht *nach dem Wohlergehen* deiner Gefangenen *erkundigen* [Jer 15:5]? *Diejenigen, die sich nach deinem Wohlergehen erkundigen* [Jer 38:4], sind sie nicht Reste deiner Herde?

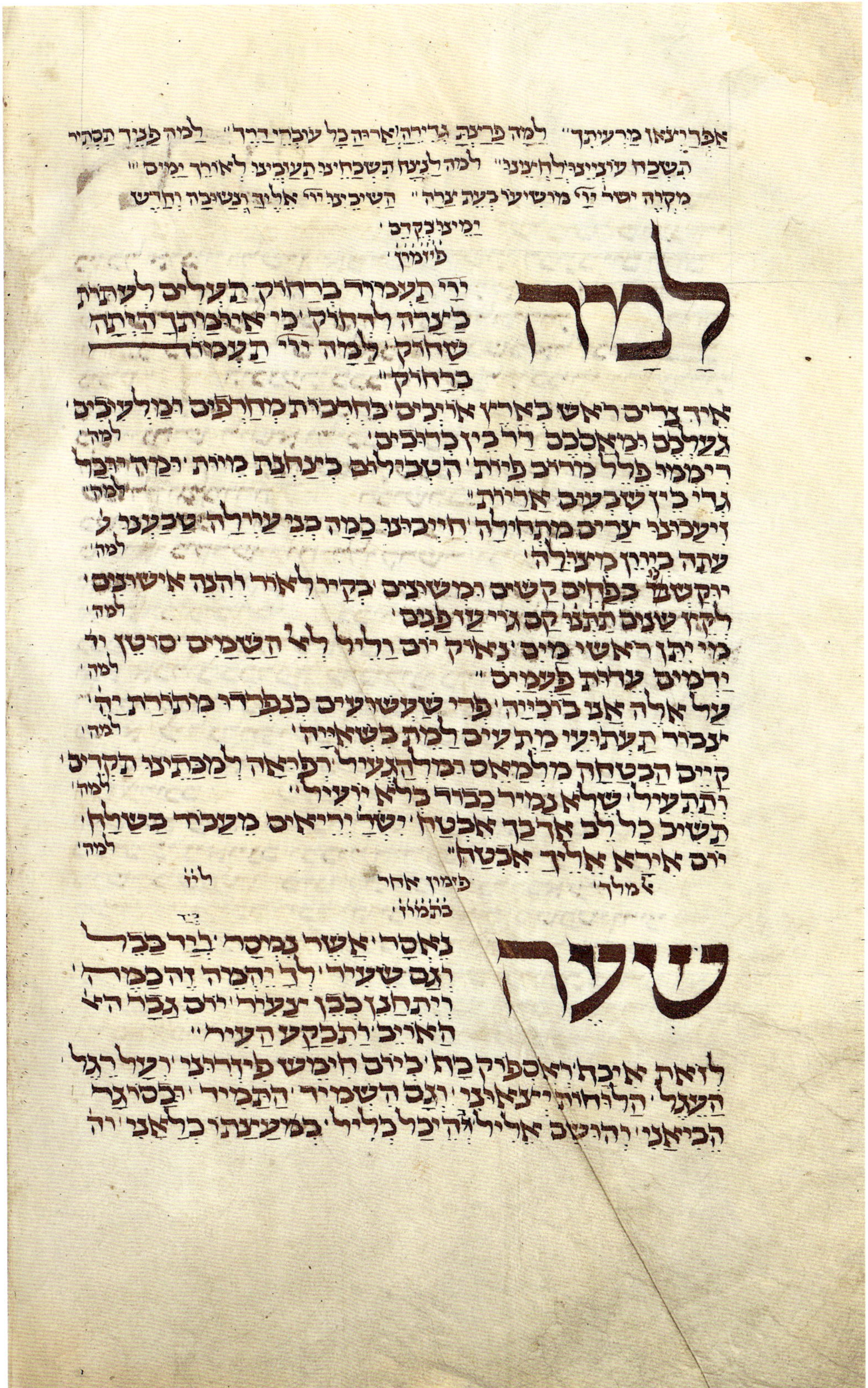

→ **Abb. 7** Auszug aus einer Selichah, ein Bußgebet, von Schlomoh ibn Gabirol für den Monat Tammuz, Ms. or. fol. 1224, fol. 145v | SBB-PK

Personifiziert als Hirtin macht der Dichter Jerusalem den Vorwurf, sich nicht länger um ihre jüdische Gemeinde zu sorgen, die nun in der Diaspora lebt Abb. 8. Wie Raymond Scheindlin hervorhebt, ist die Eröffnung eines Gedichts durch die direkte Ansprache eines verlassenen Ortes typisch für die arabische Dichtung der andalusischen Umweltkultur und wird von Jehudah ha-Levi in den Kontext der jüdischen Diaspora in *al-Andalus* übertragen.[45] Aus seinem Exil heraus begibt sich der Dichter auf eine imaginäre Reise ins Land der Bibel, in dem sich Gott den Menschen offenbart hat.

5 לְבִי לְבֵית אֵל וְלִפְנִיאֵל מְאֹד יֶהֱמֶה / וְלַמְחַנִים וְכָל בִּגְעֵי טְהוֹרַיִךְ

Mein Herz tönt laut nach *Beit-El* [Gen 12:8], nach *Pinel* [Gen 32:31],
nach *Machanim* [Gen 32:3] und all den Orten, auf die deine reinen Boten stießen.

6 שַׁם הַשְּׁכִינָה שְׁכִינָה לָךְ, וְהַיּוֹצְרֵךְ / פֵּתַח לְמוּל שַׁעֲרֵי שַׁחַק שְׁעָרַיִךְ

Dort ist dir die *schekhinah* Nachbarin und dein Schöpfer
öffnete gegenüber den Himmelspforten deine Türen.

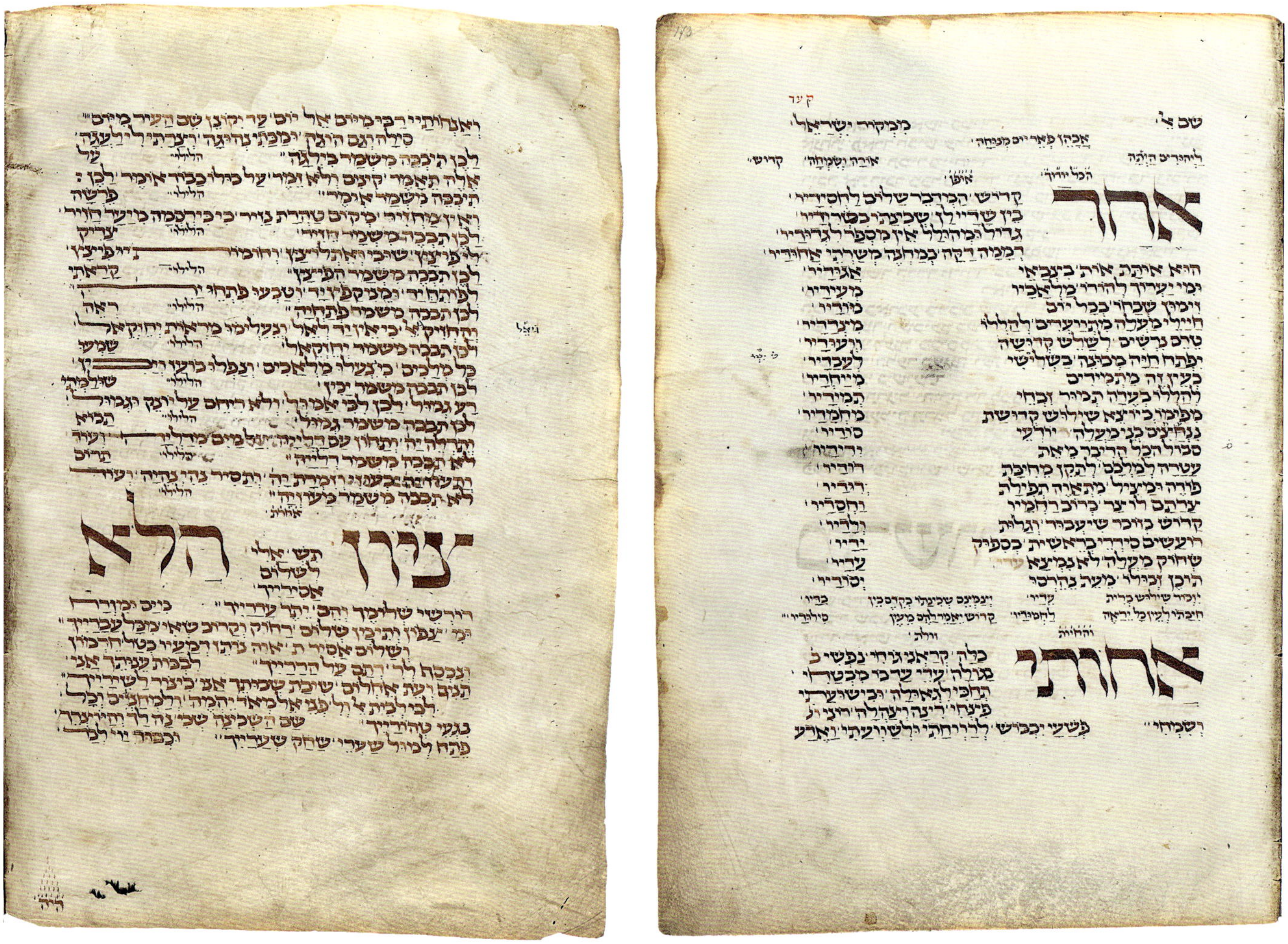

Die Namen verweisen auf biblische Orte, an denen Jakob der Überlieferung zufolge Engeln begegnete.[46] An diesen Stätten verweilt die *schekhinah*, die göttliche Präsenz auf Erden, die Jerusalem zur Vorstufe des Himmels erhebt. Die Sehnsucht des Dichters nach dem Heiligen Land wird somit zu einem intimen Ausdruck des Verlangens nach Nähe zu Gott. Doch die Realität der Verwüstung und Einöde, die der Dichter hier auf seiner fiktiven Reise skizziert, lässt ihn verzweifeln.

22 כּוֹס הַיְגוֹנִים לַאַט הַרְפִּי מְעַט כִּי כְבָר — מַלְאוּ כְסָלַי וְנַפְשִׁי מַמְּרוֹרַיִךְ

Kelch des Leids, langsam! Lass von mir ab ein Stück! Denn schon voll sind meine Eingeweide und Seele mit deinen bitteren Kräutern [Klgl 3:15].

23 עֵת אֶזְכְּרָה אָהֳלָה אֶשְׁתֶּה חֲמָתֵךְ וְאֶז — כּוֹר אָהֳלִיבָה וְאֶמְצֶה אֶת שְׁמָרַיִךְ

Um *Oholah* [Ez 23:4] zu gedenken, trinke ich dein Gift. Um an *Oholivah* [Ez 23:4] zu erinnern, trinke ich deinen *Bodensatz* [Ps 75:9].

Der Dichter muss sich dem Schicksal der Diaspora beugen, metaphorisch verdeutlicht durch den Kelch des Leides. Die beiden biblischen Schwestern Oholah und Oholivah, die sich in Ezechiel 23 an Gott durch Hurerei vergehen, verkörpern die Untreue der jüdischen Gemeinde gegenüber Gott, die wiederum zu deren Exil geführt hat. Wie die arabischen Kassiden endet auch dieses Gedicht mit dem Lobpreis, der dem Kontext entsprechend Gott gewidmet ist. Der Dichter verkündet, dass diejenigen, die sich nicht in ihrem Glauben an Gott und ihrer Sehnsucht nach Jerusalem beirren lassen, am Ende die Stadt wiedersehen werden. Wie Raymond Scheindlin betont, ist diese Verheißung keineswegs generell für die gesamte jüdische Gemeinde zu verstehen, sondern nur einem auserwählten Kreis besonders frommer Gläubiger vorbehalten.[47]

Im Vergleich zu antiken palästinischen und den aschkenasischen *pijjutim*, die bisher vorgestellt wurden, paraphrasiert Jehudah ha-Levi kein biblisches Narrativ, das an einen bestimmten liturgischen Anlass geknüpft ist. Typisch für die sefardische Dichterschule, bedient er sich der hebräischen Bibel durch Zitate und Allusionen und kreiert sein eigenes Narrativ, das die Exilsituation seiner Gemeinde verdeutlicht.

Die Frage der liturgischen Zuordnung machte die Integration sefardischer *pijjutim*, wie dieser *selichah* Jehudah ha-Levis, in den aschkenasischen Ritus möglich. Ohne den ursprünglichen Kontext dieses Pijjuts zu beachten, wurde er in Aschkenaz zum Klagelied anlässlich der Zerstörung des Zweiten Tempels umfunktioniert. Dieses Klagelied wird bis heute am *tischa be-av* gesungen, einem wichtigen Buß- und Fastentag, an dem man der Zerstörung des Zweiten Tempels gedenkt. Dieses Klagelied löste unter den aschkenasischen Dichtern ab dem frühen 13. Jahrhundert eine literarische Strömung aus, und sie begannen diesen *pijjut* zu kopieren, wodurch das Untergenre der Zionslieder entstand, das in die meisten aschkenasischen liturgischen Handschriften integriert wurde.[48]

← **Abb. 8** Beginn Selichah Jehudah ha-Levis, Ms. or. fol. 1224, fol. 163v | SBB-PK

← **Abb. 9** Auszug aus Jotser de-Chatan von Efraim bar Jitzchak mi-Regensburg, Ms. or. fol. 1224, fol. 173r | SBB-PK

DIE SPÄTE ASCHKENASISCHE DICHTERSCHULE

Ab der Mitte des 12. Jahrhunderts drang der Einfluss der sefardischen Dichterschule bis nach Aschkenaz vor, wo Dichter wie Rabbi Efraim bar Jitzchak und seine Schüler begannen, in quantitativer Metrik und Monoreimen zu dichten.[49] Laut Elisabeth Hollender gelangten sowohl sefardische *pijjutim* als auch *pijjutim* lokaler aschkenasischer Dichter nur langsam in die Machzorim, wo sie den bereits etablierten Ritus, bestehend aus Gedichten Eleazar ha-Qalirs sowie der Mainzer Dichter wie Schimon bar Jitzchak, ergänzten. Dazu boten festliche Anlässe Gelegenheiten, die bisher noch nicht durch *pijjutim* verziert worden waren, wie zum Beispiel besondere *schabbatot* zu Hochzeiten oder Beschneidungen. Der persönliche Stand und die Beziehungen zu den Schreibern der Machzorim spielten, wie Elisabeth Hollender aufzeigt, bei der Überlieferung dieser lokalen Dichter eine entscheidende Rolle.[50]

Eine Komposition für Hochzeiten ist der *jotser de-chatan*, eine dichterische Verzierung des *Schma Jisra'el* („Höre Israel!“) im Rahmen des morgendlichen Schabbat-Gottesdiensts anlässlich einer Hochzeit. Einer der drei Abschnitte des aschkenasischen *jotsers* ist der *zulat*,[51] der das Thema der Hochzeit aufgreift.[52] Der folgende *zulat* wurde von Rabbi Efraim bar Jitzchak von Regensburg komponiert, der im 12. Jahrhundert in Aschkenaz wirkte. Abb. 9 Efraim bar Jitzchak verwendet in seinem *jotser* Reimschemata und quantitative Metrik, die aus der sefardischen Dichtung, wie den *pijjutim* Jehudah ha-Levis, Einlass in die aschkenasische Dichtung fanden. Dem sefardischen Vorbild entsprechend verziert der Dichter seinen *zulat* nicht nur mit Endreimen im zweiten, sondern auch im ersten Halbvers.[53] Darüber hinaus machen der lyrische Ton und die Motivik den Einfluss der sefardischen Dichterschule deutlich.

קְרָאַנִי גֹּחִי	אֲחוֹתִי כַּלָּה	1
„Meine Schwester, oh Braut!“,	so rief mich der, *der mich herauszog* [Ps 22:10].	
עֲדֵי עַד בּוֹ מִבְטָחִי	נַפְשִׁי בַּגּוֹלָה	2
„Meine Seele bleibt im Exil	*für immer und immer vertraue ich auf ihn* [Jes 26:4].“	
וּבִישׁוּעָתִי פִּצְחִי	תְּחַכִּי לִגְאוּלָה	3
„*Warte* [Jes 54:1] auf die Erlösung,	bejuble meine Rettung!“	
רָוֹנִי וְשִׂמְחִי	רִנָּה וְצָהֳלָה	4
Jubeln und Jauchzen [Jes 54:1]	*juble* [Jes 54:1] und freue dich!	

Der Dichter legt die Worte der Braut in den Mund der Braut Gottes, der personifizierten jüdischen Gemeinde, die im Exil auf die Erlösung wartet. Sie erhält die Antwort, sich über ihre Erlösung zu freuen. Die Eheschließung, zu deren Anlass dieser *zulat* komponiert wurde, steht sinnbildlich für die Wiedervereinigung von Gott mit seinem auserwählten Volk, die der Gemeinde Anlass zur Freude bietet. Im weiteren Verlauf des Gedichts bittet die Braut Gottes um die Rückkehr ihres Gemahls und, stellvertretend für ihr Volk, um dessen Erlösung. Wie in Jehudah ha-Levis *selichah* hat auch hier die Braut aus dem Kelch des Leids getrunken.

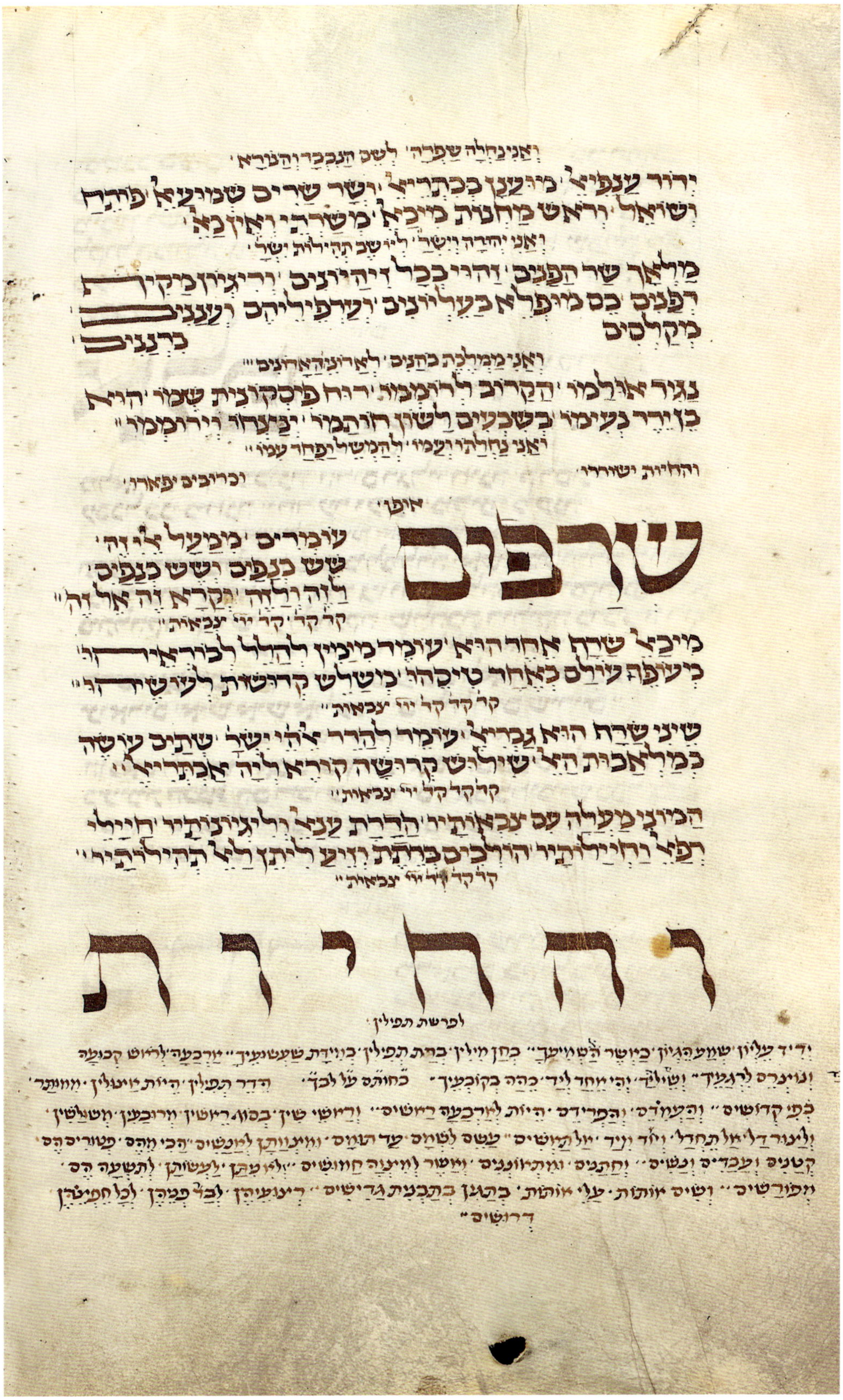

→ Abb. 10 Ofan im Jotser de-Chatan eines anonymen Dichters mit Jehudah ha-Levis Ahavah, Ms. or. fol. 1224, fol. 178v | SBB-PK

מִכּוֹס קוּבַעְתֵּךְ	רָוֵיתִי לַעֲנָה	29
Meinen Durst habe ich mit Wermut aus [Klgl 3:15]	*deinem gewölbten Kelch gestillt* [Jes51:22].	

Sie wartet sehnsüchtig auf seine Rettung. In der letzten Strophe steht ihr das ersehnte Bild ihrer Erlösung bereits deutlich vor Augen:

בְּצֵאתִי מֵהֶם לַחׇפְשִׁי	יִצְחַק לִבִּי בְעוֹוְיָנַיי	37
Es wird lachen mein Herz ob meiner Sünden,	*da ich frei von ihnen werde ohne Lösegeld* [Ex 21:2].	
וְלֹא יָבוֹא עוֹד שִׁמְשִׁי	אָז יֵאוֹרוּ עֵינַי	38
Dann würden sie meine Augen erhellen	und die Sonne würde nicht wiederkehren.	
כְּמַלְכִּי וּקְדוֹשִׁי	וְיִצְהֲבוּ פָנַיי	39
Mein Gesicht würde *rötlich strahlen* [Lev 13:30],	wie mein König, mein Heiliger!	
וְתָגֵל נַפְשִׁי	שׂוֹשׂ אָשִׂישׂ בְּיָיי	40
Voll Wonne werde ich mich meines Herrn erfreuen.	*Meine Seele, sie jauchzet* [Jes 61:10]!	

Wie Elisabeth Hollender betont, steht die kunstvolle Sprache gemäß der sefardischen Ästhetik im Vordergrund, mit der Efraim bar Jitzchak diesen *zulat* schmückt. Diese Sprachebene setzte ein gebildetes Publikum voraus, das die anspruchsvolle Form und Metaphorik verstehen und genießen konnte. Wie Jehudah ha-Levi zitiert Efraim bar Jitzchak zwar die hebräische Bibel, folgt aber keinem biblischen Narrativ. Die Anspielung auf die Erlösung der Israeliten aus Ägypten wird angedeutet, jedoch nicht explizit paraphrasiert. Nach dieser narrativen Freiheit scheint Efraim bar Jitzchak unter sefardischem Einfluss zu streben.

Mit nur acht *pijjutim* belegt Efraim bar Jitzchak keine zentralen liturgischen Stationen im Erfurter Machzor. Doch seine Dichtung demonstriert, wie stark sich aschkenasische Dichter und ihr Publikum ab der zweiten Hälfte des 12. Jahrhunderts für die sefardische Dichterschule begeisterten und mit deren Formen zu experimentieren begannen. Abb. 10

FAZIT

Das Studium der liturgischen Dichtung im Erfurter Machzor offenbart die große Vielfalt und Reichhaltigkeit, mit der dieses Genre über den hier bezeugten Zeitraum von acht Jahrhunderten entstand und überliefert wurde. Von berühmten Dichtern und dichtenden Gelehrten wie Schimon bar Jitzchak oder Efraim bar Jitzchak bis zu den anonymen Autoren – sie alle setzten sich nicht nur mit den Traditionen der liturgischen Poesie auseinander, sondern suchten auch nach individuellen Möglichkeiten künstlerischen und spirituellen Ausdrucks. Im Gegensatz zum biblischen Text, dessen schriftliche Fixierung stets Gegenstand rabbinischer Bestrebungen blieb, war die liturgische Dichtung bis ins 14. Jahrhundert und teilweise darüber hinaus einem sich ständig wandelnden Zeitgeist und Geschmack unterworfen.

Dabei blieb der Bibeltext eine konstante Referenz. Die aschkenasischen Dichter zeigen einen umfassenden Blick auf die Bibel, indem sie auch traditionelle und zeitgenössische exegetische Literatur in ihre Kompositionen einbezogen. Antike Dichter wie Eleazar bi-Rabbi ha-Qalir verfügten über noch größere interpretatorische Freiheiten als die aschkenasischen Dichter. Letztere hingegen entfalteten trotz der komplexen poetischen Tradition und des reichen, etablierten exegetischen Materials eine hohe Virtuosität und Freiheit des Ausdrucks, indem sie immer wieder neue Facetten und Schattierungen der biblischen Geschichten herausarbeiteten und in den Vordergrund stellten – Deutungen, die uns bis heute bereichern und faszinieren.

1 Schimon bar Jitzchak, Vers 88–91 des *silluqs* aus der *qeduschta* zum siebten Tag von *Pesach*, Erfurter Machzor: Ms. or. fol. 1224 (Aschkenas, 13./14. Jhd.), 67r.

2 Für eine umfassende Beschreibung der Handschrift siehe Annett Martini, *Die hebräischen Handschriften der Erfurter Sammlung*, 2018, https://www.geschkult.fu-berlin.de/e/erfurter_sammlung/dokumentation/index.html (21.10.2024).

3 Beispielsweise Schimon bar Jitzchak oder Efraim bar Jitzchak. Siehe Avraham Meir Haberman (Hg.), *Pijjutei Rabbeinu Efraim bar Jitzchak mi-Regensburg* (Berlin/Jerusalem: Schocken Books, 1938) (= Sifrej ha-Makhon le-Cheqer ha-Schirah ha-Ivrit bi-Jeruschalajim 4); Avraham Meir Haberman (Hg.), *Pijjutei Rabbi Schimon bar Jitzchak* (Berlin/Jerusalem: Schocken Books, 1938) (= Sifrei ha-Makhon le-Cheqer ha-Schirah ha-Ivrit bi-Jeruschalajim 3).

4 Sämtliche Übersetzungen wurden von mir angefertigt. Vokalisation und Orthografie entsprechen der Handschrift Erfurter Machzor, Ms. or. fol. 1224. Die Vokalisation der hebräischen Gedichte im Erfurter Machzor weicht von der wissenschaftlichen Vokalisierung derselben Gedichte ab. Eine detaillierte Diskussion dieser Unterschiede würde jedoch den Rahmen dieser Arbeit sprengen. Um das Thema der liturgischen hebräischen Dichtung einem breiten Publikum zugänglich zu machen, verzichte ich ferner so weit wie möglich auf die Verwendung hebräischer und fachspezifischer Termini.

5 Ezra Fleischer, *Schirat-ha-Qodesch ha-Ivrit bi-Jeme ha-Beinajim* (Jeruschalajim: Keter, 1975) (= Sifrijat Keter, 2), 117–119.

6 Leon J. Weinberger, *Jewish Hymnography: A Literary History* (London: Littman Library of Jewish Civilization, 1998), 29–30.

7 Für eine Inhaltsangabe zu Eleazar ha-Qalirs *pijjutim* im Erfurter Machzor siehe Jonah Fränkel (Hg.), *Machzor Shavuot: lefi Minhagei Aschkenas ve-Anafeihem* (Israel: Leo Baeck Institute INC./New York N. Y. 2000); Kolel Aschkenaz (ha-Maarawi) Minhag Polin ve-Minhag Tsarfat le-Sheawar; Jonah Fränkel (Hg.), *Machzor Pesach: lefi Minhagei Aschkenaz ve-Anafejhem* (Israel: Leo Baeck Institute INC./New York N. Y. 1993); Kolel Aschkenaz (ha-Maarawi) Minhag Polin ve-Minhag Tsarfat le-Scheawar; The National Library of Israel, „Machzor Minhag Aschkenaz ha-Mizrachi (Schabbat Scheqalim – Schabbat Paraschat Eqev): Ketav Yad", https://www.nli.org.il/he/manuscripts/NNL_ALEPH99001753150205171/NLI#$FL55653076 (29.12.2024).

8 Erfurter Machzor, 52v–55v.

9 Ismar Elbogen, *Der jüdische Gottesdienst in seiner geschichtlichen Entwicklung* (3., verb. Aufl., Frankfurt am Main: J. Kauffmann Verlag, 1931), 27–67, 212–215.

10 Fleischer 1975 (wie Anm. 5), 138–165.

11 Erfurter Machzor, 53v–54v.

12 Die *qeduschah* wird mit drei Bibelzitaten gebildet: Jesaja 6:3, Ezechiel 3:12 sowie Psalm 146:10. Sie war zunächst Teil der *amidah*, wurde jedoch noch vor dem 8. Jahrhundert auch in den *jotser* übernommen; siehe Elbogen 1931 (wie Anm. 9), 61–67.

13 Gerhard Langer, *Midrasch* (Mohr Siebeck; UTB GmbH, 2016), 285.

14 Jacob Z. Lauterbach, *Mekhilta de-Rabbi Ischmael II.: A Critical Edition on the Basis of the Manuscripts and Early Editions with an English Translation, Introduction and Notes* (Philadelphia: Press of the Jewish Publication Society of America, 1933), 31–35.

15 Weinberger 1998 (wie Anm. 6), 29.

16 bT, Bava Batra 74b:6; Lev R. 13:3.

17 Weinberger 1998 (wie Anm. 6), 28–33.

18 Lauterbach 1933 (wie Anm. 15), 35–36.

19 Jacob Z. Lauterbach, *Mekhilta de-Rabbi Ischmael I.: A Critical Edition on the Basis of the Manuscripts and Early Editions with an English Translation, Introduction and Notes* (Philadelphia: Press of the Jewish Publication Society of America, 1933), 113–114.

20 Der Erfurter Machzor enthält Jannais הלילו הה ליום; siehe Erfurter Machzor, 163r–163v.

21 Die Epoche der Tannaiten (aram. *tanna* von „wiederholen") bezeichnet den Zeitraum vom 3. bis 6. Jahrhundert, in dem die Rabbinen die Lehre mündlich an die folgenden Generationen weitergaben. Siehe Günter Stemberger, *Einleitung in Talmud und Midrasch* (9. Aufl., München: Verlag C. H. Beck, 2011), 17.

22 Ruth Langer, „Kalir was a Tanna: Rabbenu Tam's Invocation of Antiquity in Defence of the Ashkenazi Payyetanic Tradition", in: *Hebrew Union College Annual 67* (1996), 95-106, hier 98-101.

23 Elisabeth Hollender, „Italian Pijjutim in Ashkenaz", in: *Yod, Revue des études hébraïques et juives*, 2024, https://journals.openedition.org/yod/5656 (19.10.2024), 3.

24 Erfurter Machzor, 38r-42v.

25 Fleischer 1975 (wie Anm. 5), 215. Siehe auch: Elbogen 1931 (wie Anm. 9, 16-26.

26 Lauterbach 1933 (wie Anm. 15), 269-270.

27 Fleischer schreibt שֵׁירוּת שַׁפְרִיר שִׁטָּתוֹ, siehe Ezra Fleischer, *Pijjutei Schlomoh ha-Bavli* (Jeruschalajim: ha-Akademijah ha-Leumit ha-Israelit le-Madaim, 1973), 198.

28 Fleischer 1975 (wie Anm. 5), 477.

29 Fleischer 1973 (wie Anm. 34), 202.

30 Elisabeth Hollender, „Zur Verwendung der Bibel im aschkenazischen Pijjut", in: Helmut Merklein u. a. (Hg.), *Bibel in jüdischer und christlicher Tradition: Festschrift für Johann Maier zum 60. Geburtstag* (Frankfurt am Main: Verlag Anton Hain, 1993) (= Bonner Biblische Beiträge, 88), 441-445.

31 Hollender 2024 (wie Anm. 28), 1.

32 Fleischer 1973 (wie Anm. 34), 28-30.

33 Für eine Inhaltsangabe zu Amitai ben Schefatijahs Pijjutim im Erfurter Machzor: The National Library of Israel o. J. (wie Anm. 7).

34 Hollender 2024 (wie Anm. 28), 4-7.

35 Fleischer 1975 (wie Anm. 5), 425-431.

36 Weinberger 1998 (wie Anm. 6), 140-141.

37 Erfurter Machzor, 61r-68r.

38 Elisabeth Hollender, *Synagogale Hymnen: Qedushta'ot des Shimon bar Jitzchak im Amsterdam Machzor* (Frankfurt am Main u. a.: P. Lang, 1994) (= Judentum und Umwelt, 55), 19-24.

39 Lauterbach 1933 (wie Anm. 23), 200.

40 Zu Schimon bar Jitzchaks Hochzeitsgedichten siehe Elisabeth Hollender, „Hochzeitspiyyuṭim und ashkenazische Dichtkunst", in: *Frankfurter Judaistische Beiträge* 38 (2013), 54-57.

41 Fleischer 1975 (wie Anm. 5), 334-421.

42 Für einen Überblick über die im Erfurter Machzor enthaltenen Pijjutim der drei sefardischen Dichter Schlomoh ibn Gabirol, Jehuda ha-Levi und Avraham ibn Ezra siehe The National Library of Israel o. J. (wie Anm. 7); Fränkel 1993 (wie Anm. 7); Fränkel 2000 (wie Anm. 7).

43 Erfurter Machzor, 163v-164v.

44 Fleischer 1975 (wie Anm. 5), 341-344.

45 Raymond P. Scheindlin, *The Song of the Distant Dove: Judah Halevi's Pilgrimage* (New York/Oxford: Oxford University Press, 2008), 176.

46 Scheindlin 2008 (wie Anm. 56), 178.

47 Scheindlin 2008 (wie Anm. 56), 178.

48 Elisabeth Hollender, *Adoption and Adaptation: Judah ha-Levi's* ציון הלא תשאלי לשלום אסיריך *in Its Ashkenazic Environment*, in: Elisheva Baumgarten u. a. (Hg.), *Entangled Histories: Knowledge, Authority, and Jewish Culture in the Thirteenth Century* (Philadelphia: University of Pennsylvania Press, 2016), 248-251.

49 Fleischer 1975 (wie Anm. 5), 431.

50 Elisabeth Hollender, „Poets (Almost) without an Audience, Ashkenazic Pijjutim in Local Manuscripts", in: Joachim Yeshaya u. a. (Hg.), *The Poet and the World: Festschrift for Wout van Bekkum on the Occasion of His Sixty-fifth Birthday* (Berlin/Boston: De Gruyter, 2019) (= Studia Judaica, 107), 126-129.

51 *Erfurter Machzor*, 173r-173v.

52 Fleischer 1975 (wie Anm. 5), 449-458.

53 Hollender 2013 (wie Anm. 50), 64.

Die drei Schichten der hebräischen Sprache. Wie man aus den heiligen Schriften liest

Assaf Levitin

„Und er nahm das Buch des Bundes und las es vor den Ohren des Volkes. Und sie sprachen: Alles, was der HERR gesagt hat, wollen wir tun und darauf hören". (Ex 24:7)

Dieser Moment in der Synagoge, direkt nach Ende der Lesung aus der Tora, macht uns immer ein bisschen Angst: Ein starker Mann hält die beiden Griffe der aufgeschlagenen Torarolle fest und hebt sie hoch. Alle heben einen Finger in die Luft und singen: *Ve-zót ha-Toráh ascher sam Mosché lifnéi benéi Jisra'él al pi Adonái be-jád Mosché* - Das ist die Lehre, die Moses dem Volk Israel gebracht hat, aus dem Mund Gottes in Moses Hand.

Wir bestätigen hiermit, dass das, was wir gerade eben gehört haben, das wahre, direkte, unveränderte Wort Gottes ist. Das Hochheben dient symbolisch dazu, dass jeder von uns das nachlesen kann. So wurde es gesagt, und genauso haben wir es heute gehört.

Jedoch: Wie können wir wissen, wie das Wort genau war, wenn das Wort auf Hebräisch geschrieben wurde, also in einer Sprache, die nicht vokalisiert ist?

Die hebräische Sprache hat nur bedingt vergleichbare Vokale wie a, e, i, o und u. Die entsprechenden Buchstaben א (*alef*), י (*jod*) und ו (*vav*) sind manchmal als Vokale zu verstehen, in anderen Fällen dienen sie als Konsonanten, und in weiteren Fällen sind sie gar nicht ausgesprochen. Die meisten Wörter auf Hebräisch sind mit Konsonanten geschrieben, werden aber vokalisiert ausgesprochen.

Nehmen wir als Beispiel das hebräische Wort שמן, das aus drei Buchstaben geschrieben ist: ש (*schin*), מ (*mem*) und ן/נ (*nun*). Sch-m-n. Wie soll man wissen, ob diese drei Buchstaben für Öl (*schemen*), dick (*schamén*), ihr (Plural) Name (*schmán*), das Verb ölte (*schimmén*) oder Schamane (*schamán*) stehen?

Liest man nur die drei Buchstaben, wie sie stehen, kann man das nur aus dem Kontext rückschließen. Man nimmt die Wörter im Satz, die man ohne Zweifel erkennt, und versucht, die passendste Möglichkeit hinzuzufügen. Der kleine Haken an der Sache liegt darin, dass die gesamte Tora nicht vokalisiert ist.

Warum hat der liebe Gott uns das Allerwichtigste in einer Sprache diktiert, die man auf endlos viele Weisen lesen kann? Wäre das auf Deutsch nicht tausendfach einfacher?

Das richtige Vorlesen aus der Tora hat eine immense Bedeutung im Gottesdienst. Neben dem *Koré* (Vorleser) steht immer ein *metakén* (Prüfleser). Es ist die Aufgabe - ja, die Pflicht - des Prüflesers, den Vorleser bei jedem Fehler sofort zu korrigieren. Der Text muss fehlerfrei vorgelesen werden, und dabei spielt es keine Rolle, wie wichtig der Vorleser ist und ob eine ständige Korrektur ihn irritiert. Wichtig ist, dass das ganze Volk Israel, das sich in der Synagoge am Schabbat versammelt, das direkte Wort Gottes ganz genau hört. Aber ohne Vokalisierung, wie kann man bitte schön wissen, was das direkte Wort war?

TIBERISCHE VOKALISIERUNG

Im 10. Jahrhundert führte die Rabbinerfamilie ben Ascher aus der Stadt Tiberias in Galiläa die grafische Vokalisierung der hebräischen Sprache ein. Die Vokalisierung, auf Hebräisch *niqúd* - Punktierung - genannt, ist ein Set von grafischen Zeichen, die über, neben oder unter den Buchstaben stehen. Sie zeigen uns, wie die Buchstaben richtig auszusprechen sind. Seit der Einführung des *niqúd* kann jedes alphabetisierte Kind wissen, ob man über שֶׁמֶן (*schemen* - Öl), שְׁמָן (*schmán* - ihr Name) oder שִׁמֵּן (*schimmén* - ölte) spricht.

Wir wissen nicht, wie die Familie ben Ascher die richtige Aussprache genau wusste. Wir müssen uns damit begnügen, dass ihre Methode die erste Vokalisierung der Tora war - es gibt keine Quellen, die zeitlich noch näher zur Urfassung der Tora stehen. Mit der ersten Niederschrift bestimmte die Familie ben Ascher die Tradition, und es wird überall nach ihrer Weise seit über eintausend Jahren gelesen.

Aber mit dem *niqúd* sind noch nicht alle Probleme gelöst, da die Tora ein „nackter" Text ist; sie ist nicht nur nicht vokalisiert, es fehlen auch etliche Satzzeichen. Mangels Groß- und Kleinbuchstaben fällt es oft schwer zu wissen, wann ein Satz zu Ende geht und ein neuer Satz beginnt.

Dieses Problem wurde auch durch die Familie ben Ascher, und zwar mit einer weiteren Schicht um den Text, gelöst: mittels der *te'ámím*, die gleichzeitig als Satzzeichen und als musikalische Hinweise dienen. Jedes der 27 Zeichen hat eine einzigartige Melodie, die dem erfahrenen Synagogenbesucher hilft zu verstehen, wo eine Pause ist, wo ein neuer Satz kommt und wann die ganze Lesung zu Ende ist. Ein Vorleser muss also alle 27 Zeichen auswendig kennen, um richtig aus der Tora kantillieren zu können [Abb. 1].

Es spielt eine Rolle, ob man aus der Tora - den fünf Büchern Mose -, aus den *nevi'ím* - den Propheten - oder aus den *megillót* - den Schriftrollen - liest. Zwar sehen die Zeichen in allen Büchern gleich aus, werden aber völlig anders gesungen. Ein erfahrener Vorleser muss also die 27 Zeichen in sechs verschiedenen Weisen kantillieren können:

- für die Toralesung am Schabbat
- für die Toralesung an den hohen Feiertagen
- für die Lesung der Propheten
- für die Lesung der Esterrolle an Purim
- für die Lesung des Hohen Lieds, Ruths und Kohelet (Prediger) an den Pilgerfesten Pesach, Schavu'ot und Sukkot (Ur-Ostern, Ur-Pfingsten und Laubhüttenfest)
- für die Lesung des Klagelieds (*eicha*) am 9. Av, dem Tag der Zerstörung des Tempels.

Durch die Verbreitung der Juden in der ganzen Welt entstanden sehr unterschiedliche Traditionen der Kantillation. Ein Leser aus dem Irak, der neben einem Leser aus Süddeutschland steht, wird die gleichen *te'amim* lesen, aber mit einer völlig anderen Melodie singen. Es entstand dadurch ein immenser Reichtum an Weisen, aus der Tora zu lesen.

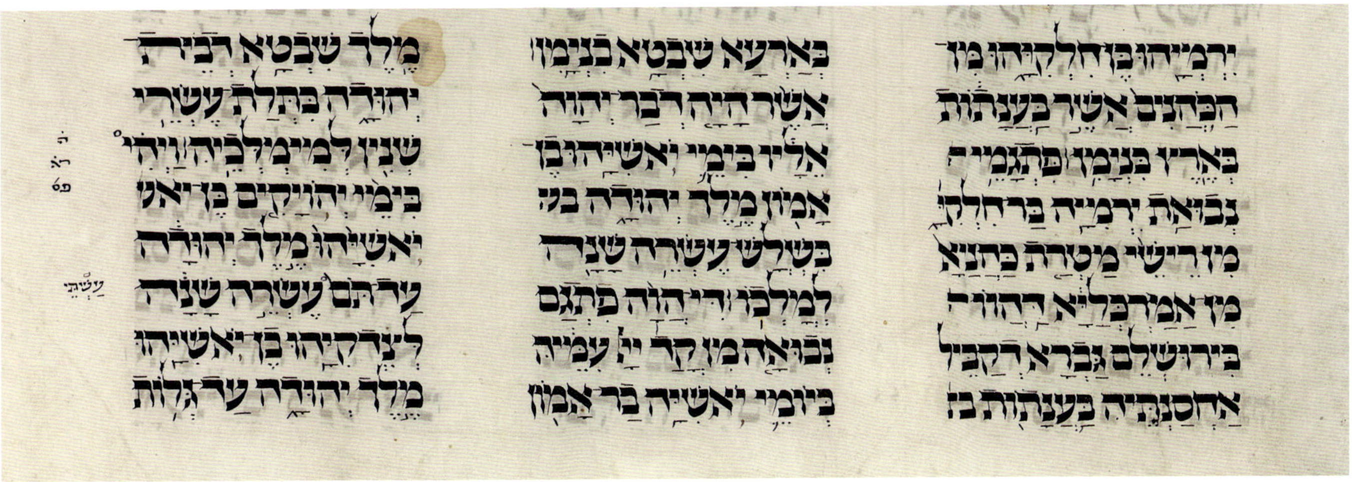

↑ **Abb. 1** Der biblische Text mit Vokalisation und Kantillation, Ms. or. fol. 1211, Bd. 2, fol. 1r | SBB-PK

Text und Musik der Synagoge

Martha Stellmacher

In diesem Buch sind Handschriften abgebildet, die einmal Teil einer kulturellen oder rituellen Praxis waren. Darin sind vorwiegend Texte und Schrift zu sehen, in teilweise ornamentaler und bildlicher Ausgestaltung und Verzierung. Verborgen bleibt uns jedoch die Dimension des Klangs, auch wenn viele dieser Handschriften wesentlich mit Musik verbunden waren. Der Tana"kh, die Hebräische Bibel, wird gesanglich vorgetragen, in sogenannter Kantillation (von lat. *cantillare* für „leise singen").[1] Diese Praxis ist vermutlich sehr alt, auch wenn die diesbezüglichen schriftlichen Zeichen für die liturgische Rezitation (*te'amim*) erst zwischen dem 6. und 9. Jahrhundert entwickelt wurden.

Während in Alt-Israel verschiedene Musikinstrumente im Tempelkult eine wichtige Rolle spielten, wurden solche seit der Zerstörung des Tempels in Jerusalem im Jahre 70 n. u. Z. in der Synagoge nicht mehr verwendet. Eine Ausnahme ist das Widderhorn *schofar*, das zu Rosch Haschanah (jüdisches Neujahrsfest) und Jom Kippur (Versöhnungstag) geblasen wird. Die im Tempel üblichen Opferrituale wurden durch das tägliche Beten ersetzt, das klanglich auf die menschliche Stimme beschränkt blieb. Neben Gebeten und Psalmen hat auch Dichtung Eingang in die Liturgie gefunden. Die Texte werden von Vorbetern (*chazzanim*) oder Kantoren und den anwesenden Betenden, individuell im jeweils eigenen Tempo oder gemeinsam, gesprochen oder gesungen. Indem die vorgestellten Handschriften nur noch Objekte in einer Sammlung und nicht mehr Teil einer kulturellen Praxis sind, ist dieser praktische und klangliche Teil kaum sichtbar und erfahrbar.

Der Gesang der Synagoge war traditionell und ist zum großen Teil auch heute noch in erster Linie eine mündliche Praxis. Aufgeschrieben in Notenschrift wird sie vermehrt erst seit etwa der Mitte des 18. Jahrhunderts – zumindest sind nur wenige ältere Notationen bekannt.[2] Daher wissen wir wenig darüber, wie jüdische Gebete vor 1800 geklungen haben mögen. Abgesehen von einigen Niederschriften durch christliche Humanisten, die sich meist für die Kantillation der hebräischen Bibel interessierten,[3] stammen frühe handschriftliche Notationen oft von Vorbetern, die eigene Melodien oder auch überlieferte Weisen notierten. Dazu gehört eine umfangreiche Handschrift des Berliner jüdischen Kantors Ahron Beer (1739–1821) von 1791 mit einer Vielzahl von Melodien aus der Liturgie, jedoch ohne Text unter den Noten. Vermutlich weil die Texte der Gebete bekannt waren, erachtete es Beer nicht für nötig, mehr als die Überschriften des Gesangs aufzuschreiben. Damit ist heute die genaue Textverteilung unserer Interpretation überlassen. Mit dem Aufkommen von mehrstimmigem Chorgesang in vielen europäischen Synagogen im Laufe des 19. Jahrhunderts im Rahmen einer Reformbewegung, die schließlich zur Trennung von orthodoxer und liberaler Ausrichtung führte, war man hingegen auf die Verwendung von präzisen schriftlichen Noten angewiesen. Da die neu entstandenen Chöre Bedarf an geeignetem Repertoire hatten, stammen aus dieser Zeit viele mehrstimmige liturgische Kompositionen im Stile europäischer Kunstmusik, teilweise mit instrumentaler Begleitung, die nach traditionellem Verständnis von jüdischem Gebet an Schabbat und Feiertagen undenkbar war (siehe das Beispiel „Todah W'simrah").

Obgleich die Staatsbibliothek zu Berlin über einen umfangreichen Bestand an jüdischen liturgischen Texten und Gebetbüchern verfügt, sind hier keine Handschriften vorhanden, die jüdische liturgische Musik in Notenschrift enthalten. Hingegen gab es Anfang des 20. Jahrhunderts in Berlin durchaus eine bedeutende Sammlung jüdischer Notenhandschriften, die der Kantor und Chorleiter Arno Nadel (1878–1943) zusammengetragen hatte. Seine Kollektion, die er vor seiner Deportation nach Auschwitz im Jahre 1943 an Käthe Kollwitz übergeben hatte, wurde jedoch im Krieg zerstört. Eine andere wichtige und umfangreiche Sammlung von Handschriften europäischer jüdischer liturgischer Musik geht auf den Königsberger Hauptkantor Eduard Birnbaum (1855–1920) zurück und befindet sich heute im Hebrew Union College in Cincinnati.

Mangels entsprechender Handschriften im Bestand der Staatsbibliothek wenden wir uns nun drei ausgewählten Drucken aus ihrer Musikabteilung zu, die im 19. und 20. Jahrhundert in Berliner Verlagen erschienen und in chronologischer Folge ihres Erscheinens betrachtet werden. Zwei der Autoren wirkten jahrzehntelang in Berliner Synagogen und prägten die musikalische Ausgestaltung der dortigen Gottesdienste. Im Fall der dritten Quelle wird die musikalische Notation eines Gebets dessen reiner Textfassung in einer Gebetbuchhandschrift aus der Staatsbibliothek gegenübergestellt.

TODAH W'SIMRAH. VIERSTIMMIGE CHÖRE UND SOLI FÜR DEN ISRAELITISCHEN GOTTESDIENST MIT UND OHNE BEGLEITUNG DER ORGEL[4]

Dieses 91 Nummern umfassende Kompendium synagogaler Kompositionen stammt von einer Persönlichkeit, um die kaum eine Darstellung aschkenasischer Musikgeschichte herumkommt: Louis Lewandowski (1821–1894), ab 1840 Chordirigent der jüdischen Gemeinde in Berlin. In der 1866 eröffneten Neuen Synagoge in der Oranienburger Straße prägte er die Synagogenmusik mit seinen Kompositionen, bei denen neben dem Kantor ein Chor, eine Orgel und zu manchen Anlässen weitere Instrumente zum Einsatz kamen. Lewandowski sprach sich für die Verwendung der Orgel im jüdischen Gottesdienst als zeitgemäße Entwicklung aus, die er insbesondere in großen Räumen wie der Neuen Synagoge als nahezu unverzichtbar für die Leitung des Chor- und Gemeindegesangs verstand. Er gilt als großer Reformer der synagogalen Musik, und seine Kompositionen verbreiteten sich in der gesamten aschkenasischen Welt.

Neben einigen weltlichen, teils patriotischen Gesängen Lewandowskis finden sich in der Musikabteilung die Noten von etwa 20 geistlichen Kompositionen in unterschiedlichen Arrangements. Dazu gehören seine umfangreichen Kompendien *Kol rinnah u't'fillah* (Stimme des Gesangs und Gebets) und *Todah W'simrah* (Dank und Gesang), die im 19. Jahrhundert weite Verbreitung gefunden haben. Während er in „Kol rinnah u't'fillah" Gesänge für Kantor und bis zu zwei Begleitstimmen notierte, enthält „Todah W'simrah" Musikstücke für vierstimmigen Chor und Orgelbegleitung. Viele der Kompositionen umfassen mehrere Seiten, in Abbildung 1 ist eine der kürzeren zu sehen. *Ma towu* ist ein Gebet, das mit einem Zitat aus Numeri 24,5 – „Wie schön sind deine Zelte, Jakov" – beginnt. Es wird beim Eintritt in die Synagoge gesprochen und in der von Lewandowski geprägten Liturgie als feierliches Eingangsstück vom Chor gesungen[Abb. 1].

↓ Abb. 1 Beginn des Ma towu für vierstimmigen Chor aus Todah vezimrah, S. 6

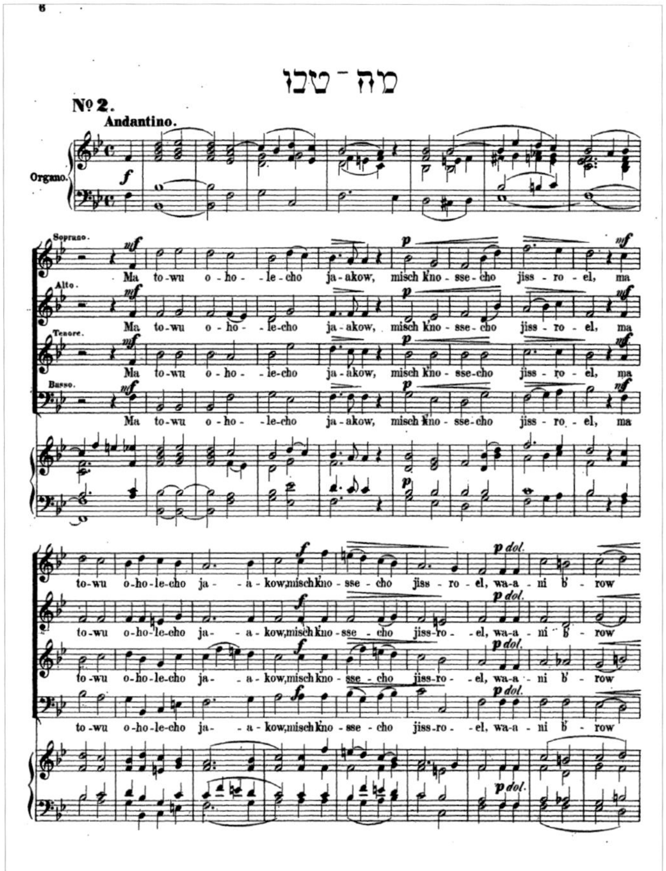

Das einfach gehaltene Orgelvorspiel und die Begleitung zeigen, dass die Orgel nicht dominant in den Vordergrund trat, sondern vielmehr als Unterstützung der Chorstimmen und des Gemeindegesangs verstanden wurde. Der Chorsatz ist sanglich und sowohl rhythmisch als auch melodisch für Chöre unterschiedlichen Niveaus umsetzbar, jedoch gleichzeitig wirkungsvoll in der Harmonie. In Berlin war der Chor unter Lewandowskis Leitung stets ein Knaben- und Männerchor. Damenchöre kamen in der Neuen Synagoge erst später zum Einsatz. Der Gesang von Frauen im jüdischen Gottesdienst war und ist generell nicht überall akzeptiert.

SCHIR LISCH'LAUMAU. CHASONUS (VOR ALLEM NACH DEN TRADITIONELLEN WEISEN) FÜR DAS GANZE LITURGISCHE JAHR[5]

Um die Pflege des synagogalen Gesangs, aber auch dessen Erforschung, machte sich der Berliner Chazzan Aron Friedmann (1855–1936) verdient. Geboren im Russischen Reich, kam er für seine Musikausbildung nach Berlin, wo er unter anderem bei Louis Lewandowski lernte und mit ihm an den Berliner Gemeindesynagogen wirkte. Er wurde 1907 zum Königlichen Musikdirektor ernannt. Friedmann veröffentlichte 1908 eine wissenschaftliche Abhandlung über aschkenasische liturgische Musik mit dem Titel *Der synagogale Gesang*, trug aber auch zur Geschichtsschreibung jüdischer Kantoren bei. Mit seiner Publikation *Lebensbilder berühmter Kantoren* schuf er das erste biografische Werk seiner Berufsgruppe. Sein musikalisches Hauptwerk ist das 1901 erschienene, über 300 Seiten starke Kompendium kantoraler Gesänge *Schir lisch'laumau* (Lied Salomos) Abb. 2.

In seinem Vorwort nennt er als Beweggründe für die Veröffentlichung, dass es ihm vor allem darum gegangen sei, traditionelle Weisen festzuhalten, die bisher nicht notiert worden seien. Außerdem gebe es einen Bedarf an einer vollständigen Sammlung der Gesänge für den Kantor für sämtliche liturgische Anlässe durch das Jahr. Dies ist insofern bedeutsam, als ein und derselbe Text je nach Jahres- oder Tageszeit auf unterschiedliche Weise und mit unterschiedlichen Melodien gesungen werden kann. Hinzu kommen besondere Gesänge für bestimmte Feiertage und Anlässe. Ein wichtiger Aspekt war für Friedmann außerdem, dass sein Werk auch als Lehrbuch für angehende Kantoren nutzbar sein sollte. Der Notenband ist charakteristisch für mehrere Aspekte der Jahrhundertwende: Einerseits zeugt er vom wachsenden Interesse am Fixieren überlieferter Melodien, andererseits von der Professionalisierung des Vorbeterberufs, der sich zunehmend auf eine formalisierte und theoretisch fundierte musikalische Ausbildung stützte.

Die Kunst des kantoralen Gesangs – der *chazzanut* – ist, den Gesang möglichst eindrucksvoll und ornamental auszuführen und unter Verwendung bestimmter Muster zu improvisieren. Dazu wollte Friedmann anregen und sah die traditionellen Gesänge, wie er in seinem Vorwort schreibt, insofern als variabel an. Als Hilfeleistung stellte er vielen Stücken den Tonvorrat der Weise in Noten voran. Denn die aschkenasischen Gesänge sind traditionell nicht in Dur und Moll gehalten, sondern weisen andere Modi auf, die *nussach* genannt werden. Zwei solcher Modi sind in Abbildung 3 zu sehen. Die traditionellen Bezeichnungen *ahawo rabbo* und *mogen owaus* beziehen sich dabei auf bestimmte Gesänge, die üblicherweise in diesen Weisen gehalten sind.

Der Gesang *ve-schomeru* ist Teil des Freitagabendgebets und ruft zum Einhalten des Schabbat als Ruhetag auf. Friedmann notierte zwei unterschiedliche Melodieversionen. Beide weisen viele Verzierungen und eine rhythmische Vielfalt auf, beispielsweise durch punktierte Noten und Triolen.

Eine andere musikalische Form zeigt das religiöse Gedicht *Eli zion* eines unbekannten Autors über die Zerstörung Jerusalems und des Tempels Abb. 4. Es wird neben vielen anderen Klageliedern an *tischa be-av*, dem Fasten- und Trauertag zur Erinnerung an die Zerstörungen des Tempels, und den drei vorangehenden Wochen gesungen. Die Melodie ist klar metrisch strukturiert und kaum verziert. Sie hat Ähnlichkeiten mit mittelalterlichen Volksliedern, und ihr Ursprung wird im süddeutschen Raum vermutet.[6]

Wie in der oben besprochenen Lewandowski'schen Komposition ist der hebräische Text unter den Noten in lateinischer Umschrift wiedergegeben, sodass sowohl die Noten als auch die dazugehörigen Wörter übereinstimmend von links nach rechts gelesen werden können. Die Transliteration zeugt gleichzeitig auch von der im deutschen Raum üblichen Aussprache des Hebräischen. Denn auch wenn die hebräische Sprache zwar generell die liturgische

↓ **Abb. 2** Das Titelblatt von *Schir li-Schlomoh*

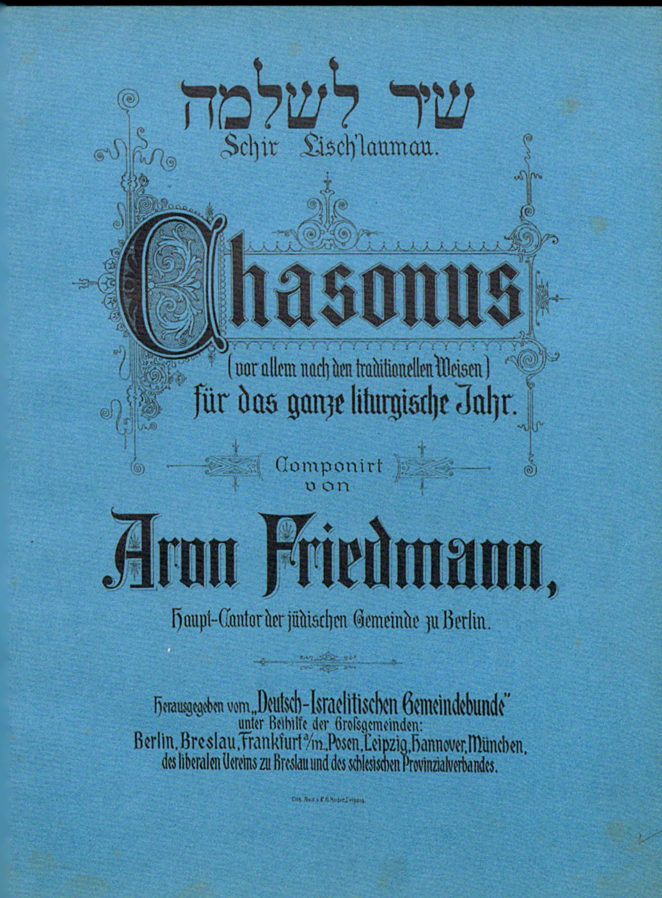

→ **Abb. 3** *Ve-schomeru*-Gesang für das Abendgebet am Schabbat in Friedmanns *Schir li-Schlomoh,* S. 115

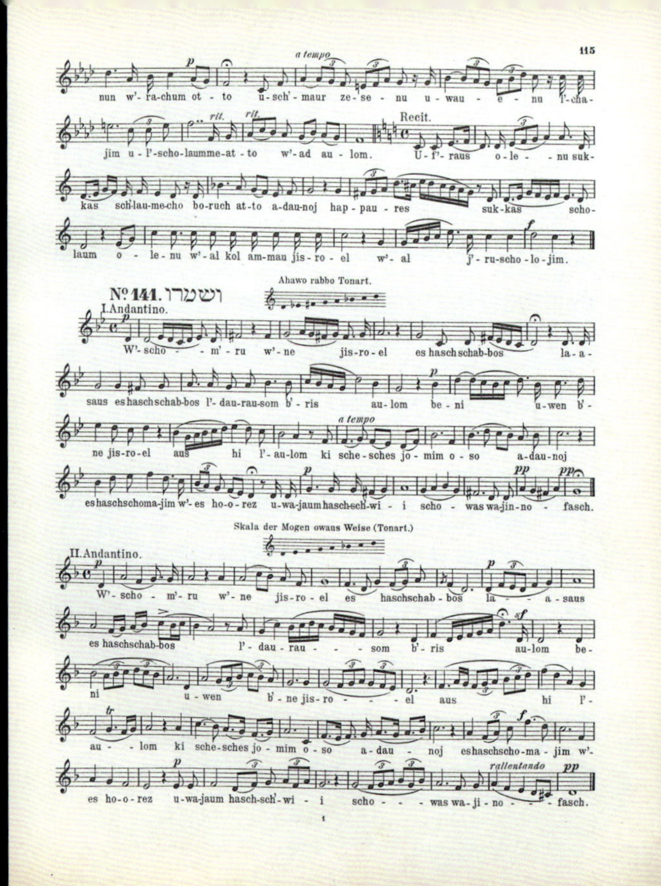

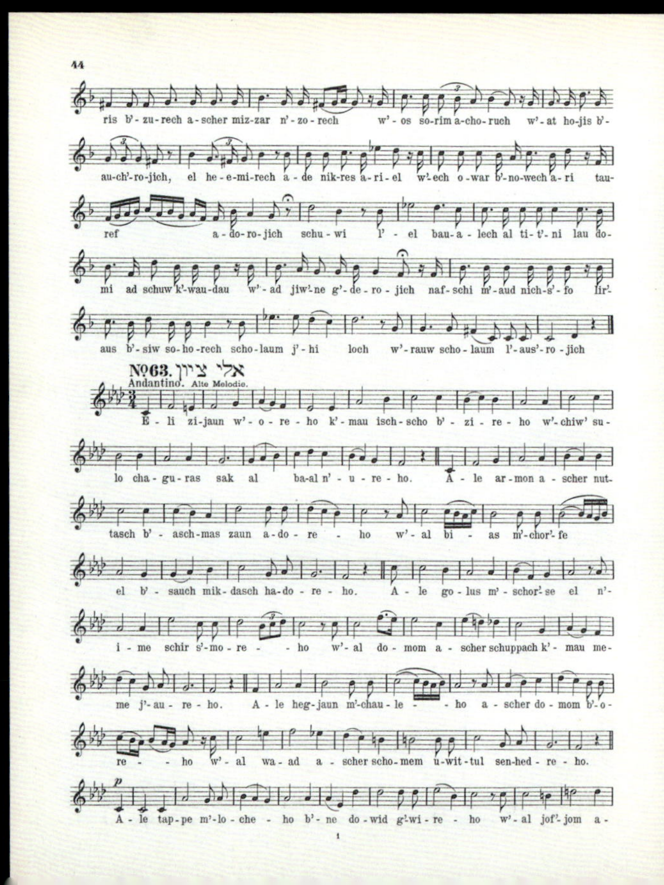

→ **Abb. 4** Beginn des *Eli zion* in Friedmanns *Schir li-Schlomoh*, S. 44

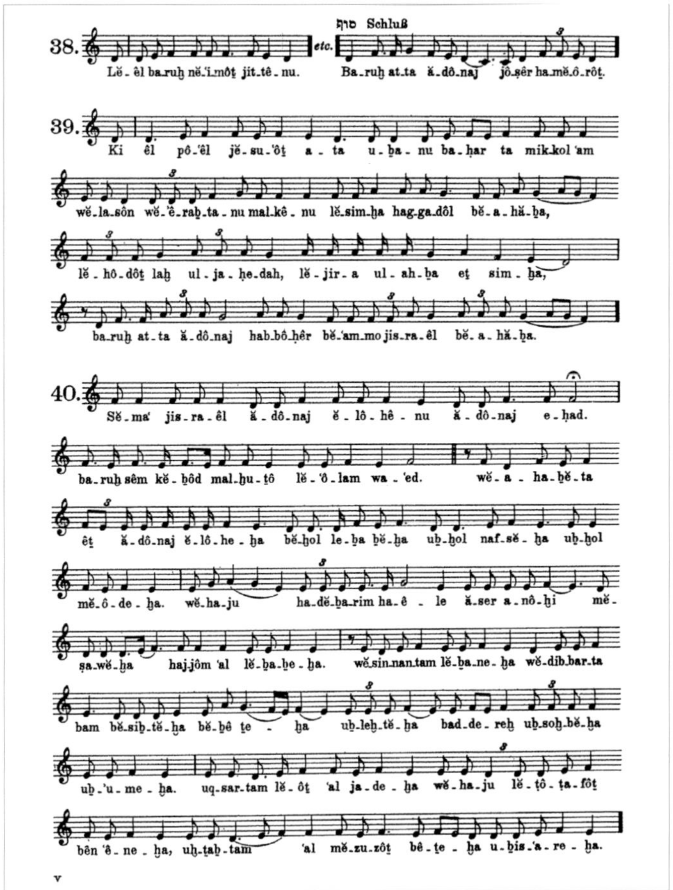

↑ **Abb. 5** Notation des *Schma Jisra'el* in Idelsohns *Hebräisch-orientalischem Melodienschatz,* Band V: Gesänge der marokkanischen Juden, S. 36

Sprache der jüdischen Gemeinden ist, wird sie regional teils erheblich unterschiedlich ausgesprochen. Es werden im Wesentlichen eine aschkenasische, sefardische und jemenitische Aussprache des Hebräischen unterschieden, jedoch gibt es auch viele Unterausprägungen. In diesem Beispiel beginnt der Gesang mit „Eli zijaun w'oreho". In moderner israelischer Aussprache, die auf der sefardischen beruht, würde dies als „Eli zion ve-arecha" wiedergegeben werden.

HEBRÄISCH-ORIENTALISCHER MELODIENSCHATZ. ZUM ERSTEN MALE GESAMMELT, ERLÄUTERT UND HERAUSGEGEBEN VON A. Z. IDELSOHN[7]

Eine Generation nach Aron Friedmann widmete sich Abraham Zvi Idelsohn (1882–1938) unermüdlich der Dokumentation jüdischer Musik. Nachdem er bei einem Chazzan gelernt und unter anderem in Königsberg und Berlin Musik studiert hatte, wirkte er zunächst in Regensburg und im südafrikanischen Johannesburg, ab 1906 in Jerusalem als Vorbeter. Seine Faszination galt den unterschiedlichen Traditionen jüdischer Musik, deren Gemeinsamkeiten und Unterschiede er auf der Suche nach einem Ursprung jüdischer Musik untersuchte. Mit der damals recht neuen Aufnahmetechnik des Phonografen und in Notenschrift dokumentierte er in Jerusalem unter anderem jemenitische, persische, marokkanische und osteuropäische Gesänge. Er analysierte die Melodien und stellte umfangreiche Vergleiche der Melodien und zugrunde liegenden Tonsysteme an. Seine Transkriptionen veröffentlichte er in dem Kompendium *Hebräisch-orientalischer Melodienschatz*, dessen zehn Bände zwischen 1914 und 1932 erschienen. Mit seinen Forschungen, aber auch mit seinen Kompositionen trug Idelsohn zur Entwicklung einer modernen Musik des späteren Landes Israel bei. Bekannter als er selbst ist wohl sein Lied *Hava nagila* (lasst uns glücklich sein), das er unter Verwendung einer traditionellen Melodie komponierte.

Bei seinen Forschungen zu marokkanischen Gesängen arbeitete Abraham Z. Idelsohn in Jerusalem mit Vorbetern zusammen, die aus Fez, Mogador und anderen Städten stammten. Aus diesem Kontext stammt die Notation einer marokkanischen Melodie des Gebets *Schma Jisra'el* [Abb. 5]. Idelsohns Notation zeigt eine Rezitation dieses Gebets und der anschließenden Verse, die rhythmisch vom Text geleitet ist und keinem festen Metrum folgt. Auch die Melodie mit ihrem engen Tonumfang, die sich hauptsächlich um drei Töne bewegt und den Charakter eines Sprechgesangs hat, stellt den Text und seinen Inhalt in den Vordergrund. Wie in den anderen Notenbeispielen ist auch hier der hebräische Text in lateinischer Umschrift wiedergegeben, jedoch in der entsprechenden Ausspracheweise des marokkanischen Vorbeters. Idelsohn differenzierte hierbei präzise die Aussprache der einzelnen Vokale. Der zu diesem Gebet gehörige Text ist in seinem liturgischen Ablauf auch in einer Handschrift in der Staatsbibliothek zu Berlin zu sehen, die zwar nicht in direktem Zusammenhang mit Idelsohns Notation steht, aber ebenfalls aus einem nordafrikanischen liturgischen Kontext stammt. [Abb. 6+7]

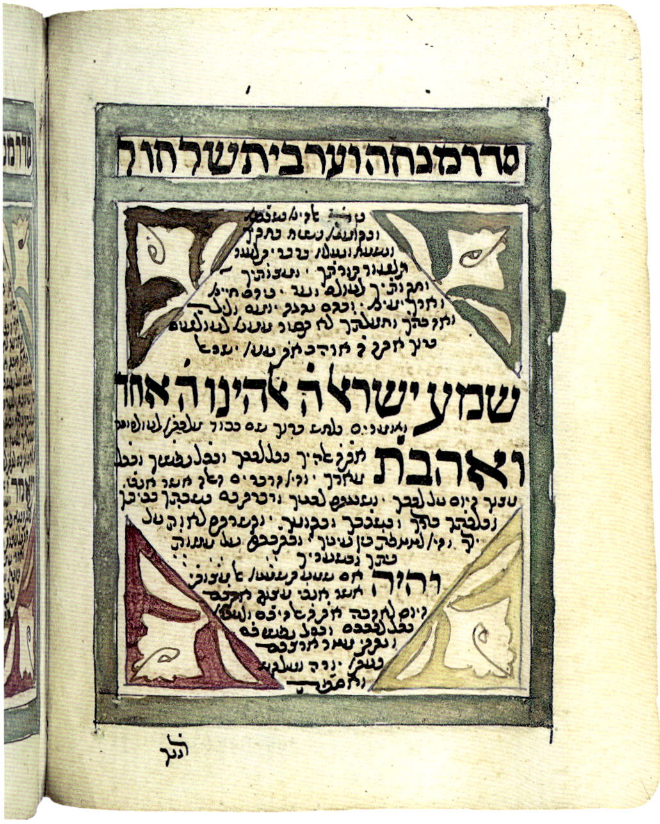

↑ Abb. 6 Ausschnitt aus einer nordafrikanischen Gebetbuch-Handschrift aus dem Jahr 5636 (1875), Gebet *Schma Jisra'el* gerahmt mit Ornamenten, Ms. or. 113419, fol. 13v | SBB-PK

→ Abb. 7 Ms. or. 113419, fol. 1r | SBB-PK

Die verzierte Handschrift wurde 1875, also einige Jahrzehnte vor Idelsohns Veröffentlichung, von Mosche Schimon Josef Baschi geschrieben. Die Textseiten sind mit einem grünen Rahmen und floralen farbigen Ornamenten in den vier Ecken verziert. Die Handschrift enthält die Ordnung der Nachmittags- und Abendgebete für Werktage, Gebete für den Schabbat und den Segen der Speisen. Das auf der abgebildeten Seite in größeren Lettern geschriebene *Schma Jisra'el* ist eines der wichtigsten jüdischen Gebete und Teil des täglichen Abend- und Morgengebets. Der zentrale Satz „Höre, Israel! Der HERR, unser Gott, der HERR ist einzig" gilt als Ausdruck des monotheistischen Verständnisses der Einheit Gottes und wird von Toraabschnitten und Lobsprüchen umrahmt.

SCHLUSSBEMERKUNG

Obgleich die drei betrachteten Beispiele für gedruckte Notationen liturgischer Musik die Vielfalt der klingenden Liturgie nicht annähernd abbilden können, vermitteln sie doch einen Einblick in einige ihrer Ausprägungen. Lewandowskis Stück ist eine Neukomposition im klassisch-romantischen Stil seiner Zeit, die das Ideal eines ästhetisch anspruchsvollen Gebets im modernen Gewand verfolgt. Hingegen stammen die von Friedmann und Idelsohn notierten Gesänge und Rezitationen aus mündlicher Überlieferung und spiegeln eine gelebte Praxis aus jüdischen Gemeinden in verschiedenen Regionen wider. So unterschiedlich diese Stücke in ihren musikalischen Vorstellungen und Praktiken auch sind, haben sie und die Handschrift auf textlicher Ebene gemein, dass sie auf traditionellen und weitgehend einheitlichen liturgischen Texten beruhen.

1 Für Näheres zur Kantillation siehe den Beitrag von Assaf Levitin in diesem Band, S. 134–136.

2 Folgender Quellenkatalog gibt einen Überblick über einen Großteil der bekannten hebräischen Notenhandschriften vor 1840: Israel Adler und Lea Shalem, *Hebrew Notated Manuscript Sources up to circa 1840* (München: G. Henle Verlag, 1989) (= Répertoire international des sources musicales, Serie B, IX, 1).

3 U. a. Johannes Reuchlin, *De accentibus et orthographia linguae Hebraicae* (Hagenau: Anshelm, 1518).

4 Louis Lewandowski, *Todah W'simrah. Vierstimmige Chöre und Soli für den israelitischen Gottesdienst mit und ohne Begleitung der Orgel (ad libitum). Componirt und herausgegeben von L. Lewandowski*, Teil 1: Sabbath (Berlin: Bote & Bock, 1876), SBB-PK, Sign. Mus. 15281.

5 Schir Lisch'laumau. Chasonus (vor allem nach den traditionellen Weisen) für das ganze liturgische Jahr. Componirt von Aron Friedmann, Haupt-Cantor der jüdischen Gemeinde zu Berlin. Berlin, 1901, SBB-PK, Sign. Mus. 1843.

6 Philip V. Bohlman and Otto Holzapfel, *The Folk Songs of Ashkenaz* (Middleton: A-R Editions, 2001) (= Recent Researches in the Oral Traditions of Music. 6), 158–160.

7 Band V: Gesänge der marokkanischen Juden, Berlin/Wien, 1929, SBB-PK, Sign. DMS 171 755.

1

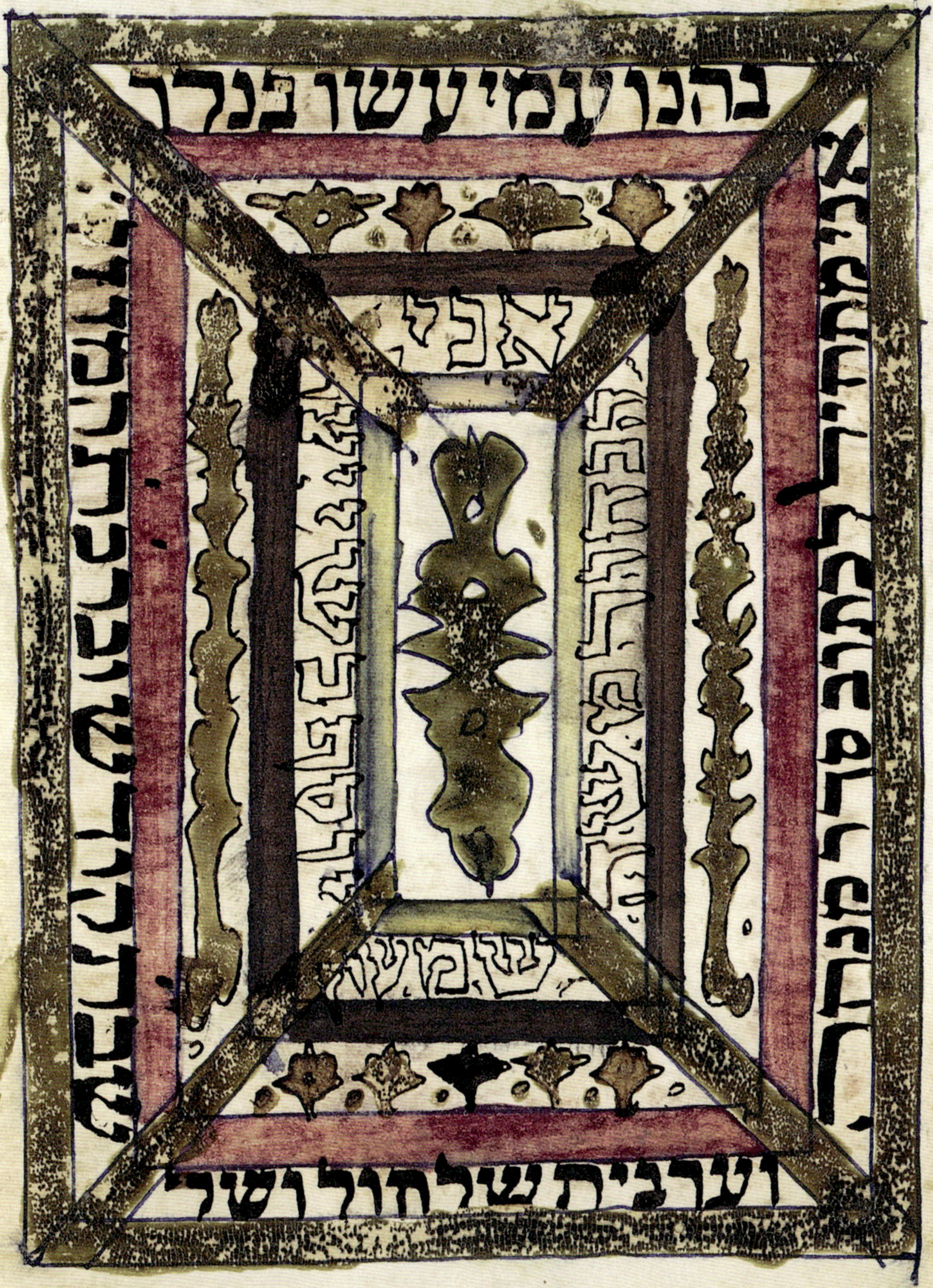

Tora und Sinai als Medien mystischer Gottesgegenwart

Karl Erich Grözinger

TORA UND SINAI IN DER BIBEL BIS ZUR ZERSTÖRUNG DES ZWEITEN TEMPELS IM JAHRE 70 N. U. Z.

Folgt man den biblischen Erzählungen - sie, und nicht die historischen Rekonstruktionen der modernen Forschung, zählen hier -, so bedeutete das unter Blitz und Donner geschehene Widerfahrnis der Israeliten am Berg Sinai (Ex 19-20), bei dem sie zum Volk Gottes erwählt wurden, ein Zweifaches. Es war die Begegnung des *gesamten* Volkes mit seinem Gott, der vom Himmel zu ihm auf den Berg Sinai herabgestiegen war, und zugleich die Verkündigung des Rechtes, der Tora, für den Bund zwischen ihnen. Beides, die spür- und sichtbare Gottesgegenwart wie auch das verkündete Recht, wurde mit der wachsenden geografischen und zeitlichen Entfernung vom Sinai mit Unsicherheiten belastet: das Recht, weil viele Fragen neu beantwortet oder entschieden werden mussten, und die Gottesgegenwart, weil der Sinai für das alltägliche Leben im *verheißenen Land* kaum erreichbar war.

Die Aktualität und Authentizität der am Sinai dem Volk durch Moses von Gott übergebenen Tora zu verbürgen, beanspruchten dort die Priester am Jerusalemer Tempel - „vom Zion wird die Tora ausgehen, und das Wort des Herrn von Jerusalem" verkündeten die Propheten Jesaja und Micha (Jes 2:3; Mi 4:2). Aber auch die Propheten traten im Namen des Gottes Israels mit Tora auf und verkündeten ihre eigene, oft umstrittene Wahrheit. Das in der Hebräischen Bibel nur wenige Male ausdrücklich genannte „Buch der Tora des Moses" (*Sefer Torat Mosche*) wurde laut dem biblischen Zeugnis nur nachlässig befolgt, sodass es geschah, dass man unter dem König Josia (639-609 v. d. Z.) im Tempel einen *Sefer Torah* gefunden hatte, der von vielen Generationen offenbar gar nicht befolgt worden war (2 Kön 22-23). Erst im 5. Jhd. v. d. Z. verlas dann der aus dem Babylonischen Exil gekommene Schriftgelehrte Esra das „Torabuch des Moses" öffentlich und verpflichtete das Volk erneut auf dieses. Das Torabuch vom Sinai wurde von nun an zur Mitte des Judentums. Die rivalisierende Prophetie erklärten die rabbinischen Gelehrten des Talmud mit der Zerstörung des Ersten Tempels (587 v. d. Z.) für beendet, weil, so die Begründung, die *schechinah*, das heißt die Einwohnung Gottes, aus dem Tempel gewichen sei, und damit auch der erreichbare Ort der Gottesgegenwart. Deshalb war es nur ein zu erwartender Schritt, dass die Rabbinen mit der Zerstörung des Zweiten Tempels auch die Vollmacht der Priester, Tora zu lehren, für beendet erklärten. Für beide - Priester wie Propheten - galt bei den Rabbinen ohnehin, dass sie nichts verkünden konnten, was nicht schon Moses am Sinai übergeben worden war.

An die Stelle der Propheten wie der Priester traten nunmehr die aus dem Laienstand rekrutierten Toragelehrten, die Rabbinen. Sie übernahmen das Auslegungsmonopol der schriftlich niedergelegten „Tora des Moses vom Sinai". Alles, was man als Jude wissen musste, so sagten sie, ist in ihr enthalten, aus ihr müssen alle neu entstehenden Fragen beantwortet werden. Alles, was man später aus der am Sinai dem Moses übergebenen „schriftlichen Tora" mittels der Schriftforschung (Midrasch) gefunden hatte, konnte man deshalb als „mündliche Tora" vom Sinai erklären, also die Mischna, die Haggadah, die Midraschim, die Talmudim und sogar alles „was ein erfahrener Schüler dereinst seinen Lehrer fragen wird".[1] Nur schriftliche und mündliche Tora zusammen galten im vollen Sinn als *Tora des Moses vom Sinai*.

Doch auch die rabbinische Schriftauslegung geschah unter der sprichwörtlichen „Auseinandersetzung um des Himmels willen", also mit einer Vielfalt von oft widersprüchlichen Meinungen, die beanspruchten, Tora zu sein. Das Problem der Legitimation dessen, was Rechtskraft und theologisch-philosophische Gültigkeit hat, war geblieben. Schon der Talmud berichtet von einem spektakulären Versuch, die eigene Toraauslegung mithilfe von Wundern und einer vom Himmel herbeigerufenen Stimme zu legitimieren. Aber der Versuch wurde mit der rationalistischen Auffassung abgewiesen: Die Tora ist bereits vom Himmel gegeben und nun auf Erden:

An jenem Tage machte R. Eliezer alle Einwendungen der Welt, man nahm sie ihm aber nicht ab. Hierauf sprach er: „Wenn die Halacha [d. h. die gültige Rechtssatzung] ist, wie ich sagte, so mag das dieser Johannisbrotbaum beweisen." Da rückte der Johannisbrotbaum hundert Ellen von seinem Orte fort, manche sagen vierhundert Ellen.

Sie erwiderten: „Man bringt keinen Beweis von einem Johannisbrotbaum!"

Hierauf sprach er: „Wenn die Halacha ist, wie ich sage, so mag dies dieser Wasserbach beweisen!"

Da trat der Wasserbach zurück.

Sie erwiderten: „Man bringt keinen Beweis von einem Wasserbach!" [...]

Hierauf sprach R. Eliezer: „Wenn die Halacha ist, wie ich sage, so mögen sie es aus dem Himmel beweisen!"

Da erscholl eine Stimme vom Himmel und sprach: „Was habt ihr gegen Rabbi Eliezer? Die Halacha ist stets wie er!"

Da stand Rabbi Jehoschua auf und sprach: „sie ist nicht im Himmel" (Dtn 30:12). Was heißt [dieses Wort der Schrift]: „sie ist nicht im Himmel"? R. Jirmeja antwortete: „Die Tora ist bereits vom Berge Sinai her gegeben worden [und befindet sich demnach nicht mehr im Himmel]. Darum achten wir auf keine himmlische Stimme, denn bereits am Berge Sinai hast Du in die Tora geschrieben: ‚Nach der Mehrheit ist zu entscheiden'" (Ex 23:2).[2]

Mit diesem Votum ist eigentlich jegliche himmlische Intervention in Sachen der gültigen Tora ausgeschlossen. Die lebendige fortdauernde Tora des Sinai wird damit von der Auslegung der schriftlichen Tora durch die mündliche Tora, das heißt durch die Deutung der Texte, durch den *Midrasch*, gewährleistet. Damit hat die irdische Toraauslegung beide sinaitische Elemente - die Authentizität und Gültigkeit der Tora - wie auch die Gewähr der Gottesgegenwart übernommen, denn „sitzen zwei beisammen über Worten der Tora, so weilt die *schechinah* mitten unter ihnen".[3]

Der Präsenz Gottes beim Torastudium haben sich die rabbinischen Exegeten durch eine Tora-Braut-mystische Auslegung zu Dtn 33:4 versichert:

„Die Tora hat uns Moses geboten *moraschah qehillat Ja'aqov*" [als Erbe der Gemeinde Jakobs] (Dtn 33:4). Dieses Gebot lehrt, sie ist nur für uns, nur um unsretwillen [... denn] lies nicht *moraschah [Erbe]*, sondern *me'orasa [Anverlobte]*. Das lehrt, dass die Tora Israel angetraut ist und den Völkern wie eine schon verheiratete Frau gilt.

Die Tora-Braut-Vorstellung wurde des Weiteren dahingehend gedeutet, dass Gott selbst der Brautvater ist. Dieser Vater der Braut, so erzählen die alten Midraschim, konnte sich von seiner einzigen Tochter, der Tora, nur sehr schwer trennen und gebot deshalb dem Bräutigam Israel, bei sich auf Erden nicht nur für die Braut eine Bleibe zu errichten, sondern auch für den Brautvater, damit dieser stets in der Nähe seiner Tochter, inmitten Israels, wohnen könne:

Der Heilige, Er sei gesegnet, sprach zu Israel: „Ich habe euch meine Tora verkauft, da bin ich selbst gleichsam mit ihr verkauft". R. Simon sagte [...] „An jedem Orte, wo der Heilige, E. s. g., Seine Tora ruhen ließ, ließ er auch seine *schechinah* (Gegenwart) ruhen".[4]
Das heißt: Wo immer die Tora ist, da ist auch Gott.

Spätestens in der nachtalmudischen Zeit wurde die Vorstellung von der Tora als Israels Braut im konkreten sakramentalen Handeln dargestellt. Dabei werden, wenn im Herbst beim Fest *Simchat Torah*, dem Fest der Torafreude, die jährliche Toralesung abgeschlossen und sogleich mit dem ersten Kapitel *bereschit* wieder neu begonnen wird, die damit beehrten Männer *Chatan Torah* (Bräutigam der Tora) und *Chatan bereschit* (Bräutigam von *bereschit*) genannt. Beide Bräutigame müssen bei dieser Gelegenheit – einem wirklichen Bräutigam entsprechend – die Gemeinde zu einem „Brautmahl" laden.

Das Bedürfnis nach Unmittelbarkeit, Sichtbarkeit und emotionaler Bestätigung ließen sich durch die rationalistischen Beschränkungen, das heißt die Auslieferung der Tora an die nur menschliche Exegese, offenbar doch nicht gänzlich einhegen. Zeugnis dafür sind die zahlreichen Berichte oder Erzählungen von der Wiederkehr des Sinaiereignisses inmitten des hingebungsvollen Torastudiums. Diese weitgehend stereotyp gewordenen Berichte erzählen von der lebendigen himmlischen Tora und der Herabkunft Gottes zum Menschen in Gestalt der sicht- und hörbaren sinaitischen Erscheinungen. Es ist dies die genuin jüdische Form eines in der Religionsgeschichte verbreiteten mystischen Typs, nämlich der *Visitation* himmlischer Wesen beim Menschen. Mit anderen Worten: Die vielerorts bekannte *Visitationsmystik* wird hier mit den von der jüdischen Tradition und Theologie bereitgestellten Sprach- und Traditionselementen erfahren und beschrieben – als beides, als Bestätigung des Mystikers und seiner Toraauslegung wie der Verbürgung der Gottesgegenwart.

DIE GEGENWART DES SINAI BEIM STUDIUM DER TORA IN DER TALMUDISCH RABBINISCHEN ANTIKE

Die älteste Version der mystischen Erzählung von der Gegenwart des Sinai findet sich im palästinischen (Jerusalemer) Talmud. Sie bietet in ihrer Einfachheit die beiden Kernelemente der bis ins 19. Jahrhundert herauf vielfach variierten Erzählung, nämlich von Menschen, die Tora studieren, woraufhin die sinaitischen Phänomene eintreten. In dieser Urversion wird berichtet, wie R. Eliezer ben Hyrkanos und R. Jehoschua ben Chananja bei der Beschneidungsfeier des Elischa ben Abuja sich beiseite setzten, um Tora zu lernen, während die übrige Gesellschaft sich dem Tanze hingab:[5]

[1] Sie setzten sich und befassten sich mit Worten der Tora und von der Tora zu den Propheten und von den Propheten zu den Schriften.
[2] Da fiel Feuer vom Himmel und loderte um sie. Da sprach Abuja: „Herrschaften, seid ihr gekommen, mir das Haus über dem Kopf anzuzünden?"
[1] Sie erwiderten: „Gott bewahre! Wir saßen nur und reihten Worte der Tora und von der Tora zu den Propheten und von den Propheten zu den Schriften!"
[2] Da freuten sich die Worte wie bei ihrer Offenbarung/Übergabe am Sinai (*ke-netinatan mi-sinai*) und das Feuer umzüngelte sie, wie es vom Sinai züngelte! Und das Wesentliche ihrer [der Worte] Offenbarung am Sinai geschah mit Feuer, [wie es heißt]: „und der Berg brannte im Feuer bis zum Herzen des Himmels!" (Dtn 4:11)
Da sprach Abuja zu ihnen: „Herrschaften, ist die Macht der Tora so groß, so will ich diesen Sohn, falls er am Leben bleibt, zur Tora bestimmen!"[6]

Dieser talmudische Prototyp aller folgenden Variationen der Geschichte bietet neben den beiden wiederholten Grundelementen den zentralen Satz „*ke-netinatan mi-sinai*", der wider allen Zweifel den Sinn des Geschehens ausspricht: Die Worte der Toragelehrten sind so authentisch wie damals, als sie am Sinai gegeben wurden. Das heißt, hier entfaltet sich die

„Macht der Tora" in ihrer ursprünglichen sinaitischen Kraft in der anstehenden Gegenwart, bestätigt durch die Erscheinung der himmlischen Phänomene.

Was in dieser Version von zwei Torastudenten berichtet wird, gilt auch für einen einsam für sich lernenden Toragelehrten:[7]

> [1] Ben Assai saß beim Lernen
> [2] und das Feuer umloderte ihn.[8]

Die dieser Version der Erzählung beigegebenen Kommentare berichten gleichfalls vom Reihen von Texten aus den verschiedenen Teilen der Bibel, Tora (Pentateuch), Propheten und Hagiografen, womit die Einheit der dem modernen Leser durchaus widersprüchlich erscheinenden Teile der Hebräischen Bibel beschworen oder besser himmlisch bezeugt wird. Auch wird dort betont, dass ben Assai die Tora-Worte *richtig* verstanden hat, worüber diese sich freuten wie bei ihrer Offenbarung am Sinai.

Ein weiteres Mal wird der Vorfall im *Midrasch zum Hohen Lied* (*Schir ha-Schirim Rabba*)[9] von R. Abbahu berichtet.[10] Auch hier ist vom Reihen der Schriftworte die Rede und obendrein vom Eindringen in deren Sinn - weil Abbahu richtig reiht und richtig versteht, erscheint das sinaitische Feuer.

Die nächste Version und ihre Kommentare fügen noch weitere Elemente der Sinaioffenbarung hinzu, nämlich die „persönliche" Anwesenheit der Gottheit samt seiner himmlischen Heerscharen, wodurch das Ganze noch klarer als visitationsmystischer Akt erscheint:[11]

> [1] Man sagte von Jonathan ben Uzziel: Wenn er saß und sich mit der Tora befasste,
> [2] verbrannte jeder Vogel, der über ihm flog.

Der mittelalterliche Kommentator Raschi (1044-1105) erklärte dies so: „Er verbrannte, weil die Dienstengel sich um ihn versammelten, um die Worte der Tora aus seinem Mund zu hören." Und der Glossator (Tosafist) Rabbenu Hananel (980-1055) fügte hinzu: „Das heißt, der Glanz der *schechinah* war an dem Orte, wo er saß."

Es gibt untrügliche Hinweise, dass die Vorstellung visitationsmystischer Erscheinungen beim Studium der Tora jenen Kreisen entsprang, die man gemeinhin vor allem mit der ekstatischen Himmelfahrt verbindet, nämlich den sogenannten Hechalotmystikern der talmudischen Zeit. Neben Beschreibungen von Himmelsreisen, die vor dem Thron Gottes ihre Klimax in einer liturgischen *unio mystica* fanden, kannten diese Kreise offenbar auch die visitationsmystische Zusammenkunft von Gott und Mensch. Das visitationsmystische Phänomen verbanden sie vor allem mit dem Studium der Schöpfungsgeschichte (*ma'ase bereschit*) und der Vision des göttlichen Thronwagens (*ma'ase merkava*) des Propheten Ezechiel (Kap. 1). Die Herabkunft der sinaitischen Phänomene diente diesen antiken Mystikern insbesondere zur Bestätigung der Toraauslegung eines Schülers bei seinem Initiationsvortrag, wodurch er als Toramystiker anerkannt wurde:[12]

> [1] [R. Elasar ben Arach] sprach zu [R. Jochanan ben Sakkai]: „Rabbi, gestatte mir, dir etwas [ein Kapitel von *ma'ase merkava*] vorzutragen" [...] sie gingen und setzten sich unter einen Baum
>
> [2] da fiel Feuer vom Himmel und loderte um sie her und die Dienstengel hüpften vor ihnen wie Hochzeitsgäste, die sich vor dem Bräutigam freuen. Da rief ein Engel aus dem Feuer: „So wie du's sagst Elasar ben Arach, so ist das *ma'ase merkava*!"
>
> Sogleich öffneten alle Bäume ihren Mund und sangen [wie es heißt]: „da frohlocken alle Bäume des Waldes" (Ps 96:12).[13]

Die Parallele im Babylonischen Talmud (*Chagiga* 14b) betont eigens, dass die himmlischen Phänomene nur bei demjenigen erscheinen, der weise ist und die Texte aus eigener Erkenntnis versteht. Auch unterstreicht dort der Meister, dass bei einem solchen Vortrag die *schechinah*, von ihren Engeln begleitet, selbst zugegen ist. Außerdem kommt der Engel, der die Richtigkeit des Vortrags bestätigt, herbei, küsst den Novizen auf sein Haupt und sagt: „Gesegnet, sei der Gott Israels, der unserem Vater Abraham einen Sohn gab, der das *Ma'ase Merkava* zu verstehen, zu erforschen und vorzutragen weiß".

DIE GEGENWART DES SINAI BEIM STUDIUM DER TORA NACH DEN LEHREN DER MITTELALTERLICHEN PHILOSOPHIE, KABBALA UND CHASSIDISMUS

Die nachtalmudische Literatur führte die überkommenen Traditionsvorgaben im Wesentlichen fort. Die voranschreitende jüdische Geistesgeschichte fügte jedoch vereinzelte interpretative Elemente in die Erzählungen ein, mit dem Bemühen, das sinaimystische Phänomen dem gewandelten Denken des Mittelalters verstehbar zu machen und zu begründen. Dafür steht eine beachtliche Reihe von Erzählungen in den unterschiedlichsten hebräischen und jiddischen Werken zur Verfügung, von denen hier nur einige angeführt werden können.[14]

Mit den neu in die Erzählungen eingefügten Theoremen soll der Versuch unternommen werden, das hier Beschriebene - nämlich die Revitalisierung einer längst vergangenen Lehr- und Offenbarungssituation - auf eine neue Verstehensbasis zu stellen. Dafür haben die Erzähler im Wesentlichen drei Konzeptionen herangezogen. Die eine ist die lurianische Lehre von der Seelenwanderung. Laut ihr müssen nach dem Sündenfall des makrokosmischen ersten Menschen, des *Adam ha-rischon*, die abertausenden Seelenfunken, in welche die Adamsseele durch den Sündenfall zerbrochen war, in der Seelenwanderung alle Schuld sühnen, um die Adamsseele wiederherzustellen. Dabei können und sollen die aus den gleichen Ästen der Adamsseele stammenden Funken als Seelenverwandte, vor, während und nach ihrer Inkarnation in verschiedene Menschenkörper einander beistehen und helfen, die Sühne und nötigen Erkenntnisstufen zu erreichen.

Die zweite Konzeption ist die einer neoplatonisch-aristotelisch geprägten Individualmystik und schließlich die antike Tradition der Engelbeschwörung, die schon den Torafürsten zur individuellen Belehrung des Menschen herbeibeschworen hat.

Die ab dem Mittelalter und danach belegten Erzählungen handeln demgemäß zunächst im Kreis um den bedeutenden Kabbalisten Jizchak Lurja, den sogenannten *Ari* (Löwe; 1534-1572), die ab Beginn des 17. Jahrhunderts nachweisbar sind, sodann aus dem osteuropäischen Chassidismus (ca. ab Ende 18. Jhd.) - beides also mystisch-kabbalistische Gruppen.

Diese Texte bezeugen eine ungebrochene Fortführung der alten Tradition mit wechselnden Motiven, wobei die stereotype Formel „*ke-netinatan mi-sinai*" regelmäßig vertreten ist. Es kehren die bekannten und noch zusätzliche Motive wieder: das Feuer, das den Lehrer oder das Haus umlodert und bis zum Herzen des Himmels emporschlägt, die Feuerfackeln und Blitze, der Schofar, außerdem das nach dem rabbinischen Midrasch gleichfalls sinaitische Motiv von der als schwarzes Feuer auf weißem Feuer geschriebenen Tora, der Schrecken des Volkes, die Anwesenheit von Engeln und verstorbenen Lehrern oder deren Seelen, die sichtbaren Stimmen, die aus dem Munde des Lehrers als Feuer hervorgehende Tora, und schließlich noch das Hören des ersten bzw. der ersten beiden Gebote, von denen es im Midrasch heißt, dass ganz Israel diese beiden selbst aus Gottes Mund vernommen habe.[15]

Die wiederholte und noch erweiterte sinaitische Topik bot demnach auch den nachtalmudischen Erzählern das geeignete Sprachmaterial oder die geeignete Erzählsyntax, um die mystische Vergegenwärtigung des Sinai im Torastudium auszudrücken; und dies in einem solchen Maße, dass diese Form und Topik auch dann noch beibehalten wurden, als sie dem neueren, mittelalterlichen und nachmittelalterlichen jüdischen Denken Schwierigkeiten bereitete. Durch den mittelalterlichen philosophischen Rationalismus war es offenbar selbst solchen Erzählern nicht mehr möglich, so unbefangen wie die ältere Literatur von den wunderbaren Begleiterscheinungen dieses Studiums zu sprechen, weil man sie offenbar mit den menschlichen Sinnen nicht wahrnehmen konnte. Darum fügten manche der Erzählungen die einschränkende Erläuterung ein, dass dem Auge aus Fleisch und Blut nicht die Gewalt gegeben sei, die Gegenwart der Sinaiwunder wahrzunehmen, sondern alleine dem Meister oder anderen besonders begnadeten Individuen. Das bedeutet: Auch wenn man das Feuer und die Blitze nicht sehen kann, soll man dennoch an sie glauben.

Eine, die die kabbalistische Lehre von der Seelenwanderung einbezieht, ist die besonders schöne Version aus dem Kreis des Jizchak Lurja:[16]

> [1] Einmal ging der Rav [Jizchak Lurja] mit den Genossen nach Meron zum Grabe des Rabbi Schimon Bar Jochai, seligen Angedenkens. Dort sprach er zu den Genossen: „Meine Freunde, hier saß R. Schimon Bar Jochai mit den Genossen, um die große Versammlung (*idra rabba*)[17] abzuhalten, und noch jetzt ist ein Abglanz jenes Lichtes an diesem Ort. Es ist ja bekannt, selbst wenn das Licht sich entfernt, bleibt doch sein Abglanz an dem Ort zurück.
>
> Danach setzte sich der Rav an den Platz von R. Schimon Bar Jochai und R. Chajjim Vital an den Platz von R. Elasar und den Gelehrten R. Jonatan an den Platz von R. Abba und den Gelehrten R. Gedalja an den von R. Jehudah und den Gelehrten R. Josef Mugrabi an den Platz von R. Josi und den Gelehrten R. Jizchak ha-Kohen an den Platz von R. Jizchak. Und in dieser Ordnung setzte er die übrigen Genossen an die Plätze der Genossen R. Schimon Bar Jochais.
>
> Er sagte auch: „Heute erstrahlte in meinem Genossen soundso der Tannaite soundso".[18]
>
> Danach lernte er mit den Genossen die *idra* und offenbarte ihnen Geheimnisse und Andeutungen, die Schimon Bar Jochaj in der *idra* machte.
>
> [2] Und während er so lernte, sagte er zu den Genossen: „Meine Freunde, wisset, daß die Feuerslohe uns umgibt und R. Schimon Bar Jochai, Friede sei auf ihm, samt seinen Genossen, auch die Seelen der Gerechten und andrer Tannaiten sowie die Dienstengel bei uns stehen. Sie kamen, um die wahre Tora aus meinem Mund zu hören. Darum lasst nicht ab von eurer Konzentration, so werden sich an euch die Worte der Schrift erfüllen, und ihr, die ihr haftet am Herrn eurem Gott, [ihr seid alle heute noch am Leben. Seht, ich lehre euch Satzungen und Rechte, wie mir der Herr, mein Gott, geboten hat ...] (Dtn 4:4f). Und hättet ihr [nicht] Menschenaugen, würdet ihr mit euren Augen die große Menge um uns sehen, denn die Worte sind gesprochen wie bei ihrer Offenbarung am Sinai (*ke-netinatan mi-sinai*), nur ist dem Auge die Erlaubnis nicht gegeben, es zu sehen, außer mir".

Die Lehre von der Seelenwanderung verbirgt sich hinter der Dramaturgie der Platzzuweisungen für die einzelnen Schüler an die ehemaligen Sitzplätze verstorbener Gelehrter. Nach dieser Lehre gibt es, wie gesagt, unter den in der Wanderung inkarnierten Seelen – wie solcher schon verstorbener Menschen – Seelenverwandtschaften, die aber nichts mit der leiblichen Verwandtschaft zu tun haben, die jedoch einander als solche Verwandte im Rad der Seelenwanderung (*gilgul*) helfend beistehen können und sollen. Um die Hilfe der Verstorbenen für die noch inkarnierten Seelen wirksamer zu machen, ist es ratsam, sich an Orte ihrer ehemaligen Wirksamkeit zu begeben, was dann oft bewirkt, dass das Licht der verstorbenen Seelen in den noch Lebenden aufstrahlt. Deshalb ergibt sich die präzise Dramaturgie der Platzzuweisung jeweils verwandter Seelen in dieser Version der Erzählung. Die hier vorausgesetzte Heiligkeit des Ortes erlangt jeder Ort, an dem ein großer Toralehrer gelehrt hat; er behält seine heilige Aura über seinen Tod hinaus und oft ein sichtbares Leuchten. Das gilt in besonderem Maße auch für deren Gräber, auf denen man sich eigens zur Meditation auszustrecken pflegte - es ist deshalb bewusst gewählt, dass der spätere Kabbalist Jizchak Lurja seine Schüler nach Meron zum Grabe von Schimon Bar Jochai beruft. Er gilt ja der Tradition als Verfasser des grundlegenden kabbalistischen Hauptwerks, des Buches *Zohar*.

Das Buch *Zohar* (13.-14. Jhd.), das sich selbst als besonders tiefgehende Einsicht in die sinaitische Tora versteht, hat mit der in der vorangegangenen Erzählung genannten großen Versammlung (*idra rabba*), die zu einem eigenen Buch innerhalb des *Zohar* wurde, den epochalen Schritt der Kabbala als voranschreitende Offenbarung bisher verborgener Lehren der sinaitischen Tora inszeniert.

Die Auffassung, auch bisher völlig unbekannte, „neu gefundene" Lehren als echte sinaitische Offenbarung zu deklarieren, wird in den verschiedenen Traditionsstücken mehrfach betont, so wie in dem sogleich folgenden Text von dem Prager und Frankfurter Rabbiner Jeschajahu Horowitz (ca. 1555-1630). Horowitz greift dabei auf die letztlich aus Dtn 29:14 abgeleitete alte Midrasch-Tradition zurück, nach der am Sinai schon die Seelen aller erst noch zu erschaffenden Israeliten anwesend waren.[19] In seinem hoch angesehenen Werk *Die zwei Bundestafeln* hat er diese Tradition gemäß der philosophisch-kabbalistischen Psychologie des Mittelalters als das „Leuchten des Geistes" der menschlichen Seele gedeutet, die als ewig lebende, schon vor der irdischen Lebenszeit des Menschen bei der Toraoffenbarung am Sinai zugegen war:

Jedes Wort, das aus dem Mund des Heiligen, Er sei gesegnet, hervorging, küsste alle Israeliten auf den Mund - ein Hinweis auf das Anheften ihrer Seele. Und sie bewirkt das Aufflammen des Feuers beim Studium der Tora, welches das Licht des Geistes erweckt, nämlich das Licht der Tora, denn die Leuchte Gottes ist die Seele des Menschen. Und deshalb sagte der oben genannte Midrasch: „Die Worte leuchten wie bei ihrer Übergabe am Sinai". Und schon dort hatte ich ja vermerkt, dass alles, was ein Student Neues findet, keineswegs neu ist, sondern nur verborgen war und nun aufgedeckt wurde, denn dessen Geist ist seine Seele, und die Seelen waren dort am Sinai. Und wie im Augenblick der Übergabe der Tora am Sinai das Feuer loderte und der Berg im Feuer brannte, so lodern die Worte auch jetzt, wie sie einst am Sinai loderten, denn nun treten sie aus dem Verborgenen ans Licht.[20]

Eine für den osteuropäischen Chassidismus kennzeichnende Neubearbeitung der sinaimystischen Tradition ist die folgende Erzählung, in welcher die Individualmystik dieser Bewegung gefeiert wird. Auch hier klingt das Motiv der Seelenverwandtschaft an, wie in einem analogen Text ausdrücklich vermerkt wird, nach dem der enthusiastische Sänger des Hoheliedes einen Funken der Seele des Verfassers Salomo in sich trage.[21] Schließlich nimmt der Text noch das seit der mittelalterlichen Philosophie und Kabbala geläufige Motiv des „Todes durch einen Kuss" auf, der auf der Klimax der mystischen Erregung eintreten kann.[22] Der Tod im Kuss wird durch die im Chassidismus zentrale Forderung unterstützt, dass man im mystischen Akt die Körperlichkeit und Materialität ablegen muss. Auch das Entflammen (*hitlahavut*) des Menschen ist ein zentrales Motiv der chassidischen Mystik. Ein weiteres aus der Kabbala stammendes Motiv, das auch im Chassidismus eine wesentliche Bedeutung erhielt, war das Ergießen des Geistes von oben, das sich bei dieser Gelegenheit vollzog:[23]

Unser Lehrer, Zwi, der heilige Rav von Siditschov, sel. Angedenkens, erzählte:

[1] Eines Tages war er in Mesibos und verbarg sich dort im Zimmer mit einem Chassid, um das Hohelied aus dem heiligen Mund des Rav [Baruch aus Mesibos] zu hören, das Andenken des Gerechten sei zum ewigen Leben.

[2] Und als er entflammt mit Hingabe das Lied begann, sagte der Chassid zum heiligen Rav, unserem Lehrer Zwi, sel. Angedenkens, dass seine Gedanken sich verwirrten, vor lauter Feuer, das in ihm brannte.

Und als er zu dem Vers kam: „und sein Banner über mir war Liebe. Man labte mich mit Rosinenkuchen und erquickte mich mit Äpfeln, denn ich bin krank vor Liebe“ (Cant 2:4-5), da sah man wahrhaftig, wie das Feuer um ihn loderte.

Da floh der Chassid, der mit ihm war, denn er konnte das große und furchtbare Feuer nicht ertragen, denn er „sah die Stimmen und die Feuerfackeln“ (Ex 20:15), und das ganze Haus brannte vor Feuer.

Er [R. Zwi] aber stärkte sein Herz und nahm seine Kraft zusammen, um der Stimme des „Engels des Herrn“ zu lauschen, bis er schließlich zu dem Verse kam: „Ich bin meines Geliebten, und er hat nach mir Verlangen“ (Cant 7:11), da ward er fast von Sinnen und ohne Besinnung, allein, der Heilige, unser Lehrer R. Zwi, sel. Angedenkens, sprach bei sich: Komme, was da wolle, ich will in Liebe mein Leben dem Herrn hingeben, um die Worte des lebendigen Gottes zu hören wie bei ihrer Offenbarung am Sinai (*ke-netinatan mi-sinaj*), auch wenn, Gott bewahre, meine Seele aus meinem Körper scheidet. Ich bin bereit, den Willen meines Schöpfers, E. s. g., zu erfüllen.

Da ergoss sich auf ihn ein neuer Geist aus der Höhe, und er sah im Haus das Feuer des Herrn vom Himmel lodern - man konnte es nicht ermessen, nicht beschreiben und erzählen. So stand er dort, bis er das Wort der Schrift sprach: „Denn stark wie der Tod ist die Liebe [Leidenschaft hart wie die *sche'ol*, ihre Gluten sind Feuersgluten, ihre Flammen wie Flammen des Herrn“] (Cant 8:6).

Da ist er vor lauter Entflammung und Verlangen, Gott bewahre, fast dahingeschieden, aber der Herr ward ihm zur Hilfe, bis er das Hohelied beendet hatte.

Der jüdischen Philosophie des Mittelalters verbunden ist eine Version der sinaimystischen Tradition aus der Schule des mittelalterlichen Kabbalisten Asriel aus Gerona (13. Jhd.). Die Kabbala Asriels war dem Rationalismus der aristotelischen Schule verpflichtet. Sie bot ihm die Weltsicht an, auf der er seine Intellektsmystik errichtete. Mit ihrer Hilfe erklärte er auch die eingangs zitierte Version der Sinaierzählung von ben Assai.

Laut dem mittelalterlichen Aristotelismus stammt der menschliche Intellekt aus dem Weltintellekt, dem sogenannten aktiven Intellekt, zu dem sich der menschliche Intellekt durch das Studium wieder emporschwingen und mit ihm vereinen soll, um hernach mit bereicherter Erkenntnis nach unten zurückzuströmen. Die aristotelische Erkenntnislehre wird von den Kabbalisten allerdings auf das Studium der Tora bezogen. Dadurch gelang es ihnen, mittels des damals modernsten Denkens zu erklären, dass es eine stete Möglichkeit neuer und höherer Toraerkenntnis gibt:[24]

Unsere Weisen, seligen Angedenkens, sagten:

„Ben Assai saß beim Lernen und das Feuer umloderte ihn“.

Und „Rabbi Eliezer saß und trug vor, und sein Strahlen war wie das Strahlen unseres Meisters Moses, Friede sei auf ihm“.

Du musst wissen, diese beiden Begebenheiten haben ein und denselben Sinn, den ich dir erklären will.

Wisse, bei einem Wasserquell, der von einem höheren Ort zu einem tieferen Ort sich ergießt, dessen Wasser kann man an einen anderen Ort hochfließen lassen, bis zu eben jener Höhe, aus der sie entströmten.

So wissen die Kabbalisten, dass das Denken des Menschen aus der rationalen Seele kommt, die selbst aus den Oberen fließt. Und darum hat das Denken Macht, sich auszubreiten und bis an den Ort seiner Herkunft aufzusteigen, und dann haftet es am oberen Mysterium, aus dem es geflossen ist. Und so werden das Denken und das obere Mysterium eins!

Und wenn das Denken von oben nach unten zurückkehrt, so wird alles wie ein Strang. Und jenes obere Licht fließt nach unten dank der Kraft des Denkens, das es nach unten zieht, dann ist die *schechinah* unten, und dann fließt das helle Licht und breitet sich an jenem Orte aus, an dem der Denker sitzt.

In eben dieser Weise hefteten die früheren Frommen ihr Denken an die Oberen und zogen vom oberen Licht nach unten, und dadurch wurden die Worte reich und voller Segen, ganz entsprechend der Macht des Denkens.

Zusammenfassend kann man sagen: Das zentrale Anliegen all dieser Erzählungen und Traktate ist die in jeder neuen Gegenwart zu beantwortende Frage, ob denn die Stimme Gottes vom Sinai auch noch in den eigenen Tagen zu vernehmen ist. Der schon genannte Jesaja Horowitz drückt diesen Gedanken noch durch eine andere Konzeption der dauernden Präsenz der Offenbarung Gottes in der Welt aus, nämlich durch die am Sinai erklungene Stimme Gottes, die ununterbrochen erschallt, aber nichts Neues mitteilt. Nach Dtn 5:19/22 sagte Moses zu den Israeliten nach dem Wortlaut der Zehn Gebote: „Diese Worte redete JHWH zu eurer ganzen Gemeinde am Berg aus dem Feuer der Wolke, eine mächtige Stimme, die nicht abließ (*lo jasaf*)". In einer Auslegung zum Segen, den ein zur Tora Aufgerufener spricht, schreibt Horowitz:[25]

„Gesegnet seist du, Herr, der die Tora gibt!"

Es heißt [hier] nicht „der die Tora gab", denn noch gibt der Heilige, E. s. g., die Tora im Geheimnis der „großen Stimme, die *lo jasaf*" (Dtn 5:19/22).

Es gibt zwei Auslegungen [für dieses „*lo jasaf*"]:

Die eine lautet: „und er fügte nichts hinzu", und die zweite umgekehrt: „er ließ nicht ab". Und beide sind sie richtig!

Denn Er fügte damals [am Jordan] keine Offenbarung mehr hinzu, aber Er ließ nicht ab, denn alle Prophetie der Propheten und alle Neuerungen der Schriftgelehrten und der Weisen jeder Generation und Generation und alles, was ein Schüler Neues findet, alles entspringt der Macht jener „Stimme". Und wenn dann [die für die jeweilige Neuerung bestimmte] Zeit gekommen ist, gemäß der Generation, dann tritt sie ans Licht. So finden wir: All diese Worte unserer Rabbinen, ihre Anordnungen und Einschränkungen und Bräuche, alles ist vom Sinai!

Welcher Art ist die Tora, von der in all diesen Geschichten die Rede ist? Es ist die Tora in ihrer ganzen Vielfalt: Sie ist die Tora, wie sie in der wöchentlichen Lesung in Lehrhaus oder in der Synagoge vorgetragen wird, die Rezitation des Hoheliedes, das Torastudium in der Shawuot-Nacht, das gemeinsame Lernen von Lehrer und Schülern, das Studium der traditionellen Merkava-Literatur, die Geheimlehren der Tora und der Kabbala, ganz neue, bisher noch nicht offenbarte Lehren, die Lehren der großen Meister, oder schließlich die einem jeden Menschen persönlich zugedachte eigene Tora – also auch alle hebräischen Texte im vorliegenden Band. Die Geschichten wollen bezeugen, dass Tora in jedweder Form als vollgültige und vollmächtige sinaitische Offenbarung in der jeweiligen Gegenwart präsent sein kann, dass da, wo der Mensch Tora richtig vorträgt und lernt, die sinaitische Offenbarung in Realpräsenz zugegen ist – und dies trotz der zeitlichen und räumlichen Distanz zum historischen Sinai. Die Erzählung von der Gegenwart des Sinai beschreibt demnach im wahren Sinne ein mystisches Ereignis, und zwar auf dem von der rabbinischen Literatur vorgegebenen Grund, der Tora vom Sinai.[Abb. 1]

1 *Midrasch Tanchuma*, hg. von Salomon Buber (Wilna: Romm, 1885; Photostatischer Neudruck, Jerusalem: Urzal, 1964), Bd. II, 116.

2 Babylonischer Talmud, Baba Mezia 59b.

3 Mischna, Avot 3:2.

4 Midrasch Schemot Rabba, 33:1. Vgl. dazu Karl Erich Grözinger, *Ich bin der Herr, dein Gott!* (Frankfurt am Main: Peter Lang, 1976), 73f.

5 Jerusalemer Talmud, Chagiga 77b.

6 Vgl. Midrasch Kohelet Rabba 7:8; Midrasch Schir ha-Schirim Rabba 1:10.

7 Midrasch Wajjikra Rabba, 17:4.

8 Vgl. Midrasch Kohelet Rabba, 7:8; Midrasch Schir ha-Schirim Rabba, 1:10.

9 Midrasch Schir ha-Schirim Rabba, 1:10.

10 So mit dem Kommentar des MaHaRZO (Ze'ev Wolf Einhorn) zur vorgenannten Stelle.

11 Babylonischer Talmud, Sukka 28a.

12 Jerusalemer Talmud, Chagiga 77a.

13 Vgl. Mechilta des R. Schimon Bar Jochai, hg. von E. Z. Melamed (Jerusalem: Sifre Wahrmann, 1955), 158; Bablonischer Talmud, Chagiga 14b.

14 Alle mir bekannt gewordenen Erzählungen findet man in meinem Aufsatz „Die Gegenwart des Sinai, Erzählungen und kabbalistische Traktate zur Vergegenwärtigung des Sinai", in: *Frankfurter Judaistische Beiträge* 16 (1988), 143–183; online: https://publishup.uni-potsdam.de/opus4-ubp/frontdoor/deliver/index/docId/1715/file/groezinger1988.pdf.

15 Midrasch ha-Gadol, Ex 19:25; Midrasch Tanchuma, wajjelech § 2; Pirke de Rabbi Eliezer, 41.

16 *Sefer Toledot ha-Ari*, hg. von Me'ir Benajahu (Jerusalem: Hoza'at Machon Ben-Zwi, 1967), 179.

17 Eine der zum *Zohar* gehörenden Schriften, vgl. Gerschom Scholem, *Die jüdische Mystik in ihren Hauptströmungen* (Frankfurt am Main: Suhrkamp, 1967), 175; Karl Erich Grözinger, *Jüdisches Denken, Theologie, Philosophie, Mystik*, Bd. 2: *Von der mittelalterlichen Kabbala zum Hasidismus* (Frankfurt am Main: Campus, 2005), 470.

18 D. h., die Seele jener längst Verstorbenen hat sich auf dem Wege der Seelenschwängerung (*ibbur*) vorübergehend der Seele des Lebenden beigesellt und lässt sie an ihren guten Eigenschaften teilhaben. Vgl. Gerschom Scholem, „Gilgul. Seelenwanderung und Sympathie der Seelen", in: Ders., *Von der mystischen Gestalt der Gottheit* (Frankfurt am Main: Suhrkamp, 1962); Grözinger 2005 (wie Anm. 17), 671–676.

19 Midrasch Schemot Rabba, 28:6; Midrasch Tanchuma, Pikkude 3; Midrasch Tanchuma, Nizzavim 3.

20 Isaiah, *Schne Luchot ha-Brit* (Warschau: N. D. Zysberg, 1862), Schavu'ot, Tora Or 40b.

21 *Megillat Juchasin*, hg. von Efraim Zalman Margaliot, (Lemberg: Brody, 1900), 31.

22 Dazu Karl Erich Grözinger, *Jüdisches Denken, Vom Gott Abrahams zum Gott des Aristoteles* (Frankfurt am Main: Campus, 2004), Bd. 1, 582–584; Grözinger 2005 (wie Anm. 17), 846.

23 Megillat Juchasin, 31.

24 Iggeret ha-Qodesch, Chaim Dov Schewel, Kitve Rabbenu Mosche ben Nachman, Bd. II (Jerusalem: Hoz. Ha-Rav Kook, 1963/64), 315f., 333.

25 Schne Luchot ha-Brit, Schavu'ot, 38c.

→ **Abb. 1** Die Israeliten am Berg Sinai beim Empfang der Tora, Leipnik Haggadah Amsterdam 1739 | Bibliotheca Rosenthaliana, Amsterdam

דַּיֵּנוּ:	קֵרְבָנוּ לִפְנֵי הַר סִינַי	
וְלֹא	קֵרְבָנוּ לִפְנֵי הַר סִינַי	אִלּוּ
דַּיֵּנוּ:	נָתַן לָנוּ אֶת הַתּוֹרָה	
וְלֹא	נָתַן לָנוּ אֶת הַתּוֹרָה	אִלּוּ
דַּיֵּנוּ:	הִכְנִיסָנוּ לְאֶרֶץ יִשְׂרָאֵל	

פירוש אברבנאל

הזמנים וכאן אמר שלא הספיק בצקם שלאבותינו להחמיץ בעוד שנגלה ממ"ה שהגלות היה ב במכה בכורות כמו שנאמר ו ועברתי בארץ מצרים ופסח על הבתים כי בעוד שהיה ההגלות ב הזה שבו יצאו ממצרי' בכל הזמן ה ההוא לא הספיק בצקם להחמיץ · ואפשר לומר עוד בזה שהגלות השכינה שזכו ר"ג היה עמוד הענן שבא לישרא' להגיעם לסוכות שנאמר ויסעו מסוכת וגו' וה' הולך לפניהם יומם וגו' ולכן

צורות בני ישראל העומדים לפני הר סיני ורוצים לקבל את התורה ויאמרו נעשה ונשמע

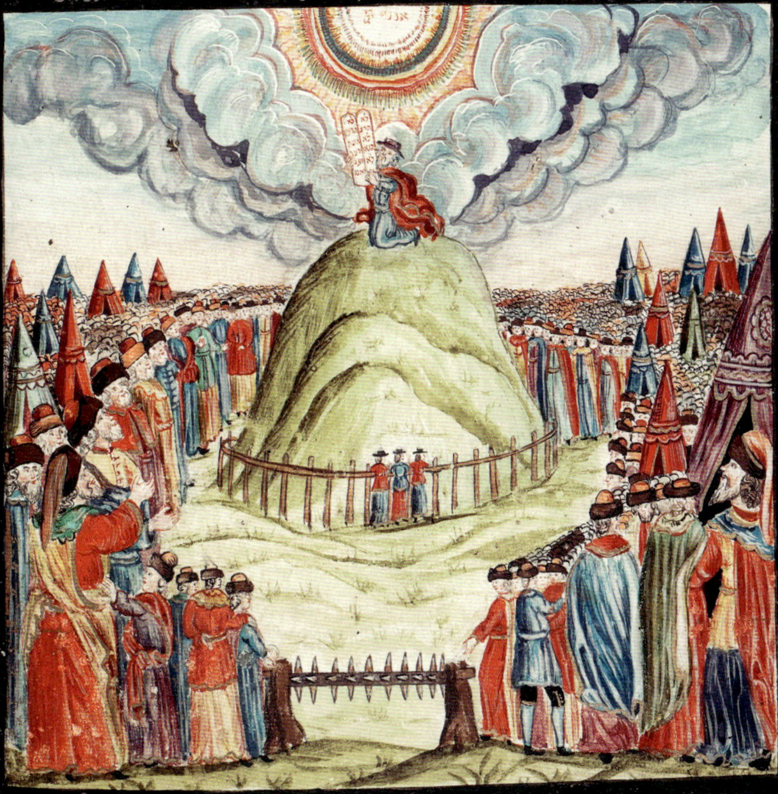

Die Materialität des Schreibens in Schreiberhandbüchern des Mittelalters und der Neuzeit: Pergament, Tinte und Schreibutensilien

Anne May Dallendörfer und Katharina Hadassah Wendl

Der Qeset ha-Sofer, er liegt
vor dir offen
Und oft läuft hin dein Aug'
nach einem Gesetz,
Und es liegt auf deinem
Anlitz verschlossen das
Hoffen
Und alles Leiden von dir
und deiner Sort[1]*...*

Der Qeses ha-Sofer er ligt
far dir ofn
Un oft luft ahin dort dajin
ojig nokh a din,
Un s'ligt oif dain punim
farchosemet dos hofn
Un ale inujjim fun dir un
dajin min ...

דער קסת הסופר ער ליגט
פאַר דיר אָפן
און אָפט לופט אַהין דאָרט
דיין אויג נאָך אַ דין,
און ס'ליגט אויף דיין פּנים
פאַרחתמעט דאָס האָפן
און אַלע ענויים פון דיר און
דיין מין[2]...

So beschreibt Joseph Hillel Lowy (1891–1955) in poetischer Weise die Tätigkeit seines Vaters Israel David Lowy. Als professioneller Schreiber hatte dieser beim Anfertigen von Torarollen stets das Schreiberhandbuch *Qeset ha-Sofer*[3] aufgeschlagen neben sich liegen, um im Zweifelsfall auf dessen Instruktionen zurückgreifen zu können. Torarollen, aber auch weniger umfangreiche Schriftrollen wie Tefillin, Mezuzot und Megillot Ester nehmen eine zentrale Rolle in der jüdischen Religionspraxis ein. Sie werden seit Jahrhunderten nach komplexen Regeln und Traditionen von speziell dazu ausgebildeten Schreibern (genannt *sofrei STaM*, Akronym für ***S**ifrei Torah, **T**efillin, **M**ezuzot*) hergestellt. Das Schreiberhandwerk setzt ein breites Spektrum an Wissen und Fähigkeiten hinsichtlich der Herstellung von Pergament, Tinte, Schreibinstrumenten und der Reparatur alter und beschädigter, rituell reiner Schriftrollen voraus. Denn die Herstellung all dieser Materialien ist Traditionen unterworfen, die von einer Generation von Schreibern an die nächste weitergegeben werden. Während die literarische Gattung des Schreiberhandbuchs in der jüdischen Tradition bereits in der Spätantike belegt ist,[4] haben sich jüdische Schreibpraktiken über die Jahrhunderte und in unterschiedlichen kulturellen Kontexten weiterentwickelt – etwa im Lichte neuer Diskussionen innerhalb der rabbinischen Tradition, infolge technologischen Fortschritts, variierender Verfügbarkeit von Ressourcen oder sich verändernder Schreibpraktiken der Umgebungskultur. Anhand ausgewählter Diskussionen zur Pergament- und Tintenherstellung sollen im Folgenden Einblicke in Diskurse über die Herstellung von Schreibhäuten, die Zusammensetzung von koscherer Tinte und die Bedeutung der Feder bzw. des Schreibrohrs in jüdischen Schreiberhandbüchern aus Aschkenas präsentiert werden. Durch die dargestellten Gemeinsamkeiten und Unterschiede sollen historische Entwicklungen der jüdisch-rituellen Schreibtradition aufgezeigt werden, die im Spannungsfeld von Standardisierung und Vielfalt steht.

DIE HISTORISCHE ENTWICKLUNG VON HERSTELLUNGSPRAKTIKEN RITUELL REINER SCHREIBHÄUTE

Bei den in jüdischen Quellen erwähnten Beschreibstoffen für die heiligen Schriftrollen wird von heutigen Wissenschaftlern generell zwischen dem im Westen verwendeten „Pergament" und den im Talmud verwendeten Schreibhäuten unterschieden.[5] Dabei sind Tierhäute für das Schreiben von Torarollen, Tefillin und Mezuzot laut Talmud nur zugelassen, wenn sie auch einen Gerbprozess durchlaufen haben. Zu diesen zählen die drei Endprodukte *gevil*, *qelaf* und *dukhsustus*. Das Herstellungsverfahren dieser Schreibhäute ähnelt sehr der Lederherstellung, mit dem Unterschied, dass die Schreibhäute für kürzere Zeit den im Gerbstoff enthaltenen Tanninen ausgesetzt sind. So werden sie zwar haltbar gemacht, jedoch nur oberflächlich gegerbt und dadurch nicht ganz so steif und unflexibel wie Leder.

Das erste Schreiberhandbuch, das hier Erwähnung finden soll, ist *Qirjat Sefer*[6] von Menachem ben Schlomoh Me'iri. Me'iri lebte im 13. und 14. Jahrhundert und war im damals spanischen Perpignan, in der heutigen französischen Provence, aktiv.[7] Der Einleitung zu seinem Schreiberhandbuch können wir einiges zu den Gründen und zur Motivation für seine detaillierte Auseinandersetzung mit für Schreiber so essenziellen Themen wie der Pergamentherstellung, der Frage nach koscherer Tinte, der Form der Buchstaben und vieles mehr entnehmen. Wie die meisten Autoren von Schreiberhandbüchern klagt auch Me'iri über schlecht ausgebildete Schreiber, über Torarollen, Gebetsriemen und Mezuzot, die zwar in Gebrauch, aber eigentlich nicht zulässig sind, sowie über den Mangel an schriftlichen Werken, die die halachischen – also religionsgesetzlichen – Themen zur Herstellung von Torarollen in aller Ausführlichkeit darstellen.[8] Darüber hinaus bemerkt Me'iri kritisch, dass die rabbinischen Meinungen sich nicht zur Genüge mit der Komplexität der Herstellung von Torarollen auseinandersetzten und stattdessen dazu tendierten, bei Streitfragen tendenziell *machmir* – also nach der strengeren halachischen Lehrmeinung – zu entscheiden.[9] Dies habe aber angesichts der tatsächlichen Praxis der Schreiber zur Folge, dass viele Torarollen für *pasul* (ungültig) erklärt werden müssten. Me'iri beabsichtige deshalb, sich im Detail mit den Gebräuchen und Fragen zum rituellen Schreiben auseinanderzusetzen und dabei auch zeitgenössische Schreibpraktiken mit einzubeziehen, um klar zu definieren, was eine Torarolle für den Ritus qualifiziert.

Me'iri beginnt sein Kapitel über die korrekte Herstellung von Pergament zunächst mit einem Verweis auf die Schreibstoffe und auch die Arten von bearbeiteten Tierhäuten, die laut Talmud für das Schreiben von Torarollen, Tefillin und Mezuzot ungeeignet sind. Man schreibe beispielsweise nicht auf einem Stück Holz, auf Papier oder auf *diftera*, sondern auf einer Haut, die der Torarolle würdig ist. *Diftera* gehört dabei zu jener Art von Häuten, die im Vorfeld nur unzureichend mit Salz und Mehl, nicht aber wie im Talmud vorgeschrieben auch mit Gallapfelsäure (בעפצים, *be-afatsim*) behandelt werden. Zu diesen nicht zu verwendenden Beschreibstoffen gehören auch *matstsa* – eine Haut, die gar keinen chemischen Prozess der Haltbarmachung durchlaufen hat – und *chippa* – eine Haut, die zumindest gesalzen, jedoch nicht mit Mehl behandelt wurde.

Darüber hinaus erklärt Me'iri, warum in seinem geografischen Wirkungsfeld neben der talmudischen Herstellung von zulässigem Pergament *(qelaf)* eine weitere Bearbeitungsmethode der Häute Gültigkeit hat. Me'iri schreibt dazu:

> „Warum wird jetzt gesagt man solle auf *qelaf* schreiben, obwohl wir bei unserer Bearbeitung [der Häute] keinen Gallapfel wie bei der [herkömmlichen, talmudischen] Bearbeitung für *qelaf* benutzen? So erklärte ein Teil der rabbinischen Autoritäten Frankreichs [...], dass, da sie jetzt für die Bearbeitung Wasser und Kalk nähmen, die Schrift tatsächlich [genauso] [auf der Oberfläche der Häute] bestehen bliebe, wie bei deren Bearbeitung mit Gallapfel."[10]

Me'iri stützt seine Begründung dafür, dass man bei der Bearbeitung der Häute von der talmudischen Methode abweichen dürfe, darauf, dass das Endprodukt einer Haut, die in Kalk eingelegt war, ein genauso effektiver Träger der Schrift ist wie eine Haut, die mit Gallapfel gegerbt wurde. Obwohl Me'iri nicht angibt, auf welche französischen Rabbiner er sich bezieht, können einige bekannte Autoritäten als seine Quelle infrage kommen. Neben Rabbenu Tam[11] und seinem Schüler R. Eliezer ben Schmu'el aus Metz[12] war auch R. Simchah von Vitry der Meinung, dass die Pergamentherstellung mit Kalk erlaubt, wenn nicht sogar der talmudischen Methode überlegen war:

Mir scheint, dass wenn die Haut gemäß der richtigen Methode so wie unsere präpariert ist, was besser als Salzen, Bemehlen und Gerben ist, ist es dem Gesetz entsprechend und benötigt keine Gerbstoffe. Doch [Häute, die] durch Salzen und Bemehlen [bearbeitet wurden,] benötigen Gerbstoffe, da Salzen und Bemehlen nicht so wirkungsvoll wie unser Kalk und das Einweichen im Wasser ist.[13]

Eine ähnliche Haltung lässt sich auch bei den Autoren eines weiteren Schreiberhandbuchs aus dem 14. Jahrhundert finden. R. Avraham ben Moscheh war in Sinsheim im heutigen Baden-Württemberg tätig und schrieb eine Abhandlung zur Herstellung und zum Schreiben von Tefillin.[14] Sein Werk *Tiqqun Tefillin*[15] wurde zum Ausgangstext für R. Schimschon ben Eliezer (14. Jhd.), der es kommentierte und um seinen eigenen Wissensstand erweiterte. In Sachsen geboren, ging Schimschon schon früh in Prag bei einem jüdischen Schreiber in die Lehre. Als ein Schreiber, der sein Handwerk versteht, verfasste er in späteren Jahren seinen Kommentar zu R. Avrahams Abhandlung über das Schreiben von Tefillin. Sein Werk zusammen mit R. Avrahams *Tiqqun Tefillin* wurde unter dem Titel *Barukh sche-Amar* bekannt.[16]

In eben jenem Handbuch *Barukh sche-Amar* gibt R. Avraham aus Sinsheim eine detaillierte Beschreibung zur Herstellung von Pergament, das er mit dem talmudischen Begriff *qelaf* (Pl. *qelafim*) gleichsetzt:

Zu Anfang nehme man Häute eines männlichen Kalbes, um daraus *qelafim* zu machen. [...] Und so lege man die Häute [zunächst] nur in klares Wasser und [noch] nicht in Kalk, denn eine trockene Haut eignet sich nicht gut zur Herstellung von *batim*,[17] und *qelafim* gelingen gar nicht gut, wenn man die Häute nicht vorher für wenigstens einen Tag oder zwei, oder je nachdem, wie trocken die Haut ist, in klares Wasser einlegt. Und beim Einlegen in Wasser so spreche man: „Für die heilige Tora Israels, für Tefillin und Mezuzot und für das Pergament von Tefillin, lege ich diese Häute in Wasser." Und wenn die Häute einen Tag oder zwei im Wasser lagen, nehme man sie aus dem Wasser und schabe mit einem Messer auf der Fleischseite [alles übrig gebliebene] Fleisch und Blut ab. Dann lege man sie in eine dicke, gute Kalk-Wasser-Lösung. Und bevor man sie ins Kalkbad gebe, rühre man den Kalk mit einem Stab um, damit [die Lösung schön] dick werde. Und man spreche laut aus „Für die heilige Tora Israels, für Tefillin und Mezuzot und das Pergament von Tefillin, bearbeite ich diese Häute" und es ist nicht ausreichend, [dies nur] in Gedanken [auszusprechen], auch wenn man sie in klares Wasser legt, so spreche man [es] auch laut aus, denn alle diese Prozesse sind notwendig für die Bearbeitung [der Häute] [... wie] es heißt in der Gemara, dass es die Bearbeitung mit Gallapfel braucht oder eine gute Bearbeitung wie diese, die Rabbenu Tam lehrt.[18]

Anders als Me'iri unterscheidet Avraham hier nicht mehr zwischen dem talmudischen *qelaf* und dem europäischen, im Kalkbad behandelten Pergament, sondern identifiziert das eine mit dem anderen. Auf der Ebene der rituellen Verwendbarkeit stellt Avraham die von ihm beschriebene Herstellungsmethode sogar explizit mit der talmudischen Gallapfelgerbung gleich. Als Autorität zieht er Rabbenu Tam heran, der auch, wie im obigen Abschnitt erwähnt, die Herstellungsmethode mit Kalk lehrte. Gleichzeitig scheint der Fokus der Pergamentherstellung bei Avraham auf der rituellen Weihe zu liegen, das heißt auf der Bearbeitung für einen im Voraus bestimmten Gebrauch, dem das Pergament geweiht wird.[19] Auch Me'iri widmet ein gesamtes Kapitel der rituellen Weihe und betont genau wie Avraham, dass die Intention, für welche die Häute bestimmt sind, unbedingt laut ausgesprochen werden müsse und nicht nur in Gedanken für sich selbst geäußert werden dürfe.[20] Diese rituelle Bearbeitung kann explizit nur durch einen jüdischen Hersteller erfolgen, was eine Beteiligung eines

Nichtjuden bei diesem Schritt des Herstellungsprozesses ausschließt.[21] Immer wieder definieren Avraham und Schimschon deswegen, welche Arbeitsschritte von einem Nichtjuden übernommen werden dürfen und welche nicht.

Im Laufe der Zeit wurde die Verwendung von Kalk zu einem selbstverständlichen Teil der Pergamentherstellung für Torarollen. Sie wurde von den renommiertesten rabbinischen Autoritäten des 14. und 16. Jahrhunderts in halachische Kodizes aufgenommen, etwa von R. Ascher ben Jechiel (1250/1259-1327)[22] und R. Josef Qaro (1488-1575). Letzterer fasst die Pergamentherstellung folgendermaßen zusammen:

> Das Pergament muss mit Galläpfeln oder mit Kalk bearbeitet werden und rituell geweiht sein. Zu Beginn der Gerbung soll man laut aussprechen, dass diese Haut für Tefillin oder Torarollen hergestellt wird.[23]

Im 17. Jahrhundert geht R. Avraham Gombiner (1635-1682) in seinem einflussreichen Kommentar zum *Shulchan 'Arukh*,[24] *Magen Avraham*,[25] schon gar nicht mehr auf die Gallapfelgerbung ein, sondern paraphrasiert und fasst R. Qaros Worte lediglich in Bezug auf die Verarbeitung durch Kalk zusammen. Praktische Schreiberhandbücher im 19. Jahrhundert nehmen diese halachischen Entwicklungen in ihre Erklärungen und Anleitungen auf, indem sie detailliert über die Kalkbearbeitung berichten, aber angehenden Toraschreibern auch Hintergrundwissen zur Gallapfelgerbung vermitteln.

Melekhet Schamajim[26] ist eines dieser Handbücher. Es wurde von R. Jitschaq Dov Bamberger (1807-1878) verfasst, der zeit seines Lebens Distriktsrabbiner der Stadt Würzburg und Umgebung war. Neben *Melekhet Schamajim* verfasste er weitere Handbücher zu unterschiedlichen halachischen Themen.[27] In Bezug auf die Herstellung von Häuten für rituelle Texte schreibt er, dass Kalk ebenso wie Gallapfel verwendet werden könne, und beruft sich dabei auf das bereits erwähnte spätmittelalterliche Schreiberhandbuch *Barukh sche-Amar*.[28] Im Anschluss an eine Auflistung allgemeiner Regelungen zu Schreibhäuten fügt er einen ausführlichen Bericht des erfahrenen Schreibers Avraham Goldschmidt aus Heidingsfeld nahe Würzburg hinzu,[29] der den Prozess der Pergamentherstellung Schritt für Schritt erklärt.[30] Goldschmidt erwähnt dabei jedoch ausschließlich Kalk zur Haltbarmachung der Häute.

Seine Ausführungen sind in Judendeutsch verfasst (anders als die übrigen Abschnitte, die auf Hebräisch gehalten sind) und in allen Drucken des Handbuchs anders formatiert als der Haupttext. Grund dafür könnte sein, dass R. Bamberger den praktischen Details der Ausführung weniger Bedeutung beimaß als jenen Erklärungen, die unmittelbarer mit der jüdischen Schreibtradition zu tun haben. Schließlich sind die Details des Gerbvorgangs nicht für alle Schreiber zwingend relevant. Ein grundlegendes Wissen über den Gerbvorgang in der Fachsprache von Gerbern aber erachtete R. Bamberger als notwendig, damit Schreiber als Kunden von Gerbern sicherstellen können, dass die Pergamentherstellung den halachischen Vorschriften entspricht.

Die Tätigkeitsfelder von Gerbern und Schreibern scheinen sich über die Jahrhunderte auseinanderentwickelt zu haben. In der Präambel zu Goldschmidts Bericht wird betont, dass Goldschmidt ein erfahrener Schreiber sei, der seine Schreibhäute sogar selbst herstelle. Dies war in deutschsprachigen Ländern in der ersten Hälfte des 19. Jahrhunderts eher unüblich: In *Melekhet Schamajim* werden Schreiber vor allem als Kunden von Gerbern beschrieben.[31]

Ein weiteres Schreiberhandbuch, das ganz zu Beginn erwähnte *Qeset ha-Sofer* (Budapest, 1835), widmet sich dem Herstellungsprozess vor allem unter dem Aspekt der rituellen Weihe und geht weniger auf die praktischen Abläufe und die Beschaffenheit der Schreibhäute ein. Verfasst wurde *Qeset ha-Sofer* von R. Schlomoh Ganzfried (1804-1884), der Gelehrter und

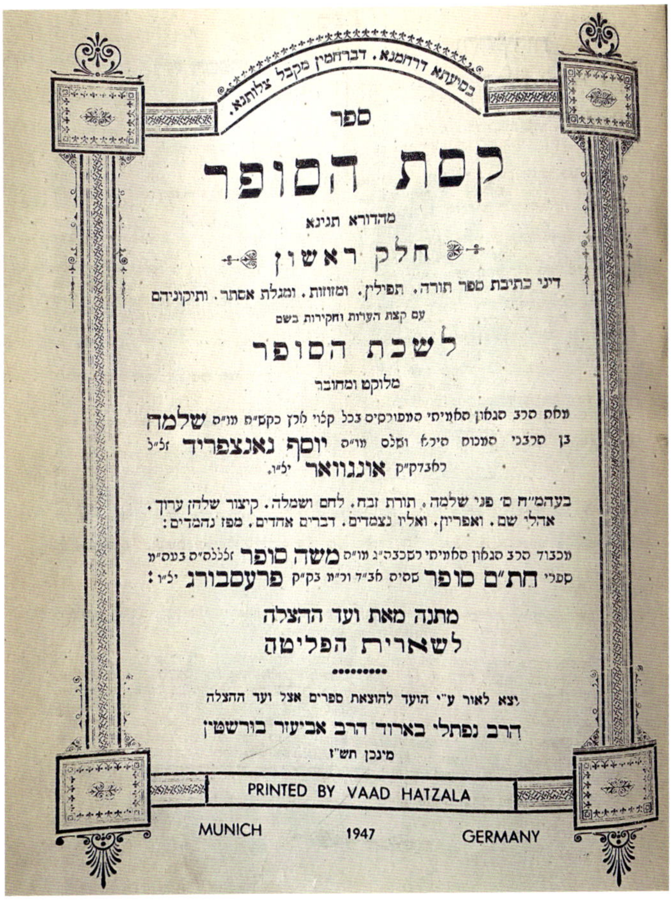

בסיעתא דרחמנא. דברחמין מקבל צלותנא.

ספר

קסת הסופר

מהדורא תנינא

חלק ראשון

דיני כתיבת ספר תורה. תפילין. ומזוזות. ומגלת אסתר. ותיקוניהם

עם קצת הערות וחקירות בשם

לשכת הסופר

מלוקט ומחובר

מאת הרב הגאון האמיתי המפורסם בכל קצוי ארץ כקש"ת מו"ה שלמה

בן הרבני המנוח היקר והנעלה מו"ה יוסף גאנצפריד ז"ל

לאבדק"ק אונגוואר יצ"ו.

בעהמ"ח ס' פני שלמה. תורת זבח. לחם ושמלה. קיצור שלחן ערוך. אהלי שם. ואפריון. ואליו נצמדים. דברים אחדים. מפז נחמדים:

מכבוד הרב הגאון האמיתי רשכבה"ג מו"ה משה סופר זללה"ה בעמ"ח ספרי חת"ם סופר היה אב"ד ור"מ דק"ק פרעסבורג יע"א:

מתנה מאת ועד ההצלה

לשארית הפליטה

יצא לאור ע"י הועד להוצאת ספרים אצל ועד ההצלה

הרב נפתלי בארוך הרב אביעזר בורשטין

מינכן תש"ז

PRINTED BY VAAD HATZALA

MUNICH 1947 GERMANY

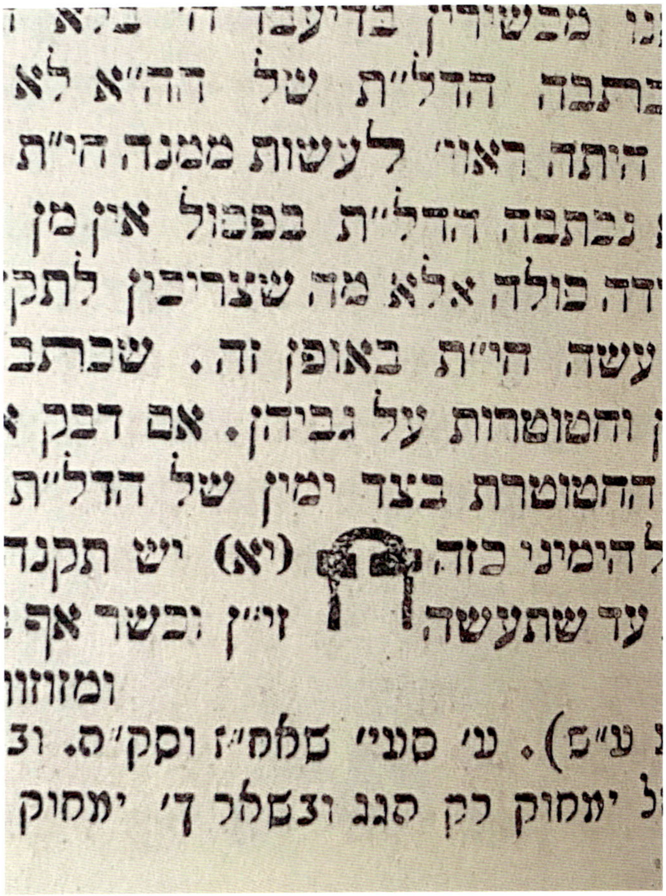

מכשירין בדיעבד הי' ב"א

כתבה הדל"ת של הה"א לא

היתה ראוי' לעשות ממנה הי"ת

נכתבה הדל"ת בפסול אין מן

ידה פולה אלא מה שצריכין לתק

עשה הי"ת באופן זה. שכתב

ן והטוטרות על גביהן. אם דבק

התוטרת בצד ימין של הדל"ת

להימיני כזה (יא) יש תקנה

עד שתעשה ז"ין וכשר אף

ומזוזו

ע"ש). ע' סעי' פמ"ז וסק"ה. וכ

יתמוק רק הגג ובצלר ד' ימחוק

↑ Abb. 1a+b Bilder aus dem 1947 in München gedruckten Schreiberhandbuch Ganzfrieds *Qeset ha-Sofer*, das in der Berliner Staatsbibliothek aufbewahrt wird.

Rabbiner in Ungvár (Uzhhorod) war, einer Stadt im damaligen ungarischen Teil der Habsburgermonarchie, die heute zur Ukraine gehört. Ein Exemplar dieses Handbuchs befindet sich auch in der Berliner Staatsbibliothek. Besonders bekannt ist R. Ganzfried für sein populäres Werk *Qitsur Schulchan ʿArukh*,[32] eine kompakte Darstellung alltäglich relevanter jüdischer Traditionen und Gesetze. Darüber hinaus verfasste er eine Reihe weiterer Handbücher, die sich eingehend mit den praktischen Aspekten der jüdischen Tradition auseinandersetzen, etwa in Bezug auf das Schächten oder Reinheitsvorschriften für Frauen.[33] In *Qeset ha-Sofer* legt R. Ganzfried besonderen Wert auf die Aufsichtspflichten des Schreibers während der Herstellung von Schreibhäuten,[34] die als Grundlage für die rituell geweihte Pergamentherstellung dienen. Auf den Gerbungsprozess selbst geht er hingegen nur am Rande ein Abb. 1a+b.

TINTE: DAS SCHREIBERHANDBUCH ALS „GEDÄCHTNIS" DES SCHREIBERS UND DER SCHREIBTRADITION

Im Vergleich zu heiligen Büchern anderer Religionen sticht die Torarolle durch die schlichte Gestaltung des Textes hervor, der in nüchternem Schwarz gehalten und in einheitliche Textkolumnen aufgeteilt ist. Die Torarolle bedarf keiner Farbe – diese ist sogar ausdrücklich untersagt.[35] Sie wird stattdessen mit schwarzer Tinte geschrieben, die langlebig ist und deren Farbe sich nicht ändert.[36] Diese beiden Charakteristika – schwarze Farbe und Permanenz – sind die einzigen Kriterien, die eine Tinte für das Schreiben ritueller Texte zwingend erfüllen muss. Der Talmud gibt deswegen kaum Vorschriften für Tintenmischungen vor. Im Laufe der Jahrhunderte hat sich daher eine Vielzahl verschiedener Tintenrezepte entwickelt.

Generell kann man von zwei Gruppen von Tinten sprechen: kohlenstoffbasierte Tinten und Tinten auf Eisengallusbasis. Erstere sind seit Jahrtausenden in Gebrauch und werden aus dem Ruß organischen Materials wie Rinde, Öl oder Harz gewonnen. Der bei der Verbrennung entstandene Ruß wird mit einem Träger aus Wasser oder Fett vermengt und so zu Tinte verarbeitet. Der Talmud erwähnt hier, dass sich Olivenöl einerseits sehr gut für die Gewinnung von Ruß, andererseits aber auch bestens als Träger des Rußes eigne.[37] Während die Herstellung der Rußtinte unkompliziert ist und die Zutaten leicht verfügbar sind, hat sie den Nachteil, dass sie während des Schreibprozesses leicht verschmiert werden kann und zudem abwaschbar ist. Aus praktischer Perspektive ist es deswegen nicht überraschend, dass jüdische Schreiber schon früh auch gern auf eine andere Tintenart, die Eisengallustinte, zurückgegriffen haben. Diese besteht unter anderem aus Eisensulfat - auch Vitriol genannt -, Gallapfelsäure und Gummiarabikum. Die chemische Reaktion des Eisensulfats mit der Gallapfelsäure erzeugt die für die Tinte gewünschte tiefschwarze Farbe. Aufgrund verschiedener Eigenschaften und Vorteile gewisser Ingredienzien, kam es deshalb auch immer wieder zu Mischrezepturen und Kombinationen aus Ruß- und Eisengallustinte. Tinte konnte zudem auch in einem Stück getrocknet, auf diese Weise leicht transportiert oder aufbewahrt und bei Bedarf wieder stückchenweise verflüssigt werden.

Es bleibt die Frage, welche dieser Tintenarten der als *dejo* bezeichneten und für Torarollen idealerweise vorgesehenen koscheren Tinte am ähnlichsten ist. Diese Frage zu klären, hielt auch Me'iri für sehr wichtig:

Vorerst muss geklärt werden, was [koschere] Tinte überhaupt ist. Besonders da die früheren Rabbiner schrieben, dass die Tinte, welche bei uns gebräuchlich ist, [gar] keine [koschere] Tinte und [noch dazu] nicht für Torarollen, Tefillin und Mezuzot zulässig sei; dass unsere Tinte flüssig, während die [koschere] Tinte, die im Talmud erwähnt wird, trocken sei. [...] und unsere Tinte [beinhaltet] Gallapfelsaft, welcher aus gekochten Galläpfeln [gewonnen wird], obwohl Gallapfelsaft nicht in der [koscheren] Tinte [enthalten] ist, über die im Talmud gesprochen wird.[38]

Me'iri bemerkt also, dass in seiner Region vorwiegend Eisengallustinte Verwendung findet und stellt gleichzeitig die Frage, ob dies denn mit den im Talmud enthaltenen bruchstückhaften Vorgaben vereinbar sei. Tatsächlich lasse sich aus dem Talmud lediglich eindeutig ableiten, dass (koschere) Tinte eine schwarze, trockene Substanz sein müsse. Er argumentiert, dass im Talmudtraktat *Gittin* - Scheidebriefe -, in dem es zwar um das Aufsetzen eines koscheren *get* - Scheidebrief - und nicht um das Schreiben von Torarollen geht, alle möglichen, langlebigen Schreibstoffe für das Schreiben des Scheidebriefes erlaubt seien.[39] In Anlehnung daran reduziert Me'iri die Definition von *dejo* auf etwas Schwarzes, Haftendes, welches die Schreiber in Perpignan eben aus Gallapfelsaft und Eisensulfat herstellen.

Barukh sche-Amar hingegen scheint nicht so sehr an einer Definition von koscherer Tinte interessiert zu sein. Weder Avraham noch Schimschon geben Informationen darüber, was genau koschere Tinte ist, noch wie sie hergestellt wird Abb. 2. Einem Schreiber, der Anfang des 17. Jahrhunderts eine Kopie des Handbuchs anfertigte, schien dies unzureichend zu sein, und so fügte er dem *Barukh sche-Amar* sein eigenes Tintenrezept hinzu.[40] Dies ist in vielerlei Hinsicht interessant:

→ **Abb. 2** Beginn des Schreiberhandbuches *Barukh sche-Amar* mit Instruktionen zur Herstellung koscheren Pergaments, Cod. Hebr. 145, fol. 3v | Staats- und Universitätsbibliothek Hamburg

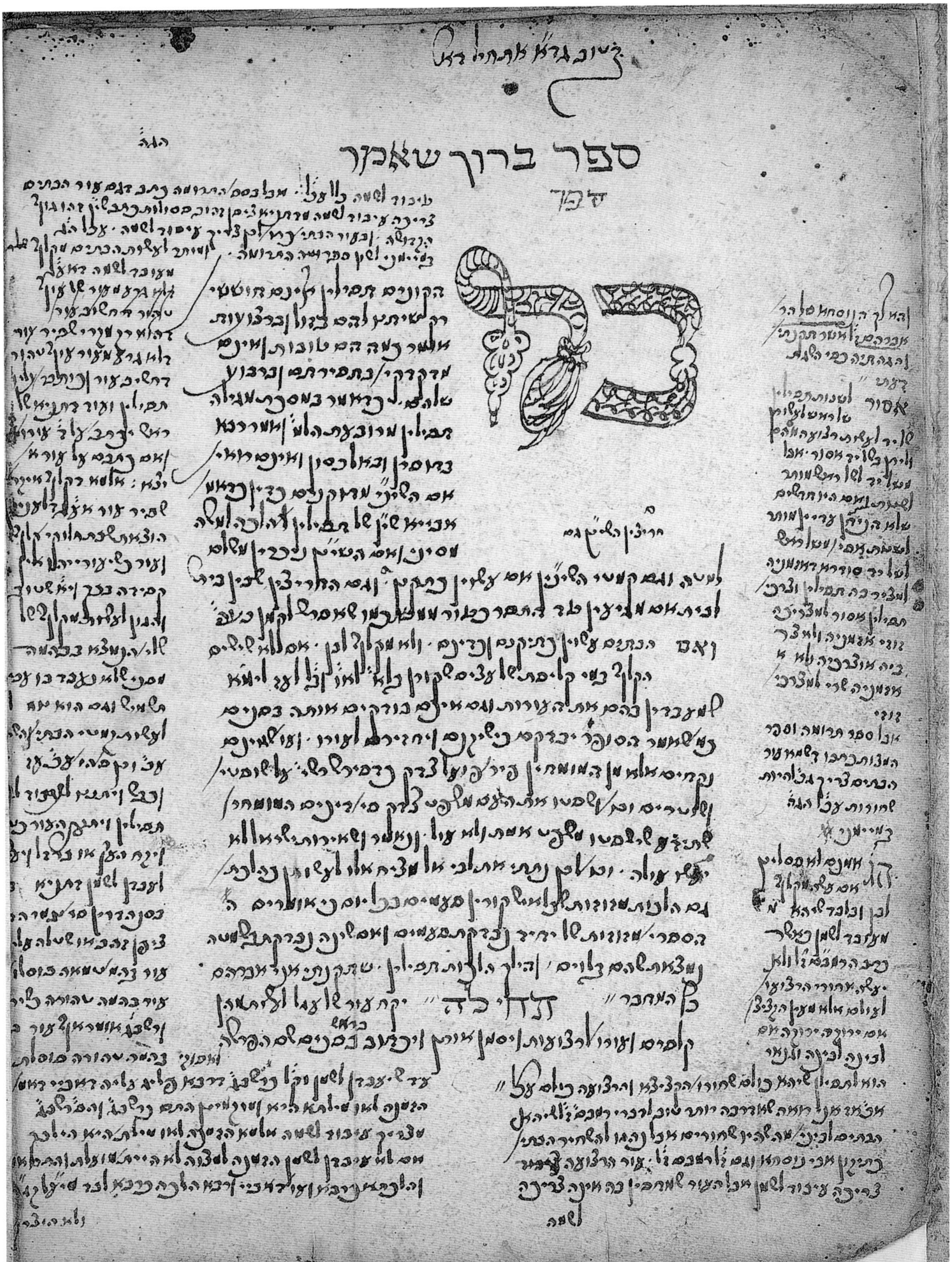
ספר ברוך שאמר

Wie man *dejo* – koschere Tinte – macht
Nimm Pech, das sie Harz nennen, oder nimm Olivenöl, und dieses ist das beste aller Öle. Und gib es in ein Gefäß, welches sich Lichtscherbel (ליכ"ט שירב"ל) nennt. Und lege hinein einen Baumwollfaden und zünde ihn an. Dann nimm ein Gefäß, das sich „Becken" (בעק"ן) nennt. Und schwenk sie über dem Gefäß, welches sich Lichtscherbel nennt, damit der Rauch aufsteigt und an der Schüssel haften bleibt. Und wenn sehr viel Schwärze [Ruß] an der Schüssel haftet, nimm ein feines Messer und kratze das Schwarze [den Ruß] von der Schüssel. Gib das Schwarze [den Ruß] in ein Gefäß. Dann nimm den Teil der Milch, den sie „Molken" (מולקי"ן) nennen und gieß sie langsam in das Gefäß – mit dem Schwarzen verschmierend – und vermenge sie sehr gut miteinander. Und lass es in dem Gefäß für einen oder zwei Tage stehen und dann wirst du koschere und gute Tinte haben.

Im Vergleich zu Me'iris obiger Beschreibung und Rechtfertigung für die Verwendung der Eisengallustinte gibt dieser Schreiber hier ein kohlenstoffbasiertes Rußtintenrezept für koschere Tinte an. Als Bindemittel für den Ruß benutzt er ein in Aschkenas zugängliches Milchprodukt, nämlich Molke. Das Rezept geht also von Zutaten aus, die in jedem Haushalt zu finden waren und vom Schreiber selbst leicht hergestellt werden konnten.

Tatsächlich erachteten halachische Autoritäten des späten Mittelalters bis ins 16. Jahrhundert Mischtinten, also kohlenstoffbasierte Tinten, die aus Ruß gewonnen und in Gallapfelsaft gelöst wurden, als am geeignetsten für das Schreiben und empfahlen ihre Verwendung.[41] Später, im 18. und 19. Jahrhundert, waren es jedoch Tinten auf Eisengallusbasis, die jüdische Schreiber in Europa bevorzugten. Die Beliebtheit der eisenbasierten Tinten ist zum einen der leichteren Handhabung zuzuschreiben, aber auch dem Umstand, dass es diese Tinte war, die in den europäischen Umgebungskulturen jüdischer Gemeinden fast ausschließlich Verwendung fand.

Eisengallusbasierte Tinten scheinen sogar so weit verbreitet gewesen zu sein, dass der Autor von *Qeset ha-Sofer*, Schlomoh Ganzfried, vor Beginn seiner Recherchen für das Schreiberhandbuch mit kohlenstoffbasierten Tinten überhaupt nicht vertraut war. In seinen Fußnoten zu *Qeset ha-Sofer* beschreibt er seine Überraschung über die Meinungen führender halachischer Autoritäten aus dem Mittelalter, die kohlenstoffbasierte Tinten als geeigneter hielten, und berichtet im Anschluss über seinen erfolgreichen Versuch der Herstellung einer solchen Tinte. Erst nach Beschreibung dieser Tintenart erwähnt Ganzfried, dass seinerzeit praktisch alle Schreiber Tinte auf Eisengallusbasis verwendeten. Er betont aber, dass sich die Farbe dieser Tinte nach dem Schreiben ändern könne, was die Validität des rituellen Textes aufhebe. Daher sollte so eine Tinte nur für das Schreiben rituell reiner Schriftrollen Verwendung finden, wenn sichergestellt werden könne, dass nicht mit Verfärbungen zu rechnen sei.[42] Ganzfried dokumentiert in *Qeset ha-Sofer* den Rückgriff auf eine nicht mehr gelebte Schreibtradition und deren Wiederauflebung, nämlich der Herstellung von Rußtinte. Dadurch trägt er zur weiteren Tradierung von Wissen über jüdische Schreibtraditionen bei, auch wenn diese für viele Leser des Handbuches eventuell gar nicht mehr relevant schienen, da andere Traditionen – wie die Verwendung von Eisengallustinten – wesentlich weiter verbreitet waren. Das Tradieren nicht mehr relevanten Wissens macht das Schreiberhandbuch also nicht nur zu einer praktischen Gedächtnisstütze für den Schreiber. Es kann auch als eine Art kulturelles Gedächtnis betrachtet werden, in dem rituelle Schreibtraditionen aus allen Gebieten und Epochen der jüdischen Diaspora bis in unsere Zeit hinein bewahrt werden.

SCHREIBINSTRUMENTE – NUR EIN MITTEL ZUM ZWECK?

Ein passendes Schreibwerkzeug ist neben dem Beschreibstoff und der Schreibflüssigkeit ein wichtiger Gegenstand, um rituell reine Schriftrollen herzustellen. Im Gegensatz zu den Schreibhäuten wird dem Schreibwerkzeug (hebr. *qulmus*) zumeist keine Heiligkeit zugeschrieben. Laut der Mehrheit der rabbinischen Gelehrten muss es bei der Herstellung genauso wie die Tinte nicht rituell geweiht werden.[43] Es kann natürliches Schilfrohr (auch Qalamos genannt) oder eine Feder verwendet werden.[44] Die Verwendung von Schilfrohr zum Schreiben von Texten geht auf die Antike zurück und ist in einer Reihe von Kulturen zu finden. Schilfrohr wird auch im Talmud als Werkzeug professioneller Schreiber erwähnt, doch bleibt in der talmudischen und halachischen Literatur eine detaillierte Beschreibung und Diskussion von Vorschriften hinsichtlich des Schreibwerkzeugs aus.[45]

Gleichwohl kann mit großer Wahrscheinlichkeit gesagt werden, dass im mittelalterlichen Europa vom 8. Jahrhundert an die Feder, besonders die Gänsefeder, sehr viel häufiger als das Schilfrohr Verwendung fand.[46] Das Schilfrohr kam zumindest aber bei der Linierung und dem Markieren des Schreibfelds zum Einsatz. So heißt es doch in dem schon erwähnten *Barukh sche-Amar*, dass man nichts Schwärzendes für das Ziehen der Linien, sondern stattdessen ein Schilfrohr oder ein Werkzeug aus Eisen benutzen sollte, das zwar Abdrücke im Pergament, aber keine Farbspuren wie zum Beispiel ein Instrument aus Blei hinterlässt.[47] Aber weder der südfranzösische Gelehrte Me'iri noch Avraham oder Schimschon gehen näher auf das Material des Schreibinstruments ein.

Auch Codices wie *Arba'ah Turim*[48] und *Schulchan 'Arukh* diskutieren Schreibwerkzeuge nur am Rande.[49] Spätere Kommentatoren aus Aschkenas preisen die Flexibilität und Geschmeidigkeit von Federn, deren Verwendung sich im europäischen Raum durchgesetzt hat.[50] R. Ganzfried und R. Bamberger erklären, dass die Verwendung von Federn weniger Tintenkleckse verursachen könne.[51] R. Ganzfried bemerkt weiter, dass das Schreibwerkzeug überhaupt nur Mittel zum Zweck sei, um die viel wichtigere Tinte auf die Schreibhaut zu bringen.[52] Somit könne man sogar Metallrohre zum Schreiben verwenden, eine Position, die in späteren Schreiberhandbüchern des 19. und 20. Jahrhunderts jedoch kaum vertreten wurde.[53] Unter Umständen würde man nämlich Buchstaben mit Metall nicht schreiben, sondern eingravieren, was bei der Herstellung von rituellen Texten nicht gestattet sei.

GENIZAH UND DAS NACHLEBEN RITUELLER TEXTE UND SCHREIBERHANDBÜCHER

Nach dem Schreiben des gesamten Textes der fünf Bücher Moses auf Pergament ist dem Anspruch einer koscheren Schriftrolle für den rituellen Gebrauch noch lange nicht Genüge getan. Torarollen sowie weitere im jüdischen Ritus verwendete Texte dürfen erst in Gebrauch genommen werden, wenn sie gründlich überprüft worden sind. Die einzelnen, für die Torarolle bestimmten Häute werden mithilfe der Sehnen koscherer Tiere zu einem Ganzen zusammengenäht. Die Schreiber befestigen *atsei chajjim*, Holzstäbe, an den Enden des ersten und letzten Pergamentblatts, um die Torarolle für die Lesung in der Synagoge einsatzfähig zu machen. Idealerweise bleibt eine Torarolle über Jahre – sogar Jahrzehnte – in Gebrauch, ehe Schreiber notwendige Reparaturen vornehmen müssen, etwa wenn Häute brüchig werden, Löcher entstehen, die Farbe der Buchstaben verblasst oder sich die Tinte ablöst. Regelmäßiger Gebrauch sowie Natureinwirkungen, Gewalt und Verfolgung können unweigerlich zu Beschädigungen führen.

Ist eine Torarolle aufgrund ihres fragilen Zustands nicht mehr verwendbar, wird sie in die Genizah überführt - das heißt an einem sicheren Ort aufbewahrt oder auf dem jüdischen Friedhof, oftmals in unmittelbarer Nähe der Gräber rabbinischer Autoritäten, beerdigt. R. Bamberger schreibt beispielsweise in *Melekhet Schamajim*, dass jeder Teil eines rituellen Textes in eine Genizah überführt werden müsse, sofern er nicht mehr einsatzfähig oder reparierbar sei. Die Aufbewahrung bzw. Beisetzung ritueller Texte sollte so ehrenvoll wie möglich vonstatten gehen.[54] Im Gegensatz dazu bedürften Tinte und Feder, die beim Verfassen der Texte zum Einsatz kommen, keiner solch würdevollen Aufbewahrung oder Beisetzung. Nichtsdestotrotz sei deren ehrenvolle Entsorgung von Bedeutung.

Etwas anders und doch auch ähnlich ist es mit Tefillin und Mezuzot. Im Mittelalter war es üblich, diese unmittelbar nach Herstellung oder Erwerb zu überprüfen, nur um sie im Anschluss daran oftmals über viele Jahre hinweg ohne erneute Kontrolle täglich zu verwenden.[55] Hinsichtlich der Tefillin mahnt der Autor des bereits erwähnten *Barukh sche-Amar*, R. Avraham, sich nicht allzu sehr auf die Haltbarkeit des Materials oder auf die Überprüfung durch andere zu verlassen. Stattdessen hält er die Schreiber dazu an, selbst regelmäßige und sorgfältige Inspektionen vorzunehmen. So berichtet er etwa von Tefillin, die äußerlich intakt erschienen, bei deren Öffnung jedoch zahlreiche, zunächst verborgene Löcher im Leder zutage traten.[56]

Generell müssen wie bei Torarollen alle Teile von ausgetragenen Tefillin und Mezuzot, das heißt auch die Gehäuse und Riemen, in die Genizah überführt bzw. begraben werden.[57] Da nicht nur der Text an sich, sondern auch das Material selbst durch den Herstellungs- und Schreibprozess von Torarollen, Tefillin und Mezuzot als heilig erachtet wird, bedarf es also eines würdigen Umgangs mit sämtlichen Bestandteilen der ausrangierten oder beschädigten Exemplare.

Abschließend bleibt nur noch die Frage: Was passiert mit den Schreiberhandbüchern selbst? Werden sie unbrauchbar, so können auch sie in einer Genizah ihre letzte Ruhestätte finden, weil viele Schreiberhandbücher Listen mit Gottesnamen sowie längere Zitate aus der Hebräischen Bibel beinhalten. Diese verleihen den Schreiberhandbüchern einen gewissen Grad an Heiligkeit, der einen respektvollen Umgang beim Entsorgen der Handbücher verlangt. Schreiberhandbücher haben sich aber auch in Bibliotheken und Privatsammlungen erhalten. Während der Schoah und des Zweiten Weltkriegs kam es zu systematischen, aber auch wahllosen Konfiszierungen und Zerstörungen von rituellen, jüdischen Texten. Als Teil der Verfolgungsstrategie der Nationalsozialisten sollten nicht nur Jüdinnen und Juden, sondern auch das jüdische Religions- und Kulturerbe ausgelöscht werden. Sichtbar ist dies auch in den Sammlungen der Berliner Staatsbibliothek. Der digitale Bibliothekskatalog weist auf eine Ausgabe von Schlomoh Ganzfrieds *Qeset ha-Sofer* hin, die bis in die 1930er-Jahre Teil der Sammlung war. Das Buch mit der Inventarnummer 8" (4") Ev 6320 erschien im Jahr 1871 in Ungvár und ist nicht das einzige Buch R. Ganzfrieds, das im Katalog verzeichnet ist. Alle Exemplare seiner Bücher in der Staatsbibliothek sind - mit Ausnahme zweier Nachdrucke des Werkes *Qitsur Schulchan ʿArukh* aus den 1920er-Jahren - während der Zeit des Nationalsozialismus in andere Bibliotheken oder Zwischenlagerstätten überführt worden, wo sie teils verloren gegangen, teils aber auch erhalten geblieben sind.[58] Vor Ort in der Staatsbibliothek zu Berlin - Preußischer Kulturbesitz sind diese zwar noch im Bibliothekskatalog in Form eines digitalen Vermerks als Kriegsverlust verfügbar, jedoch nicht mehr als physisches Buch.

Kurz nach dem Zweiten Weltkrieg wurde *Qeset ha-Sofer* jedoch neu aufgelegt, und zwar auf Wunsch von Holocaust-Überlebenden in Displaced-Persons-Lagern, die ein religiöses Leben ohne rituelle Texte nur schwer wieder führen konnten. Daraufhin druckte die orthodoxe Hilfsorganisation Va'ad Hatzalah,[59] die sich für die Belange religiöser Holocaust-Überlebender einsetzte, unter anderem eine Reihe bedeutender religiöser Werke nach, um Überlebenden so Zugang zu erbaulicher und religiös-praktischer Literatur zu geben. Unter den 24 Büchern, die zwischen Mai 1945 und August 1949 im Auftrag von Va'ad Hatzalah gedruckt worden sind, befand sich neben Gebetsbüchern und ausgewählten Talmudtraktaten auch *Qeset ha-Sofer*.[60] Eine Kopie eben dieser Ausgabe[61] befindet sich im Orient- und Ostasien-Lesesaal der Berliner Staatsbibliothek.

1 Übersetzung der Verfasserinnen.

2 Aus dem Gedicht „Vi Groys is dayn Harzns Ashirus ...", in: Joseph Hillel Lowy, *Mayn Tate der Sofer un andere Poemes* (London: The Narod Press, 1949), 46–47, hier 46.

3 Deutsch: das Tintenfass des Schreibers.

4 Das früheste Beispiel für ein solches Schreiberhandbuch ist das Talmudtraktat *Soferim*, das ca. im 8. Jahrhundert kompiliert wurde. Es wurde bereits von Joel Müller in der zweiten Hälfte des 19. Jahrhunderts ediert: Joel Müller (Hg.), *Masechet Soferim. Der talmudische Traktat der Schreiber* (Leipzig: J. C. Hinrichs'sche Buchhandlung, 1878); siehe auch Michael Higger (Hg.), *Masekhet Soferim* (New York: Deve-Rabanan, 1937); Debra Reed Blank, „It's Time to Take Another Look at ‚Our Little Sister' Soferim: A Bibliographical Essay", in: *The Jewish Quarterly Review* 90, Nr. 1/2 (1999), 1–26.5

5 Menachem Haran, „Bible Scrolls in Eastern and Western Jewish Communities from Qumran to the High Middle Ages", in: *Hebrew Union College Annual* 56 (1985), 21–62, bes. 30–37.

6 Deutsch: Stätte des Buches.

7 Israel M. Ta-Schma und David Derovan, „Me'iri, Menachem ben Solomon", in: Michael Berenbaum und Fred Skolnik (Hg.), *Encyclopaedia Judaica*, Bd. 13, 2. Aufl. (Detroit, MI: Macmillan Reference USA, 2007), 785–788.

8 Katharina Hadassah Wendl, „An(other) introduction to Jewish scribal laws: The proliferation of scribal handbooks in the 19th century", in: *Chilufim* 30 (2023), 1–22.

9 Menachem ben Schlomoh Ha-Me'iri, *Sefer Qirjat Sefer: Me'arehkot Qetsarot ve-Arukhot*, hg. von Jehoshua Rosenberg (Jerusalem: Jehoshua Rosenberg, 2012), 14.

10 Ha-Me'iri, *Sefer Qirjat Sefer*, 23.

11 Ja'aqov ben Me'ir Tam zu bT Megillah 19a.

12 Eliezer ben Schemu'el aus Metz, *Sefer Jere'im* 399:88.

13 Machzor Vitry, Abschnitt 517, Übersetzung zit. aus Annett Martini, *Arbeit des Himmels: Jüdische Konzeptionen Rituellen Schreibens in der Europäischen Kultur des Mittelalters* (Berlin/Boston: De Gruyter, 2022), 71.

14 Franz Hundsnurscher und Gerhard Taddey (Hg.), *Die jüdischen Gemeinden in Baden: Denkmale, Geschichte, Schicksale* (Stuttgart: Kohlhammer, 1968), 261.

15 Deutsch: Herstellung von Tefillin.

16 *Barukh sche-Amar* ist auch der Titel und Beginn eines Gebets, das sich in die Liturgie des *Schacharit*, Morgengebets, eingliedert. Es bedeutet so viel wie „Gesegnet sei der, der sprach" und bezieht sich auf Gott, der die Welt in einem Sprechakt erschuf. Dass das Schreiberhandbuch nach dem Titel dieses Gebets benannt wird, hängt damit zusammen, dass Schimschon Vorbeter in der Synagoge war und sich durch seine gekonnte Rezitierweise den Ehrentitel des „Barukh sche-Amar" verdiente. Siehe auch: Israel Moses Ta-Schma, „Samson ben Eliezer", in: Berenbaum/Skolnik, Bd. 17, 2007 (wie Anm. 7), 753.

17 *Batim* werden die Kästchen der Gebetsriemen genannt, in denen die Pergamentstreifen aufbewahrt werden.

18 Vat.ebr.283, f.117v.

19 Der bei den Rabbinern dafür verwendete hebräische Begriff ist *lischmah*, was so viel bedeutet wie "für die Sache selbst".

20 Ha-Me'iri, *Sefer Qirjat Sefer*, 12–21.

21 Moses Maimonides, *Mischneh Torah, Hilkhot Tefillin, Mezuzah ve-Sefer Torah* 1:11.

22 Ja'aqov ben Ascher, *Arba'ah Turim, Joreh de'ah* 271.

23 Josef Qaro, *Schulchan 'Arukh, Orach chajjim* 32:8.

24 Deutsch: gedeckter Tisch.

25 Deutsch: Schild Abrahams.

26 Deutsch: Werk des Himmels.

27 O. A., „Bamberger, Seligmann Baer", in: Berenbaum/Skolnik, Bd. 3, 2007 (wie Anm. 7), 103–104.

28 Jitschaq Bamberger, *Melekhet Schamajim* (Hannover, 1853 [1860]), fol. 8a (*Binah* 2:2).

29 Ebd., fol. 58b (Ende Kapitel 18).

30 Ebd., fols. 9b–10b (Ende Kapitel 2).

31 Ebd., fol. 8b (Ende von *Chokhmah* 2:2).

32 Deutsch: Kürzung des „gedeckten Tisches".

33 Benjamin Brown, „Ganzfried, Shelomoh ben Yosef", in: *YIVO Encyclopedia of Jews in Eastern Europe*, 12.2.2010, https://encyclopedia.yivo.org/article/1503 (20.4.2025).

34 Schlomoh Ganzfried, *Qeset ha-Sofer* (Ofen [Budapest]: Königl. Ung. Universitäts-Buchdruckerei, 1835), 2:5-6.

35 bT Schabbat 115b.

36 bT Schabbat 115b, vgl. auch bT Sotah 17b und bT Eruvin 13a.

37 bT Schabbat 23a.

38 Ha-Me'iri, *Sefer Qirjat Sefer*, Kapitel 1:4,35-37.

39 Mischnah Gittin 2:3 und bT Gittin 19a.

40 MS New York, Jewish Theological Seminary New York, Ms. 6372, f.23v.

41 Moses Maimonides (*Mischneh Torah, Hilkhot Tefillin, Mezuzah ve-Sefer Torah* 1:4), R. Ascher ben Jechi'el, (*Kommentar zu Giṭṭin* 2:10), Ja'aqov ben Me'ir Tam (zit. von R. Ascher ben Jechi'el in *Hilkhot Sefer Torah* 6) und R. Josef Qaro (*Joreh de'ah* 271:6) waren der Ansicht, dass Rußtinte gemischt mit Gallapfelsaft zu bevorzugen sei. Josef Qaro erlaubte aber auch das Hinzufügen von Eisensulfat (Vitriol).

42 Ganzfried 1835 (wie Anm. 34), 2:12:6.

43 Bamberger 1853/1860 (wie Anm. 28), fol. 14a (*Chokhmah* 4:3). R. Bamberger zitiert in seinem Kommentar zu *Melekhet Schamajim* (*Binah* 4:4:7) eine Einzelmeinung des *Sefer beit Aharon*, die besagt, dass der *qulmus* rituell geweiht werden muss. Er merkt an, dass diese Regel keine Basis in halachischen Texten hat, deren Ursprung aber in Frömmigkeitsformen liegen könnte.

44 Moscheh Isserles, *Mappah, Joreh de'ah* 271:7.

45 Vgl. z.B. bT Ta'anit 20b, bT Schabbat 89b.

46 Colette Sirat, *Hebrew Manuscripts of the Middle Ages*, hg. und übers. Nicholas de Lange (Cambridge: Cambridge University Press, 2002), 112.

47 Vat.ebr.283, f.121v.

48 Deutsch: vier Säulen.

49 Ja'aqov ben Ascher, *Arba'ah Turim, Joreh de'ah* 276:1; Josef Qaro, *Schulchan 'Arukh, Joreh De'ah* 271:7.

50 David ha-Levi Segal, *Turei Sahav*, Kommentar zu *Joreh de'ah* 271:7, *Levusch*, einen Kommentar von R. Mordekhai Joffeh zitierend.

51 Bamberger 1853/1860 (wie Anm. 28), fols. 14a-b (*Chokhmah* 4:4); Schlomoh Ganzfried, *Qeset ha-Sofer* (Ungvár [Uzhhorod]: Karl Jäger's Wittwe, 1871), *Lischqat ha-Sofer* 3:5.

52 Ganzfried 1871 (wie Anm. 51), *Lischqat ha-Sofer* 3:6.

53 Bamberger 1853/1860 (wie Anm. 28), fol. 14b (*Binah* 4:4:6).

54 Bamberger 1853/1860 (wie Anm. 28), Ende Kapitel 26.

55 Laut Maimonides jedenfalls; siehe *Mishneh Torah, Hilkhot Tefillin, Mezuzah ve-Sefer Torah* 2:10-11. Eine Talmudstelle besagt jedoch, dass es auch Lehrmeinungen gab, die empfahlen, man solle Tefillin alle zwölf Monate überprüfen (siehe jT Eruvin 10:1), und später im *Schulchan 'Arukh* heißt es dann: alle sieben Jahre, vgl. Josef Qaro, *Schulchan 'Arukh, Orach chajjim* 39:10.

56 Vat.ebr.283, f.117r.

57 Vat.ebr.283, f.140r.

58 Petra Figeac, „The Hebrew Collection of the Berlin State Library", in: *European Judaism* 41:2 (2008), 25-29, hier 25; Dies., „Die Rabbinica-Sammlung der Berliner Staatsbibliothek: damals, heute und vielleicht in der Zukunft", in: Vanessa de Senarclens (Hg.), *Bücher und ihre Wege* (Leiden: Brill/Schöningh, 2023), 251-272, hier 265-268.

59 Deutsch: Rettungsorganisation.

60 Eine Liste der 24 Bücher, die zwischen Mai 1945 und August 1949 durch *Va'ad Hatzalah* gedruckt wurden, ist hier einzusehen: Va'ad Hatzalah, „Eqstra-druq fun sforim un ferzorgung fun tashmishei qedushah", in: *Churbn un retung. Di geshikhte fun „Va'ad Hatzalah" in Ameriqe*, hg. von *Va'ad Hatzalah* (New York: Va'ad Ha-hatzalah Bukh Komitet, 1957), 461-464. Für weitere Informationen über *Va'ad Hatzalah* siehe Josef Lupo, Va'ad ha-Hatzalah ha-charedi *1945-1955* (Jerusalem: Hotza'at Carmel, 2019).

61 Schlomoh Ganzfried, *Qeset ha-Sofer* (München: Va'ad le-hotza'at sefarim etsel va'ad ha-hatzalah, 1947).

Schwarzes Feuer auf weißem Feuer. Narrative eines göttlichen Schreibakts im Judentum

Dana Eichhorst

480 Meter Luftlinie und weniger als zehn Minuten Fußweg entfernt von der Staatsbibliothek zu Berlin, Unter den Linden 8, hockt auf der Museumsinsel ein 16,5 Zentimeter großer Pavian aus sehr dunklem Serpentin. Mehr als 2.000 Jahre alt, stammt er sehr wahrscheinlich aus dem Alten Ägypten. Dort genoss er als heiliges Tier von Thot, dem Gott der Weisheit, große Verehrung; heute findet man ihn hinter Glas im Berliner Ägyptischen Museum. Im dunklen Stein der Figur zeichnen sich helle, fast leuchtende Gravuren ab. Quergezogene Linien markieren zu beiden Seiten die fliehend abstehende Mähne; ein feines Muster aus kleinen Rechtecken legt sich wie ein Mantelüberwurf um die Schultern des Affen, und ein Schmuckamulett mit der Darstellung einer Mondbarke ziert seine Brust. Um das Postament, auf dem das Symboltier thront, laufen darin eingravierte Schriftzeichen, ägyptische Hieroglyphen.

Im Alten Ägypten ist Thot der Schutzgott der Schreiber und der Schreibkunst, da er selbst als Schreiber der Götter und als Erfinder der Buchstaben und des Schreibens galt, der den Menschen die Buchstaben für ihre Sprache bescherte. Die Griechen erkannten in ihm den Gott Hermes und die Römer in diesem wiederum ihren Merkur.

Die Vorstellung von einem göttlichen Ursprung der Buchstaben, der Schrift und des Schreibens ist in der antiken Welt weit verbreitet. Götter schreiben oder lassen schreiben, wie im Fall des Sonnengottes der Babylonier. Dieser habe laut Überlieferung König Hammurapi das Gesetz diktiert, das man heute, als Codex Hammurapi bekannt, auf einer nahezu vollständig erhaltenen, 2,25 Meter hohen Dioritstele eingraviert im Louvre bewundern kann. Vergleichbar mit dem babylonischen König ist auch dem Propheten Moses ein göttliches Gesetz diktiert worden, das dieser schriftlich festhielt.

Den hebräischen Buchstaben und auch der hebräischen Sprache kommt aufgrund der ihnen zugeschriebenen Teilhabe am Schöpfungswerk und ihres göttlichen Ursprungs – sowohl als gesprochenes göttliches Wort als auch in geschriebener Form – im Judentum eine fundamentale Bedeutung zu. So heißt es beispielsweise im hebräischen *Henochbuch* („Dritter Henoch"), dass Gott in den himmlischen Sphären mit seinem Finger, einem flammenden Griffel, jene Buchstaben schrieb, mit denen er Himmel und Erde, die Notwendigkeiten der Welt und jedwede Ordnung der Schöpfung erschaffen hatte. Ein jeder Buchstabe leuchtet auf wie ein Blitz, leuchtet einer Fackel und Feuerflamme gleich, leuchtet wie Sonne, Mond und Sterne, wenn sie am Himmel erscheinen.[1]

Gott schreibt. Schilderungen eines göttlichen Schreibakts wie diese sind sowohl in biblischen als auch in nachbiblischen Texten des jüdischen Schrifttums überliefert, wobei die verschiedenartigen Quellen in ihrer Motivik durchaus variieren. In der Tora, das heißt in den fünf Büchern Mose und ersten Teil der Hebräischen Bibel, finden im Buch Exodus und Deuteronomium zwei bedeutsame Schreibakte Erwähnung, die sich zugleich signifikant unterscheiden. An verschiedenen Stellen wird erwähnt, wie Gott mit seinem Finger[2] die Gebote beziehungsweise die Weisung, das heißt die Tora,[3] auf Steintafeln schrieb. Moses hingegen hielt auf Anweisung Gottes[4] das ihm offenbarte Wort[5] als schriftliches Gesetz (*Sefer Torah*)[6] fest.

Der schreibende beziehungsweise Buchstaben gravierende Gott wird zu einem Topos im Judentum, der in zahlreichen spätantiken nachbiblischen Texten unterschiedlicher Provenienz und Gattung ein Echo fand. Ähnlich wie in den zitierten Bibelversen schreibt Gott in diesen Quellen Buchstaben, oft auch seinen Namen auf seine eigene oder auf Kronen von Engeln, graviert Buchstaben und heilige Namen in den himmlischen Thron ein oder schreibt die Gebote auf die Bündnistafeln, um sie Moses zu übergeben. Mehr noch: Trotz – oder womöglich sogar aufgrund – des in der Tora geschilderten göttlichen Schreibakts, der sich lediglich auf die Bündnistafeln bezieht, entwickelt und festigt sich anders als in der biblischen Überlieferung seit der Spätantike die Vorstellung einer von Gott geschriebenen Tora. Diese Idee, die sich vermutlich im Zuge der Auslegung des heiligen Textes durch die Rabbinen in Talmud und in den Midraschim, das heißt in der religiösen Exegeseliteratur der heiligen Texte, etabliert hat, fand im Mittelalter weitere Verbreitung und ist bis heute in der jüdischen Tradition von zentraler Bedeutung. Ein Narrativ erlangte in diesem Zusammenhang besondere Signifikanz. Dieses geht auf ein Diktum des jüdischen Schriftgelehrten Rabbi Schimon ben Laqisch, genannt Resch Laqisch (ca. 200–275), zurück und ist im Jerusalemer Talmud (Talmud Yerushalmi) in zwei verschiedenen Traktaten überliefert:

Im Traktat yScheqalim 6,1 heißt es:

Rabbi Pinchas (sagte) im Namen des Rabbi Rabbi Schimon ben Laqisch: Die Tora, die der Heilige, er sei gepriesen, Mose gegeben hat, gab er ihm als weißes Feuer, eingebrannt mit schwarzem Feuer, Feuer, eingehüllt in Feuer, ausgehauen aus Feuer und gegeben von Feuer; das ist es, was geschrieben steht: „Aus seiner Rechten ein Feuer des Gesetzes für sie“ (Dtn 33:2).[7]

Und ganz ähnlich im Traktat ySota 8:3:

Rabbi Pinchas (sagte) im Namen des Rabbi Schimon ben Laqisch: Das Pergament der Tora, die der Heilige, er sei gepriesen, (Mose) gegeben hat, war weißes Feuer, eingebrannt mit schwarzem Feuer. Die (Tora) war Feuer, eingehüllt in Feuer, ausgehauen aus Feuer und gegeben von Feuer; (das ist es, was geschrieben steht:) „Aus seiner Rechten ein Feuer des Gesetzes für sie“ (Dtn 33:2).[8]

In beiden Talmudpassagen liegt der rabbinischen Darlegung eine Zeile aus Deuteronomium 33:2 zugrunde: „Ihm zur Rechten flammte vor ihnen das Feuer des Gesetzes (*mimino eschdat lamo* – מימינו אשדת למו).“ Der entscheidende und zugleich rätselhafte hebräische Terminus *eschdat* (אשדת) ist von jüdischen Gelehrten unterschiedlich interpretiert und gedeutet worden. Die traditionelle Lesart, wie sie auch in dieser Übersetzung als „Feuer des Gesetzes“ wiedergegeben wird, folgt der masoretischen[9] Tradition, der zufolge der Terminus *eschdat* wie zwei Wörter zu lesen sei,[10] nämlich als *esch* („Feuer“) und *dat* („Gesetz“). Eine etwas andere Lesart und Interpretation bietet die aramäische Übersetzung der Tora, der sogenannte *Targum Onqelos*: „Seine Rechte [Hand] schrieb [die Tora]; aus der Mitte des Feuers gab er uns die Tora“.[11] Die Übersetzer des Targum Onqelos assoziierten den Ausdruck *eschdat* aus Deuteronomium unmittelbar mit der Tora, die demzufolge von Gott aus dem Feuer heraus übergeben wurde. Auch in den beiden zitierten Talmudpassagen wird eine Verbindung zwischen der Tora und dem Motiv des Feuers mit Bezug zum Bibelvers hergestellt. In Resch Laqischs Auslegung mündet dies in der Vorstellung einer mit schwarzem auf weißem Feuer geschriebenen Tora, die Gott in dieser Form Moses übergab. In beiden Fällen wird der heilige Text durch die Exegese inhaltlich erweitert und darüber hinaus zum Ausgangspunkt einer weitreichenden Mythenbildung (*mythopoesis*), die wiederum in theologischen und religionsgesetzlichen Diskursen widerhallt.[12]

Entspringt die Idee einer von Gott geschriebenen Tora dem Ansinnen der Rabbinen, zwischen einer irdischen, von Moses verschriftlichten Tora und einer feurigen, das heißt immateriellen Tora göttlichen Ursprungs zu unterscheiden?[13] Als in Schrift gefasste Offenbarung und zugleich als Objekt materialisierter Heiligkeit bekleidet die Tora insbesondere seit der Zerstörung des zweiten jüdischen Tempels (70 n. d. Z.) sowohl für die gelebte rituelle und liturgische Praxis als auch für die Theologie und Religionsphilosophie eine zentrale Rolle im Judentum. Die Tora fungiert nicht nur als ein Leben und Handeln bestimmendes Gesetzeswerk. Ab der Antike wird sie mehr und mehr zum Gegenstand von Mythen und Erzählungen, durch die ihr herausragender Status zugleich gefestigt und im wahrsten Sinne des Wortes bildhaft weitererzählt wird. Darüber hinaus ist sie selbst auch Quelle von Mythen und sagenhaften Erzählungen von prägender Wirksamkeit, wie jene über einen göttlichen Schreibakt. Ohne Erzählung ist in diesem Sinne alles nichts.

Erzählungen über ein göttliches Schreiben - sei es von Buchstaben, des Gottesnamens oder anderer heiliger Namen und nicht zuletzt der Tora beziehungsweise der Gesetzestafeln - sind meist selbstreferenziell mit der schriftlichen Offenbarung beziehungsweise dem biblischen Schöpfungsmythos verknüpft. Das heißt, der Text der Heiligen Schrift selbst dient als Referenzpunkt in den exegetischen und mythopoetischen Schilderungen eines himmlischen respektive göttlichen Schreibakts. Das in der Tora festgehaltene göttliche Wort, von dem es im heiligen Text selbst heißt, dass durch es beziehungsweise durch die Buchstaben die Welt und ihre Gesetze und Struktur erschaffen wurde, definiert zugleich die Deutung der Tora als heiliges Objekt und göttliches Gesetz.

EINE TORA AUS FEUER

In der jüdischen Vorstellungswelt ist das Feuer ein Element der himmlischen Gefilde und des Göttlichen selbst.[14] In der spätantiken Schrift *Pirke de Rabbi Eliezer*[15] findet sich folgende exemplarische Darstellung Gottes und seiner Umgebung:

> Und er sitzt auf einem Thron, hoch und erhaben. Und sein majestätischer Thron ist aufgehängt oberhalb des Äthers. [...] Und eine Krone ist auf sein Haupt gegeben, und das Diadem mit dem ausgeschriebenen [vierbuchstabigen] Namen ist auf seiner Stirn [...]. Seine eine Hälfte ist Feuer und seine andere Hälfte ist Hagel.[16] Aus seiner Rechten ist Leben und aus seiner Linken ist Tod. Und ein Stab aus Feuer ist in seiner Hand. [...] Und der Schemel seiner Füße ist wie Feuer und Hagel. Und [der Bereich] unter dem Thron seiner Herrlichkeit gleicht einem Saphir-Stein. Und verzehrendes Feuer umringt seinen Thron.[17]

Und über die Tora heißt es daselbst: „Und seine Rechte umfasst die Tora, denn es heißt: ‚Aus seiner Rechten ist ihnen Feuer des Gesetzes‘ [Dtn 33:2]. Von hier lernst du, dass die Worte der Tora wie Feuerkohlen sind.“[18]

Solche und ähnliche Beschreibungen von feurigen Objekten himmlischen Ursprungs finden sich in der spätantiken und mittelalterlichen jüdischen Literatur in verschiedenen Kontexten,[19] und in den meisten Fällen liegen diesen Schilderungen entsprechende Bibelverse wie jener aus Deuteronomium zugrunde.[20] Auch im Midrasch zu Deuteronomium, *Devarim Rabba*, begründen die Rabbinen ihre Exegese mit Resch Laqischs prägenden Worten, wie sie im Jerusalemer Talmud festgehalten sind. Im Zusammenhang mit dem zwischen Gott und Israel geschlossenen Bund heißt es:

„Mose schrieb diese Weisung [Tora] auf." [Dtn 31:9] Und welchen Lohn hat Gott ihm gegeben? Ein strahlendes Antlitz, wie es heißt: „Mose wusste nicht, dass sein Gesicht Licht ausstrahlte." [Ex 34:29] Wann? Als er mit ihm [Gott] geredet hatte. Resch Laqisch sagte: Als Mose die Tora schrieb, empfing er ein strahlendes Antlitz. Wie? Resch Laqisch sagte: Die Tora, die Moses gegeben wurde, ihre Haut [Pergament] war aus weißem Feuer, und geschrieben war sie mit schwarzem Feuer, und versiegelt mit Feuer und eingewickelt in Feuer. Und als er schrieb, reinigte er das Schreibrohr [*qulmus*, von griech.: *kalamos*] an seinem Haar und daher kam der Glanz des Angesichts.[21]

An anderer Stelle werden die Geschehnisse aus der Perspektive von Moses geschildert und dabei verschiedene Motive über die himmlischen Gefilde aufgegriffen und zusammengeführt:

Als ich [Moses] drei Monate alt war, weissagte ich, dass ich einst die Tora aus Feuerflammen empfangen werde. [...] Als ich 80 Jahre alt war, [...] stieg [ich] empor und betrat den Weg in den Himmel; stand im Kampf mit den Engeln; empfing die Tora aus Feuer; ich wohnte unter dem Thron von Feuer; barg mich unter einer Feuersäule und sprach mit ihm [Gott] von Angesicht zu Angesicht, ich siegte über die himmlische Gefolgschaft und offenbarte ihre Geheimnisse den Menschen; ich empfing die Tora aus der Rechten Gottes.[22]

Auch in der rabbinischen Auslegung zum Hohelied 5:11[23] wird das Motiv der feurigen Tora mit Verweis auf Resch Laqisch aufgegriffen:

R. Schimon ben Laqisch sagte: Die Haut [Pergament] der Tora, die der Heilige, er sei gesegnet, gab, bestand aus weißem Feuer und war geschrieben in schwarzem Feuer. Sie selbst ist Feuer, ausgehauen aus Feuer, gekrönt mit Feuer und gegeben aus Feuer, wie es heißt: „Ihm zur Rechten flammte vor ihnen das Feuer des Gesetzes." [Dtn 33:2]

Solche und ähnliche erzählerische Textelemente und Texte sind wesentlicher Bestandteil des nachbiblischen jüdischen Schrifttums und eng mit der rabbinischen Auslegung der Hebräischen Bibel verknüpft. Literarische Parallelen finden sich aber auch in den bildhaften Schilderungen über die himmlischen Gefilde der spätantiken *Hekhalot-* und *Merkavahliteratur* wie beispielsweise im hebräischen *Henochbuch* oder in mittelalterlichen (Nach-)Erzählungen biblischer Erzählungen, zum Beispiel in *Pirke de Rabbi Eliezer*. In vielen solcher narrativen Stoffe ist die Heilige Schrift und insbesondere die Tora entweder inhaltlicher Bezugspunkt oder wird – wie in den zitierten Passagen – selbst Gegenstand der Betrachtung.

Keinesfalls lässt sich jedoch aus den verschiedenen Schriftquellen eine einheitliche, widerspruchsfreie Interpretation ableiten, denn viel zu heterogen sind die Diskussionen, und eine über Dogmatik entscheidende oder in der Motivbildung einende Instanz oder Autorität hat es nicht gegeben. Dennoch lassen sich vereinzelte narrative Darstellungen der Tora in den verschiedenen Quellen zu einem größeren Bild zusammenfügen. Bezüglich der Vorstellung von einer feurigen Tora lässt sich diese Genese dank mittelalterlicher Quellen rekonstruieren. Narrative Versatzstücke über die Tora, die in der spätantiken Literatur noch separat in verschiedenen Texten kursierten, wurden von mittelalterlichen Autoren schließlich miteinander verwoben. Dies lässt auf eine gewisse Konsolidierung der verschiedenen, teils symbolhaften Bedeutungsebenen und auf einen Prozess der Mythenbildung schließen – nicht zuletzt, da sich in mittelalterlichen Texten, obgleich unterschiedlicher Provenienz und Gepräges, häufig übereinstimmende Narrative beziehungsweise Topoi finden.

So verweist der bereits erwähnte mittelalterliche Kommentator Rabbi Schlomoh ben Isaak, genannt Raschi (1040/41-1105) aus Troyes, der in Mainz und Worms studierte und ein großer Kenner sowohl der Heiligen Schrift als auch der rabbinischen sowie der spekulativen literarischen Tradition war, im Zusammenhang mit einer Deutung von *eschdat* aus Deuteronomium ebenfalls auf Resch Laqischs Diktum. Raschi deutet *eschdat* als jenes Gesetz, das bereits zuvor (seit der Vorzeit) in schwarzem auf weißem Feuer geschrieben war.[24] Auch der nicht minder gelehrte Rabbi Moses Nachmanides (Mosche ben Nachman, 1194-1270) aus Katalonien greift in der Einleitung zu seinem Torakommentar auf die Idee der feurigen Tora zurück, wenn er schreibt:

Moses, unser Lehrer, schrieb dieses Buch zusammen mit der gesamten Tora aus dem Mund des Heiligen, gepriesen sei Er [...]. Und er schrieb die Tora in dieser Sprache, weil sie der Erschaffung der Welt - wie auch der Geburt unseres Lehrers Moses - vorausging; und gemäß der Überlieferung wurde sie mit schwarzem Feuer auf weißem Feuer geschrieben.[25]

Beide jüdische Gelehrte, Raschi und Nachmanides, repräsentieren eine Wissenstradition, in der sich eine bestimmte Auffassung von der Tora etabliert zu haben scheint. In den esoterischen, spekulativen, kabbalistischen Texten des Mittelalters schließlich werden solche narrativen Elemente oft mit der den „mystischen" Texten eigenen Symbolik und Bibelexegese verbunden, wie eine Passage aus dem *Zohar* illustriert: „Rabbi Isaak sagte: Die Tora wurde in schwarzem Feuer auf weißem Feuer gegeben, um rechts in links einzuschließen - und links wird zu rechts, wie geschrieben steht: ‚Ihm zur Rechten flammte vor ihnen das Feuer des Gesetzes'."[26] Weiter heißt es:

Rabbi Abba sagte: „Die Tafeln waren in ihrer natürlichen Form, und die Buchstaben flogen und wurden in zwei Flammen sichtbar: weißes Feuer und schwarzes Feuer, die wie eins erschienen, rechts und links, wie geschrieben steht: ‚Langes Leben birgt sie in ihrer Rechten, in ihrer Linken [Reichtum und Ehre]' [Spr 3:16]. Es steht aber geschrieben: ‚Ihm zur Rechten flammte vor ihnen das Feuer des Gesetzes!' [Dtn 33:2] Nun, es ging von der Seite der *gevurah* [Strenge; Gesetz] aus und wurde in die rechte eingeschlossen; also weißes Feuer und schwarzes Feuer."[27]

Flammende Buchstaben, die auf die Bündnistafeln fliegen, eine in schwarzem und weißem Feuer gegebene Tora und eine, die der Erschaffung der Welt vorausging und deshalb in Feuer geschrieben ist - all dies sind Variationen des durch Rabbi Resch Laqisch gezeichneten Bildes einer in Feuer geschriebenen Tora. Ein zweites tragendes Motiv, das bisher nur angedeutet wurde, aber eines eigenen Beitrags würdig wäre, ist die ebenfalls seit der Spätantike kursierende Vorstellung von der primordialen Existenz der Tora und ihrer Teilhabe an der Schöpfung. In vielen rabbinischen Schriften tritt die Tora als verkörperte Weisheit in Erscheinung,[28] die neben den hebräischen Buchstaben[29] eine entscheidende Rolle bei der Erschaffung der Welt einnahm. Das Narrativ vom göttlichen Schreibakt ist eines von vielen. Es bündelt anschaulich Antworten auf theologische Fragen und scheint zugleich Vehikel zur Wissensüberlieferung, Wissensvermittlung und sogar zur Verankerung von Wissen und Traditionen zu sein. Ein letztes Zitat veranschaulicht, wie einzelne Ideen und Motive, die unterschiedlichen historischen Kontexten und intellektuellen Diskursen entspringen, in narrativen Stoffen gebündelt und erzählbar gemacht werden. Im mittelalterlichen Midrasch *Konen*[30] kommt sein Autor zu folgendem Schluss:

> Solltest du vielleicht sagen, dass sie [die Tora] in ein Buch geschrieben war, - es waren ja noch nicht die Haustiere und Feldtiere geschaffen, um von ihnen Haut abzuziehen, damit man Pergament mache, um darauf zu schreiben? Und solltest du sagen, sie war auf Silber und Gold oder auf die übrigen Arten von Metallen geschrieben, - sie waren ja noch nicht erschaffen und nicht geläutert, und nicht (in) der Welt bekannt? Und solltest du sagen, sie waren auf Holztafeln geschrieben, - die Bäume waren ja noch nicht in der Welt erschaffen worden? Worauf also war sie geschrieben und womit war sie geschrieben? Mit schwarzem Feuer auf weissem Feuer [...], und sie war angebunden an den Arm des Heiligen, geb. sei er! wie es heisst (Deut 33, 2): „Von seiner Rechten ein Feuergesetz ihnen".[31]

Das Bild einer Tora aus schwarzem und weißem Feuer, wie es im narrativen Rahmen eines göttlichen Schreibakts Verbreitung findet, vermag eine Symbolsprache zu bündeln sowie theologisch und religionsphilosophisch kniffelige Probleme zu handhaben, wenn nicht sogar zu umgehen. Das Feuer als Element himmlischen Ursprungs bedeutet gleichermaßen Licht und Wärme wie vernichtende Gefahr. Ohne die Auslassung, die Leerstelle, ohne die Abwesenheit von dem, was ist, wäre das, was ist, ununterscheidbar. Das Weiß des Pergaments fasst die Schwärze der Tinte; das Weiß der Leerstelle umfließt die Körper der Buchstaben und macht sie unterscheidbar, lesbar, vernehmbar. In einer Torarolle ragen auf manchen Buchstaben kleine, gar flammengleiche Strichlein - Kronen genannt - in die Höhe und verweisen auf die Heiligkeit der Offenbarung: Eine Tora aus Flammen ist himmlischen, göttlichen Ursprungs, der jenseits alles Geschaffenen, Irdischen liegt. Eine solche Tora kann als Urbild verstanden werden, das dem irdischen Schreiber in seiner „Arbeit des Himmels" als Ideal dient und an das jede geschriebene Torarolle als Objekt materialisierter Heiligkeit erinnert.

1 Zit. nach *3 Henoch*, § 16, aus: Peter Schäfer und Klaus Herrmann (Hg.), *Übersetzung der Hekhalot-Literatur*, Bd. 1 (Tübingen: Mohr, 1995), 37–38.

2 Ex 31:18: „Nachdem der Herr zu Mose auf dem Berg Sinai alles gesagt hatte, übergab er ihm die beiden Tafeln der Bundesurkunde, steinerne Tafeln, auf die der Finger Gottes geschrieben hatte." sowie Dtn 9:10: „Der Herr übergab mir die beiden Steintafeln, die mit dem Gottesfinger beschrieben waren. Auf den Tafeln standen alle die Worte, die der Herr am Tag der Versammlung auf dem Berg mitten aus dem Feuer zu euch gesprochen hatte." Auch Dtn 4:13: „Der Herr offenbarte euch seinen Bund, er verpflichtete euch, ihn zu halten: die Zehn Worte. Er schrieb sie auf zwei Steintafeln". Oder Ex 32:15–16: „Mose kehrte um und stieg den Berg hinab, die zwei Tafeln der Bundesurkunde in der Hand, die Tafeln, die auf beiden Seiten beschrieben waren. Auf der einen wie auf der anderen Seite waren sie beschrieben. Die Tafeln hatte Gott selbst gemacht und die Schrift, die auf den Tafeln eingegraben war, war Gottes Schrift."

3 Ex 24:12: „Der Herr sprach zu Mose: Komm herauf zu mir auf den Berg und bleib hier! Ich will dir die Steintafeln übergeben, die Weisung [hebr. *torah*] und die Gebote, die ich aufgeschrieben habe." Rabbi Schlomoh ben Isaak, Raschi genannt und einer der bedeutendsten Schriftgelehrten der jüdischen Tradition, legt die Stelle in seinem Kommentar so aus, dass alle 613 Gebote und Verbote der Heiligen Schrift implizit in den Zehn Geboten enthalten seien und daher als auf den Tontafeln geschrieben betrachtet werden können. Nebenbei bemerkt ergibt die Quersumme von 613 die Zahl 10.

4 Ex 34:27: „Dann sprach der Herr zu Mose: Schreib diese Worte auf! Denn aufgrund dieser Worte schließe ich mit dir und mit Israel einen Bund."

5 Ex 23:3–4: „Mose kam und übermittelte dem Volk alle Worte und Rechtsvorschriften des Herrn. Das ganze Volk antwortete einstimmig und sagte: Alles, was der Herr gesagt hat, wollen wir tun. Mose schrieb alle Worte des Herrn auf."

6 Dtn 31:9: „Moses schrieb diese Weisung [*torah*] auf und übergab sie den Priestern [...]." Sowie Dtn 31:24: „Als Mose damit zu Ende war, den Text dieser Weisung [Worte der Lehre / *torah*] in eine Urkunde [Buch / *sefer*] einzutragen, ohne irgendetwas auszulassen [...]."

7 Martin Hengel u. a. (Hg.), *Übersetzung des Talmud Yerushalmi: Sheqalim. Scheqelsteuer*, Bd. II/5 (Tübingen: Mohr [Paul Siebeck], 1990), 125.

8 Martin Hengel u. a. (Hg.), *Übersetzung des Talmud Yerushalmi: Sota. Die des Ehebruchs verdächtige Frau*, Bd. III/2 (Tübingen: Mohr Siebeck, 1998), 199.

9 Die als *Masoreten* bekannten jüdischen Schriftgelehrten entwickelten ein System der Vokalisierung und Akzentuierung des hebräischen Bibeltextes, den sie zudem in kleinere Leseabschnitte einteilten und abweichende Lesarten im Vergleich zum überlieferten Text auflisteten. Auf diese Weise schufen sie eine standardisierte Textfassung der Hebräischen Bibel.

10 Zur Lesart als „feuriges Gesetz", siehe auch: ShirR 2:5, wo das schriftliche und das mündliche Gesetz mit zwei Feuern, einem himmlischen und einem irdischen, verglichen wird.

11 Siehe Mark Verman, „The Torah as Divine Fire", in: *Jewish Bible Quarterly* 35.2 (2007), 94–102, bes. 94. Im *Targum Onqelos* heißt es auf Aramäisch: כְּתַב יַמִּינֵיהּ מִגּוֹ אֶשָּׁתָא אוֹרַיְתָא יְהַב לָנָא.

12 Zur mythenbildenden Exegese heiliger Schriften durch die Rabbinen, siehe Michael Fishbane, *The Exegetical Imagination: On Jewish Thought and Theology* (Cambridge, Mass.: Harvard University Press, 1998).

13 Auf diese Weise würde nicht nur zwischen einer mündlichen und schriftlichen Tora unterschieden werden, wie es z. B. in *Avot de Rabbi Nathan* (Version B), Kap. 29, heißt: „Rabbi, wie viele Torot sind vom Himmel gegeben worden? Er antwortete: Eine in schriftlicher und eine in mündlicher Form."

14 Da laut *Pirke de Rabbi Eliezer* am zweiten Schöpfungstag sowohl die Engel als auch das Feuer für den Gebrauch der Menschen bzw. das Feuer der Gehenna – Strafort für die Sünder – erschaffen wurden, werden manche Engel als Wesen aus Feuer beschrieben, da es heißt: „Er macht seine Engel zu Winden, seine Diener zu flammenden Blitzen" (Ps 104:4). Siehe Dagmar Börner-Klein, *Pirke de-Rabbi Elieser: Nach der Edition Venedig 1544 unter Berücksichtigung der Edition Warschau 1852* (Berlin/Boston: De Gruyter, 2004), 28–30: „Die Engel, die am zweiten Tag erschaffen wurden, werden, wenn sie durch sein Wort ausgesandt werden, zu Winden. Und wenn sie vor ihm dienen, werden sie zu Feuer." Im Gegensatz hierzu die Diskussion im Babylonischen Talmudtraktat Nedarim 39b, wonach sieben Dinge vor der Welt erschaffen wurden; neben der Tora, der Buße, dem Garten Eden, dem Thron der Herrlichkeit, dem Tempel und dem Namen des Messias auch das Fegefeuer.

15 Die Herausgeberin und Übersetzerin von *Pirke de Rabbi Eliezer* bezeichnet das Werk als „Mosaik aus Hunderten von Einzelexegesen", das mehr als nur ein narrativer Midrasch sei. Vgl. Börner-Klein 2004 (wie Anm. 14), XXXVIII–XXXIX.

16 Vgl. Ex 9:23–24.

17 Börner-Klein 2004 (wie Anm. 14), 30–32.

18 Ebd., 542.

19 Im Talmudtraktat bT Menachot 29a heißt es beispielsweise über drei im Judentum essenzielle Gegenstände: Es wird gelehrt: Rabbi Jose ben Rabbi Jehudah sagte: „Eine Lade aus Feuer und ein Tisch aus Feuer und ein Leuchter aus Feuer kamen vom Himmel herab; Moses besah sie und fertigte solche gleichermaßen, denn es heißt: ‚Sieh zu, dass du ihn nach dem Muster ausführst, das du auf dem Berg gesehen hast' [Ex 25:40]". Der Midrasch *Abba Gorijon* listet sechs verschiedene Arten von Feuer des Heiligen auf, siehe die Übersetzung des Midrasch in: August Wünsche, *Aus Israel Lehrhallen: Kleine Midraschim zur späteren legendarischen Literatur des Alten Testaments*, Bd. 2 (Leipzig: Eduard Pfeiffer, 1908), 125.

20 Z. B. auch Ex 19:18: „Der ganze Sinai war in Rauch gehüllt, denn der Herr war im Feuer auf ihn herabgestiegen"; Jer 23:29: „Ist nicht mein Wort wie Feuer – Spruch des Herrn – und wie ein Hammer, der Felsen zerschmettert"; Ps 29:7: „Die Stimme des Herrn sprüht flammendes Feuer".

21 Midrasch Rabba zu Deuteronomium, *Devarim Rabba* 3. Eine genaue Datierung dieser Auslegungstradition ist sowohl aufgrund des angenommenen langen Kompilations- und Redaktionsprozesses als auch aufgrund von Textabweichungen zwischen den verschiedenen erhaltenen Handschriften und der gedruckten Textversionen bislang nicht vorgenommen worden. Ging man eine Zeit lang noch von einer relativ späten Entstehung (11./12. Jhd.) aus, datiert man die Texte mittlerweile wesentlich früher (5. Jhd.). In einem anderen Auslegungswerk zu Deuteronomium, *Sifre Devarim*, datiert auf die zweite Hälfte des 3. Jahrhunderts, wird die Tora zwar ebenfalls mit dem Feuer assoziiert, jedoch findet sich hier (noch) nicht die Idee, dass sie in Feuer geschrieben wurde. Zu Dtn 33:2 heißt es da: „Als die (Gottes)rede ausging aus dem Munde des Heiligen [...], fasste [er] sie mit seiner Rechten und grub sie auf die Tafel. Und seine Stimme ging von einem Ende der Welt zum andern [...]. (Das) zeigt an, dass die Worte der Tora mit (dem) Feuer verglichen werden. Wie das Feuer vom Himmel gegeben ist, so wurden die Worte der Tora vom Himmel gegeben [...].“ Zit. nach Simon Lauer und Clemens Thoma (Hg.), *Der tannaitische Midrasch Sifre Deuteronomium übersetzt und erklärt von Hans Bietenhart* (Bern: Peter Lang, 1984), 834–835.

22 DevR 11:10.

23 Der Vers 5:11: „Sein Haupt ist reines Gold, seine Locken sind Rispen, rabenschwarz“ wird in verschiedenen Auslegungstraditionen mit der Tora in Zusammenhang gebracht, vgl. ShirR 5:11; WaR 19:2.

24 Vgl. Raschis Kommentar zu Dtn 33:2: - אש דת שהיתה כתובה מאז לפניו באש שחורה על גבי אש לבנה.

25 Zit. nach Rachel Elior, *Jewish Mysticism: The Infinite Expression of Freedom* (Oxford: Littman Library of Jewish Civilization, 2010), 33: „Moses our teacher transcribed this book together with the whole Torah from the mouth of the Holy One, blessed be He [...], and the reason to write the Torah in this language was that it preceded the creation of the world and, it goes without saying, the birth of Moses our teacher, as has been passed down to us that it was written in black fire on white fire“.

26 Die Idee der feurigen Tora wird hier mit den *Sefirot* assoziiert und entsprechend interpretiert; dem *Zohar* zufolge symbolisiere schwarz *gevurah* (Strenge; Gericht) und weiß *chesed* (Gnade, Liebe). Siehe *The Zohar*, Bd. 4, Übersetzung und Kommentar von Daniel C. Matt (Stanford: Stanford University Press, 2007), 469.

27 Vgl. ebd., 470.

28 Der folgende Bibelvers wird mit der Tora assoziiert: „Der Herr hat die Erde mit Weisheit gegründet und mit Einsicht den Himmel befestigt.“ (Spr 3:19) Und dass die Weisheit bzw. Tora der Welt vorausging, wird auf diesen Vers zurückgeführt: „Der Herr hat mich geschaffen im Anfang seiner Wege, vor seinen Werken in der Urzeit; in frühester Zeit wurde ich gebildet, am Anfang, beim Ursprung der Erde.“ (Spr 8:22–23) In ihrer Diskussion zum 1. Buch Mose diskutierten die Rabbinen im Midrasch *Bereschit Rabbah* zu Genesis 1 jene Bibelstelle mit Blick auf die Tora: „Und so sah der Heilige, gepriesen sei er, in die Tora und erschuf die Welt, und die Tora spricht: *Bereschit bara Elohim* [Gen 1:1: *bereschit*, *„Im Anfang* schuf Gott Himmel und Erde“], *reschit* ist nichts anderes als die Tora, wie es heißt: ‚Der Herr hat mich geschaffen im Anfang [*reschit*] seiner Wege‘“. Weiterhin heißt es in BerR 1: „Sechs Dinge gingen der Weltschöpfung voraus: einige von ihnen wurden [wirklich] geschaffen, einige dagegen stiegen nur in der Idee [des Schöpfers] auf, geschaffen zu werden. Die Tora und der Thron der Herrlichkeit wurden wirklich geschaffen; die Tora weshalb? Weil es heißt: ‚Der Herr hat mich geschaffen im Anfang seiner Wege‘ [...].“

29 Siehe z. B. die Diskussion in BerR 12:10, wonach Gott die Welt mit dem Buchstaben *he* erschaffen habe, denn im Unterschied zu den anderen Buchstaben erfordere das *he* nicht den „Dienst der Zunge“, sodass Gott nicht mit Arbeit und Mühe die Welt erschuf, sondern durch das Wort [Ps 33:6]. Oder auch bT Berakhot 55a: „Rav Yehuda sagte, dass Rav sagte: Bezalel wusste die Buchstaben, mit denen Himmel und Erde geschaffen waren, zu kombinieren.“ Im *Sefer Jetsira* schließlich wird die Idee von der Erschaffung der Welt durch und mithilfe der 22 hebräischen Buchstaben zu einem eigenen Schöpfungsmythos.

30 Wörtlich: „er errichtete“.

31 *Aus Israel Lehrhallen*, Bd. 4 (1909), 170–171.

Die Magie des Schreibens: Einblicke in die Welt der Hasidei Aschkenas

Annett Martini

Als Einstimmung in dieses Kapitel soll Raphael, der Toraschreiber, vorgestellt werden. Raphael ist eine Figur aus der Geschichte *Aggadat ha-Sofer – Die Geschichte vom Toraschreiber* –, die der große hebräische Autor Samuel Joseph Agnon im Jahre 1919 verfasste. Agnon, selbst aus Galizien stammend, hat wie kein anderer Autor die religiöse und soziale Lebenswirklichkeit des Ostjudentums in seinen Erzählungen verarbeitet. Mit seiner Geschichte vom Toraschreiber entwirft Agnon den Idealtypus eines Schreibers, so wie ihn sich die mystisch-asketische Welt der Chassidim vorstellte.

Sicher, dieser Entwurf ist ein literarischer und die Realität eines Schreibers mit viel mehr weltlichen Fragen als es hier dargestellt wird, verbunden. Dennoch lassen sich an dem Helden dieser wunderbaren Geschichte viele der im Laufe der Jahrhunderte geäußerten Erwartungen an einen Schreiber ausmachen.

Raphael ist „ein frommer und völlig untadeliger Mann" schreibt Agnon, der Torarollen, Tefillin und Mezuzot „in Heiligkeit und Reinheit" schreibt. Menschen kommen zu ihm, um etwas von seiner Heiligkeit auf sich zu ziehen. Eine von Raphael geschriebene Torarolle kann Unglück und Krankheit abwenden und sogar das Schicksal beeinflussen. Diese, man möchte sagen, magische Qualität der von Raphael geschriebenen Torarollen ist zum einen dem asketischen und stark ritualisierten Lebenswandel des Schreibers geschuldet, den Agnon über viele Seiten detailliert beschreibt. Zum anderen werten die von Raphael geschriebenen Namen Gottes die Torarolle ungemein auf, da er ihnen ganz besondere Aufmerksamkeit widmet. Bei Agnon heißt es da:

> [Raphael] sitzt den ganzen Tag in seinem Hause und ist einsam mit seiner Seele, verschlossen und abgeriegelt in vier Ellen Tora, und [...] bleibt heilig in Rede und in Gedanken und in Tat [...] und er lernt einen Abschnitt Mischna und Gemara, um die mündliche Tora mit der schriftlichen zu verbinden, und vollzieht alle heiligen Richtungen, die in den Schriften angedeutet sind, und sitzt über der Tora und über der Arbeit und nimmt sich in acht, den heiligen Namen nicht ohne körperliche Reinigung zu schreiben. Und deshalb schrieb er manchmal ein ganzes Pergament und ließ den Platz für die heiligen Namen leer, und schrieb sie nachher, nachdem er abermals in ein Reinigungsbad getaucht war.
>
> Vergleichbar einem Meister, der eine Krone für einen König macht. Macht er nicht zuerst die Krone, und nachher setzt er die Edelsteine und Perlen ein?

Die von einem solch frommen Mann geschriebene Tora gilt nicht nur in dieser Welt als eine Kostbarkeit; sie ist auch ein Pass in der kommenden Welt der Wahrheit, wo Engel des Verderbens den Reisenden nur gegen Vorlage eines solchen Zeugnisses der Gottesfurcht Einlass gewähren – so Agnon.

Dieses spannungsreiche Verhältnis von Halacha und Magie, das die *Erzählung vom Torarschreiber* dem Leser so bildhaft vor Augen führt, entspricht durchaus der jüdischen Schreibpraxis und ist bereits in der jüdischen Traditionsliteratur der Antike angelegt. Im europäischen Mittelalter erlebten Vorstellungen vom mystischen Wesen der Heiligen Schrift eine Renaissance; insbesondere innerhalb der jüdischen Frömmigkeitsbewegung, den *Hasidei Aschkenas* – den „Frommen Deutschlands". Sie bildeten einen ganz eigenen Kosmos innerhalb der mittelalterlichen jüdischen Kultur. Zur Herstellung und Handhabung der *sifrei ha-qodesch* - der heiligen Bücher - entwickelte die Gruppierung, die ab dem späten zwölften Jahrhundert für etwa einhundert Jahre der jüdischen Geistesgeschichte eine ganz eigene Prägung verlieh, eine Haltung, die ethische Aspekte, performative Elemente, soziale Faktoren, zeitgenössische magisch-volkstümliche Perspektiven wie auch Positionen der christlichen Umweltkultur in eine - überspitzt formuliert - umfassende Theologie des Schreibens einbezieht.

Der *Sefer Hasidim* - das *Buch der Frommen* - (Abkürzung: SH), das Hauptwerk aus diesem Kreis, reflektiert in hunderten Paragrafen alle möglichen Angelegenheiten der Buchkunst, des Umgangs und Handels mit heiligen, aber auch profanen Schriften. Die Autoren wählten die literarische Form der *ma'aseh* - des Exemplum -, das in einer kurzen Geschichte verpackt ein moralisches Lehrstück transportiert. Im Unterschied zu einer Fabel gibt ein solches Exempel vor, sich tatsächlich so wie hier erzählt ereignet zu haben. Im jüdischen Mittelalter wurde diese Form der ethischen Unterweisung, die ihre Wurzeln im Talmud und den antiken Midraschim hat, sehr geschätzt, sicherlich auch, weil diese Gattung eine breite jüdische Leserschaft fand.[1] Als eine der reichsten mittelalterlichen Quellen dieses Genres kommuniziert der *Sefer Hasidim* ein ganzes Universum an sozialen, ethischen und magischen Einblicken in die Buchherstellung. Letztere sollen im Folgenden anhand ausgesuchter Paragrafen aus diesem Werk in den Fokus genommen werden.[2]

DIE INTENTION DES SCHREIBERS

Im *Sefer Hasidim* begegnet der Leser einem frommen Mann, der es gewohnt ist, dass seine mit tiefer Konzentration durchgeführten Gebete erhört werden. Eines Tages muss er jedoch feststellen, dass seine Bitten keinen Widerhall mehr finden. Er fastet ohne Erfolg und wendet sich mit seinem Kummer an einen Weisen. Dieser klärt ihn auf:

> Du betest und flehst aus einem Buch, das ein böser Mensch geschrieben hat. Da sprach [der fromme Beter]: „Aber ich beauftragte den Schreiber so und so, dass er schön schreibe auf meinem Pergament". Da sagte [der Weise]: „Als er [das Gebetbuch] für dich schrieb, war sein Herz voller Bitterkeit und Ärger. Aus diesem Grund wirst du nicht mehr erhört, wenn du daraus betest." Und so verhält es sich auch, wenn jemand [Seiten] eines unreinen Buches ausradiert und auf ihnen schreibt und aus diesen betet.[3]

Die Anekdote schließt mit der Empfehlung, die Überreste eines unreinen Buches - womit vor allem Bücher aus christlicher Hand gemeint sind - dem Feuer zu übergeben. Andere Narrative warnen vor der Schreibfeder oder der Tinte eines solch fragwürdigen Schreibers, dessen moralische, emotionale und charakterliche Disposition sich auf geheimnisvolle Weise auf seinen Schreibtisch, alle dort befindlichen Utensilien und das Geschriebene überträgt:

> Es gab einmal einen von Boshaftigkeit und Sünde geleiteten Schreiber, der saß in der Synagoge auf einem Gelehrtenstuhl, vorgebend, er sei ein Gerechter. Da kam ein Weiser in jene Stadt. Und es sagte der Weise zu einem aus der Stadt: „Ich möchte in der Synagoge einen Platz zum Sitzen". Jener antwortete ihm: „Der Schreiber hat sich in einer anderen Stadt niedergelassen, du kannst den Platz, auf dem jener *sofer* gesessen hat, einnehmen. Er hat auf seinem Platz seinen (Schreibfeder) und die Tinte liegen gelassen." Da sprach der Weise: „Ich werde mich nicht auf diesen Platz setzen und auch nicht mit dessen *qulmus* schreiben oder die Tinte, die in seinem Besitz war, benutzen. Ich werde auch nicht mit dem Siddur beten, den er geschrieben hat, denn *aus einem Angeklagten wird kein Verteidiger* (bT Berakhot 59a)".[4]

Dem *Sefer Hasidim* zufolge sind es die *soferim* - die professionellen Schreiber heiliger Schriftrollen -, die in den zukünftigen Welten des *gehinnom* - dem Reich der Toten - und Garten Eden die Sitze der Verstorbenen beschriften.[5] Schreiber erscheinen in der chassidischen Welt als machtvolle Grenzgänger zwischen der göttlichen und profanen Welt. Sie zeichnen sich nicht durch hohe Bildung aus und streben auch nicht nach Reichtum, Ruhm und oberflächlichem Wissen.[6] Die Persönlichkeit eines Schreibers glänzt vielmehr durch Bescheidenheit, Mäßigkeit, Selbstverneinung und Wahrhaftigkeit. Allein vom Fasten soll er sich genau wie Lehrer und Arbeiter zurückhalten, „da es seine Arbeitskraft schmälert".[7] Zur Begründung wird angeführt, dass „wenn eine Person fastet, sie aufpassen muss, nicht von Ärger übermannt zu werden, da eine hungrige Person zu Wut neigt".[8] Ungeduld oder gar Wut sollten die fromme Intention im Herzen des Schreibers allerdings nicht stören.

Darüber hinaus ergeben sich aus der Heiligkeit der Schrift für den idealen Schreiber aus chassidischer Sicht gewisse Regeln, die seine Arbeit in gleichmäßige, ritualisierte Bahnen lenken. Unordnung wird aus der Schreibumgebung verbannt:

Wenn er [seine Schreibtätigkeit unterbricht und] geht, lege er nicht die Schreibfeder oder das Messer auf den *sefer* [heiliges Buch bzw. Torarolle], damit [die Stelle] leicht zu finden sei, [wenn er die Arbeit fortführt]. Es war einmal ein Schreiber, der legte [noch nicht beschriebene] Buchlagen auf den *sefer* [aus dem er die Tora kopierte], damit er sich nicht in der Zeile irrte. Da sagte ihm sein Meister: „Wenn es nicht eine Missachtung des *sefer* wäre, dann müsste man dich mit dem *sefer* schlagen. Es ist nicht richtig, dass ein *sefer* für ein anderes *sefer* in dieser Weise benutzt wird. Nicht einmal einen Talmud sollte man [als Werkzeug zur Herstellung eines] *sefer* nutzen".[9]

Das gesamte Schreibumfeld sollte der würdevollen Arbeit des Schreibers entsprechen, damit nicht der Eindruck von Respektlosigkeit vor „der Arbeit des Himmels" entstehe. Es gibt eine Reihe von Narrativen im *Sefer Hasidim*, die eine „heilige Ordnung" durch einen strukturierten Schreibplatz sichtbar machen. So heißt es beispielsweise im Paragraf 731:

Ein Weiser betrat das Haus eines *sofer*, der mit der Abschrift heiliger Schriften beschäftigt war. Er sah [ausrangierte] Schreibfedern [*qulmusim*] auf dem Boden herumliegen. Da sprach er zu ihm: „Missachte nicht den *qulmus*, mit dem du die Heilige Schrift und den heiligen Namen Gottes geschrieben hast".[10]

Dieser Paragraf ist in materialer aber auch in ritueller Hinsicht interessant. Legt er doch Zeugnis ab für den tiefen Respekt der *Hasidei Aschkenas* für alles, was mit den heiligen Schriften in Berührung kommt. Auch an einem ausgedienten *qulmus* haftet noch die Heiligkeit der Schrift und des göttlichen Namens und er verdient dafür auch nach seiner Nutzung einen respektvollen Umgang. Jener Weise machte bei dem unordentlichen *sofer* allerdings noch eine weitere Beobachtung, die mit Blick auf den rituellen Charakter des Schreibprozesses aufschlussreich ist:

[Der Weise] sah, dass, als der *sofer* ein *sefer* zu schreiben begann, jener zu Beginn auf einem Stück Papier „im Namen des Herrn" [schrieb]. Da fragte er: „Warum tust du das?" Jener antwortete: „Wegen des Namens, dass er [das Vorhaben] unterstützt." [Der Weise] sagte daraufhin: „Der Spruch ist zu lesen: Im Namen des Herrn ist dieses *sefer*, denn es muss gebetet werden, dass wir erfolgreich sind und es fertig stellen. Doch man soll nicht in den *sefer* schreiben: „Im Namen des Herrn", da geschrieben steht: *Füge ihm nichts hinzu und lasse nichts weg.*

Und der Vers: *Tue nichts zu seinen Worten, dass er dich nicht strafe und werdest lügenhaft erfunden* [Pro 30:6].[11]

Hier eröffnet sich ein interessantes rituelles Detail aus der aschkenasischen Schreibpraxis. Vor dem Beginn eines Projekts ist eine Art Weiheformel zu äußern. Allerdings wird diese Formel nicht - wie von den rabbinischen Autoritäten der Zeit empfohlen - laut ausgesprochen, sondern auf einem separaten Blatt schriftlich niedergelegt. Diese Modifizierung rechtsgelehrter Praxis kann durchaus als eine Intensivierung der ursprünglich gedachten oder gesprochenen Weihe betrachtet werden. Das geschriebene Wort wirkt durch seine visuelle Präsenz länger, kann während der gesamten Schreibarbeit sichtbar auf dem Schreibpult liegen oder sogar wie ein Amulett am Körper getragen werden. Der ohnehin starke Eindruck einer magischen Konnotation des Schreibprozesses wird beim Lesen des folgenden Paragrafen noch verstärkt:

Einer kopierte aus Büchern und Kommentaren und las am Beginn laut und erst dann schrieb er es nieder. Alles was er schrieb, las er zuerst laut vor. Man fragte ihn: „Weshalb liest du laut, bevor du schreibst?" Er antwortete: „Ich habe überliefert bekommen, dass wenn eine Person laut liest und mit seinem Mund die Dämonen austreibt, dann hört und segnet man ihn. Darüber hinaus wird man sich dessen, was er schreibt, erinnern, wie es heißt: ... *damit die Tora des Herrn in deinem Mund sei.* [Ex 13:9] Und es steht geschrieben: *zum Gedächtnis* [u. a. Ex 12:14]".[12]

Dieses Narrativ stellt explizit eine Verbindung zwischen dem Kopieren der Tora und einem Exorzismus her. Das laute Vorlesen ist eine traditionelle mnemotechnische Methode der jüdischen Bildung und andererseits auch das performative Zentrum einer Beschwörung. Offensichtlich wurden hier die rituelle Weihe eines bestimmten Schriftstücks für seine spezielle Verwendung, wie sie in rabbinischen Quellen beschrieben wurde, mit populären Formen des Dämonenglaubens und der Dämonenaustreibung verbunden.

Diese gleichsam magische Aura der Reinheit und Heiligkeit um die heiligen Schriften herum bezeugen weitere Paragrafen, in denen der Schreiber angehalten wird, auch den Schreibmaterialien, ja sogar den Abfallprodukten des Schreibens den nötigen Respekt zu zollen:

Einer machte sich einen kleinen Holzstab, um mit ihm der Jugend die Buchstaben und Wörter [...] zu zeigen. Er machte [jedoch] nicht am Beginn [des Unterrichts] den Zeiger spitz [שפיץ] wie es auf Deutsch heißt. [Sondern] er zeigte mit ihm die Wörter und Buchstaben und schabte danach dessen Spitze, um ihn zu trimmen, wobei die Späne auf den Boden fielen. Da sagte eine Weiser zu ihm: „Das solltest du nicht so machen. Mache das Ende [des Zeigers] besser am Beginn [des Unterrichts] spitz und zeige dann sogleich mit ihm in ein Buch".

Und so verhält es sich auch, wenn man mit einem *qulmus* die Worte der Tora und den Namen [Gottes] schreibt und der *qulmus* dabei stumpf wird. Wenn [der Schreiber] ihn ausbessert und gut anspitzt, um mit ihm zu schreiben, sollte er achtgeben, dass nichts von den Spänen auf den Boden herabfällt, denn alles, was mit dem Heiligen in Berührung kommt, ist auch heilig.[13]

Ist ein für das Schreiben einer Tora verwendeter *qulmus* beschädigt, sollte er wie eine unbrauchbar gewordene Torarolle in einer Geniza oder an einem sicheren Ort verborgen werden: „Einem, dem ein *qulmus* beim Schreiben zerbrochen ist und der danach mit dem *qulmus* eine andere Sache macht, sagt ein Weiser: „Du hast damit heilige Worte geschrieben. Wenn er zerbrochen ist, solltest du ihn verbergen und keineswegs auf den Boden werfen, wo man darauf treten kann".[14] Ganz ähnlich sollte Tinte, die für das Schreiben von heiligen Schriften bestimmt war, später nicht für das Schreiben profaner Dokumente wie Briefe oder Schuldscheine benutzt werden:

> Wenn einer einen *qulmus* in die Tinte taucht, um den [heiligen] Namen zu schreiben und es wird an ihn [das Anliegen] herangetragen, einen Schuldschein oder ein anderes Schriftstück mit dem just eingetauchten *qulmus* zu schreiben, dann sollte er das nicht tun, sondern zunächst den Namen [zu Ende] schreiben und dann ein weiteres Mal eintauchen, um das zu schreiben, was gewünscht wird.[15]

Ist eine Tinte erst einmal für das Schreiben des göttlichen Namens bestimmt, sollte damit nicht etwas anderes geschrieben werden. Umgekehrt sollte überschüssige Tinte nicht für das Schreiben eines Gottesnamen verwendet werden: „Gibt es an einem Buchstaben ein Zuviel an Tinte, schreibe nicht den Namen Gottes damit. Und [nimm keine Tinte] vom Namen Gottes, um damit einen anderen Buchstaben zu schreiben."[16] Generell sollte überschüssige Tinte, die beispielsweise von einer Schrift mit den Fingern wieder abgenommen wird, nicht unwürdig behandelt und „unter die Schuhsohle"[17] abgestreift werden. Schließlich sollen alle für das Schreiben der heiligen Schriften notwendigen Materialien selbstverständlich nicht mit unreinen Orten und Dingen in Berührung kommen: „Jemand der schreibt und dem von der Tinte auf die Hände tropft, sollte, falls er seine Notdurft verrichten muss, seine Hände [vorher] reinigen, damit, bewahre, die Tinte nicht mit dem Ort der Unordnung und Nacktheit in Verbindung kommt."[18] Zu den unreinen Dingen, die nach Ansicht der *Hasidei Aschkenas* besser nicht mit einem heiligen Buch in Kontakt kommen sollten, zählen auch Nichtjuden, insbesondere Geistliche und Mönche.

DAS SCHREIBEN DER NAMEN GOTTES

Im *Sefer Hasidim* wird dem Schreiben der Namen Gottes besondere Aufmerksamkeit gewidmet. Im Vordergrund stehen die hohe Qualität des Schreibmaterials bzw. der Schreibstoffe rund um den Gottesnamen und die Pflicht der Schreiber, die Vorstellung von der absoluten Vollkommenheit des Namens in keiner Weise durch seine Schreibgewohnheiten zu stören. Der Name Gottes darf kein Loch in seinem näheren Umfeld aufweisen oder gar selbst perforiert sein. Im unglücklichen Fall einer notwendigen Ausbesserung „nähe man nicht da, wo der Name ist, damit der Name nicht [mit der Nadel] durchstoßen wird, sondern da, wo das Pergament nicht beschrieben ist".[19]

Eine besondere Sorgfalt im Schriftbild betrifft zu einem gewissen Grad auch die Wörter vor und nach dem Gottesnamen:

> Ein *sofer*, der den Namen Gottes geschrieben hat und das Wort vor dem Namen Gottes nicht gut herausgebracht hat, sollte mit dem *qulmus* noch einmal darüber gehen damit die Buchstaben des Wortes vor dem Namen Gottes gut lesbar sind. Doch wenn er bereits begonnen hat, den Namen Gottes zu schreiben und [ihn] noch nicht vollendet hat, unterbreche er nicht [das Schreiben] der Buchstaben des Namens, um ein anderes Wort auszubessern.

Doch nicht nur das Material, sondern auch der Schreibfluss selbst verträgt keine Lücken bzw. Unterbrechungen. Der *Sefer Hasidim* greift das aus der antiken Schreiberliteratur bekannte Bild vom Schreiber auf, bei dem ein König geduldig den Gruß des *sofer* abwartet, der gerade den Namen des himmlischen Königs auf der Schriftrolle festhält.[20] Der Schreiber darf in einem solch heiklen Moment auch nicht aufsehen, wenn ein Geringerer die Schreibstube betritt und ihn anspricht. Wenn er schon nicht auf die Bedürfnisse anderer eingehen darf, um wieviel wichtiger ist es dann, dass der Schreiber auch seine eigenen Bedürfnisse unterdrückt: „Wenn ein *sofer* den Namen Gottes schreibt, bevor er nicht damit fertig ist, darf er nicht ausspucken, sondern erst nachdem er alles geschrieben hat." Schließlich gibt der *Sefer Hasidim* dem Schreiber noch Lösungen für den Fall an die Hand, wenn ein Name versehentlich falsch geschrieben wurde.

Eine außerordentlich interessante Schreibanweisung, die den Rahmen der rabbinischen Vorlagen durchaus sprengt, findet sich in Paragraf 1762:

> Es steht geschrieben: *Und sie schrieben darauf eingravierend den Schriftzug Heilig dem Herrn* [יהוה]. (Ex 39:30) [Der angewandte Plural] *und sie schrieben* lehrt, dass in Gegenwart einer größeren Anzahl von Anwesenden der Name geschrieben werden soll, nämlich [im Beisein von mindestens] zehn Personen. [...] Dementsprechend sind die *rischonim* – die frühen rabbinischen Gelehrten – so verfahren, dass wenn ein *Sefer Torah* geschrieben wird, die Namen durch zehn Gerechte geschrieben werden. Und es gibt welche, die sagen: Es ist notwendig [den Namen Gottes] in Gegenwart eines Quorums zu schreiben, um daran zu mahnen, dass er *lischmah* – mit einer rituellen Weihe – geschrieben wird. Denn falls er nicht *lischmah* geschrieben ist, sollte [die Rolle] in einer Geniza verborgen werden. Das gilt auch für jeden einzelnen Buchstaben.[21]

Dieser Abschnitt ist bemerkenswert, weil der Autor eine Zeugenschaft für die rituelle Heiligung des Gottesnamens beim Schreiben eines *Sefer Torah* einfordert. Eine Gruppe von zehn „Gerechten" soll sich zur Abschrift eines jeden Namens, womit wahrscheinlich allein das Tetragramm JHWH gemeint ist, in der Schreibstube versammeln, um die Weihe des Namens sicherzustellen. Die „zehn Gerechten" wecken Assoziationen zur Geschichte Sodoms, das durch die Anwesenheit von nur zehn Gerechten hätte gerettet werden können. Dem Gerechten (*zaddiq*), von dem es in jeder Generation nur einige wenige gibt, werden ein makelloser Lebenswandel und ein inniges Verhältnis zu Gott nachgesagt. Seine Anwesenheit beim Schreiben der Namen Gottes garantiert nicht nur die Heiligkeit dieses Moments, in dem Gott stellvertretend durch seinen Namen in die Welt tritt, sondern verweist auch auf die Gnade Gottes, der durch die Gerechten den Bestand der Welt sichert.

Wir wissen nicht, inwiefern diese Verfahrensweise tatsächlich in der Praxis umgesetzt wurde. Allerdings ist davon auszugehen, dass der erhöhte personelle, mentale und rituelle Aufwand ein auf diese Weise geschriebenes *Sefer Torah* sicherlich enorm aufgewertet hätte. Gleichzeitig entspräche ein solches nach allen Regeln der heiligen Kunst hergestelltes Ritualobjekt durchaus der elitären Selbstwahrnehmung der *Hasidei Aschkenas*. Als eine Art heilige Gemeinschaft von Gerechten bzw. Frommen wollten sie sich durch ihre Reinheits- und Heiligungspraktiken vor allen anderen auszeichnen. Die Herstellung eines rituell einwandfreien *Sefer Torah* bot hierzu die beste Gelegenheit, und das auf eindrücklichste Weise.

Es sei hier nur am Rande erwähnt, dass es einige mittelalterliche Torarollenzeugen gibt, in denen Gottesnamen aus dem Text visuell herausstechen. Ein Beispiel dafür ist die Handschrift Ms. or. fol. 1216, eine aschkenasische Torarolle aus dem Besitz der mittelalterlichen Erfurter Gemeinde, die wahrscheinlich im 13. Jahrhundert geschrieben wurde. Auf

↓ Abb. 1 Diese Torarolle weist in den drei Kolumnen des ersten Pergamentbogens die Besonderheit auf, dass die Namen Gottes noch einmal mit einer Tinte überschrieben wurden, die weniger oxidierte als die Originaltinte, Ms. or. fol. 1216, fol. 1 | SBB-PK

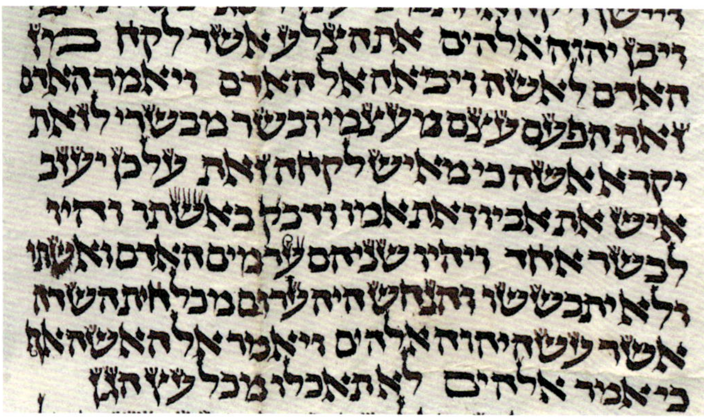

dem ersten Blatt der Rolle sind die Namen יהוה und אלהים mit einer anderen Tinte geschrieben, die im Vergleich zur ins Bräunliche tendierenden Schriftfarbe des restlichen Textes dunkler erhalten ist. Die Tatsache, dass Überschreibungen dieser Art nur auf dem ersten Blatt zu finden sind, könnte für eine rituelle Praxis beim Schreiben der Namen Gottes sprechen, die - aus welchen Gründen auch immer - nur das erste Blatt betrifft Abb. 1. Da der Abstand zu den vorangehenden und folgenden Wörtern als etwas größer aus dem Schriftfluss herausfällt, scheint es wahrscheinlich, dass der Schreiber den Platz für die Gottesnamen zunächst freigelassen und erst in einem späteren Arbeitsgang eingefügt hat. Vielleicht suchte der Schreiber vor dem Kopieren der heiligen Namen eine Mikwe auf, um mit besonderer Reinheit in den Schreibprozess zu gehen.[22] Oder ein besonderes Schreibritual forderte die ungeteilte Aufmerksamkeit eines oder mehrerer *soferim*.

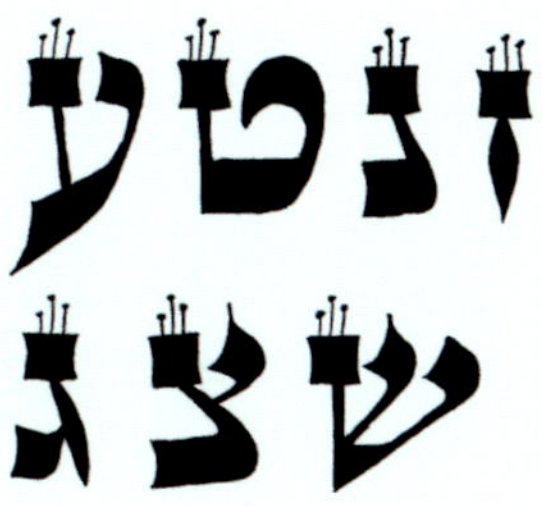

↑ **Abb. 2** Die sieben Buchstaben *zajin, nun, tet, ajin, schin, zade* und *gimel*, die gewöhnlich mit *tagin* versehen werden.

↓ **Abb. 3** *Tagin* und *otijjot meshunnot* aus unterschiedlichen Handschriften.

TAGIN UND OTIJJOT MESHUNNOT

Eine paläografische Besonderheit der jüdischen Schrifttradition besteht darin, dass einige Buchstaben der standardisierten Quadratschrift innerhalb der Schriftrollen mit Krönchen (*tagin*) verziert bzw. auf ungewöhnliche Weise geschrieben (*otijjot meshunnot*) werden Abb. 2.

Der Talmud legt sich auf die sieben Buchstaben *gimel, zajin, tet, ajin, nun, zade* und *schin* für diesen außergewöhnlichen Buchstabenschmuck fest. Mittelalterliche Schriftzeugnisse aus der Zeit vom 11. bis 16. Jahrhundert weisen jedoch zahlreiche Ausnahmen von dieser antiken Beschränkung und eine bemerkenswerte Formenfülle an neuen Verzierungen auf.

Der Autor des *Sefer ha-Tagin* verlegt die Quelle seiner Ausführungen jedoch noch weiter in die Vergangenheit Abb. 3+4. Er entwirft eine mündliche Traditionskette, die bis zu den zwölf Steinen Joschuas zurückreicht. Der Legende nach hat der Prophet, nachdem das Volk Israel den Jordan überquert hat, je einen Mann aus den zwölf Stämmen angewiesen, einen Stein zur Erinnerung an das glückliche Passieren des Flusses am anderen Ufer abzulegen. Die Fortsetzung der Geschichte kann im Vorwort des *Sefer ha-Tagin* nachgelesen werden:

Dies ist das *Buch der Krönchen*, das Eli der Priester von den 12 Steinen kopierte, die Joschua in Gilgal aufstellen ließ. Und er gab es an Samuel weiter und Samuel gab es Palti, Sohn des Leisch, und Palti überlieferte es Achitofel, und Achitofel gab es an Achija, den Schilomiten, weiter, und Achija, der Schilomit, tradierte es Elija, und Elija gab es Elischa, und Elischa übergab es Jehojada, dem Priester, und Jehojada, der Priester, tradierte es den Propheten, und die Propheten vergruben es unter der Schwelle des Tempels. Doch als die Schwelle des Tempels in der Zeit Joachims, des Königs Judas, zerstört wurde, erhielt Ezechiel, der Prophet, [das Buch] und nahm es mit nach Babylon. Doch in der Zeit des Cyrus, des Königs Persiens, brachte Ezra dieses Buch nach Jerusalem und so erreichte es die Hand Menachems, der es Rabbi Nechunja, dem Sohn des Rabbi Hakana, überreichte, und Rabbi Nechunja, Sohn des Hakana, überlieferte es Rabbi Aqiva.[23]

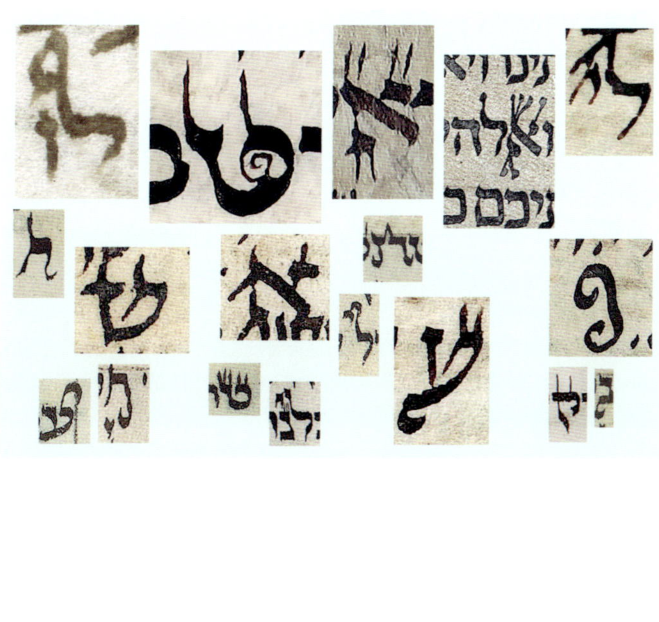

Das *Buch der Krönchen* gibt den Kopisten der Moses-Bücher eine genaue Auflistung der Wörter und Buchstaben an die Hand, die - abgesehen von den sieben bereits im Talmud genannten - gekrönt, auf ungewöhnliche Weise geschrieben oder mit zusätzlichen Strichelchen versehen werden sollen Abb. 5a–d.

...חסיו בו	אשר חלב זבחימו יאכלו
...ו יין נסיכם	יקומו ויעזרכם
...עליכם סתרה	ראו עתה כי אני אני הוא
...אלהים עמדי	אני אמית ואחיה
...תי ואני ארפא	ואין מידי מציל
...שא אל שמים ידי	ואמרתי חי אנכי לעלם
...שנותי ברק חרבי	ותאחז במשפט ידי
...ב נקם לצרי	ולמשנאי אשלם
...ר חצי מדם	וחרבי תאכל בשר
...חלל ושביה	מראש פרעות אויב
...ו גוים עמו	כי דם עבדיו יקום
...שיב לצריו	וכפר אדמתו עמו

פ

פתוחה שורה

...משה · עד כי לא דבר רק עד הירדן · וידבר יי׳ אל משה · פ׳ · וזאת
...· הופיע מהר פארן · יחי ראובן · [illegible] · פת׳ · וזאת ליהודה · פ׳ · וללוי אמר · פ׳
...שמיך · ברך · פת׳ · לבנימן · וליוסף · [illegible] · קדם · והם רבבות · פת׳
...פ׳ · ולגד · ספון · עד [illegible] · פת׳ · ולדן · פת׳ · ולנפתלי · פת׳ · ולאשר ·
...אלהי קדם · [illegible] · בטח · [illegible] · אשריך · [illegible] · עזרך · ויכחשו
...ו · פ׳ · [illegible] · ולכל היד החזקה ולכל המורא הגדול אשר עשה משה לעיני
...ישראל · לעיני כל ישראל [illegible] · חזק

ספר תורה [illegible] עלי הכהן [illegible] יהושע [illegible]
[illegible] בן [illegible] ואחיתופל [illegible]
...השילוני · ואחיה לאליהו · ואליהו לאלישע · ואלישע ליהוידע הכהן ·
...ולנביאים · [illegible] · [illegible]
...בשני יהויכין [illegible] יהודה [illegible]
[illegible]
...וזכריה לירושלם [illegible] · [illegible] · [illegible] · ור׳
...לר׳ אלעזר בן ערך · ור׳ אלעזר בן ערך לר׳ יהושע · ור׳ יהושע לר׳ עקיבא
עקיבא לר׳ [illegible] יהודה · ור׳ יהודה לרבי [illegible] · [illegible] לר׳ [illegible]
...הלל · [illegible] הלל [illegible] · [illegible]
...[illegible] קדש · [illegible] הלל [illegible]

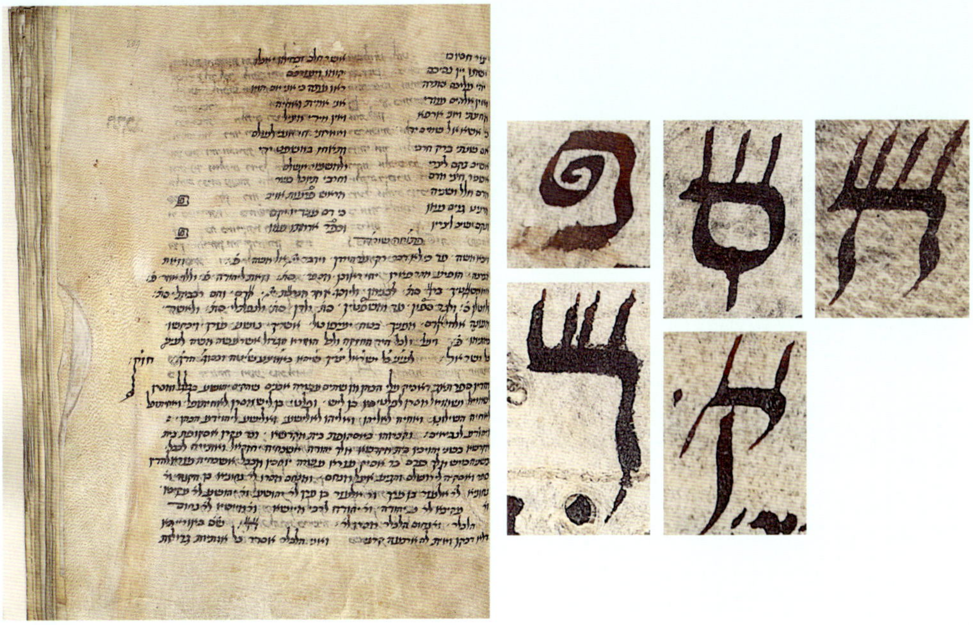

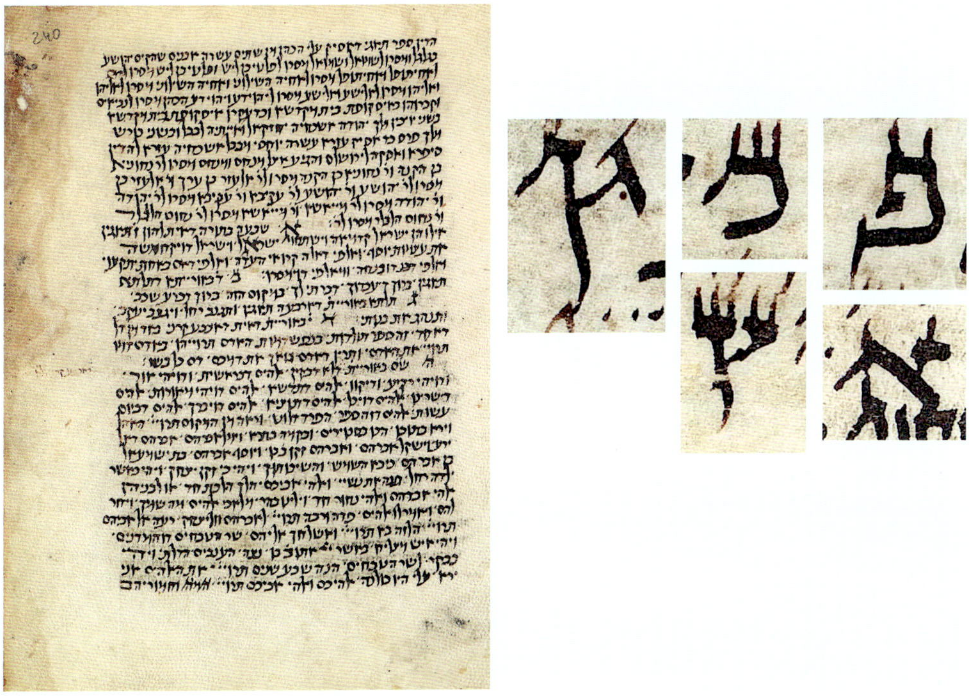

← **Abb. 4** Eine wichtige Quelle der mittelalterlichen Religionsgelehrten und Schreiber für die korrekte Platzierung der *tagin* und Sonderzeichen war der *Sefer ha-Tagin* (Das Buch der Krönchen).

→ **Abb. 5a** *Sefer Tagin* in der Handschrift Add Ms 27201, fols. 209r–215r, aschkenasisch ca. 1242 | British Library, London

→ **Abb. 5b** *Sefer Tagin* in der Handschrift Cod. Parm. 2574, fols. 240r–244r, sefardisch, 12./13. Jhd. | Biblioteca Palatina, Parma

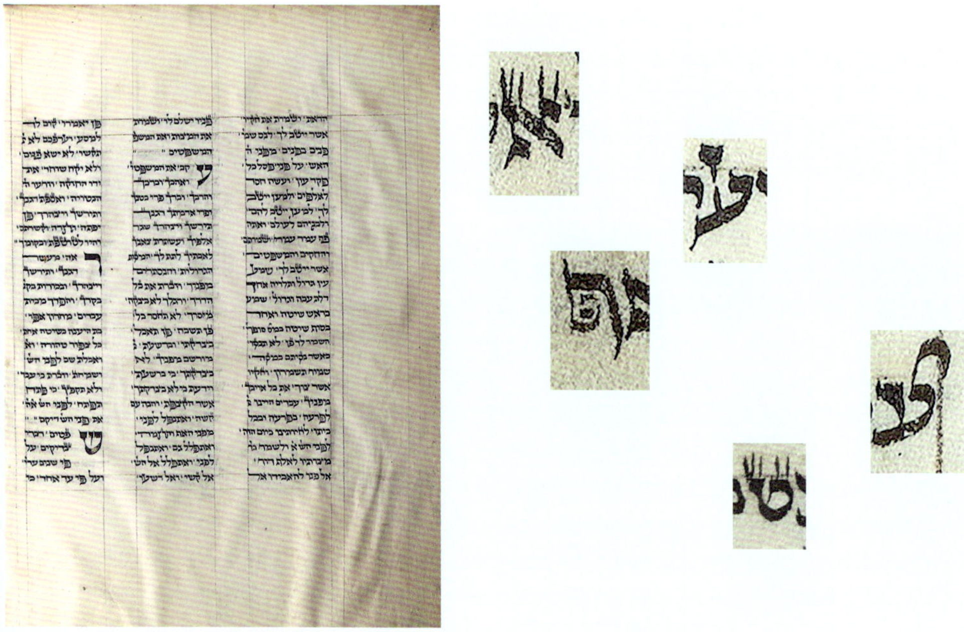

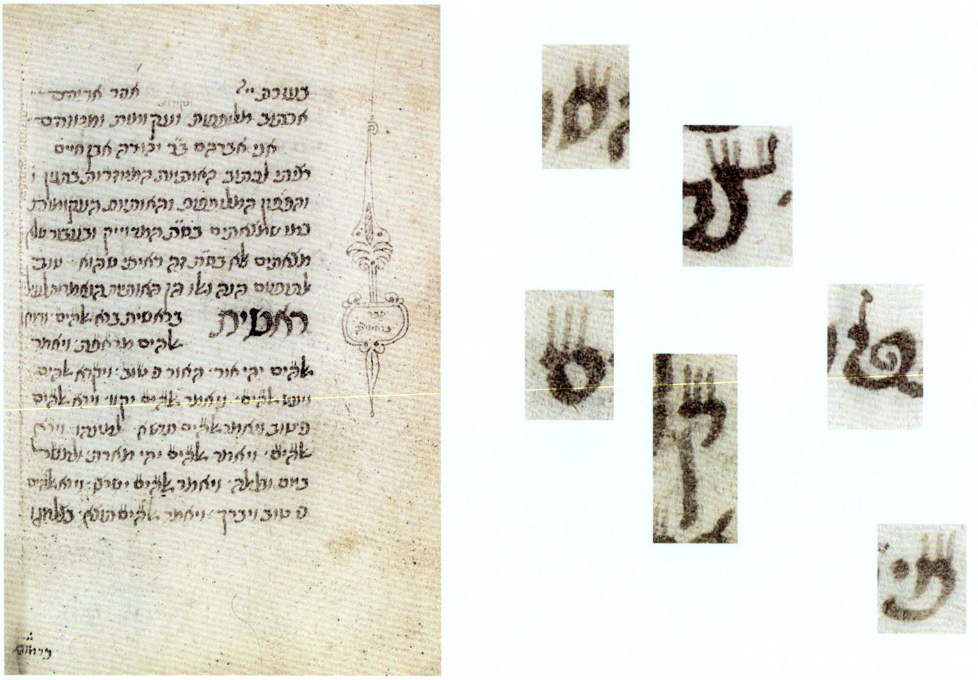

← **Abb. 5c+d** *Sefer Tagin* in der Handschrift Weimar, Q 651/652 (Duchess Anna Amalia Library – Klassik Stiftung), aschkenasisch 1343; *Sefer Tagin* in der Handschrift Cod. Parm. 1959 (Biblioteca Palatina, Parma), sefardisch, 1462. Man sieht in den Textvarianten des *Sefer Tagin* aus dem 13.–17. Jhd. sehr gut, wie unterschiedlich die Formen der *tagin* und *otijjotmeshunnot* – abhängig von Region und Zeit ihrer Entstehung – ausgeprägt waren und sich entwickelt haben.

Auch der Talmud verlegt den Ursprung der Krönchen in die mythische Vergangenheit und stellt sogar einen direkten Zusammenhang der *tagin* mit dem Offenbarungsgeschehen am Berg Sinai her:

Als Moses in die Höhe aufstieg [um die Tora zu empfangen], fand er den Heiligen, gelobt sei er, dasitzen und Kronen an die Buchstaben binden. Da sprach er vor ihm: „Herr der Welt, wer hält dich zurück?" [d. h., wozu tust Du das?] Er erwiderte ihm: „Es wird dereinst, nach vielen Generationen, einen Mann geben, namens Aqiva ben Josef; er wird einmal über jedes Krönchen und Häkchen Haufen über Haufen von Lehren vortragen".[24]

Die Buchstaben und ihre Krönung bewerteten die Rabbinen dementsprechend früh als Teil der göttlichen Offenbarung. Gott selbst wand die Krönchen an die Buchstaben, und der große Gelehrte Rabbi Aqiva aus dem zweiten Jahrhundert leitete daraus Religionslehren ab. Auch für die *Hasidei Aschkenas* bestand kein Zweifel daran, dass es sich bei den Buchstabenkrönchen nicht um eine Laune der Schreiber handelte, sondern vielmehr um das sichtbare Zeichen eines dem menschlichen Verstand verborgenen Geheimnisses der göttlichen Schöpfung, das nicht jedermann erfassen kann:

Es steht geschrieben: „[Dies sind die Worte], die Mose zu ganz Israel sprach." [Dtn 1:1]. Es steht außerdem geschrieben: „Mose sprach zu den Kindern Israels." [Dtn 1:3] [Im Fall des Letzteren] wird jedoch nicht bemerkt, dass er „zu ganz Israel" sprach. Später lesen wir: „Mose erklärte diese Tora" [Dtn 1:5], und es steht nicht geschrieben, wem, während er am Anfang zu allen sprach, sogar zu den Kindern und Frauen, da es für „ganz Israel" Dinge gibt, die weitergegeben wurden, wie die Aggadah, der Midrasch und der Talmud - ohne die schwierigen talmudischen Fragen. [...] Die Erklärung der Tora [Mose erklärte diese Tora] bezieht sich jedoch auf Passagen, in denen auf Geheimnisse angespielt wird und in denen göttliche Namen aus den biblischen Versen abgeleitet werden. Auch die *tagin* und die *maʿase merkavah* [Kosmologie] übermittelte er im Verborgenen nur an zwei oder drei demütige Schüler.[25]

Dementsprechend gehört das Wissen über die *tagin* zu einer geheimen Überlieferung, die nur mündlich weitergegeben wird und für die breite Masse nicht ohne Weiteres zugänglich ist. Während die biblischen Schriften oder der Talmud „ganz Israel" gelehrt werden können, dürfen die Geheimnisse der gekrönten Buchstaben nur einer begrenzten Anzahl von Schülern von einem Lehrer in einem kleinen Kreis gelehrt werden.

Die *tagin* und *otijjot meshunnot* stießen im Laufe der Zeit immer wieder auf das Interesse von Exegeten. Sie stellen den Ausgangspunkt zahlreicher Kommentare, Randnotizen und Glossen zur Bibel dar, die oftmals Teil einer breit angelegten rabbinischen Schriftauslegung sind. Einen ganz eigenen Charakter haben die sprachmystisch-kosmologischen Entwürfe aus dem Umfeld der *Hasidei Aschkenas*. Es waren insbesondere zwei Texte, die auf Schreibern bis in die Neuzeit hinein großen Einfluss ausübten: die kurze Abhandlung *Kitrei Otijjot Tefillin* des Jehudah ben Samuel *he-Hasid* (ca. 1150–1217)[26] und der esoterische Kommentar zum *Sefer Tagin*, der dem berühmten Schüler Jehudas, nämlich Eleazar ben Jehudah aus Worms (ca. 1165–1230) zugeschrieben wird.[27]

In der Abhandlung *Kitrei Otijjot Tefillin* lässt Jehudah *he-Hasid* am Beginn seiner im weiteren Verlauf ausgesprochen pragmatischen Darstellung der Buchstaben keinen Zweifel daran aufkommen, dass die Heilige Schrift in Zeichen und Anordnung keineswegs nur Kommunikationsträger eines Textes ist. Er entwirft in Anlehnung an den *Sefer Jetzirah* - *Buch der Schöpfung* -, einem insbesondere auf die jüdische Mystik enorm einflussreich wirkendem

Werk, das Bild von einem Mikrokosmos der Schrift, der den göttlichen Makrokosmos widerspiegele. Das „Maß der Buchstaben“ entspräche dem Maß der *Finger Gottes* (Dtn 9,10), mit denen Moses die Gesetzestafeln beschriftete. Jehudah *he-Hasid* untermauert diese Vorstellung mit einem Hinweis auf die beiden Psalmen 111 und 112, die mit ihren zehn Zeilen und je zwei (und zweimal drei) Versanfängen das gesamte hebräische Alphabet in seiner Ordnung abbildeten. Auf die Anwesenheit des Göttlichen deutet die Zehnzahl, die in den zehn Fingern und Zehen des Menschen ihre Entsprechung findet, so der Mystiker. Die explizite Anspielung auf die zehn mysteriösen *sefirot* – *Zählungen* – im Schöpfungsmythos des *Sefer Jetzirah* (I,3) liegt auf der Hand. Das antike Werk diente sicherlich auch als Inspirationsquelle für den Gedanken Jehudah *he-Hasids*, dass die Abstände der Buchstaben und Zeilen der Bundestafeln als ein Urbild der göttlichen Präsenz in der materialen Welt der Schrift betrachtet werden können. Doch der größte Teil des Traktats beschäftigt sich mit ganz realen Fragen, nämlich welche Buchstaben in welchen Wörtern der Tefillin mit *tagin* versehen werden sollten und wie genau diese zu platzieren seien.[28]

Etwas anderer Natur ist die Abhandlung seines Schülers Eleazar ben Jehudah aus Worms zum Schmuck der Buchstaben. Seine Abhandlung, die nach ihrer hauptsächlichen Inspirationsquelle den Titel *Sefer Tagi* trägt, widmet sich abgesehen von wenigen Ausnahmen dem Buch Genesis und präsentiert eine Lektüre der Tora am äußersten Rande dessen, was die materiale Gestalt des Schriftbildes ausmacht. Der Traktat ist mit dem Stichwort für die Methode dieser sehr speziellen Schriftauslegung überschrieben: *sod* – Geheimnis. Eleazar analysiert diese ausnahmsweise gekrönten Buchstaben hinsichtlich ihrer spezifischen Gestalt, ihrer Position in einem bestimmten Wort; er diskutiert Anzahl und Positionen der *tagin* auf den „Dächern“ der Schriftzeichen und spekuliert gegebenenfalls über einen Zusammenhang mit dem vorangehenden Wort – nämlich wenn die Krönung am rechten oberen Ende des Buchstabens erfolgte – oder mit dem nachfolgenden Wort – wenn das Krönchen auf der linken Seite in den fortlaufenden Satz weist.

Wie einige rabbinische Vorbilder (vgl. u. a. *Midrasch Tanchuma* 1:1) verankert Eleazar die *tagin* zunächst im Hohelied. Des Königs Salomon „goldenes Haupt und die rabenschwarzen Locken“ (Hld 5:11) erinnerten bereits in der Heiligen Schrift an die „in Milch gebadeten“ (Hohelied 5,12), das heißt auf weißem Untergrund stehenden Krönchen. Darüber hinaus erklärt sich Eleazar die Verdoppelung des Wortes „Schrift“ in dem Bibelvers [Ex 32,16]: *Elohim machte die Tafeln. Und die Schrift ist Schrift* [*von Gott in die Tafeln gemeißelt.* והמכתב הוא מכתב אלהים] als einen göttlichen Verweis auf die Symbiose von Buchstaben und *tagin*. Diese Krönchen seien „wie Zweige eines Baumes“, die den Weg zu den nicht von jedermann erfassbaren kosmologischen und kosmogonischen Geheimnissen des Seins, die in der Heiligen Schrift angedeutet seien, aufzeigten. In Eleazars Vorstellung erscheint die Generation zur Zeit Moses als eine Gemeinschaft, die mit den Geheimnissen der Schöpfung vertrauten Umgang pflegte. Im Laufe der Zeit sei dieses Wissen der breiten Masse abhandengekommen und es ist nunmehr einigen wenigen Schriftkundigen vorbehalten, die esoterische Bedeutung der Schrift in ihrer ganzen Tiefe zu erfassen. Diesem elitären Kreis dienten die *tagin* „als Ohren der Buchstaben“, mit denen das Echo der ursprünglichen Rede Gottes noch erfasst werden könne. Was Eleazar mittels dieser „Detektoren“ des göttlichen Offenbarungsworts aufnahm, soll im Folgenden mit seiner Exegese der letzten Vershälfte von Genesis 1,2 – *und der Geist Gottes schwebte über den Wassern* – exemplarisch vorgestellt werden.

Zu Beginn des Schöpfungsdramas, als weder zwischen Licht und Finsternis noch zwischen den Wassern, Himmel und Erde unterschieden ward, *schwebte der Geist Gottes über den Wassern*. Eleazars Exegese konzentriert sich zunächst auf die beiden Worte *der Geist* … *schwebte* – ורוח מרחפת … , die laut Eleazar zusammen vier gekrönte Buchstaben aufweisen;

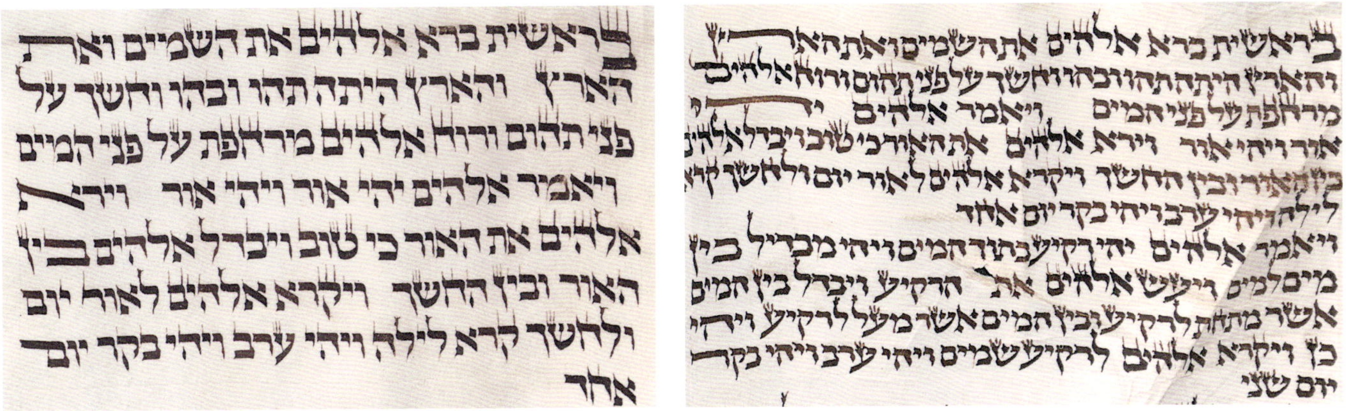

↑ **Abb. 6a+b** Unterschiedliche Schreibtraditionen von Gen. 1 in den Mss. or. fol. 1215 (links) und 1216 (rechts) | SBB-PK

und zwar drei *tagin* auf dem Dach des *chet*, zwei auf dem *pe* und ein *tag* auf dem *tav* des Wortes *merachefet – er schwebte* – und ebenfalls drei *tagin* auf dem Dach des *chet* von *ruach – Geist*. Die Vierzahl der besonders ausgezeichneten Buchstaben deutet Eleazar zufolge auf die „vier Winde [רוחות]" hin, in die sich der Geist am Beginn der Schöpfung geteilt habe. Es handelt sich hier um eine direkte Anspielung auf die Schöpfungstheorie des *Sefer Jetzirah* (1:9,10), wo davon die Rede ist, dass sich der „Geist des lebendigen Gottes" teilt: „Geist aus Geist. Er gravierte und meißelte mit ihnen die vier Winde des Himmels, Osten und Westen, Norden und Süden, und der Geist ist in jedem von ihnen." Es ist auch der Geist Gottes, der in dieser Konzeption das erste Gefäß (*sefirah*) hervorbringt, in der sich Gottes „Stimme, Hauch und Wort" manifestieren, und mittels der in ihr enthaltenen Sprachelemente die folgenden *sefirot* (Plural von *sefirah*) und schließlich den gesamten Kosmos erschafft. Die vier Winde stellen dementsprechend Zwischenursachen dar, die durch den göttlichen (Sprach-)Geist angetrieben die erste (Denk-)Bewegung Gottes weitergeben.

Als weiteres Argument für seine Überzeugung, dass sich in diesem scheinbar ruhigen Augenblick vor dem ersten Schöpfungsakt ein innergöttlicher Prozess der Entgrenzung nach dem Muster des *Sefer Jetzirah* abspielt, addiert Eleazar die je drei *tagin* der beiden *chet* in den Worten *ruach* und *merachefet*, um darauf hinzuweisen, dass es „der Geist ist, der die sechs Geister [= Enden des Kosmos] zum Keimen bringt: Oben, Unten, Norden, Süden, Osten und Westen." Auch diese sechs *tagin* führen zum *Sefer Jetzirah*, wo mit den permutierten Buchstaben des Tetragramms die sechs Enden des Raumes, die Eleazar mit „Wolken um den Thron Gottes" umschreibt, versiegelt werden.[29]

Die sechs *tagin* des Wortes *merachefet* weisen dem Mystiker zufolge aber auch auf die sechs Schöpfungstage hin, die der Geist Gottes mit seinem Willen lenkte, denn „ein Schiff auf dem Meer, das ohne Geist [רוח] ist, wird untergehen". Die *tagin* der beiden Buchstaben *chet* (3 *tagin*) und *pe* (2 *tagin*) seien außerdem Hinweise auf *ruach*, den Geist Gottes, der drei (vgl. 3 *tagin* des *chet*) Verbindungen mit jeweils zwei Attributen Gottes bzw. Kategorien der Gotteserkenntnis (vgl. 2 *tagin* des *pe*) einging [Abb. 6a+b]. Zur Stärkung dieses Arguments führt Eleazar einen Vers aus Jesaja (11:2) an, wo von sechs unterschiedlichen Verbindungen des Geistes die Rede ist: [...] *der Geist der Weisheit* [חכמה] *und des Verstandes* [בינה], *der Geist des Rates* [עצה] *und der Stärke* [גבורה], *der Geist der Erkenntnis* [דעת] *und der Gottesfurcht* [יראת יהוה]. Den einzelnen *tag* auf dem *tav* am Ende des Wortes *merachefet* erklärt Eleazar im Zusammenhang mit den ihm folgenden Worten *al pnei ha-majim – über den Wassern*, da sich das Zeichen auf der linken Seite des Buchstabens *tav* bereits in die Zukunft neige. In *merachefet – er schwebte* – kündige der *tag* auf dem *tav* bereits die „Seele des Königs Messias" an, die in Erscheinung tritt, wenn *das Land voll Gotteserkenntnis* [ist] *so wie Wasser das*

Meer bedeckt. (Jes 11:9). Da der Zahlenwert des Trägers dieses *tag* vierhundert beträgt, könne es als Erinnerungszeichen für die vierhundert Jahre andauernde ägyptische Knechtschaft, aus der Moses das Volk Israel befreite, gelesen werden. Gleichzeitig kündigten sich in diesem Buchstaben „die Tage des Messias" an, „der am Ende Israel erlösen wird, da der Buchstabe *tav* der letzte im Alphabet ist. Und das *tav* wird sie [Israel] zwei[mal] erfreuen, wie es heißt [Ps 90:15]: *Erfreue uns nun wieder, nachdem du uns so lange plagest, nachdem wir so lange Unglück* [רעה] *leiden* [וראינו]. Zweimal *resch*[30], wie der erste Erlöser [Moses] ist der zweite Erlöser [Messias]; durch Moses die Tora und durch den Messias die erhoffte Tora [Jes 42:4]."

ורוח... מרחפת *Und der Geist ... schwebte* mit seinen insgesamt neun *tagin* veranlassten Eleazar darüber hinaus, die neun Monate einer Schwangerschaft mit den Geburtswehen der Schöpfung zu assoziieren. Unter Bezugnahme auf weitere Schriftstellen inszeniert der Mystiker eine präexistentielle Atmosphäre aus Geist, Feuer und Beben, die von neun Stimmen, „die alle bei dem Schöpfungswerk" mitwirkten, begleitet wurden. Neun Stimmen waren bei der Gabe der Tora beteiligt; es gibt neun Segnungen; neunmal wird der Schofar an Rosch Haschanah geblasen und es waren neun Visionen, die Ezechiel sah. Eleazar zählt ein neunmaliges Auftauchen des Geistes Gottes innerhalb Ezechiels Thronwagenschau. Die Liste der bedeutsamen Neunheiten ist damit jedoch lange nicht an ihrem Ende angelangt.

Mit größter Hingabe widmet sich Eleazar dem Gottesnamen אלהים (Elohim), der zwischen den Wörtern *ruach* und *merachefet* stehend zunächst nicht Teil seiner Spekulation war. Der Mystiker misst den drei *tagin* auf dem Buchstaben *he* des Namens eine entscheidende Bedeutung für den Schöpfungsverlauf bei. Eleazar nennt sie Dattelpalmen [סנסנים] und meint damit den Palmbaum, den Salomon erklimmen will, um die Früchte seiner Sulamit zu genießen (Hohelied 7,9). An diesen Dattelpalmen solle der Verständige aufsteigen und durch das Gleichnis begreifen, dass „Zauberei, Dämonenwerk und Zaubersprüche, die Wunder in den Augen der Menschen bewirken", nicht mit „dem Schöpfungswerk" zu vergleichen seien. Im Zauberwesen „scheint es zwar, als wären Dinge erschaffen worden, doch das sind sie nicht". Zauberei sei nicht mit den Wundertaten Moses' oder Aarons zu vergleichen. Es liegt Eleazar viel daran, durch eine breit angelegte Exegese der drei *tagin* auf dem Buchstaben *he* von Elohim den Unterschied zwischen göttlicher Schöpferkraft und irdischer Magie zu betonen. In seine Argumentation lässt er dabei gleichermaßen die Kosmologie des *Sefer Jetzirah*, die Philosophie des Sa'adja Gaon und die onomatologische und angelologische Tradition der Hechalot-Literatur einfließen. Eleazar schließt seine mystische Exegese der Vershälfte - *und der Geist Gottes schwebt* - mit der Feststellung ab, dass diese drei Worte vom Beginn des Schöpfungswerkes „bis zur Auferstehung der Toten [...] am Ende der Generationen" reichten und nur Gott die Maße der kosmischen Ordnung kenne, die zwischen *alef* und *tav* verborgen lägen.

Der *Sefer ha-Tagi* des Eleazar bezeugt, wie stark die ausschließlich für das Schreiben des biblischen Textes bestimmten Schriftzeichen von den *Hasidei Aschkenas* mit mystischen Assoziationen aufgeladen wurden. Der chassidische Gelehrte schuf mit seiner Interpretation der *tagin* eine dichte symbolische Textur um die Heilige Schrift herum, deren umfassende Erforschung bis heute ein Desideratum darstellt. Die mystische Bedeutungsebene, die den *tagin* von den Hasiden im 13. Jahrhundert zugewiesen wurden, wird auch heute noch in Schreiberkreisen rezipiert.

Das große Gewicht, das die *Hasidei Aschkenas* den heiligen Büchern und ihrer Heiligung beimaßen, kam nicht aus dem Nichts, sondern entsprach der generellen Tendenz hin zu einer ritualisierten Praxis der Heiligung, wie man sie auch innerhalb der rabbinischen Literatur in Aschkenas hinsichtlich des gesamten Arbeitsprozesses der Herstellung der STaM beobachten kann. Der *Sefer Hasidim* mit seinen facettenreichen Referenzen zur Buchherstellung spiegelt diese Tendenz wider und gibt dem rabbinischen Konzept der Weihe durch die Einbeziehung magischer Praktiken eine neue Richtung. Insbesondere die Ausführungen zum Schreiben der göttlichen Namen und die Exegese zu den *tagin* und *otijjot meshunnot* offenbaren jedoch den ausgesprochen schmalen Grat zwischen Halacha und Magie, der - wie die Geschichte von Agnons Toraschreiber beweist - auch in der Neuzeit noch begangen wird.

1 David Stern, „Just Stories: Medieval Hebrew Narrative", in: *Tikkun 5,6* (1990), 41-43, 110-112.

2 Die folgenden Ausführungen basieren im Wesentlichen auf der Studie: Annett Martini, *„Arbeit des Himmels". Jüdische Konzeptionen Rituellen Schreibens in der europäischen Kultur des Mittelalters* (Berlin/Boston: De Gruyter) 2022 (= Studia Judaica), 140-205, 246-266.

3 SH 405, vgl. auch 1211 und 886.

4 SH 404.

5 SH 33.

6 SH 745.

7 SH 66.

8 SH 66.

9 SH 1748.

10 SH 731.

11 SH 731.

12 SH 733, 1763.

13 SH 1757.

14 SH 1754.

15 SH 725.

16 SH 716.

17 SH 714.

18 SH 1758.

19 SH 697.

20 So heißt es beispielsweise im kleinen Talmudtraktat *Massechet Soferim* 5,6: „Derjenige, der den Namen [JHWH] schreibt und just in diesem Moment von einem König gegrüßt wird, muss den Gruß nicht erwidern. Doch wenn einer zwei oder drei Namen schreibt, darf er nach einem eine Pause machen und den [königlichen Gruß] erwidern."

21 SH 1762.

22 Das tun auch einige heutige Schreiber*innen.

23 *Sefer ha-Tagin*, Einleitung u. a. in der Textversion der Handschrift Add. Ms. 27201, die in der British Library aufbewahrt wird.

24 bT Menachot 29b.

25 SH 796.

26 Jehudah ben Samuel *he-Hasid*, *Kitrei Otijjot Tefillin*, in: Menachem M. Meschi-Sahav (Hg.), *Qovetz Sifrei STaM* (Jerusalem: Makhon ha-Talmud ha-yisraeli ha-shalem, 1970), 3-11.

27 Eleazar ben Jehudah von Worms, *Sefer Tagi*. Bodleian Library Ms Opp. 540 (Neubauer 1567) fols. 236r-264v.

28 Emese Kozma und Annett Martini, „The Secrets of Crowning Letters: *Kitrei Otiyyot Tefillin* of R. Yehudah he-Ḥasid", in: Annett Martini u.a. (Hg.), *Origin, History, and Interpretation of the Tagin and Otiyyot Meshunnot for Writing STaM*, in Vorbereitung.

29 Vgl. dazu den *Sefer Jetzirah* I:13: „Er versiegelte oben und wählte drei [Buchstaben] aus den Einfachen und machte sie an seinem großen Namen fest, nämlich JHV. Und er versiegelte mit ihnen die sechs Enden: Und so wandte er sich nach Oben und versiegelte es mit JHV. [...] Er versiegelte das Unten. Und er wandte sich nach Unten und versiegelte es mit JVH. [...] Und er versiegelte den Osten. Er wandte sich gerade vor sich hin und versiegelte ihn mit HJV. [...] Er versiegelte den Westen. Er wandte sich nach rückwärts und versiegelte ihn mit HVJ. [...] Er versiegelte den Süden. Er wandte sich nach links und versiegelte ihn mit VJH. [...] Er versiegelte den Norden. Er wandte sich nach links und versiegelte ihn mit VHJ."

30 *resch* = 200 × 2 = 400 = *tav*.

Emotionen auf Pergament: Berichte aus der heutigen Schreiberwelt

Silvana Greco

Das Schreiben einer Torarolle oder das Beschriften von Tefillin, einer Mezuzah oder einer Kettubah [Abb. 1] ist eine geduldige Arbeit, die eine lange, kontinuierliche Ausbildung erfordert. Der Schreiber respektive die Schreiberin muss die vielen Regeln der *Halachah* beherrschen und sich die Techniken aneignen, die notwendig sind, um die Buchstaben des hebräischen Alphabets perfekt zu schreiben. Der Beruf des rituellen Schreibers ist ein altes Handwerk, das das Judentum während seiner jahrtausendealten Geschichte begleitet hat.[1] In unserer postmodernen, von Technologie geprägten Welt wird das Schreiben mittlerweile meist Maschinen überlassen; Feder und Tinte sind zur Seltenheit geworden. Das kontinuierliche Lesen langer Texte ist selten geworden – es scheint nahezu aus der Alltagskultur verschwunden. Dennoch widmet sich eine kleine Gruppe von Juden und Jüdinnen weiterhin mit Hingabe, Geschick und Geduld dem Schreiben Heiliger Texte. Was treibt sie an? Lassen sich die Emotionen beschreiben, die sie dazu bewegen, diesen anspruchsvollen und zeitintensiven Weg einzuschlagen?

Das Ziel dieses Aufsatzes ist es, die *soferim* – professionelle Schreiber:innen Heiliger Schriftrollen – auf ihrem beruflichen Weg zu begleiten. Ich werde mich dabei auf die Emotionen konzentrieren, die mit drei Aspekten dieses Weges verbunden sind: erstens die Beweggründe, die die *soferim* dazu bringen, ihren Beruf zu ergreifen; zweitens die Phasen des Schreibens; und drittens die Formen und Orte der Anerkennung.[2]

Emotionen lassen sich nicht einheitlich definieren. Für die folgende Untersuchung stütze ich mich auf die sogenannte „konstruktivistische" Perspektive, die Emotionen als historisch-kulturelle Konstrukte versteht – also als Ergebnisse sozialer Interaktionen, nicht bloß innerer psychischer Zustände. Emotionen beinhalten stets die Bewertung eines Reizes. Das emotionale Subjekt nimmt diesen Reiz in einer Situation oder einem Kontext wahr und drückt seine Reaktion aus: „Das ist schön", oder „Das ist unangenehm". Emotionen spiegeln sich in körperlichen Handlungen wider und werden auch durch Körpersprache ausgedrückt, wie zum Beispiel das Aufreißen der Augen vor Bewunderung oder das Erröten vor Scham. Emotionen treiben Menschen zum Handeln an. Emotionen unterliegen bestimmten Regeln, den sogenannten Gefühlsregeln (*feeling rules*). Abhängig vom jeweiligen sozialen Kontext ist es dabei angemessen, bestimmte Emotionen gegenüber anderen eher auszudrücken als andere.[3]

↓ Abb. 1 Rafael Beltramo, Baumförmige *Kettubah*, 2023, 55 × 60 cm, Privatsammlung | https://www.rafaelbeltramo.com/sofrut

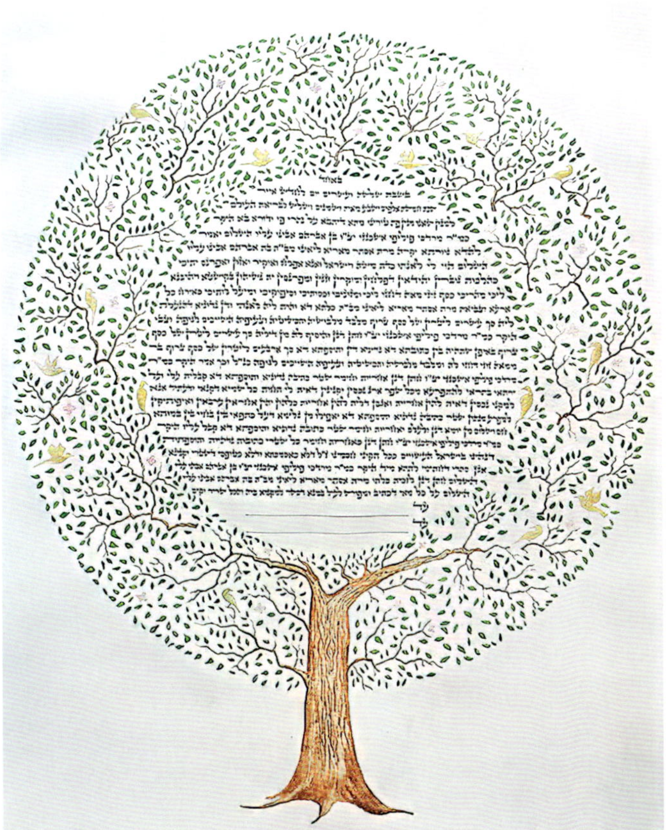

DIE EMOTIONALITÄT BEI DER ENTSCHEIDUNG, SCHREIBER*IN ZU WERDEN

Anders als man vielleicht denken könnte, wird der „sakrale Beruf" des Schreibers respektive der Schreiberin heute nicht von Generation zu Generation innerhalb der Familie weitergegeben. Keine:r der Befragten hatte einen Vorfahren, der Schreiber war, und keine:r hatte sich bereits in jungen Jahren aufgrund einer klaren und vorgefassten Vorstellung von seiner:ihrer Zukunft für diesen Weg entschieden. Von einer frühen Berufung im Sinne Max Webers kann also keine Rede sein.[4] Es handelte sich vielmehr um einen allmählichen Bewusstwerdungsprozess, der mal schneller, mal langsamer verlief und von spezifischen Emotionen geprägt war, die mit zwei grundlegenden Aspekten der Identitätsbildung zusammenhängen: der Religiosität und der künstlerischen Kreativität.

Die wachsende Identifikation mit der jüdischen Religion unserer Befragten mit dem Judentum, die in den meisten Fällen aus säkularen oder wenig religiösen Familien stammen, vollzieht sich auf drei unterschiedlichen Wegen.

Der erste Weg ist derjenige, den Personen einschlugen, die in traditionellen, wenn auch nicht ultraorthodoxen jüdischen Familien geboren wurden, dort aufwuchsen und seit ihrer Jugend eine jüdische Schule besuchten. Einige gaben an, dass sie schon früh von den hebräischen Buchstaben fasziniert waren, sowohl weil sie ein zu entschlüsselndes Geheimnis darstellten als auch wegen der ästhetischen Empfindungen, die sie in ihnen auslösten. Samuele, gebürtiger Römer, erinnert sich besonders an einen Lehrer, dem er sich eng verbunden fühlte:

> Er [der Lehrer] achtete sehr darauf, die Buchstaben besonders kunstvoll an die Tafel zu schreiben [...] Sobald er den Klassenraum verlassen hatte, nahm ich mir ein Stück Kreide und versuchte, die gleichen Buchstaben zu schreiben. Das war mir peinlich [...], denn natürlich standen die meisten Kinder nicht an der Tafel, um Buchstaben zu schreiben, sondern wollten lieber Fußball spielen. Es gab also schon etwas, das mich von ihnen unterschied.

Aus der Erzählung spricht eine gewisse Verlegenheit, wie sie entsteht, wenn man gegen eine gesellschaftliche Norm verstößt - etwa indem man sich auf die gleiche Stufe wie der eigene Lehrer stellt - und die Angst, „auf frischer Tat ertappt" zu werden und bei der Abschrift des Briefes einen Fehler zu machen. Diese *soferim* setzten dann ihr Studium der jüdischen Tradition fort, oft verbunden mit einem Studienaufenthalt in Israel. In den *yeshivot* - traditionelle Schulen zum gemeinsamen Lernen und Diskutieren des jüdischen Religionsgesetzes - entdeckten sie die *soferut*, die Kunst des Schreibens Heiliger Texte, für die sie bald eine große Begeisterung entwickelten. Einige erinnern sich an die Freude, mit ihren Studienkollegen die ersten Buchstaben und Sätze auf Hebräisch zu teilen, die sie mit schwarzer Tinte auf helles Pergament geschrieben hatten.

Für einige *soferim* führt der zweite Weg zur Religion über das, was wir als „Entdeckung der eigenen jüdischen Wurzeln" bezeichnen könnten. Es handelt sich um *soferim* und *soferot* (pl. Schreiberinnen), die in ihrer Jugend nicht in der jüdischen Tradition sozialisiert wurden, etwa weil sie in säkularen Mischehen aufwuchsen, in denen ein Elternteil nicht jüdisch war, und weil sie weder die Synagoge besuchten noch religiöse Rituale und Feste einhielten. In anderen Fällen wuchsen sie in einem sozialen und kulturellen Umfeld wie der Sowjetunion auf, in der religiöse Praxis stark unterdrückt und gesellschaftlich geächtet war. In solchen Fällen erfolgte die Annäherung an die jüdische Religion im Erwachsenenalter, etwa im Alter von dreißig Jahren, und ist getragen von der Neugier auf die eigenen Wurzeln und dem Bedürfnis, dem eigenen Leben einen Sinn zu geben. Dies ist der Fall von Ariella, die in einer bestimmten Lebensphase ein tiefes „Bedürfnis nach Spiritualität" verspürte. Sie wollte sich sowohl theoretisch als auch in der täglichen Praxis mit dem Judentum auseinandersetzen, wie sie mir berichtet:

> Das Judentum hat mich schon immer interessiert und angezogen, weil es nicht dogmatisch ist und man alles hinterfragen und diskutieren kann. Letztendlich ist es eine Religion, die sehr offen für die Meinungen anderer ist, solange man Argumente hat und seine Ideen nicht anderen aufzwingt. Man zwingt niemandem etwas auf, aber man kann seine Meinung äußern, solange sie begründet ist, und wenn das Argument stichhaltig ist, wird die Meinung akzeptiert. Diese Seite hat mir immer gefallen, und außerdem bin ich sehr verbunden mit Traditionen, der jüdischen Geschichte und den Feiertagen. Mit etwa dreißig Jahren verspürte ich dann das Bedürfnis, in eine Synagoge zu gehen und mehr über das Judentum zu erfahren. Seitdem gehe ich regelmäßig in die Synagoge.

Von diesem Moment an besuchte sie regelmäßig die Synagoge, und die tägliche Ausübung des Judentums wurde von morgens bis abends zu einem festen Bestandteil ihres Lebens:

Ja, ich bin eine sehr gläubige Person. Ich nehme an allen Gottesdiensten teil, immer [*lacht*]. Ich bin eine Person, die immer da ist, weil ich es mag. Weil das Judentum in meinem Leben eine große Rolle spielt, in meinem Alltag. Für mich ist es von morgens bis abends und von abends bis morgens präsent.

Oftmals erkennen Rabbiner oder Rabbinerinnen in liberalen Gemeinden das künstlerische Talent zukünftiger Schreiber:innen und leiten sie zu Schreibkursen weiter.

Der dritte Weg der schrittweisen Annäherung an die jüdische Religion entspringt hingegen einem emotionalen Unbehagen, das in jungen Jahren oder im Erwachsenenalter erfahren wurde. So erzählt der junge Gabriel, der in Paris in einer Familie nordafrikanischer Herkunft geboren wurde, von seinem Gefühl der Einsamkeit und Orientierungslosigkeit angesichts der Abwesenheit seines Vaters, eines wenig bekannten Malers. Um diesen Mangel zu kompensieren, verbrachte Gabriel viel Zeit in der Synagoge, wo er einem Rabbiner begegnete, der ihn unter seine Fittiche nahm - wie ein beschützender Vater und zugleich als inspirierendes Vorbild. Er ermutigte ihn dazu, sich in der Synagoge zu engagieren. Gabriel bewundert ihn für sein großes Engagement für die Bedürftigen der Gemeinde. Mit glänzenden Augen erinnert er sich an ihn:

Er war hyperaktiv, genau wie ich. Er hat unglaublich viel gemacht, sich sehr für andere eingesetzt, immer allen geholfen, wo er konnte, hat sich für die Gemeinschaft im Osten engagiert, das war sein Ding. Ich hingegen hatte eine aufrichtige Religion, die mir von meiner Mutter vermittelt worden war, die aber nicht sehr gläubig war. Ich hatte also einerseits diese beeindruckende Persönlichkeit, die für mich fast wie ein Vater war, und auf der anderen Seite meine Mutter. Wir haben immer koscher gegessen, da sie traditionalistische Haltung pflegte.

Ein ähnlicher Prozess intensiver religiöser Identifikation kann auch im Erwachsenenalter durch einen biografischen Bruch stattfinden - so im Fall von Michel, der heute in Israel *Sifre Torah* repariert. Er ist Sohn von Holocaust-Überlebenden, die in letzter Minute dem Nationalsozialismus entkommen waren und nach Zentralafrika auswanderten, wuchs er in einer säkularen jüdischen Familie auf und besuchte christliche Schulen, da es in den 1950er-Jahren noch keine jüdische Schule vor Ort gab. Er machte Karriere in der Geschäftswelt, heiratete und wurde Vater, während er weiterhin als assimilierter Jude lebte. Sein sozialer Aufstieg erlitt jedoch durch ein gescheitertes Geschäftsprojekt und das Ende des Kolonialismus einen drastischen Rückschlag. Ein tiefes Unbehagen stellte sich ein - ausgelöst durch den Verlust von Stolz und ein Gefühl der Anomie im Durkheim'schen Sinne:[5] also dem Verlust persönlicher und gesellschaftlicher Wert- und Normenbezüge. Die Begegnung mit einem Chabad-Rabbiner veränderte sein Leben für immer. Er verließ Afrika und ging nach Israel, wo er ein Studium der *soferut* begann und als *sofer* arbeitete, spezialisiert auf die Restaurierung Heiliger Texte. Michel erinnert sich klar an die Zeit davor und betont:

Ich habe mein Leben nicht nur im Lichte der Begegnung mit der jüdischen Religion und ihren täglichen Praktiken neu interpretiert, nicht nur mein Verhalten grundlegend geändert. Wenn ich Fotos aus jener Zeit betrachte, in denen ich noch Geschäftsmann war, erkenn ich mich kaum wieder. Wir sehen wie zwei vollkommen unterschiedliche Menschen aus.

Sowohl diejenigen, die zu ihren jüdischen Wurzeln zurückfinden, als auch diejenigen, die sich aufgrund emotionaler Unzufriedenheit der Religion zuwenden, durchlaufen einen Prozess der gewaltfreien Radikalisierung im Sinne Karl-Heinz Hillmanns, das heißt eine „grundsätzliche Umgestaltung bestehender Denk-, Orientierungs- und Handlungsweisen".[6]

Nicht nur die bereits erwähnten religiösen Emotionen führen zum Beruf des *sofer*, sondern auch eine künstlerische und handwerkliche Kreativität, die mit der Praxis des Schreibens verbunden ist. Aus dieser Praxis entstehen ästhetische Emotionen, wie sich Gabriel erinnert:

> Seit meiner Jugend habe ich auch eine künstlerische Ader. Als ich jung war, zeichnete ich. In meiner Familie wurde viel gezeichnet. Meine Mutter studierte Modedesign. Mein Vater malte und hatte eine sehr schöne Handschrift in Französisch. Ich hatte also schon immer diese künstlerische Ader [...]. Grafik und all das hat mich schon immer interessiert. Ich ging als Jugendlicher auf eine jüdische Schule, die im 5. Arrondissement eher traditionalistisch war, und wechselte dann ins 6. Arrondissement. Als ich älter wurde, besuchte ich eine orthodoxere, religiösere Schule und studierte bis zum Abitur die Tora. Das entsprach eher meinen Erwartungen und meinen Vorstellungen. Mit zwölf Jahren begann ich mich dafür zu begeistern, Rabbiner zu werden und interessierte mich für die Tora, die Religion und alles, was mit der Ausübung zu tun hat. Einmal hatten wir (in der Schule) Besuch von einem Sofer, der in Israel lebt. Er blieb einen Nachmittag im Bet Midrash. Ich blieb während der gesamten Pausen dort. Ich wollte unbedingt etwas lernen usw. Wenn ich also Zeit hatte, ging ich in diesen kleinen Raum, um zu lernen, ich wollte so viel wie möglich mitnehmen. Er war dort, ging in seine Werkstatt, wo er Mezuzot überprüfte usw. Es interessierte mich, ihm zuzusehen, immer mehr. Er hatte eine sehr schöne Handschrift, die wirklich künstlerisch und handwerklich zugleich ist. Auf Hebräisch bedeutet „omanut" gleichzeitig künstlerisch und handwerklich. Das findet man auch in der *soferut* wieder. In dieser Hinsicht ist jeder Buchstabe einzigartig, die Schrift ist etwas sehr Schönes, auch sehr technisch, präzise, echte Handwerkskunst: Pergament, Feder, Fachwissen.

Gabriel hat, wie die große Mehrheit unserer Befragten, seit seiner Jugend ein künstlerisches Talent für die bildende Kunst. Einige *soferim* absolvierten eine Ausbildung in künstlerischen Fächern, auch auf Universitätsniveau, oder sind neben ihrem Beruf als Schreiber:in als Künstler:in tätig: Maler:in, Bildhauer:in, Zeichner:in usw. Die hebräischen Buchstaben mit ihren so besonderen und eigenwilligen Formen lösen in ihnen starke ästhetische Emotionen aus, wie aus den Interviews deutlich hervorgeht. Ästhetische Emotionen umfassen eine breite Palette von Nuancen, wie eine aktuelle Studie zeigt: „die entstehen können, wenn eine Person einen Reiz aufgrund seiner ästhetischen Anziehungskraft oder seiner Vorzüge wahrnimmt und bewertet".[7]

In den autobiografischen Erzählungen der *soferim* gehört vor allem die Erfahrung des Schönen zu den häufigsten ästhetischen Emotionen,[8] also die Faszination für die Schönheit des Produkts an sich, unabhängig vom Verwendungszweck. Es ist eine ästhetische Freude an der Form der Buchstaben, an den verwendeten Materialien - der schönen Farbe der Tinte, der speziell vorbereiteten Feder -, an der Verarbeitung des Pergaments und seiner weißen Farbe, auf der sich die schwarzen Buchstaben abheben, und nicht zuletzt an dem charakteristischen Duft, den die Werkstoffe verströmen.

Ästhetische Emotionen beinhaltet, wie alle Emotionen, einen kognitiven Prozess der Bewertung des Wahrgenommenen - in diesem Fall der hebräischen Schrift. Sie wirken sich nicht nur auf die Körperlichkeit des Subjekts aus, sondern beeinflussen auch sein Handeln. Emotionen werden nicht nur kognitiv und körperlich wahrgenommen, sondern sie setzen etwas in Gang, sie bringen zum Handeln. Gabriel etwa folgte begeistert einem *sofer* in seinem Atelier, um in kürzester Zeit so viel wie möglich von ihm zu lernen. Eine weitere ästhetische Emotion, die bei der Wahl dieses besonderen Berufs eine Rolle spielt, ergibt sich aus den alten und hochspezialisierten handwerklichen Fähigkeiten, die von privaten – etwa einzelnen Familien – oder institutionellen – also jüdische Gemeinden, Museen usw. – Auftraggebern mitunter sehr gut honoriert werden. Dies geht aus Gabriels Erinnerungen hervor:

Wie jedes Handwerk erfordert auch dieses ein gewisses „Know-how". Ich verbrachte meine Nachmittage damit, die *soferut* zu erlernen. Er brachte mir bei, wie man eine Feder *(qulmus)* hält, wie die Buchstaben angeordnet sind und wie man eine Feder mit den Fingern führt. Und tatsächlich schrieb ich schon seit langer Zeit allein: Ich schrieb allein auf Papier und bastelte Dinge aus Plastik. Ich schrieb also keine Mezuzot [...] es war reine Kunst, eine große Freude. Aber es gibt auch eine technische Seite, die sehr anspruchsvoll ist.

DIE EMOTIONEN DES SCHREIBENS HEILIGER BÜCHER IN DER MODERNE

Wir haben bisher die Emotionen nachgezeichnet, die Juden und Jüdinnen in der heutigen Gesellschaft dazu bewegen, sich mit großer Hingabe der *soferut* zu widmen. Wenden wir uns nun der Gefühlswelt zu, die mit dem Schreiben der Torarollen, der Tefillin und der Mezuzot verbunden ist.

Wie Mark Leuchter bereits in Bezug auf die Schriftgelehrten in der Antike festgestellt hat, „wird kein Text in einem Vakuum verfasst oder repariert, und kein Schriftgelehrter kann ohne ein umfangreiches Netzwerk an Ressourcen arbeiten".[9] Dieser Prozess lässt sich in verschiedene Phasen gliedern: Die erste Phase ist die Vorbereitungsphase, in der alle für das Schreiben erforderlichen Materialien beschafft werden: Stifte, Tinte in verschiedenen Farben und Konsistenzen – dickflüssigere Tinte für die *sifre Torah* und dünnflüssigere Tinte für die Mezuzot oder das *Schma Israel* Abb. 2 – sowie Pergamentrollen.

All diese Materialien müssen *koscher* sein, entsprechend gekennzeichnet und vom Rabbinat zertifiziert. Da es in Europa nur sehr wenige Geschäfte für diese speziellen Materialien gibt, beziehen die von uns befragten *soferim* und *soferot* sie meist aus Israel oder aus Brooklyn, New York. Manchmal werden sie direkt gekauft, teils auch über ein Mitglied der Gemeinde, das die Materialien dann an die Schreiber:in weitergibt. Der gesamte Kaufprozess, von der Bestellung, die oft online erfolgt, bis zum Erhalt der Materialien, kann als eine Kette von Interaktionen verstanden werden, in der emotionale Energie eine wichtige Rolle spielt. Für die männlichen Schreiber ist der Kauf eine routinemäßige, konfliktfreie Tätigkeit, bei der die emotionale Energie positiv ist: Sie empfinden Vertrauen und Sympathie gegenüber den Verkäufern. Wenn sie persönlich nach Israel reisen, gehen sie beispielsweise gerne zum Händler im orthodoxen Viertel Mea Sche'arim und stärken damit das soziale Band der Solidarität. Für die weiblichen Schreiberinnen ist die emotionale Energie hingegen ganz anderer Natur, oft negativ: Die ihnen entgegengebrachte Feindseligkeit durch orthodoxe Kreise führt immer wieder zu Irritationen und Frustrationen. Noch vor wenigen Jahren konnten die *soferot* die Materialien nur über einen männlichen Kollegen oder von israelischen Arabern kaufen; heute werden sie auch in einigen Chabad-Läden fündig.

Sobald alle Materialien vorhanden sind, können sich die Schreiber:innen endlich dem eigentlichen Schreiben widmen. Dafür braucht es einen ganz bestimmten Ort, einen ruhigen, sauberen und aufgeräumten Platz, an dem man sich optimal konzentrieren kann. Oft handelt es sich dabei um eine Ecke oder einen Raum in der eigenen Wohnung oder in der Synagoge. Doch nicht nur der geeignete Ort ist entscheidend, sondern ebenso die richtige Zeit. Viele

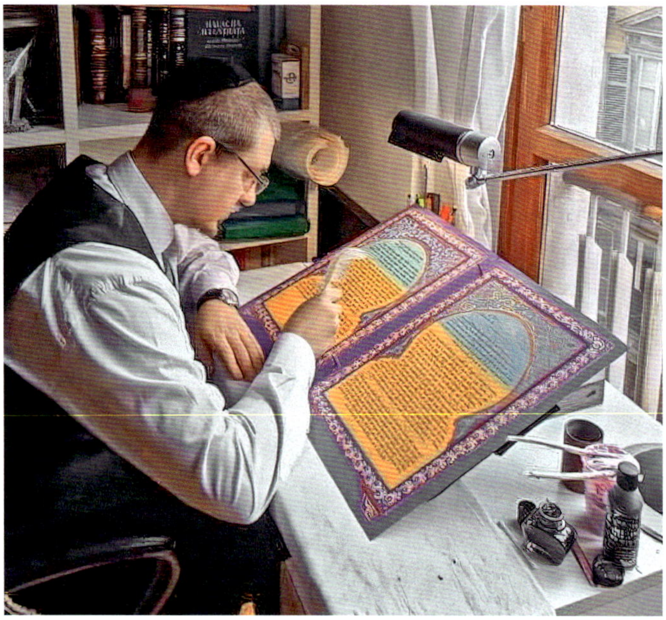

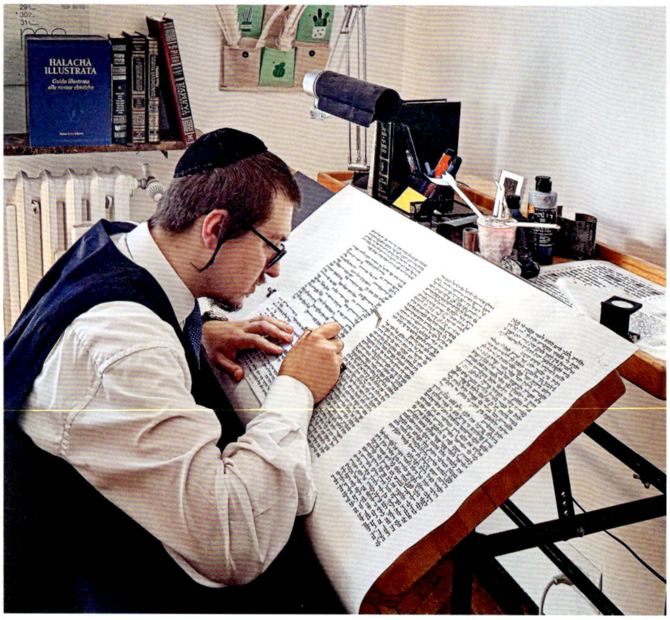

↑ **Abb. 2** Ein Sofer beim Schreiben des *Schma Israel* | https://www.rafaelbeltramo.com/sofrut

↑ **Abb. 3** Ein Sofer beim Schreiben einer *Amud* (Seite) des *Sefer Torah* | https://www.rafaelbeltramo.com/sofrut

soferim schreiben in ihrer „Freizeit", morgens oder abends, wenn die Kinder in der Schule sind oder schlafen. In dieser abgeschiedenen Umgebung entsteht ein positives Gefühl von Einsamkeit, das es ermöglicht, sich mit seinem Inneren und seiner Spiritualität zu verbinden [Abb. 3].

Bevor sie die fein zugespitzte Feder in die Tinte tauchen, müssen die *soferim* verschiedene Rituale befolgen - darunter in bestimmten Fällen ein Bad in der *Mikwe* gemäß den halachischen Vorschriften. Von grundlegender Bedeutung ist die *kavvanah* (כַּוָּנָה), was auf Hebräisch „Absicht", „aufrichtiges Fühlen", „Richtung des Herzens" bedeutet. Es handelt sich um eine mentale und emotionale Konzentration, eine spirituelle Absicht. Die *kavvanah* besteht für den Schreiber oder die Schreiberin darin, seine/ihre Gedanken, aber auch die eigenen Emotionen zu bündeln. Er/Sie spricht sich innerlich bewusst zu, dass er/sie nur für die Heiligkeit des *Sefer Torah* schreiben wird. Es ist das rabbinische Prinzip der *Torah lischmah*, „die Torah um ihrer selbst willen", also ohne eigennützige Motive. Das Schreiben eines *Sefer Torah* ist also nicht nur ein „wunderbares Handwerk", sondern ein zutiefst heiliger Akt.

Aus diesem Grund müssen der *sofer* oder die *soferet* eine strenge Ethik wahren, die *mitzvot* - Gesetze oder Regulierungen - befolgen und praktizieren und eine aufrichtige Gottesfurcht empfinden. Ethik und Emotionen sind eng miteinander verbunden. Tatsächlich bilden Emotionen oft die Hauptmotivation für ethisches Handeln. Ein *sofer* kann nicht schreiben, wenn er von negativen Gefühlen überwältigt ist, beispielsweise nach einem erschütternden Ereignis. Wie uns die befragten Schreiber:innen berichteten, müssen *soferim* und *soferot*, wenn sie von negativen Gefühlen geplagt sind, vor Beginn ihrer Tätigkeit eine regelrechte „emotionale Arbeit"[10] leisten und zunächst einen Zustand der inneren Ruhe, emotionalen Gelassenheit und klaren Absicht wiederherstellen, bevor sie mit dem Schreiben beginnen können.

Das Schreiben einzelner Wörter erfordert ein tiefes Verständnis der Halachah. Werden ihre Regeln nicht beachtet, gilt das *Sefer Torah* als nicht *koscher* und darf nicht für synagogale Zeremonien verwendet werden.[11] Die Tätigkeit eines *sofer* ist eine stille, fast einsame Praxis, die Konzentration, innere Bereitschaft und umfassendes Wissen erfordert - neben der präzisen Anwendung aller erlernten halachischen Regeln. Sie muss in Ruhe, fernab von Hektik und Hyperaktivität ausgeführt werden. Das Schreiben eines *Sefer Torah* ist eine Praxis, die den Geist beruhigt. Gabriel berichtete, dass „es die einzige Tätigkeit ist", bei der er sich „stundenlang ohne Ablenkung konzentrieren kann, ohne ständig aufstehen zu müssen“. Die Schreiber:innen geraten buchstäblich in den Zustand eines „Zaubers“ (*enchantment*), einer weiteren ästhetischen Emotion. Sie sind so vollständig in ihre Tätigkeit vertieft, dass sie jedes Zeitgefühl verlieren und in einen Zustand eintreten, den Mihaly Csikszentmihályi als „to be in the flow“ beschrieb.[12]

In den Erzählungen der Schriftgelehrten kommt die Begeisterung zum Ausdruck, etwas Schönes zu schaffen, indem sie einen Buchstaben nach dem anderen schreiben, als würden sie eine alte Stickerei auf einem heiligen Tuch anfertigen. Dabei geht es nicht nur darum, den Worten auf dem Pergament Leben einzuhauchen. Wenn man eine *Sefer Torah* repariert, verwandelt man einen beschädigten, scheinbar unbrauchbaren Gegenstand in etwas Großartiges und Neues, etwas, das der Gemeinschaft erneut dienen kann, insbesondere in den Zeremonien in der Synagoge. Es bedeutet, ein Objekt, das seinen Wert verloren hat, wieder wertvoll zu machen und es erneut in den Dienst der jüdischen Gemeinschaft zu stellen. So erzählt es uns Hannah:

Das Gleiche gilt für das Schreiben. Es ist sehr befriedigend, weil man etwas Wunderschönes geschaffen hat. Es ist sehr befriedigend. Wenn man strickt, setzt man Masche für Masche, bis ein Pullover entsteht. Bei den Schreiber:innen ist es ähnlich. Sie schreiben einen Buchstaben nach dem anderen und haben dann eine Mezuzah oder eine Megillot, die man mit der Gemeinde teilt. Und das ist etwas Wunderbares, denn wenn man eine Mezuza schreiben kann, kann man sie für jemanden in seiner Gemeinde anfertigen. Das ist wunderbar. Es ist wie eine Gabe, die man mit anderen Juden und Jüdinnen teilen kann, ein Beitrag zur Gemeinschaft, zum Aufbau dessen, was die Gemeinde braucht. Das gilt insbesondere für die Reparatur der Tora. Eine Tora zu reparieren, ist eine wirklich bewegende Aufgabe. Wenn jemand sagt: „Diese Tora ist kaputt, wir können sie nicht mehr benutzen“, und sie dann nach der Reparatur wieder verwendet werden kann, dann ist das etwas Besonderes. Man erkennt unmittelbar, welchen Wert die eigene Arbeit für die Gemeinschaft hat.

Die Schreiber:innen drücken außerdem ein Gefühl der Zufriedenheit und Erfüllung aus, da sie die Früchte ihrer Arbeit mit eigenen Augen sehen können. Nach Fertigstellung wird jeder Teil des *Sefer Torah* zu den anderen hinzugefügt, bis die vollständige Schriftrolle entstanden ist. Diese Arbeitsweise ermöglicht es den Schreiber:innen, die Entfremdung von der eigenen Arbeit im marxistischen Sinne zu überwinden.

Zu diesen ästhetischen Emotionen gesellt sich oft noch die Freude am Erlernen von etwas Neuem: etwa wenn Schreiber:innen gebeten werden, einen Text nach einer anderen Tradition zu schreiben, jenseits der ihm vertrauten aschkenasischen oder sefardischen. Die Freude entsteht aus der Herausforderung, über sich selbst herauszuwachsen und dank der kontinuierlichen Unterstützung eines Netzwerks anderer *soferim*, die über die ganze Welt verstreut sind, neue Fähigkeiten zu erwerben. Der Kontakt erfolgt heute oft über moderne technologische Mittel wie Messenger-Gruppen. Dank der digitalen Unterstützung ist es heute möglich, Fehler oder fehlende Buchstaben in den *Sifrei Torah*, die repariert werden müssen, deutlich präziser zu identifizieren. Aron berichtet uns davon:

Jeder *sofer* hat jemanden, mit dem er sich austauscht. Bei gewöhnlichen Angelegenheiten handelt er allein, manchmal wird sein Problem jedoch an einen höheren Rabbiner weitergeleitet, der sich dann direkt an ein bestimmtes Zentrum in Jerusalem wendet. Heute ist vieles automatisiert: Es gibt ein Gerät, das die *Sefer Torah* fotografiert und in den Computer einspeist, sodass man sehen kann, ob ein Wort oder ein Buchstabe fehlt, was man dem Auge leicht entgehen kann. Im Normalfall wird das vom *sofer* selbst geregelt, aber in den allermeisten Fällen muss man sich direkt nach Israel wenden. Mir selbst ist es schon passiert, dass mein Rabbiner es nach Israel geschickt hat, wo er direkte Kontakte vor Ort pflegt.

Emotionale Energie ist nicht immer positiv. Manchmal kommt es zu Entmutigung oder Verärgerung, etwa wenn die Schreiber:in gezwungen ist, den gesamten Text neu zu schreiben, weil er oder sie einen Buchstaben falsch geschrieben hat, beim Schreiben des Namens Gottes die richtige Absicht fehlte oder einen Buchstaben des göttlichen Namens versehentlich gelöscht hat.

Mit großer Offenheit geben einige Schreiber:innen zu, dass sie eine gewisse Traurigkeit empfinden, wenn nach einem Jahr harter Arbeit, großer Konzentration und Sorgfalt der Moment gekommen ist, die Kopie dem Auftraggeber zu übergeben, im Bewusstsein, dass man dieses „Werk" wohl nie wieder sehen wird. Dieses Gefühl entsteht aus der tiefen Bindung zu einem „heiligen, kostbaren und geliebten Gegenstand", von dem sie sich endgültig trennen müssen.

DIE EMOTIONALE KETTE DER ÜBERLIEFERUNG UND DER KAMPF UM ANERKENNUNG

Das Schreiben eines *Sefer Torah*, von Tefillin oder einer Mezuzah ruft nicht nur ästhetische Emotionen hervor, sondern auch ein Gefühl tiefer persönlicher Erfüllung hervor, etwa in Form von Zufriedenheit. Die Tora gilt als tragende Säule der kollektiven jüdischen Identität. Die Heilige Schrift, in der die Geschichte des jüdischen Volkes seit Urzeiten erzählt wird, enthält auch die Regeln des Zusammenlebens, die Gebote und Verbote (*mitzvot*), die Rituale und Praktiken des täglichen Lebens sowie die jährlich zu begehenden Feste.

Die Tefillin hingegen, kleine schwarze Schachteln, die während des Gebets getragen werden, enthalten handgeschriebene Texte aus der Tora. Sie werden mit Lederriemen am Arm und an der Stirn befestigt. Das Tragen der Tefillin ist für Juden eine tägliche Praxis, ihre Beziehung zu Gott zu erneuern. Schließlich enthält die Mezuzah, die am rechten Türpfosten befestigt ist, eine Schriftrolle, auf der das Gebet des *Schma Israel* geschrieben steht. Wenn man das Haus verlässt oder betritt, berührt man die Mezuzah und bittet um Gottes Schutz.

Ein *sofer* STaM zu sein, ist eine große Ehre und zugleich mit einer großen Verantwortung verbunden. Durch das Schreiben oder Restaurieren dieser Heiligen Texte tragen die Schreiber:innen zur Vermittlung der Gebote bei und erleichtert den Mitgliedern der Gemeinschaft die Ausübung ihrer Religion. Zudem leistet er einen zentralen Beitrag zur Weitergabe der Tradition von Generation zu Generation. Diese Tradition umfasst nicht nur die geschriebene, sondern auch aus die mündliche Tora. Ihre Weitergabe – *mi-dor le-dor* – ist ein grundlegendes und dynamisches Element jüdischer Identitätsbildung, sowohl in der Diaspora als auch in Eretz Israel. Diese Tradition, auf Hebräisch *masorah* genannt, besteht aus einer Kette von Geboten und Praktiken, die sich von der Antike bis in die Gegenwart fortsetzt. Die Weitergabe hat dabei sowohl eine kognitive Dimension – die Gebote müssen gelesen, verstanden und verinnerlicht werden – als auch eine emotionale. Die Worte des *sofer* Aron bringen dies deutlich zum Ausdruck:

Es ist ein Gefühl, man spürt es. Es ist die Bedeutung dessen, was man tut. Je mehr man sich der Tora verbunden fühlt, desto mehr versteht man: Mit seiner Schrift, mit seiner Hingabe, ermöglicht man anderen Menschen, sich den Geboten anzunähern. Denn es gibt Gebote, die in der Tora geschrieben stehen. Wenn man anderen ermöglicht, die Mitzwa zu erfüllen, ist das ein tiefes Gefühl, weil es bedeutet, dass dieser Mensch beginnt, nach dem Gebot zu leben. Wenn du siehst, dass ein zwölfjähriger Junge seine Bar Mitzwa feiert, wie er an diesem Tag auf die *bimah* steigt, um seine Bar Mitzwa zu begehen – dann ist das ein Gefühl. Du, der du ihn unterrichtet hast, freust dich mit der Familie. Auf Hebräisch sagt man „*mi-dor le-dor*", was „von Generation zu Generation" bedeutet. Die Mischna lehrt uns: Was ich empfangen habe, soll ich an die nächste Generation weitergeben.

Die emotionale Kette der Interaktionen,[13] die die Weitergabe der Tradition ermöglicht, betrifft nicht nur die Erwachsenen von heute, die damit beschäftigt sind, das Erbe der Vergangenheit an die Jugendlichen, die Erwachsenen von morgen, weiterzugeben.

Die *soferim* empfinden auch gegenüber ihren Vorfahren, vor allem gegenüber den Schriftgelehrten, die ihnen vorausgegangen sind, eine emotionale Verbundenheit. Sie fühlen sich jenen *soferim* der vorherigen Generation verbunden, die sie ausgebildet haben, aber ebenso allen jüdischen Kopisten vergangener Jahrhunderte – denn sie schreiben Tag für Tag genau dieselben Texte, genau so, wie es die Tradition vorschreibt. Dies schafft eine starke Identifikation und ein tiefes Gefühl der Zugehörigkeit zum jüdischen Volk. Indem sie einen Buchstaben nach dem anderen schreiben – wie es ihre Vorgänger taten –, in einem Ritual, das über die Zeit hinweg fortbesteht, entsteht eine innere Nähe und Verbundenheit: Diese Verbindung dank des „gemeinsamen Schatzes", der Tora, beschreibt Ariella wie folgt:

Ah, ja, ja. Natürlich, wir sind zwangsläufig auf die eine oder andere Weise miteinander verbunden, sei es durch das Schreiben selbst oder durch das Schreiben dieses jahrtausendealten Textes, den jeder *sofer oder soferet* Buchstabe für Buchstabe neu niederschreibt. Wir sind also zwangsläufig miteinander verbunden. Dieser Text ist unser gemeinsamer Schatz, und dieser Text hat sich nicht verändert. [...] Allein schon deshalb sind wir mit anderen verbunden. Das ist unsere Gemeinsamkeit und zugleich das, was die jüdische Hoffnung ausmacht. Dass das jüdische Volk bis heute besteht, dass es weiterhin lebt – das verdanken wir diesem Text. Er hat über die Jahrhunderte hinweg eine Form gefunden, die Bestand hat. Und genau dadurch entsteht eine sehr starke Verbindung. Ich weiß, dass ich diese Verbindung sehr stark spüre – etwa wenn ich die Buchstaben lese, die jemand anderes geschrieben hat.

Der *sofer* versteht sich als Teil einer emotionalen Kette von Interaktionen, als kleines, aber bedeutsames Glied dieser Verbindung. Er tritt in die Fußstapfen der *soferim* vorangegangener Generationen, lernt von ihnen und lässt sich von ihrem Wirken inspirieren. Und so findet er langsam, Tag für Tag, seinen eigenen Schreibstil, entdeckt Fähigkeiten und Fertigkeiten in sich und wird selbst zum Meister der Kalligrafie. Wie Paola Dusi betont: „Um zu sich selbst zu finden, muss man einen Weg gehen, auf dem jeder Schritt die Hilfe anderer erfordert. Die Möglichkeit, wir selbst zu werden, wird uns vom anderen geboten, durch seine mehr oder weniger aufmerksame, mehr oder weniger verantwortungsbewusste, mehr oder weniger fürsorgliche Präsenz."[14]

Um sich innerhalb dieser Kette von Interaktionen eine stabile Identität aufzubauen, benötigen der *sofer* oder die *soferet* gleichzeitig die Anerkennung der Mitglieder der eigenen Gemeinschaft. Sich selbst anzuerkennen und anerkannt zu werden, ist ein Prozess, der mit der Geburt beginnt und ein Leben lang andauert. Es handelt sich um eine Beziehungsdynamik, die auf gegenseitiger Gabe und Schuld basiert und das gesamte Leben begleitet.[15] Es gibt im Wesentlichen drei soziale Bereiche, in denen die *soferim* und *soferot* Anerkennung finden:

Die erste Ebene der Anerkennung ist die Familie, also Eltern, Ehepartner oder Kinder. In den meisten Fällen drücken die Familienmitglieder ihre Anerkennung für die Anstrengungen des *sofer* aus, die ihn dazu gebracht haben, seine ersten Heiligen Texte zu schreiben. Die Anerkennung wird mit Worten der Wertschätzung zum Ausdruck gebracht. Die Familienmitglieder teilen Bekannten und Freunden mit Stolz mit, dass ihr Angehöriger dank seiner außergewöhnlichen Fähigkeiten und Fertigkeiten Schreiber:in geworden ist. So erinnert sich Gabriel an den Tag, an dem er sein Schreiberdiplom erhielt:

Meine Mutter war sehr stolz, als ich mein Diplom erhielt. Danach habe ich ihr etwas sehr Künstlerisches mit einem Herz geschrieben, und sie hat es eingerahmt. Es stimmt: Es ist sehr schön und hat ihr große Freude bereitet. Sie ist stolz und sagt das bei jeder Gelegenheit. Eine typische jüdische Mutter, das stimmt. Übrigens habe ich die *Mezuzot* bei mir zu Hause selbst geschrieben. Meine Mutter hat dafür gesorgt, dass ich sie an allen Türrahmen in meinem Haus selbst anbringen durfte, da ich ja schließlich Rabbiner geworden bin.

Nicht immer wird das religiöse Engagement der *soferim* von ihren Ehepartner:innen oder Lebensgefährt:innen geteilt, sei es, weil diese nicht jüdisch sind oder weil sie laizistische Juden oder Jüdinnen sind. Viele Schriftgelehrten berichten jedoch, dass ihre Ehepartner:innen die Bedeutung der *soferut* tief verstanden und akzeptiert haben, wie Hannah berichtet:

Mein Mann ist ein säkularer Israeli, ein *hiloni* durch und durch. Er war nervös, als er herausfand, was ich mache [*lacht*]. Als wir ernsthaft über eine Heirat nachdachten, waren seine Eltern besorgt, er würde ultraorthodox werden. Jetzt findet mein Mann es in Ordnung. Er ist sogar ziemlich stolz auf meine Fähigkeiten. [...] Ich merke das, wenn wir neue Leute kennenlernen und wie er über meine Arbeit spricht.

Diese Anerkennung durch die Familienmitglieder wirkt sich positiv auf die *soferim* aus: Sie gewinnen Selbstvertrauen[16] und werden sich ihres Wertes bewusst.

Ein zweiter wichtiger Bereich der Anerkennung ist die Zivilgesellschaft, insbesondere die jüdische Religionsgemeinschaft. Dank der Anerkennung durch die Gemeinschaft erfährt der *sofer* sich selbst als wertvolles Individuum, „da er Fähigkeiten und Leistungen besitzt, die nicht in unbestimmter Form mit anderen geteilt werden".[17] Der Schreiber oder die Schreiberin wird dank der eigenen Fähigkeiten, die ihn oder sie von anderen Menschen unterscheidet, als einzigartiges Individuum anerkannt. Wie Hannah betont, empfinden sich viele Schreiber:innen mit einem großen Privileg ausgestattet, das sich aus der Tatsache ergibt, dass die Gemeinschaft beschlossen hat, dem *sofer* (oder der *soferet*) ihr Vertrauen zu schenken und ihnen das Schreiben eines *Sefer Torah* anzuvertrauen – die größte Ehre für einen Juden oder eine Jüdin. Diese Anerkennung führt zu einer tiefen Selbstachtung. Der Schreiber oder die Schreiberin empfindet sich als wichtiges Mitglied der jüdischen Gemeinschaft. Er/Sie fühlt sich als besonderes und einzigartiges Glied in der langen emotionalen Kette von Interaktionen, die die jüdische Identität und Gemeinschaft ausmacht.

Für viele *soferim* ist das Wissen, dass das von ihnen geschriebene *Sefer Torah* bei Zeremonien verwendet wird, an denen sie teilnehmen, mit einem Gefühl des Stolzes verbunden, das ihr soziales Verhalten und ihren sozialen Status stärkt.[18] Die Emotionen können auch ambivalent sein: Während der Zeremonie kann sich dem Stolz auch Angst beimischen, es könnte ein Fehler in der Handschrift entdeckt werden. Es ist die Angst vor der „Misserkennung", wie Honneth es definiert.[19]

Gerade im Bezug auf die Anerkennung im religiösen Bereich zeigt sich ein wesentlicher Unterschied zwischen Männern (*soferim*) und Frauen (*soferot*). Liberale Gemeinschaften sind besonders stolz darauf, wenn Frauen *soferot* werden, denn es ist weithin bekannt, mit wie viel Entschlossenheit und unter welchen Schwierigkeiten sie sich diese Fähigkeiten aneignen mussten. Zugleich stellt das Werden einer *soferot* eine direkte Herausforderung für die patriarchalische Kultur der rabbinischen religiösen Orthodoxie dar. Nach traditioneller Auslegung des Talmud gilt ein von einer Frau geschriebenes *Sefer Torah* als ungültig, nicht *koscher*. Frauen, die sich dennoch auf diesen Weg begeben, sehen sich mit sozialen, kulturellen und psychologischen Hindernissen konfrontiert. Die jahrtausendealte patriarchalische Kultur, die ausschließlich Männern das rituelle Amt des *sofer* zuspricht, übt, um es mit Pierre Bourdieu[20] zu sagen, symbolische Gewalt auf Frauen aus. Viele Frauen haben den patriarchalischen Habitus und die damit verbundene orthodoxe Weltanschauung verinnerlicht und kämpfen deshalb mit inneren Gefühlen der Unzulänglichkeit, dem Zweifel, der Aufgabe nicht gewachsen zu sein. Dies geht aus dem hervor, was Ariella mit klarem Bewusstsein schildert:

Und ich dachte mir, ich bin dazu nicht in der Lage, ich fühlte mich nicht würdig ... Wissen Sie, ich hatte ein Problem mit meinem Selbstwertgefühl. Ich habe festgestellt, dass viele Frauen, die *soferot* praktizieren, dieses Problem haben, dass sie sich nicht ganz berechtigt fühlen, dies zu tun. Aber das liegt auch daran, dass man als Frau traditionell keinen Zugang zu diesem Bereich hatte. Es gibt da immer eine Hürde, die man überwinden muss, diese Vorstellung, die vielleicht unbewusst verankert ist, dass es Frauen „nicht erlaubt" sei. Und deshalb muss man diesen bewussten Schritt machen. Man muss sich klar machen: Ich kann das genauso gut wie ein Mann.

Gleichzeitig haben die *soferot* größere Schwierigkeiten, sich Schreibmaterial zu beschaffen, denn viele Fachgeschäfte werden von orthodoxen Juden betrieben, die ihre Waren nicht an Frauen verkaufen. Auch der Zugang zu einer traditionellen Ausbildung an den orthodoxen *jeshivot* in Israel bleibt ihnen verwehrt. So sahen sich die *soferot* gezwungen, sich autodidaktisch weiterzubilden, meist unter dem belastenden Gefühl großer Einsamkeit. Nur selten erhielten sie Ratschläge von nicht-orthodoxen *soferim*, die offen waren für den Beitrag von Frauen in diesem Bereich. Deshalb ist Hannah sehr stolz darauf, dass sie es geschafft hat, Schreiberin zu werden und ihrerseits neue Generationen von *soferot* auszubilden. Über soziale Medien steht sie in ständigem Kontakt mit ihnen. Die größte Anerkennung bedeutet ihr die Anerkennung ihrer Schülerinnen. Sie erzählt:

[*lächelt*] Die beste Anerkennung ist, dass ich jetzt viele Schülerinnen habe. Als ich anfing, hatte ich nicht nur einen einzigen Lehrer: Ich musste mir meine Ausbildung selbst zusammenstückeln – ich hatte keinen festen Lehrer. Sich seine Ausbildung selbst zusammenzustellen, ist einfach schwieriger; es ist einfacher, in einen Klassenraum zu gehen und dort von nur einem Lehrer unterrichtet zu werden. Am meisten stolz bin ich darauf, dass ich Schülerinnen habe. Ich finde es großartig, dass ich das aufgebaut habe, denn zu Beginn fühlte ich mich sehr einsam. In meinem Beruf sieht man oft, dass die Leute sich profilieren wollen, indem sie schlecht über andere reden, um sich selbst besser darzustellen. Das beobachte ich oft in meiner Gruppe. Kritik ist willkommen, aber sie muss konstruktiv sein. Wir haben viele Glaubensrichtungen in unserer Gruppe, und man muss die Glaubensrichtung eines anderen nicht mögen. Wir bauen eine Gemeinschaft auf, die das gesamte Spektrum der Juden und Jüdinnen abdeckt. Einige von uns sind hauptberufliche Schreiber:innen, andere sind Rabbiner und wieder andere haben noch andere Berufe. Für manche ist es eher ein Hobby. Aber es sind alles Menschen, die gerne Schriftrollen schreiben und darüber mit dem Rest der Gruppe verbunden sind. Es ist wirklich etwas Besonderes, Teil einer starken Gemeinschaft zu sein. In unserer Gruppe sind Schreiberinnen aus aller Welt. Und das Schöne an meiner Arbeit ist: Sie ist inzwischen unabhängig. Wenn ich zu einem bestimmten Zeitpunkt sehr beschäftigt bin und jemand eine Frage hat, antwortet jemand anderes aus unserer Gruppe. Sie brauchen mich nicht die ganze Zeit. Es ist eine unabhängige Gemeinschaft von Lehrer:innen und Schüler:innen, die sich gegenseitig helfen, und es ist fantastisch, so beschäftigt zu sein. Ich brauche keine äußere Anerkennung, denn ich sehe, dass ich diese Gruppe unabhängiger Kolleg:innen aufgebaut habe. Ich brauche keinen Lohn – ich habe den besten Lohn der Welt. Der erste Tag, an dem eine meiner Schülerinnen ihre erste Tora geschrieben hat, war einfach wunderbar.

Einerseits hat Hannah das Gefühl, eine zentrale Vorschrift der jüdischen Kultur erfüllt zu haben, indem sie ihr Wissen an die nächste Generation weitergibt und so die emotionale Kette der Interaktion stärkt. Dieses Bewusstsein erzeugt sie mit einem tiefen Gefühl der spirituellen Erfüllung, mit Stolz und Glück. Andererseits ist sie dankbar für die „Entdeckung ihrer eigenen Kraft“, jener Kraft, die Welt um sie herum „erfolgreich zu verändern“. Diese Kraft entsteht „in der Beziehung zu anderen, die uns bestärken, in unserer Kraft zu sein und zu handeln, und die unsere Handlungen anerkennen“.[21]

Eine dritte Art der Anerkennung erfahren die Schreiber:innen von privaten oder institutionellen Akteuren der nicht-jüdischen Zivilgesellschaft, die von den handgeschriebenen Torarollen fasziniert sind. Auf deren Einladung hin halten die *soferim* oft öffentliche Vorträge über hebräische Kalligrafie und die Praxis der *soferut*.

ZUSAMMENFASSUNG

Die Abfassung eines Heiligen Textes der jüdischen Tradition wie der *Sefer Torah*, der Tefillin oder der Mezuzot ist ein vielschichtiger, komplexer Prozess, der in einem weitreichenden Geflecht sozialer Interaktionen eingebettet ist.

Einerseits hat diese Tätigkeit eine individuelle Dimension: Sie wird durch die Anstrengungen und Fähigkeiten einer einzelnen Person, des *sofer* oder der *soferet*, aus eigener Motivation heraus ausgeführt. Der Beruf erfordert ein hohes Maß an Konzentration an ruhigen und abgeschiedenen Orten wie dem eigenen Zuhause oder der Synagoge. Andererseits ist die *soferut* Teil eines umfassenderen kollektiven Identitätsprozesses religiöser Prägung. Sie entsteht dank einer Kette von Interaktionen zwischen Juden und Jüdinnen der Vergangenheit, Gegenwart und Zukunft – einer Kette, in der die emotionale Dimension eine zentrale Rolle spielt. Dabei reichen die erlebten Emotionen von ästhetischer und spiritueller Erfüllung über Solidarität und Zufriedenheit bis hin zu Stolz, mitunter jedoch verbunden mit der Angst, der Aufgabe nicht gewachsen zu sein.

Das ultimative Ziel des Schreibens, das alle Schreiber*innen verbindet, ist die Weitergabe der jüdischen Tradition von einer Generation zur nächsten, um das Wissen über die Tora, die Pflichten und Verbote, nach denen Juden und Jüdinnen leben, zu gewährleisten. Die Schreiber:innen sind somit Teil einer jahrtausendealten Kette, die den Fortbestand einer Gemeinschaft von Gläubigen ermöglicht. Schreiber:in zu sein bedeutet heute nicht nur, diese jahrtausendealte Tradition fortzuführen, sondern auch, sie im aktuellen Kontext neu zu interpretieren, um sie zu erneuern. Ich bin überzeugt, dass die *soferot* –die Frauen, die Heilige jüdische Texte schreiben und anderen Frauen das Schreiben beibringen – heute den innovativen Kern dieses Erneuerungsprozesses verkörpern.

1 Siehe Annett Martini: *„Arbeit des Himmels": Jüdische Konzeptionen rituellen Schreibens in der europäischen Kultur des Mittelalters* (Berlin: De Gruyter, 2022).

2 Dieser Aufsatz entstand im Rahmen der Forschungsarbeit „ToRoll: Materialisierte Heiligkeit. Torarollen als kodikologisches, theologisches und soziologisches Phänomen der jüdischen Schriftkultur in der Diaspora (2022-2026)", geleitet von PD. Dr. habil. Annett Martini. Die Überlegungen sind das Ergebnis meiner qualitativen soziologischen Forschung, die aus elf ausführlichen autobiografischen Interviews besteht, die im Sommer 2023 mit sieben Soferim und zwei Soferot durchgeführt wurden, die in vier verschiedenen Ländern leben: Italien, Frankreich, England und Israel. Die Analyse der Interviews wurde mit der Software Maxqda durchgeführt.

3 Für weitere Informationen zum Konzept der Emotionen verweisen wir auf folgende Literatur: Peggy A. Thoits: „The Sociology of Emotions", in: *Annual Review of Sociology* 15 (1989): 317-342; Arlie R. Hochschild: „Emotion Work, Feeling Rules, and Social Structure", in: *American Journal of Sociology* 85 (1979): 551-575. Für eine Vertiefung der „emotionalen Regeln" im Judentum vgl. Ari Mermelstein: *Power and Emotion in Ancient Judaism: Community and Identity in Formation* (Cambridge: Cambridge University Press, 2021).

4 Max Weber: *Die Wissenschaft als Beruf* (Leipzig: Reclam, 1995; zuerst 1919).

5 Für eine Vertiefung des Begriffs Anomie siehe Émile Durkheim: *De la division du travail social* (Paris: Puf, 2004; zuerst 1893); Warren D. TenHouten: „Normlessness, Anomie, and the Emotions", in: *Sociological Forum* 31, 2 (2016): 465-486.

6 Karl-Heinz Hillmann: *Wörterbuch der Soziologie* (5., vollst. überarb. u. erw. Aufl., Stuttgart: Kröner Verlag, 2007), 722.

7 Ines Schindler, Georg Hosoya, Winfried Menninghaus, Ursula Beermann, Valentin Wagner, Michael Eid, Klaus R. Scherer: „Measuring Aesthetic Emotions: A Review of the Literature and a New Assessment Tool", in: *PLoS ONE* 12(6) (2017), 2.

8 Die prototypischen ästhetischen Emotionen nach Schindler u. a. 2017 sind: (1) Gefühl der Schönheit, (2) Gefallen/Anziehung, (3) Faszination, (4) Berührung, (5) Ehrfurcht, (6) Verzauberung/Staunen und (7) Nostalgie/Sehnsucht; die angenehmen Emotionen sind: (8) Freude, (9) Humor, (10) Vitalität/Erregung, (11) Energie und (12) Entspannung; die epistemischen Emotionen sind: (13) Überraschung, (14) Interesse, (15) intellektuelle Herausforderung und (16) Einsicht; die negativen Emotionen sind: (17) Gefühl der Hässlichkeit, (18) Abneigung/Unlust, (19) Langeweile, (20) Verwirrung, (21) Wut, (22) Unbehagen/Angst und (23) Traurigkeit; und die einzige selbstvergessene Emotion ist: (24) Flow/Absorption" (S.16).

9 Mark Leuchter (Hg.): *Scribes and Scribalism* (London: Bloomsbury Publishing, 2020).

10 Hochschild 1979 (wie Anm. 3).

11 In questa sede è impossibile citarle tutte, ricordiamo solo alcune tra cui laddove si è commesso un errore non si può cancellare la lettera. Quando si scrive il nome di Dio secondo la Gemara e il talmud bisogna farlo con una intenzione specifica e recitare interiormente che lo si sta scrivendo per la santità di Dio.

12 Mihaly Csikszentmihalyi: *Flow: The Psychology of Optimal Experience* (New York: Harper Perennial Modern, 2008).

13 Randall Collins: *Interaction Ritual Chains* (New Jersey: Princeton University Press, 2005).

14 Paola Dusi, *Il riconoscimento. Alle origini dell'aver cura nei contesti educative* (Mailand: Franco Angeli, 2017).

15 Ebd.

16 Axel Honneth: *Kampf um Anerkennung. Zur moralischen Grammatik sozialer Konflikte* (Berlin: Suhrkamp, 1994).

17 Dusi 2017 (wie Anm. 14).

18 In der Literatur wird zwischen zwei Arten von Stolz unterschieden: authentischem Stolz und arrogantem Stolz. Der erste entsteht auf der Grundlage dessen, was man getan und erreicht hat, und ist eine Reaktion auf eine innere Zuschreibung, wenn das Selbst sich bewusst ist, dass es der aktive Akteur ist, der dieses Ergebnis gefördert hat. Diese Art von Stolz fördert Prosozialität, ein echtes Selbstwertgefühl (*self-worth*), Selbstachtung und einen höheren sozialen Status. Die zweite Kategorie von Stolz, der arrogante oder überhebliche (hubristische) Stolz, ist nicht an ein bestimmtes Ergebnis gebunden, sondern an eine allgemeine positive Selbstdarstellung ohne jegliche Verankerung in der Realität, die zu Narzissmus führen kann und seit der Antike als eine der sieben Todsünden der Menschheit gebrandmarkt wird. Dante steckte die Stolzen in den Kreis der Hölle. Stolz kann zu Feindseligkeiten und Konflikten in zwischenmenschlichen Beziehungen, zu zwischenmenschlichen Problemen und einer Reihe von unangepasstem Verhalten führen. Siehe Jessica L. Tracy und Richard W. Robins: „The Psychological Structure of Pride: A Tale of Two Facets", in: *Journal of Personality and Social Psychology*, 92, 3 (2007), 506-525.

19 Honneth 1994 (wie Anm. 16).

20 Pierre Bourdieu, *Die männliche Herrschaft* (Berlin: Suhrkamp, 2012; zuerst 1998).

21 Dusi 2017 (wie Anm. 14).

Esterrollen im Kontext

Dagmara Budzioch

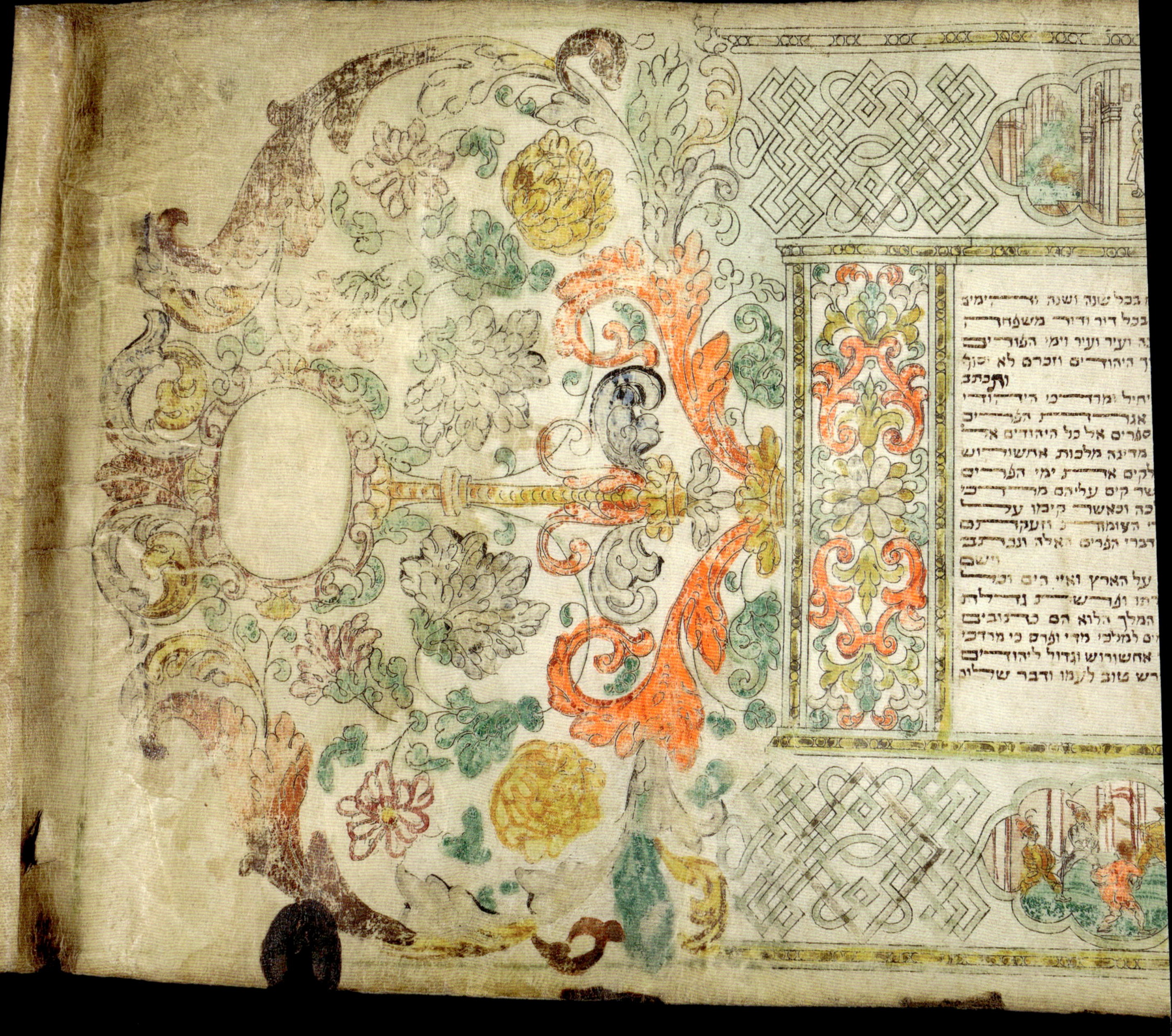
בכל שנה ושנה והימים
בכל דור ודור משפחה
ועיר ועיר וימי הפורים
היהודים וזכרם לא יסוף
ותכתב
ומרדכי היהודי
אגרת הפורים
ספרים אל כל היהודים
מדינה מלכות אחשורוש
את ימי הפורים
קים עליהם מרדכי
וכאשר קימו על
הצומות וזעקתם
דברי הפרים האלה ונכתב
וישם
על הארץ ואיי הים וכל
ופרשת גדלת
המלך הלוא הם כתובים
למלכי מדי ופרס כי מרדכי
אחשורוש וגדול ליהודים
טוב לעמו ודבר שלום

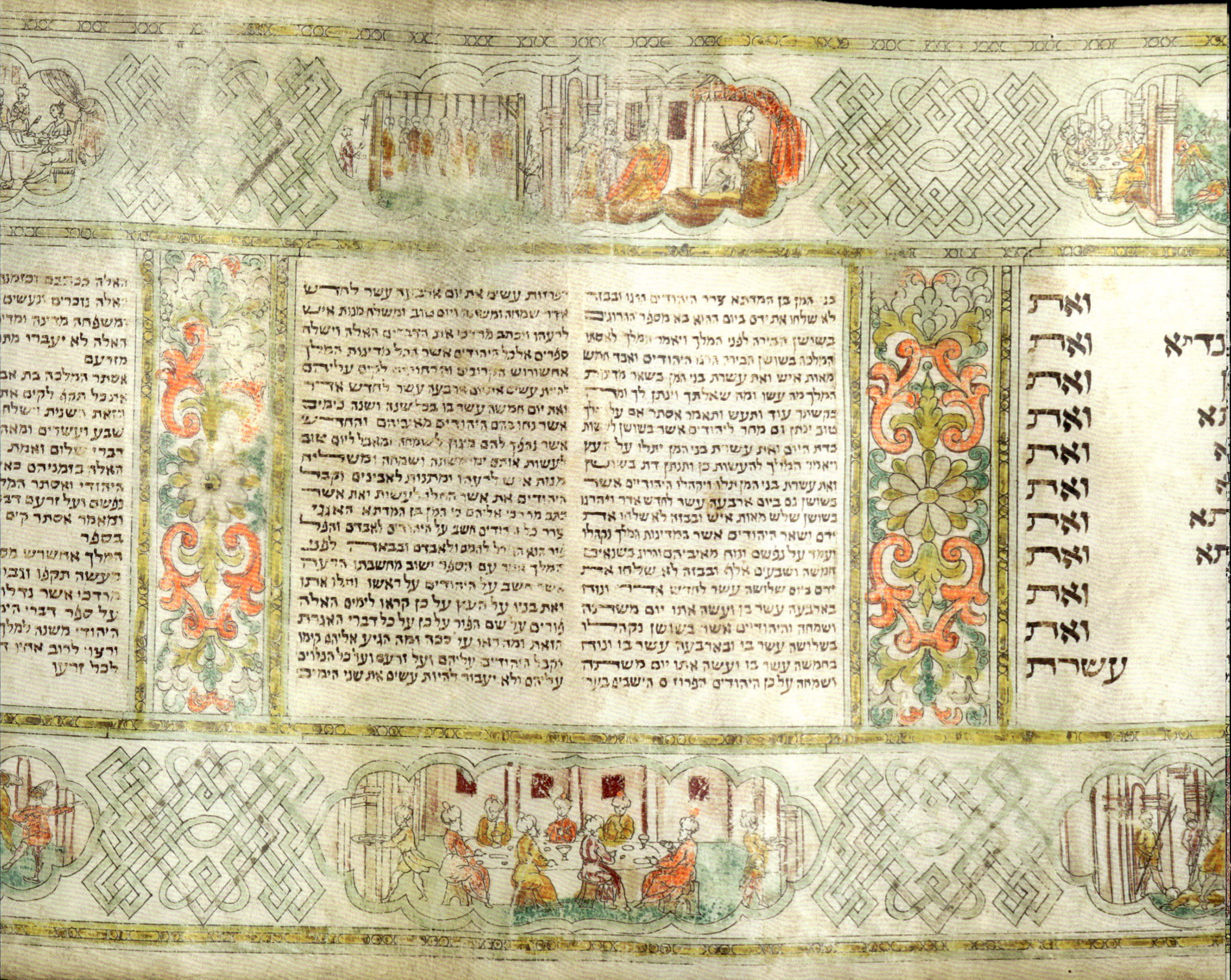
ואת
ואת
ואת
ואת
ואת
ואת
ואת
ואת
ואת
עשרת

Esterrollen sind rituelle Objekte, die mit der Feier des Purimfestes in Verbindung stehen, das auch als Losfest bekannt ist und jährlich im Monat Adar (Februar oder März des gregorianischen Kalenders) gefeiert wird. Diese Manuskripte enthalten das Buch Ester in hebräischer Sprache und sind Teil des dritten Abschnitts der Bibel, der „Schriften" (hebr. כתובים *ketuvim*). Der hebräische Name für dieses Buch, מגילת אסתר *Megillat Ester* (Plural: *Megillot Ester*), weist darauf hin, dass es traditionell auf einer Schriftrolle geschrieben ist. In dieser Form werden für den liturgischen Gebrauch auch das Hohelied, das Buch Ruth, die Klagelieder und das Buch Kohelet kopiert, die zusammen als die Fünf Schriftrollen (hebr. חמש מגילות *chamesch Megillot*) bezeichnet werden. Alle fünf Bücher sind jedoch auch in biblischen Kodizes (gebundenen Bänden) erhalten, einer Form, die seit der Spätantike die Buchproduktion dominiert. Jüdische Gemeinden übernahmen diese Form an der Wende von der Antike zum Mittelalter. Seitdem existieren beide Formen - Buch und Schriftrolle - nebeneinander, gleichwohl gedruckte Bücher nach und nach die handgeschriebenen Kodizes ersetzten, während Schriftrollen weiterhin von erfahrenen religiösen Schreibern (hebr. *soferim*) hergestellt werden.

Ein bemerkenswerter Aspekt des Buches Ester ist das Fehlen des Namens Gottes im Text, der in den jüdischen Kanon aufgenommen wurde.[1] Dies führte dazu, dass die Kanonizität des Buches in der Antike und im frühen Mittelalter infrage gestellt wurde. Im Laufe der Zeit haben sich diese Zweifel jedoch gelegt, und die Megillah hat im Judentum einen besonderen Status erlangt, wobei einige Interpretationen sie sogar über andere biblische Texte stellen.[2] Viele Kommentatoren suchten der Ester-Erzählung nach tieferen Bedeutungen, und Gelehrte diskutierten ausgiebig über Themen, Stil, Syntax, die Historizität der beschriebenen Ereignisse sowie die Authentizität der Helden dieser Geschichte. Hinweise dafür finden sich in *Midraschim* und historischen Werken wie den *Antiquitates* von Josephus Flavius (1. Jhd.) und dem *Sefer Josippon* von Josef ben Gorion (1. Hälfte 10. Jhd.). Darüber hinaus hat das Fehlen eines göttlichen Namens die kreative Verzierung der Esterrollen ermöglicht, was zu bedeutenden und visuell ansprechenden jüdischen Artefakten geführt hat.

In den folgenden Abschnitten dieses Teils wird die Erzählung des Buches Ester kurz beschrieben, ihre Präsenz in der christlichen und jüdischen Kunst analysiert und ausgewählte Aspekte des Brauchs der Verzierung der Esterrollen erörtert.

DAS BUCH ESTER UND DAS PURIMFEST

Die Lesung des Buches Ester steht im Mittelpunkt der Purimfeierlichkeiten. Sie erinnert an ein Ereignis im alten Perserreich, in Susa (hebr. Schuschan), einer der Hauptstädte, wo die jüdischen Einwohner einem Komplott zu ihrer Vernichtung ausgesetzt waren. Trotz der höchst fragwürdigen historischen Grundlage der Geschichte[3] ist das Buch für das religiöse Leben, die Tradition und die Identität der Juden von großer Bedeutung. Anstatt sich auf die häufigsten Themen der biblischen Bücher zu konzentrieren - wie Gebote, Gebet, Opfergaben, Jerusalem oder die Rückkehr der Juden aus dem babylonischen Exil -, präsentiert die Erzählung eine Geschichte mit mehreren Handlungssträngen und unerwarteten Wendungen, die von Machtkämpfen, Eifersucht, Gewalt, Ironie und Festen, die reichlich mit Wein gefüllt sind, geprägt ist. Diese Elemente verleihen dem Buch eine dramatische Qualität, die es innerhalb der Bibel auszeichnet und viele jüdische und nichtjüdische Künstler inspiriert hat.

Das Buch ist nach Ester benannt, einer Figur, die eine entscheidende Rolle in den Ereignissen spielt und letztlich für die Rettung der persischen Juden vor der geplanten Vernichtung sorgte. Ursprünglich hieß sie Hadassah und war ein jüdisches Waisenmädchen, das von Mordechai, ihrem Cousin oder Onkel (je nach Übersetzung; 2:7[4]), aufgezogen wurde. Die Geschichte beginnt mit einem großen Festmahl, das König Ahasveros gibt, und dem

Ungehorsam der Königin Vaschti gegenüber einer Anweisung ihres Mannes, sich in ihrer Schönheit den versammelten Gästen zu zeigen (1:12). Als Konsequenz verstößt der König sie (1:19) und befiehlt, Mädchen aus dem ganzen Reich in seinen Harem zu bringen; Ester ist unter ihnen (2:3). Da Ahasveros „Ester mehr liebte als alle anderen Frauen", krönt er sie zur Königin von Persien (2:17), und diese hohe Position am Hof ermöglicht es ihr, seine Entscheidungen zu beeinflussen.

Die Geschichte stellt Haman, den Berater des Königs, als entschiedenen Gegner der Juden dar, der Mordechai besonders hasst, weil dieser sich weigert, sich ihm zu unterwerfen (3:2). Als Vergeltung plant Haman, alle jüdischen Bewohner des Reiches auszulöschen, und erlässt dafür ein entsprechendes Dekret (3:12). Er weiß jedoch nichts von Esters jüdischer Herkunft und ihrer familiären Verbindung zu Mordechai, dem Juden, der „im Tor des Königs saß" (2:21). Der Diener Hatakh überbringt die Nachrichten zwischen Mordechai und Ester, die über Hamans Erlass informieren (4:4) und sie zum Handeln bringen (4:13–14). Obwohl Esters Leben in Gefahr ist, tritt sie unerwartet vor den König und lädt ihn und Haman zu ihren Banketten ein. Die Spannungen eskalieren, als der König Haman befiehlt, Mordechai in königlicher Kleidung durch die Straßen von Susa zu führen (6:9–11). Ein entscheidender Moment für die Erzählung ist jedoch, als die Königin während ihres zweiten Festes Hamans Komplott gegen die Juden aufdeckt (7:1). Kurz darauf wird Haman zum Tod am Galgen verurteilt, den er für Mordechai hatte errichten lassen (7:10). Auf Esters Bitten hin erlässt der König ein neues Edikt, das es den Juden in Persien erlaubt, sich an dem Tag zu verteidigen, den Haman durch das Los für ihre Ausrottung bestimmt hat (8:9). Sie bekämpfen ihre Feinde erfolgreich (9:15–16). Hamans Pläne, die jüdische Bevölkerung im Reich zu vernichten, werden vereitelt, und zum Gedenken an diese Ereignisse schreiben Königin Ester und Mordechai den Purimbrief (9:29). Darin wird erklärt, dass der 14. Tag des Monats Adar jährlich als Gedenktag für die Rettung der persischen Juden begangen werden soll.

Überraschenderweise werden im Buch Ester keine religiösen Purimpraktiken beschrieben. Es ist lediglich davon die Rede, dass es ein „Tag des Feierns und der Freude" und der Ruhe sein solle (9:17–18), außerdem wird erwähnt, man solle Freunden und Armen Geschenke schicken (9:22). Die festlichen Feiern sind das Ergebnis späterer Interpretationen und der Überschneidung verschiedener Bräuche. Da das Schicksal des jüdischen Volkes durch den Einsatz Esters quasi auf den Kopf gestellt wurde, wird auch an Purim die übliche Ordnung ins Gegenteil verkehrt. Es finden häufig Gemeinschaftstreffen und Partys mit Alkoholkonsum statt. In Theaterstücken, Parodien und anderen Darbietungen – dem sogenannten Purimspiel – wird die Geschichte von Ester nachgespielt. Es werden außerdem Maskeraden und Paraden organisiert, die *adlojadah* – „bis man nicht mehr weiß" [Abb. 1]. Aufgrund dieser ausgelassenen Atmosphäre wird das Fest manchmal auch als „jüdischer Karneval" bezeichnet [Abb. 1].

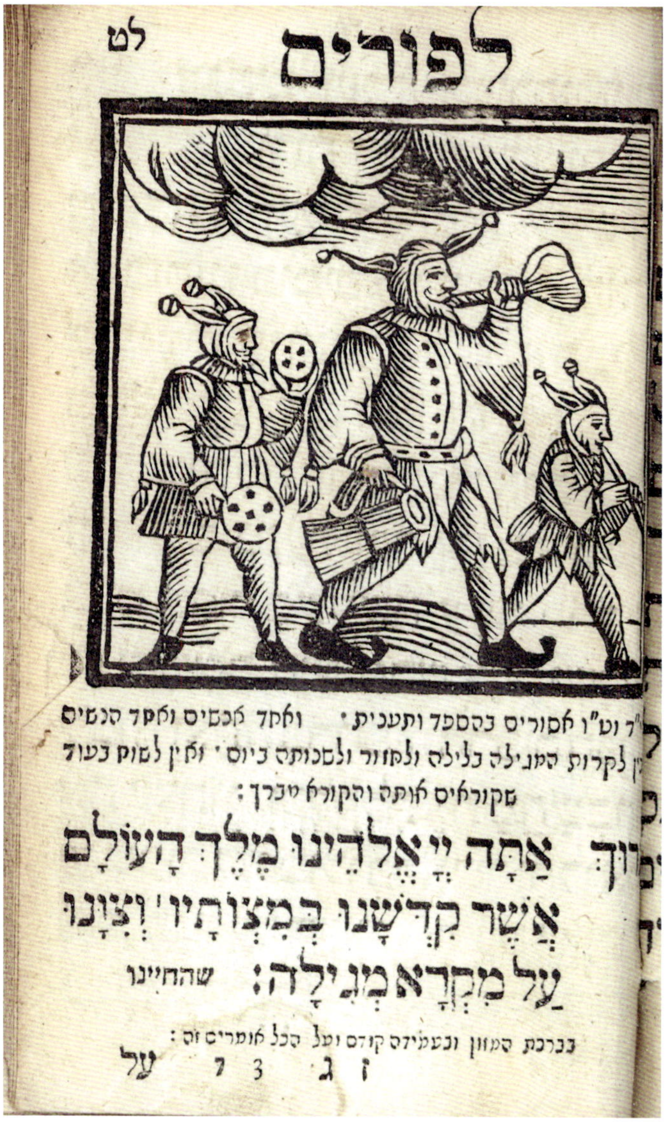
לפורים
אתה יי אלהינו מלך העולם
אשר קדשנו במצותיו וצונו
על מקרא מגילה:

↑ **Abb. 1** Purim-Narren im *Sefer Minahagim* (Buch der Bräuche), Amsterdam (Solomon Proops), 1708, B. 296, fol. 39. Sammlung der Familie Gross, Tel Aviv. Foto: Ardon Bar-Hama

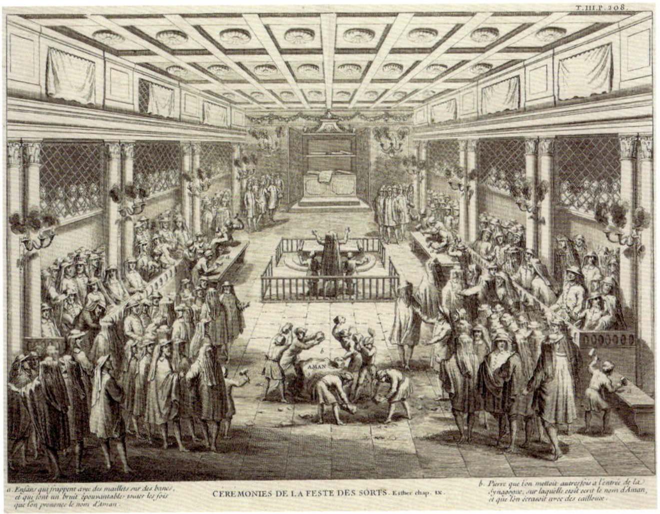

Seit der frühen rabbinischen Ära ist ein grundlegender Aspekt der Purimfeierlichkeiten die doppelte Lesung des Buches Ester in der Öffentlichkeit, typischerweise in der Synagoge. Sie wird von einer Pergament- oder Lederrolle aus vorgetragen, die von einem Schreiber, der sich an strenge religiöse Vorschriften zu halten hat, sorgfältig geschrieben wurde. In vielen jüdischen Gemeinden in Europa und darüber hinaus ist es üblich, den Namen Hamans, der in der Megillah ganze 54 Mal vorkommt, während der Lesung zu übertönen. Die Gemeindemitglieder machen dann auf verschiedene Weise Lärm, indem sie Steine, Holzstücke, Ruten, Rasseln und Klatschen verwenden, wie auf Abb. 2, wo Jungen mit Holzhämmern Lärm machen und Männer Steine auf den Boden werfen, auf denen „AMAN" steht.

↑ Abb. 2 Purim-Feierlichkeiten in der Synagoge, unsignierte Radierung, Paris, ca. 1750. Sammlung der Familie Gross, Tel Aviv, 039.011.053. Foto: Ardon Bar-Hama

DAS BUCH ESTER IN DER EUROPÄISCHEN KULTUR

Die lebhafte, dramatische und spannende Handlung der Estergeschichte, die vor einem orientalischen Hintergrund spielt, machte sie zu einem ansprechenden Thema für Juden und Christen. Sie inspirierte im Laufe der Geschichte eine schwer zu bestimmende Zahl von Künstlern (oder Handwerkern), Schriftstellern und Komponisten, wobei unterschiedliche Aspekte dieser Erzählung hervorgehoben und Esters Tugenden je nach Kontext, Interpretation und Erwartungen des Publikums in den Vordergrund gestellt wurden. Juden betrachteten die Königin als Heldin, die ihr Leben riskiert hat, um ihr Volk vor dem Tod zu bewahren, und betonten ihre Tapferkeit, Führungsstärke und entscheidende Rolle bei der Rettung der jüdischen Nation. Dennoch ist sie auch im Christentum zu einem mächtigen Symbol geworden, seit Theologen sie als Vorläuferin der Jungfrau Maria betrachteten (wie beispielsweise Rabanus Maurus, ca. 780–856, erwähnt: Maria wurde als Königin des Himmels anerkannt, so wie Ester zur Königin von Persien gekrönt wurde). Das Christentum und die Bibel haben die europäische Kunst und Kultur maßgeblich geprägt, in der Ester zu einer bedeutenden Figur wurde und ihre Geschichte als religiöses Thema Einzug erhielt. Neben der spirituellen Botschaft des Buches waren Künstler häufig von der orientalischen Kulisse der Geschichte und dem Haremshintergrund fasziniert.

Die einzige Darstellung des Esterthemas aus der Antike ist das Gemälde an der Westwand der Synagoge von Dura Europos aus den Jahren 244–246 n. u. Z., das drei Episoden miteinander verbindet. Nach dieser Zeit war das Thema mehrere Jahrhunderte lang in der Kunst weitgehend abwesend und tauchte erst in mittelalterlichen lateinischen und hebräischen Manuskripten wieder auf. Die Kodizes enthielten in der Regel eher eine oder zwei Szenen aus der Erzählung als eine vollständige Darstellung der Handlung. Ein Beispiel ist der *Hortus Deliciarum* („Garten der Köstlichkeiten"), ein christliches Werk, das zwischen 1167 und 1185 von Herrada von Landsberg, Priorin der Abtei Hohenburg, verfasst wurde. Obwohl das Originalmanuskript verbrannt ist, ist es aus Kopien des 19. Jahrhunderts bekannt, die eine Illustration von Esters Festmahl (fol. 32) bezeugen. Darüber hinaus tauchen Szenen aus dem Buch in zahlreichen Manuskripten des *Speculum Humanae Salvationis* („Spiegel der menschlichen Erlösung") aus dem 14. und 15. Jahrhundert auf. Diese stellen oft Esters Besuch beim König dar (5:2), wobei ihre Kompositionen im Detail variieren; zum Beispiel kniet oder steht sie vor Ahasveros, der mit einem Zepter auf sie zeigt, und manchmal erscheint im Hintergrund ein Galgen [Abb. 3]. Miniaturen und dekorative Initialen, die die Geschichte

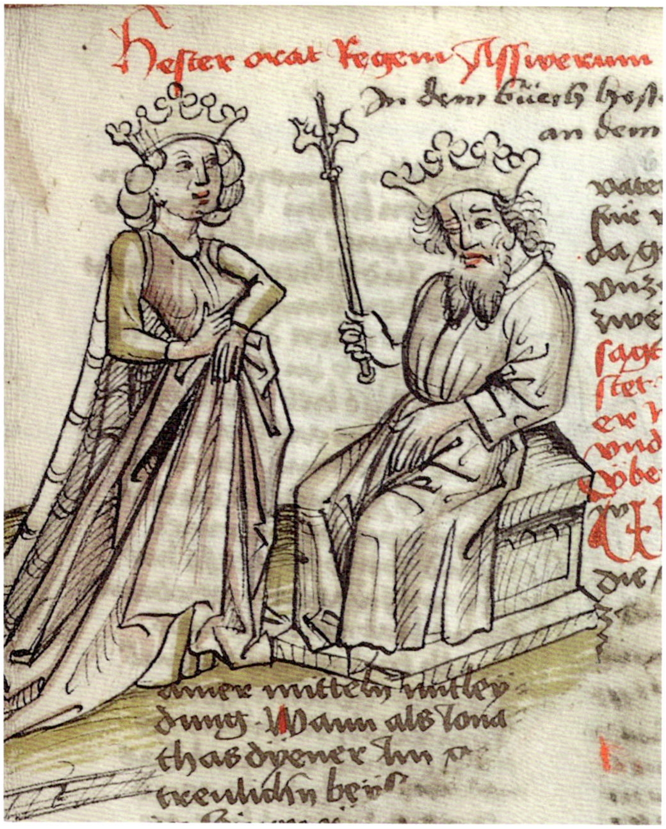

↑ **Abb. 3** Ester vor dem König in der Handschrift *Speculum humanae salvationis* aus dem 3. Viertel des 15. Jhd., Ms. germ. qu. 100, fol. 63r. Universitätsbibliothek Goethe Universität, Frankfurt am Main

illustrieren, kommen auch in lateinischen Bibeln wie der Bibel von Souvigny vor,[5] die Ende des 12. Jahrhunderts in Frankreich entstand. Darüber hinaus finden sich einzelne Bilder in gedruckten Bibeln, wie der Zürcher Bibel, der deutschen Übersetzung, die 1531 von Christoph Froschauer veröffentlicht und mit Holzschnitten nach Zeichnungen von Hans Holbein dem Jüngeren illustriert wurde.

Da die Geschichte von Königin Ester visuell ansprechend war, wurde sie von christlichen Künstlern nicht nur in der Buchkunst, sondern auch in zahlreichen anderen Kunstformen dargestellt. Bereits im 13. und 14. Jahrhundert hielt sie Einzug in die bildenden Künste, etwa in die Bildhauerei (Portal der Kathedrale von Chartres) und die Glasmalerei (Sainte-Chapelle in Paris). Im 14. und 15. Jahrhundert wurden Szenen aus dem Buch in Florenz auf Wandtafeln, Hochzeitstruhen (ital.: *cassoni*) und Kopfenden von Betten (ital.: *spalliere*) gemalt. Bemerkenswerte Darstellungen sind auch die Fresken in Kirchen, wie in der Tirsted-Kirche im südlichen Dänemark, deren Bau auf ca. 1400 datiert wird. Zu den eindrucksvollsten frühen Beispielen gehören auch die kunstvollen Wandgemälde biblischer Themen des schwedischen Malers Albertus (Albert) Pictor (ca. 1440–ca. 1507), der Ester vor Ahasveros in acht Kirchen in Schweden darstellte. Am bekanntesten ist jedoch ein Fresko, das Michelangelo Buonarroti zwischen 1508 und 1512 an die Decke der Sixtinischen Kapelle im Vatikan malte. Diese Darstellung ist wahrscheinlich von Versen aus Dante Alighieris *Purgatorio* (*La Divina Commedia*, XVII, 25-30) beeinflusst und stellt den Tod Hamans als eine Kreuzigung dar. Dieses Motiv inspirierte auch Giulio Campi, der es 1567 in die Fresken der Kathedrale von Cremona einarbeitete. Ein weiteres Thema, das in sakralen Räumen auftaucht, ist die Krönung Esters, die beispielsweise Paolo Veronese (1528-1588) inspirierte, der sie 1558 und 1559 an den Wänden der Kirche San Sebastiano in Venedig darstellte.

Die am weitesten verbreiteten künstlerischen Darstellungen der Ester-Erzählung sind Gemälde, wobei Künstler bestimmte Themen wiederholt verwendet und neu interpretiert haben, während andere nur selten dargestellt oder ausgelassen wurden. Besonders beliebt war neben der Krönung Esters die Ohnmacht der Königin Ester während ihres Besuchs beim König. Dieses aus der Septuaginta bekannte Thema[6] inspirierte zahlreiche Maler verschiedener Epochen, darunter Sandro Botticelli, Filippo Lippi, Jacopo Tintoretto, Artemisia Gentileschi, Guercino und Francesco Fontebasso. Sie porträtierten Ester in königlicher Kleidung, was ihren Status als Königin unterstrich und ihre körperliche Attraktivität betonte. Außerhalb Italiens tauchte die Geschichte häufig in der niederländischen Malerei auf, insbesondere im 17. Jahrhundert. Dieses Interesse hing mit der aufkommenden Identität des niederländischen Volkes zusammen, das seine zeitgenössische Geschichte im biblischen Kontext und in der heldenhaften Haltung der Königin gegenüber ihrer Nation interpretierte. Bedeutende Künstler wie Rembrandt van Rijn, Pieter Lastman, Jan Lievens, Matthäus Merian der Ältere und Jan Victors beschäftigten sich mit diesem Thema. Einige von ihnen, die Protestanten waren, stellten Ester nicht in Ohnmacht bei ihrem Besuch bei Ahasveros dar (die Septuaginta-Version der Bibel liegt außerhalb der protestantischen Tradition), sondern konzentrierten sich stattdessen auf die Bankette der Königin. Der Moment, in dem Ester Hamans Plan beim

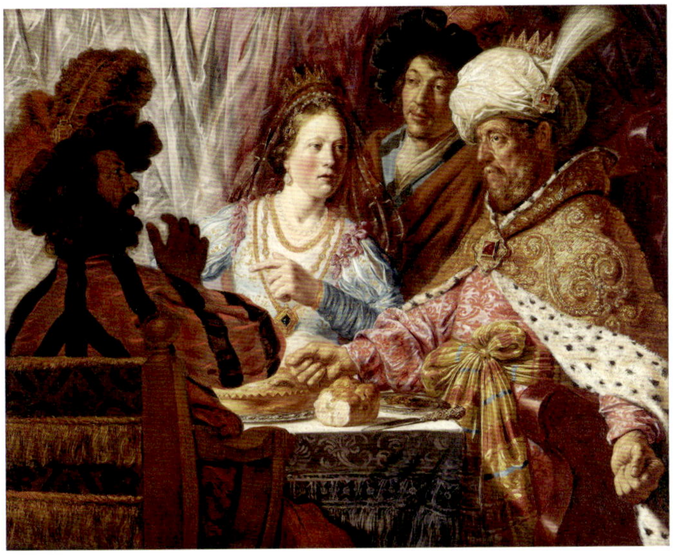

zweiten Festmahl aufdeckt, bot den Malerinnen und Malern die Gelegenheit, ihr Können unter Beweis zu stellen. Sie inszenierten Spannung, fingen intensive Emotionen der Figuren ein und legten besonderes Augenmerk auf Details wie drapierte Vorhänge, gemusterte Stoffe, prächtige Gewänder und Schmuck Abb. 4. Der höfische Kontext der Szenen führte dazu, dass die Gemälde nach den Theaterkonventionen der Zeit komponiert wurden - mit oftmals übersteigerten Emotionen und betont künstlichen Posen. Es ist bemerkenswert, dass das größte Interesse am Ester-Thema in der europäischen Kunst mit der zunehmenden Produktion von verzierten Megillot zusammenfiel. Da diese Kunstwerke jedoch nur einzelne Episoden aus dem Buch darstellen, ist es unwahrscheinlich, dass sie jüdische Künstler beeinflussten, die in Schriftrollen häufig alle Schlüsselmomente aus der Purimgeschichte darstellen, von denen viele nicht in den Gemälden vorkommen.

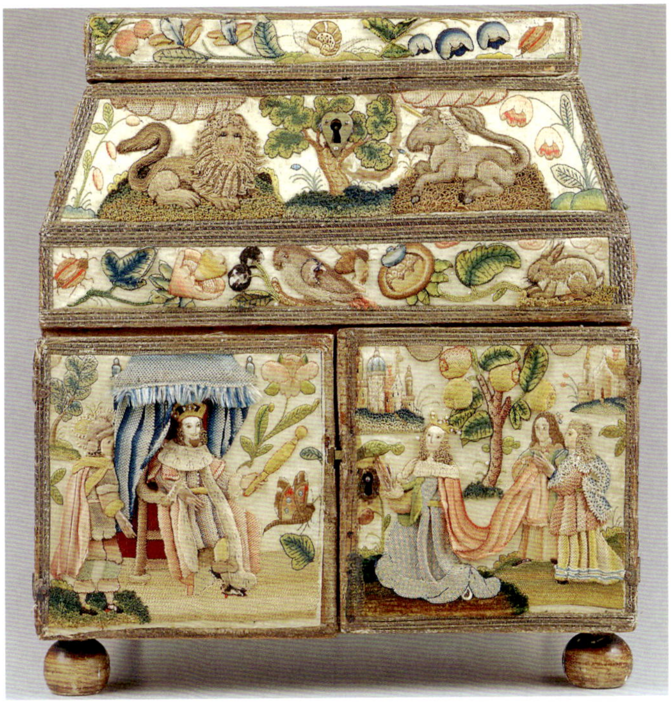

In den folgenden Jahrhunderten inspirierte die Erzählung des Buches Ester auch Künstler aus anderen Milieus, beispielsweise aus Frankreich, wie Jean François de Troy, Charles-Antoine Coypel und Nicolas Poussin. Darüber hinaus wurde sie auch durch andere Formen des künstlerischen Ausdrucks erforscht. Eine besonders faszinierende, aber wenig bekannte Manifestation zeigt sich in der britischen Handarbeit des 17. Jahrhunderts, die als Einzelstücke oder zur Verzierung von Schränken und Schatullen für Mädchen und junge Frauen verwendet wurde Abb. 5. Solche Szenen sind auch in Wandteppichen aus Flandern, Zeichnungen und Stichen (z. B. von Rembrandt van Rijn) und seltener in der Skulptur (z. B. von Giacomo Serpotta) zu finden. Darüber hinaus entstanden in Italien und Holland literarische Werke, die von dieser Erzählung inspiriert sind. So verfasste Ansaldo Cebà 1615 das Gedicht *Königin Ester (La reina Esther)*.[7] Die Figur der Ester taucht auch in musikalischen Kompositionen auf, wobei Georg Friedrich Händels gleichnamiges Oratorium (HWV 50a von 1718 und HWV 50b von 1732) am bekanntesten ist.

↑ Abb. 4 *Das Fest von Ester* von Jan Lievens, ca. 1625. The North Carolina Museum of Art, Raleigh, 52.9.55

↑ Abb. 5 Bestickte Schachtel, England, 1662. Minneapolis Institute of Arts, Minneapolis, 695.14a-bb

DAS BUCH ESTER IN DER JÜDISCHEN KUNST

Im Gegensatz zur europäischen Kultur konzentrierten sich die jüdischen Darstellungen des Ester-Themas hauptsächlich auf die Buchkunst. Die frühesten erhaltenen Beispiele stammen aus dem 13. Jahrhundert. Eine bemerkenswerte Darstellung der Purimgeschichte findet sich in der aschkenasischen Bibel von Joseph Qalonymos aus dem Jahr 1238, die in direktem Zusammenhang mit dem Abschnitt steht, den sie begleitet.[8] Am unteren Rand von fol. 302v zeigen König Ahasveros und Königin Ester - in königlichem Rot gekleidet und mit goldenen Kronen auf dem Kopf - auf die Leichname Hamans und seiner zehn Söhne, die an den Ästen eines hohen Baumes hängen, der den rechten Rand ausfüllt.[9] Ein außergewöhnliches Beispiel ist der Leipziger Machsor,[10] der um 1310 im Südwesten Deutschlands entstand und fünf

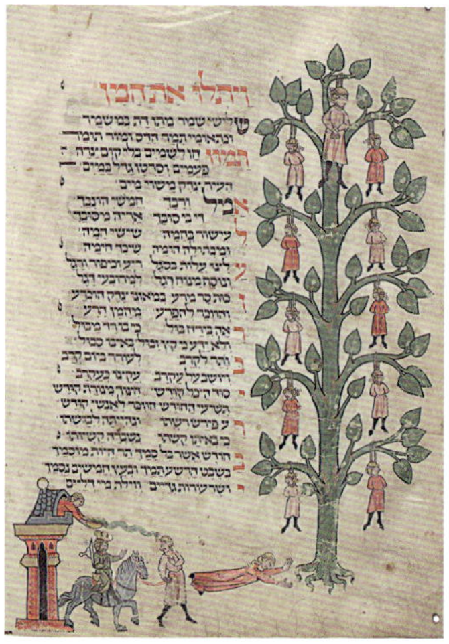

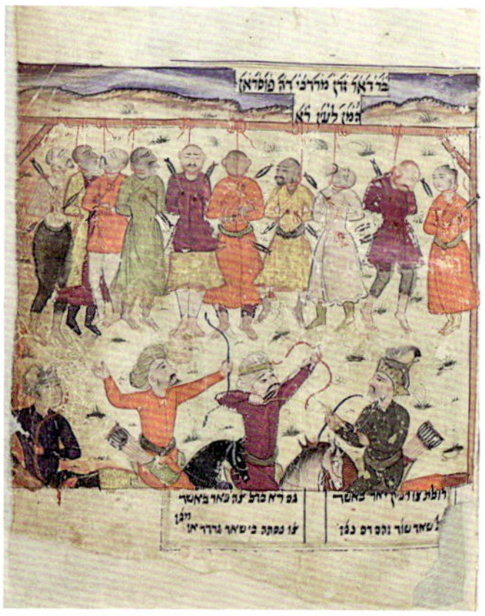

↑ **Abb. 6** Die Geschichte von Hamans Tochter im Leipziger Machsor, Deutschland, Ms. 1102, Bd. 1, Bl. 51v., ca. 1310. Universitätsbibliothek, Leipzig

↑ **Abb. 7** Hamans Söhne hängen am Galgen im *Ardashir Nameh*, Isfahan, Ms. or. quart. 1680, Bl. 93r., 17. Jhd. SBB-PK

Episoden enthält, die auf dem biblischen Text und *Midraschim* basieren. Bemerkenswert sind zwei davon, die Hamans Tochter darstellen, obwohl sie im Buch nicht erwähnt wird. Sie wird gezeigt, wie sie ein Gefäß von der Spitze des Turms, auf dem sie steht, ausgießt und dessen Inhalt (fol. 51v) auf das Gesicht ihres Vaters fällt (vgl. bMegillah 16a) Abb. 6. Als sie herausfindet, dass ihre Handlungen ihren Vater und nicht Mordechai demütigen, stürzt sie sich vom Turm. Auf der rechten Seite liegt sie reglos in einem langen, roten Gewand auf dem Boden, direkt unter dem Baum, der auch als Galgen für ihren Vater und ihre Brüder dient. Der fatale Fehler von Hamans Tochter ist die am häufigsten illustrierte Midraschgeschichte in verzierten Schriftrollen, darunter auch in der Sammlung der SBB.

Der umfangreichste Erzählzyklus aus dem Buch Ester erscheint in den Illuminationen der Alba-Bibel.[11] Dieser bemerkenswerte Kodex, der zwischen 1422 und 1430 in Maqueda entstand, enthält die erste Übersetzung der Bibel aus dem Hebräischen ins Kastilische, angefertigt von Rabbi Moses Arragel de Guadalajara (gest. 1493). Rabbi Arragel leitete die christlichen Künstler bei der Anfertigung der Miniaturen an, was zu prächtigen Illuminationen führte, die einen Synkretismus aus christlicher und jüdischer Kunst und Theologie darstellen. Die Purimgeschichte wird in 13 Szenen dargestellt, darunter eine außergewöhnliche Darstellung der Königin Waschti, die mit zwei Schwänzen gezeigt wird, von denen einer auf ihrer Stirn erscheint (vgl. bMegillah 12b).

Manuskripte mit Szenen aus der Megillah stammen überwiegend aus Deutschland und Italien, nur sehr wenige aus Frankreich. Eine bemerkenswerte Ausnahme bilden zwei Beispiele des *Ardashir Nameh* („Buch von Ardashir") aus dem Persien des 17. Jahrhunderts; eines davon befindet sich in der SBB Abb. 7.[12] Dieses Werk, das 1333 von Shahin Shirazi (tätig 1327–1359), einem jüdischen Dichter aus Persien, verfasst wurde, beruht auf dem Buch Ester. Gleichzeitig werden jedoch auch Geschehnisse dargestellt, die im biblischen Bericht nicht vorkommen. Darüber hinaus haben nationale Themen Vorrang vor religiösen; sie spiegeln das politische Klima während der Regierungszeit von Abbas II. (1656–1672) wider, einer Zeit, die von Verfolgung geprägt war und die Bedeutung der Purimgeschichte verstärkte. Zudem verkörpert die reiche Bildsprache der beiden Manuskripte die Ästhetik der persischen Buchmalerei – mit prächtigen Kostümen, verzierten Möbeln, dekorativen Fliesen, bemalten Wänden, Wandteppichen und Gartenansichten.

Neben den vorherrschenden Kodizes und Schriftrollen wurde das Buch Ester auch als einblättrige Handschrift kopiert. Sieben dieser bemerkenswerten Exemplare wurden zwischen 1733 und 1757 in Wien vom Kalligrafen und Buchmaler Aaron ben Benjamin Wolf Herlingen von Gewitsch (auch Aaron Schreiber Herlingen; tätig ca. 1719–1757) geschaffen. Er versammelte alle fünf Megillot auf einer kleinen Fläche (in dem Exemplar, das in der Abbildung 8 zu sehen ist, bedeckt der Text eine Fläche von 168 × 120 mm), die er mit winzigen Schriftzeichen in verschiedenen Stilen des hebräischen oder lateinischen Alphabets beschriftete. Darüber hinaus wählte der Schreiber für bestimmte Bücher unterschiedliche Sprachen – Hebräisch, Aramäisch, Latein, Deutsch oder Französisch. Außerdem fertigte Herlingen mindestens drei Miniatur-Esterrollen an, von denen eine nur 94 mm lang und 50 mm hoch war.[13] Alle diese Manuskripte sind mit erzählenden Szenen in Grisaille-Malerei illustriert Abb. 8.

Im 19. Jahrhundert und im 20. Jahrhundert verwendeten Kalligrafen in Osteuropa und Israel den Text des Buches Ester, um mikrografische Entwürfe zu erstellen. Ihre handgefertigten Originale wurden als Lithografien gedruckt. Zu den bemerkenswerten Beispielen gehören ein Bär von Hirsch Ilya ben Leib Schlimowitz (Kowno, 1870),[14] Königin Ester von Jacob Sofer aus Israel (Ende 19. Jahrhundert)[15] und ein geflügeltes Kamel von Zvi Dushnik (Israel, Anfang 20 Jahrhundert, Abb. 9). Außerdem sind mehrere Megillot bekannt, die um 1900 in der Ukraine in winziger Kursivschrift kopiert und in konzentrischen Kreisen angeordnet wurden.

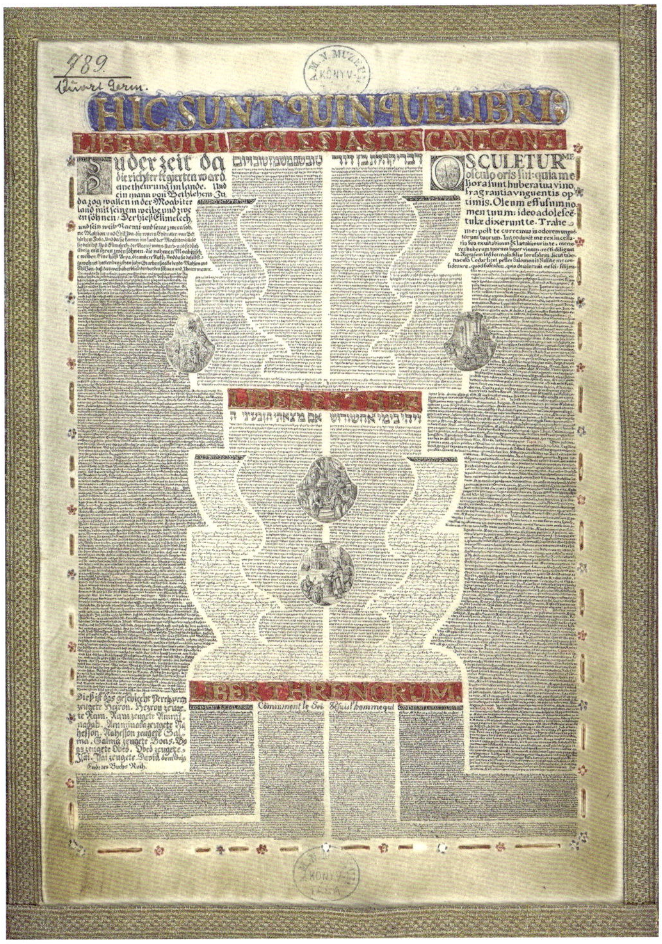

← **Abb. 8** *Chamesch Megillot* in winzigen hebräischen und lateinischen Schriftzeichen von Aaron ben Benjamin Wolf Herlingen aus Gewitsch, Wien, 1749. Szechenyi-Nationalbibliothek, Budapest, Quart. Germ. 789

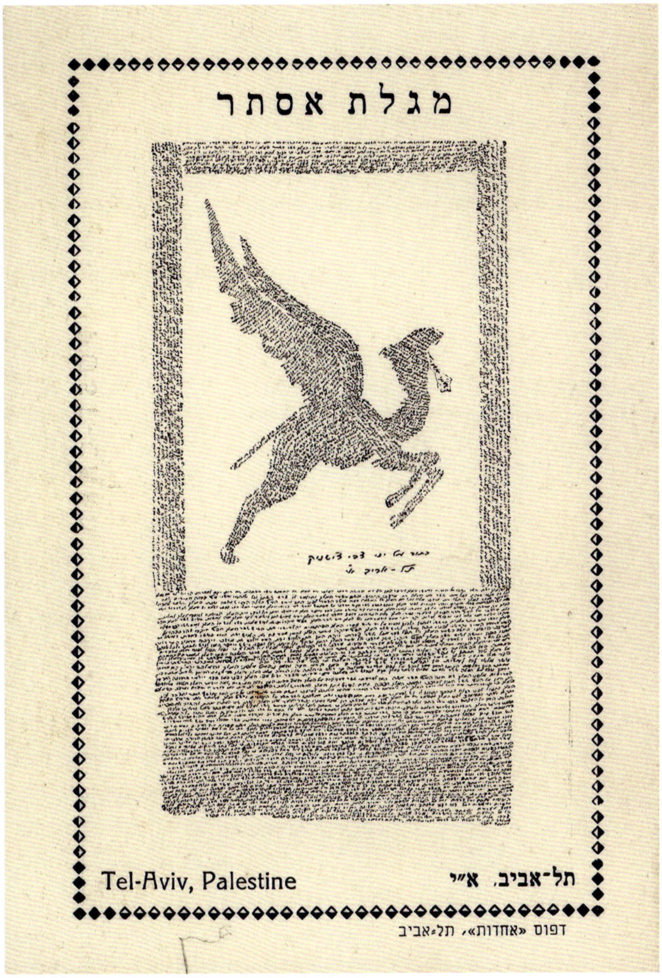

↑ **Abb. 9** Ein Entwurf, der aus dem Text des Buches Ester in winziger Schrift stammt, frühes 20. Jhd. Sammlung der Familie Gross, Tel Aviv, P.3512. Foto: Ardon Bar-Hama

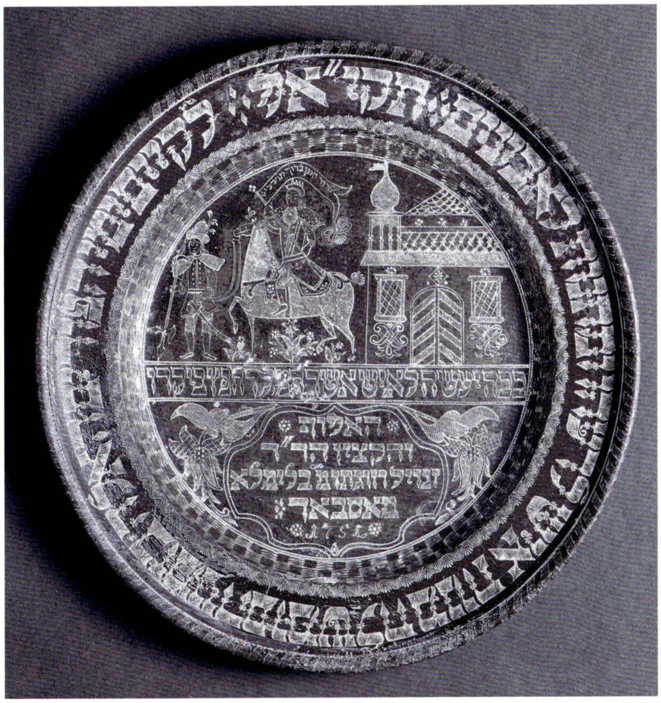

← **Abb. 10** Purim-Teller mit eingravierter Szene aus der Purim-Geschichte, Deutschland, 1751. Sammlung der Familie Gross, Tel Aviv, 022.004.003. Foto: Ardon Bar-Hama

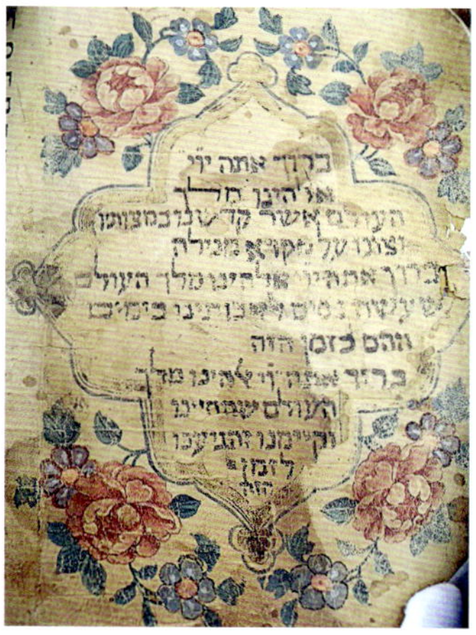

↑ **Abb. 11** Eine Eröffnungsverzierung in einer Megillah aus Leder, Bagdad (?), 18./19. Jhd. Heikhal Schlomoh, Jerusalem, Ms. 13-35

↓ **Abb. 12** Ausschnitt aus einer mittelalterlichen Megillah. | SBB-PK, Ms. or. oct. 3635

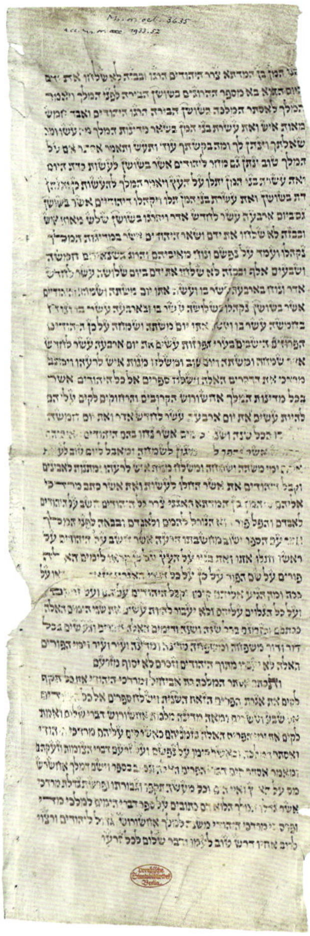

Szenen aus der Purimgeschichte, wie Mordechais Triumph oder Haman und seine Söhne, die an einem Galgen hängen, schmücken einige Metall- oder Keramikplatten für festliche Geschenke (hebr. משלוח מנות *mischloach manot*) und Behälter, die zur Aufbewahrung von Schriftrollen verwendet werden [Abb. 10].

VERZIERTE MEGILLOT ESTER ALS JÜDISCHE ARTEFAKTE

Schriftrollen werden durch Zusammennähen (oder seltener durch Zusammenkleben) von zwei oder mehr Membranen aus Pergament (hebr. *gevil*) oder Leder (hebr. *qelaf*) hergestellt, wodurch eine Rolle entsteht. Die Verarbeitung von Tierhäuten zu Pergament und Leder unterscheidet sich. Lederhäute, die weicher als Pergamenthäute sind, gibt es in verschiedenen Brauntönen; nur ihre Haarseiten sind zum Schreiben geeignet. Ihre dunklere (oder dunkle) Farbe erschwert die Verzierung, sodass verzierte Schriftrollen wie in Abbildung 11 dargestellt eine Ausnahme darstellen [Abb. 11].

Der Text einer Megillah ist in der Regel in gleichmäßigen Spalten angeordnet, typischerweise in aufrechten Rechtecken (gelegentlich haben sie auch andere Formen, wie z. B. Kreise). Eine Spalte sticht jedoch oft durch ihr besonderes Layout hervor. Sie enthält eine kurze Passage, in der die Namen von Hamans Söhnen aufgeführt sind (9:6–10), die von den Schreibern meist in elf Zeilen geschrieben wird, die in zwei schmale Spalten unterteilt sind. Eine Leerstelle zwischen ihnen ist oft mit einer Darstellung der Hinrichtung Hamans und/oder seiner Söhne gefüllt [Abb. 13+21]. Auf Schriftrollen findet sich eine Quadratschrift, die aschkenasische, sefardische, italienische und orientalische Züge haben kann. In vielen Handschriften sind ausgewählte Buchstaben mit *tagin* (Buchstabenkrönchen) verziert. Sie sollten als dünne vertikale Striche gezeichnet werden, die auf den Dächern der Buchstaben geschrieben und mit kleinen Kugeln versehen sind, obwohl auch andere Varianten vorkommen (siehe Abb. 13, 21, 36A und 37).

Aus der Antike sind keine Megillot Ester erhalten, und Exemplare aus dem Mittelalter sind äußerst selten,[16] da Schriftrollen, die für den weiteren rituellen Gebrauch als ungeeignet erachtet wurden, vergraben wurden. So wurden viele Manuskripte beispielsweise während der Judenverfolgungen zerstört [Abb. 12]. Das älteste bekannte datierte Exemplar stammt aus Italien und wurde 5240 im jüdischen Kalender (1479/80 im gregorianischen Kalender) von Rabbi Abraham ben Mordecai Farissol (1451 – ca. 1525) geschrieben, einem vielseitig gebildeten Gelehrten aus Avignon, der in Ferrara und Mantua lebte.

Auch der erste dokumentierte Beweis für die Praxis der künstlerischen Ausgestaltung von Schriftrollen stammt von der Apenninenhalbinsel. Die venezianische Schriftrolle stammt aus dem Jahr 1564 und zählt zu den wenigen verzierten Megillot aus dem 16. Jahrhundert. Sie ist bemerkenswert durch ihre Schöpferin Stellina bat Menachem und die von der Kunst der Renaissance inspirierte Ornamentik. Die Purimgeschichte wurde erstmals im zweiten Jahrzehnt des 17. Jahrhunderts von Moses ben Abraham Pescarol (oder Pescarolo) in Ferrara illustriert.[17]

Das Verzieren von Schriftrollen wurde zu einem bedeutenden Aspekt der jüdischen Kultur und Tradition. Der Höhepunkt dieses künstlerischen Strebens begann um 1675 und hielt etwa ein Jahrhundert lang an. In Italien entstanden neben den Eheverträgen (hebr. *ketubbot*) zahlreiche verzierte Megillot, die zu den attraktivsten und bedeutendsten Artefakten der jüdischen Buchkunst im Zeitalter des Buchdrucks zählen. Ein beträchtlicher Teil der Manuskripte dieser Gattung stammt aus den Niederlanden und wurde insbesondere zwischen den 1640er-Jahren und dem ersten Viertel des darauffolgenden Jahrhunderts hergestellt. Viele Exemplare wurden in Serie hergestellt, das heißt, ihre Ränder wurden gedruckt,

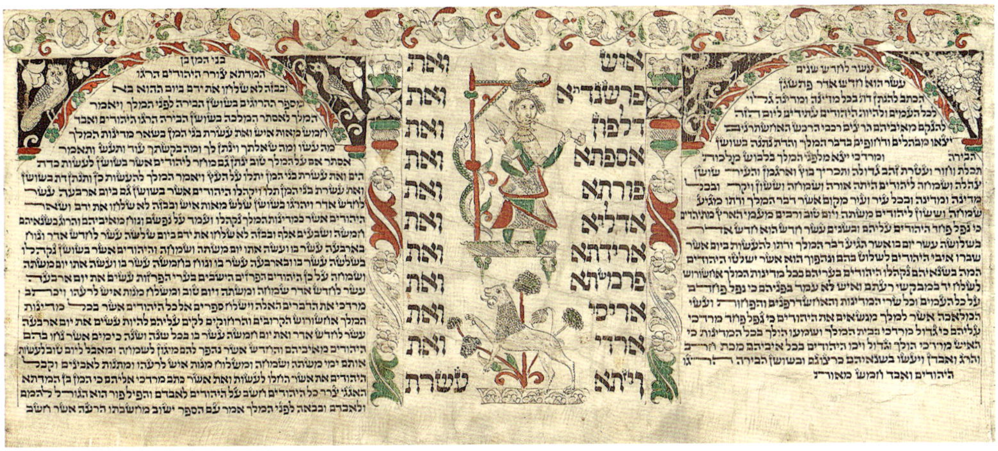

→ **Abb. 13** Eine verzierte Megillah aus Deutschland, Mitte des 18. Jhd. | Braunschweigisches Landesmuseum, LMB 32376. Foto: Anja Pröhle

während die Schreiber den Text handschriftlich einfügten. Verzierte Megillot aus deutschsprachigen Ländern sind weitaus seltener. Obwohl sich in diesen Ländern ab der Wende vom 17. zum 18. Jahrhundert über mehrere Jahrzehnte lang eine Renaissance der hebräischen Buchmalerei vollzog, richteten die Schreibkünstler ihr Augenmerk vor allem auf luxuriöse Kodizes, insbesondere auf Pesach-Haggadot und Gebetbücher für verschiedene Anlässe, als auf Megillot. Auch jüdische Gemeinden unter muslimischer Herrschaft verzierten Esterrollen; diese traten jedoch erst in der zweiten Hälfte des 18. Jahrhunderts in Erscheinung und erreichten nie die gleiche Verbreitung wie in europäischen Kreisen [Abb. 13].

Die Verzierung der Megillot folgt keinem einheitlichen Stil, sondern zeigt eine breite Vielfalt an Motiven, die die grenzenlose Fantasie ihrer Schöpfer widerspiegeln. Häufig finden sich erzählerische Szenen – teils ergänzt durch midraschische Erzählungen oder Episoden aus anderen biblischen Texten –, Figuren aus der Purimgeschichte (Ganzfiguren und Büsten), Putten, Tiere aus der realen und der fantastischen Welt, Blumen, architektonische Elemente, Landschaften, geometrische Muster, Wappen und Sternzeichen. Die Schriftrollen belegen, wie sehr jüdische Künstler von den künstlerischen Strömungen und Ausdrucksweisen der umliegenden Kulturen beeinflusst waren und sich von verschiedenen Lebensbereichen inspirieren ließen. Daher wird die Geschichte vom alten orientalischen Hof häufig in einem zeitgenössischen europäischen Kontext dargestellt, und die Schriftrollen zeigen Motive, die mit der religiösen Bedeutung dieser Objekte und ihrer Verbindung zum Buch Ester und dem Purimfest nichts zu tun haben – etwa die Darstellung des berühmten Nashorns

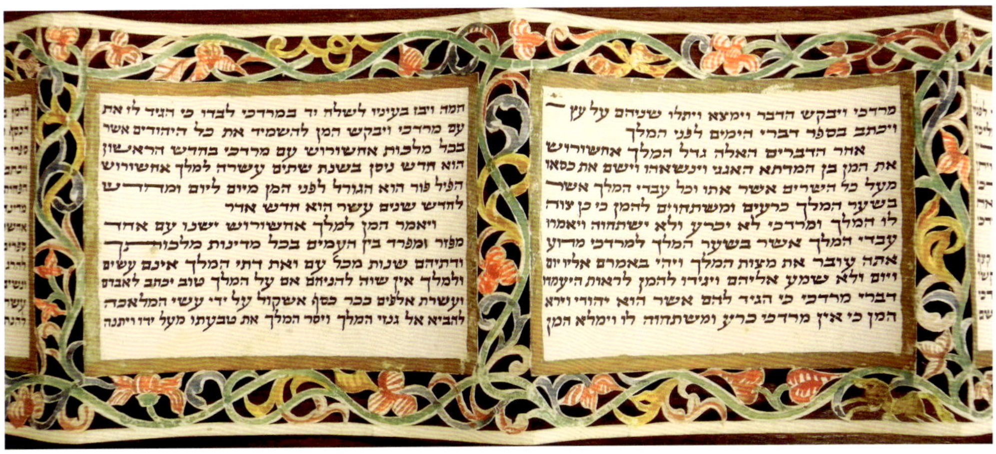

→ **Abb. 14** Eine Schriftrolle, verziert mit ausgeschnittenen Bordüren, Italien, 2. Hälfte des 18. Jhd. Jüdisch-Theologisches Seminar, New York, S 178

Clara, Bärentrainer mit ihren Tieren, nackte weibliche Figuren, Meerjungfrauen und Satyrn Abb. 18a+20. Verschiedene Techniken wie Tempera- und Gouachemalerei, monochrome Federzeichnung, handkolorierter Kupferstich und ornamentale Schnittmuster trugen letztlich zur Vielfalt der künstlerischen Ausgestaltung dieser Manuskripte bei Abb. 14.

Auch die Verzierung von Schriftrollen aus Gebieten unter muslimischer Herrschaft ist stark von der lokalen Kunst inspiriert. So zeigen beispielsweise die im 18. und 19. Jahrhundert entstandenen Schriftrollen aus Nordafrika, insbesondere aus marokkanischen Städten wie Fès, Meknès und Mogador, deutlich Einflüsse der regionalen Kunst- und Architekturstile. Figürliche Darstellungen fehlen in der Regel, stattdessen weisen die Rollen eine architektonische Rahmung mit spitzen, spitz zulaufenden oder hufeisenförmigen Bögen auf. Diese sind mit floralen, geometrischen oder abstrakten Motiven verziert, oft in Farbpaletten Grün mit Rot (oder Orange) oder in Erdtönen wie Blassgrün, Ocker und Braun.

Die wenigen Megillot aus dem Irak spiegeln eine starke islamische Leidenschaft für Kalligrafie wider – etwa in einer Sammlung von fünf Schriftrollen, die Mitte des 19. Jahrhunderts in Bagdad von Isaac Meir Chajjim Moses Gabbai geschaffen wurden (bzw. ihm zugeschrieben werden). Charakteristisch sind die dekorativen einleitenden Tafeln mit dem Buchtitel, gefolgt von einem Zitat, das die Genealogie von Mordechai (2:5) einleitet.[18] Die gleiche monumentale, farbenfrohe und ornamental gestaltete Schrift, die in leuchtenden Farben, hauptsächlich in sattem Orange und Grün, gehalten ist, findet sich in langen Inschriften, die sich über die Ränder aller Schreibhäute erstrecken. Die oberen Ränder sind mit der Liste der Vorfahren Mordechais gefüllt, die bis zum Patriarchen Abraham zurückreichen; in den unteren Rändern wird Hamans Abstammung von Esau dargestellt Abb. 15.[19] Typisch für diesen Künstler sind auch die farbenfrohen Rosetten zwischen den Texttafeln.

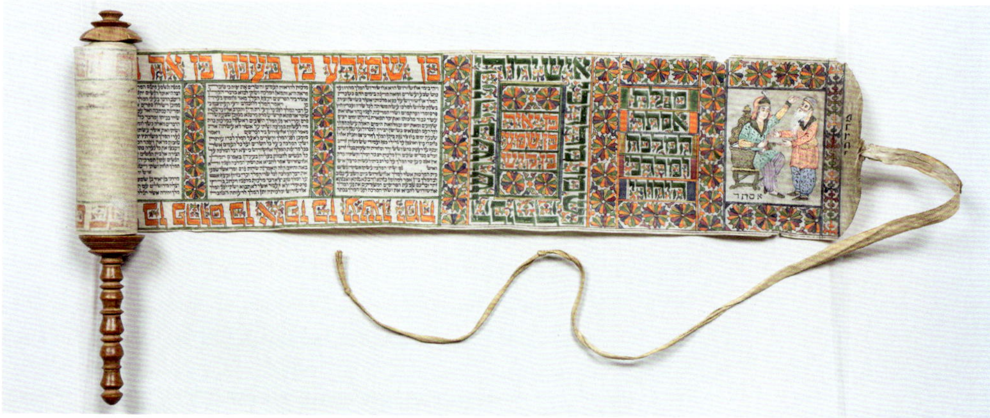

→ **Abb. 15** Eine Schriftrolle, die mit großen hebräischen Buchstaben am Rand verziert ist, Bagdad, Mitte des 19. Jhd. Jüdisches Museum, New York, F3374

Ein weiteres Beispiel für einen allgemeinen Trend in der lokalen Kunst, der von jüdischen Künstlern übernommen wurde, sind Schriftrollen aus Indien aus dem späten 18. Jahrhundert oder frühen 19. Jahrhundert Abb. 16. Am Anfang und zwischen den Texttafeln zeigen sie kunstvolle Blumenmuster mit Rosen und anderen bunten Blumen in verschiedenen Arrangements, die an orientalische Teppiche erinnern.

Die Schriftrollen aus dem Osmanischen Reich waren nur selten verziert. In den oberen Zeilen der Textspalten – mitunter auch innerhalb dieser – schmückten die Schreiber jedoch einige Buchstaben mit raffinierten filigranen Zeichnungen, die Kronen oder Diademen ähneln. Zusätzlich erhielten diese Manuskripte eine aufwendige Ausstattung, indem sie auf prächtige Griffe montiert wurden, deren kunstvoll gearbeiteten, länglichen Endstücke aus drei übereinander gestaffelten Kronen bestehen – wie etwa das Exemplar aus reinem 22-

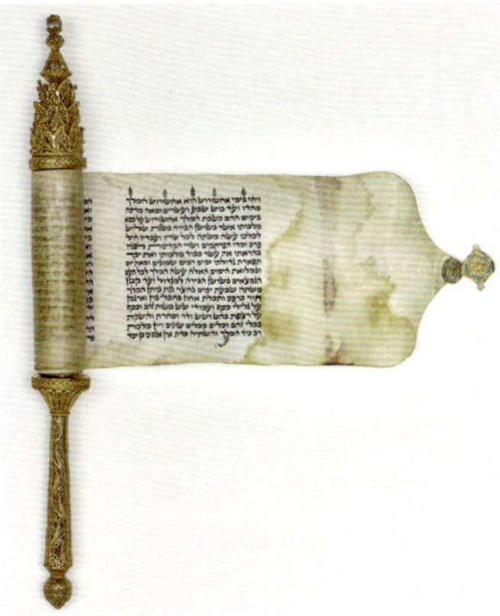

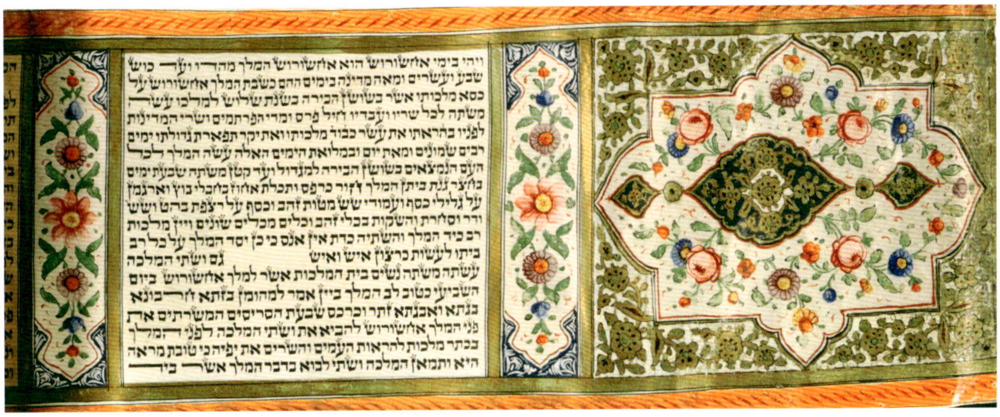

↑ Abb. 17 Eine Megillah, die auf einem verzierten goldenen Griff mit dekorativen Endstücken montiert ist. Osmanisches Reich, 19. Jhd. Sammlung der Familie Gross, Tel Aviv, 080.021.001. Foto: Ardon Bar-Hama

↑ Abb. 16 Ein Teppichmuster als Dekoration in der Schriftrolle, Indien, 19. Jhd. Jüdisch-Theologisches Seminar, New York, S 23

karätigem Gold Abb. 17. Einige Rollen sind zudem mit einem Stück Samt umwickelt, das reich mit Metallfäden bestickt ist.

Im 19. und 20. Jahrhundert ging die Nachfrage nach handgefertigten Megillot deutlich zurück, da sie durch erschwinglichere gedruckte Papierversionen ersetzt wurden, die ein breiteres Empfängerspektrum erreichten. Zum Beispiel schuf Mordechai Sofer ben Yozl aus Nitra, auch bekannt als Marcus Donath (tätig 1812/13–1837), in den Jahren 1834 und 1837 zwei Muster für Schriftrollen mit mehreren dekorativen Details.[20] Andere Beispiele enthalten einzelne Darstellungen oder sind nicht verziert, z. B. die Ausgaben von Raphael Meldola und Jacob Nunes Weiss aus Livorno (1786), von Wilhelm Haas aus Basel (1806) und von Shmuel ben Jacob Halevi Zuckerman aus Jerusalem (1910). Außergewöhnlich sind die Kölner Schriftrollen von 1843, die auf Pergament gedruckt und von David Levy Elkan (1808–1865), einem Maler, Zeichner und Lithografen, dekorativ umrahmt wurden. Die 1906 gegründete Bezalel Academy of Arts and Design in Jerusalem trug wesentlich dazu bei, die Praxis zur Verzierung von Schriftrollen aufrechtzuerhalten. Ihr Gründer Boris Schatz (1866–1932) strebte danach, den europäischen Jugendstil mit persischer und syrischer Dekorationskunst zu verbinden, um biblische Themen und zionistische Motive zu gestalten. Diese Gestaltungsprinzipien der Bezalel-Schule veranschaulicht der Zierrand einer Schriftrolle, die 1923 von Shmuel ben David (geb. Shabat Menachem Davidov; 1884–1927) entworfen wurde, der als Illustrator, Maler und Typograf bekannt war. In diesen Schriftrollen, von denen einige von Hand koloriert wurden, sind Text und Verzierungen auf Pergamenthäute gedruckt. Die oberen Ränder sind dicht mit erzählenden Szenen aus dem Buch Ester gefüllt, die in fächerförmigen Rahmen eingefasst sind Abb. 18.

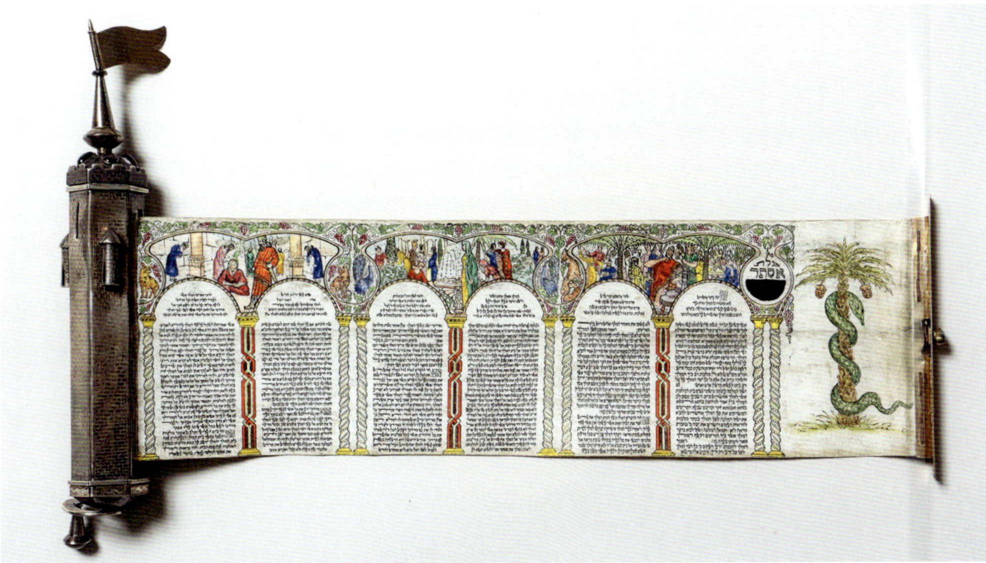

→ Abb. 18 Die ersten sechs Spalten der von Shmuel ben David gestalteten Schriftrolle, Jerusalem, 1923 Jüdisches Museum, New York, JM 2-57

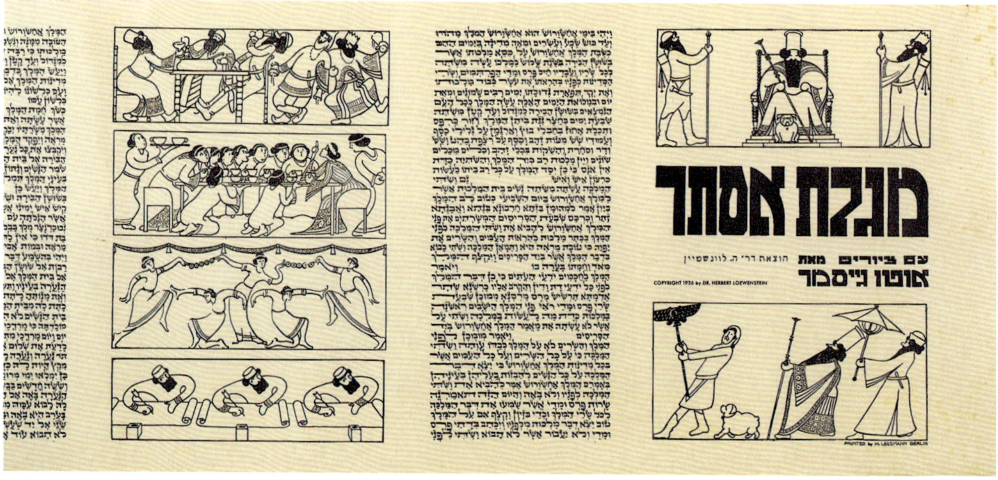

→ **Abb. 19** Der Anfang der gedruckten Esterrolle, illustriert von Otto Geismar, Berlin, 1936 | Sammlung der Familie Gross, Tel Aviv, 081.011.008. Foto: Ardon Bar-Hama

Ze'ev Raban (geb. Wolf Ravitzki; 1890–1970) ist ein weiterer Künstler, der aus demselben Milieu stammt und 1927 eine Megillah entwarf. Sein Miniaturkunstwerk mit nur 42 mm hohen Blättern enthält sieben erzählerische Szenen, die zwischen den Textspalten angeordnet sind. Wie im vorherigen Fall waren Text und Illustrationen für den Druck bestimmt. Darüber hinaus gestaltete er 1947 aufwendige Verzierungen, die die Texttafeln einer Megillah umgaben, die vom Miriam-Verlag in Jerusalem in Buchform veröffentlicht wurde. Vor dem Hintergrund der sich zuspitzenden politischen Lage und der drohenden Katastrophe des Zweiten Weltkriegs kommt der Veröffentlichung einer Schriftrolle in Berlin im Jahr 1936 besondere Bedeutung zu: Sie wurde von Otto (Nathan) Geismar (1873–1957), einem Grafiker und Lehrer an der jüdischen Jungenschule, in großer künstlerischer Qualität illustriert [Abb. 19].

Die künstlerische Praxis, Schriftrollen zu verzieren, verschwand auch nach dem Krieg nicht und wird bis in die jüngste Zeit, wenngleich in geringem Umfang, fortgesetzt. So schuf etwa Sol Nodel (1912–1976), der geschätzte amerikanische Miniaturmaler, Kalligraf und Mitwirkende an der Erneuerung der Buchmalerei im 20. Jahrhundert, mindestens vier Esterschriftrollen. Charakteristisch für sie sind große, farbenfrohe Buchstaben oder Wörter, die in den mit dichter schwarzer Tinte geschriebenen Text eingearbeitet sind. Ein Exemplar enthält besonders kunstvolle Miniaturen, die sich stilistisch am Werk von Art(h)ur Szyk (1894–1951) orientieren. In jüngerer Zeit haben Künstlerinnen und Künstler und Kalligrafinnen und Kalligrafen wie Avraham Borshevsky, Laya Crust, Jane Korman und Siona Benjamin reich verzierte Esterrollen geschaffen und tragen damit zur lebendigen Weiterführung dieser jahrhundertealten Tradition bei.

VERZIERTE MEGILLOT ESTER IN DER SAMMLUNG DER STAATSBIBLIOTHEK

Die SBB-Sammlung umfasst drei verzierte Pergamentrollen, die aus Italien stammen.[21] Die Rolle aus Gazzuolo aus dem Jahr 1776 (Hs. or. 15098) enthält eine einzelne handgezeichnete Illustration, während die beiden anderen (Ms or. oct 2947 und Hamilton 235), die höchstwahrscheinlich in Venedig entstanden sind, mit beliebten handkolorierten gravierten Rändern verziert sind. In den folgenden Abschnitten wird eine Hypothese über die Beziehung zwischen den Gestaltungen dieser beiden Manuskripte, ihrer Entwicklung und der Wiederverwendung bestimmter Motive über mehrere Jahrzehnte hinweg vorgestellt. Im Allgemeinen wurde dieses Thema von Mendel Metzger (1925–2002) diskutiert, der in seinen 1966 und 1972 veröffentlichten Artikeln als erster Gelehrter auf diese Manuskripte aufmerksam machte.[22]

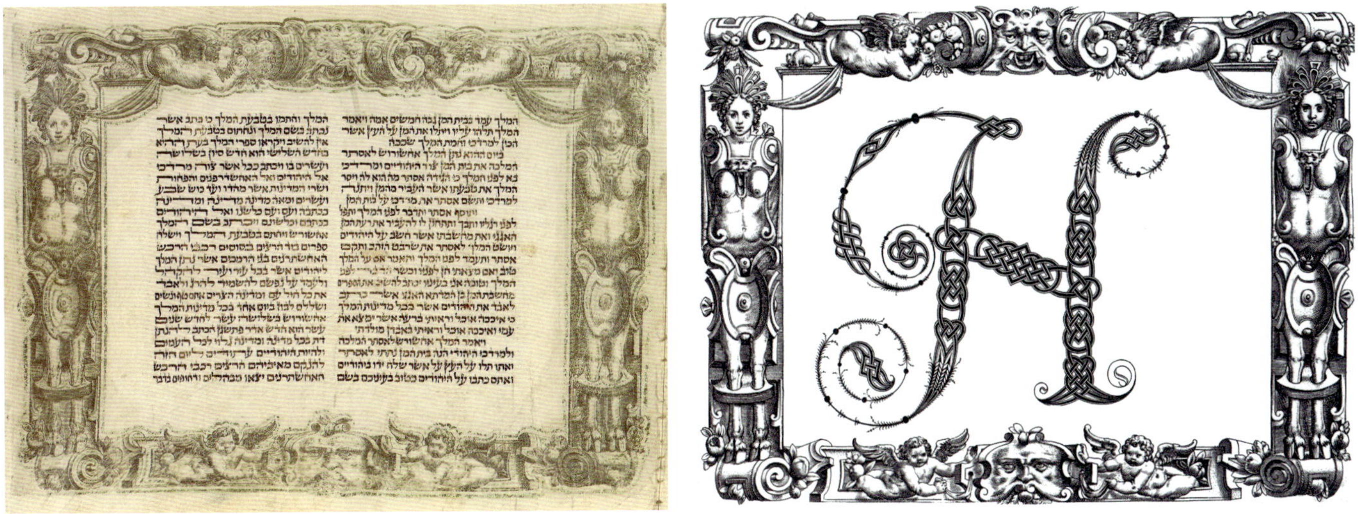

↑ Abb. 20a+b Die von Andrea Marelli entworfene Umrandung für den Buchstaben H. (links) – Megillat Ester, Rom, nach 1570
Klau Library, Hebrew Union College – Jewish Institute of Religion, Cincinnati, 1 (IX.6), Spalte 7
(rechts) – Il Perfetto scrittore
Victoria and Albert Museum, The Temple Beth Chaim Collection, London | © Victoria and Albert Museum, London, E.2313-1910.

Ein bedeutender Teil der europäischen Schriftrollen wurde in Serien gefertigt, was gedruckte Mustern zeigen, die ein wertvolles Zeugnis für die Koexistenz und die Wechselbeziehung der Manuskript- und Druckkulturen sind. Die mechanische Reproduktion von Ornamenten auf Pergamentblättern beschleunigte die Herstellung von verzierten Megillot erheblich, auch wenn der Text, wie von Rabbinern vorgeschrieben, weiterhin von Hand kopiert und einige Ränder von Hand koloriert wurden. Solche Rollen blieben immer noch Luxusobjekte, waren jedoch nicht so kostspielig wie vollständig handverzierte Manuskripte. Durch die geringeren Kosten wurden sie für eine breitere Kundschaft erschwinglich und richteten sich an ein Publikum aus der Mittelschicht. Die ersten mit Kupferstichen verzierten Megillot entstanden in Italien, möglicherweise in Rom. Drei Schriftrollen und zwei separate Segensblätter[23] weisen verschiedene raffiniert gestaltete manieristische Ränder auf, die der christliche Kupferstecher Andrea Marelli (tätig 1567–1572) schuf. Er hatte sie ursprünglich für das lateinische Kalligrafiehandbuch *Il perfetto scrittore* (Der perfekte Schreiber) von Francesco Giovanni Cresci vorgesehen, das 1570 erschien. Möglicherweise wurden kurz darauf Pergamente mit diesen Gravuren – allerdings ohne lateinische Buchstaben in der Mitte – verwendet, um das Buch Ester zu kopieren Abb. 20a+b.

Einige Jahrzehnte später, in den 1640er-Jahren, entwarf Sc(h)alom ben Mordecai Italia (1619 – ca. 1655), ein Graveur aus Mantua, in Amsterdam mehrere kunstvoll gestaltete Rahmen für den Text. Diese auf architektonischen Gestaltungselementen basierenden Rahmen zeigen Figuren von König Ahasveros, Königin Ester, Haman und Mordechai, die in Nischen neben den Texttafeln angeordnet sind. Amsterdam war ein führendes Zentrum jüdischer Buchveröffentlichung, und im frühen 18. Jahrhundert entstanden hier viele weitere Schriftrollen mit gedruckten Rändern. Sie weisen mehrere Muster auf, die sich im Detail unterscheiden, hauptsächlich in der Verzierung des oberen Randes; dort finden sich Landschaften oder Rondelle mit Büsten der zentraler Figuren der Purimgeschichte. Gemeinsam ist ihnen jedoch ein einleitendes Feld von Segnungen, das von Szenen aus dem Buch Ester umgeben ist. Die rechteckigen Textfelder sind durch Hermen voneinander getrennt, die mit Reliefs, kunstvollen Akanthusblättern und Girlanden verziert sind und entweder von dekorativen Kapitellen oder Putten mit Blumenkörben auf dem Kopf bekrönt werden. Die erzählenden Szenen erscheinen am unteren Rand Abb. 21.

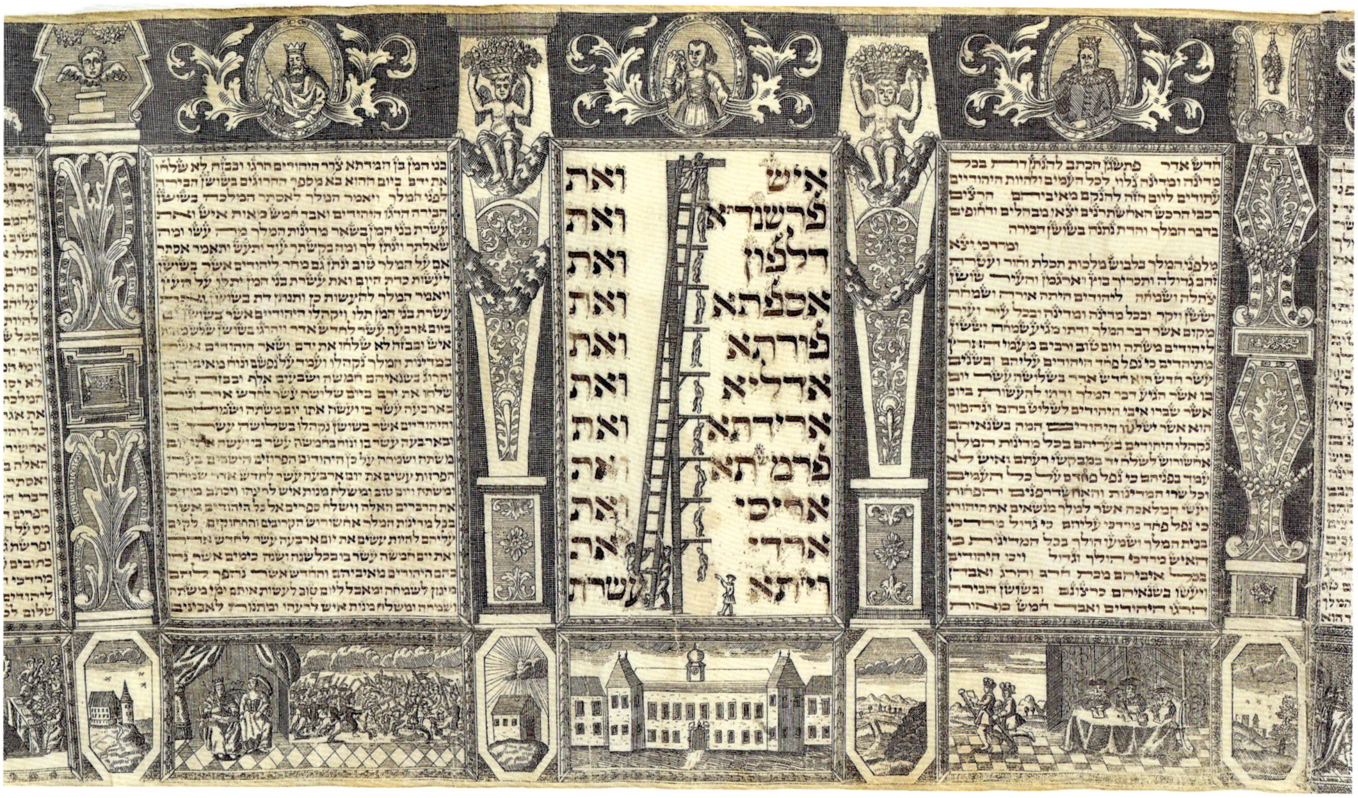

↑ **Abb. 21** Eine Megillah aus Amsterdam mit einem gravierten Rand mit Büsten am oberen Rand, Amsterdam, frühes 18. Jhd. Sammlung der Familie Gross, Tel Aviv, 081.012.035. Foto: Ardon Bar-Hama

Eine weitere Serie von sieben Megillot mit gedruckten Rändern ist aus Prag überliefert. Sie sind mit Kupferstichen verziert, die um 1700 von einem christlichen Künstler, Philipp Jacob Frank, entworfen wurden. Ort und Zeitpunkt ihrer Entstehung werfen die Frage auf, ob Rabbi David Oppenheim (1664-1736) - der berühmteste Büchersammler und Bibliophile seiner Zeit - als Auftraggeber für ihre Herstellung in Betracht kommt. Diese Schriftrollen enthalten Eröffnungs- und Schlusstafeln mit drei bzw. vier untereinander angeordneten erzählerischen Szenen. Der Text ist zwischen gedrehten Säulen gesetzt, während der obere und untere Rand aller Blätter mit einer Komposition aus dichten, kunstvoll gestalteten Akanthusblättern, die dekorative Kartuschen mit Landschaften, nackten weiblichen Büsten und Vögeln enthalten [Abb. 22].

In Italien setzte um 1660/1670 die Massenproduktion von Schriftrollen mit gravierten Rändern ein, die in den 1740er-Jahren eine erneute Blüte erlebte. Zwei dieser Megillot befinden sich in der Sammlung der SBB und stehen im Mittelpunkt der folgenden Abschnitte dieses Beitrags.

→ **Abb. 22** Der untere Teil der von Philipp Jacob Franck entworfenen Bordüre, Prag, um 1700 | Jüdisches Museum, New York, F837

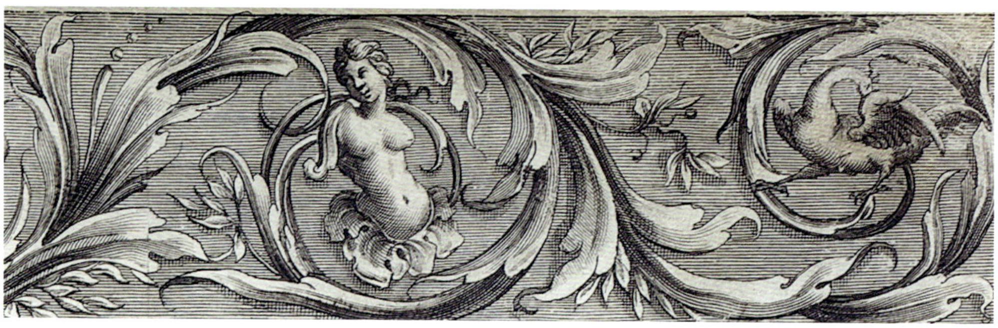

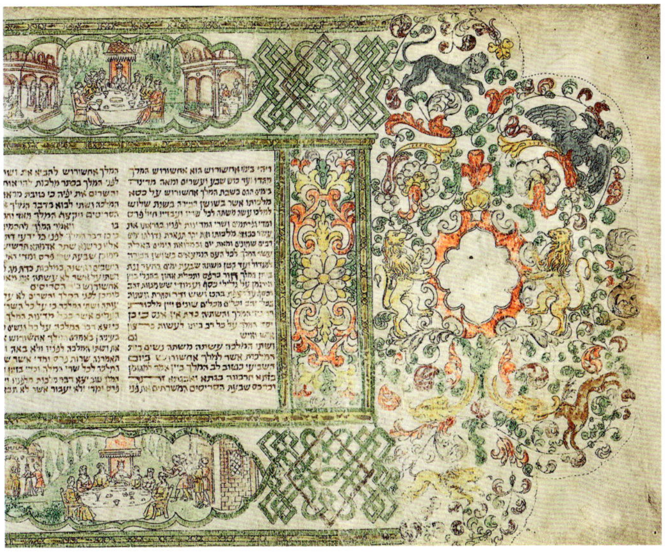

↑ **Abb. 23** Der Beginn der Gaster-I-Schriftrolle aus der SBB-Sammlung

MS. OR. OCT. 2947 – GASTER-I-SCHRIFTROLLE

Dieses Manuskript gehört zu einem Korpus von mindestens 28 Schriftrollen, die alle dasselbe Muster aufweisen und von Metzger als „Gaster-I-Schriftrollen" bezeichnet wurden.[24] Der Name ehrt Moses Gaster (1856–1939), einen in Rumänien geborenen Rabbiner, Gelehrten und Manuskriptsammler, der eine dieser Megillot besaß.[25] Die römische Ziffer dient zur Unterscheidung von einer anderen Schriftrolle aus seinem Besitz, die Metzger als „Gaster-II-Schriftrolle" bezeichnete.[26]

Obwohl das Exemplar aus der SBB kein Datum trägt, wurde es wahrscheinlich in den 1660er- oder 1670er-Jahren hergestellt, da zwei Schriftrollen mit demselben Muster auf 1665/66 und 1673 datiert sind.[27] Der italienische Ursprung dieser Megillot lässt sich aus verschiedenen Merkmalen ableiten: dem Schauplatz der Purimerzählung, insbesondere durch die in den Szenen dargestellten Architektur und den Kostümen, der quadratischen hebräischen Schrift im italienischen Stil sowie dem verwendeten Pergament. Seit dem 16. Jahrhundert ist Venedig ein bedeutendes Zentrum für den hebräischen Buchdruck und gilt daher als wahrscheinlicher Entstehungsort dieser Schriftrollen.

Die Gaster-I-Schriftrollen bestehen aus je drei zusammengenähten Pergamenthäuten.[28] Jede enthält einen anderen Teil eines Musters mit einer durchschnittlichen Größe von etwa 165 × 525 mm, das jeweils von einer separaten gravierten Platte gedruckt wurde. Diese dekorative Bordüre beginnt mit einer kunstvollen Komposition (ca. 90 mm breit) aus Ranken und Blumen, in die vier Tiere integriert sind: ein Leopard, ein Adler, ein Hirsch und ein Löwe. Sie verweisen auf das Sprichwort von Judah ben Tema aus *Pirqei Avot* (Ethik der Väter, 5:20): „Sei stark wie ein Leopard, schnell wie ein Adler, flink wie eine Gazelle und mutig wie ein Löwe, um den Willen deines Vaters im Himmel zu erfüllen." Ein zentrales Detail ist jedoch eine Kartusche, die von zwei aufgerichteten Löwen flankiert wird. Das Feld der Kartusche ist normalerweise leer, wie im Beispiel der SBB, obwohl es in einigen anderen Fällen Inschriften, ein Wappen oder einen Bibliotheksstempel enthält bzw. übermalt ist. Jeder Rand entlang der Gaster-I-Schriftrollen ist mit zehn Kartuschen verziert, die Illustrationen zeigen (ca. 31 × 96 mm, mit Ausnahme der letzten beiden, die 31 × 53 mm groß sind). Zwischen diesen Kartuschen erscheinen elf Endlosknotenmotive (ca. 31 × 42 mm), die sich regelmäßig abwechseln. Die Kartuschen selbst enthalten 36 Episoden aus der biblischen Erzählung mit zwei zusätzlichen Darstellungen: Hamans Tochter, die ihren Vater demütigt, und Szenen von Purimfeiern (siehe Tabelle S. 236–238). Sie sind über und unter den Texttafeln angeordnet und etwas schmaler als diese (die Tafeln messen etwa 88 × 103 mm, mit Ausnahme der letzten, die etwa 88 × 60 mm groß ist). Ein Blumendekor mit Akanthusblättern (88 × 31 mm) wiederholt sich elfmal zwischen den Tafeln Abb. 23. Der letzte Abschnitt des Musters zeigt eine symmetrische florale Komposition (ca. 125 mm breit) mit der Kartusche in der Mitte, die in der Regel leer bleibt, wie bei der SBB-Schriftrolle Abb. 27b.

Der Erzählzyklus in den Gaster-I-Schriftrollen

Nummer des Textfeldes	OBERER RAND	UNTERER RAND
ERSTES BLATT		
1	Fest des Königs Ahasveros (1:3–5). 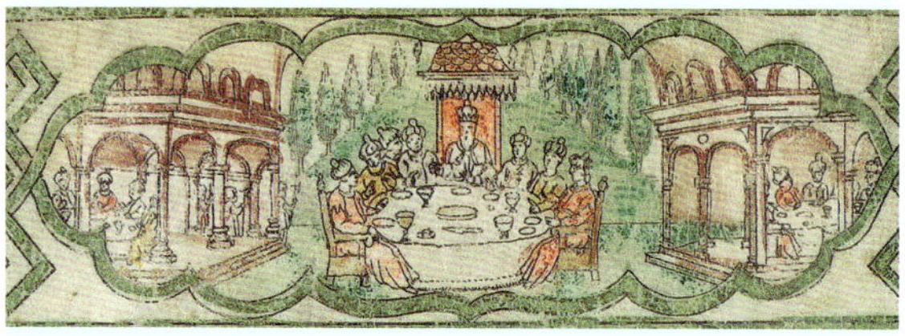	M: Fest der Königin Waschti (1:9); R: Die Diener des Königs überbringen der Königin seinen Befehl (1:10); L: Die Diener führen die Königin aus dem Palast (1:19). 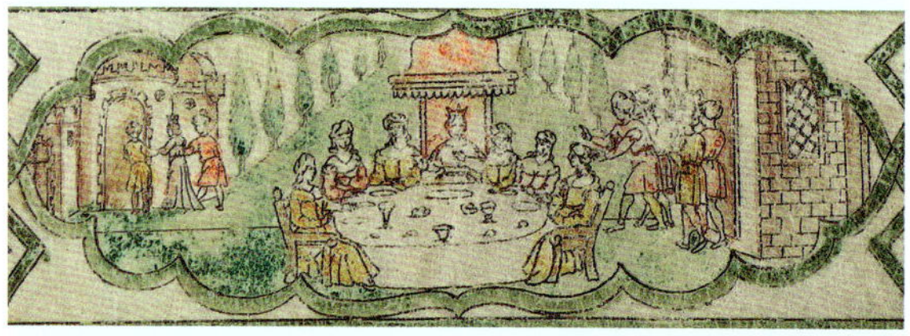
2	R, M: Ahasveros und seine sieben Berater erlassen ein neues Gesetz (1:13–15); L: Berittene Boten überbringen das Dekret des Königs in den Provinzen des Reiches (1:22). 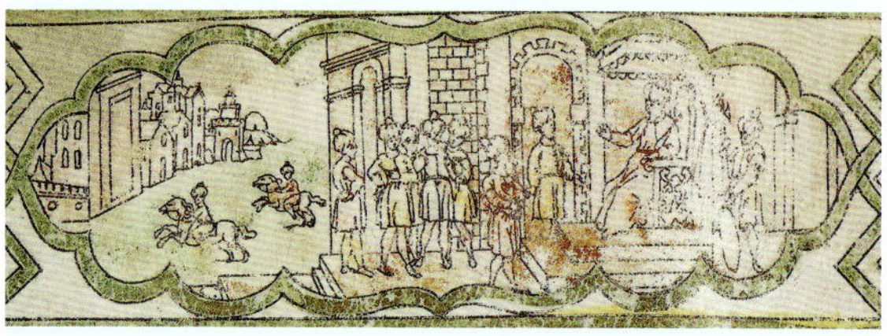	Ester und andere Mädchen werden von einem Haremswärter in den Palast gebracht (2:3). 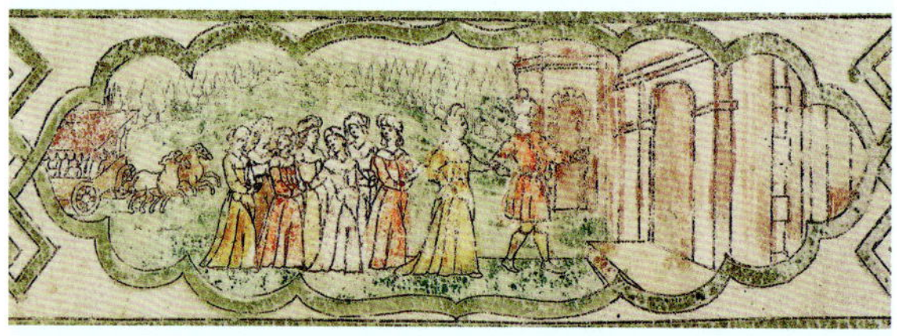
3	Ester wird gekrönt (2:17). 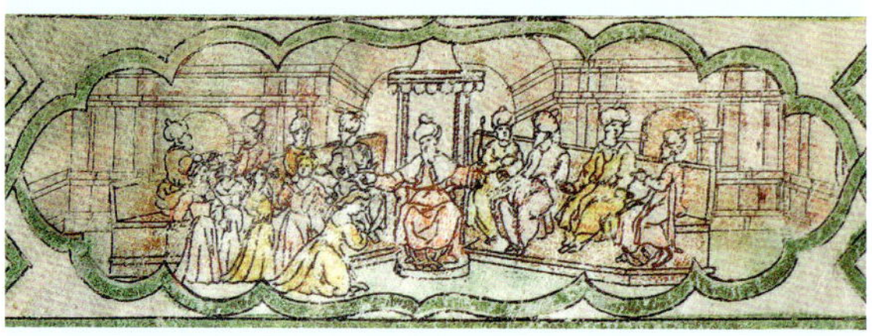	R: Mordechai belauscht am Palasttor die Verschwörung der Kammerherren Bigthan und Teresch (2:21–22); L: Der König befördert Haman zum Wesir (3:1). 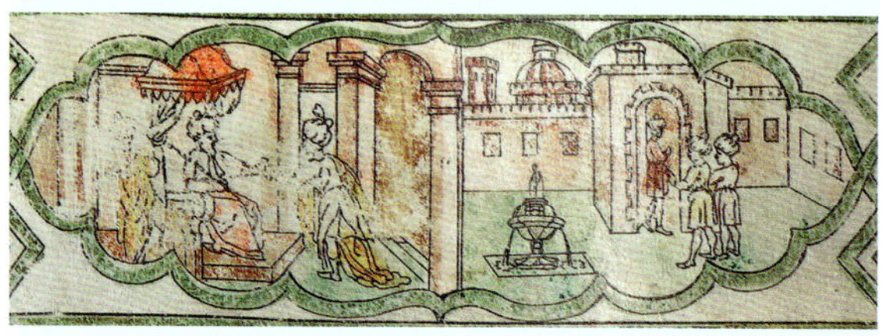

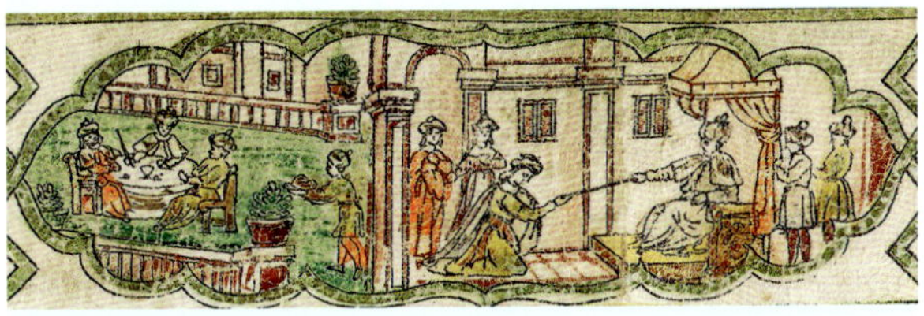

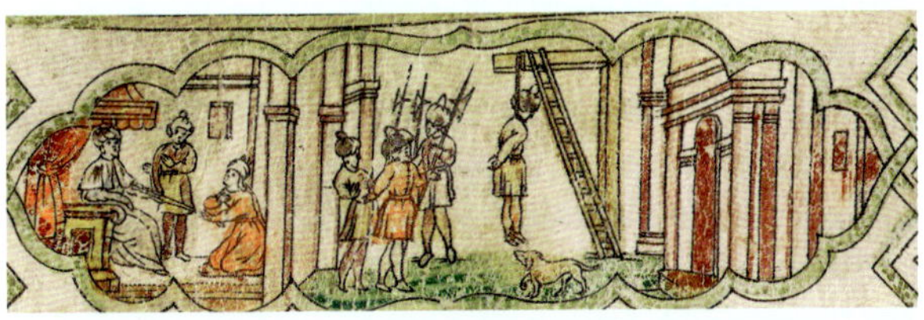

ZWEITES BLATT

4

R: Haman diktiert den Schreibern einen Erlass gegen die Juden (3:12);
L: Hatakh, Esters Dienerin informiert sie über Hamans Erlass (4:4–5).

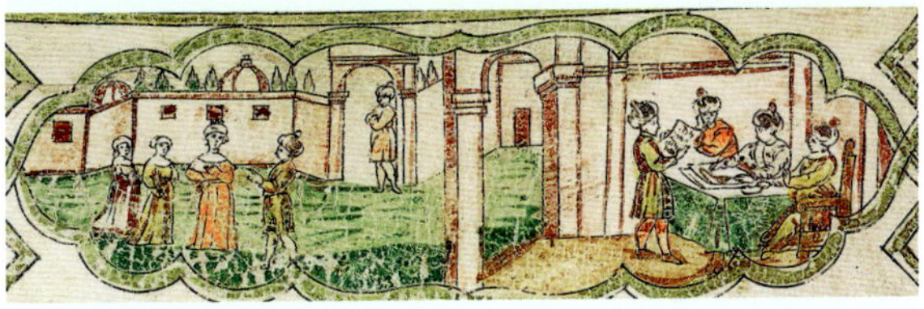

R: Ester schickt Hatakh, um mit Mordechai zu sprechen (4:5);
L: Mordechai informiert Hatakh über Hamans Plan (4:6–7).

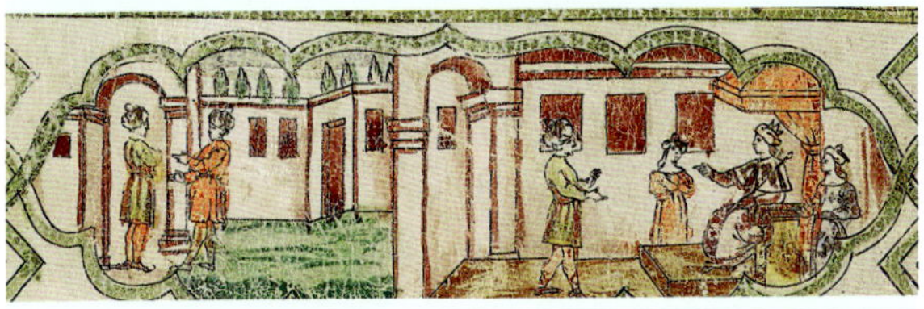

5

R, M: Ester vor Ahasveros, der ihr das Zepter reicht (5:2);
L: Esters erstes Bankett mit dem König und Haman (5:5).

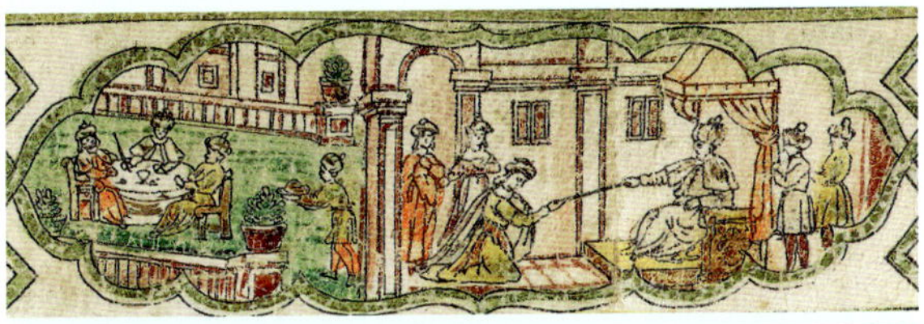

R: Haman spricht mit seiner Frau Seresch und einer anderen Frau (5:14);
M: Der Galgen, den Haman für Mordechai vorbereitet hat (5:14);
L: Schlaflose Nacht des Königs und Vorlesen der Chroniken des Reiches (6:1).

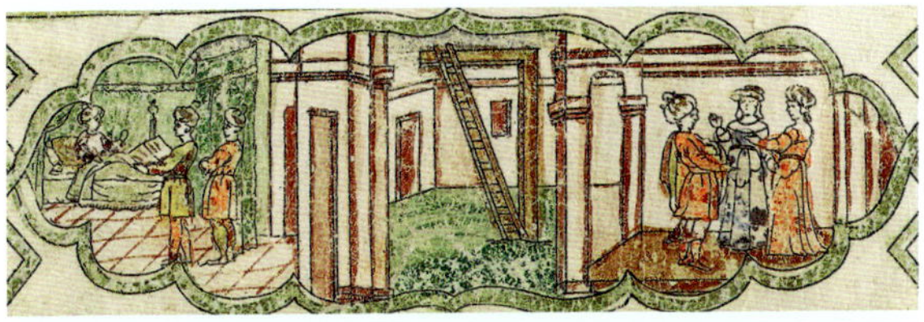

6

R: Der König spricht mit Haman und befiehlt ihm, Mordechai zu ehren (6:6–10);
L: Haman führt Mordechai durch die Straßen von Susa (6:11), und Hamans Tochter schüttet ihrem Vater Spülwasser über den Kopf (nicht im biblischen Text).

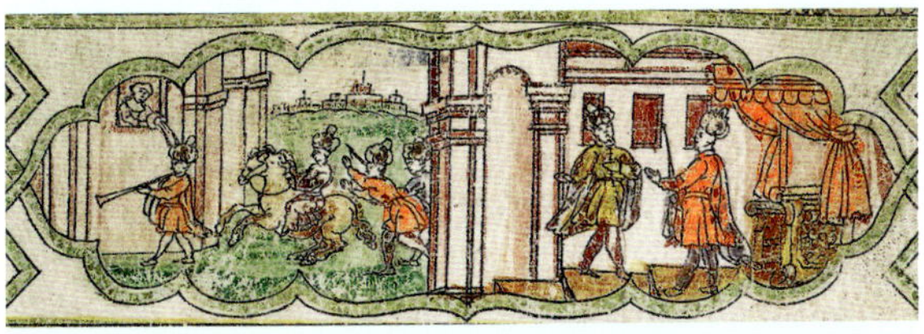

R: Esters zweites Bankett mit dem König und Haman (7:1);
M: Ahasveros kehrt aus den Palastgärten zurück, während Haman Ester um Gnade bittet;
L: Harbonah, der Diener des Königs, zeigt auf den Galgen, den Haman für Mordechai vorbereitet hat (7:9).

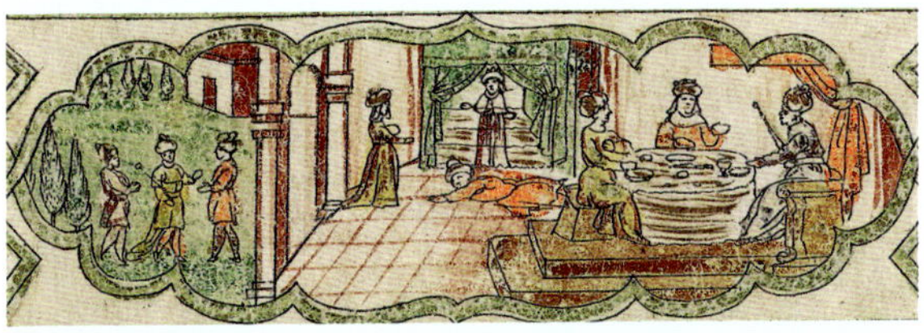

7

R, M: Haman wird am Galgen aufgehängt (7:10);
L: Ester kniet vor Ahasveros, als der König ihr Hamans Besitz zuspricht (8:1).

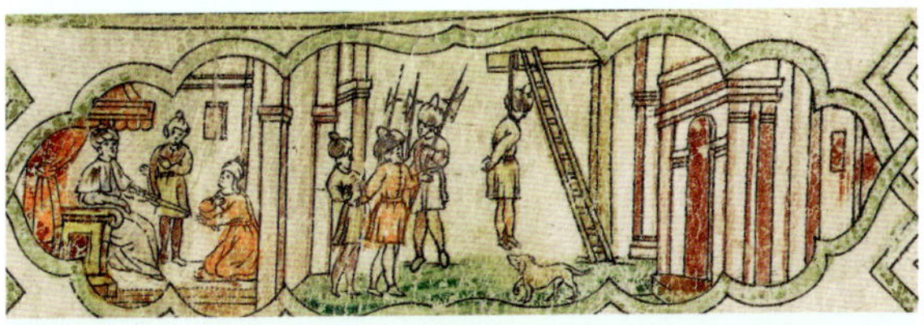

R, M: Ester fleht den König um die neue Verordnung an (8:3–5);
L: Die berittenen Boten des Königs überbringen die Verordnung (8:10)

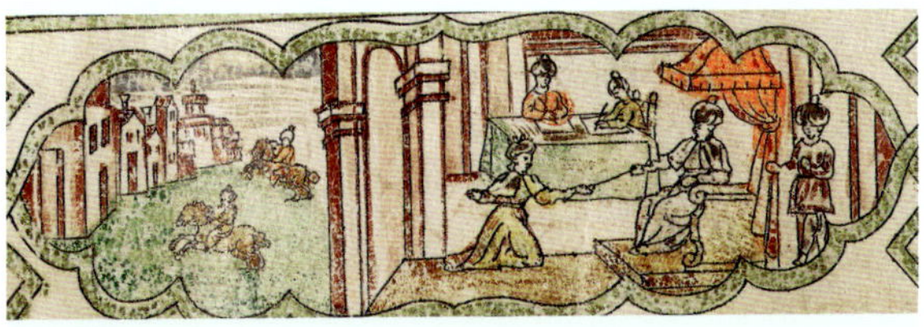

DRITTES BLATT

8

R: Mordechai vor dem König (8:15);
M: Die Juden greifen ihre Feinde an (9:2);
L: Der Tag der Freude für die Juden in Susa (8:16–17).

Sieg der Juden und Massaker an den Einwohnern von Susa (9:5–6).

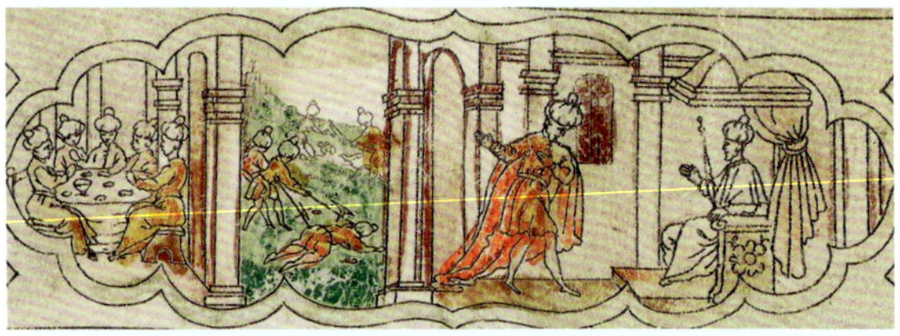

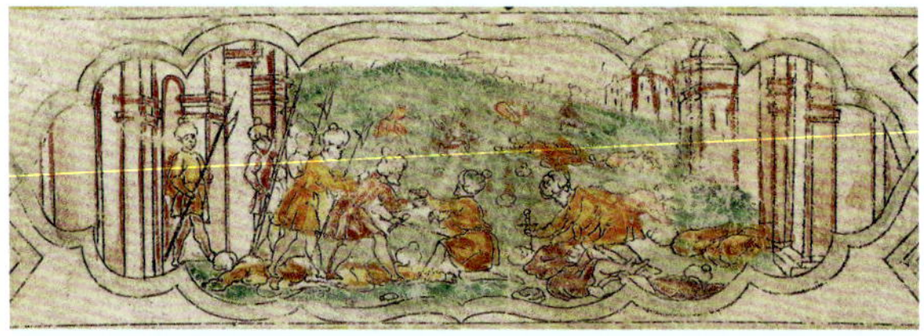

9

R: Ester bittet den König, die zehn Söhne Hamans zu hängen (9:12);
L: Der Galgen mit den hängenden Körpern der Söhne Hamans (9:14).

Die Juden feiern nach dem Sieg über ihre Feinde (9:17).

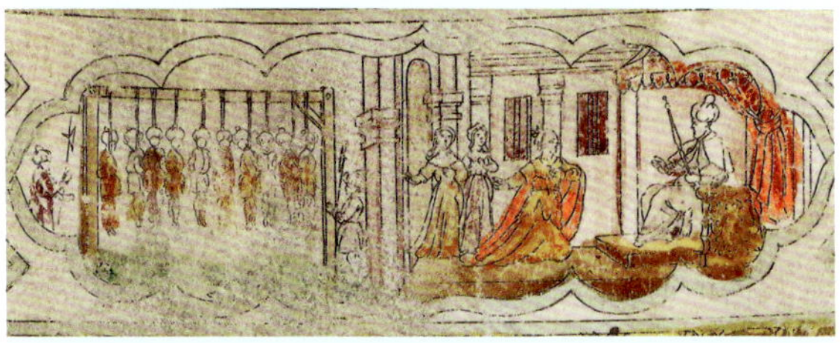

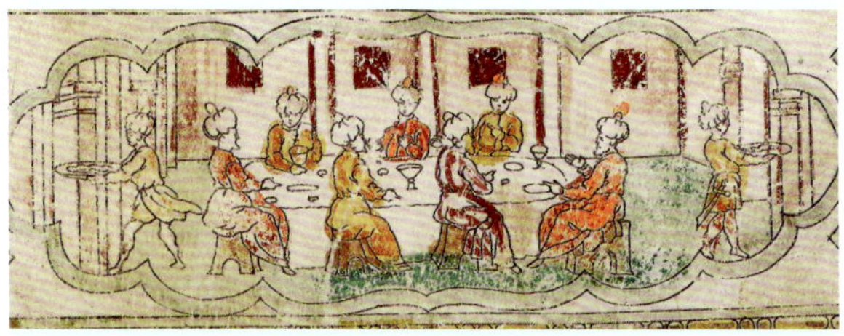

10

R, M: Ester schreibt einen Purimbrief (9:29).
L: Boten überbringen den Purimbrief (9:30).

Purimfeierlichkeiten – maskierte Musiker tanzen im Kreis.

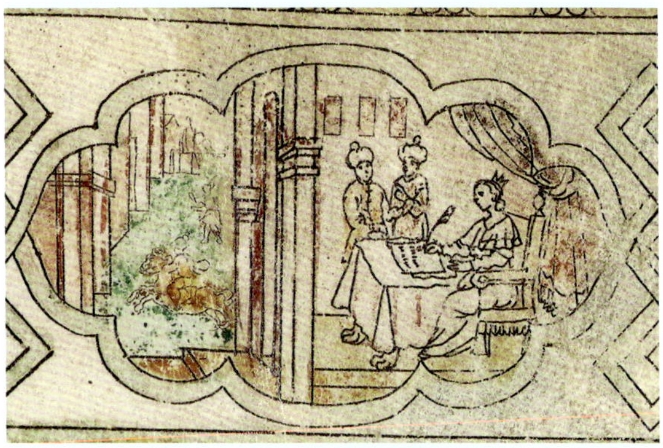

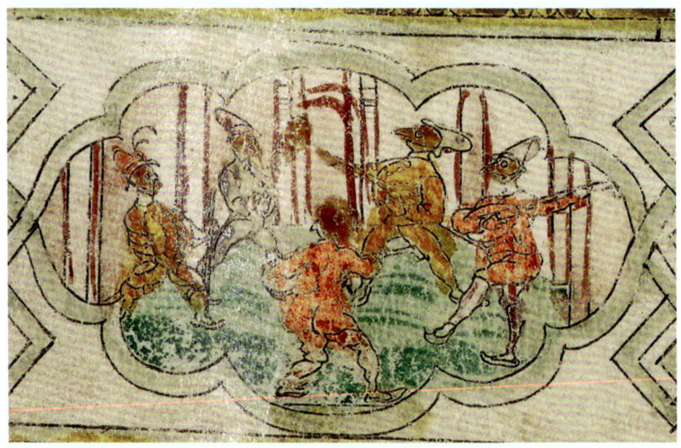

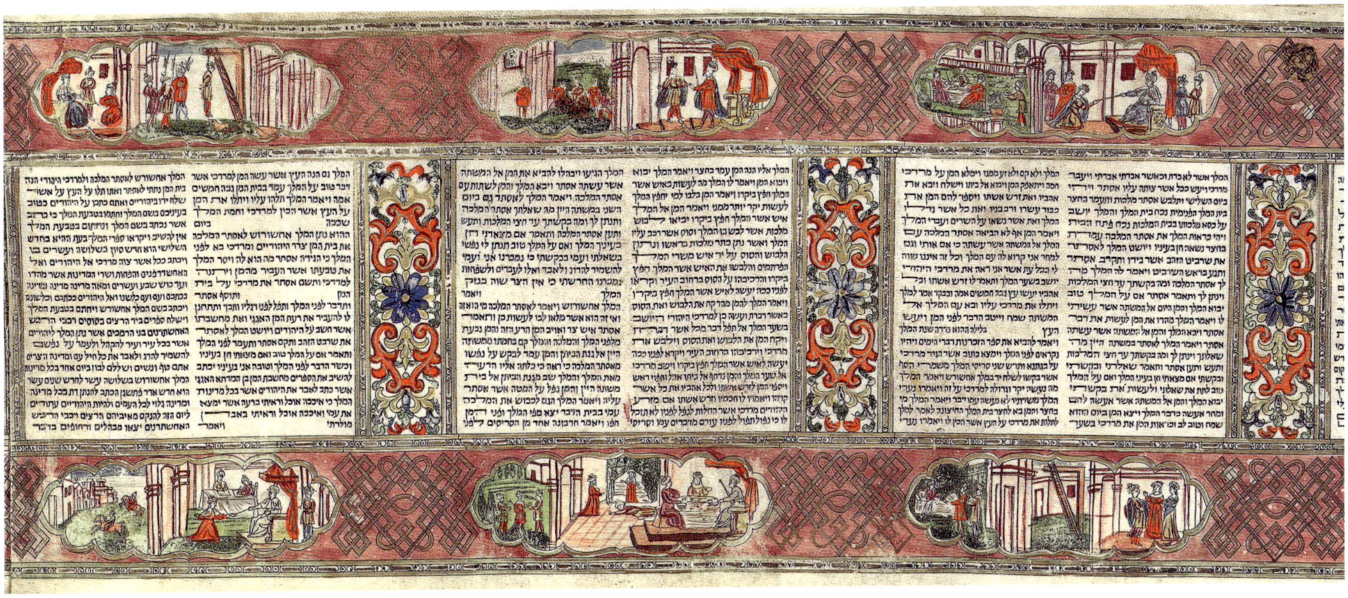

↑ **Abb. 24** Die Gaster-I-Schriftrolle mit farbigen Rändern | Umberto Nahon Museo di Arte Ebraica Italiana, Jerusalem, ON 0015

Die Umrisse der Verzierungen im Megillot Gaster I sind in der Regel mit schwarzer Tinte gedruckt, vereinzelt kam auch orange-braune Tinte zum Einsatz. Die Druckqualität in einigen Teilen der SBB-Schriftrolle - insbesondere auf dem ersten und dritten Blatt - ist relativ schlecht. Die Dekoration ist mit bunter Temperafarbe handgemalt. Die Manuskripte dieser Gruppe weisen jedoch unterschiedliche Farbpaletten auf, die sie voneinander unterscheiden. Im Beispiel der SBB beschränkt sich das Farbschema auf Gelb, zwei Grüntöne (von denen einer wahrscheinlich eine kupferbasierte Farbe ist, die Gold imitiert), Orange, blasses Rosé-Beige und Grau. Insgesamt ist der Erhaltungszustand der Farben in dieser Schriftrolle eher schlecht, insbesondere die blaue Farbe ist kaum noch erkennbar. Die Hintergründe am oberen und unteren Rand der Pergamenthäute sind farblos, wie bei acht anderen Beispielen, während sie bei anderen blau, karminrot oder blassrosa gefärbt sind [Abb. 24]. Außerdem weisen viele Schriftrollen dieser Gruppe reichere Farbschemata auf als die Megillah aus der SBB-Sammlung, mit lebendigeren und intensiveren Orange-, Blau-, Gelb- und Grüntönen; einige von ihnen sind zusätzlich mit Gold verziert. In mehreren Manuskripten wird die Farbe in dicken Schichten aufgetragen, wodurch die darunter liegenden gedruckten Umrisse verdeckt werden.

Das Buch Ester ist in 19 Spalten auf 10 Tafeln angeordnet; 9 enthalten paarweise angeordnete Textspalten, während die 10. eine einzelne Spalte enthält. Jede Spalte in der SBB-Schriftrolle, mit Ausnahme der 16. Spalte, in der die Namen von Hamans Söhnen aufgeführt sind, besteht aus 22 Textzeilen, die in italienischer Quadratschrift mit schwarzer Tinte geschrieben sind. Die durchschnittliche Buchstabenhöhe liegt zwischen 1 und 2 mm, mit Ausnahme derjenigen in der 16. Spalte, die 4 mm hoch sind. Zudem sind in den Spalten 1, 16 und 19 jeweils 6 Buchstaben durch unterschiedliche Größen gekennzeichnet, was bei Schreibern übliche Praxis ist. Zwischen den Textzeilen befinden sich 2 mm Abstand, und die Linienführung ist dabei kaum wahrnehmbar.

Der Text folgt einer gut durchdachten Anordnung, bei der das Wort המלך (*ha-melekh*, „der König") am Anfang der meisten Textspalten steht. Im SBB-Beispiel beginnen, wie in vielen anderen Schriftrollen aus dieser Gruppe, 14 Textspalten mit diesem Wort [Abb. 28b]. Diese Schreibkonvention geht auf dem *Midrasch Ester Rabba* 3:10 zurück, wo „der König" (ohne Nennung Ahasveros') mit Gott in Verbindung gebracht wird. Somit symbolisiert die

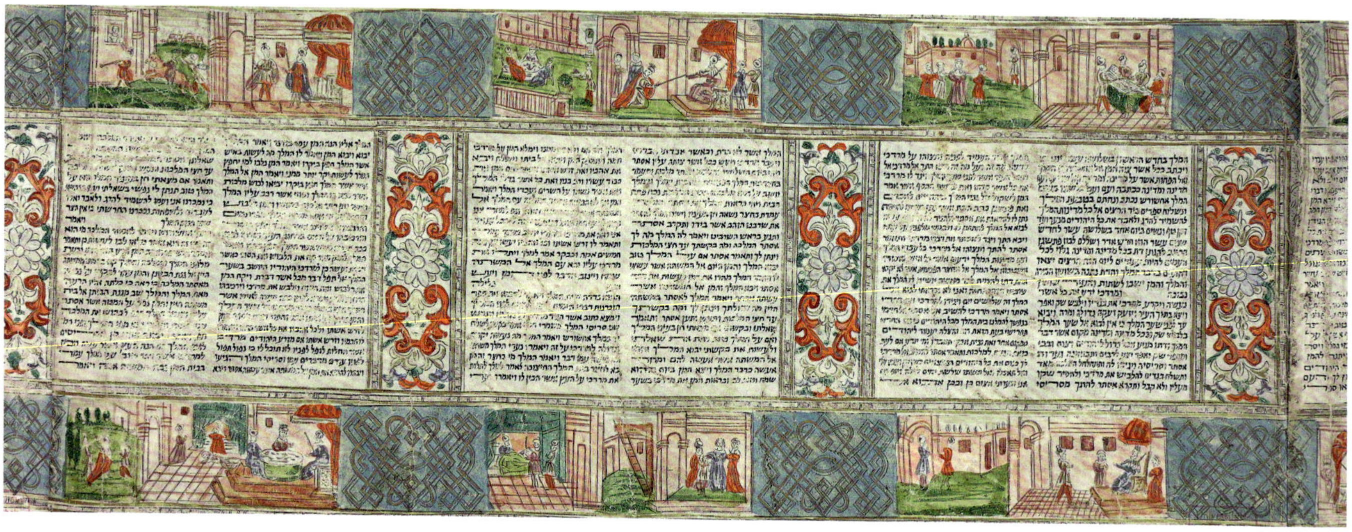

↑ **Abb. 25** Die dekorative Bordüre in den Klagsbald-Schriftrollen | Universitätsbibliothek, Erlangen, Ms. 1254

Gestaltung der Textspalten Gottes Anwesenheit und unterstreicht seine grundlegende Rolle in der Purimgeschichte - obwohl Er in den Ereignissen unsichtbar bleibt. *Ha-melekh*-Rollen wurden hauptsächlich in Italien angefertigt, obwohl einige Exemplare aus Deutschland und Mitteleuropa überliefert sind.

DIE GASTER-I-ROLLEN UND IHRE BEZIEHUNG ZU DEN KLAGSBALD-ROLLEN

Eine unübersehbare Ähnlichkeit mit dem Muster, das die Gaster-I-Rollen ziert, zeigt eine weitere Gruppe von mindestens sechs Megillot, die in einer Mischtechnik hergestellt wurden. Aufgrund eines solchen Exemplars (Ms. 18), das dem Sammler Victor (Avigdor) Klagsbald (1924-2020) gehörte, bezeichnete Metzger diese Megillot als „Klagsbald-Rollen".[29] Trotz der großen Ähnlichkeit in der gestalterischen Anlage ist die künstlerische Ausführung des Musters, das die Klagsbald-Rollen ziert, qualitativ schwächer als bei der Gaster-I-Gruppe, was darauf hindeutet, dass es sich bei ihnen um eine weniger gelungene Imitation des Modells handeln könnte. Dennoch lässt sich nicht eindeutig bestimmen, welches Muster als Prototyp diente. Alle Klagsbald-Schriftrollen weisen ähnliche Farbschemata auf, die mit denen einiger Gaster-I-Beispiele übereinstimmen (vgl. Abb. 24 und 25). Dies legt nahe, dass die Schriftrollen beider Gruppen wahrscheinlich am selben Ort, nämich in Venedig, in etwa der gleichen Zeit oder sogar gleichzeitig entstanden sind. Zweifellos müssen sie vor 1705 hergestellt worden sein, als der erste dokumentierte Nachweis ihrer Existenz in der Schrift *Von Erziehung eines jungen Prinzen [...]* von Johann Christoph Wagenseil (1633-1705) festgehalten wurde. Wagenseil war ein deutscher Historiker, Orientalist, Jurist und Hebraist, der eine solche Schriftrolle von der jüdischen Gemeinde in Fürth erhielt (derzeit in der Sammlung der Friedrich-Alexander-Universität Erlangen-Nürnberg, siehe Abb. 25).

Beide Gruppen zeigen dieselben erzählerischen Szenen in identischer Reihenfolge erscheinen, die - abwechselnd mit ineinander verschlungenen Ornamenten - den oberen und unteren Rand schmücken. Paradoxerweise liegt hier jedoch der bedeutendste und leicht erkennbare Unterschied zwischen diesen beiden Mustern. In den Klagsbald-Rollen wurden die Kartuschen, die die Illustrationen in den Gaster-I-Rollen umgaben, durch rechteckige Felder ersetzt, was das Erscheinungsbild der Ornamente zwischen ihnen veränderte. Diese formale Abwandlung machte geringfügige Änderungen in der Komposition der Illustrationen erforderlich [Abb. 26a+b].

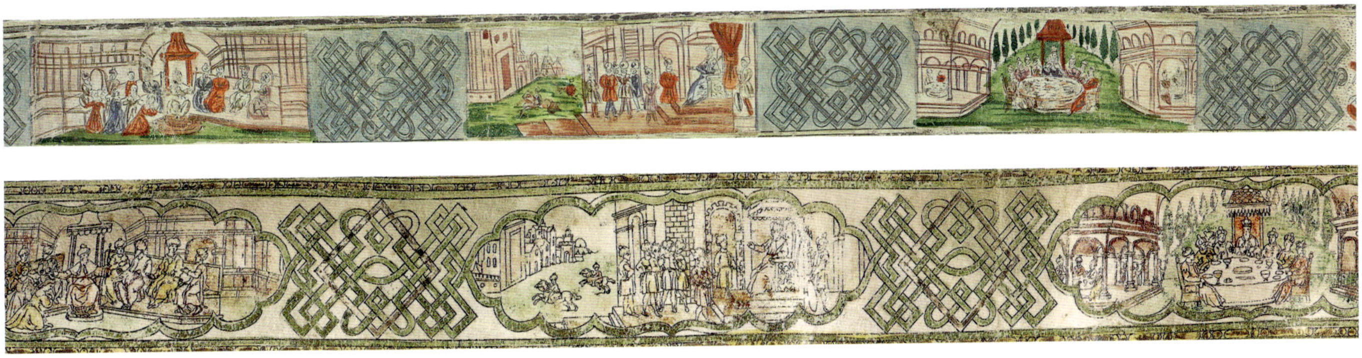

↑ **Abb. 26a+b** Erzählende Szenen am oberen Rand der Klagsbald-Rollen (oben: Universitätsbibliothek, Erlangen, Ms. 1254) und der Gaster-I-Rollen (unten: SBB-Rolle)

Eine bemerkenswerte Ähnlichkeit zwischen den beiden Megillot-Gruppen ist die Anordnung des Textes. Im Klagsbald-Typ ist der Text in 19 Spalten geschrieben, die in 9 Doppelspalten und eine Einzelspalte unterteilt sind. Diese sind durch sich wiederholende Blumendekorationen voneinander getrennt, die auch im Gaster-I-Muster vorkommen. Darüber ähneln sich die kunstvollen Blumenkompositionen am Anfang und Ende beider Megillot-Gruppen, wenngleich signifikante Unterschiede bei den Klagsbald-Rollen zu erkennen sind. Zum Beispiel ist ihre Eröffnungsdekoration etwa 40 mm breiter als die der Megillot Gaster I und hat auf der rechten Seite eine gerade Kante, im Gegensatz zum Muster, Gaster I, das hier eine mehrblättrige Form aufweist (in einigen Beispielen ist die rechte Kante der ersten Pergamentblatt entsprechend dieser Gestaltung zugeschnitten). Zudem nimmt in den Klagsbald-Schriftrollen eine Blume (anstelle einer dekorativen Kartusche) die zentrale Position ein, die von zwei aufgerichteten Löwen flankiert wird. Allerdings unterscheiden sich die Köpfe, Mähnen und Schwänze dieser Löwen von denen in den Gaster-I-Schriftrollen. Außerdem sind zwei zusätzliche Tiere dargestellt: Eines ist als Vogel erkennbar, während das andere schwer zu identifizieren ist. Weitere Unterschiede zeigen sich in der abschließenden Verzierung. In den Klagsbald-Schriftrollen gibt es eine größere Anzahl von Blättern und Blumen, die in einem rautenförmigen Rahmen mit einer Lilie (statt einer Kartusche) angeordnet sind (Abb. 27A und B). Schließlich variieren auch die Formate der Manuskripte beider Gruppen: Im Allgemeinen sind die Exemplare der Klagsbald-Gruppe z. B. etwas größer und länger als jene der anderen Gruppe.[30]

All diese Modifikationen bestätigen, dass jede Gruppe von Megillot einen eigenen Satz von Druckplatten und eine unterschiedliche Produktionsmethode erforderte. Für den Druck des Gaster-I-Rahmens waren lediglich drei Platten erforderlich; die Herstellung der Klagsbald-Rollen war hingegen aufwendiger, was möglicherweise die geringere Anzahl erhaltener Exemplare mit diesem Muster erklärt. Der Hauptunterschied besteht darin, dass sie vier Blätter umfassen, auf denen der Grundrahmen jeweils mit derselben Platte reproduziert wurde, während die erzählerischen Szenen mit separaten Platten ergänzt wurden.

↓ **Abb. 27a+b** Endverzierungen in den Klagsbald- (links) und Gaster-I-Rollen (rechts); es handelt sich um dieselben Rollen wie in Abb. 26a+b.

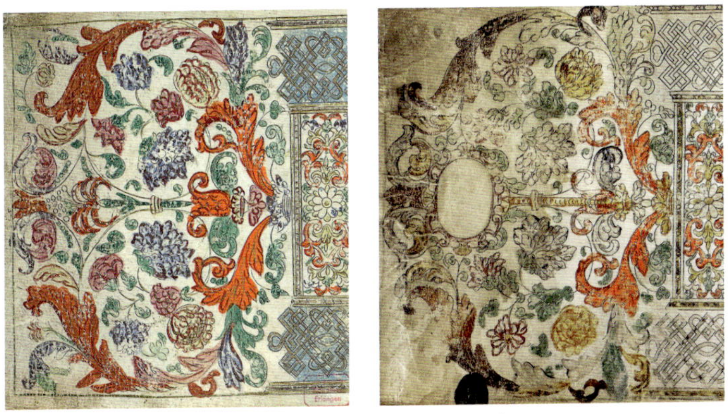

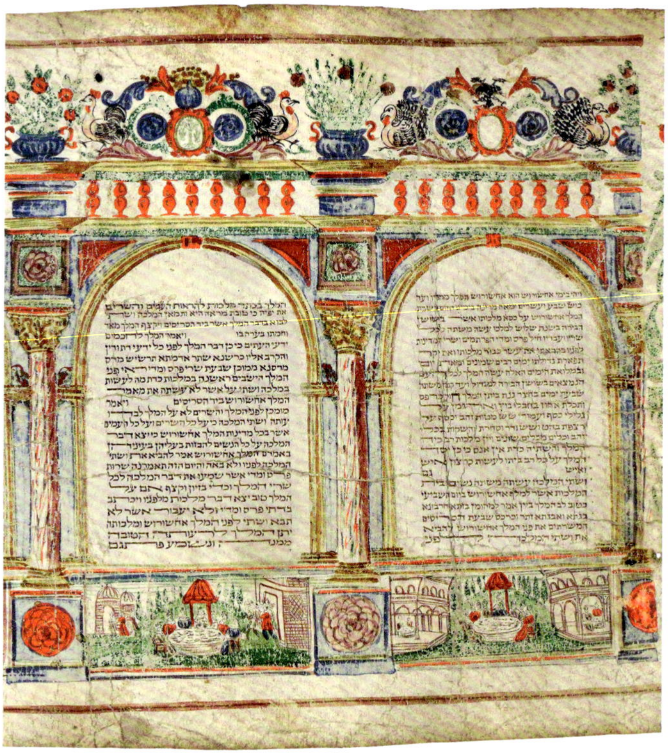

Abb. 28b

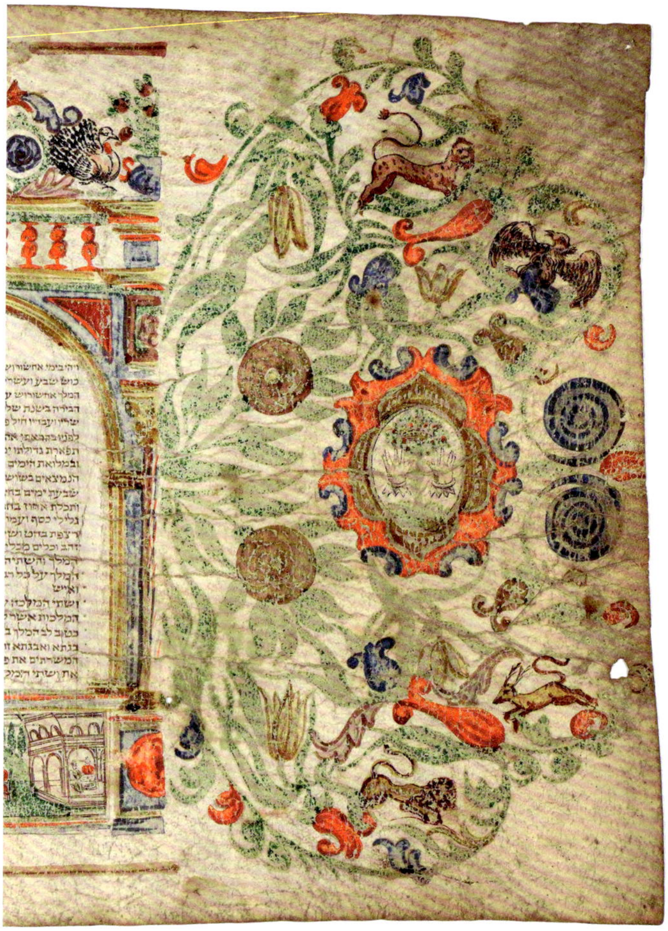

Abb. 28a

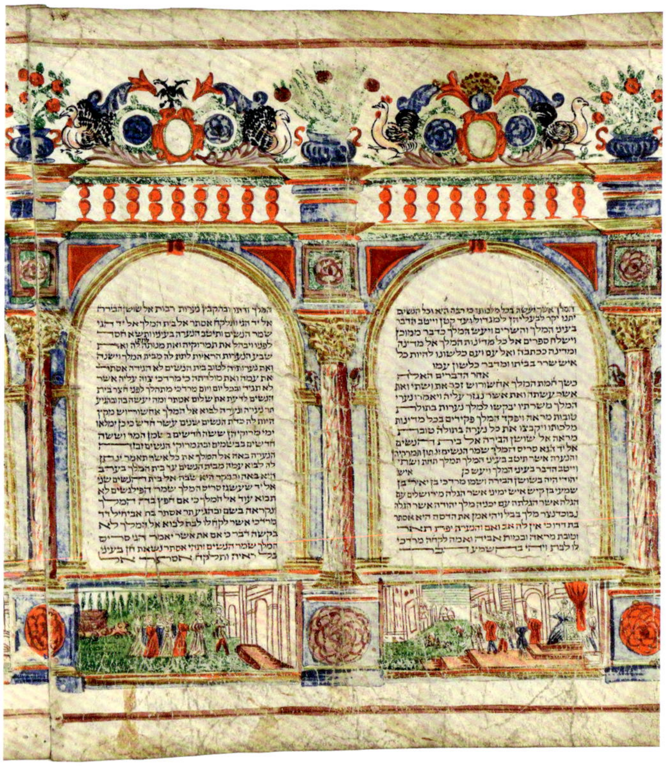

Abb. 28c

Abb. 28a–c Das erste Blatt der Schriftrolle Gaster II. Venedig, letztes Viertel des 17. Jhd. | Klau Library, Hebrew Union College – Jewish Institute of Religion, Cincinnati, 12 (VIII.5)

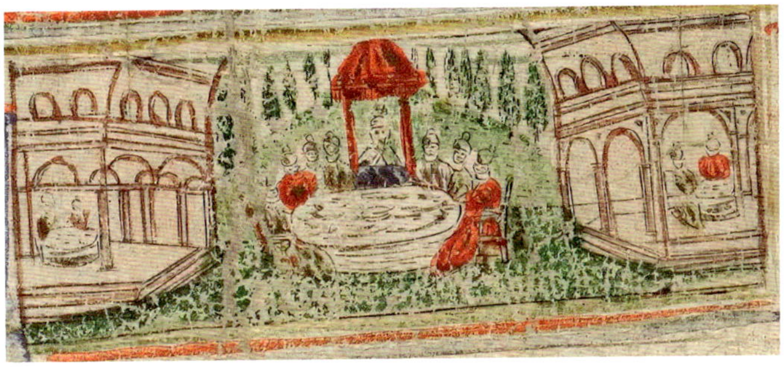

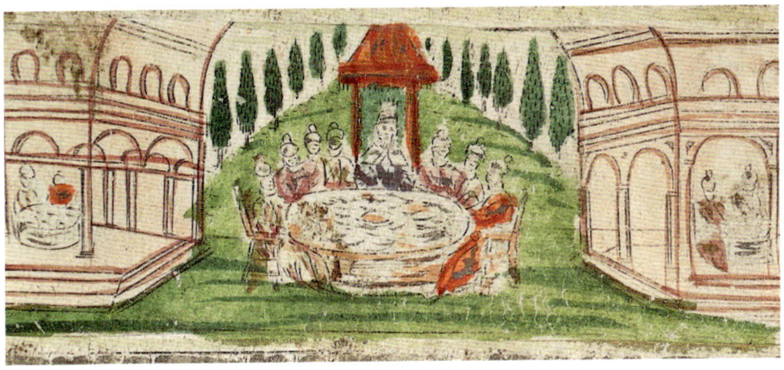

↑ **Abb. 29a+b** Das Fest des Königs Ahasveros (1:3–5) dargestellt in Gaster II (links: Cincinnati) und in den Klagsbald-Rollen (rechts: Universitätsbibliothek, Erlangen, Ms. 1254)

DIE GASTER-II-ROLLEN ZWISCHEN DEN KLAGSBALD- UND DEN GRISELINIARTIGEN-SCHRIFTROLLEN

Mindestens acht Megillot, die wahrscheinlich im letzten Viertel des 17. Jahrhunderts in Venedig hergestellt wurden, sind unter dem Namen Gaster II bekannt. Obwohl es innerhalb dieser Gruppe keine zwei identischen Manuskripte gibt, sind sie alle mit einem bogenförmigen Rahmen für den Text verziert. Die oberen Ränder sind mit einer Balustrade gefüllt, auf der sich Vogelpaare – Truthähne und Hähne – mit blumengefüllten Vasen abwechseln. Die Anordnung der Vogelpaare variiert jedoch in Reihenfolge und Zahl; auf einer Schriftrolle sind ausschließlich Truthähne dargestellt. Ein weiteres charakteristisches Merkmal sind die Öffnungs- und Schließverzierungen, die keinem bestimmten Muster folgen.

Ihre Ränder sind größtenteils von Hand bemalt – nach einem festgelegten Modell –, werden jedoch durch gedruckte erzählerische Szenen ergänzt, die die unteren Ränder ausfüllen und die Gestaltung weiter aufwerten. Ein Hinweis auf diese Technik sind die Umrisse der Plattenränder und Tintenkleckse auf einigen Rahmen, die im Kern des Musters fehlen. Der Erzählzyklus und die einzelnen Illustrationen entsprechen jenen aus den Megillot von Klagsbald, was darauf hindeutet, dass sie von denselben Platten gedruckt wurden. Eine Ausnahme ergibt sich jedoch aus Unterschieden in der Anordnung des Musters: Während für die Klagsbald-Schriftrollen 20 Illustrationen vorgesehen waren, ist der Gaster-II-Typ Abb. 28a–c auf 19 Illustrationen ausgelegt, jeweils begleitet von einer Texttafel. Der Künstler der Gaster-II-Schriftrollen beabsichtigte vermutlich, alle Szenen aus den Klagsbald-Schriftrollen aufzunehmen, weshalb er die letzten beiden Illustrationen zu einer zusammenfasste.

HAMILTON 235 – EINE DER GRISELINI ÄHNLICHE SCHRIFTROLLE

Die reich verzierte Megillah Hamilton 235[31] ist ein Beispiel für eine weitere Serie massenproduzierter Schriftrollen mit gravierten Rändern, zu der sechs weitere Exemplare gehören. Ihre Gestaltung erinnert an die Megillot von Gaster II, ist aber aufwendiger gestaltet Abb. 30. Gleichzeitig zeigt sie eine auffallende Ähnlichkeit mit einer anderen gravierten Bordüre, die Francesco Griselini (1717–1787) um 1745 schuf Abb. 33, weshalb diese Serie als „Griselini ähnliche Schriftrollen“ bekannt wurde. Deshalb werden diese Rollen in die 1740er-Jahre datiert, wobei Venedig als ihr wahrscheinlicher Ursprungsort gilt.

↓ **Abb. 30** Handkolorierter Rand der SBB-Griselini-Schriftrolle.

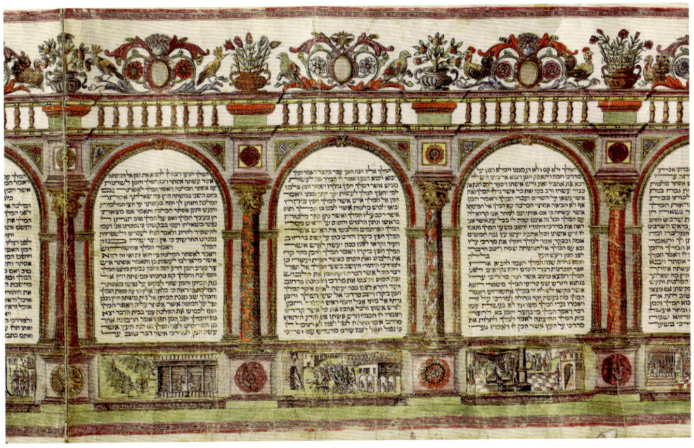

Die Griselini ähnlichen Schriftrollen bestehen aus fünf zusammengenähten Pergamentblättern,[32] die jeweils mit vier Bögen und vier Vogelpaaren verziert sind, sich aber in den dargestellten Szenen voneinander unterscheiden. Die Textfelder (ca. 120 × 82 mm) sind durch Säulen getrennt, die mit verschiedenen Mustern verziert sind und auf Sockeln mit

↑ **Abb. 31** Der obere Rand ist bei den Griselini ähnlichen Rollen mit Vogelpaaren verziert | Jüdisches Museum, New York, F3840

Blumenmotiven stehen. Auf der etwa 30 mm hohen Balustrade sind Paare von Truthähnen, Hähnen, Papageien und Wiedehopfen (ca. 35 × 90 mm) kunstvoll angeordnet, durchsetzt mit Blumenvasen oder kleinen Zitrusbäumen. Die Vögel sind einander abgewandt und flankieren Kartuschen, über denen gekrönte Doppeladler oder weitere Vögel dargestellt sind. Die Hinzufügung von Papageien- und Wiedehopf-Paaren zu den Truthähnen und Hähnen stellt eine bedeutende Änderung dieses Musters dar und unterscheidet diese Handschriften deutlich von der Bordüre der Gaster-II-Rollen [Abb. 31].

Der Graveur verzichtete auf einleitende und abschließende Verzierungen; das Kernmuster wurde von einer einzigen Platte gedruckt, während die erzählenden Episoden (ca. 26 × 75 mm) separat mit kleinen Platten ausgeführt wurden. Er verbesserte die Illustrationen, indem er sie detaillierter und dichter gestaltete und ihre architektonischen Kulissen stärker hervorhob. Darüber hinaus wird die Erzählung durch die neu eingefügte Schlussszene bereichert, die indirekt mit der Purimgeschichte verknüpft ist und an einen Holzschnitt aus der Pesach-Haggada erinnert, der 1609 in Venedig von Giovanni di Gara gedruckt wurde. Sie zeigt den Messias zu Pferd auf dem Weg nach Jerusalem, das als ummauerte Stadt mit einem Tempel in der Mitte dargestellt ist. Ein Herold, der eine Trompete bläst, geht ihm voraus, während Juden der Stadt entgegenschreiten [Abb. 20]. Diese Darstellung nimmt Bezug auf eine Aussage im *Yalkut Shimoni* zu Sprüche 9:2 (944), der zufolge im messianischen Zeitalter alle Feste außer Purim abgeschafft werden.

Der umfangreiche Erzählzyklus aus dem Buch Ester umfasst die folgenden Szenen:

Nummer des Blatts	Nummer der Dekoration	TITEL	DARSTELLUNG DER SZENE
Blatt 1	1	Das Fest des Ahasveros (1:3–5).	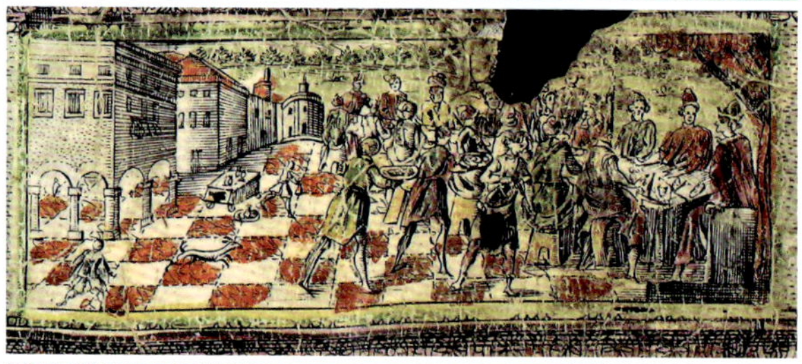
	2	Das Fest der Waschti (1:9).	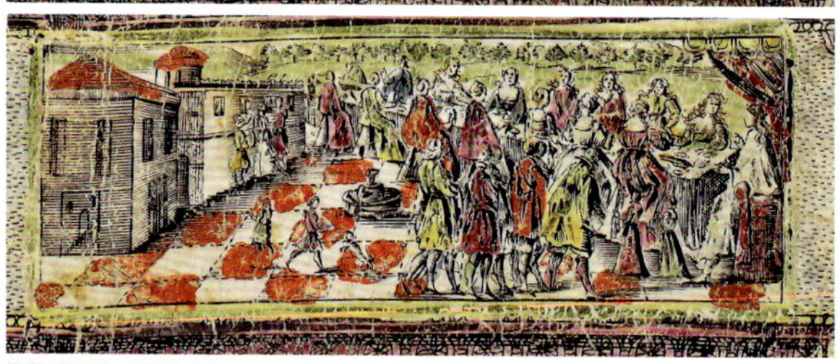
	3	R: Berittene Boten überbringen den Erlass des Königs (1:22); Ester und andere Mädchen werden in den Palast gebracht (2:8–9). L: Ahasveros und seine Berater erlassen ein neues Gesetz (1:13–15)	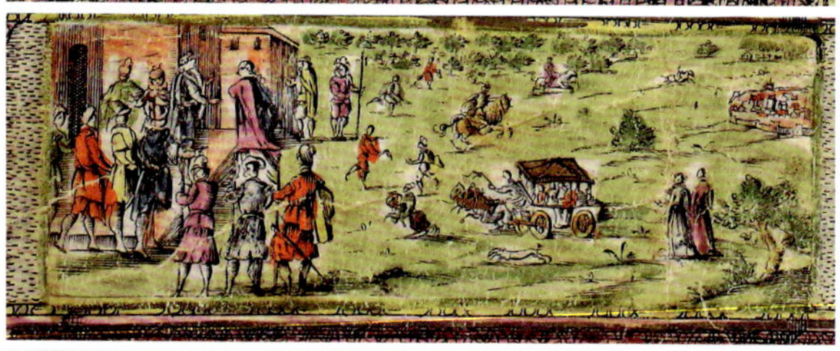
	4	Mädchen werden zum zweiten Mal in den Palast gebracht (2:19).	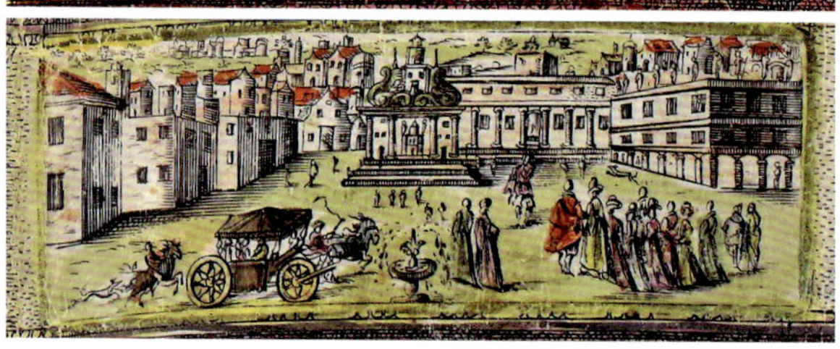

Nummer des Blatts	Nummer der Dekoration	TITEL	DARSTELLUNG DER SZENE
Blatt 2	5	R: Ester wird gekrönt (2:17); L, im Hintergrund: Die Kammerdiener des Königs, Bigthan und Teresh, werden gehängt (2:22).	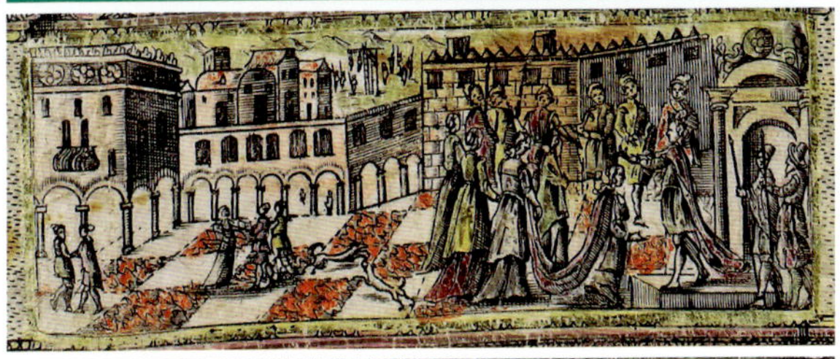
	6	R: Die Diener des Königs nähern sich Mordechai (3:3); L: Die Diener des Königs erstatten Haman Bericht (3:4).	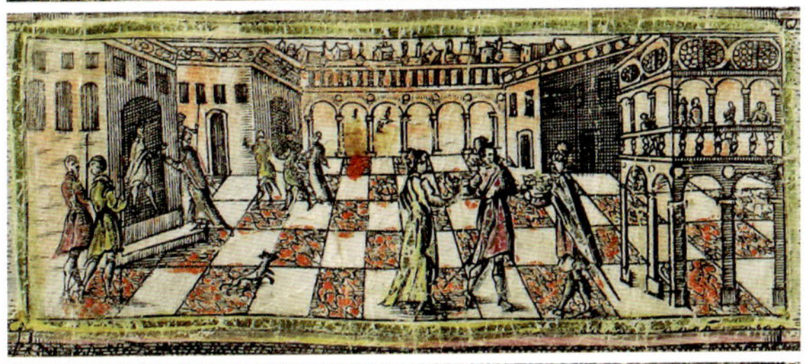
	7	R: Haman diktiert dem Schreiber ein Dekret gegen die Juden (3:12–13); L: Ester wird von Hatakh, ihrer Dienerin, informiert (4:4).	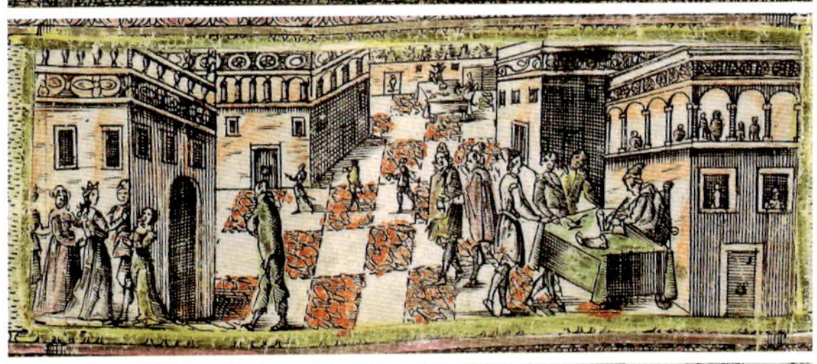
	8	R: Ester schickt Hatakh, um mit Mordechai zu sprechen (4:5); L: Mordechai informiert Hatakh über Hamans Plan (4:6–7).	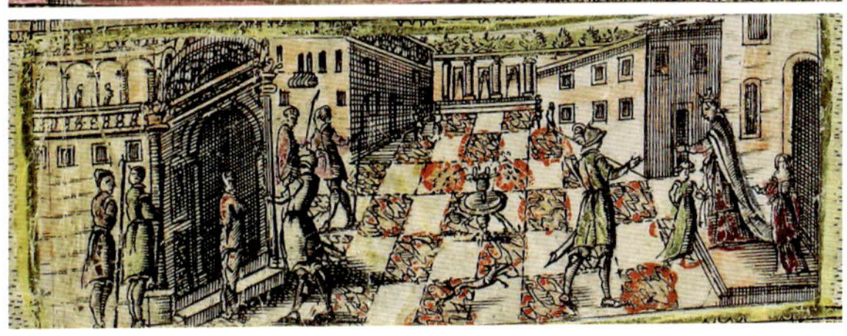

Nummer des Blatts	Nummer der Dekoration	TITEL	DARSTELLUNG DER SZENE
Blatt 3	9	R und M: Ester vor Ahasveros, der ihr das Zepter reicht (5:2); L: Esters erstes Bankett mit dem König und Haman (5:5).	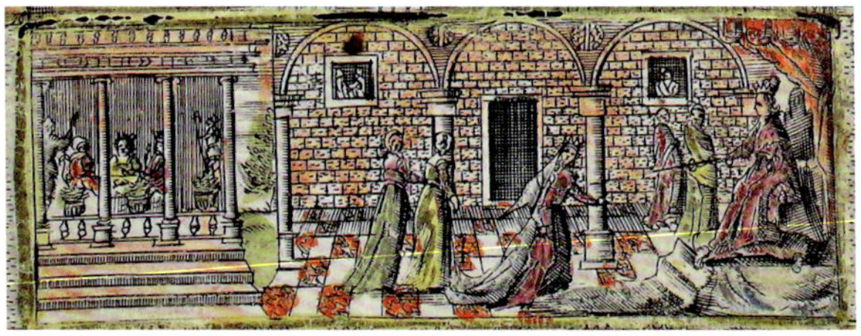
	10	M: Haman und seine Freunde stehen vor dem Galgen, den er für Mordechai vorbereitet hat (5:14); L: Schlaflose Nacht des Königs und die Lektüre der Reichschroniken für ihn (6:1).	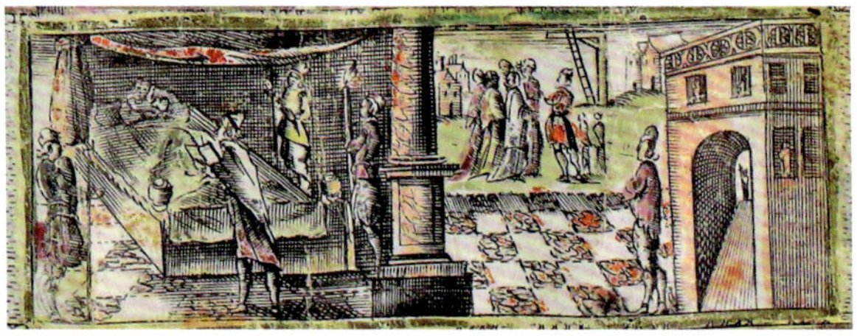
	11	M: Haman führt Mordechai durch Susa (6:11); L: Hamans Tochter schüttet das Gefäß über dem Kopf ihres Vaters aus (nicht im biblischen Text, vgl. bMegillah 16a).	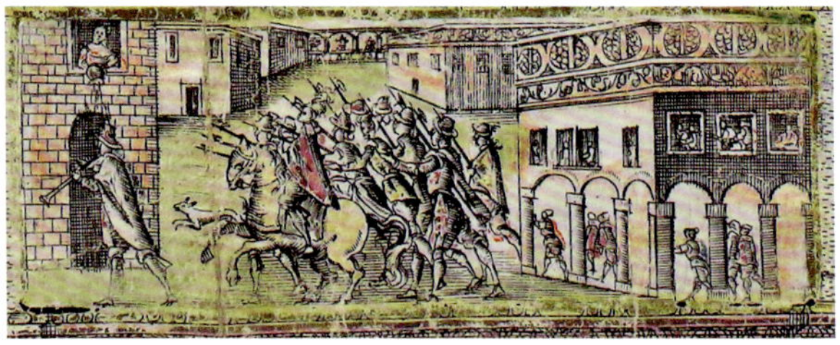
	12	R: Esters zweites Bankett mit dem König und Haman (7:1); L: Palastgarten.	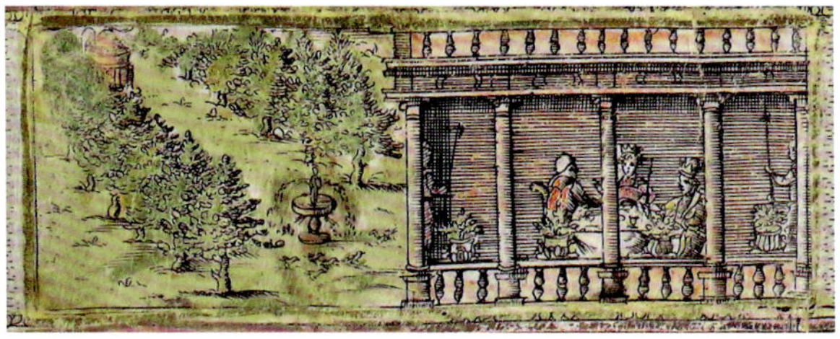

Nummer des Blatts	Nummer der Dekoration	TITEL	DARSTELLUNG DER SZENE
Blatt 4	13	R und M: Haman wird gehängt (7:10); L: Ester kniet vor Ahasveros, der ihr Hamans Besitztümer schenkt (8:1).	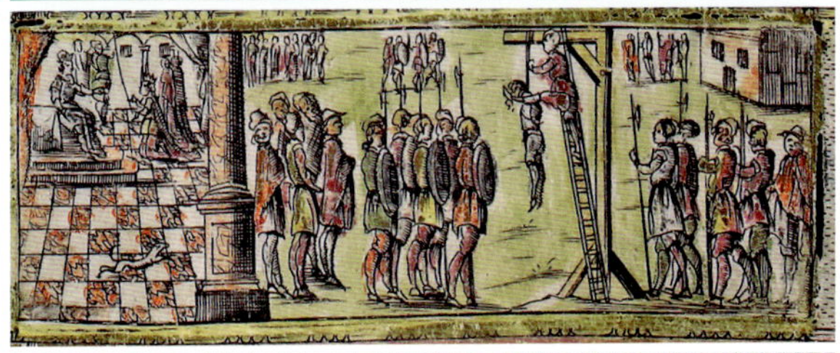
	14	R: Ester fleht den König an, Hamans Erlass aufzuheben, um ihr Volk zu retten (8:3–6); L: Der Schreiber verfasst einen neuen Erlass, der es den Juden erlaubt, sich zu verteidigen (8:9).	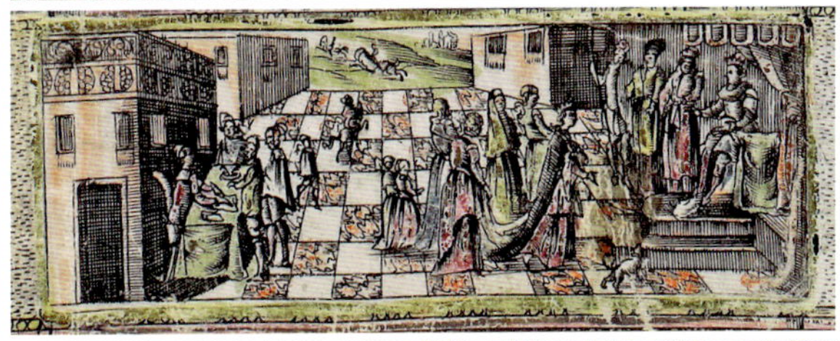
	15	R: Mordechai steht vor dem König (8:15); C: Juden von Susa verteidigen sich (9:2).	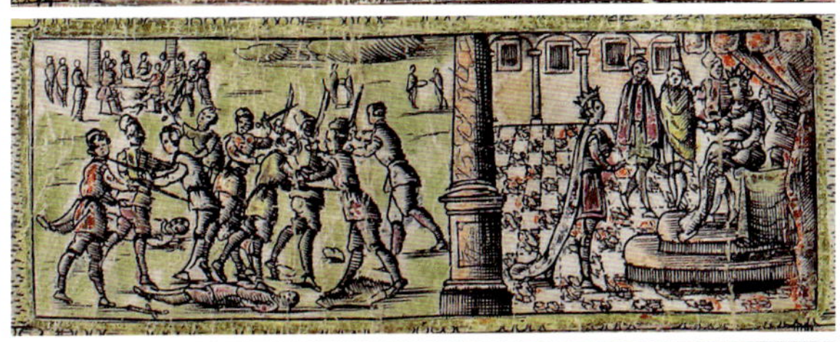
	16	Juden kämpfen gegen ihre Feinde (9:5).	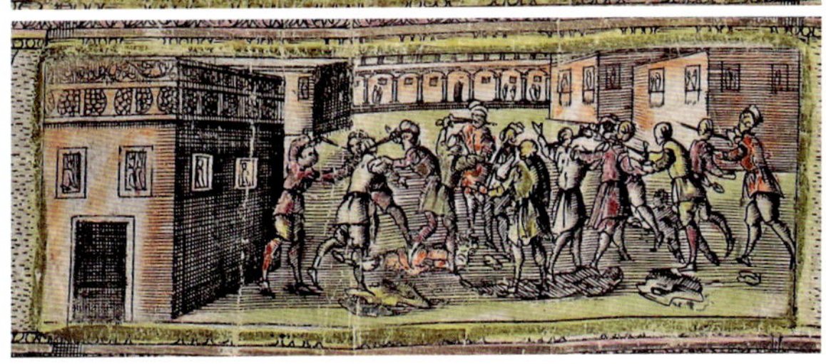

Nummer des Blatts	Nummer der Dekoration	TITEL	DARSTELLUNG DER SZENE
Blatt 5	17	R: Ester bittet den König, Hamans Söhne zu hängen (9:13); L: Haman wird gehängt (9:14).	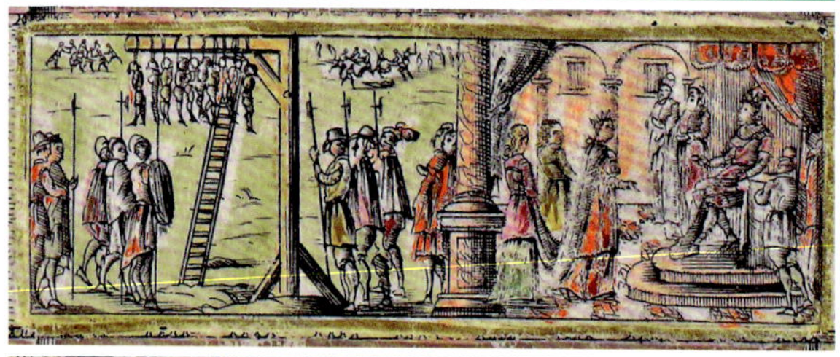
	18	R: Mordechai schreibt den Brief, in dem er die Juden anweist, Purim zu feiern (9:20–21); L: Die Juden feiern Purim (9:23).	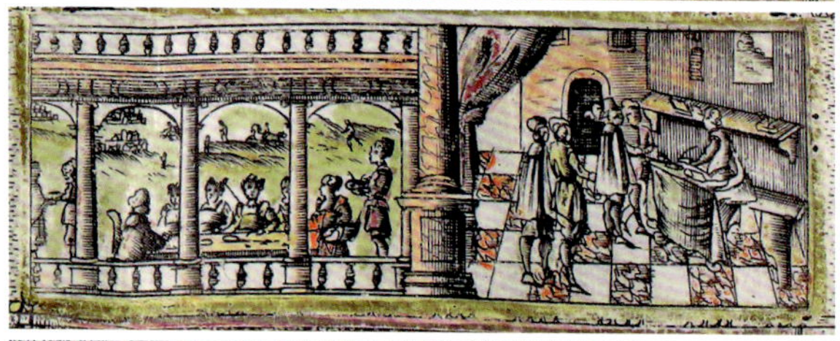
	19	R: Ester schreibt den Brief, in dem sie die Juden anweist, Purim zu feiern (9:29); L: Boten überbringen den Brief in den Provinzen (9:30).	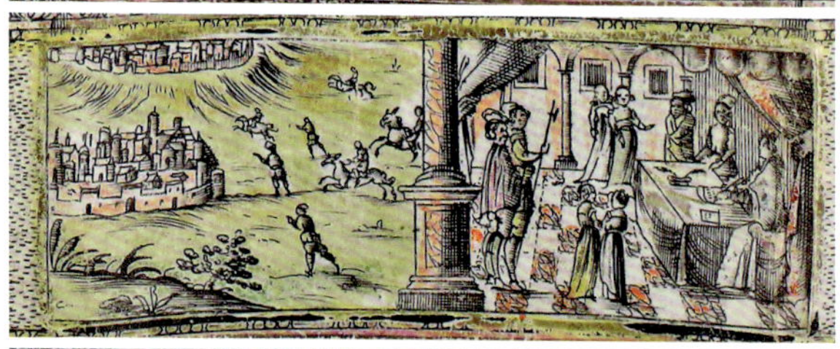
	20	Der Messias und die Juden nähern sich Jerusalem.	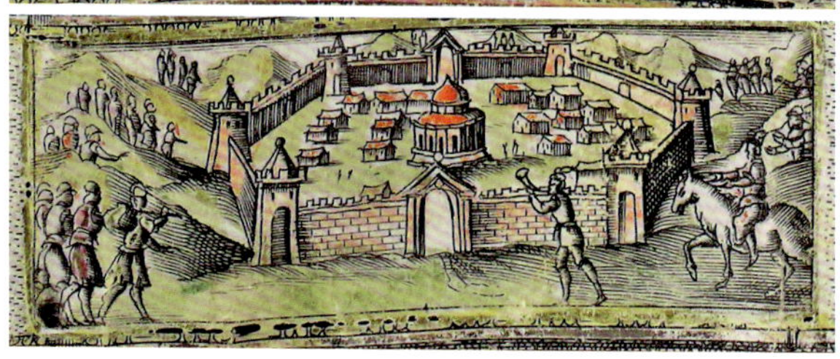

Die mit SBB Griselini ähnliche Schriftrolle ist handkoloriert[33] und zeigt Farbtöne wie sattes Orange, Hellgrün und Violett, tiefes Purpur, Gelb, Braun und ein silbern-metallisches Grau. Die Illustrationen könnten mit Gold umrandet worden sein, um die Ränder der Druckplatten zu verbergen.

Das Buch Ester in dieser Schriftrolle ist auf 19 Bögen verteilt (der letzte ist leer) und in 23-zeiligen Spalten nach der *ha-melekh*-Anordnung geschrieben. Der Text ist in einer italienischen Quadratschrift mit schwarzer Tinte und Brauntönen ausgeführt. Ein durchschnittlicher Buchstabe ist ca. 3 mm hoch, während in Spalte 16 größere Buchstaben mit einer Höhe von 5 mm erscheinen, in der die Namen von Hamans Söhnen aufgeführt sind. Zwischen den Textzeilen befinden sich 5 mm breite Leerräume. Der Buchstabe ת - *tav* - im Wort ותכתב (9:29) ist vergrößert, wie es in der Schreibtradition üblich war. Ein weiterer Buchstabe, der häufig hervorgehoben wird - ח *chet* (1:6) -, erscheint in durchschnittlicher Größe, fällt jedoch durch seine charakteristische Form auf. Die Linienführung ist nur in den Bereichen ohne Text sichtbar.

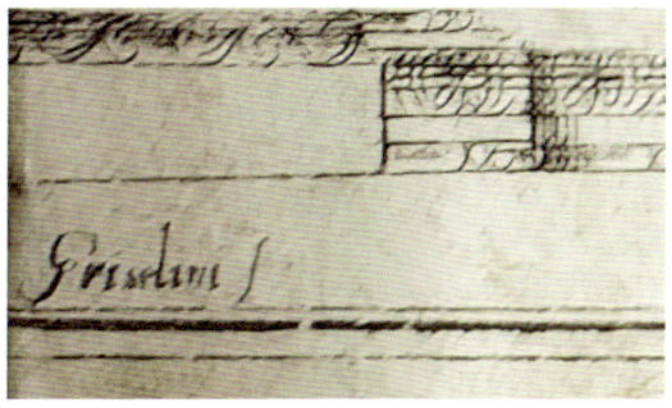

↑ **Abb. 32** Die Signatur von Francesco Griselini | Jüdisches Museum, New York, S122

HAMILTON 235 UND SEINE BEZIEHUNG ZU DEN GRISELINI-MEGILLOT

Um eine umfassendere Betrachtung von Hamilton 235 zu ermöglichen, ist eine Analyse der von Griselini entworfenen Zierleiste lohnenswert. Seine Urheberschaft des Stiches wird durch eine Inschrift in lateinischer Schrift in der unteren linken Ecke jedes Blattes bestätigt, die „Griselini f.[ecit]“ („Griselini hat es gemacht“) lautet [Abb. 32]. Bemerkenswert ist, dass der Gestalter eine bedeutende Persönlichkeit der italienischen Aufklärung war, die sich in verschiedenen Bereichen hervortat, darunter Landwirtschaft und Agronomie, Wirtschaft, Zoologie, Botanik, Kartografie, Theater und Kunst. Obwohl das Entstehungsdatum dieses Musters nicht exakt bekannt ist, lässt es sich mit hinreichender Genauigkeit eingrenzen: Sieben von zehn erhaltenen Megillot, die mit dieser Gestaltung versehen sind, enthalten Kolophone von Aryeh Leib ben Daniel von Goraj (tätig 1732–1755). Daraus geht hervor, dass er zwischen 1746 und 1748 sechs Exemplare in Venedig und 1747 ein weiteres in Pisa kopierte. Daher ist es sehr wahrscheinlich, dass die Bordüre um 1745 entstand. Griselini war hauptsächlich in Venedig tätig, und es ist sehr naheliegend, dass er auch dieses Muster dort entwarf. Da seine Stiche in der hebräischen Bibel erscheinen, die 1739 von der venezianischen Druckerei Bragadini herausgegeben wurde, kann man davon ausgehen, dass er auch für den Druck der Bordüren auf Pergament verantwortlich war.

Trotz der auffallenden Ähnlichkeit unterscheiden sich die Bordüre von Griselini und die damit in Zusammenhang stehende in mehreren Details.[34] Obwohl beide Muster offenbar für 5 Blätter mit 20 Texttafeln (möglicherweise 19 für die Megillah und eine für die Segnungen und liturgischen Gedichte) konzipiert waren, finden sich unter den Griselini-Rollen Exemplare mit 4 als auch mit 5 Blättern. Aber selbst diejenigen, die aus 5 Pergamenten bestehen, sind ca. 100 mm kürzer als die Megillot, die Griselini als Vorlage zugeordnet werden können [Abb. 33].

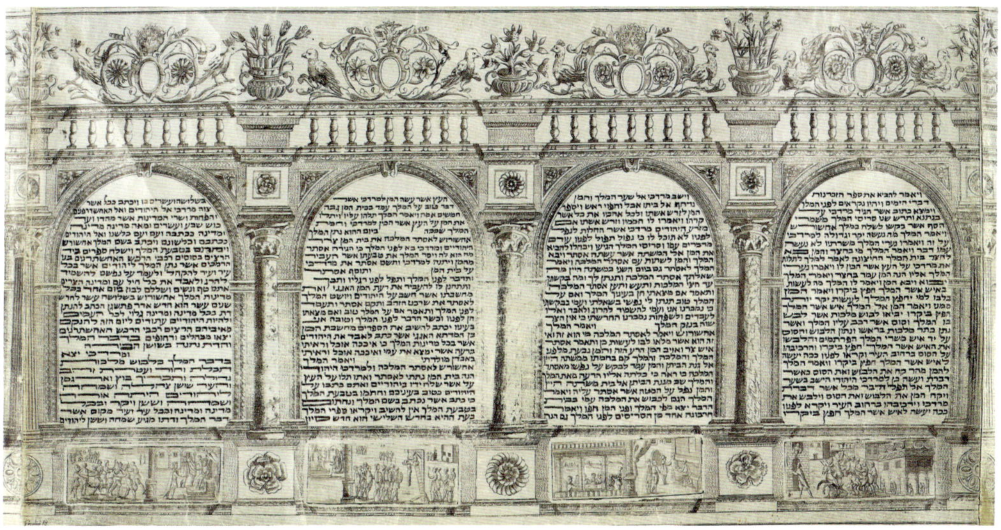

→ **Abb. 33** Ein von Francesco Griselini entworfener Rahmen. Die Schriftrolle wie oben.

Der bedeutendste (und schwer zu erklärende) Unterschied besteht darin, dass die Illustrationen in den Schriftrollen, die mit dem Rahmen von Griselini verziert sind, von geringerer Qualität sind als die in der anderen Gruppe. Auch die erzählerischen Szenen weisen einige Unterschiede auf; beispielsweise tauchen nur in den Megillot mit Bezug zu Griselini in vielen Episoden Hunde sowie ein Fußboden mit einem Rautenmuster auf [Abb. 34a+b]. Andererseits weisen nur die Illustrationen 6 bis 20 des Griselini-Typs aufeinanderfolgende arabische Ziffern.

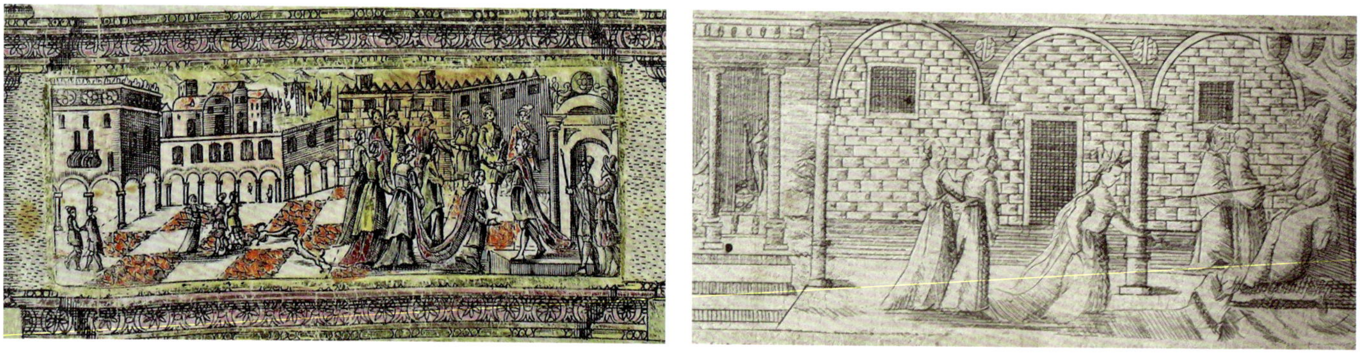

↑ **Abb. 34a+b** Unterschiede in den Darstellungen der Krönung Esters (2:17) in den Griselini ähnlichen Schriftrollen (links: die SBB-Schriftrolle) und Griselini-Schriftrollen (rechts: Jüdisches Museum, New York, S122)

HS. OR. 15098 – DIE GAZZUOLO-SCHRIFTROLLE VON 1776

Die dritte verzierte Megillah in der SBB-Sammlung unterscheidet sich in Technik, Verzierungsstil und Farbpalette. Sie enthält nur am Anfang eine einzelne Zeichnung in brauner Tinte. Unterhalb des Rahmens dieser Verzierung verfasste der Schreiber (und Künstler) Yechiel Menachem ben Abraham Urbino aus Mantua ein Kolophon in einer halbkursiven Schrift [Abb. 35+36a]. Er erwähnt seine Beteiligung am „heiligen Dienst" (d. h. er war Kantor, hebr. *chazan*) in der Synagoge in Gazzuolo, einer kleinen Stadt in der Nähe von Mantua. Er bezeichnet sich darin auch als „jung", jedoch um seine Bescheidenheit als Kopist und nicht sein tatsächliches Alter zu betonen. Das entsprach einer Tradition, die sich seit dem Mittelalter etabliert hatte: Schreiber bezeichneten sich häufig als קטן (*qattan*, wörtlich: klein), um ihre Demut und Zurückhaltung auszudrücken. Die Notiz endet mit dem Datum der Erstellung der Schriftrolle – 9. Adar 5536, entsprechend dem 29. Februar 1776. Ein bemerkenswertes Detail ist, dass Yechiel Menachem die weniger gebräuchliche große Zählung verwendete. Das Jahr 5536 erscheint ein weiteres Mal als Chronogramm, basierend auf dem Zitat aus Jeremia 30:18: ונבנתה עיר על תלה – „die Stadt wird auf ihrem Hügel gebaut werden". Diese Inschrift ist direkt über der Zeichnung auf dem Segensblatt (ca. 240 × 210 mm) geschrieben, das der Schriftrolle beiliegt [Abb. 36b].

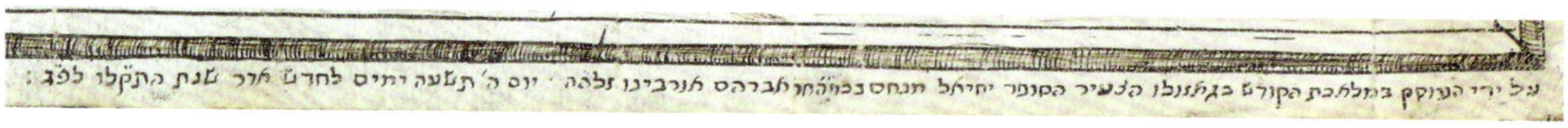

→ **Abb. 35** Das Kolophon von Yechiel Menachem in der SBB-Schriftrolle.

Es ist bemerkenswert, dass mindestens vier weitere Manuskripte (gebundene Bände) dieses Schreibers bekannt sind: *Seder Tefilot Naschim*, *Seder ha-Hoschanot* und zwei Exemplare von *Seder Minhagim*, die er zwischen etwa 1775 und 1801 anfertigte.[35] Nur das erste dieser Werke entstand ebenfalls in Gazzuolo, die übrigen wurden in Mantua geschrieben, wohin er wahrscheinlich um 1777 übersiedelte. Er verzierte seine Manuskripte mit einzigartigen, in Tinte ausgeführten Dekorationen, die deutlich auf der jüdischen Buchkunst seiner Zeit basieren.

Die Eröffnungsdekoration der SBB-Schriftrolle verbindet drei Episoden aus dem Buch Ester, von denen eine nur schwer zu erkennen ist. Im oberen Register erscheint die Versammlung von Mädchen aus dem persischen Reich, die in den Harem des Königs gebracht werden sollen, wie es in dem Zitat auf einem Band darüber heißt: „lasst sie alle jungen Mädchen von anmutigem Aussehen in Schuschan [Susa], der Hauptstadt, versammeln" (2:3). Die Szene spielt auf einem Platz oder in einem von Bogengebäuden umgebenen Palasthof mit einem Brunnen im Zentrum. Im Hintergrund erscheint eine winzige Darstellung von Haman, der am Galgen hängt, begleitet von dem Zitat: „Und sie hängten Haman [an den Galgen]" (7:10). Im unteren Register ist ein triumphierender Mordechai zu sehen, der auf dem königlichen

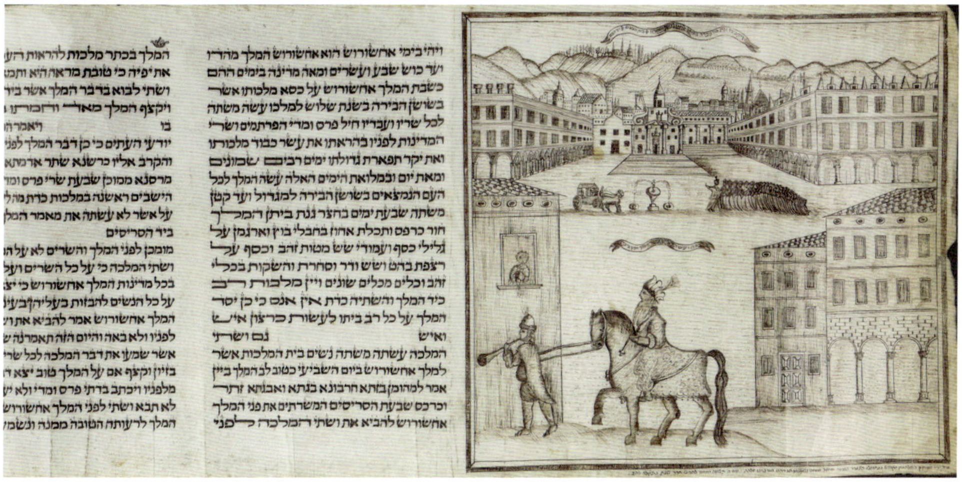

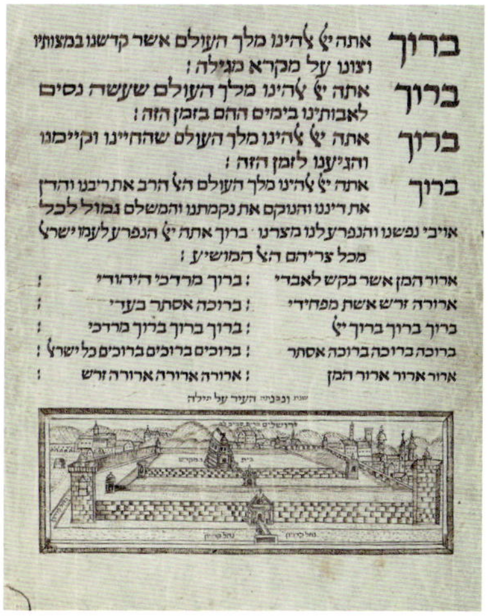

↑ Abb. 36a+b Verzierungen in der Gazzuolo-Schriftrolle von 1776. Links: die Eröffnungsdekoration, rechts: das Segensblatt, das der Schriftrolle beiliegt. | SBB-PK, Hs. or. 15098

Pferd reitet, das Haman durch die Straßen führt. Über Mordechais Kopf befindet sich ein Schriftband mit dem Zitat „so soll es dem Mann ergehen, den der König ehren will" (6:11). Die Erzählung wird ergänzt durch Hamans Tochter, die den Inhalt des Gefäßes auf den Kopf ihres Vaters schüttet.

Am unteren Rand des Segensblattes erscheint eine weitere einfarbige Zeichnung Abb. 36b.[36] Sie enthält die Segenssprüche, die vor und nach der Lesung der Megillah rezitiert werden, gefolgt vom abschließenden Abschnitt des liturgischen Gedichts (hebr. *pijjut*) *Ascher heni*. Die Darstellung ist eine modifizierte Version eines Stiches aus der Amsterdamer Haggada von 1695, die – wie Falk Wiesemann anmerkt – auch auf dem Titelblatt des Pentateuchs erscheint, den Solomon Proops 1760 in Amsterdam herausgab. Im Zentrum der Illustration ist der Jerusalemer Tempel dargestellt, umgeben von einer Mauer mit Toren. Sowohl die Struktur als auch der Fluss Kidron sind auf Hebräisch beschriftet, und über den Hügeln im Hintergrund steht ein Zitat aus Psalm 125:2: „Jerusalem ist von Bergen umgeben".

Die Gazzuolo-Schriftrolle hat eine Gesamtgröße von 240 × 3000 mm und besteht aus 5 Blättern mit 19 Textspalten. Jede Spalte umfasst 22 Zeilen, mit Ausnahme der 16., die die Namen von Hamans Söhnen enthält. Die Megillah wurde im *ha-melekh*-Format kopiert. Um diese Anordnung hervorzuheben, zeichnete Yechiel Menachem kleine Kronen über das Wort *ha-melekh* in allen 14 entsprechenden Spalten Abb. 37. Darüber hinaus schrieb er in den Spalten 1, 16 und 19 jeweils 6 Buchstaben in abweichenden Größen – vergrößert oder verkleinert. Die Megillah ist in schwarzer Tinte in sefardischer Schrift kopiert und mit einzelnen und dreifachen *tagin* – Buchstabenkrönchen – versehen, die bestimmte Buchstaben begleiten.[37] Ein auffälliges Detail dieser Handschrift ist die Linienführung: Für jede Textzeile sind drei Hilfslinien markiert (eine Linie in der Mitte der Buchstabenhöhe erscheint in hebräischen Manuskripten nie, und die untere Linie ist selten). Die Schriftrolle und ein Segensblatt werden in einem mit Samtfutter ausgekleideten Holzkasten aufbewahrt Abb. 38.

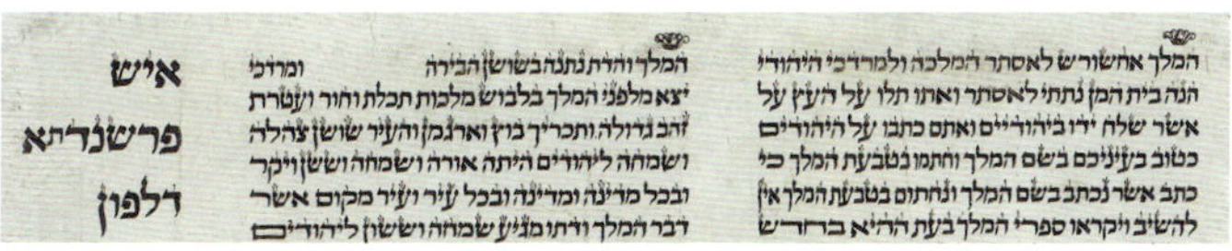

↓ Abb. 37 Kronen über den Wörtern ha-melekh in der Gazzuolo-Schriftrolle.

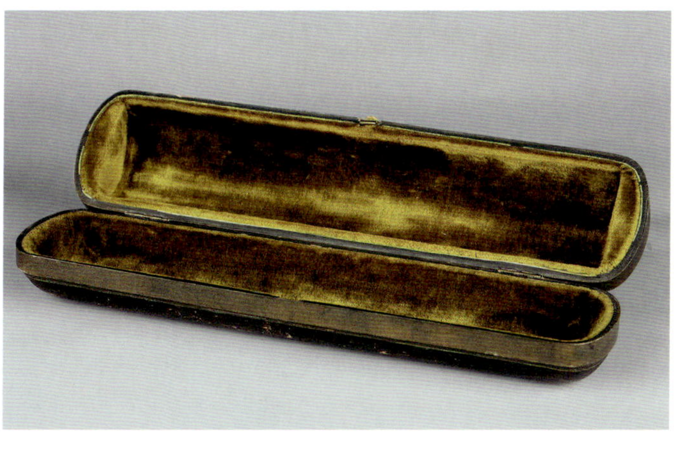

↓ Abb. 38 Die Hülle, in der die Schriftrolle aufbewahrt wird.

1 Das Christentum akzeptierte die Septuaginta-Version (die griechische Übersetzung aus dem 2. Jahrhundert v. Chr.), die sich vom jüdischen kanonischen Text unterscheidet und mehrere zusätzliche Abschnitte enthält. Siehe den Artikel von Susanne Talabardon, *Die Hebräische Bibel*, in diesem Band, S. 38–53.

2 Moses Maimonides, *Mishneh Torah, Megillah ve-chanukkah*, 2:18.

3 Siehe Lewis B. Paton, *A Critical and Exegetical Commentary on the Book of Esther* (New York: C. Scribner's, 1908); Carey A. Moore, *Esther: Introduction, Translation, and Notes* (Garden City: Doubleday, 1979); Jon D. Levenson, *Esther: A Commentary* [The Old Testament Library] (Louisville: Westminster John Knox Press, 1997); Adele Berlin, *The JPS Bible Commentary – Esther* (Philadelphia: Jewish Publication Society, 2001).

4 Wenn kein Titel eines biblischen Buches angegeben ist, bezieht sich das Zitat auf das Buch Ester.

5 Bibliothèque de Moulins, Moulins, Ms. 01.

6 Eine ähnliche Handlung findet sich im *Midrasch Ester Rabbah* 9.

7 Auch das älteste bekannte jüdische Drama bezieht sich auf dieses Buch. Es handelt sich um das Theaterstück *Ester*, das 1558 von Solomon ben Abraham Usque (ca. 1530 – ca. 1596) in Venedig geschrieben wurde.

8 Biblioteka Uniwersytetu Wrocławskiego, Wrocław, Ms. M 1106.

9 Das Motiv des Baumes, der als Galgen dient, taucht in illuminierten aschkenasischen Gebetbüchern aus dem Mittelalter auf; als man jedoch begann, Megillot zu illustrieren, wurden Haman und/oder seine Söhne als auf Holzkonstruktionen hingerichtet dargestellt.

10 Universitätsbibliothek, Leipzig, Ms. 1102, Bd. 1, fol. 51v.

11 Herzog von Alba, Palacio de Liria, Madrid.

12 Ms. or. quart. 1680.

13 British Library, London, MS Or. 4670.

14 Library of the Jewish Theological Seminary (im Folgenden abgekürzt: JTSL), New York, ursprünglich MS 8277, derzeit B (NS)MC17.

15 JTSL, New York, B (NS)Mc29.

16 Z. B. Library of Congress (Hebraic Section), Washington, LC Hebr. Ms. 237.

17 National Library of Israel, Jerusalem, Ms. Heb. 4°197/89; GFC, Tel Aviv, 081.012.036; John Rylands Research Institute and Library (JRL), Manchester, Hebrew MS 22.

18 Die Figuren von Königin Ester und Mordechai in Abb. 15 wurden später hinzugefügt.

19 Die Genealogien stammen aus dem *Targum Scheni zu Ester* 2:5 und 3:1.

20 Z. B. Magyar Zsidó Levéltárból, Budapest, MZSL XXIV-M-16 (64.1226); GFC, Tel Aviv, 081.011.002 und 081.011.003.

21 Die Sammlung enthält auch einige undekorierte Exemplare: Ms. or. qu. 899, Ms. or. qu. 1880, Ms. or. oct. 1107, Ms. or. oct. 3635.

22 Mendel Metzger, „The Earliest Engraved Italian Megilloth", in: *Bulletin of the John Rylands Library* 48/2 (1966), 381–432; Ders., „Eine illustrierte Esterrolle der zweiten Hälfte des 18. Jahrhunderts im Historischen Museum Frankfurt am Main, mit einem Anhang über Megilla-Hülsen", in: *Schriften des Historischen Museums Frankfurt am Main* 13 (1972), 95–116.

23 KL, HUC-JIR, Cincinnati, 1 (IX.6); David and Jemima Jeselsohn, Zürich, 31; British Library, London, MS Or. 13028. Die Segensblätter befinden sich in Privatsammlungen.

24 Metzger 1966 (wie Anm. 22), bes. 390–406. Er erwähnt auch die Megillah der SBB in: Metzger 1972 (wie Anm. 22), bes. 98; dort erscheinen Schriftrollen nach diesem Muster als „Marburger Typus", da die aktuelle Megillah der SBB von 1945 bis 1970 in der Westdeutschen Bibliothek in Marburg aufbewahrt wurde. Die Schriftrolle wurde 1960/61 in Recklinghausen und 1961 in Frankfurt am Main in der Ausstellung *Synagoga* gezeigt; siehe *Synagoga. Kultgeräte und Kunstwerke von der Zeit der Patriarchen bis zur Gegenwart*, hg. von Anneliese Schröder, Ausst.-Kat. Städtische Kunsthalle, Recklinghausen 1961, Objekt B 64; *Synagoga. Jüdische Altertümer Handschriften und Kultgeräte*, Ausst.-Kat. Historisches Museum Frankfurt am Main (Frankfurt am Main: Ner Tamid Verlag, 1961), Objekt 124.

25 JRL, Manchester, Gaster Hebrew MS 710.

26 JRL, Manchester, Gaster Hebrew MS 711.

27 Auf einer weiteren Schriftrolle ist das Jahr 1781 eingetragen. Dieses Datum ist jedoch definitiv zu spät für die Entstehung des Randes. Jemand könnte notiert haben, wann das Manuskript in seinen respektive ihren Besitz gelangt ist.

28 Die Schriftrolle aus der SBB misst 173 × ca. 1705 mm. Blatt 1: ca. 645 mm (ca. 120 mm am Anfang sind leer), Blatt 2: ca. 520 mm, Blatt 3: ca. 540 mm (der letzte Teil des Blattes konnte nicht abgerollt werden).

29 Metzger 1966 (wie Anm. 22), 390.

30 Die Klagsbald-Schriftrolle aus der Erlanger Sammlung ist 175 × ca. 1570 mm groß. Es gibt weitere Unterschiede in den Mustern, die hier nicht beschrieben werden können.

31 Vor 1882 gehörte sie dem 12. Herzog von Hamilton, bis sie an die SBB verkauft wurde. Die Handschrift wurde 1960/61 in Recklinghausen und 1961 in Frankfurt am Main auf der Ausstellung *Synagoga* gezeigt. Siehe *Synagoga. Kultgeräte und Kunstwerke*, Objekt B 66, und *Synagoga. Jüdische Altertümer*, Objekt 132. Vgl. den Beitrag von Petra Figeac, *Die hebräischen Handschriften der Staatsbibliothek zu Berlin – Preußischer Kulturbesitz*, im vorliegenden Band, S. 20–34.

32 Im Beispiel der SBB-Handschrift 1) ca. 500 mm, 2) ca. 460 mm, 3) ca. 465 mm, 4) 460 mm, 5) mindestens ca. 460 mm. Die Gesamtmaße der Schriftrolle betragen ca. 270 × mindestens 2345 mm, das gedruckte Muster misst ca. 260 × 468 mm.

33 Ein weiteres handkoloriertes Beispiel befindet sich im Musée d'art et d'histoire du Judaïsme (MAHJ), Paris, inv. D.98.04.074.CL (frühere Nr.: Cl 12296d).

34 Bemerkenswert ist, dass eine der Griselini-Schriftrollen (MAHJ, Paris, Inv. 97.03.010) anstelle von Bögen rechteckige Felder aufweist.

35 1774/75: University of Pennsylvania, Library at The Herbert D. Katz Center for Advanced Judaic Studies, Philadelphia, CAJS Rar Ms 529; 1777/1778 (früher GFC, Tel Aviv, Ms. 15); 1789/90: Meir Benayahu, Jerusalem, Ms. V 82; 1800/01: JTSL, New York, Ms. 3691. Das früheste Manuskript zeigt, dass Yeḥiel Menaḥem auch in italienischer Sprache schreiben konnte.

36 Solche separaten Blätter sind typisch für Megillot, die in Italien hergestellt wurden; viele von ihnen sind verziert.

37 Siehe den Artikel von Annett Martini, *Die Magie des Schreibens: Einblicke in die Welt der Hasidei Aschkenas*, in diesem Band, S. 182–197.

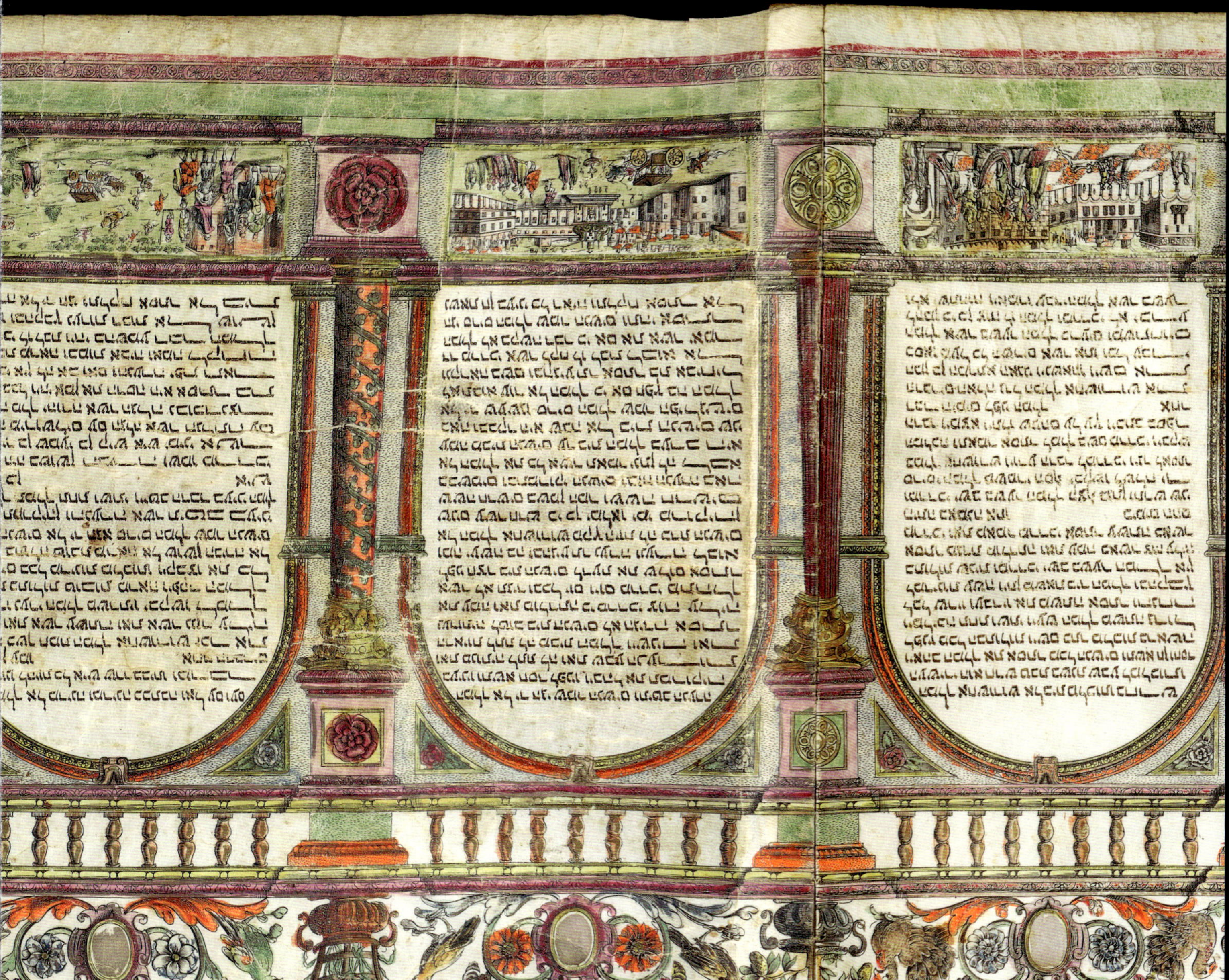

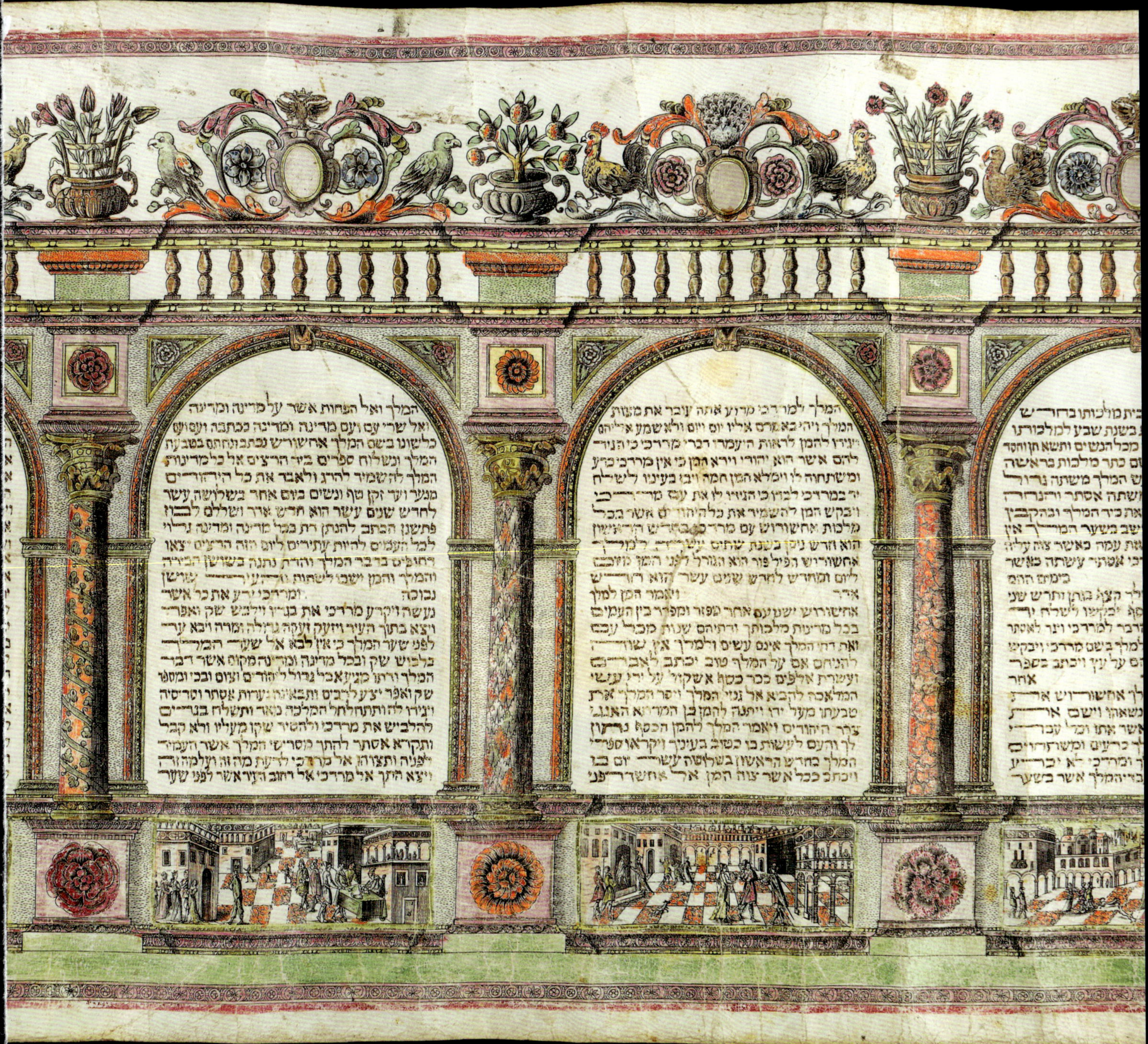

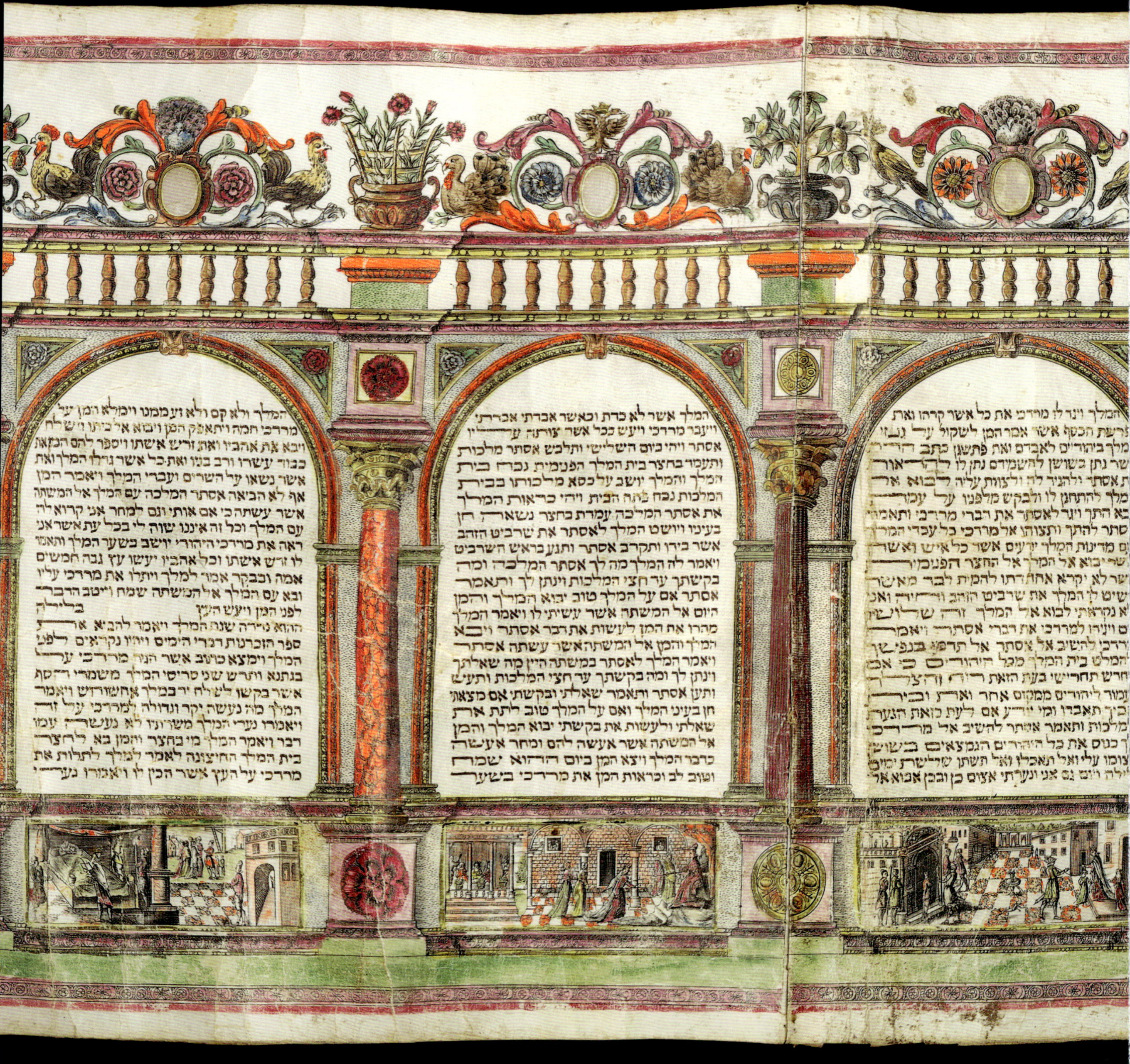

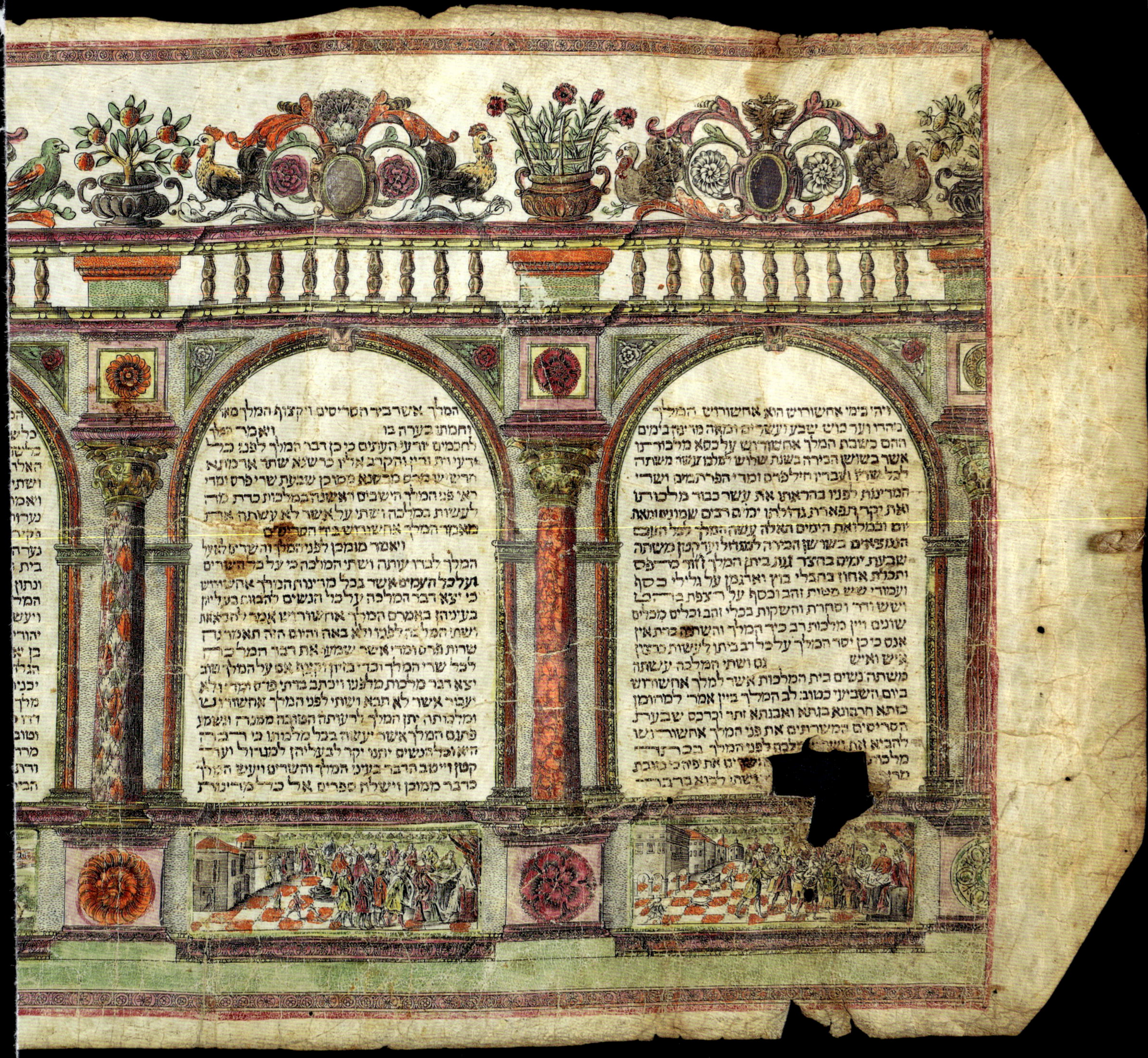

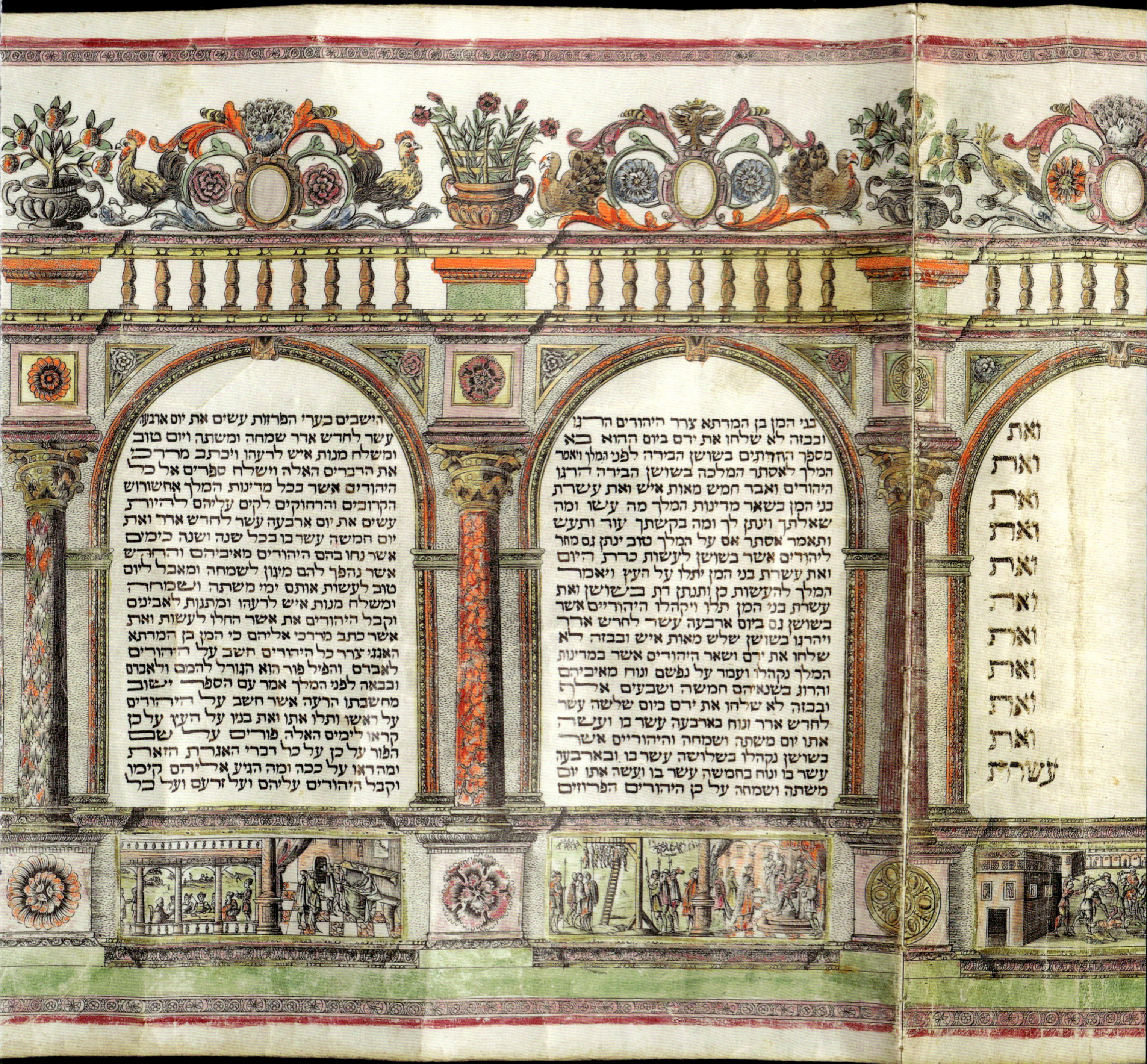
ואת
ואת
ואת
ואת
ואת
ואת
ואת
ואת
ואת
ואת
עשרת
בני המן בן המדתא צרר היהודים הרגו
ובבזה לא שלחו את ידם ביום ההוא בא
מספר ההרוגים בשושן הבירה לפני המלך ויאמר
המלך לאסתר המלכה בשושן הבירה הרגו
היהודים ואבד חמש מאות איש ואת עשרת
בני המן בשאר מדינות המלך מה עשו ומה
שאלתך וינתן לך ומה בקשתך עוד ותעש
ותאמר אסתר אם על המלך טוב ינתן גם מחר
ליהודים אשר בשושן לעשות כדת היום
ואת עשרת בני המן יתלו על העץ ויאמר
המלך להעשות כן ותנתן דת בשושן ואת
עשרת בני המן תלו ויקהלו היהודיים אשר
בשושן גם ביום ארבעה עשר לחדש אדר
ויהרגו בשושן שלש מאות איש ובבזה לא
שלחו את ידם ושאר היהודים אשר במדינות
המלך נקהלו ועמד על נפשם ונוח מאיביהם
והרוג בשנאיהם חמשה ושבעים אלף
ובבזה לא שלחו את ידם ביום שלשה עשר
לחדש אדר ונוח בארבעה עשר בו ועשה
אתו יום משתה ושמחה והיהודיים אשר
בשושן נקהלו בשלושה עשר בו ובארבעה
עשר בו ונוח בחמשה עשר בו ועשה אתו יום
משתה ושמחה על כן היהודים הפרוזים
הישבים בערי הפרזות עשים את יום ארבעה
עשר לחדש אדר שמחה ומשתה ויום טוב
ומשלח מנות איש לרעהו ויכתב מרדכי
את הדברים האלה וישלח ספרים אל כל
היהודים אשר בכל מדינות המלך אחשורוש
הקרובים והרחוקים לקים עליהם להיות
עשים את יום ארבעה עשר לחדש אדר ואת
יום חמשה עשר בו בכל שנה ושנה כימים
אשר נחו בהם היהודים מאיביהם והחדש
אשר נהפך להם מיגון לשמחה ומאבל ליום
טוב לעשות אותם ימי משתה ושמחה
ומשלח מנות איש לרעהו ומתנות לאבינים
וקבל היהודים את אשר החלו לעשות ואת
אשר כתב מרדכי אליהם כי המן בן המדתא
האגגי צרר כל היהודים חשב על היהודים
לאבדם והפיל פור הוא הגורל להמם ולאבדם
ובבאה לפני המלך אמר עם הספר ישוב
מחשבתו הרעה אשר חשב על היהודים
על ראשו ותלו אתו ואת בניו על העץ על כן
קראו לימים האלה פורים על שם
הפור על כן על כל דברי האגרת הזאת
ומה ראו על ככה ומה הגיע אליהם קימו
וקבל היהודים עליהם ועל זרעם ועל כל

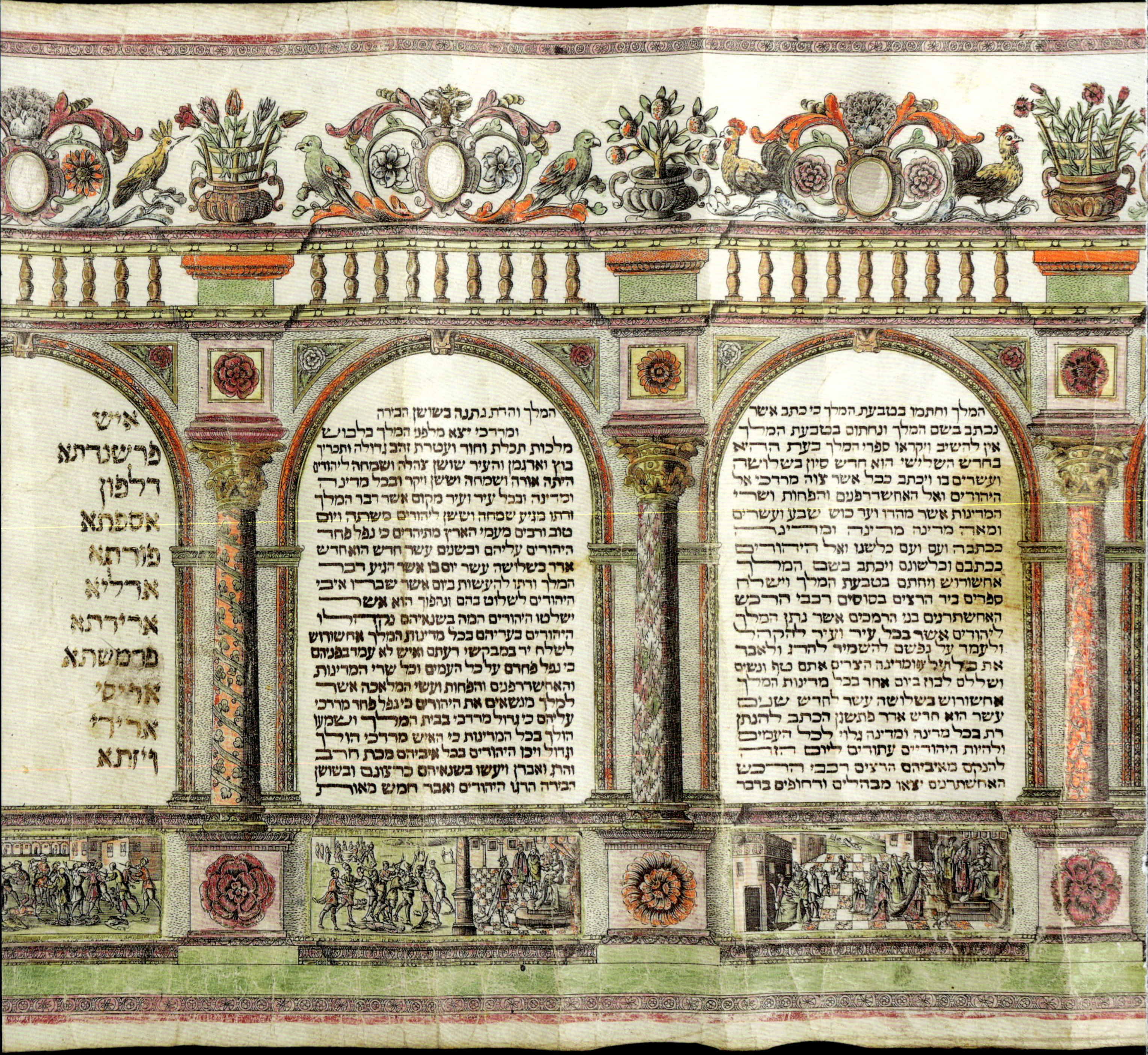

המלך וחתמו בטבעת המלך כי כתב אשר
נכתב בשם המלך ונחתום בטבעת המלך
אין להשיב ויקראו ספרי המלך בעת ההיא
בחדש השלישי הוא חדש סיון בשלושה
ועשרים בו ויכתב ככל אשר צוה מרדכי אל
היהודים ואל האחשדרפנים והפחות ושרי
המדינות אשר מהדו ועד כוש שבע ועשרים
ומאה מדינה מדינה ומדינה
ככתבה ועם ועם כלשנו ואל היהודים
ככתבם וכלשונם ויכתב בשם המלך
אחשורוש ויחתם בטבעת המלך וישלח
ספרים ביד הרצים בסוסים רכבי הרכש
האחשתרנים בני הרמכים אשר נתן המלך
ליהודים אשר בכל עיר ועיר להקהל
ולעמד על נפשם להשמיד ולהרג ולאבד
את כל חיל עם ומדינה הצרים אתם טף ונשים
ושללם לבוז ביום אחד בכל מדינות המלך
אחשורוש בשלושה עשר לחדש שנים
עשר הוא חדש אדר פתשגן הכתב להנתן
דת בכל מדינה ומדינה גלוי לכל העמים
ולהיות היהודיים עתודים ליום הזה
להנקם מאיביהם הרצים רכבי הרכש
האחשתרנים יצאו מבהלים ודחופים בדבר

המלך והדת נתנה בשושן הבירה
ומרדכי יצא מלפני המלך בלבוש
מלכות תכלת וחור ועטרת זהב גדולה ותכריך
בוץ וארגמן והעיר שושן צהלה ושמחה ליהודים
היתה אורה ושמחה וששן ויקר ובכל מדינה
ומדינה ובכל עיר ועיר מקום אשר דבר המלך
ודתו מגיע שמחה וששון ליהודים משתה ויום
טוב ורבים מעמי הארץ מתיהדים כי נפל פחד
היהודים עליהם ובשנים עשר חדש הוא חדש
אדר בשלושה עשר יום בו אשר הגיע דבר
המלך ודתו להעשות ביום אשר שברו איבי
היהודים לשלוט בהם ונהפוך הוא אשר
ישלטו היהודים המה בשנאיהם נקהלו
היהודים בעריהם בכל מדינות המלך אחשורוש
לשלח יד במבקשי רעתם ואיש לא עמד בפניהם
כי נפל פחדם על כל העמים וכל שרי המדינות
והאחשדרפנים והפחות ועשי המלאכה אשר
למלך מנשאים את היהודים כי נפל פחד מרדכי
עליהם כי גדול מרדכי בבית המלך ושמעו
הולך בכל המדינות כי האיש מרדכי הולך
וגדול ויכו היהודים בכל איביהם מכת חרב
והרג ואבדן ויעשו בשנאיהם כרצונם ובשושן
הבירה הרגו היהודים ואבד חמש מאות

איש
פרשנדתא
דלפון
אספתא
פורתא
אדליא
ארידתא
פרמשתא
אריסי
ארידי
ויזתא

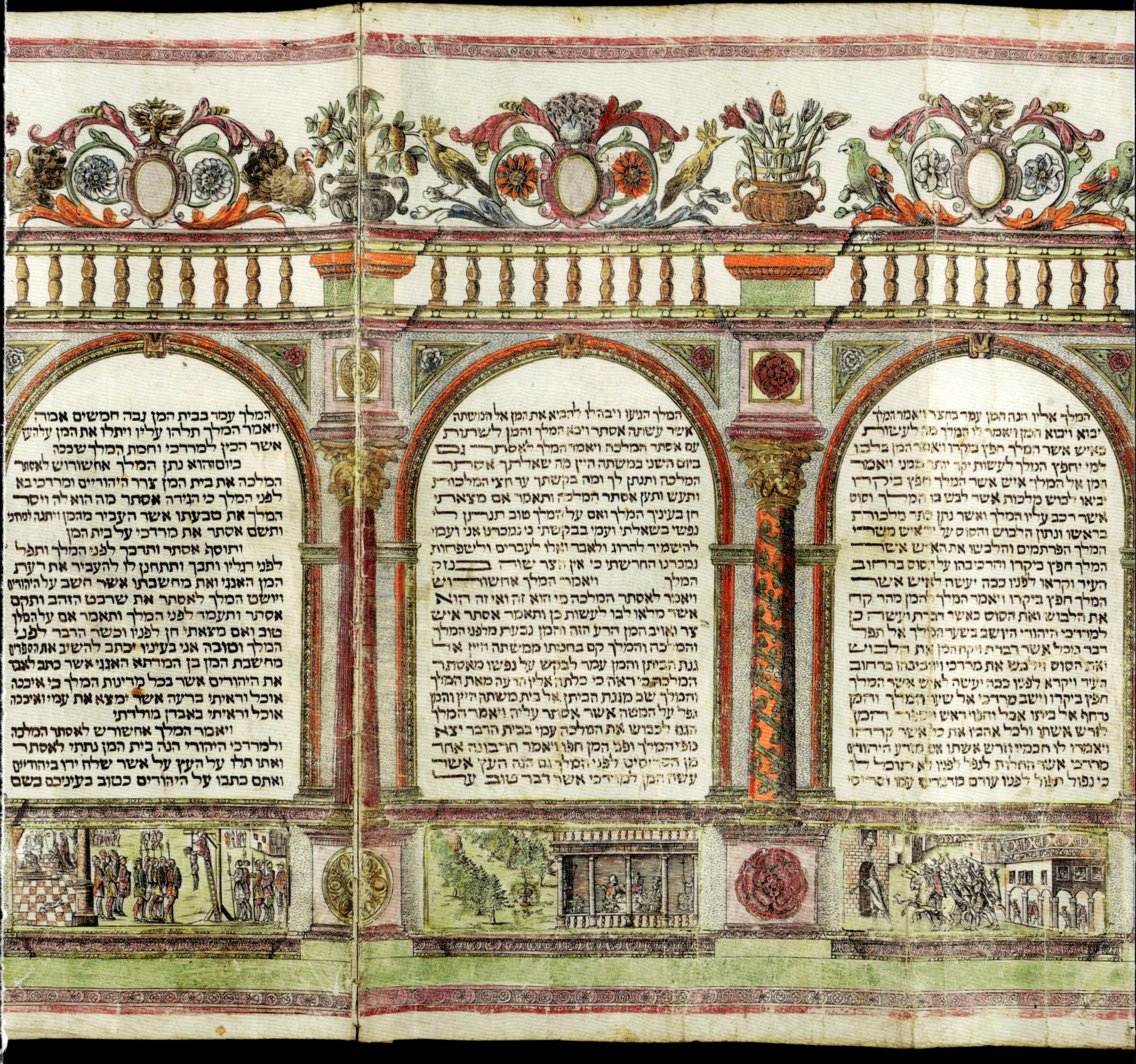

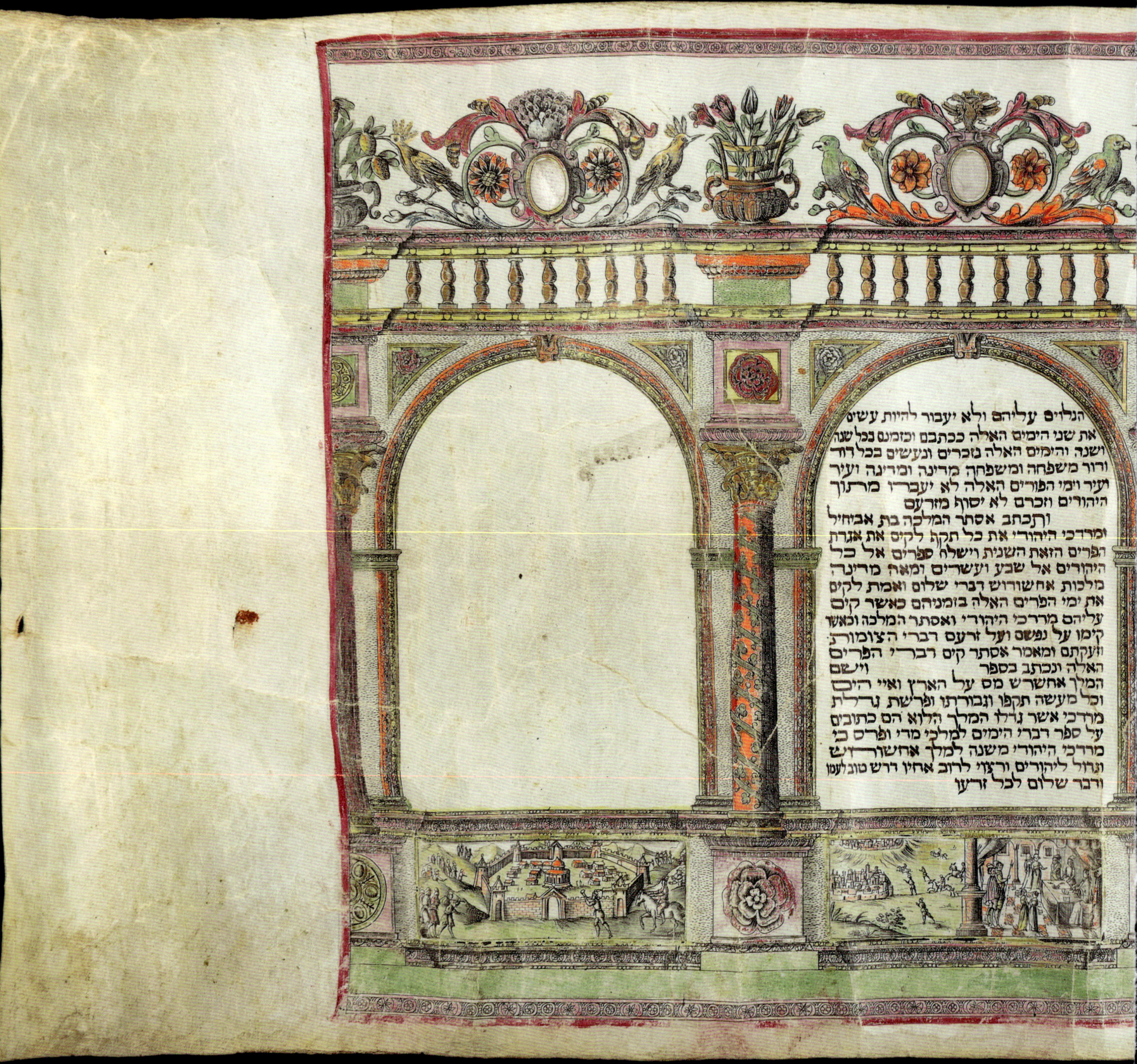

הנלוים עליהם ולא יעבור להיות עשים
את שני הימים האלה ככתבם וכזמנם בכל שנה
ושנה והימים האלה נזכרים ונעשים בכל דור
ודור משפחה ומשפחה מדינה ומדינה ועיר
ועיר וימי הפורים האלה לא יעברו מתוך
היהודים וזכרם לא יסוף מזרעם
ותכתב אסתר המלכה בת אביחיל
ומרדכי היהודי את כל תקף לקים את אגרת
הפרים הזאת השנית וישלח ספרים אל כל
היהודים אל שבע ועשרים ומאה מדינה
מלכות אחשורוש דברי שלום ואמת לקים
את ימי הפרים האלה בזמניהם כאשר קים
עליהם מרדכי היהודי ואסתר המלכה וכאשר
קימו על נפשם ועל זרעם דברי הצומות
וזעקתם ומאמר אסתר קים דברי הפרים
האלה ונכתב בספר וישם
המלך אחשרש מס על הארץ ואיי הים
וכל מעשה תקפו וגבורתו ופרשת גדלת
מרדכי אשר גדלו המלך הלוא הם כתובים
על ספר דברי הימים למלכי מדי ופרס כי
מרדכי היהודי משנה למלך אחשורוש
וגדול ליהודים ורצוי לרב אחיו דרש טוב לעמו
ודבר שלום לכל זרעו

Pesach-Haggadot

Katrin Kogman-Appel

Die Pesach-Haggadah ist zunächst ein Text, nämlich die Liturgie, die jedes Jahr im Frühjahr am Vorabend des Pesachfestes während eines privat abgehaltenen Mahlrituals (Sedermahl) vorgetragen wird. Definiert man die Haggadah jedoch als Buch, so ist damit ein mittelgroßer, oftmals illustrierter oder zumindest verzierter Band gemeint, der diese Liturgie enthält. Heutzutage hält jeder Teilnehmer am Seder während des gesamten Rituals eine Kopie der Haggadah in Händen. Dies war jedoch nicht immer der Fall, und im Laufe seiner Geschichte präsentierte sich der Haggadah-Text in unterschiedlichen (Buch-)Formen. Die Haggadah konnte ein mündlich überlieferter Text sein, der aus dem Gedächtnis vorgetragen wurde; sie konnte aber auch Teil von Gebetbüchern oder liturgischen Sammlungen sein. Ab dem 13. Jahrhundert entwickelte sich die Haggadah auch als eigenständiges Buch.[1] Wie Avriel Bar-Levav feststellt, ist ein Text nicht an ein Buch oder eine bestimmte Buchform gebunden: „Bücher können Texte enthalten, aber Texte haben eine eigene Existenz, die nicht notwendigerweise mit Büchern verknüpft ist."[2]

David Stern weist darauf hin, dass bis in das Mittelalter hinein die Bibel der einzige den meisten Juden zugängliche materiale Text war, während andere Texte überwiegend mündlich überliefert wurden.[3] Dies galt auch für liturgische Bücher. Das Wort „Haggadah" (הגדה) bedeutet „Erzählung". Das Buch Exodus beschreibt in den Versen 13:6-8 die Einsetzung des Pesachfestes zum Gedenken an die Befreiung aus der ägyptischen Knechtschaft durch Gott. Laut göttlichem Auftrag darf Israel während sieben Tage nichts Gesäuertes verzehren; außerdem soll ein Lamm geopfert werden. Vers 8 lautet schließlich „und an diesem Tag sollst du deinem Sohn berichten (*ve-higgadeta* - וְהִגַּדְתָּ): Es geschieht für das, was der Herr für mich getan hat, als ich aus Ägypten zog". Haggadah bedeutet also ein göttliches Gebot, nämlich ein Akt des Erzählens, der Weitergabe des Auszugsberichts von Generation zu Generation. In dieser Bedeutung erscheint der Begriff „Haggadah" in frühmittelalterlichen Quellen, die das Pesachritual behandeln. Etwas später begann man, mit diesem Wort einen mehr oder weniger standardisierten Text zu definieren, der während des Seders vorgetragen wird. Das Kernstück der Haggadah wird als *maggid* bezeichnet, von der gleichen Wurzel - „der Erzähler". Erst in der frühen Neuzeit begann das Wort „Haggadah", ein Buch, einen Gegenstand, zu bezeichnen. Damit ist eine eigenständige Haggadah gemeint, also ein individuell gebundenes Buch, das während der Sederzeremonie gleichsam als Ritualobjekt verwendet wird. Mit seiner Hilfe wird das göttliche Gebot erfüllt, der nachfolgenden Generation von den Begebenheiten um die Befreiung aus Ägypten zu berichten.

Im Mittelalter erschien der schriftliche Text der Haggadah im Wesentlichen in zwei unterschiedlichen Formen: entweder als Teil des allgemeinen Gebetbuches (oder anderer liturgischer Kompilationen) oder als eigenständiges Buch, das ausschließlich für das Sederritual verwendet wurde. Es gab einfache, schlichte Haggadot, reich illustrierte Haggadot, kleine Hefte, von denen Fragmente in der Genizah der Ben-Ezra-Synagoge in Kairo gefunden wurden, und großformatige, aufwendige Kodizes. Einige wurden von Gelehrten oder wohlhabenden, aber nichtgelehrten Besitzern in Auftrag gegeben. Andere, besonders seit dem 15. Jahrhundert, oder solche, die kein Kolophon aufweisen, wurden vielleicht für den Verkauf auf dem freien Markt hergestellt. Während heute die Pesach-Haggadah zu den am weitesten verbreiteten jüdischen Büchern gehört, hatten während des gesamten Mittelalters nur wenige jüdische Familien eine Haggadah in ihrem Besitz. Im Jahr 1596, als die Inquisitionsbehörden von Mantua den Juden der Stadt anordneten, detaillierte Listen aller in ihrem Besitz befindlichen Bücher zu erstellen und Zensoren der Inquisition zur Verfügung zu stellen, führten nur 25 Prozent aller Haushalte eine Haggadah auf.[4] Dies ist besonders bemerkenswert, wenn man bedenkt, dass die Haggadah im 16. Jahrhundert in Mantua nicht weniger als dreimal gedruckt worden war.

Die frühesten Belege für eine Verschriftlichung der Haggadah gehen auf die geonische Zeit (7.–11. Jhd.) zurück. Im 9. Jahrhundert erschien sie als Teil des *Seder Rav Amram*, einem allgemeinen Gebetbuch, das Amram ben Scheschet Gaon in Babylonien zusammenstellte. Im 10. Jahrhundert finden wir die Haggadah im *Siddur Rav Sa'adia* des Saadia ben Joseph Gaon, der in Ägypten und Babylonien tätig war.[5] Diese Bücher waren nicht für den allgemeinen Hausgebrauch und zur weiten Verbreitung gedacht, sondern für Vorbeter als Leitfäden zur Durchführung ordnungsgemäßer Gottesdienste konzipiert. Infolgedessen war die Haggadah auch während des späteren Mittelalters und der Frühen Neuzeit in allgemeine Gebetbücher integriert. Ephraim Kanarfogel stellt allerdings fest, dass noch im 13. Jahrhundert nur sehr wenige Gebetbücher existierten und vermutet, dass es im Mittelalter üblich war, die gängigen liturgischen Texte aus dem Gedächtnis vorzutragen.[6] Dies galt auch für die Haggadah. Das bedeutet jedoch nicht, dass alle Gemeindemitglieder die gesamte Liturgie auswendig kannten. Es war und ist vielmehr die Aufgabe des Vorbeters, das Gemeindegebet vorzutragen und damit „die Pflicht vieler [d. h. der Gemeindemitglieder] zu erfüllen".[7]

Der Pesach-Seder ist allerdings ein im privaten Kreis abzuhaltendes Ritual, und es obliegt dem Familienoberhaupt, die Rolle eines solchen Vorbeters zu übernehmen. Dieses Ritual ist jedoch nicht ohne Herausforderungen, denn es impliziert nicht nur die Rezitation des Textes, sondern auch die Performanz wichtiger ritueller Handlungen: das Tunken von Gemüse, das Erheben der Pesachschale, die so allen Teilnehmern gezeigt werden soll, das Einschenken von Wein zu bestimmten Zeitpunkten, das Brechen einer Matsah (ungesäuertes Brot) usw.[8] Es war (und ist immer noch) die Aufgabe des Familienoberhaupts, dieses Ritual so zu inszenieren, dass diese Akte den Teilnehmern, insbesondere den Kindern, verständlich werden. Das Vortragen des Textes aus dem Gedächtnis, wie dies im Mittelalter üblich war, und die korrekte Ausführung aller rituellen Handlungen in der richtigen Reihenfolge erforderten ein gewisses Maß an rituellem Know-how, dem nicht jedes Familienoberhaupt gewachsen war. Die eigenständige, vom allgemeinen Gebetbuch losgelöste Haggadah entstand wohl aus dem Bestreben, Abhilfe zu schaffen und vor allem solche Familienväter, die nicht zum Kreis der rabbinisch Gebildeten gehörten, mit einem rituellen Leitfaden auszustatten. Sie entwickelte sich als relativ schmales, mittelgroßes Buch, das während des Sederrituals gut in der Hand gehalten werden konnte und dessen Layout der Benutzung während eines abendlichen Mahlrituals bei künstlichem Licht entgegenkam: Die Schrift ist groß, und die einzelnen (eher kurzen) Abschnitte sind durch vergrößerte, oftmals verzierte Initialworte deutlich sichtbar gemacht. Mithilfe dieser Initialworte konnte sich der Benutzer gut im Text orientieren, diesen zum Teil aus dem Gedächtnis vortragen, aber leicht zum Text zurückfinden, wenn dies notwendig war.

Die Entwicklung dieses Buchgenres währte über 400 Jahre. Nur wenige Juden des 14. und 15. Jahrhunderts besaßen eine Haggadah. Gelehrte waren zu jeder Zeit des Lesens und Schreibens mächtig und konnten sich Texte gut einprägen. Doch der Wandel, der hier skizziert wird, fand nicht in den rabbinischen Schichten statt. In einer Kultur, die bis ins Hochmittelalter noch stark mündlich geprägt war, konnten die meisten Juden die täglichen Pflichtgebete auswendig. Die Haggadah hingegen war ein etwas längerer Text und wurde nur einmal im Jahr vorgetragen. Um das 13. Jahrhundert begann diese Form des „mündlichen Alphabetismus" (Kanarfogel) abzunehmen, und die Fähigkeit, die Haggadah aus dem Gedächtnis vorzutragen, wurde seltener. Es gab Männer, die nicht mehr gewohnt waren, Gebete auswendig zu beherrschen, insbesondere ein Gebet, das nur einmal im Jahr gesprochen werden sollte. Es wurde also eine neue Buchform entwickelt, damit diese Männer den Text lesend vortragen konnten. Erst ab etwa 1650 allerdings wurde die Haggadah ein allgemein übliches, in zahlreichen jüdischen Häusern anzutreffendes Buch. Im Folgenden sollen die unterschiedlichen Haggadah-Typen, die sich während dieses Prozesses herauskristallisierten, kurz skizziert werden.

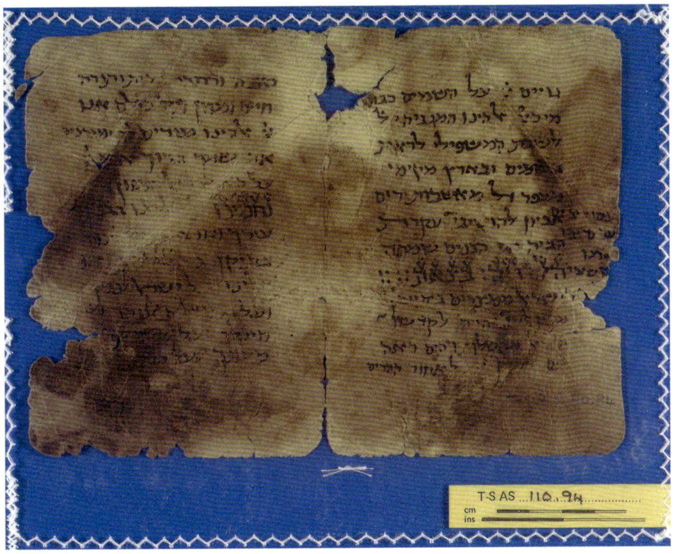

↑ Abb. 1 Haggadah-Fragment, 12. Jhd. Cambridge, University Library, Taylor Schechter Genizah Research Unit, T-S AS 110.94

IN DER KAIROER GENIZAH

Die ältesten Haggadot wurden in der Kairoer Genizah entdeckt und gehen auf das 11./12. Jahrhundert zurück. Die frühesten Beispiele sind aus Pergament, ab dem 12. und 13. Jahrhundert bestanden diese Haggadot gewöhnlich aus Papier. Diese Bücher sind kleinformatig und messen zwischen 12 und 19 cm. Mit einer Wortdichte von 60-100 Wörtern pro Seite musste der Text auch abends bei künstlichem Licht noch gut zu lesen gewesen sein [Abb. 1]. In ihrem materialen Bestand zeigen sich diese Büchlein auffallend homogen. Die meisten wurden in halbkursiver Schrift kopiert, von professionellen Schreibern angefertigt und deuten auf einen relativ organsierten Handel mit solchen Exemplaren hin. Allerdings gibt es auch einige Beispiele, die von ungeübten Händen wohl spontan zu Papier gebracht wurden. Die meisten Juden des frühen Mittelalters konnten zwar lesen, waren im Schreiben jedoch nur selten kundig, da es nur in Ansätzen zum Curriculum des jüdischen (wie auch des islamischen) Schulwesens gehörte.

IN IBERIEN UND SÜDFRANKREICH

Während im Mittleren Osten und in Nordafrika die lokalen Gebetsriten zunächst auf dem Gebetbuch des Saadia Gaon basierten, dominierte in Europa der Ritus, der im Gebetbuch des Amram Gaon enthalten war. Der Grund dafür ist, dass sich im 9. Jahrhundert iberische Juden brieflich an Amram Gaon wandten, mit der Bitte um Anleitungen für das Gebet. Wie wir der Einleitung zu Amram Gaons Gebetbuch entnehmen können, war dieses eigentlich das Responsum auf diese Anfrage. Von Amrams Gebetbuch ausgehend, war der von den mittelalterlichen Gemeinden West- und Mitteleuropas verwendete Haggadah-Text bemerkenswert stabil. Dieser hohe Grad an Textstabilität mit nur geringen Abweichungen zwischen den verschiedenen Riten deutet darauf hin, dass die Haggadah auch hier seit dem frühen Mittelalter als schriftlicher Text überliefert wurde. Dies bedeutet jedoch nicht, dass die Haggadah während des Seders in der Regel gelesen wurde. Wahrscheinlicher ist, dass schriftliche Texte vor allem als Gedächtnisstütze für die mündliche Rezitation dienten.

Zunächst existierte die Haggadah auch in den europäischen Gebieten als Teil des allgemeinen Gebetbuches und nicht als selbstständiger Band. Aus dem 13. Jahrhundert sind einige wenige eigenständige Haggadot erhalten. In Iberien entwickelte sich in dieser Zeit ein Buchgenre, das gemeinhin als „Haggadah“ bezeichnet wird, allerdings besser als Pesach-Machzor zu definieren ist. Machzorim sind Gebetbücher für Feiertage und enthalten entweder nur nicht-obligatorische liturgische Hymnen (in Ashkenas oder (in Italien, Iberien und Südfrankreich) eine Mischung aus Pflichtgebeten und nicht-obligatorischen Hymnen (*pijjutim*). Während es sich bei Machzorim üblicherweise um großformatige Bücher handelt, die die Liturgie für das ganze Jahr zum Inhalt haben, enthalten Pesach-Machzorim aus Iberien und Südfrankreich - diese Regionen teilten eine gemeinsame Buchkultur - lediglich die Liturgie für die Pesachwoche. Solche Bücher sind zumeist mittelgroß und enthalten manchmal über 100 Seiten. Unter ihnen gibt es einige Exemplare, die eine besonders reichhaltige künstlerische Ausstattung erhielten, meist in Form eines narrativen Bilderzyklus, der die biblische Geschichte der Israeliten visualisiert. Aufwendige Prachtexemplare dieser Art müssen von besonders wohlhabenden Juden in Auftrag gegeben worden sein, die an den christlichen Höfen als Ärzte, Finanziers oder Diplomaten tätig waren. Ein Beispiel ist die sogenannte Goldene Haggadah in der British Library in London [Abb. 2].[9]

Andere Bilder beziehen sich spezifisch auf das Pesachritual. In Haggadot aus Südfrankreich und Iberien sind hier besonders Darstellungen der Matsah und der Bitterkräuter zu nennen, die im Ritual eine zentrale Rolle spielen. Es handelt sich meist um großformatige Bilder, die die Matsah als farbige, ornamental abstrahierte Scheibe und das Bitterkraut als Pflanze zeigen, oft in der Form einer stilisierten Artischocke (so z. B. im Hamilton Siddur, S. 279, [Abb. 5]).

Die Berliner Staatsbibliothek besitzt eine iberische Haggadah ohne Bilderzyklus (Ms. or. fol. 569), deren Verzierung nicht fertiggestellt wurde. Nur in den ersten fünf Lagen wurden die Initialworte mit roten Fleuronnée-Ornamenten versehen. Der Rest der Haggadah weist Leerstellen auf, darunter auch bei der Erwähnung der Matsah und des Bitterkrauts [Abb. 3], wo sicherlich eine Darstellung dieser beiden rituellen Elemente vorgesehen war. Griffellinien an den oberen und unteren Rändern deuten außerdem darauf hin, dass ein Kommentar geplant war, der jedoch nicht ausgeführt wurde. Gleichwohl bezeugen zahlreiche Weinflecken (siehe besonders fols. 11v–12r), dass die Haggadah vielfach benutzt wurde.

Ursprünglich musste dieses Buch ein vollständiger Pesach-Machzor gewesen sein. Davon zeugen die letzten vier Folios mit einem *pijjut*, der während der Pesachwoche gebetet wurde. Spätestens nach der Vertreibung der Juden aus Iberien wurde diese Haggadah nach Italien gebracht und dort allerdings auseinandergenommen. Der Großteil der *pijjutim* wurde entfernt. Zwischen die beiden bleibenden sefardischen Teile wurden zwei Lagen aus italienischem Pergament eingebunden und in italienischer Quadratschrift mit Texten aus dem Machzor nach römischem Ritus beschrieben. Dass dieses Buch nach Italien überführt wurde, ist außerdem daran ersichtlich, dass es 1555 von Jacobus Geraldini in Bologna und 1610 von Giovanni Domenic Vestorini in Venedig mit Zensurvermerken versehen wurde.

DIE ILLUSTRIERTE HAGGADAH IN ASCHKENAS UND ITALIEN

Die wesentlichen Entwicklungsschritte der Haggadah als eigenständiges Buch fanden in den deutschen Landen und in Norditalien statt. Zu Beginn des 15. Jahrhunderts entstand hier eine kleine Gruppe illuminierter Haggadot, die den in der Buchkunst des 14. Jahrhunderts allgemein üblichen Deckfarbenstil weiterführte. Unter ihnen gibt es reich bebilderte Handschriften, wie beispielsweise die Erste Darmstädter Haggadah.[10] Solche Bücher waren wohl (auch) als Statussymbole gedacht und für eine schmale Elite bestimmt.

In der Berliner Staatsbibliothek befindet sich ein relativ bescheidenes Beispiel dieses Genres (Ms. or. fol. 14). Auf fol. 21v erscheinen Anleitungen zum Verzehr der Matsah und der Bitterkräuter: „Und man nimmt Kräuter, die auf *leschon kena'an* לוטכא (Lattich) heissen". Mit *leschon kena'an* ist in hebräischen Quellen die in Böhmen übliche westslawische Sprache gemeint, was auf eine böhmische Herkunft der Handschrift hindeutet. Es handelt sich um ein relativ großformatiges Buch (ca. 29,4 × 21,1 cm), dessen typische Textseite allerdings nur 13 Zeilen aufweist. Das Layout ist also besonders großzügig, die Quadratschrift gut lesbar. Initialworte sind vergrößert und erscheinen in roter Tinte. Einige davon sind hingegen als größere Tafeln gestaltet, die in einer in der Spätgotik üblichen Bildsprache vollflächig bemalt sind und vor allem Tierdarstellungen, Grotesken und Hybride enthalten; Moritz Steinschneider beschrieb sie als von „bizarrem Geschmack".[11]

→ **Abb. 2** Haggadah (Pesach-Mahzor), Add. Ms. 27210, fol. 14r, Katalonien, ca. 1320. London, British Library

Wie viele andere aschkenasische Haggadot beginnt dieses Exemplar zunächst mit einem Ritual zur Reinigung des Hauses von Gesäuertem sowie Anleitungen zur Vorbereitung des Sedertisches. Es folgt der Weinsegen, der in mehreren Versionen erscheint, je nachdem,

מכין בכורים

קימו צאו .

ובני ישראל יוצאים ביד רמה

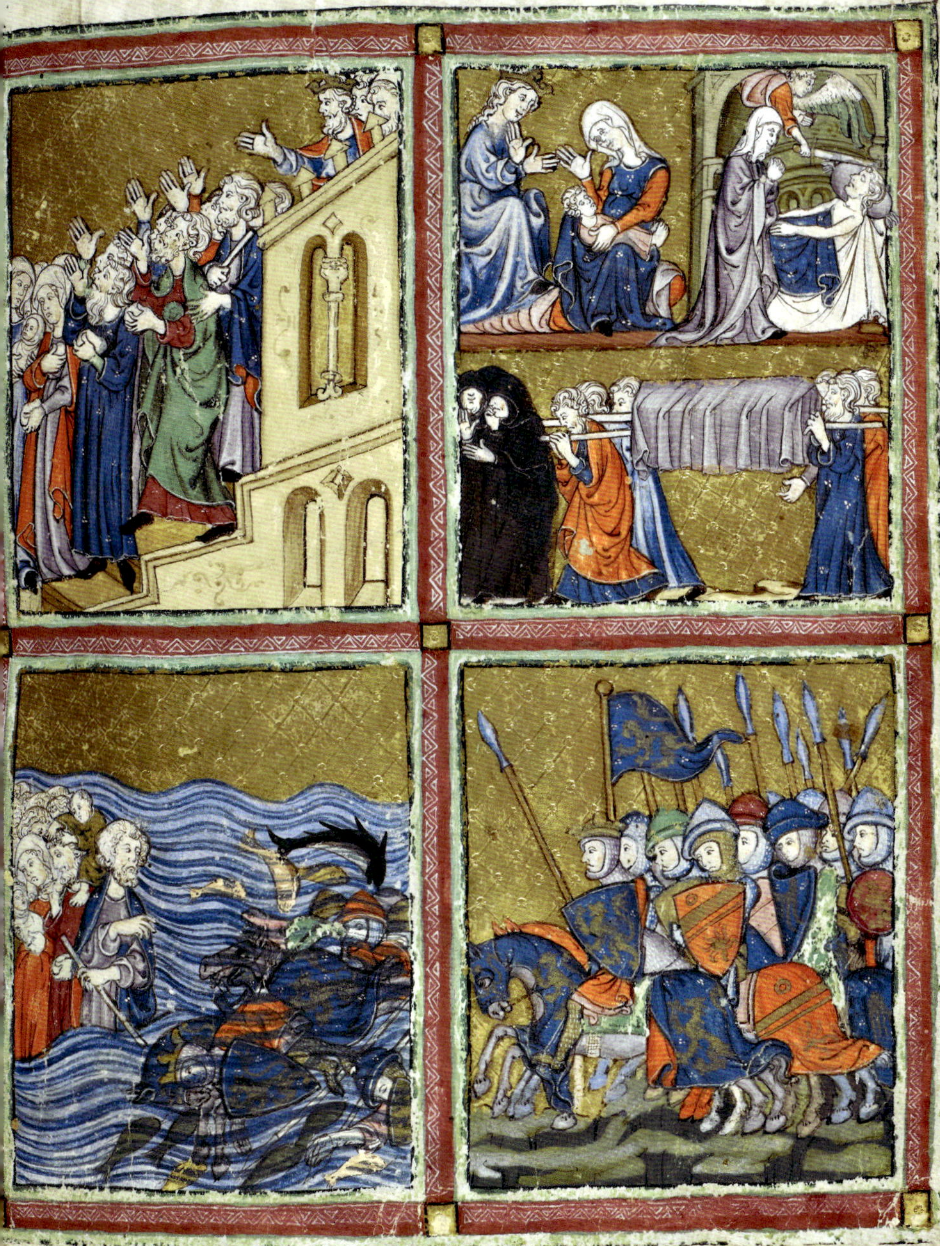

[illegible]

וינער השם את מצרים בתוך הים

כביצה מן חצי המצה שהנח המפׄ

ויאכל בהסיבת שמאל ויתן לכולם זהו אפיקומן ׳׳

ונוטלין ידיהם ואין מברכין ׳ ומוזגין כוס שלישי וברכת

המזון ושותין רביעית בהסיבת שמאל ׳׳ ואחרכך

מוזגין כוס רביעי ויפתח הפתח והחלונות ויאמר

שאין הלל המצרי והלל הגדול ׳׳

כב

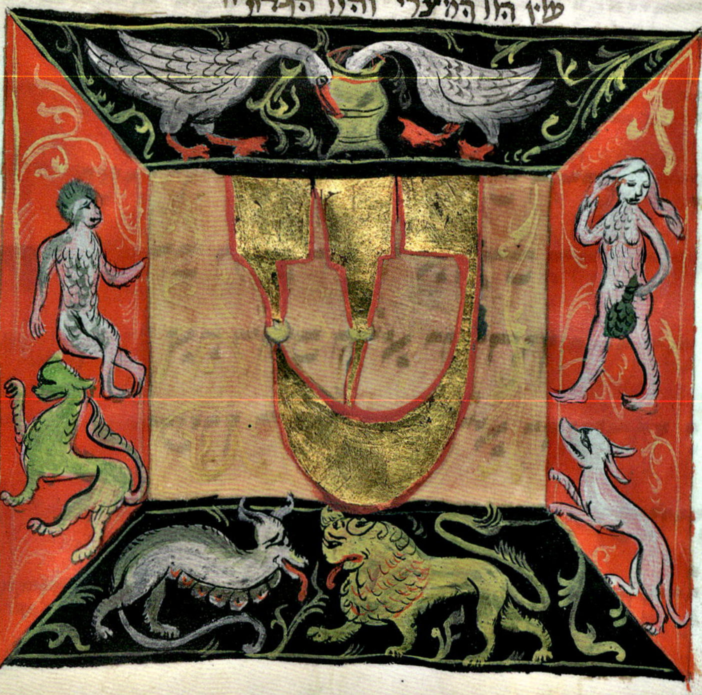

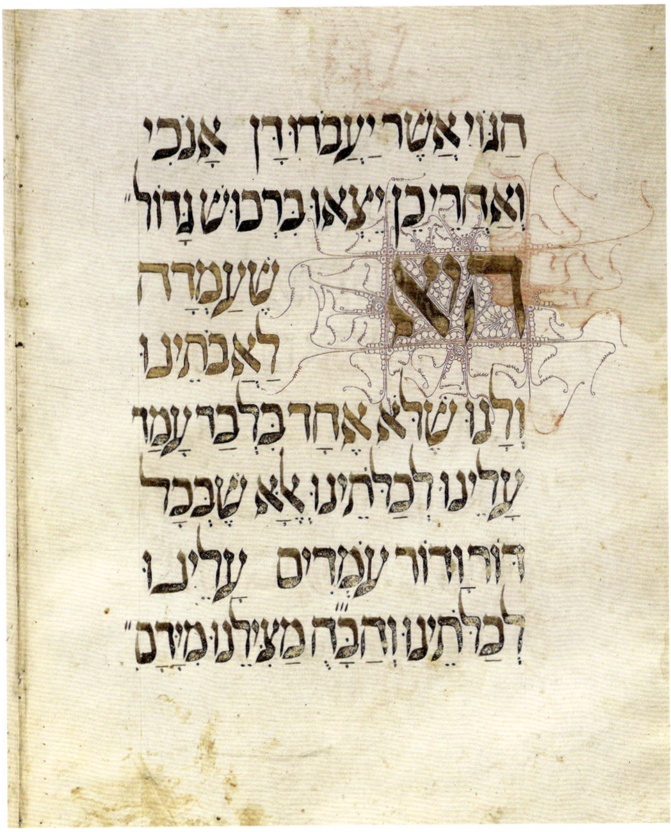

↑ Abb. 3 Haggadah, Iberien, Ms. or. fol. 569, fol. 36r. | SBB-PK

← Abb. 4 Haggadah, Aschkenas, Ms. or. fol. 14, fol. 22r, 15. Jhd. | SBB-PK

ob das Pesachritual auf einen Wochentag, einen Schabbatvorabend oder einen ausgehenden Schabbat fällt. Nach dem Weinsegen werden die bereits erwähnten performativen Ritualakte vollzogen, die dazu führen sollen, die jüngeren Teilnehmer am Seder neugierig zu machen. Da es in der Haggadah darum geht, die Ereignisse vom Auszug aus Ägypten an die nächste Generation zu vermitteln, ist ihr Inhalt in erster Linie didaktisch und beginnt als eine Art Frage-und-Antwort-Dialog zwischen Vätern und Söhnen. Nach dem Weinsegen soll eine rituelle Handwaschung stattfinden, auf die das „erste Tunken" folgt (man tunkt eine Gemüsesorte – hier Lattich – in Essig, *charoset*, ein bräunliches Mus aus Früchten, das an den Ziegellehm der ägyptischen Knechtschaft erinnern soll, oder wie auf fol. 5r in Salzwasser). Nun folgt der Kern der „Erzählung" (*maggid*), eigentlich eine Auslegung einiger Verse aus dem Buch Deuteronomium (Dtn 26:5–10). Dieser Teil beginnt mit einem voll ausgemalten Initialwort zum Abschnitt „Dies ist das Brot der Armut". Nach Abschluss dieses Teiles erfolgt eine weitere Serie performativer Akte, in deren Mittelpunkt die Matsah und die Bitterkräuter stehen. Die Seiten, die diesen Teil zum Inhalt haben, zeigen oft zahlreiche rötlich-braune Weinflecken, die die häufige Benutzung der Bücher bezeugen. In Ms. or. fol. 14 finden sich dagegen nur wenige Benutzungsspuren, was auf die Funktion dieses Buches als Statussymbol hindeutet – eine Beobachtung, die durch die Ausstattung mit Deckfarbenmalereien zusätzlich unterstrichen wird. Nach diesen Ritualakten wird die Mahlzeit eingenommen und das *hallel* rezitiert, ein Lobgebet, das aus Ps 113–118 besteht.

Die figürliche Darstellung auf fol. 22r [Abb. 4] zeigt links und rechts vom Initialwort *schefokh* (Gieße aus Deinen Zorn) Adam und Eva – erkennbar daran, dass Eva ihre Scham mit einem großen Blatt bedeckt. Die beiden nackten Figuren sind von Darstellungen wilder Männer beeinflusst und scheinen ein Fell zu haben. Adam, in sitzender Position dargestellt, hat zudem einen Tierkopf. Vogelköpfe oder andere Tierköpfe sind in Handschriften aus den deutschen Landen bis Mitte des 14. Jahrhunderts keine Seltenheit. Adams Darstellung impliziert somit ein relativ frühes Entstehungsdatum dieser Handschrift, noch vor 1350.

Das 15. Jahrhundert brachte noch weitere Haggadah-Typen hervor. Naturgemäß waren illustrierte Haggadot nur für eine kleine Minderheit bestimmt. Die Besitzer solcher Handschriften waren in jedem Fall wohlhabend; sie waren des Lesens und Schreibens kundig, aber, wie erwähnt, nicht in allen Fällen rabbinisch gebildet. Die Illustrationsprogramme dieser neuen Buchgenres wurden gezielt auf diese Bedürfnisse ausgerichtet.

In der Staatsbibliothek befinden sich keine Beispiele reich illustrierter Haggadot dieses Typs. Erhalten ist hier jedoch eine in Italien kopierte Haggadah des aschkenasischen Ritus (Ms. or. qu. 697), die im Katalogteil näher besprochen wird. Nur 22,5 cm hoch, enthält dieser Kodex lediglich 24 Blätter, ist also ein ziemlich kleines und mit 16,5 cm Breite vor allem sehr schmales Buch. Es zeichnet sich durch ein klar strukturiertes, aber – im Vergleich zu anderen Haggadot – relativ dichtes Layout aus. Initialworte sind vergrößert und jeweils mit einem Rahmen und Fleuronnée-Dekoration verziert. Zudem enthält sie zwei gemalte Textillustrationen. Die Erwähnung der Matsah und des Bitterkrauts durch Rabban Gamliel wird von Bildern einer stilisierten, scheibenartigen Matsah und eines kaktusartigen Bitterkrauts auf

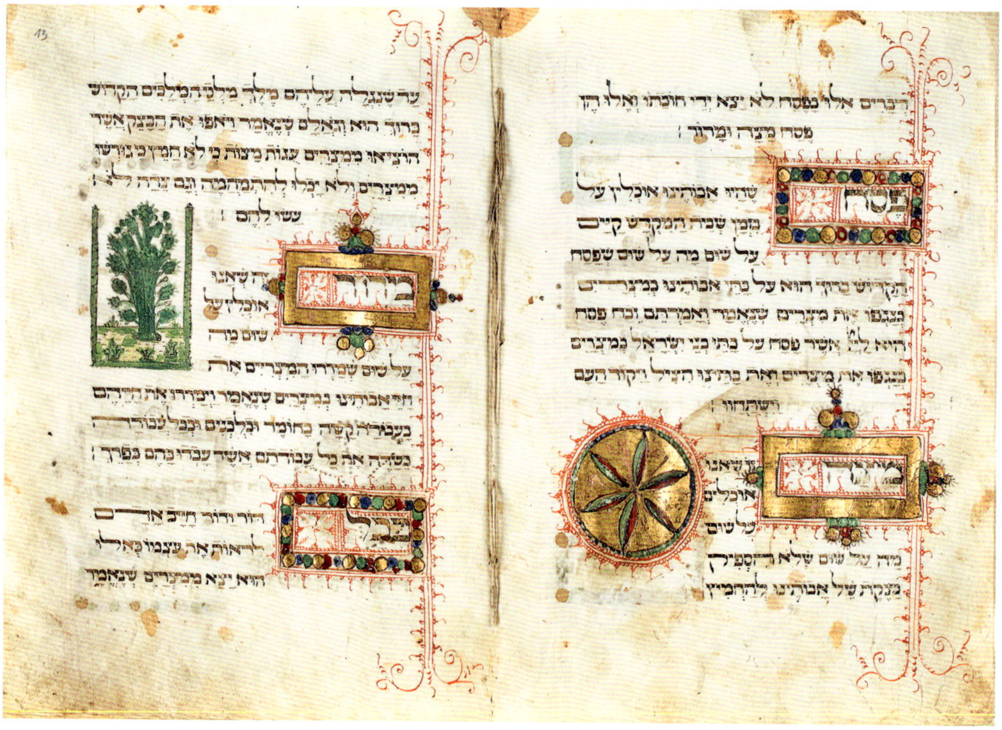

↑ Abb. 5 Ms. or. quart. 697, fols. 12v/13r. | SBB-PK

erdigem Boden begleitet (fols. 12v–13r, [Abb. 5]). Die Darstellung der Matsah und des Bitterkrauts als stilisierte Elemente geht auf die bereits erwähnte iberisch-jüdische ikonografische Tradition zurück. In Italien übernahm man diese Tradition auch in Haggadot des aschkenasischen oder italienischen Ritus; allerdings erscheinen hier die Matsah und das Bitterkraut in kleinem Format im Text oder am Textrand.

In anderen Haggadot aus Aschkenaz oder Italien lassen die Textblöcke breite Außen- und Unterränder frei, um reichlich Vignetten zu den einzelnen Stationen des Rituals zu ermöglichen. Diese ungerahmten Bilder sind nur zum Teil koloriert, meist mit lavierenden Farben. Diese Art von Büchern war erschwinglicher als die älteren, wesentlich aufwendigeren iberischen Haggadot oder vergleichbare Handschriften, die in der christlichen Gesellschaft von der Kirche oder den Höfen in Auftrag gegeben wurden.

Ein namentlich bekannter Schreiber und Illustrator zeichnete sich in diesem Genre besonders aus: Joel ben Simeon, der um 1420 im Rheinland geboren worden sein muss.[12] Nachdem er noch in Aschkenas eine Ausbildung zum Schreiber erhalten hatte, stellte er einige illustrierte Bücher her, darunter auch zwei Haggadot mit Illustrationen im lokalen, vom Holzschnitt beeinflussten Stil. Kurz vor 1450 überquerte er die Alpen, um in Norditalien als Schreiber und Illustrator zu wirken. Deutlich italienische Stilmerkmale, die nach 1450 in seinen Zeichnungen zu beobachten sind, legen nahe, dass Joel in Italien eine künstlerische Ausbildung erhalten haben könnte. Während des größten Teils seiner langen Karriere – er starb um 1490 – arbeitete er als Wanderschreiber an verschiedenen Orten in Norditalien und der Toskana, scheint aber mindestens zwei Mal in die deutschen Lande zurückgekehrt zu sein, um dort Projekte wahrzunehmen.

Unter den fast 40 Manuskripten, die Joel ben Simeon zugeschrieben werden können, befinden sich zahlreiche Haggadot. In seinen Illustrationsprogrammen neigte er zu einem einfachen Text-Bild-Verhältnis, indem er den Text an verschiedenen Stellen an den Rändern quasi wörtlich, in einer Art Wortspieltechnik, visualisierte. Ein Beispiel ist die Illustration

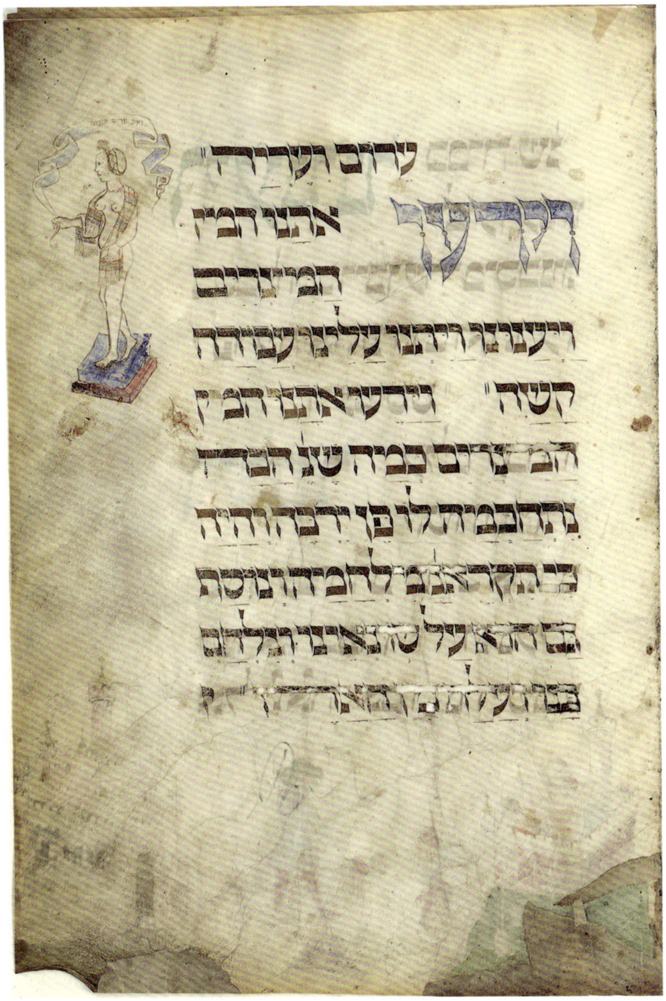

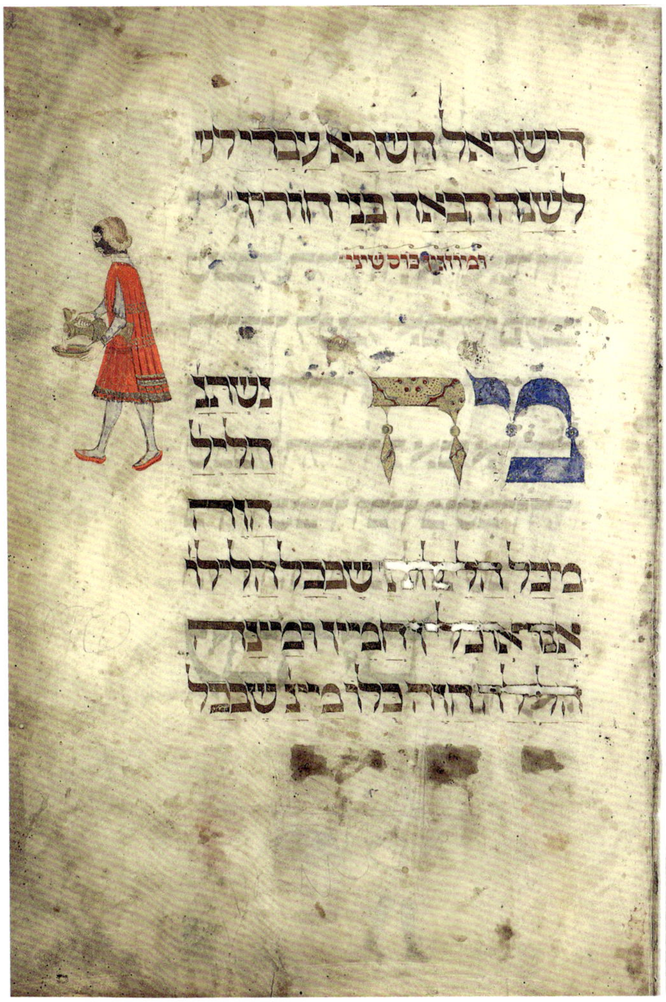

↑ **Abb. 6** Haggadah, Aschkenas oder Italien, Cod. heb. 4006230, fol. 11r, 2. Hälfte 15. Jhd., Jerusalem, National Library of Israel

↑ **Abb. 7** Haggadah, Aschkenas oder Italien, Cod. heb. 4006230, fol. 3r, 2. Hälfte 15. Jhd., Jerusalem, National Library of Israel

zum Ezechiel-Zitat in der Haggadah (Ez. 16:7): „Wie eine Pflanze des Feldes ließ ich dich wachsen und du bist gewachsen, bist groß und wunderschön geworden. Deine Brüste wurden fest und dein Haar begann zu wachsen und du warst nackt und bloß." Dieses Zitat ist von der Darstellung einer nackten jungen Frau begleitet [Abb. 6]. In ihrer prägnanten Bildsprache scheinen Joels Illustrationen vor allem als visuelle Lesehilfen gedacht zu sein. Wir finden Visualisierungen der Fragen der vier Söhne, Darstellungen der tannaitischen Rabbinen sowie von Männern, die die Matsah und die Bitterkräuter hochhalten und vorzeigen. Die meisten Bilder stellen rituelle Handlungen dar, neigen aber nicht dazu, didaktische Elemente hervorzuheben; die visuelle Kommunikation ist auf ein Minimum beschränkt.[13]

Diese Bilder markieren spezifische Momente des Rituals: Sie heben die Zeitpunkte hervor, zu denen der Wein eingeschenkt wird [Abb. 7], die Becher gehoben und geleert und die Mahlzeit zubereitet werden soll. Detaillierte Bilder des Sederrituals, die die gesamte Familie bei der Performanz ritueller Handlungen zeigen, sind selten. Ebenso finden wir nur wenige biblische Szenen, und dies nur dort, wo sie im Text ausdrücklich erwähnt werden, wie etwa die Knechtschaft in Ägypten, der Auszug aus Ägypten oder die Plagen. Nur selten handelt es sich dabei um aufwendig gestaltete Szenarien, sondern um Bilder in einer knapp gehaltenen, prägnanten Bildsprache.

Unabhängig vom Format eines bestimmten Buches enthält der Text der Haggadah in der Regel rituelle Anleitungen, die zwischen den Abschnitten des liturgischen Textes eingefügt sind. Als im 13. Jahrhundert die ersten eigenständigen Haggadot aufkamen, waren diese Textteile bereits formelhaft und zu einem festen Bestandteil der Haggadah geworden, auch wenn es von Handschrift zu Handschrift geringfügige Unterschiede gab. Die meisten dieser Anleitungen erscheinen vor dem Abschnitt „Dies ist das Brot der Armut" und nach dem sogenannten Erlösungssegen, bevor die Matsah und die Bitterkräuter gegessen und die Mahlzeit verzehrt werden. In den bisher besprochenen Haggadot sind diese Abschnitte nur selten illustriert, und wenn doch, dann ist es meist der *qiddush*, der festliche Segen über den ersten Becher Wein, dem eine Vignette beigefügt ist.

Einige Haggadot erfüllten eine komplexere Funktion, nämlich den Benutzer durch das Ritual zu führen. Ihre Illustrationszyklen gehen einen Schritt weiter als jene von Joel ben Simeon und fügen Illustrationen der rituellen Handlungen hinzu, die den Inhalt der Anweisungen visuell ergänzen. Diese konnten also vom Benutzer sowohl verbal als auch visuell rezipiert werden. Die Bilderzyklen sollten sicherstellen, dass die verschiedenen Handlungen in der richtigen Reihenfolge ausgeführt und dabei die Ritualgesetze befolgt werden. Mitte des 15. Jahrhunderts nahm die Zahl eigenständiger Haggadot zu, die sich an nicht-gelehrte Leser richteten und oft gezielt als rituelles Hilfsmittel konzipiert waren.

Die Lesehilfen und visuellen Wortspiele hatten eine ähnliche Funktion, boten aber keine explizite und detaillierte Anleitung. Sie markierten benachbarte Textabschnitte visuell und konnten so dem Benutzer des Buches helfen, sich im Text zurechtzufinden, von dem Teile vielleicht aus dem Gedächtnis rezitiert, andere hingegen gelesen wurden. Mithilfe dieser „Zeichen und Gedächtnisstützen", wie sie ein italienischer Schreiber gegen Ende des 16. Jahrhunderts bezeichnete, konnte der Sederleiter bei Bedarf immer leicht zum Text zurückkehren.

DIE HAGGADAH ALS TEIL DES GEBETBUCHES

Die illustrierte Haggadah ist also ein Resultat sozialer und kultureller Veränderungen, die im Mittelalter stattfanden und die Art und Weise beeinflussten, wie Menschen Liturgien und Rituale erlebten. Lediglich 81 eigenständige handschriftliche Haggadot sind überliefert – und damit eine erstaunlich geringe Anzahl. Während dieser gesamten Periode enthielt ein Großteil der Gebetbücher weiterhin die Haggadah. An die 500 solcher Gebetbücher sind erhalten geblieben. Dies bedeutet, dass der Großteil der jüdischen Bevölkerung sich nicht mithilfe einer eigenständigen Haggadah, sondern mit Gebetbüchern auf das Sederritual vorbereitete. Gebetbücher waren relativ unhandlich, meist sehr umfangreich, und ihren Seiten waren häufig mit dicht gedrängter Schrift gefüllt – wenig geeignet für die Nutzung während eines abendlichen, privat abgehaltenen Rituals. Für Illustrationen war kaum Platz, und sie sind in Gebetbüchern die Ausnahme. Es ist also davon auszugehen, dass man das Gebetbuch zur Vorbereitung genutzt, beim Seder selbst jedoch nicht verwendet wurde. Einzelne Bücher weisen allerdings Weinflecken im Haggadah-Teil auf, was darauf schließen lässt, dass sie im Einzelfall trotz ihrer Unhandlichkeit während des Seder zum Einsatz kamen.

Die Staatsbibliothek zu Berlin zählt drei solche Bücher zu ihrer Sammlung, die zum Abschluss hier erwähnt sein sollen. Ms. or. qu. 361 ist ein Gebetbuch in aschkenasischer Schrift aus dem 14. Jahrhundert.[14] Auf fol. 58r erfolgen Anleitungen zum ersten Tunken (*karpas*), und das Gemüse ist mit dem französischen Ausdruck *cerfeuil* (ציפוייל) statt dem unter Aschkenasim üblichen Kerbel[15] (קרביל) oder dem italienischen *cerfoglio* (צירפוליא) bezeichnet.[16] Das Bitterkraut ist *latuga* (לטוגא) benannt, wie dies in Italien oder Frankreich üblich ist, anstatt des in aschkenasischen Versionen üblichen Lattichs[17] (לטיך). Die Handschrift wurde daher

→ **Abb. 8** Gebetsbuch, Deutschland oder Italien, Ms. or. quart. 361, fol. 58v, 14. Jhd. | SBB-PK

מנהג העולם להגביה הקערה ונוטלי'
המצה שני מיני תבשילין שלא יהי'
נר' כאוכל קדשי' בחוצה לארץ נוהגי'
בדבר שלא אמ' חכמים להגביה מצה
ומרור אלא כשמגיע למרור זה ומצה
ואינו מגביה כשמגיע לפסח זה :
אין להגביה השני תבשילי' שלא :
יראה כאלו אוכל קדשי' בחוצה''
ולכך אומ' פסח ואין אומ' זה '' וה'
והחרוסת שאמ' הב מזכרת היכה
הכתושי' יחד ושרו החרוסת כלש
אותיות ואומ' ידוענו שהחרוסת :
זה צריך שיעשנו עב ומרבין זכר
לטיט ולטיט'' ועוד. צריך לתת בו
בו דברי' כ' קהוי' זכר לתפוח שנ' תח'
תחת התפוח עוררתיך'' ועוד נות
בו מיני בשמי' כעין תבן זכר ל'
לתבן שבחומר'' ושאר ה' :
הסדר ומצות יכתב :
ולפנים בתחלת היגדה''

עכל'' לעניראש

לחרין עניו ידוע ואין הגדה אלא בני'
כבבל היו מדברים לשון ארמית והיו מ
אומרין אותו כדי שיבינו הכל טף ונש'
וישאלו מה נשתנה הלילה הזה מכל
הלילות מכל הלילות ומפרשו להם עד
שאלו יכתובו נאמרים ונצריך אומ'
להגביה המצה כאלו מראה אותם :
כל דכפין ייתי אף מצוה יכין ויאכל וכל
דצריך יתין ויפסח ויעשה הפסח :
אותו אכול מצות ומרור ומפרשין
שהוא זכר לפסח הוי' ויפסח לאו פ
פסח ממש הוי' דבבל לא היה

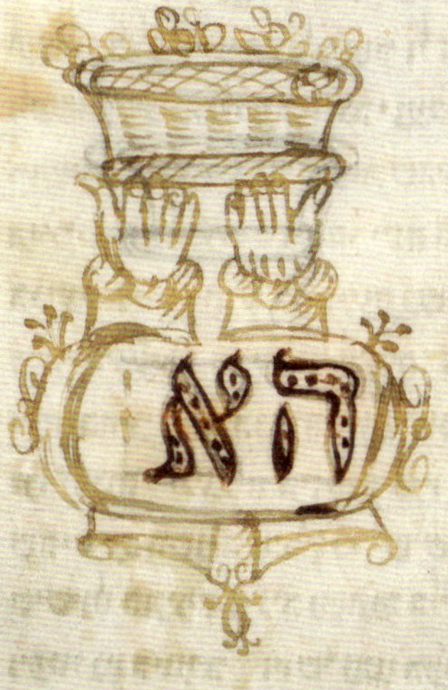

לחמא עניא דאכלו
אבהתנא בארעא ד
דמצרים כל דכפין ייתי
וייכול כל דצריך
ייתי ויפסח השתא הכ
לשנה הבאה בארעא
דישראל השתא עבדי
לשנה הבאה בני חו'
חורין'' ומוזגין
כוס שני כדי שישאלו התי'

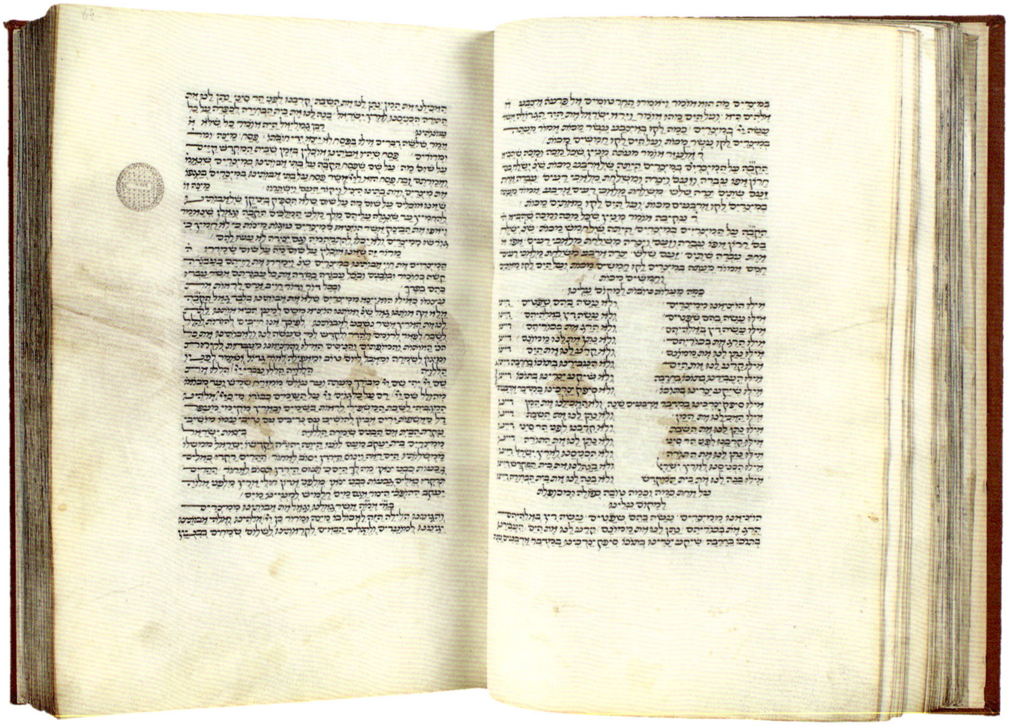

↑ **Abb. 9** Mahzor (Gebetsbuch für Feiertage), Ms. or. fol. 4200, fols. 63v/64r, Italien, 1478. | SBB-PK

möglicherweise für französische Einwanderer in Norditalien hergestellt. Auf Italien lässt die Qualität des sehr dünnen und weichen Pergaments sowie der Stil der einzigen Haggadah-Illustration (fol. 58v) hindeuten, die den Beginn des *maggid*-Abschnitts begleitet: zwei Hände, die einen Sederkorb halten. Diese Illustration erscheint in brauner statt in der schwarzen Tinte, die der Schreiber verwendete, und wurde also möglicherweise zu einem späteren Zeitpunkt hinzugefügt. Körbe waren in den deutschen Landen und Frankreich zum Seder unüblich, wurden jedoch in Italien und besonders in Iberien verwendet [Abb. 8]. Der nebenstehende Anleitungstext allerdings erwähnt eine Schüssel.

Ein Gebetbuch nach südfranzösischem Ritus (Carpentras) aus der Sammlung Hamilton umfasst nicht die Liturgien für das ganze Jahr, sondern lediglich die Pesach Haggadah, Lesungen zu Pesach und (in einem separaten, wohl hinzugebundenen Teil) Hymnen zu den anderen Wallfahrtsfesten Schavuot (Wochenfest) und Sukkot (Laubhüttenfest). Als ein relativ kleinformatiges Buch (22,8 × 16,1 cm) von nur 106 Folios war es handlich genug, um am Sederabend verwendet zu werden. Der erste Teil des Bandes, der die Haggadah und in die verschiedenen Regionen Südfrankreichs und Iberiens üblichen Pesach-*pijjutim* enthält, ist in großer Quadratschrift kopiert. Die zahlreichen Initialworte bestehen aus zoomorphen und anthropomorphen Buchstabenformen, wie sie mehrmals auch in anderen Pesach-Handschriften aus dem iberisch-südfranzösischen Raum zu sehen sind. Wie in anderen Haggadot des sefardischen Ritus finden wir eine große, stilisierte Matsah-Scheibe und ein ebenfalls stilisiertes Bitterkraut. Auffallend ist, dass spätere Benutzer mehrere Spuren hinterließen, die auf eine Beschäftigung mit dem Pesachritual oder Vorbereitungen zu demselben schließen lassen. Auf fol. 73v beispielsweise, einer leeren Seite, hat eine spätere ungeübte Hand die mnemonischen Reime hinzugefügt, die dem Sederleiter helfen sollen, die rituellen Akte in der vorgegebenen Reihenfolge zu vollziehen. Das Gleiche sehen wir auf fol. 87v, von anderer Hand - hier sind die Reime von italienischen Glossen begleitet -, sowie auf fol. 99v. Auf fols. 26v-27r sind außerdem Weinflecken zu erkennen, die die Benutzung dieses Buches während des Seders bezeugen.

Ein Machzor des römischen Ritus aus dem Jahre 1478 enthält ebenfalls den Haggadah-Text (Ms. or. fol. 4200, fols. 61-67). Als großformatiges, ziemlich umfangreiches Buch (28,9 × 20 cm, 306 fols.) weist es ein sehr professionell gestaltetes Schriftbild mit dicht gedrängten Zeilen in italienischer Halbkursive auf. Dementsprechend umfasst die Haggadah nur sechs Blätter. Vergrößerte Initialworte erscheinen nur selten. Die Erwähnung der Matsah ist von einer winzigen Illustration am Rand begleitet. Zwei der Seiten des Haggadah-Teiles weisen zwar einige wenige Weinspuren auf; doch ob dieses Buch für die Benutzung am Sederabend von vorneherein intendiert war bzw. ob es häufig auf diese Weise verwendet wurde, ist fraglich [Abb. 9].

1 Für eine detaillierte Beschreibung dieses Prozesses siehe Katrin Kogman-Appel, *The Passover Haggadah. The Emergence of a Book Genre*, in Vorbereitung.

2 Avriel Bar-Levav, „The Sacred Space of the Portable Homeland: An Archaeology of Unseen Libraries in Jewish Culture from the Medieval Period to the Internet [in Hebrew]“, in: Itzhak Hen und Iris Shagrir (Hg.), *Ut videant et contingent: Essays on Pilgrimage and Sacred Space in Honour of Ora Limor* (Raanana: Open University, 2011), 297-320, bes. 299.

3 David Stern, „The First Jewish Books and the Early History of Jewish Reading“, in: *Jewish Quarterly Review* 98.2 (2008), 163-202.

4 Dahinter stand die Verordnung, jüdische Bücher wegen vermeintlich antichristlicher Inhalte zu zensieren. Die Listen werden heute im Archiv der Jüdischen Gemeinde von Mantua aufbewahrt, und ein vollständiger Satz von Digitalisaten ist auf der Website des Biblioteca Teresiana in Mantua einzusehen, http://digiebraico.bibliotecateresiana.it/sfoglia.php?tipo=filza&op=esplora_ric&gruppo=FIL005&sottogruppo=CAR001&offset=0 (25.8.2024), Filza 005, cartella 01.

5 Beide Texte wurden in modernen Editionen veröffentlicht: *Seder Rav Amram Ga'on*, hg. von Daniel Goldschmidt (Jerusalem: Rav Kook Institute, 1972); zu einer englischen Übersetzung siehe *Seder R. Amram Gaon*, Teil 1: David Hedegaard (Hg.), *Hebrew Text with Critical Apparatus, Translation with Notes and Introduction* (Lund: Lindstedts Universitets-Bokhandel, 1951-1974); Israel Davidson u. a. (Hg.), *Siddur Rav Sa'adia Ga'on* (Jerusalem: Mekitze Nirdamim, 1963).

6 Ephraim Kanarfogel, „Prayer, Literacy, and Literary Memory in the Jewish Community of Medieval Europe“, in: Ra'anan Boustan u. a. (Hg.), *Jewish Studies at the Crossroads of Anthropology and History* (Philadelphia: University of Pennsylvania Press, 2011), 250-270.

7 Siehe z. B. *Tosefta*, Saul Liebermann (Hg.), *Rosh Hashanah* 2:18 (Newark: Rabinowitz Institute, 1955-1988).

8 Die Literatur zur Entwicklung des Pesachrituals ist sehr umfangreich, und dies ist nicht der Rahmen, sie in ihrer Gesamtheit aufzulisten; siehe bes. Baruch M. Bokser, *The Origins of the Seder. The Passover Rite and Early Rabbinic Judaism* (Berkeley u. a.: University of California Press, 1984); Joseph Tabory, *The Passover Ritual throughout the Generations* [hebr.] (Tel Aviv: Hakibbutz Hemeuchad, 1996); Clemens Leonhard, *The Jewish Pesach and the Origins of the Christian Easter. Open Questions and Current Research* (Berlin/New York: De Gruyter, 2006), bes. Kap. 3 und 4.

9 London, British Library, Add. MS 27210. Für eine Studie zu illustrierten Pesach-Haggadot aus Iberien siehe Katrin Kogman-Appel, *Illuminated Haggadot from Medieval Spain: Biblical Imagery and the Passover Holiday* (University Park, PA: Pennsylvania State University Library, 2006).

10 Darmstadt, Universitäts- und Landesbibliothek, cod. or. 8.

11 Moritz Steinschneider, *Die Handschriften-Verzeichnisse der Königlichen Bibliothek zu Berlin*, Teil 2: *Verzeichniss der hebraeischen Handschriften* (Berlin: Vogt, 1878), Nr. 8.

12 Zuletzt zur Person des Joel ben Simeon siehe Franziska Amirov, *Jüdisch-christliche Buchmalerei im Spätmittelalter. Aschkenasische Haggadah-Handschriften aus Süddeutschland und Norditalien* (Berlin: Deutscher Verlag für Kunstwissenschaft, 2018).

13 Beispiele dazu befinden sich in Cologny-Genève, Fondation Martin Bodmer, cod. Bodmer 81; Jerusalem, National Library of Israel, MS 40613°, Rothschild Haggadah; London, British Library, Add. MS 14762, London Haggadah; Washington, Library of Congress, Hebr. Ms. 181, Washington Haggadah.

14 Die Haggadah befindet sich auf fols. 56v-69v.

15 So z. B in der Zweiten Nürnberger Haggadah, London, Privatsammlung David Sofer, fol. 4r.

16 So in Parma, Biblioteca Palatina, MS Parm. 2896, fol. 5r.

17 Sammlung Sofer, fol. 4r.

Ein Gebetbuch der besonderen Art. Der Hamilton Siddur

Dana Eichhorst

Im Jahr 1882 veräußerten die Erben des 10. Duke of Hamilton, Alexander Hamilton (1767–1852), einen Teil von dessen umfangreicher Sammlung mittelalterlicher Handschriften für etwa 82.000 Pfund an die preußische Regierung. Auf diese Weise gelangten 584 Handschriften aus einem Palast in Schottland nach Berlin, davon 506 in die Königliche Bibliothek und 78 in das Kupferstichkabinett bzw. das Museum für Völkerkunde.[1] Einige dieser Hamilton-Handschriften zeichnen sich durch besonders kunstvoll ausgeführte Miniaturen oder eine besondere Gestaltung aus, darunter auch eine unter dem Namen „Hamilton Siddur“ bekannte Pergamenthandschrift.

↓ Abb. 1 Instandsetzungsbericht des Buchrestaurators Hans Heiland aus Zuffenhausen vom Oktober 1961.

↓ Abb. 2 Spaniers handschriftlicher Katalog ist unter dem Titel „Hebräische Handschriften beschrieben von Arthur Spanier, Berlin 1935“ erfasst und wird von der Staatsbibliothek Berlin in digitaler Form zur Verfügung gestellt: https://staatsbibliothekberlin.de/fileadmin/user_upload/zentrale_Seiten/orientabteilung/pdf/III_E_Spanier.pdf.

Die unter der Signatur Ms. or. Hamilton 288 geführte hebräische Handschrift misst handliche 21,8 × 17,5 × 4,5 cm und umfasst insgesamt 106 Folios. Wie der Buchrestaurator Hans Heiland aus Zuffenhausen in seinem Instandsetzungsbericht vom Oktober 1961 bemerkt, war der Hamilton Siddur vor seiner Instandsetzung in einem eher leidlichen Zustand. Die Heftung hatte sich gelöst, die Pergamentblätter wellten sich, und einzelne Farbpartikel bröckelnden von der Schrift und den Zeichnungen ab [Abb. 1].

Es sind vor allem diese Zeichnungen, die den Hamilton Siddur so besonders machen. Sie befinden sich im ersten der zwei Teile umfassenden Handschrift. Beide Teile, die vermutlich erst nachträglich zu dem heute vorliegenden Kodex gebunden wurden, sind in sefardischer Quadratschrift geschrieben und werden in die Anfänge des 14. Jahrhunderts datiert. Arthur Spanier, der ab 1921 in der Judaica- und Hebraica-Abteilung der Preußischen Staatsbibliothek arbeitete, schreibt in einem seiner Notizhefte, in denen er die hebräischen Handschriften

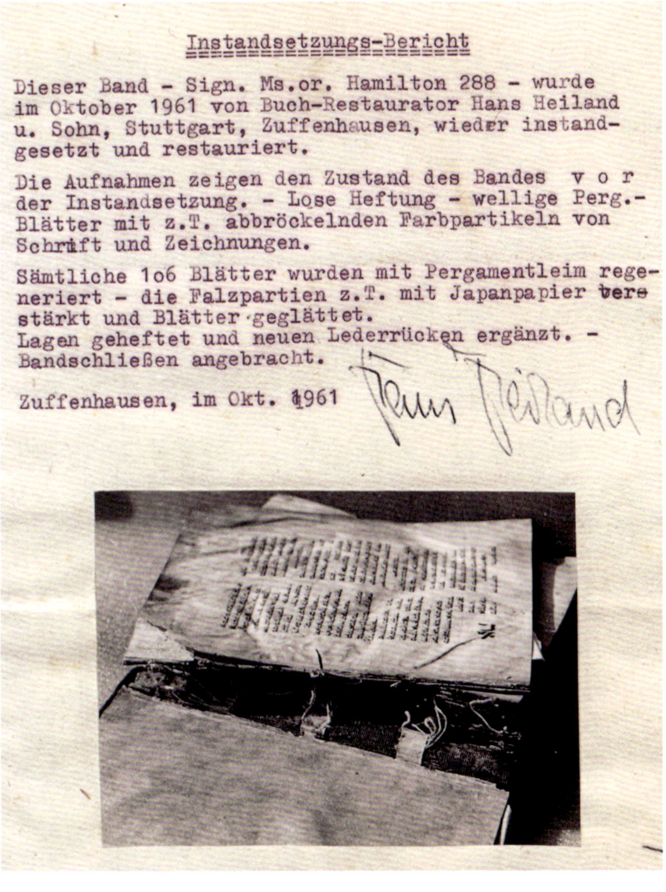
Instandsetzungs-Bericht

Dieser Band - Sign. Ms.or. Hamilton 288 - wurde im Oktober 1961 von Buch-Restaurator Hans Heiland u. Sohn, Stuttgart, Zuffenhausen, wieder instandgesetzt und restauriert.

Die Aufnahmen zeigen den Zustand des Bandes v o r der Instandsetzung. - Lose Heftung - wellige Perg.-Blätter mit z.T. abbröckelnden Farbpartikeln von Schrift und Zeichnungen.

Sämtliche 106 Blätter wurden mit Pergamentleim regeneriert - die Falzpartien z.T. mit Japanpapier verstärkt und Blätter geglättet.
Lagen geheftet und neuen Lederrücken ergänzt. - Bandschließen angebracht.

Zuffenhausen, im Okt. 1961 Hans Heiland

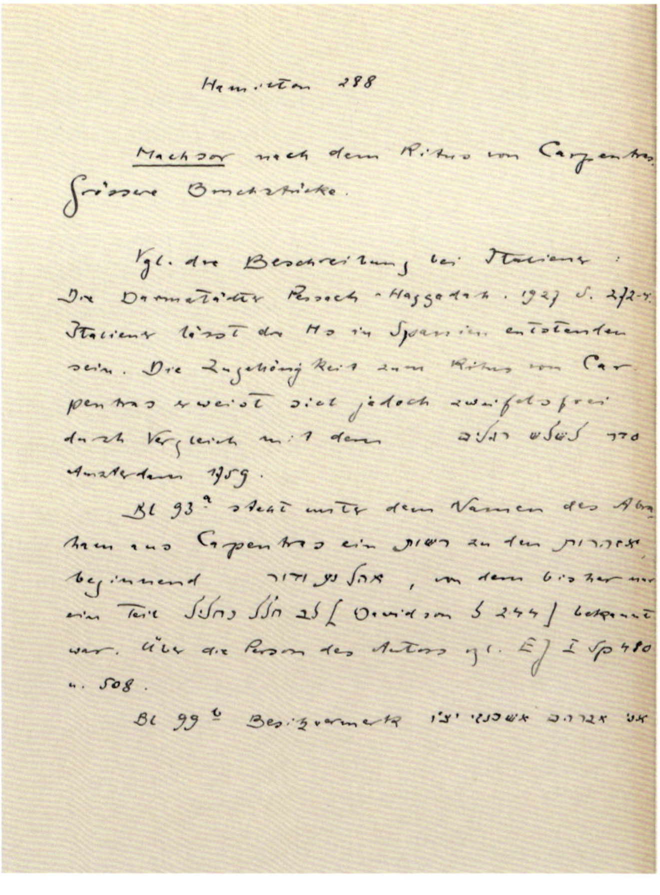
Hamilton 288

Machsor nach dem Ritus von Carpentras
Grössere Bruchstücke.

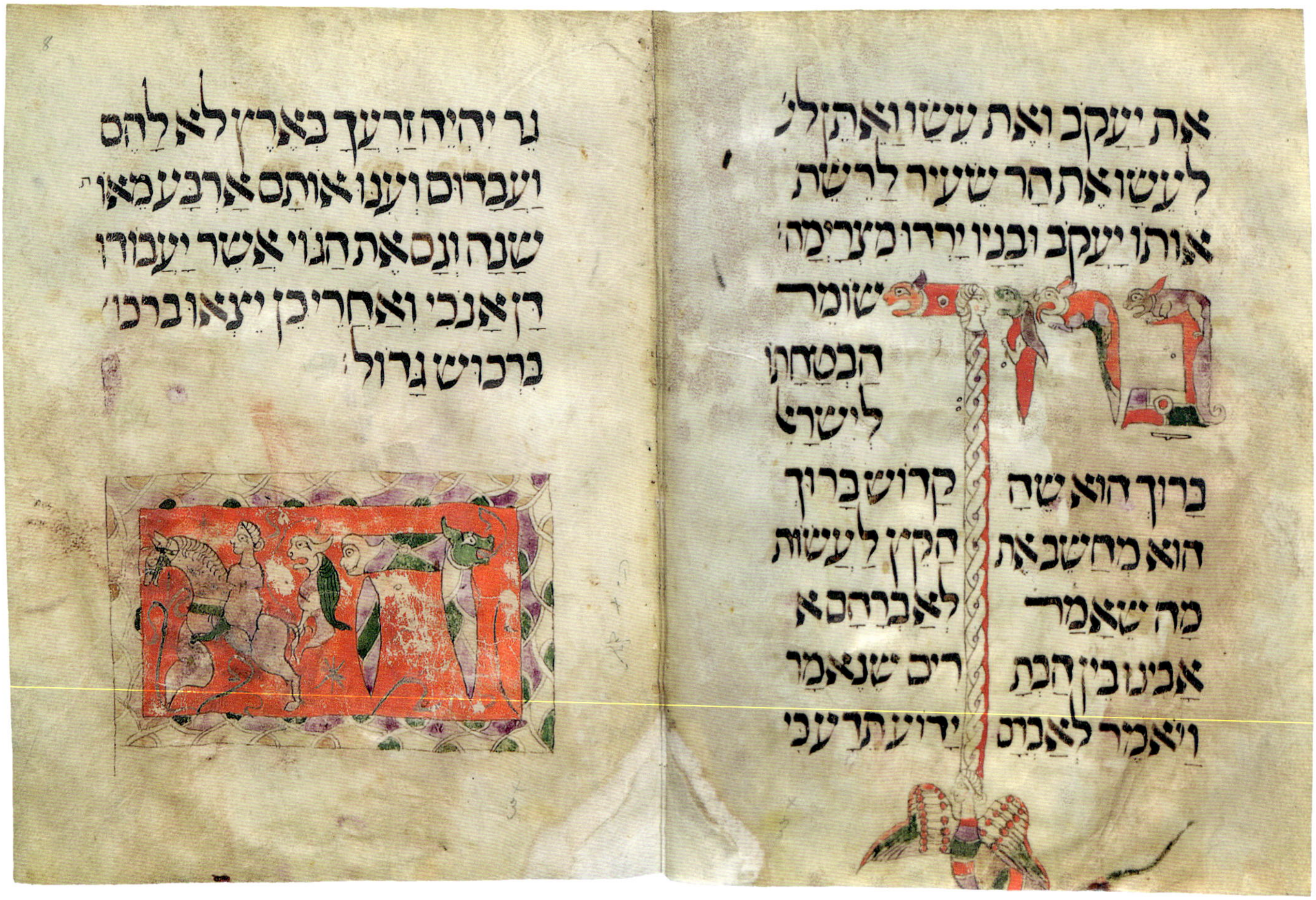

↑ **Abb. 3** Hamilton Siddur 288, fols. 7v/8r | SBB-PK

→ **Abb. 4** Hamilton Siddur 288, fols. 20v/21r | SBB-PK

→ **Abb. 5** Hamilton Siddur 288, fols. 22v/23r | SBB-PK

der Bibliothek erfasste, unter dem Eintrag Hamilton 288: „Machsor nach dem Ritus von Carpentras. Grössere Bruchstücke.“[2] Abb. 2 Außerdem verweist er in seinem Eintrag auf Bruno Italiener, der die Berliner Handschrift in seiner Edition der Darmstädter Pesach-Haggadah von 1927 genauer beschrieb:[3] Dabei vermutete er Spanien als Ursprungsregion und erkannte, wie später auch Arthur Spanier, die Nähe zum „Machsor Carpentras“.[4]

Ein Siddur wie auch ein Machzor ist ein jüdisches Gebetbuch, wobei die Begriffe bis in die Neuzeit nicht eindeutig voneinander getrennt sind. Das zeigt sich an Arthur Spaniers Bezeichnung der Hamilton-Handschrift als „Machsor“, während sie heute als „Hamilton Siddur“ geführt wird. Der hebräische Begriff *seder* (סדר) bedeutet „feste Ordnung“ oder „bestimmte Reihenfolge“ und ist in der jüdischen Tradition eng mit dem Gebet verknüpft, weshalb die Begriffe *Seder* und *Siddur* zu feststehenden Termini für Gebetordnungen wurden. Parallel hat sich der Begriff Machzor etabliert, um die wiederkehrende synagogale Ordnung zu bezeichnen. Der Begriff leitet sich vom Verb *chazar* (חזר, regelmäßig wiederkehren) ab, weshalb Machzor ursprünglich den Kreislauf des Jahres bezeichnete und im Kalenderwesen Verwendung fand. Die ältesten Machzorim waren daher noch Kalender, denen dann dem Jahreslauf entsprechend die Anordnungen für die Gebete beigefügt wurden. Mit zunehmender Bedeutung der Poesie in der Liturgie rückte der Kalender mehr und mehr in den Hintergrund, aber die Bezeichnung blieb.[5] Ein Machzor enthält heute die öffentlichen Stammgebete und *pijjutim* – liturgische Gedichte – für die Festtage des Jahres sowie für die besonderen Schabbatgottesdienste, ein Siddur die Gebete für den privaten Gebrauch.[6] Diese umfassen zum

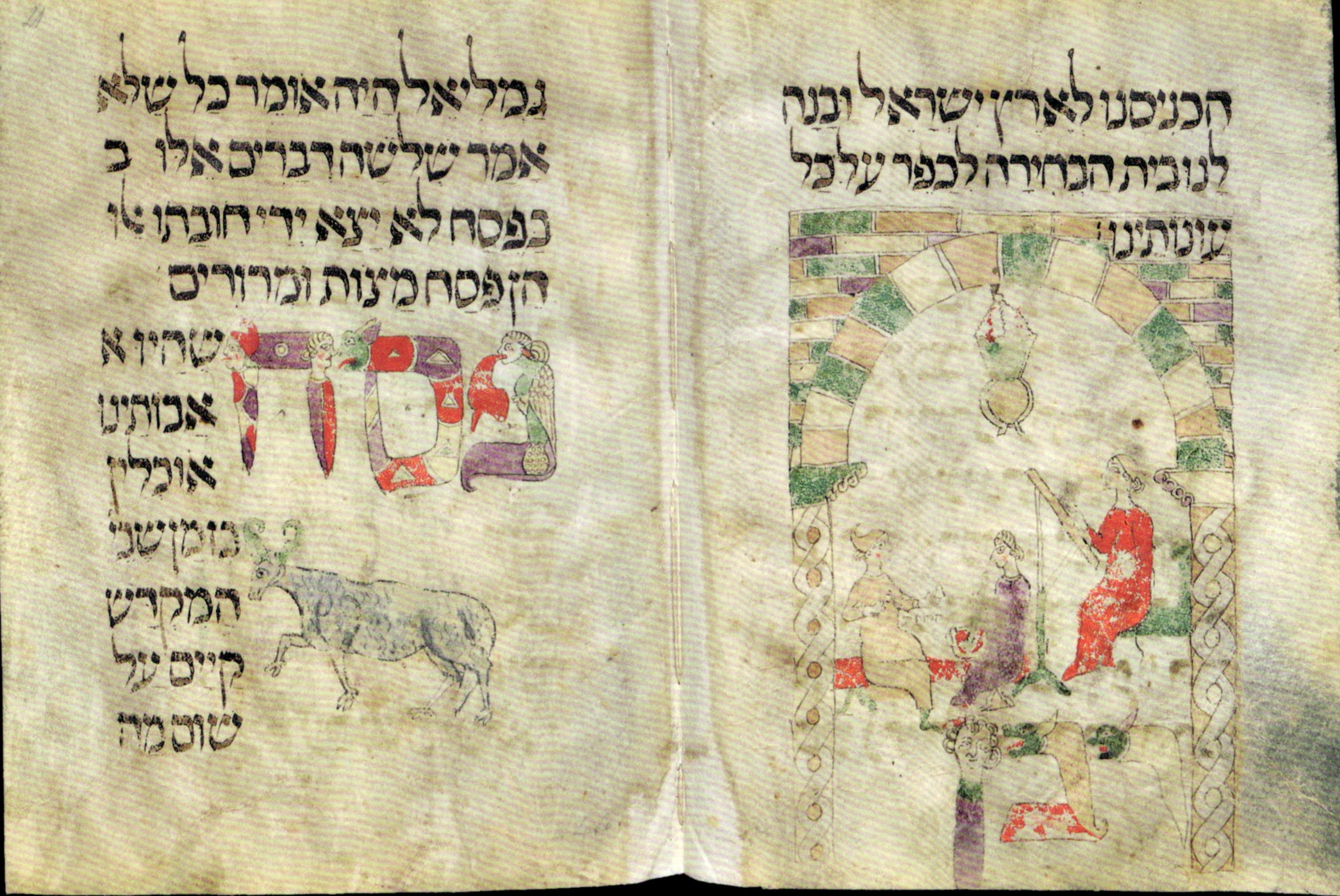
הכניסנו לארץ ישראל ובנה
לנו בית הבחירה לכפר על כל
עונותינו:
רבן
גמליאל היה אומר כל שלא
אמר שלשה דברים אלו ב
בפסח לא יצא ידי חובתו או
הן פסח מצות ומרורים
פסח
שהיו א
אבותינו
אוכלין
בזמן שבי
המקדש
קיים על
שום מה

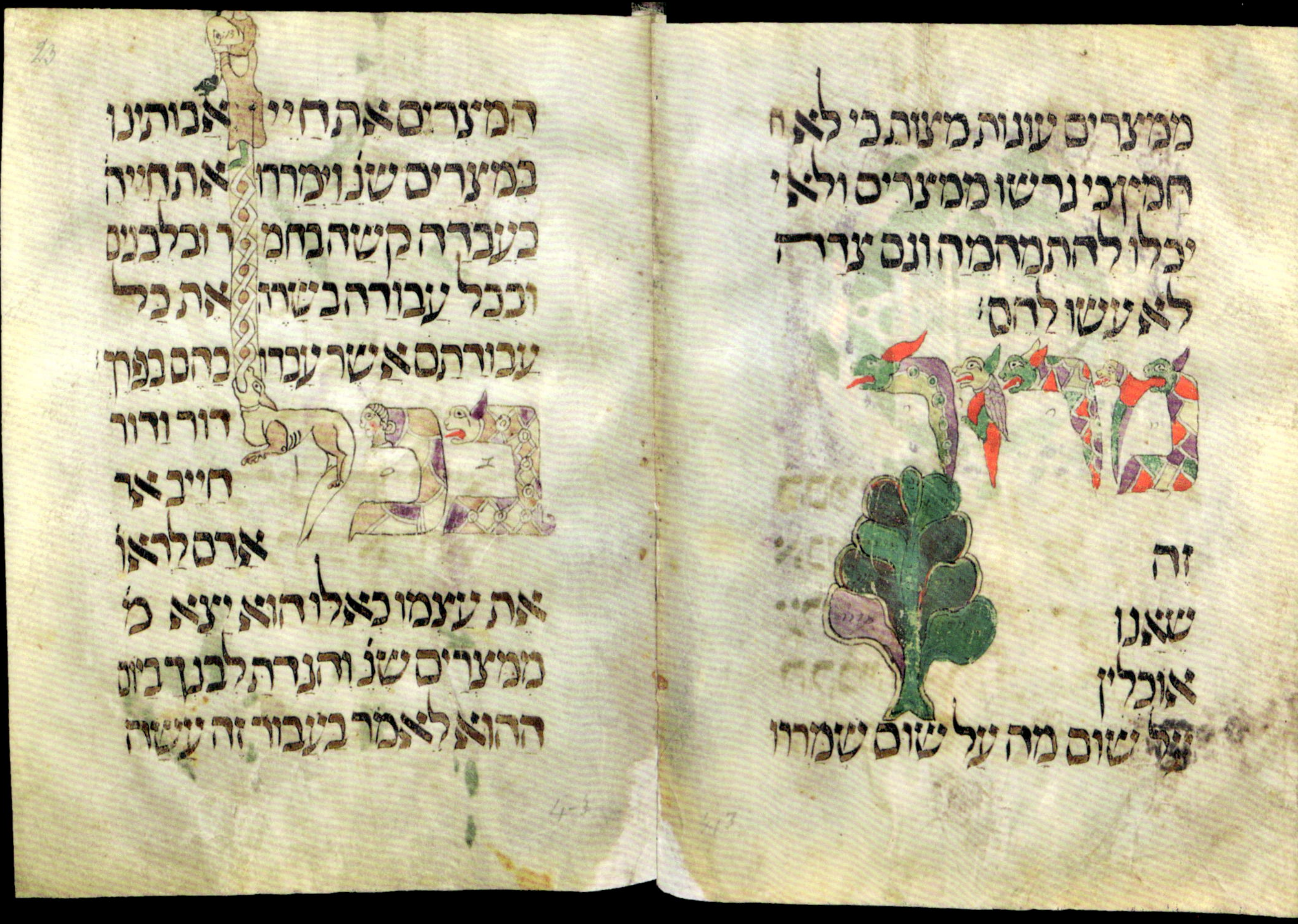
ממצרים עוגות מצות כי לא ח
חמץ כי גרשו ממצרים ולא י
יכלו להתמהמה וגם צדה
לא עשו להם:
מרור
זה
שאנו
אוכלין
על שום מה על שום שמררו
המצרים את חיי אבותינו
במצרים שנ' וימררו את חייה
בעבדה קשה בחמר ובלבנים
ובכל עבודה בשדה את כל
עבודתם אשר עבדו בהם בפרך
בכל
דור ודור
חייב אד
אדם לראו
את עצמו כאלו הוא יצא מ
ממצרים שנ' והגדת לבנך ביום
ההוא לאמר בעבור זה עשה

einen die alltäglichen Gebete und jene, die am Schabbat oder beispielsweise auch zu Pesach gesprochen werden, und zum anderen auch solche zu besonderen zeremoniellen Anlässen wie einer Hochzeit oder Beschneidung.

Während Inhalt und Ordnung der Gebetbücher grosso modo standardisiert sind, gibt es jedoch viele lokal voneinander abweichende Ausdrucksvarianten, weshalb man zum Beispiel vom Machzor bzw. Ritus von Carpentras spricht. Die bekanntesten liturgischen Riten (*minhagim*), die nach den sich in den verschiedenen geografischen Räumen entstandenen Traditionen bezeichnet werden, sind der sefardische und der aschkenasische Ritus Abb. 3, 4 und 5.[7]

Der Hamilton Siddur folgt mit einigen Abweichungen dem spanischen Ritus (sefardisch) und weist die bereits erwähnten Parallelen zum Ritus der südfranzösischen Gemeinde von Carpentras auf. Die Handschrift umfasst eine Sammlung verschiedener Gebetstücke und *pijjutim* zu einzelnen Festtagen wie Simchat Torah, Sukkot, Schavuot und Pesach, die sich vor allem im zweiten Teil (ab fol. 74r) finden Abb. 6. Hierbei ist anzumerken, dass die Lagen in einer falschen Reihenfolge angeordnet wurden. Im Unterschied zum ersten Teil sind die Seiten dieses Gebetsbuches in kleinerer Schrift und mit mehr Zeilen beschrieben. Dieser zweite Teil ist in seiner Erscheinung im Ganzen deutlich schlichter, da sich hier Zeichnungen oder Verzierungen wie jene, die den ersten Teil auszeichnen und die Handschrift so besonders machen, nicht finden.

↓ Abb. 6 Ms. or. Hamilton 288, fol. 20v | SBB-PK

↓ Abb. 7 Ms. or. Hamilton 288, fol. 25r | SBB-PK

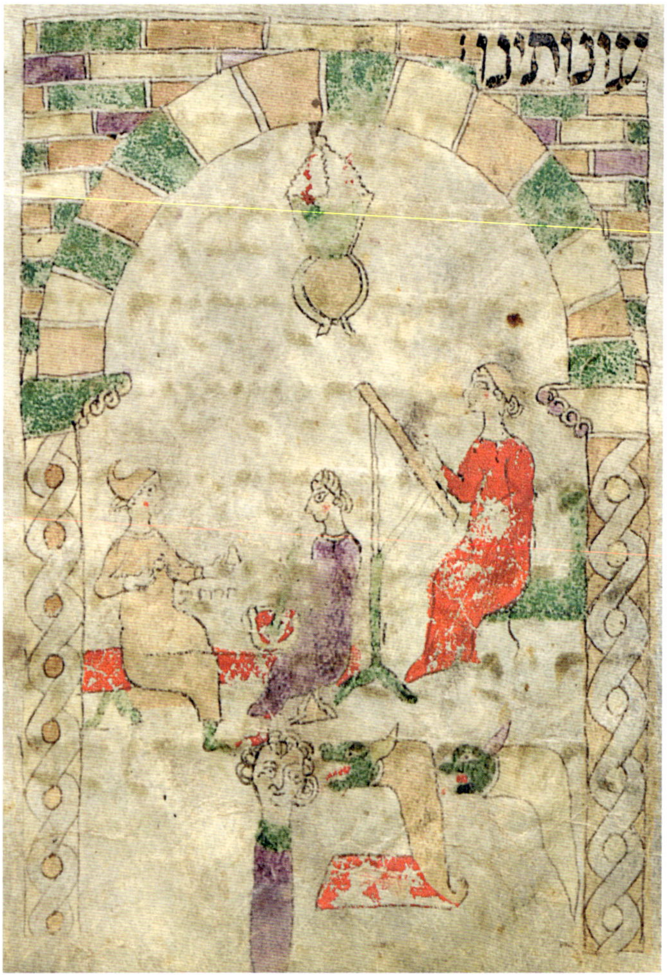

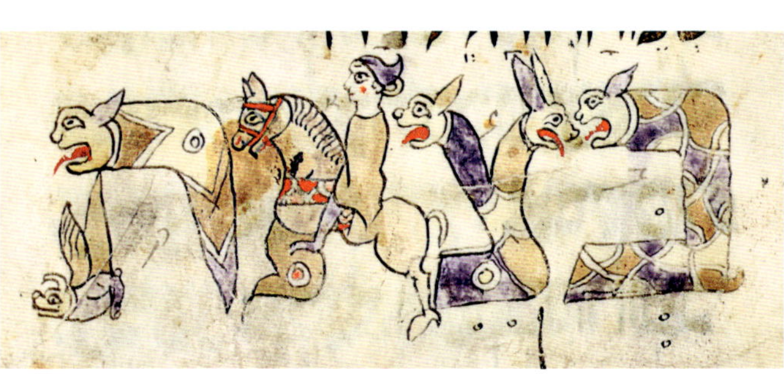

Der erste Teil der Handschrift enthält eine Pesach-Haggada[8] mit *pijjutim* sowie eine aramäische Paraphrase (Targum Onqelos) zu *beschalach* (Ex 13:17–17:16). Wie viele andere erhaltene Haggadah-Handschriften[9] ist auch diese besonders reich illuminiert und illustriert. Neben einigen Illustrationen, die den Text der Haggadah untermalen, zeichnet sich die Handschrift vor allem durch einen originellen Initialschmuck aus. Die Buchstaben einzelner Worte, zumeist die Anfangsworte der Textabschnitte, sind mit farbenfroh verspielten Mustern verziert und in charakteristischer Weise ausgestaltet. So verwandelt sich zum Beispiel der Buchstabe *alef* (א) in ein Pferd mit Reiter oder die Oberlinie eines Buchstabens in eine Kreatur Abb. 7. Besonders häufig finden sich Hunde, Hasen, engelgleiche bzw. greifartige Flugwesen oder auch Menschenköpfe mit einer Vielfalt an Frisuren und Kopfschmuck bzw. Kopfbedeckungen. Die Verzierung der Buchstaben und insbesondere ihre Gestaltung als originelle Kreaturen erinnert an die Tradition der Buchstabenmalerei, wie sie im berühmten Macclesfield Alphabet-Buch[10] bezeugt ist. Die gestalterische Ausführung ist insgesamt sehr dekorativ, aber nicht nur das: Sie ist zugleich symbolisch und illustrativ Abb. 8.

Darstellungen von Pferden und insbesondere von Hunden finden sich in zahlreichen mittelalterlichen Handschriften – in lateinischen, arabischen und eben auch in hebräischen. Pferd und Hund dienten den Menschen im Mittelalter bei der Arbeit, der Jagd, im Kampf, zur Fortbewegung oder sogar der Unterhaltung. Aufgrund ihrer Eigenschaften symbolisieren sie daher bis heute Treue und Loyalität Abb. 9.[11] In religiösen Kontexten kommt den Darstellungen von Tieren in Handschriften

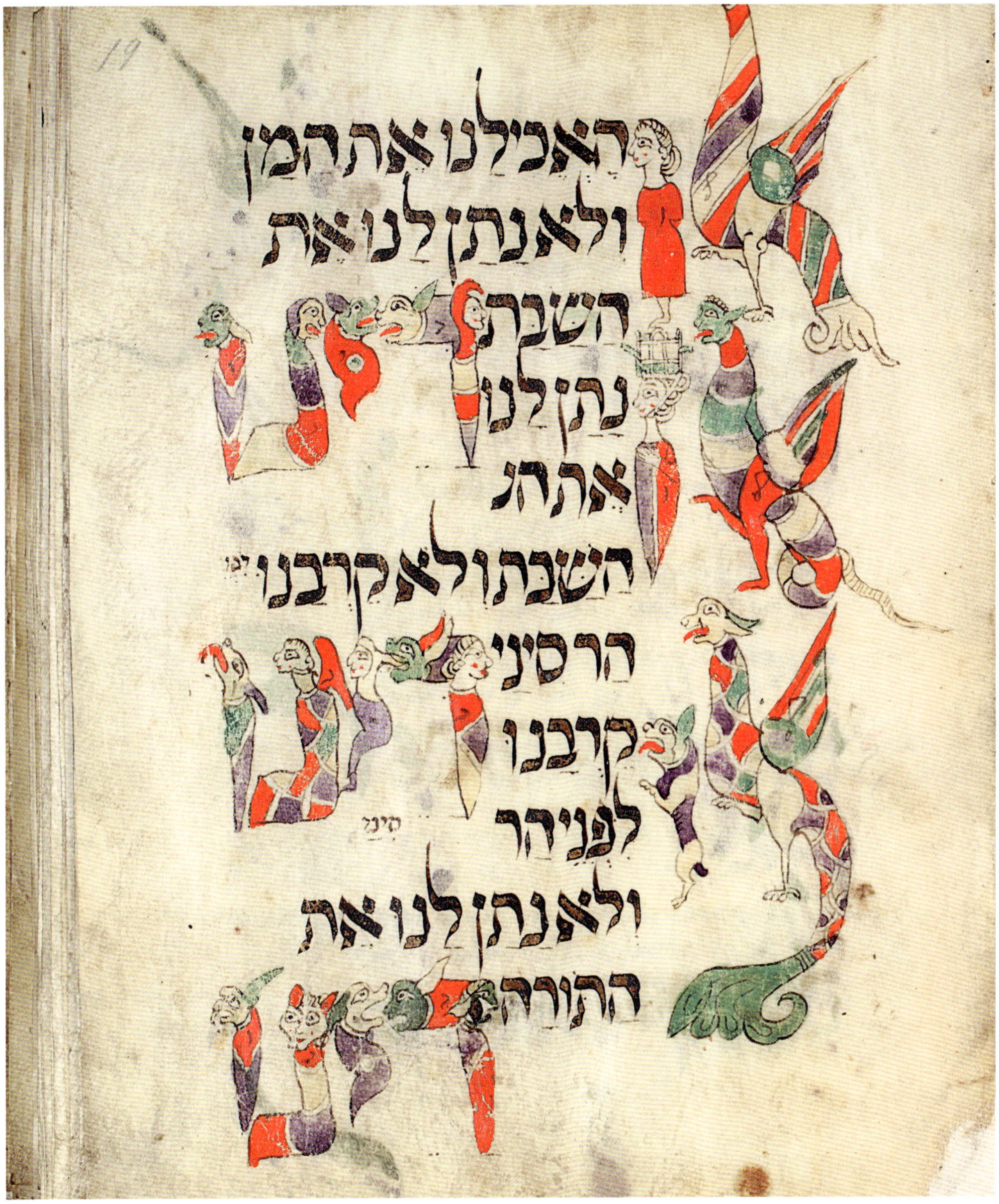

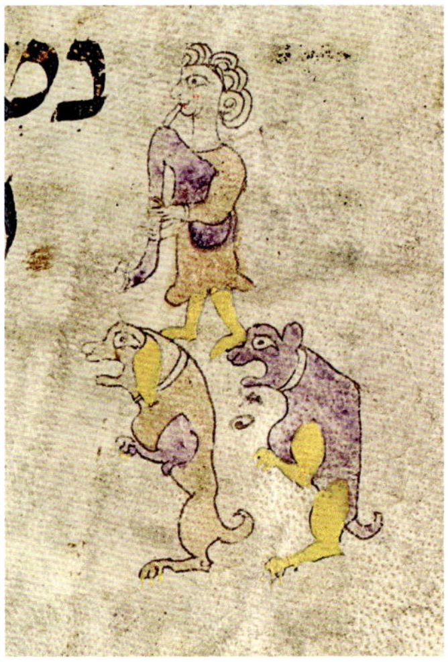

← **Abb. 8** Ms. or. Hamilton 288, fol. 19r | SBB-PK

↑ **Abb. 9** Ms. or. Hamilton 288, fol. 28v | SBB-PK

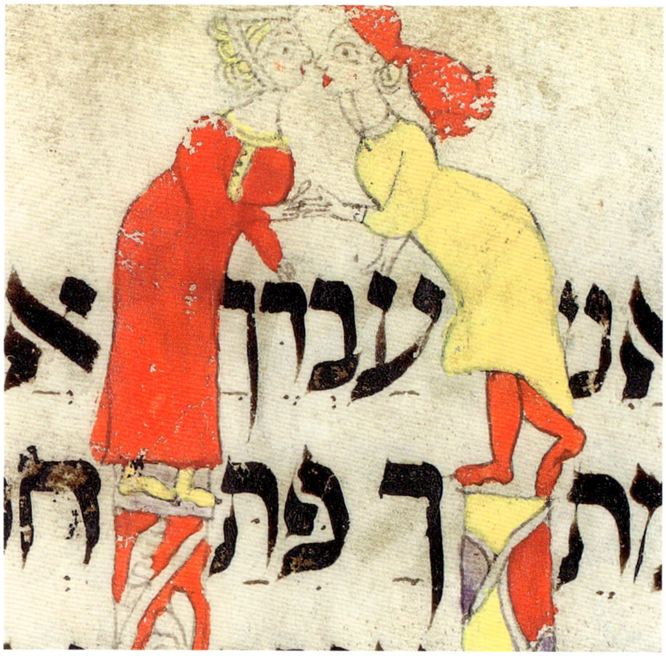

↑ **Abb. 10** Ms. or. Hamilton 288, fol. 30v | SBB-PK

wie einer Haggadah oftmals eine weitere Bedeutungsebene zu, indem sie jeweils spezifische Aspekte des Textes - teils symbolisch - illustrieren. In aschkenasischen Pesachgebetbüchern beispielsweise dient die Darstellung einer Hasenjagd als eine Eselsbrücke, um die Abfolge der Segenssprüche leichter zu erinnern; so steht „Jag' nen Has" für die hebräischen Anfangsbuchstaben der entsprechenden Schlüsselworte.[12] Sefardische Gebetbücher wiederum zeigen häufig einen von Esau erjagten Hasen, der Jakob und Israel symbolisieren soll.[13] In mittelalterlichen Haggadah-Darstellungen wird zudem oftmals eine spezifisch antijüdische Trope christlicher Kunst umgekehrt: Symbolisiert der Hund in christlichen Darstellungen die Verfolger Christi, steht er in jüdischen Handschriften hingegen oftmals für die Christen und durch sie erlittene Verfolgungen. Die symbolische Bedeutung wird in diesem Fall nicht nur adoptiert, sondern vielmehr auch adaptiert.[14] Aus diesem Grund ist es durchaus denkbar, dass einige der Darstellungen von Hunden bzw. von Hasen jagenden Hunden in der Berliner Handschrift auf diese symbolische Weise gelesen werden können.

Andere hingegen scheinen vielmehr den Sitz des Lebens der Handschrift zu spiegeln. Welche Bedeutung hat der Zeichner wohl den beiden Hunden zugedacht, die zur Musik eines Dudelsacks zu tanzen scheinen [Abb. 9],[15] oder den beiden Frauen in Gelb und Rot, die sich, auf zwei Buchstaben stehend, die Hände reichen? [Abb. 10]

Der Hamilton Siddur ist mehr als ein Gebetbuch. In ihm vereinen sich Buchstaben und bildliche Darstellung in origineller, mitunter verspielter Weise zu einer bildhaften Lesart des eigentlichen Textes. Zugleich ist er ein Spiegel der fantasievollen Gedanken- und Vorstellungswelt seines mittelalterlichen Schöpfers.

1 Siehe Eugen Paunel, *Die Staatsbibliothek zu Berlin: Ihre Geschichte und Organisation während der ersten zwei Jahrzehnte seit ihrer Eröffnung 1661–1871* (Berlin: Walter De Gruyter & Co, 1965), 370–371; siehe auch *Jüdische Handschriften: Restaurieren, Bewahren, Präsentieren*, hg. von Petra Werner und Julia Bispinck, Ausst.-Kat. Staatsbibliothek zu Berlin – Preußischer Kulturbesitz, Bd. 1 (Berlin: SBBPK, 2002), 92–95.

2 Spaniers handschriftlicher Katalog ist unter dem Titel *Hebräische Handschriften beschrieben von Arthur Spanier, Berlin 1935* erfasst und wird von der Staatsbibliothek Berlin in digitaler Form zur Verfügung gestellt: https://staatsbibliothek-berlin.de/fileadmin/user_upload/zentrale_Seiten/orientabteilung/pdf/III_E_Spanier.pdf.

3 Bruno Italiener (Hg.), *Die Darmstädter Pessach-Haggadah: Codex Orientalis 8 der Landesbibliothek zu Darmstadt aus dem vierzehnten Jahrhundert* (Leipzig: Verlag Karl W. Hiersemann, 1927), 272–274.

4 Die Erstausgabe eines Machzor, der dem Ritus von Carpentras (Frankreich) folgt, ist 1739 in Amsterdam in einer ersten Auflage von nur 600 Ausgaben erschienen. Die British Library in England besitzt eine wunderschön illuminierte Handschrift eines Machzor nach dem Ritus von Carpentras aus dem Jahr 1540/41 (Ms British Library, London, or. 10733).

5 Vgl. Ismar Elbogen, *Der jüdische Gottesdienst in seiner geschichtlichen Entwicklung* (Frankfurt am Main: J. Kauffmann Verlag, 1937; 2. Nachdruck der dritten, verbesserten Auflage Hildesheim: Olms, 1995), 6–7.

6 Siehe den Artikel von Christian Schorer, *Poetische Welten der Gebets-Pijjutim im Erfurter Machzor,* in diesem Band, S. 112–133.

7 Es gibt einige weitere *minhagim* wie den jemenitischen, italienischen, französischen usw.

8 Die Haggadah ist eines der beliebtesten Bücher im Judentum und wird an den ersten beiden Festabenden während einer feierlichen Abendmahlzeit (*Seder*), die die letzte Mahlzeit der Israeliten vor dem Auszug aus Ägypten symbolisiert, vorgetragen. Der Ablauf dieser nachgefeierten Mahlzeit ist in der Haggadah festgelegt und wird am heimischen Tisch vollzogen. Die Sammlung der Haggadah umfasst neben der Geschichte bzw. Erzählung (hebr. *haggadah*) von den Ereignissen des Auszugs zudem Bibeltexte, religiöse Dichtungen (*pijjutim*), Lieder und rituelle Vorschriften.

9 Aufgrund ihrer Gestaltung berühmte mittelalterliche Haggadah-Handschriften aus dem aschkenasischen Raum sind bspw. die bereits erwähnte Darmstädter Haggadah (Hessische Landes- und Hochschulbibliothek Darmstadt, Cod. or. 8) oder auch die Londoner Haggadah (London, British Library, Add. MS 14762). Siehe auch den Beitrag von Katrin Kogman-Appel, *Pesach-Haggadot*, in diesem Band, S. 262–275.

10 Das Alphabet-Buch wird auf den Zeitraum 1475–1525 datiert und in England verortet, wo es auch heute in der British Library (Add. MS 88887) in London aufbewahrt wird.

11 In einem reich illuminierten aschkenasischen Siddur aus dem 15. Jahrhundert (Siddur des Rebbe von Rushin, ca. 1460, Jerusalem, Israel Museum, MS 180/53, fol. 190v) ziert ein kleiner schwarzer Hund das erste Wort „Mose" des auf dem Blatt beginnenden Abschnitts aus *Pirqe Avot*: „Mose empfing die Tora am Sinai und gab sie an Josua weiter […]." Der Name Mose ist in Goldfarbe reich ausgestaltet, und über diesem steht prominent der kleine Hund. Marc Michael Epstein zufolge verweist er in diesem Kontext, als Symbol für Treue, auf Moses als treuen Diener Gottes. Vgl. Marc Michael Epstein, „Loyal as a Dog: How to Read ‚Jewish Art'", in: *Lehrhaus*, 29.4.2019(a), https://thelehrhaus.com/culture/loyal-as-a-dog-how-to-read-jewish-art/ (21.4.2025).

12 „Jag' nen Has" verweist auf das hebräische Akronym „JaQ Ne HaZ" bestehend aus den Anfangsbuchstaben *jod* für *jajin* (Wein), *kaf* für *qiddusch*, *nun* für *ner* (Licht/Kerze), *he* für *hawdalah* und *zajin* für *zman* (Zeit). Die Abfolge der entsprechenden Segenssprüche ist einzuhalten, wenn der Pesachabend auf einen Schabbatausgang fällt.

13 Siehe Marc Michael Epstein, „Iconography: Telling the Story", in: Ders. (Hg.), *Skies of Parchment, Seas of Ink: Jewish Illuminated Manuscripts* (Princeton/Oxford: Princeton University Press, 2015), 105–144, hier 132.

14 Marc Michael Epstein, „Bestial Bodies on the Jewish Margins: Race, Ethnicity, and Otherness in Medieval Manuscripts Illuminated for Jews", in: Iris Idelson-Shein und Christian Wiese (Hg.), *Monsters and Monstrosity in Jewish History: From the Middle Ages to Modernity* (London u. a.: Bloomsbury Academic, 2019(b)), 70–71; siehe auch Epstein 2019(a).

15 Darstellung tanzender Tiere, v. a. Hunde und Affen, finden sich in zahlreichen Handschriften unterschiedlichster Provenienz und Epochen. Für eine Auswahl mit Abbildungen siehe: https://www.pipeandtaborcompendium.co.uk/street_entertainers/dancing_dogs/dancing_dogs.html (21.4.2025).

„Bücher und Briefe des Paulus ...“. Von einzelnen Schriften zum Teil der christlichen Bibel – Das Neue Testament

Rainer Kampling

Der Titel dieses Beitrags ist entlehnt aus der *Passion der heiligen Scillitaner.*[1] Es handelt sich um den ältesten lateinischen, christlichen Text zur Bezeugung einer Sammlung der Briefe des Paulus. In der Form einer Prozessakte wird das Verhör und die anschließende Hinrichtung einer Gruppe von sechs bzw. zwölf Christinnen und Christen aus der nicht lokalisierbaren Ortschaft Scillium in Nordafrika durch das Schwert in Karthago im Sommer des Jahres 180 geschildert.

Von Interesse für das hier zu verhandelnde Thema ist ein kleiner Abschnitt im Prozess. Auf die Frage des dem Verhör vorsitzenden Prokonsuls, „Was sind das für Dinge in eurer Buchschachtel", antwortet Speratus, der Sprecher der Gruppe: „Bücher und Briefe des Paulus, eines gerechten Mannes." Da sie namentlich nicht genannt werden, kann man trefflich darüber spekulieren, welche Bücher gemeint sind - die Vorschläge reichen von dem, was man später Altes Testament nennen wird, um behaupten zu können, die paulinischen Briefe seien bereits am Ende des 2. Jahrhunderts als diesem gleichwertig angesehen worden, über die Evangelien bis zur durchaus einleuchtenden Annahme, dass „und" / „et") eine spätere Hinzufügung sei und damit gemeint sei, dass die Briefe in Codices geschrieben seien.[2] Will man ganz auf Spekulationen verzichten, bleibt nur zu konstatieren, dass man aufgrund des Textes nicht sagen kann, welche Bücher sie nun bei sich trugen. Sicher ist dem Text freilich zu entnehmen, dass sich paulinische Briefe in ihrer Bücherschachtel befanden. Es handelte sich wahrscheinlich um lateinische Übersetzungen. Auf jeden Fall belegt die *Passion* ihre Verbreitung in Nordafrika. Natürlich stellen sich auch hier gleich Fragen ein. Denn weder ist zu klären, welche Briefe des Apostels es waren, etwa ob es eine größere Sammlung oder nur vereinzelte waren, noch, wie die christliche Gruppe aus einem Ort, von dem man nur weiß, weil Menschen aus ihm stammen, die für ihren Glauben starben, an diese Texte gekommen ist. Allerdings kann man hier keine Meisterwerke erwarten: „Jedenfalls lässt sich kaum bestreiten, dass die Kodizes der Christen im zweiten und dritten Jahrhundert recht bescheiden daherkamen. Wer in der Kaiserzeit solch einen Kodex sah, hatte eine Reihe von Assoziationen - praktisch, billig, transportabel, [...] -, aber sicherlich nicht die des Sakralen, was immer genau mit dieser Kategorie gemeint sei."[3]

Gewiss ist anzunehmen, dass die Getauften den Briefen einen besonderen Wert beimaßen, wobei noch nichts über den Grad der Verbindlichkeit ausgesagt ist. Von Kanonizität sollte man nicht sprechen. Denn wie für die Autorinnen und Autoren der neutestamentlichen Schriften galt auch für das 2. Jahrhundert, dass die Heilige Schrift der Getauften die Sammlung der Texte Israels war,[4] zunächst in einer griechischen Übersetzung, der Septuaginta, dann auch in einer syrischen und lateinischen und hernach einer koptischen.[5] Zugleich waren die meisten der 27 kanonischen Texte des Neuen Testaments in fast allen Kirchen der Spätantike bekannt und im Gebrauch, etwa im Rahmen der Liturgie.

Es gab ein gleichsam kanonisches Bewusstsein in Bezug auf jene, aber noch keinen Kanon. Dieser Prozess hielt bis ins 4. Jahrhundert an und kann angesichts der gegenwärtigen verschiedenen Auffassungen der christlichen Kirchen, welche Schriften zum biblischen Kanon gehören, nicht als abgeschlossen gelten.[6] Ein Beispiel für die anhaltende Wertschätzung der Schriften Israels findet sich im Brief des Ignatius[7] an die Philadelphier 8,2:

> Denn ich hörte einige sagen: „Wenn ich [es] nicht in den Urkunden finde, glaube ich nicht, [daß es] im Evangelium [steht]". Und als ich sagte: „Es steht geschrieben", antworteten sie mir: „Das ist ja gerade die Frage".[8]

Es gab mithin im 2. und 3. Jahrhundert die Vorstellung, ein Christsein, ohne die neutestamentlichen Texte als Heilige Texte anzuerkennen, sei möglich. Für diese Haltung spricht auch die Textüberlieferung selbst. Bei den kritischen Editionen des Neuen Testaments sticht sogleich ins Auge, wie umfangreich der textkritische Apparat ist.[9] Bei der die Textforschung zum Neuen Testament grundlegend reformierenden *Editio Critica Maior*, die am Institut für Neutestamentliche Textforschung der Universität Münster betreut wird,[10] nimmt der Apparat bisweilen mehr als neunzig Prozent der Seite ein. Nun existieren zwar über 5000 handschriftliche Zeugnisse des Neuen Testaments, wobei es sich zumeist nicht um umfangreiche Dokumente, sondern oftmals um kleinste und größere Fragmente eines biblischen Textes handelt. Aber dennoch ist auffällig, dass sich nicht nur theologisch begründbare Varianten finden, sondern auch orthografische Fehler, Auslassungen oder Fahrlässigkeit, die das Geschriebene als ziemlich schludrig erscheinen lassen.[11] Nun wird man hierfür gewiss verschiedene Gründe anführen können, etwa den Umstand, dass jene, die die Texte abschreiben ließen, nicht über die finanziellen Mittel verfügten, um hinreichend qualifizierte Schreibkräfte zu bezahlen.[12] Auch ist an die Möglichkeit zu denken, dass der oder die Schreibende in Eile war. Eine solche Situation wird in der christlichen Schrift *Hirten des Hermas* aus der ersten Hälfte des 1. Jahrhunderts geschildert. Da der Seher Schwierigkeiten hat, sich alles zu merken, was die Offenbarungsträgerin aus einem Buch vorgetragen hat, bittet er darum, eine Abschrift des Buches zu machen, wobei nicht erklärt wird, aus welchen Gründen er einen Codex bei sich hat:

> Ich nahm es, zog mich auf dem Feld zurück und schrieb es Buchstabe um Buchstaben ab, weil ich nämlich die Silben nicht herausfand. Als ich damit fertig war, wurde mir das kleine Buch plötzlich aus der Hand gerissen; ich konnte nicht sehen, von wem.[13]

Zwar ist der Text darin gattungsspezifisch, dass das „himmlische“ Buch jählings verschwindet und dass das Geschriebene einer Interpretation durch eine neuerliche Vision bedarf, doch die Schwierigkeiten, die genannt werden, sind zunächst die des Abschreibens. Denn das zu kopierende Buch, das, obwohl in einer Vision empfangen, so lange körperlich greifbar ist, wie es kopiert wird, ist offensichtlich in *scriptio continua* verfasst, mithin in einer ununterbrochenen Abfolge von Buchstaben, ohne Leerzeichen und Trennungen zwischen Wörtern oder Sätzen.[14] Durch diese visionär kontextualisierte Erzählung scheint die Schwierigkeit des ungeübten Schreibers durch, der von einem unbekannten Text in Eile eine Abschrift macht, was durchaus eine Quelle für Fehler sein konnte. Eine ähnliche Situation kann man auch bei einigen handschriftlichen Textzeugnissen neutestamentlicher Schriften annehmen. Sie waren eilig, ohne besondere Gründlichkeit verfasst und dienten unter Umständen dazu, das Geschriebene zu memorisieren. Eine besondere Wertschätzung oder die Absicht der Aufbewahrung ist bei ihnen nicht zu erkennen. Es gab folglich parallel zu der Verwendung neutestamentlicher Texte in liturgischen Feiern und ihrer Kommentierung durch Theologen einen Umgang mit ihnen, der von einer gewissen Sorglosigkeit geprägt ist, die so weit ging, dass solche Texte im Abfall entsorgt wurden.[15] Diese Texte belegen nicht nur eine Geschichte des geschriebenen Textes, sondern sind ein Indiz dafür, dass sich die Vorstellung, es seien Heilige Texte, die neben dem „Alten Testament“ stehen könnten, über eine längere Entwicklung herausbilden musste. Auch dieser Befund lässt zur Vorsicht davor raten, die frühen christlichen Kirchen als Buch- oder Lesegemeinschaft zu interpretieren.[16]

Im 3. Jahrhundert und insbesondere nach dem Ende der gesamtstaatlichen Verfolgung unter Valerian in den Jahren 257–259 kam es zu einer Blüte der christlichen Kirchen, zu einer Etablierung und Koexistenz im Römischen Reich und zu einer Ausformung des eigenen

Profils.[17] Diese Zeit des Friedens, die die kommende große Verfolgung in den Jahren 303-311 unter Diokletian und Galerius nicht spüren ließ,[18] brachte auch einen weiteren Schritt in Schriftproduktion und Schriftverständnis.

Es war dann aber auch eine der Maßnahmen der diokletianischen Verfolgung,[19] die zu einem grundlegenden Bedeutungswandel hinsichtlich der Schriften führte, nämlich die Forderung zur Übergabe der christlichen Bücher mit dem Ziel ihrer Vernichtung.[20] Paradoxerweise erfuhren die Schriften durch die Gegner eine außerordentliche Aufwertung. Sie galten ihnen als Ausweis christlicher Existenz, ähnlich den kirchlichen Gebäuden. Anders formuliert: Sie waren die Materialisierung dessen, was sie für die Essenz des Christlichen hielten; ohne sie, so wohl die Annahme, lösten sich die Gemeinden auf.[21] Dementsprechend wurden die Verbrennungen der christlichen Bücher bzw. der Bücher der Christinnen und Christen - da man offensichtlich die Herausgabe aller Bücher, die sie in Besitz hatten, ohne Spezifizierung verlangte und alle verbrannte - ein öffentlich inszeniertes Spektakel. Die Übergabe der Bücher lag auf der gleichen Ebene wie die Absage an das christliche Bekenntnis, die durch den performativen Akt des Opferns ebenfalls öffentlich vollzogen wurde. Die Schriften wurden damit gleichsam sakralisiert und ins Bekenntnis integriert.

Dennoch gilt festzuhalten, dass nicht wenige christliche Amtsträger bereit waren, die Schriften zu übergeben. Die Confessiones und Akten der abitinischen Märtyrer[22] berichten etwa von einem Bischof der Stadt Abitinae, Fundanus, der bereits Schriften ausgeliefert hatte und deswegen vom Autor als nicht mehr der kirchlichen Gemeinschaft zugehörig betrachtet wurde.[23] Allerdings geschah ein Regenwunder, das die Verbrennung verhinderte, „weil die Elemente für die Schriften des Herrn tobten“. Die Confessiones geben auch Einblick in die Praxis des Schriftgebrauchs in der Gemeinde; so lautet die Antwort des Angeklagten Felix: „Wir haben [...] die höchst ruhmvolle Gebetsversammlung gefeiert, immer haben wir uns zum Herrenmahl zusammen gefunden, um die Schriften des Herrn zu lesen.“ Indirekt wird damit nun die Wahrnehmung der Gegner von der Wichtigkeit der Schriften für die christliche Selbstdefinition bestätigt. Ungeachtet der hohen Wertschätzung der materiell vorhandenen Schriften findet sich freilich in den Aussagen zweier Angeklagter, Emeritus und Ampelius, beide Lektoren und damit wohl Bewahrer der Bücher, die Wendung, man habe die Schriften im Herzen. Der Verfasser der Schrift kommentiert das mit folgenden Worten:

> Oh Märtyrer, der du den Apostel kennst, der das eingeschriebene Gesetz des Herrn hatte: nicht durch Tinte, sondern durch den Geist des lebendigen Gottes, nicht auf steinernen Tafeln, sondern auf fleischlichen Tafeln des Herzens! Oh Märtyrer, fähiger und höchst gewissenhafter Wächter des heiligen Gesetzes! Entsetzt über das Verbrechen der Traditoren sammelte er die Schriften des Herrn im Inneren seines Herzens, um sie nicht zu verlieren.

Die Heiligen Schriften existieren mithin nicht nur in Büchern, sondern in den Glaubenden selbst. Die Inkorporation der Schrift wird hier als ein Schutz vor dem Verlust der geschriebenen Bücher angesehen, was wiederum ihre Bedeutung unterstreicht. Sie waren den Glaubenden so bedeutsam, mit anderen Worten so heilig, dass sie bereit waren, dafür zu sterben, wenn es freilich auch jene gab, die, sie ausliefernd, nach Ansicht des Verfassers der Constitutiones, ihren Glauben verrieten:

> [...] obwohl nicht wenige vom Hauptpunkt des Glaubens abfielen durch die Auslieferung der Schriften des Herrn und göttlicher Testamente zur Verbrennung in unheiligen Feuern, handelten trotzdem die allermeisten tapfer, indem sie sie bewahrten und für sie gerne ihr Blut vergossen.

Ungeachtet des Umstands, dass es erhaltene Manuskripte aus jener Zeit gibt, die belegen, dass staatlicherseits nicht alle Schriften vernichtet werden konnten und die Maßnahmen vermutlich nicht im gesamten Römischen Reich mit gleicher Härte und Brutalität durchgesetzt wurden, kam es zweifelsohne zu großen Verlusten an Sammlungen, Manuskripten und Codices - eine der vielen Folgen der Verfolgung.

Um die Lücke zu schließen, bedurfte es auch staatlicher Unterstützung. Eusebios berichtet in seiner Schrift *Das Leben des Konstantin*, die gewiss nicht objektiv ist und sich streckenweise wie eine Lobrede liest, dass der Kaiser seine Handlungen zugunsten der Kirchen als Gegengeschichte zu denen seiner Vorgänger gestaltete:

> Sie ordneten an, dass die göttlich inspirierten Orakel den Flammen übergeben und vernichtet werden sollten; er hingegen verfügte, dass auch diese in großer Zahl und prachtvoll ausgefertigt auf Kosten der kaiserlichen Schatzkammern vervielfältigt werden sollten.[24]

Auch wenn das Wort von der konstantinischen Wende historisch gesehen ein Phantasma ist, so wird man die kaiserlichen Initiativen für die Bedeutung der Produktion und Verbreitung Heiliger Texte des Christentums nicht unterschätzen dürfen. Unzählige Schreiberinnen und Schreiber fertigten Exemplare der christlichen Bibel an, die aus zwei Teilen bestehend, das Wort Gottes überlieferten.[25] Damit begann eine Geschichte, die sich über Jahrhunderte in verschiedensten Gegenden der Erde fortsetzen sollte.

Vor diesem Hintergrund wird man zugleich feststellen können, dass die Schrift in beiden Teilen und ihre Rezeption im je gegenwärtigen historischen, kulturellen und geografischen Kontext in die Kultur und Zivilisation der Welt eingeschrieben ist. Die Schrift ist gleichsam das Palimpsest, auf das Kulturen und Geschichten nicht allein Europas über die Jahrhunderte geschrieben wurden. An diesen Befund erinnert auch die Bildauswahl aus dem Bestand der Staatsbibliothek zu Berlin. Die Geschichte der nichteuropäischen Kirchen ist ganz offensichtlich in den europäischen Regionen so verschüttet, dass man das Christentum nicht für eine Glaubensgemeinschaft von Europäern ansieht, sondern als eine europäische Religion. Dagegen sprechen die Manuskripte eine deutliche Sprache. Sie sind bleibendes Zeugnis kulturellen Reichtums der Vergangenheit, die jedoch jedem gegenwärtigen christlichen Provinzialismus den Grund entziehen.

1 Der Text findet sich in Hans Reinhard Seeliger und Wolfgang Wischmeyer (Hg.), *Märtyrerliteratur*, übers. und komm. von Dems. (Berlin: Walter de Gruyter, 2015), 90–95; eine ausführliche Analyse dazu: ebd., 96–101.

2 Vgl. dazu Gerald Bonner, „Scillitan Saints and the Pauline Epistles", in: *The Journal of Ecclesiastical History* 7 (1956), 141–146.

3 Martin Wallraff, *Kodex und Kanon: Das Buch im frühen Christentum* (Berlin: Walter de Gruyter, 2013), 19.

4 Vgl. Konrad Schmid und Jens Schröter, *Die Entstehung der Bibel: Von den ersten Texten zu den heiligen Schriften* (München: C. H. Beck, 2019), 238–286.

5 Vgl. Andreas Müller und Katharina Heyden (Hg.), *Bibelübersetzungen in der Geschichte des Christentums* (Leipzig: Evangelische Verlagsanstalt, 2020).

6 Den Umfang des Kanons als Glaubensgegenstand hat m. W. allein die Römisch-Katholische Kirche definiert, wobei die Gleichwertigkeit beider Teile der einen Bibel – Altes Testament und Neues Testament – unterstrichen wird, und zwar am 8. April 1546 auf dem Konzil zu Trient.

7 Ferdinand R. Prostmeier, „Ignatius von Antiochien", in: *Lexikon der antiken christlichen Literatur*, hg. von Siegmar Döpp, 3. vollst. neu bearb. u. erw. Aufl. (Freiburg: Herder, 2002), 346–348.

8 William R. Schoedel, *Die Briefe des Ignatius von Antiochien: Ein Kommentar* (München: Chr. Kaiser Verlag, 1990), 327; der Text folgt in Interpretation und Satzzeichen seiner Übersetzung; die Analyse: ebd., 327–332. Nicht geteilt wird Schoedels Meinung, die abweichende Meinung gehe auf eine Gruppe von Judaisten zurück; und zwar nicht nur, da es sich hier um eine Konstruktion handelt, sondern auch weil so verkannt wird, wie offen die Diskurse um Verbindlichkeiten waren.

9 Barbara Aland und Kurt Aland, *Der Text des Neuen Testaments: Einführung in die wissenschaftlichen Ausgaben sowie in Theorie und Praxis der modernen Textkritik*, 2. erg. u. erw. Aufl. (Stuttgart: Dt. Bibelgesellschaft, 2006).

10 https://www.uni-muenster.de/NTTextforschung/ECM.html (22.4.2025); Garrick V. Allen, *The Future of New Testament Textual Scholarship: From H. C. Hoskier to the Editio Critica Maior and Beyond* (Tübingen: Mohr Siebeck, 2019).

11 Vgl. etwa AnneMarie Luijendijk, „A New Testament Papyrus and Its Documentary Context: An Early Christian Writing Exercise from the Archive of Leonides (P.Oxy. II 209)", in: *Journal of Biblical Literature* 129 (2010), 575–596; sie führt die Fehler, wie im Titel angezeigt, auf Schreibübungen zurück.

12 Vgl. Kim Haines-Eitzen, *Guardians of Letters: Literacy, Power, and the Transmitters of Early Christian Literature* (New York: Oxford University Press, 2000).

13 Vis II,1,4 zit. nach Norbert Brox, *Der Hirt des Hermas* (Göttingen: Vandenhoeck & Ruprecht, 1991), 94.

14 Vgl. zur *scriptio continua*: Jan Heilmann, *Lesen in Antike und frühem Christentum: Kulturgeschichtliche, philologische sowie kognitionswissenschaftliche Perspektiven und deren Bedeutung für die neutestamentliche Exegese* (Tübingen: Narr Francke Attempto, 2021), 41–56, 215–269.

15 Vgl. AnneMarie Luijendijk, „Sacred Scriptures as Trash: Biblical Papyri from Oxyrhynchus", in *Vigiliae Christianae* 64 (2010), 217–254; aus dem Müllfund wird hier jedoch eine andere Konsequenz gezogen, nämlich, dass die Texte nicht als heilig angesehen wurden.

16 Vgl. Christoph Markschies, „What Ancient Christian Manuscripts Reveal About Reading (and About Non-Reading)", in: Anna H. Krauß u. a. (Hg.), *Material Aspects of Reading in Ancient and Medieval Cultures: Materiality, Presence and Performance* (Berlin: Walter de Gruyter, 2020), 197–216.

17 Vgl. Christoph Markschies, „Die Kirche in vorkonstantinischer Zeit, Teil B: Von der Mitte des 2. bis zum Ende des 3. Jahrhunderts", in: Bernd Moeller u. a. (Hg.), *Ökumenische Kirchengeschichte*, Bd. 1: *Von den Anfängen bis zum Mittelalter* (Darmstadt: Wissenschaftliche Buchgesellschaft, 2006), 59–98.

18 Vgl. Eusebios, *Kirchengeschichte*, Achtes Buch 1,1–4.

19 Vgl. Wolfram Kinzig, *Christenverfolgung in der Antike* (München: C. H. Beck, 2019), 81–111.

20 Vgl. immer noch Wolfgang Speyer, *Büchervernichtung und Zensur des Geistes bei Heiden, Juden und Christen* (Stuttgart: Hiersemann, 1981), 76–79; weiterhin: Dirk Rohmann, *Christianity, Book-Burning and Censorship in Late Antiquity* (Berlin: Walter de Gruyter, 2016), 27–31.

21 Vgl. Speyer 1981 (wie Anm. 20), 76: „Obwohl manche römischen Kaiser gegen die Bekenner des Christentums mit Feuer und Schwert gewütet haben, so im 3. Jahrhundert Decius und Valerianus, hat doch erst Diokletian erkannt, daß die Bücher, vor allem das Alte und Neue Testament, die Lebensgrundlage der Christen und ihres Kultes bildeten."

22 Die folgenden Zitate aus dem Text werden zit. nach: Seeliger/Wischmeyer 2015 (wie Anm. 1), 311–359.

23 Die Confessionen und Akten der abitinischen Märtyrer sind dem Milieu der Donatisten zuzuordnen, einer kirchlichen Gruppe Nordafrikas, die eine kirchliche Gemeinschaft mit denen, die Bücher ausgeliefert hatten (*traditores*), ausschlossen und ihre sakramentalen Handlungen, insoweit es sich um kirchliche Amtsträger handelte, als ungültig und unwirksam ansah; vgl. Kinzig 2019 (wie Anm. 19), 117–122.

24 Vita Constantini 3,1, vgl. auch 4,36; in einem Brief gab Konstantin 50 Prachtbibeln für Konstantinopel in Auftrag.

25 Dank der Technik kann der Codex Vaticanus Graecus 1209 aus dem 4. Jahrhundert, ein fast vollständiger Text, online betrachtet und gelesen werden: https://digi.vatlib.it/view/MSS_Vat.gr.1209.

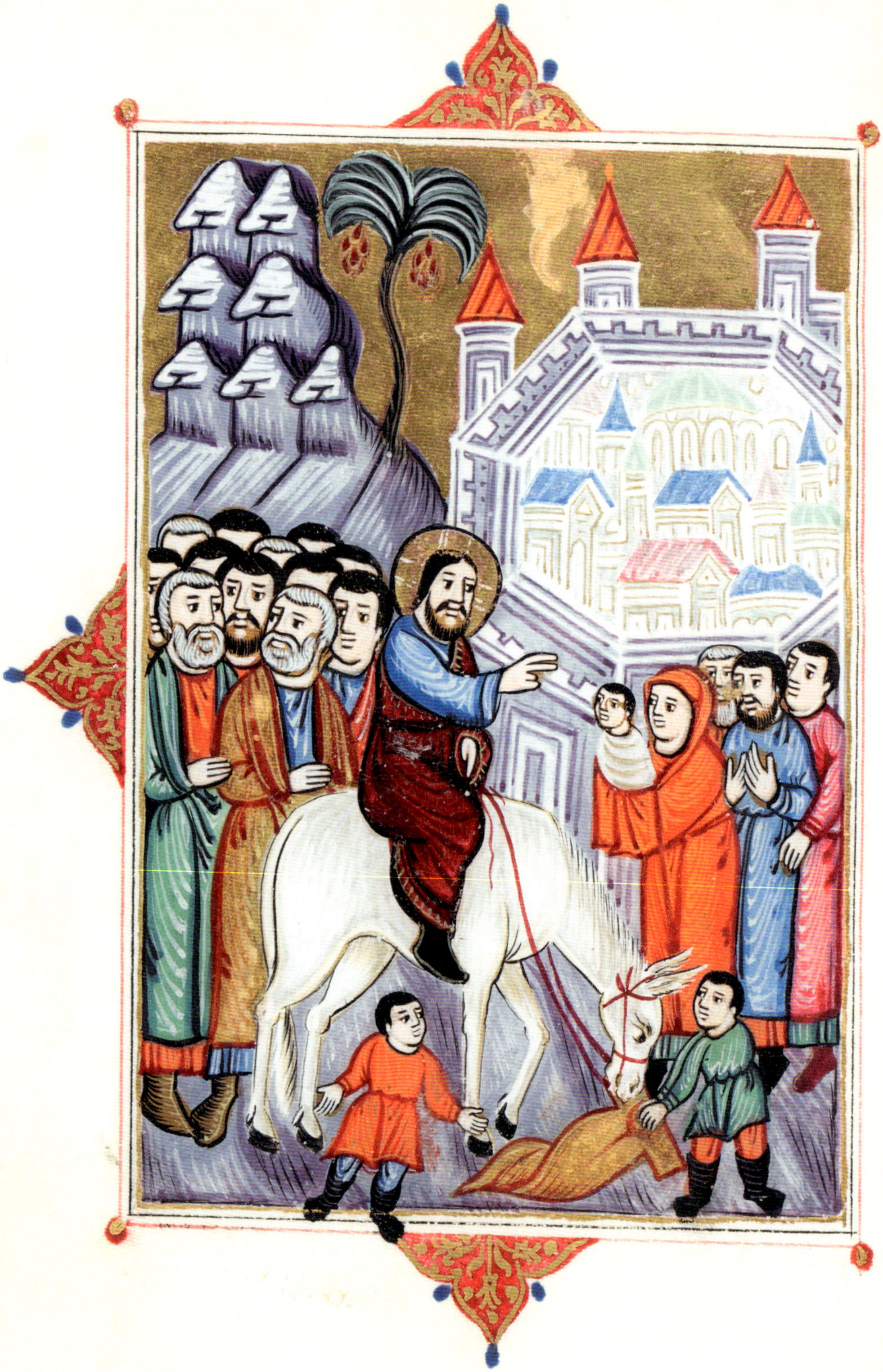

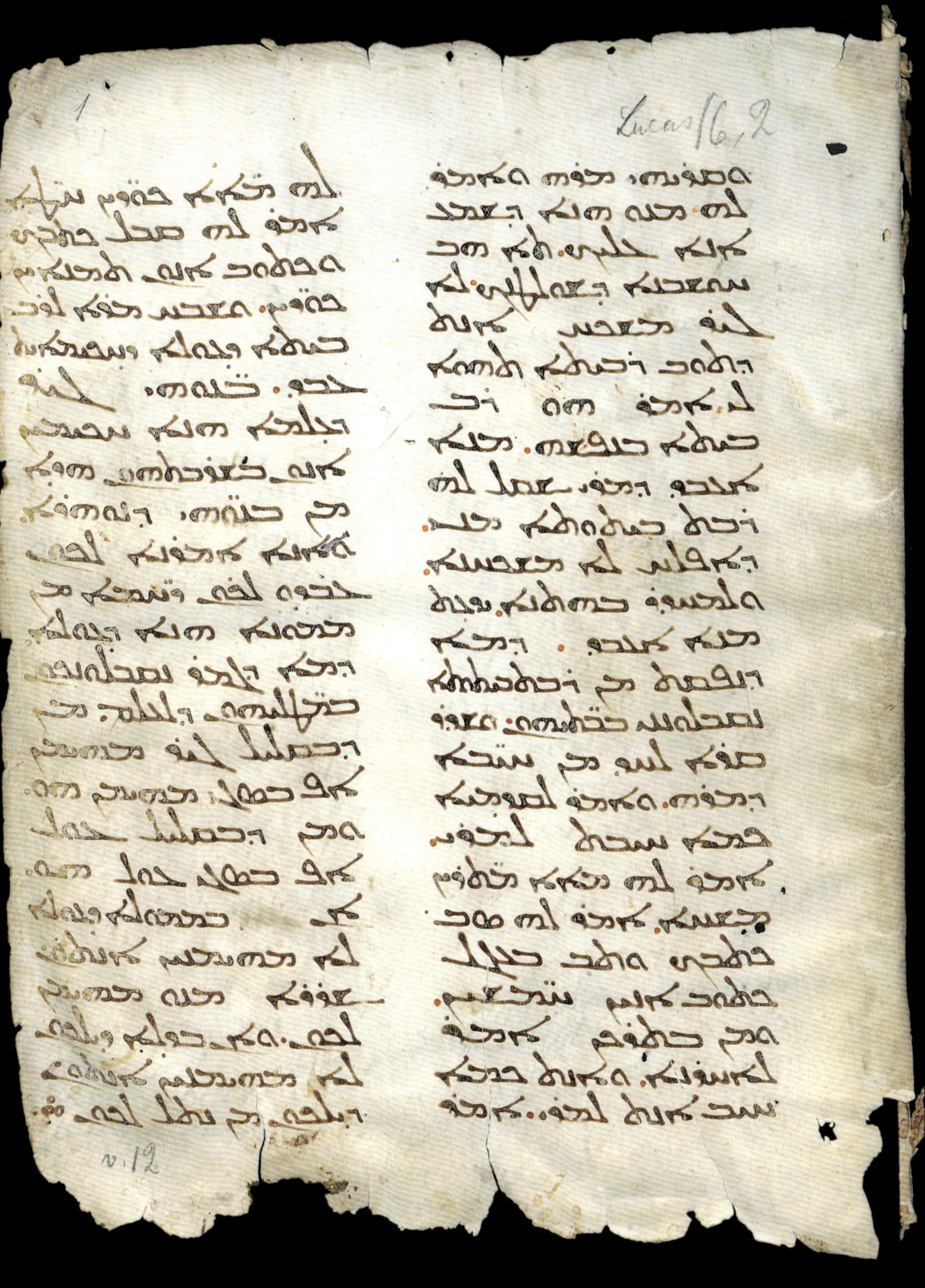

← **Abb. 1** Einzug Jesus nach Jerusalem, Armenisches Evangeliar, Ms. or. oct. 3690, fol. 14, 18. Jhd. | SBB-PK

↑ **Abb. 2** Syrische Evangelienübersetzung, Ms. or. quart. 528, fol. 1r, 5. Jhd. | SBB-PK

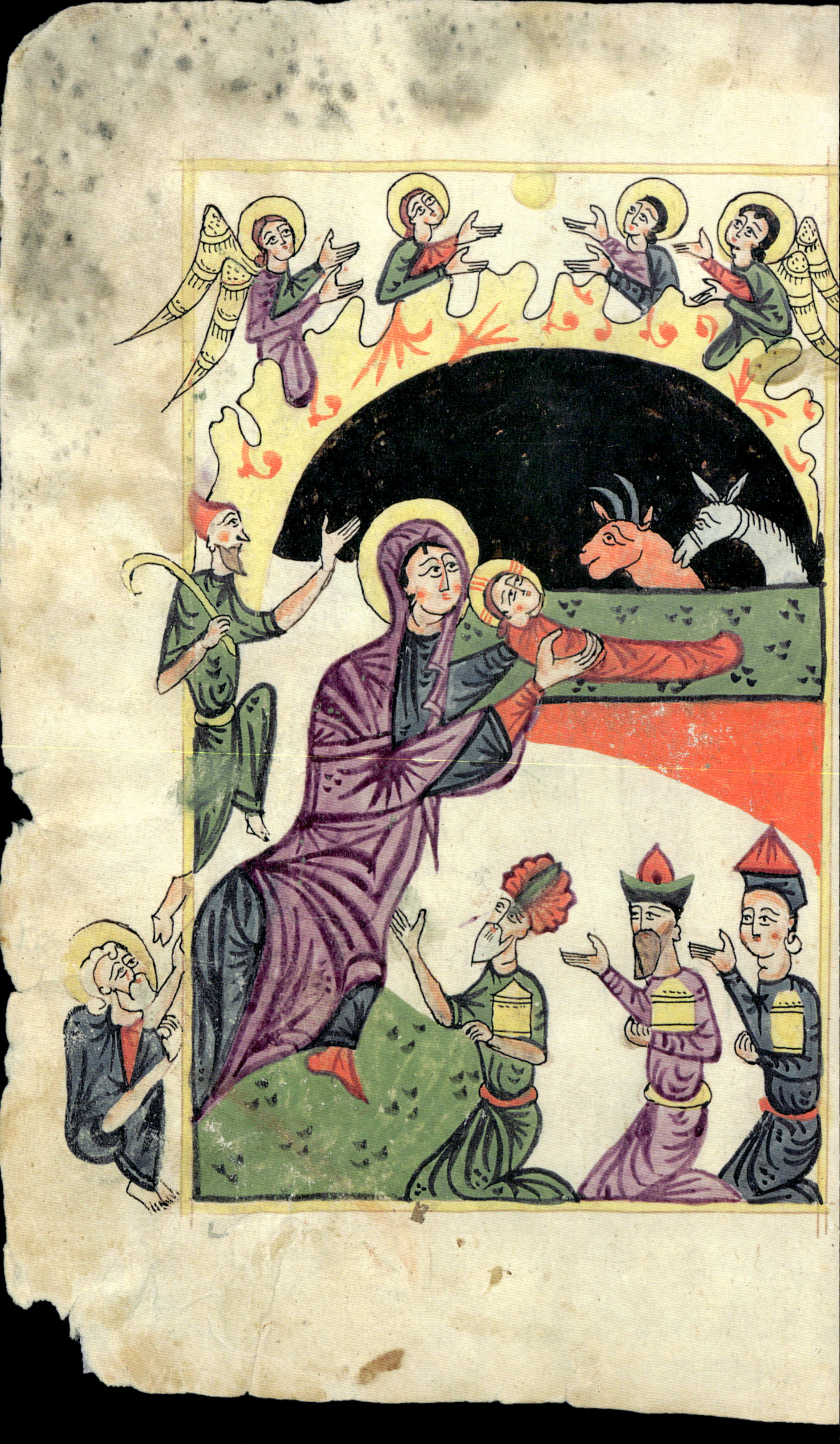

ܐܠܗ̈ܐ [illegible]

ܫܩ̈ܠ ܡܫܓܐ ܕܡ̈ܝܐ ܘܫܪܐ.

ܘܡܫܓ ܠܗܘܢ.

ܪ̈ܓܠܝ ܫܠܝ̈ܚܐ ܚܟܝܡܐ

ܚ̈ܣܝܐ ܕܢܘܗܪܐ. ܡܫܝܚܐ:

ܩ̈ܕܡ ܡܫܝܚܐ. ܠܐ

ܢܦܩ ܘܐܡܪ. ܘܐܡܫ

ܐܫ̈ܟܚܢ ܡܫܝܚܐ:

ܐܬܐ ܠܗ. ܐܢ

ܐܢܐ ܗܦܠ ܪ̈ܓܠܝ

ܘܪ̈ܓܠܝ: ܐܬܓܠܝܬ

ܠܗܘ ܬܠܡ̈ܝܕܐ:

ܡܫܟܐ ܡܫܝܚܐ.

ܢܛܪܝܢ ܡܫܝܚܐ ܕܒܣܬܝܐ

ܬ̈ܠܬܐ ܢܓܕ ܘܢܓܕ

ܒܠܥܐ ܒܢܝ ܠܗ ܦܩܘܕܬܐ

ܘܡܢܘ ܠܗܘ: ܕܢܣܒܘܢ

ܐܡܪܐ ܚܕܝܬܐ

ܗ

ܒܝ

ܟܐ

ܠܬ̈ܠܬܐ

ܟܐ. ܠܡܦܩܘ. ܠܥܠܡ: ܡܘ

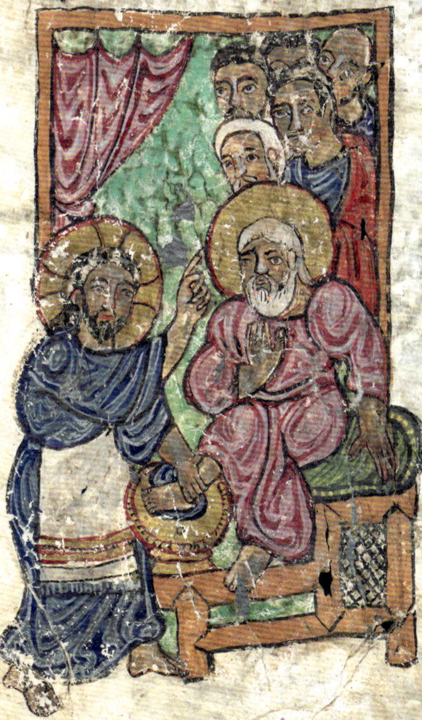

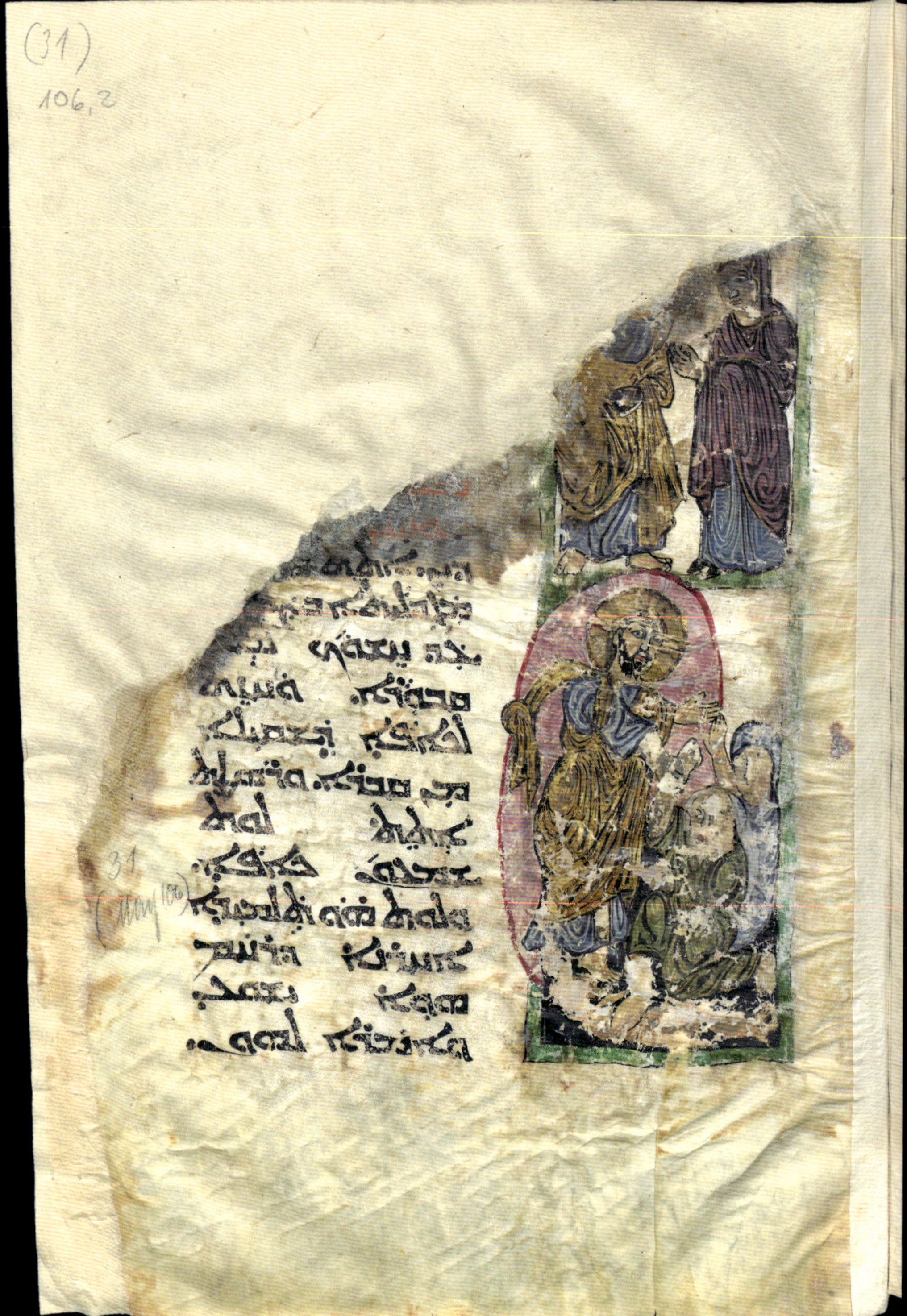

← **Abb. 5** Die Abendmahlseinsetzung

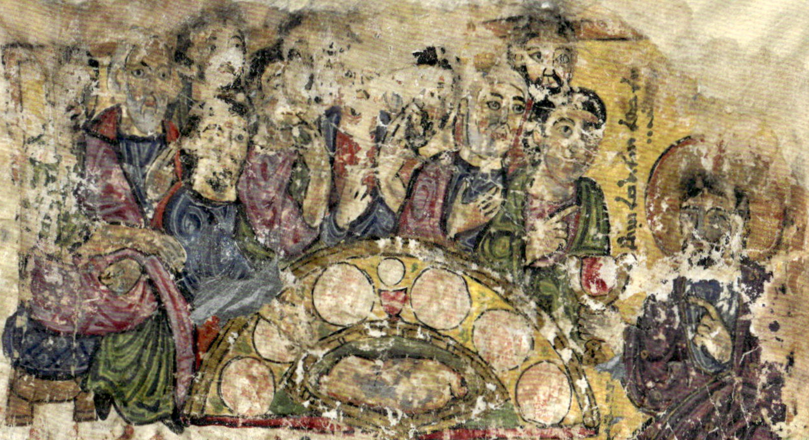

[illegible]

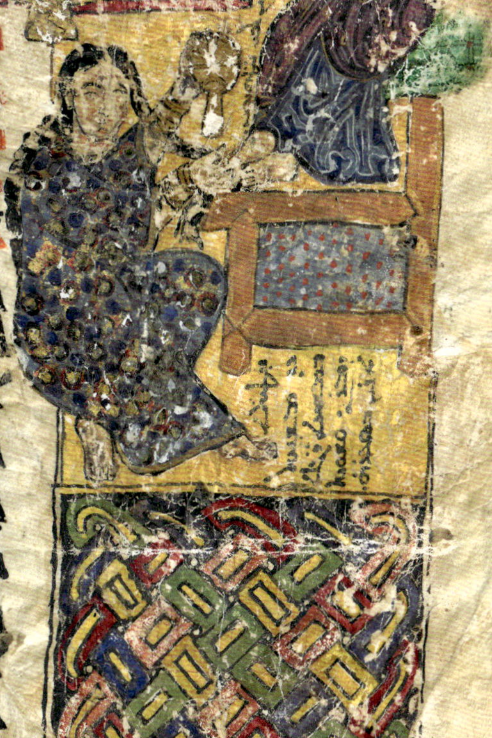

[illegible]

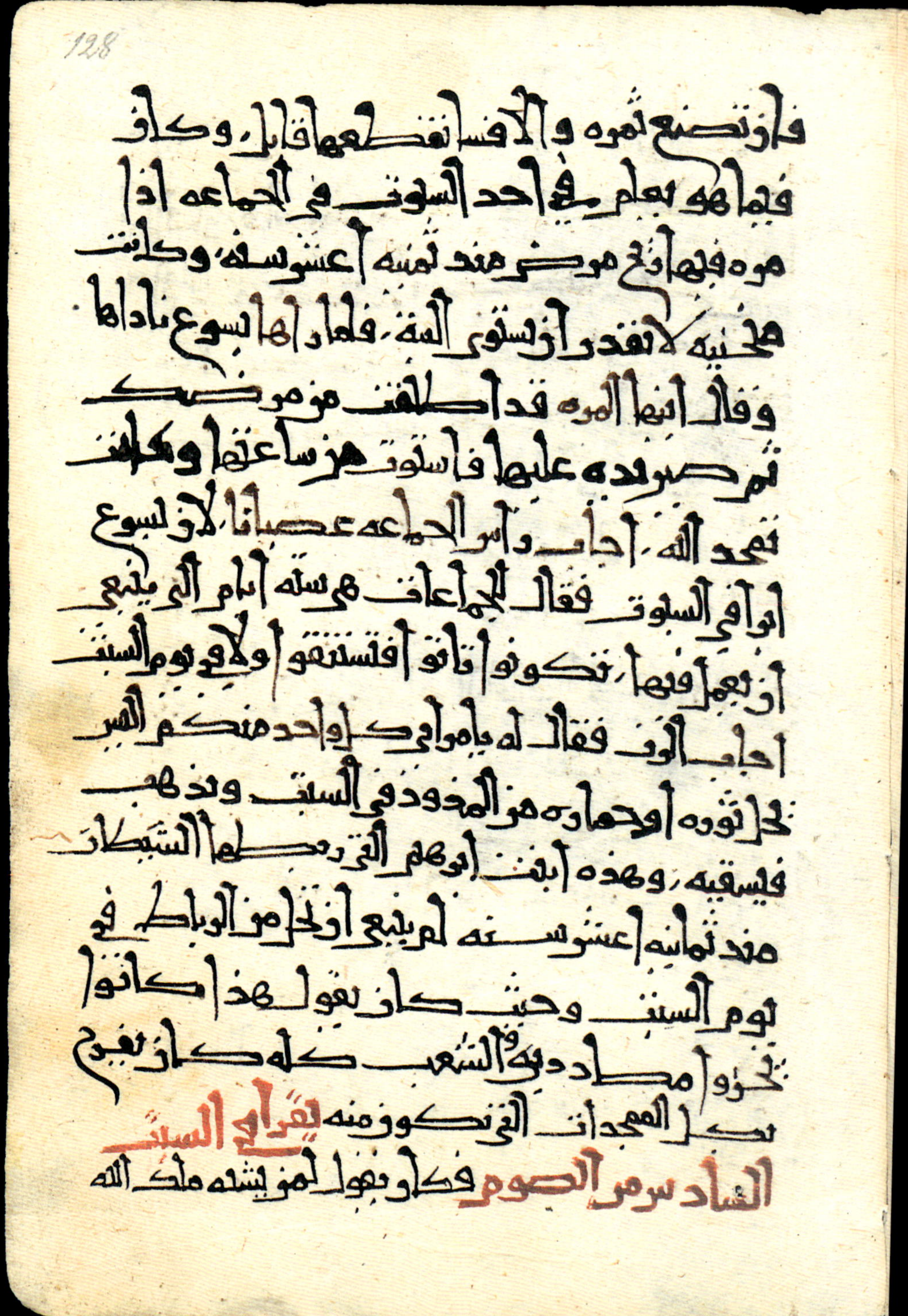

← **Abb. 3** Huldigung der drei Könige, Armenisches Evangelium mit Parallelen

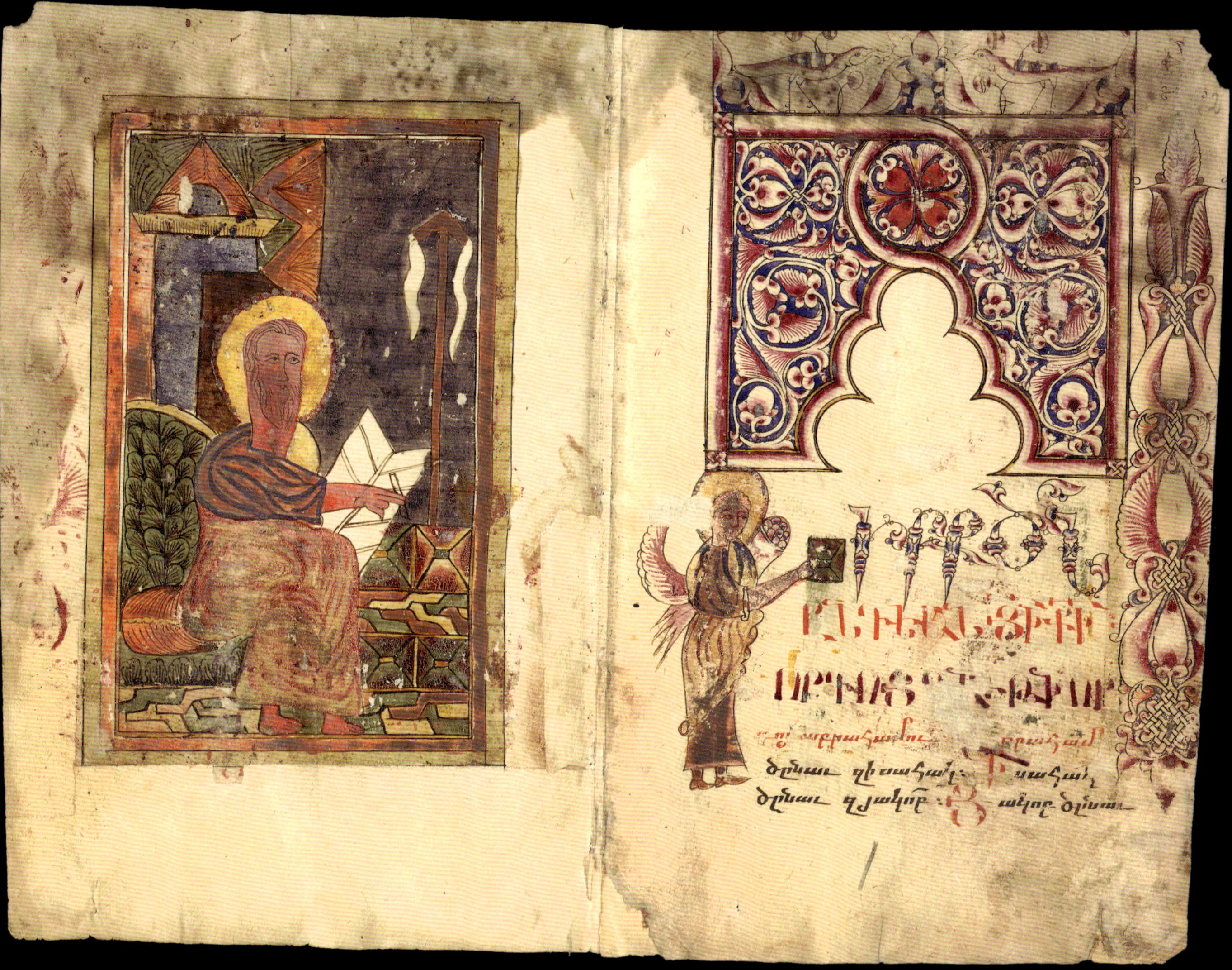

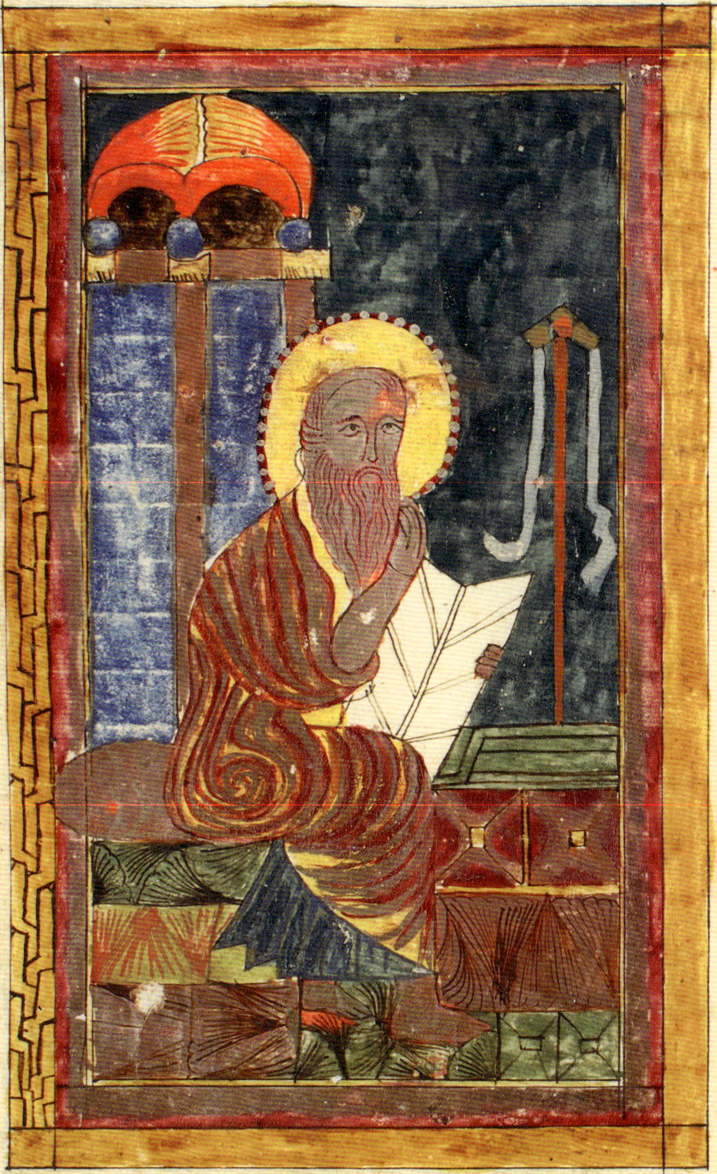

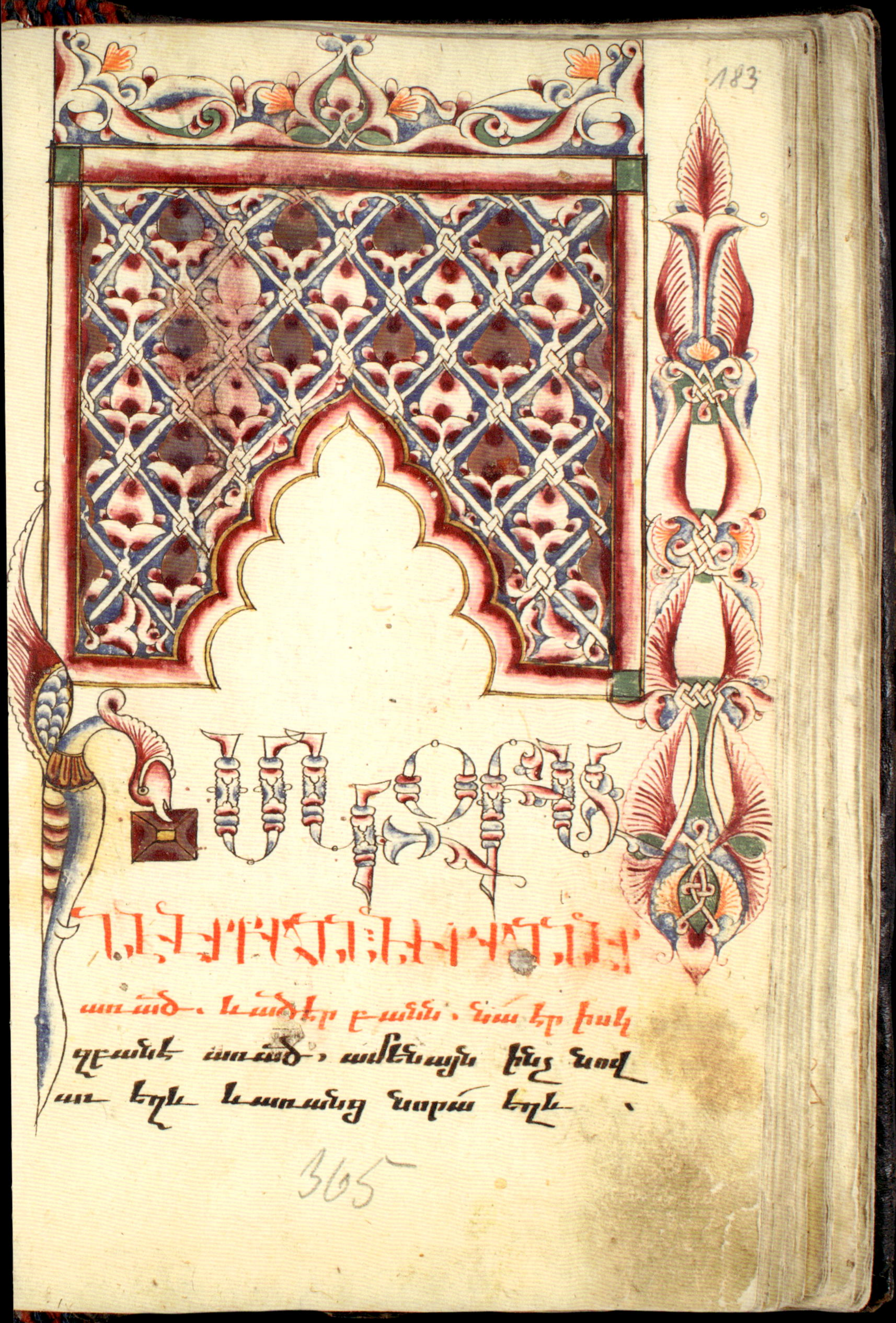

← **Abb. 9** Armenisches Evangelium,

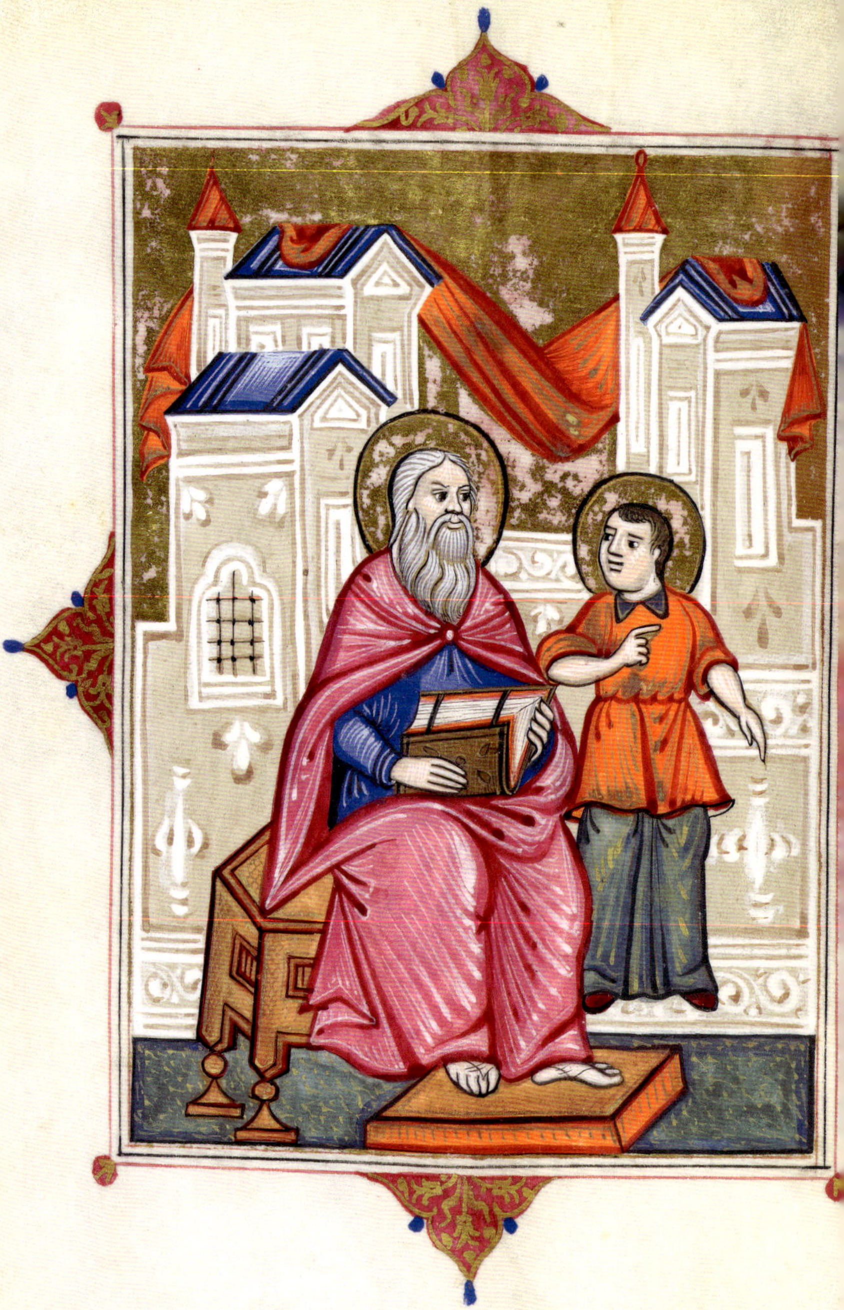

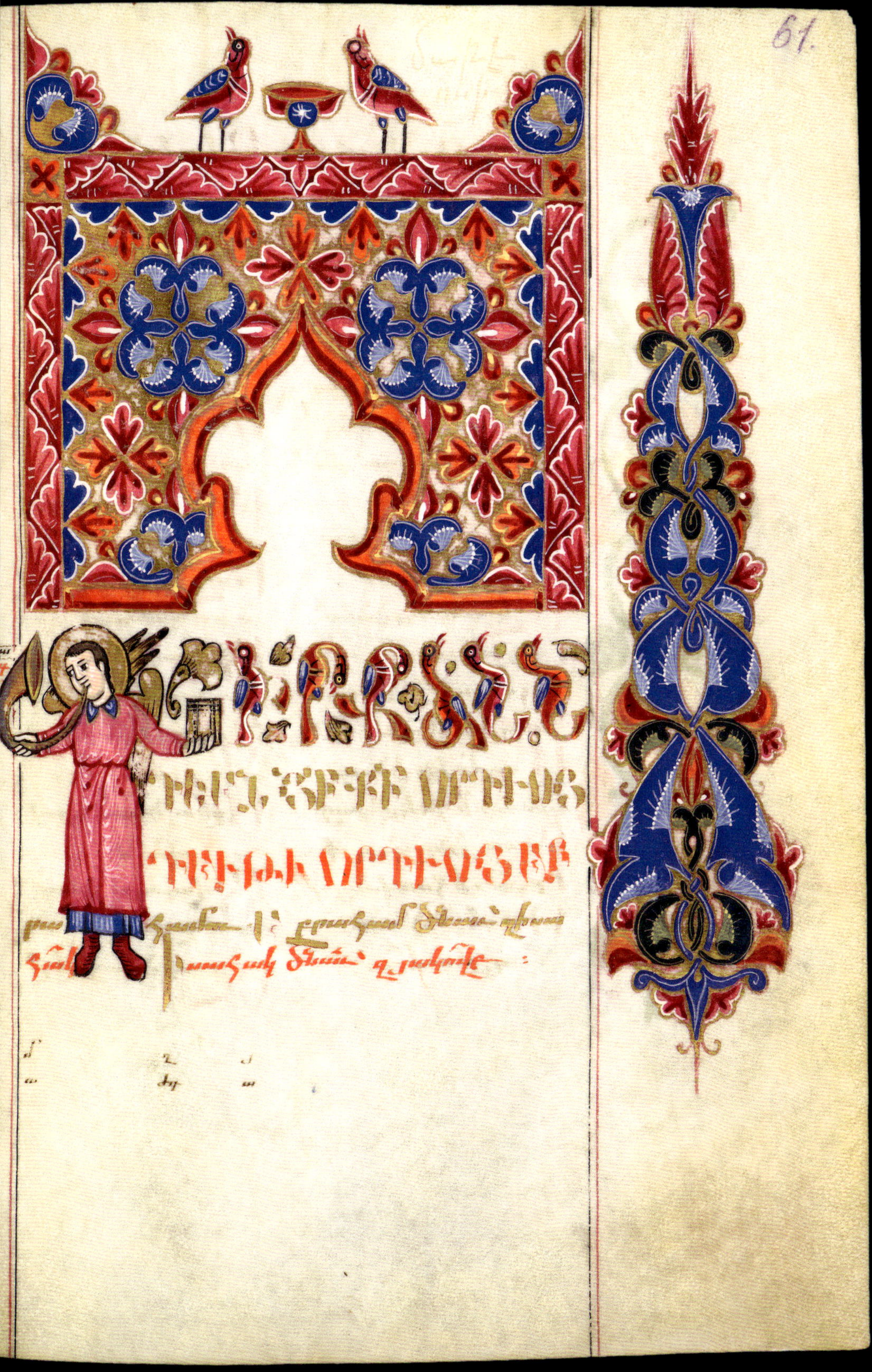

← Abb. 10 Armenisches Tetra-evangelium, Ms. or. oct. 3690, fol
18. Jhd. | SBB-PK

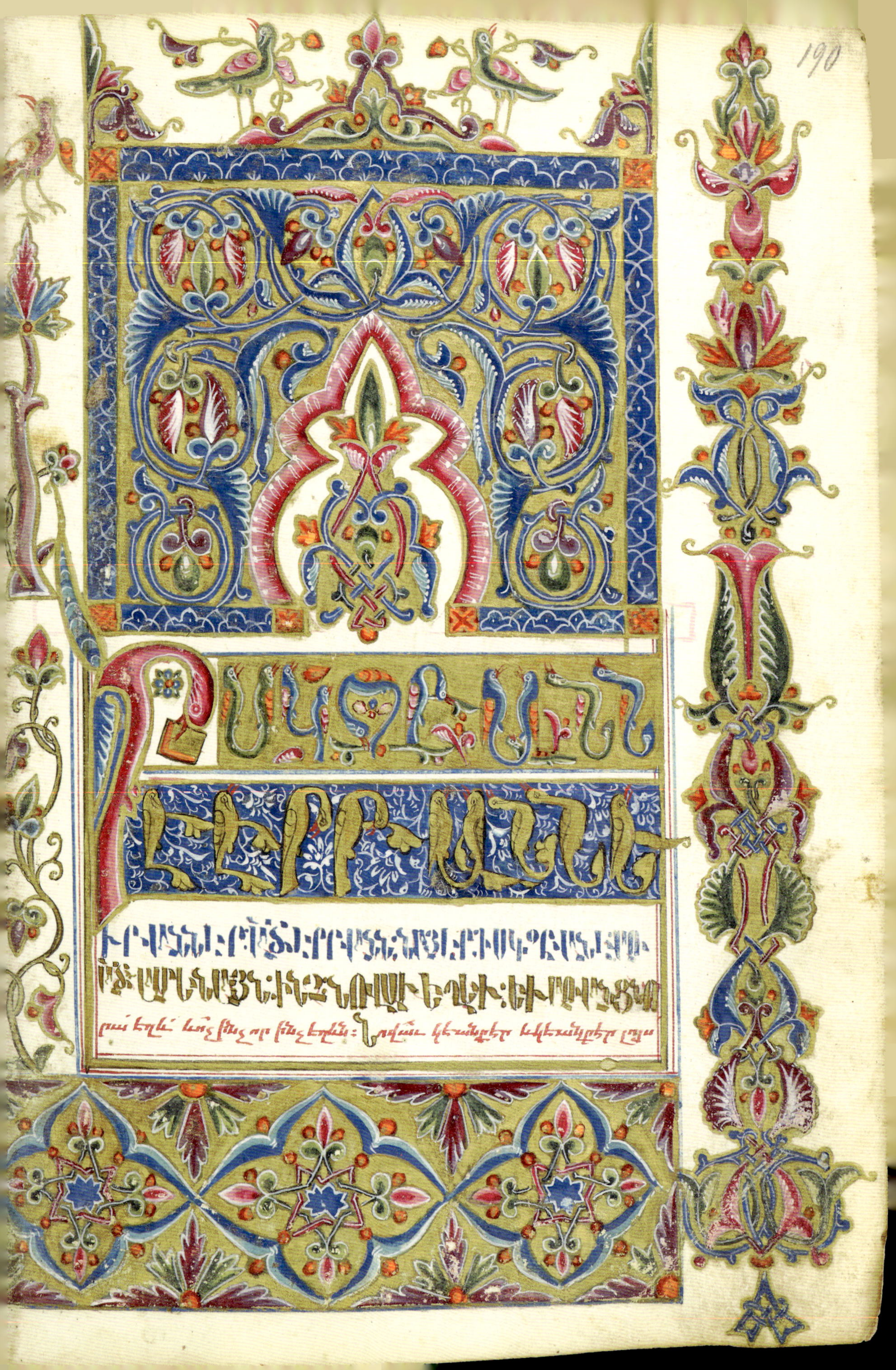

Incipit epistola sancti Jeronimi presbiteri ad Paulinum de omnibus divine historie libris.

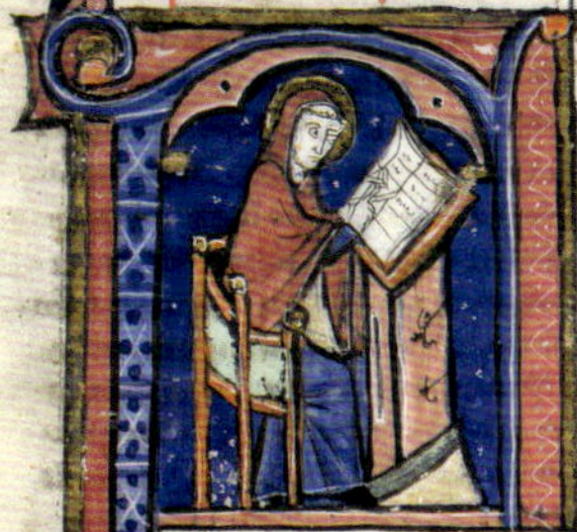

Frater ambrosius mihi tua munuscula perferens detulit simul et suavissimas litteras que a principio amicitiarum fidem probate iam fidei et veteris amicitie nova preferebant. Vera enim illa necessitudo est et Christi glutino copulata quam non utilitas rei familiaris, non presentia tantum corporum, non subdola et palpans adulatio, sed dei timor et divinarum scripturarum studia conciliant. Legimus in veteribus historiis quosdam lustrasse provincias, novos adisse populos, maria transisse, ut eos quos ex libris noverant coram quoque viderent. Sicut pitagoras memphiticos vates, sic plato egiptum et archytam tarentinum eandemque oram ytalie que quondam magna grecia dicebatur laboriosissime peragravit, et ut qui athenis magister erat et potens cuiusque doctrinam achademie gignasia personabant fieret peregrinus atque discipulus, malens aliena verecunde discere quam sua impudenter ingerere. Denique cum litteras quasi toto orbe fugientes persequitur, captus a piratis et venundatus etiam tyranno crudelissimo paruit, ductus captivus vinctus et servus. Tamen quia philosophus maior emente se fuit. Ad titum livium lacteo eloquentie fonte manantem de ultimis hispanie galliarumque finibus quosdam venisse legimus nobiles, et quos ad contemplationem sui roma non traxerat unius hominis fama perduxit. Habuit illa etas inauditum omnibus seculis celebrandumque miraculum, ut urbem tantam ingressi aliud extra urbem quererent. Appollonius sive ille magus ut vulgus loquitur, sive philosophus ut pitagorici tradunt, intravit persas, pertransivit caucasum, albanos, scitas, massagetas, opulentissima indie regna penetravit, et ad extremum latissimo phison amne transmisso pervenit ad bragmanas, ut hyarcham in throno sedentem aureo et de tantali fonte potantem inter paucos discipulos de natura, de moribus ac de cursu dierum et syderum audiret docentem. Inde per elamitas, babilonios, chaldeos, medos, assyrios, parthos, syros, phenices, arabes, palestinos, reversus ad alexandriam, perrexit ad ethiopiam, ut gymnosophistas et famosissimam solis mensam videret in sabulo. Invenit ille vir ubique quod disceret et semper proficiens semper se melior fieret. Scripsit super hoc plenissime octo voluminibus philostratus.

Quid loquar de seculi hominibus, cum apostolus paulus vas electionis et magister gentium qui de conscientia tanti in se hospitis loquebatur: An experimentum queritis eius qui in me loquitur Christus, post damascum arabiamque lustratam ascendit iherosolimam ut videret petrum, et mansit apud eum diebus quindecim. Hoc enim mistio ebdomadis et ogdoadis futurus gentium predicator instruendus erat. Rursumque post annos quattuordecim assumpto barnaba et tito exposuit cum apostolis evangelium, ne forte in vacuum curreret aut cucurrisset. Habet nescio quid latentis energie vive vocis actus, et in aures discipuli de auctoris ore transfusa fortius sonat. Unde et eschines cum rodi exularet, et legeretur illa demostenis oratio quam adversus eum habuerat, mirantibus cunctis atque laudantibus suspirans ait: Quid si ipsam audissetis bestiam sua verba resonantem?

Nec hec dico quod sit aliquid in me tale quod vel possis a me audire vel velis discere, sed quod ardor tuus et discendi studium etiam absque nobis per se probari debeant.

Schriftrolle und Codex, Purpurtinte und Schreibermesser. Vergleichende Überlegungen zu den Autorisierungsstrategien sakraler Texte im Bild

Thomas Rainer

DIE ROLLE DER PATRIARCHEN UND PROPHETEN

Am 21. April 1915 konnte die damals Königliche Bibliothek zu Berlin im Tauschverfahren von der Universitätsbibliothek Halle eine für die Frühgeschichte des Druckes bedeutende, ehemals im Besitz des Domkapitels in Magdeburg befindliche Inkunabel erwerben.[1] Der 1459 bei Schöffer und Fust, den Nachfolgern von Gutenbergs Werkstatt in Mainz, erschienene Druck[2] enthält eine lateinische Ausgabe des *Rationale divinorum officiorum*, eine höchst einflussreiche, allegorische Auslegung aller Aspekte der christlichen Liturgie, die Wilhelm Durandus, Bischof von Mende, im ausgehenden 13. Jahrhundert verfasste. Im Abschnitt zu den Bildern, Vorhängen und dem Zierrat der Kirche kommt Durandus auf die Darstellung von Büchern zu sprechen. Ich gebe hier eine deutsche Übersetzung des lateinischen Textes, wie er in der ersten Spalte auf fol. 5r der in der Staatsbibliothek verwahrten Inkunabel abgedruckt wurde [Abb. 1]:

Und beachte, dass die Patriarchen und Propheten mit Schriftrollen in ihren Händen [*cum rotulis in manibus*] gemalt werden, einige Apostel aber mit Büchern [*cum libris*] und andere mit Schriftrollen [*cum rotulis*], weil nämlich der Glaube vor der Ankunft Christi figurativ [*figurative* - in übertragenem Sinn] gezeigt wurde und weil er auch in vielerlei Hinsicht verschlossen war. Um dies zu zeigen, werden die Patriarchen und Propheten mit Schriftrollen [*cum rotulis*] gemalt, durch welche eine gleichsam unvollkommene Erkenntnis bezeichnet wird; weil aber die Apostel von Christus vollkommen unterrichtet worden sind, darum können sie Bücher [*libris*] haben, durch welche passend eine vollkommene Kenntnis angedeutet wird.[3]

Durandus projiziert hier die heilsgeschichtliche Polemik der Christen gegen den Glauben der jüdischen Patriarchen und Propheten auf die Form der Bücher, wobei die Rolle als Vorläufer und Attribut unvollkommener Erkenntnis den christlichen Büchern gegenübergestellt wird.[4] Diese antijüdische Argumentation folgt einer langen, bis in die Gegenwart nachwirkenden Tradition der religionsspezifischen Zuordnung von Rolle und Codex,[5] deren Hintergrund ein komplexer und vielschichtiger Medienwandel war, der bereits in den ersten drei Jahrhunderten christlicher Schriftaufzeichnung in der Auseinandersetzung des Christentums mit seinem jüdischen Erbe begann.

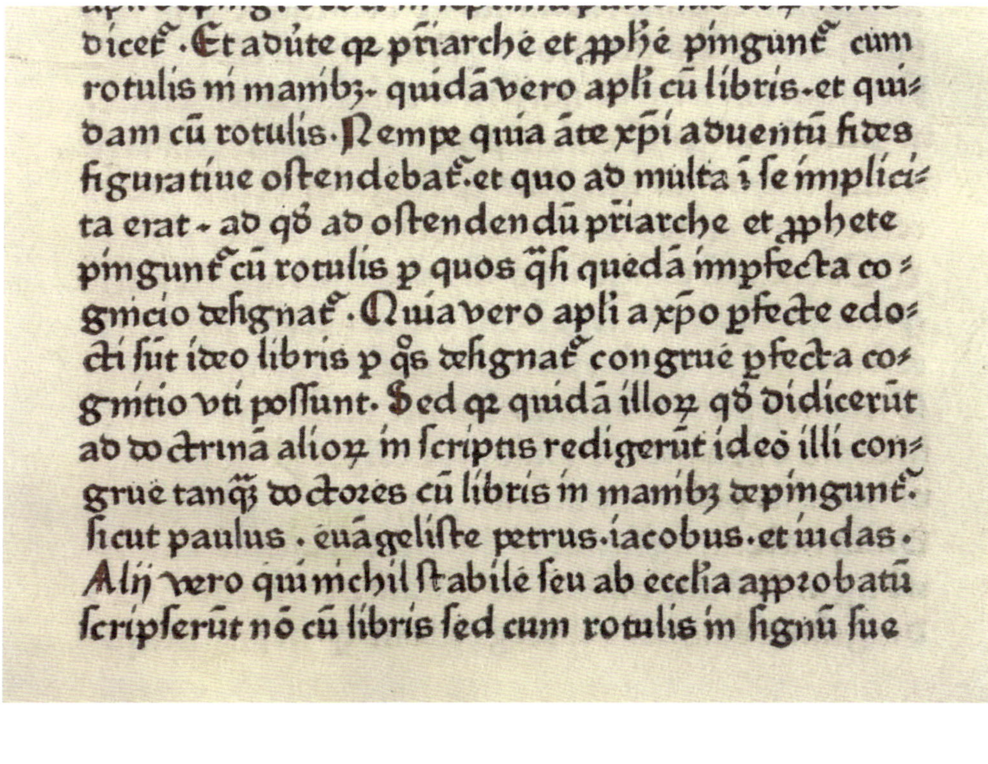
dicet. Et adute q̄ p̄riarche et p̄phe pingūt cum
rotulis in manibꝫ. quidā vero apli cū libris. et qui-
dam cū rotulis. Nempe quia āte xp̄i aduentū fides
figuratiue ostendebat. et quo ad multa ī se implici-
ta erat. ad qd̄ ad ostendendū p̄riarche et p̄phete
pingūt cū rotulis p quos q̄si quedā inpfecta co-
gnicio designat. Quia vero apli a xp̄o pfecte edo-
cti sūt ideo libris p q̄s designat congrue pfecta co-
gnitio vti possunt. Sed qꝛ quidā illoꝝ qd̄ didicerūt
ad doctrinā alioꝝ in scriptis redigerūt ideo illi con-
grue tanq̄ doctores cū libris in manibꝫ depingūt.
sicut paulus. euāgeliste petrus. iacobus. et iudas.
Alij vero qui nichil stabile seu ab eccl̄ia approbatū
scripserūt nō cū libris sed cum rotulis in signū sue

→ **Abb. 1** Wilhelm Durandus, Rationale Divinorum Officiorum, Mainz: Johann Fust und Peter Schöffer 1459, 2° Inc 1513.20, fol. 5r | SBB-PK

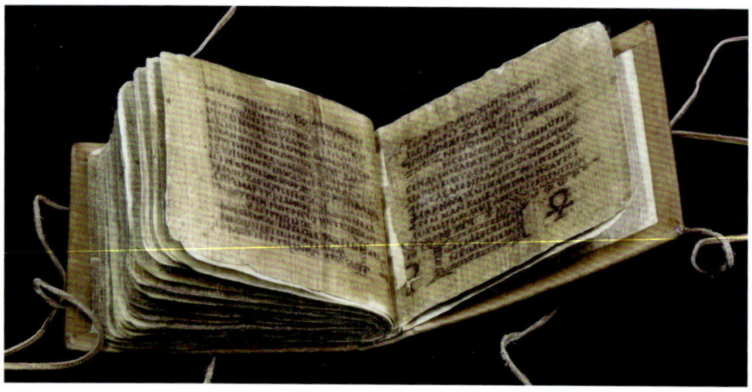

↑ **Abb. 2** Koptischer Proverbiencodex, Ägypten, Ms. or. oct. 987, 3./4. Jhd. | SBB-PK

Der in den Evangelien festgehaltene Lebensbericht des jüdischen Religionslehrers Jesus Christus, der die heiligsten Schriften des Judentums, Tora und Propheten, in Hinblick auf seine eigene messianische Berufung auslegte, wurde spätestens ab dem 2. und 3. Jahrhundert überwiegend nicht in Rollenform überliefert, sondern entgegen dieser in der Antike allgemein üblichen Form hochwertiger, literarischer Bücher als Codex.[6] Die große Mehrzahl der vor dem 4. Jahrhundert erhalten gebliebenen christlichen Evangelienbücher dürfen wir uns ähnlich jenem seltenen Dokument frühchristlicher Buchkultur vorstellen, das der deutsche Orientalist Bernhard Moritz 1905 mit Hilfe des Koptologen Carl Schmidt für die Berliner Königliche Bibliothek in Kairo erwarb und das heute unter der Signatur Ms. or. oct. 987 in der Orientabteilung verwahrt wird Abb. 2.[7] Beim sogenannten Proverbiencodex handelt es sich um eine koptische Abschrift der Sprüche Salomos im achmimischen Dialekt, die wahrscheinlich in Oberägypten im 3. oder 4. Jahrhundert in einem einlagig gebundenen Papyruscodex aufgezeichnet wurde. Die Herstellung des Buchs aus ineinander gestapelten, in der Mitte gefalteten Doppelblättern, die mit einem flexiblen Ledereinband fix verbunden wurden, entspricht der mutmaßlichen Buchform der ältesten erhaltenen Zeugnisse der Evangelien, etwa dem meist ins beginnende zweite Jahrhundert datierten Fragment des griechischen Johannesevangeliums, das in der John Rylands Library in Manchester aufbewahrt wird ($\mathfrak{P}^{52}$, P.Ryl. 3.457).[8]

Die Tatsache, dass Codices und nicht Buchrollen die Form der wichtigsten heiligen Texte des entstehenden Christentums vom 2. Jahrhundert an prägten, hat die Forschung stark beschäftigt, und trotz zahlreicher dazu vorgetragener Thesen, besteht nach wie vor kein Konsens in der Erklärung dieses außergewöhnlichen Befunds.[9] Unstrittig ist jedoch, dass sich die Entwicklung der Aufzeichnung der biblischen Schriften im Christentum von den Normen, die sich gleichzeitig im entstehenden, rabbinischen Judentum nach der Tempelzerstörung für die Abschrift der Tora und der prophetischen Schriften etablierten, bereits sehr früh im 2. und 3. Jahrhundert zu unterscheiden begann.[10] Irven Resnick hat die bewusste Hervorhebung dieses Unterschieds als dialektischen Prozess beschrieben: „The more Christians sought a distinctive form for their editions of Jewish (and Christian) writings, the more insistent the rabbinic traditions became that authentic texts of the Hebrew bible preserve the time honoured form of the scroll as well as the sacred language of the Jews, Hebrew."[11]

Was die bisherige Forschung wenig beachtete, war das Echo dieses Prozesses in der bildlichen Darstellung beider Buchformen sowohl im jüdischen als auch im christlichen Kontext. Dabei ist es gerade diese Bildgeschichte der heiligen Bücher, die den komplexen Prozess wechselseitiger Abgrenzung ebenso deutlich macht wie den nicht minder bedeutenden Prozess gegenseitiger Anleihen. In dem Ringen um das rechte Bild des heiligen Buches ging und geht es nicht nur um die Hervorhebung der Autorität der heiligen Schriften gegenüber der vermeintlichen Konkurrenz außerhalb der Grenzen der jeweiligen religiösen Gemeinschaft, sondern vielmehr um die Etablierung von Autorität innerhalb der eigenen Traditionen schriftlicher Überlieferung. Die Bilder zeigen Brüche auf, die eine auf den „Ursprung" des Codex im Christentum fokussierte Archäologie der jeweils „ältesten" Schriftzeugnisse nur allzu leicht übersieht.[12] Vor diesem Hintergrund gewinnt das einleitende Zitat von Durandus eine neue Bedeutung. Dieser grenzt die Darstellung der christlichen Bücher der Apostel in Codexform nicht nur von den Rollen der Patriarchen und Propheten ab und konstruiert damit eine auf die Überlegenheit des Christentums zielende Heilsgeschichte, sondern bemerkt vielmehr auch die Übereinstimmung der Buchattribute einiger Apostel mit den Buchrollen der jüdischen Vorläufer des Christentums:

> Weil aber einige von Ihnen das, was sie gelernt haben, zur Belehrung anderer in ihren Schriften niedergelegt haben, darum werden sie wie Paulus, die Evangelisten, Petrus, Jakobus und Judas in passender Weise gleichsam als Lehrer mit Büchern in ihren Händen gemalt: weil aber andere nichts Sicheres oder von der Kirche Approbiertes geschrieben haben, werden sie nicht mit Büchern sondern zum Zeichen ihrer Predigt mit Schriftrollen gemalt.[13]

Dieses Argument wird mit der Darstellung des offenen oder aber geschlossenen Buches in den Händen Christi fortgesetzt. Geschlossen gezeigt, werde es, „weil niemand außer dem Löwen aus dem Stamm Juda für würdig gefunden worden ist, jenes Buch zu öffnen (vgl. Offb 4:11; Offb 5:5)", geöffnet werde es gezeigt, „damit in ihm jeder lesen soll, dass er das Licht der Welt (vgl. Joh 1:4) und der Weg, die Wahrheit und das Leben (Joh 14:6) und das Buch des Lebens ist".[14]

Durandus' allegorische Deutungen sind keine normativen Anweisungen, wie man Bücher darstellen soll, sie reagieren vielmehr auf vorhandene oder imaginierte Bilder der heiligen Bücher, deren spezifische Eigenschaften unterschiedlichen Strategien zur Autorisierung der vermittelten Botschaft im Spannungsfeld mündlicher und schriftlicher Überlieferungs- und Lesepraxis zugeordnet werden. Damit öffnet die theologisch gefärbte Allegorese auch eine Perspektive auf die Gleichzeitigkeit unterschiedlicher Buchformen und Buchformate, die sich jenseits einer heilsgeschichtlich fundamentierten Ideologie für die wissenschaftliche Analyse und den Vergleich fruchtbar machen lässt. Die Bestände der Berliner Staatsbibliothek bieten dazu umfangreiches Anschauungsmaterial, das bislang unter diesem Aspekt zu wenig – und wenn überhaupt nur in Einzelfällen – eingehend untersucht wurde.

VOM POETISCHEN LUFTSPRUNG ZUM CODEX – DAVIDS PSALTER UND DAS SCHREIBERMESSER

Beginnen wir mit einem Text, dem sowohl in der jüdischen als auch christlichen Tradition der Status höchster Sakralität zugewiesen wurde: dem Psalter, dessen Urheber David wie kaum ein zweiter biblischer Prophet für eine christologische Lesung vereinnahmt wurde. In einer im zweiten Viertel des 11. Jahrhunderts im Kloster Werden entstandenen, kostbar bebilderten Psalter-Handschrift (Berlin, Ms. theol. lat. fol. 358)[15] thront der biblische König mit Szepter und Globus, einem ottonischen Kaiser gleich, auf der ersten Seite des Psalmenbuches, dessen Entstehungsprozess im Bild erklärt wird Abb. 3.[16] Rechts und links des allmächtig thronenden Herrschers sind zwei kleine Schreiber platziert. In aufmerksamer Anspannung wenden sie sich David zu, doch ihr konzentrierter Blick ist auf ein unbestimmtes Ziel gerichtet. Mehr als ihre Augen leihen sie dem König ihr Ohr. Entsprechend der antiken Gewohnheit schreibender Notare, die die Worte des diktierenden Autors aufzeichnen, nehmen sie David akustisch wahr. Was sie sehen, ist das innere Bild seiner Stimme, eine über das Gehör vermittelte Vision.[17] Um zu hören, halten sie inne, die Feder in erhobener Hand. Sie ist noch nicht auf das Blatt gerichtet, das bislang unbeschrieben auf den Schreibpulten liegt. Die zunächst akustische Dimension der Schriftvermittlung wird auch im unteren Register des Bildes betont. Dort sehen wir zu Seiten des ein Monochord spielenden Propheten vier ihn begleitende Psalmisten, zwei Musiker links, zwei Tänzer rechts.[18] Davids Schreiber sind Teil einer gemeinsamen musikalischen Aufführung, die die Körper aller Begleiter, Musiker, Tänzer und Schreiber dirigiert. Das akustische Schauspiel, das den Anfang der Dichtung markiert, ist noch nicht zum buchstäblich lesbaren Text geworden.

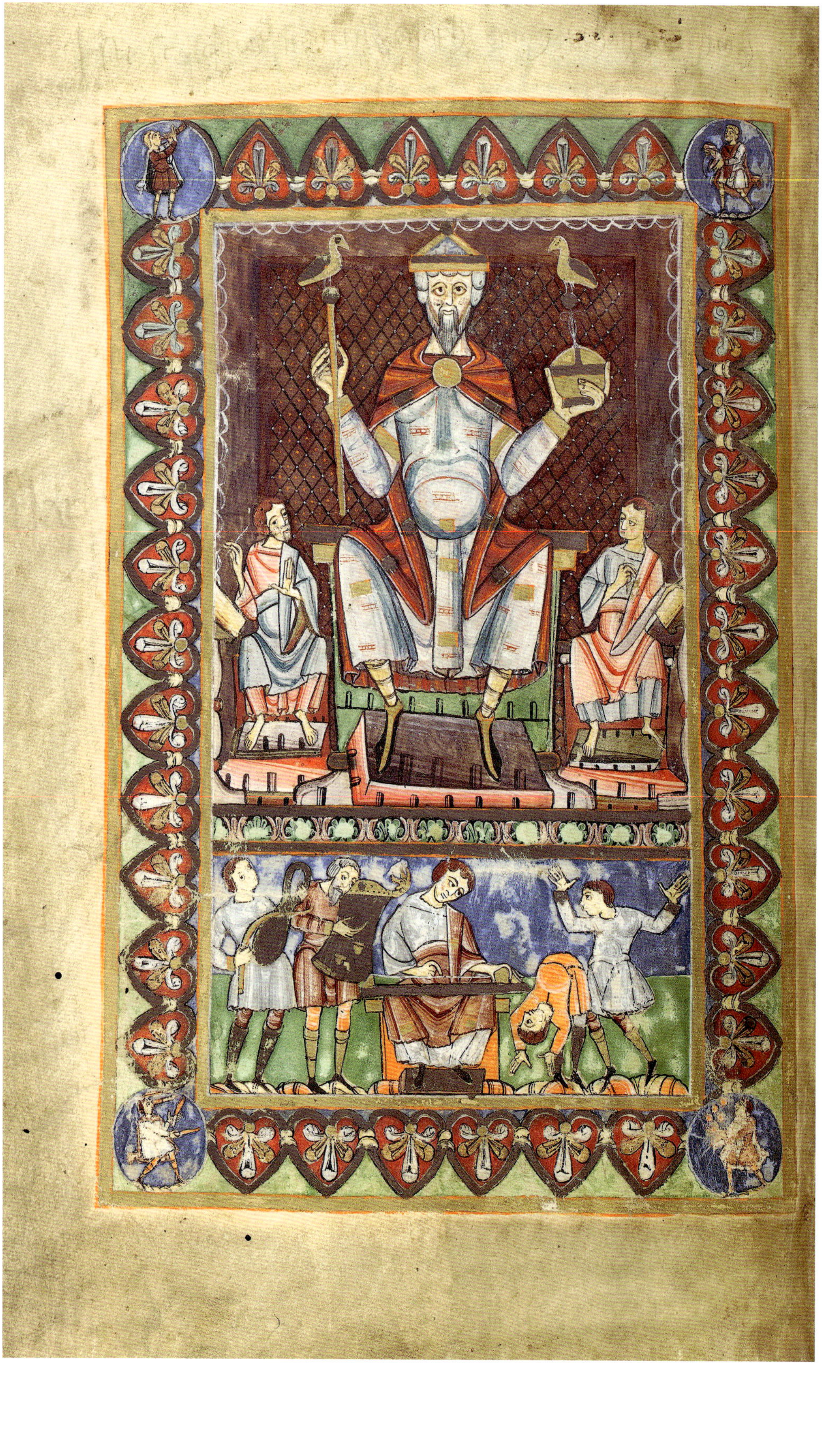

← **Abb. 3** Autorenbild des Königs David, Werdener Psalter, Ms. theol. lat. fol. 358, fol. 1v, nach 1029 | SBB-PK

→ **Abb. 4** B-Initiale mit Schreibern, Werdener Psalter, Ms. theol. lat. fol. 358, fol. 2r, nach 1029 | SBB-PK

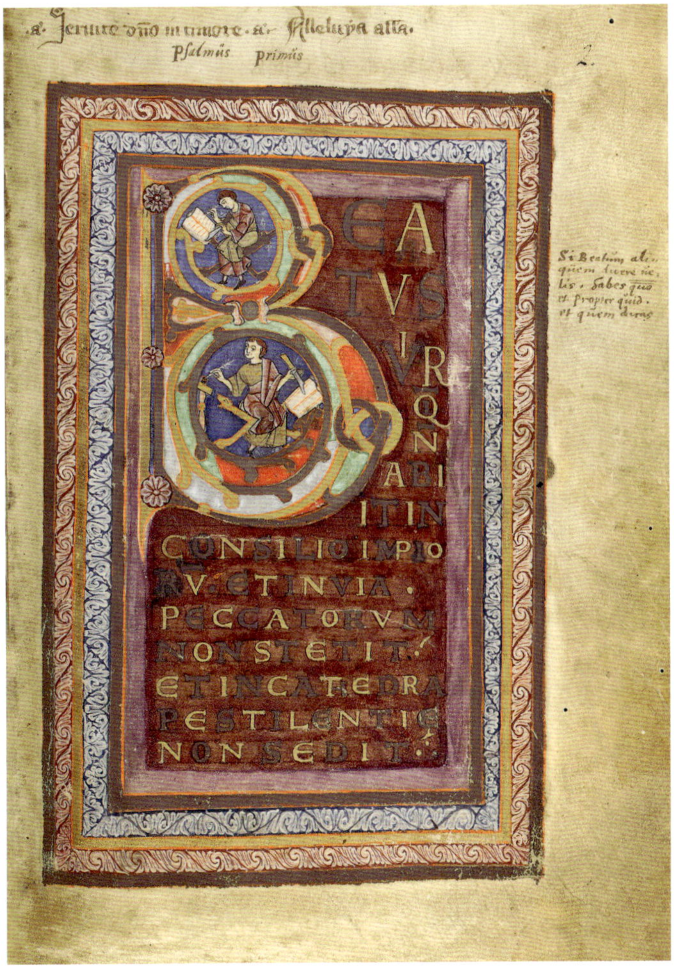

Die Verwandlung des Tanzes dichterischer Ekstase, des poetischen Luftsprungs - gleich dem „Salto mortale" des linken Tänzers[19] - in ein Buch, sehen wir auf der gegenüberliegenden Seite. Im B der Initiale des ersten Psalms „Beatus Vir" sind zwei Schreiber dargestellt, die jeweils an einem geöffneten Buch arbeiten Abb. 4.[20] Der Blick des ersten Schreibers ist nicht mehr ungerichtet wie der eines aufmerksam lauschenden Zuhörers, sondern gehört einem fokussiert arbeitenden Schreibhandwerker. Die Feder berührt jetzt unmittelbar Tinte und Buch, dessen Form sich vom unbestimmbaren Blatt zum exakt gezeichneten Codex mit linierten Seiten gewandelt hat. Wichtiger noch, zur Feder tritt ein zweites Werkzeug: das Messer. Es unterstreicht den scharf fokussierten Blick des Schreibers und dient nicht nur dem Zuspitzen der Feder, dem Fixieren des losen Blattes oder dem Markieren der Linien. Das heißt, die Schrift im codexförmigen Buch wird gewissermaßen erst richtig positioniert, mit ihm werden aber auch Fehler und Verschreibungen korrigiert.[21] Mit seiner Klinge schabt der Schreiber die getrocknete Tinte falsch geschriebener Worte und Buchstaben vom Blatt, rasiert und poliert den Text[22] - eine Tätigkeit, die dem gesprochenen Wort die Anmutung einer von der Performanz der tänzerischen Aufführung unabhängigen Stabilität verleiht. Ein Beigeschmack von Besserung und Buße schwingt hier im monastischen Kontext mit. Das Messer des Texthandwerkers ist ebenso das Instrument des emendierenden Philologen, der im Wildwuchs der Textvarianten die perfekte Sprache des Dichters wiederzugewinnen versucht - eine Errungenschaft, die in der lateinischen Tradition der Bibelübersetzung traditionell Hieronymus zugeschrieben wurde. So auch im Werdener Psalter, in dem es gleich auf der ersten Seite in einer Titelergänzung des 16. Jahrhunderts heißt: „Psalterium Romanum sic dictum quod Romae ad petitionem Damasi papae Hieronymus emendavit" (Der Psalter wird römischer Psalter genannt, weil ihn Hieronymus in Rom auf Bitte des Papstes Damasus verbessert (= korrigiert) hat).[23] Hieronymus' Korrektur des Textes in päpstlichem Auftrag entspricht im Bild dessen Übertragung in einen regelkonform linierten Codex, mit Messer und Feder des Schreibers.

Diese Darstellung des 11. Jahrhunderts, angefertigt in einem Zentrum monastischer Buchproduktion, entbehrt nicht einer gewissen Ironie. War es doch Hieronymus selbst, der in der Rechtfertigung seiner Übersetzertätigkeit aus dem Hebräischen die philologische Arbeit am Text von dessen materiellem Schmuck abgrenzte und in einer rhetorischen Geste die Form des Schriftträgers der korrigierenden Arbeit am Text nachordnete. „Sollen doch die, die wollen, alte Bücher besitzen, auf purpurfarbenen Pergamentseiten, mit Gold und Silber geschrieben [...], solange sie mir und den Meinen gestatten, armselige Blätter und nicht so sehr schöne Codices, als vielmehr korrekte zu haben", schreibt Hieronymus im Vorwort zu seiner lateinischen Übersetzung des hebräischen Buches Hiob.[24] Die Invektive zielt - wie der Gold- und Purpurschmuck verrät - auf den Bücherluxus der senatorischen Machtelite, aus deren Kreis sich Hieronymus durch das Propagieren übermäßiger Askese verbannt sah, deren elitäre Buchkultur jedoch auch für ihn zeitlebens ein nur allzu verführerisches Gegenmodell

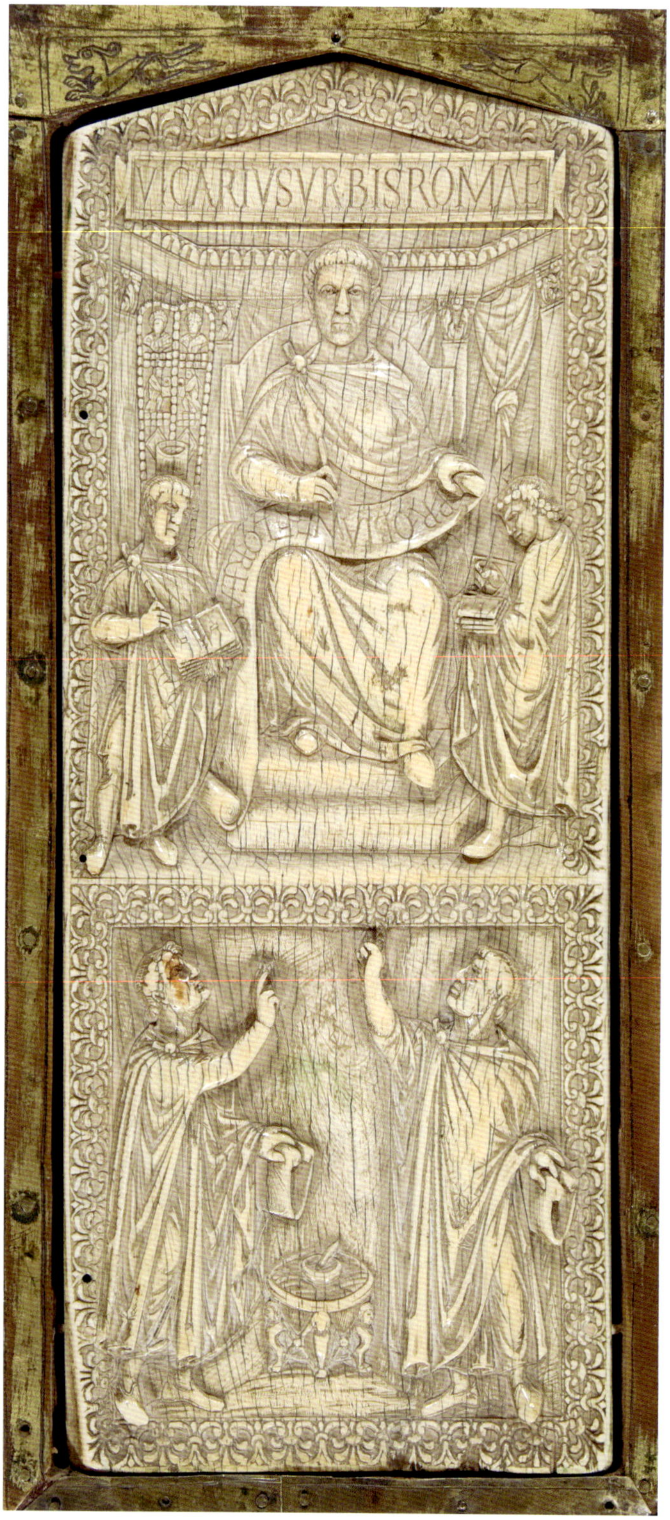

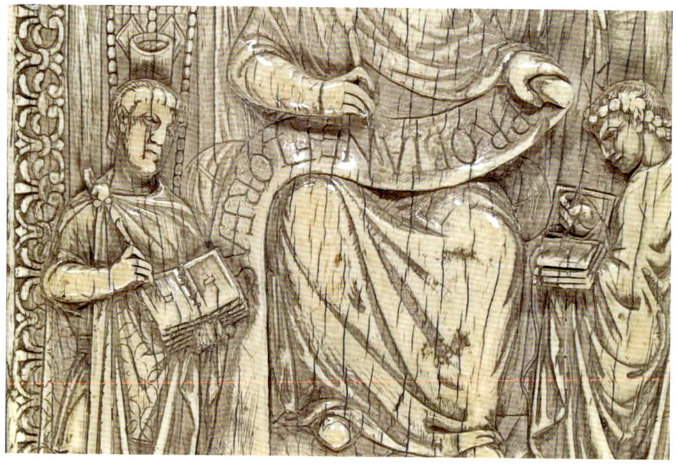

← **Abb. 5** Probianus-Diptychon, Rückseite, Buchkasten für die Vita s. Liudgeri, Ms. theol. lat. 323, 390/400 | SBB-PK

↑ **Abb. 6** Probianus weist mit seinem Griffel auf die Inschrift mit seinem Namenszug, Probianus-Diptychon, Rückseite, Buchkasten für die Vita s. Liudgeri, Detail, Ms. theol. lat. 323, 390/400 | SBB-PK

literarischer Verfeinerung blieb.[25] Gerade der poetische Text eines königlichen Verfassers, wie Davids Buch der Psalmen, konnte an die Performanz der höfischen Buchproduktion und ihren auch in den Ausstattungsformen standesadäquaten, rhetorischen Schmuck anknüpfen: ein Fortleben antiker Auszeichnungstopoi, das sich nicht zuletzt noch im Purpurschmuck des Werdener Psalters widerspiegelt, dessen Titelzeilen konsequent mit Gold- und Silberschrift in Purpurbalken gestaltet sind.[26]

SCHRIFTROLLE UND WACHSTAFELCODEX – DAS DIPTYCHON DES PROBIANUS ALS MODELL SAKRALER AUTORSCHAFT IM CHRISTENTUM

Dass die kostbare Materialität spätantiker Vorbilder nicht nur als rhetorische Metapher, sondern ganz konkret die mittelalterliche Vorstellung sakraler Autorschaft prägte – in einem komplexen Rezeptionsprozess von Ablehnung und Aneignung, Vereinnahmung und Umformung –, zeigt ein zweites, in der Berliner Staatsbibliothek verwahrtes Beispiel aus dem Kloster Werden. Es führt uns zur Ausgangsfrage nach dem Verhältnis von Rolle und Codex in diesem Prozess zurück. Zur Zeit der Entstehung des Werdener Prachtpsalters wurde im Schatz der Abtei auch ein um 390 entstandenes spätantikes Elfenbeindiptychon verwahrt, das den römischen Stadtvikar Probianus mit einer auf dem Vorderdeckel verschlossenen, auf dem Rückdeckel entrollten Schriftrolle zeigt Abb. 5. Das Diptychon blieb als zentraler Bestandteil eines mittelalterlichen Buchkastens erhalten, welcher die aufwendig bebilderte Vita des Werdener Klosterpatrons Liudger aus dem 11. Jahrhundert einschloss.[27] Die Forschung hat seit Langem erkannt, dass zwischen den auf den Elfenbeintafeln des Diptychons dargestellten Szenen und dem einleitenden Bild des Werdener Psalters ein Zusammenhang besteht.[28] In beiden Fällen wird die imposante Gestalt des Thronenden von zwei kleinen Schreiberfiguren begleitet, die sein Diktat aufnehmen; im unteren Register der Tafeln wiederum huldigen Träger von Buchrollen – jeweils rechts und links eines zentral platzierten Tintenfasses – dem thronend dargestellten Staatsbeamten. Trotz der langen Forschungstradition fällt es nach wie vor nicht leicht, den dargestellten Akt präzise zu benennen: Er erscheint als ein hervorragendes Beispiel amtlicher Schriftvermittlung, ausgestattet mit allen Attributen eines höchst prestigevollen, über verschiedene Schriftträger verteilten Medienapparats.[29]

Insbesondere die Rückseite des Diptychons gibt Rätsel auf: Der dargestellte Staatsbeamte berührt mit dem Griffel eine geöffnete, über die Knie ausgebreitete Buchrolle und weist dabei deutlich auf den darauf geschriebenen Text hin. Zu lesen ist die Anredeformel „Probiane floreas" (Probianus, mögest du erblühen – also: mögest du dich im Amt bewähren), die zur akklamierenden Gestik der Buchrollenträger im unteren Register passt Abb. 6. Doch weshalb sollte Probianus sich selbst mit dieser Anrede ansprechen, wenn die Berührung mit dem Griffel tatsächlich als Akt der Einschreibung zu verstehen ist? Alan Cameron hat vorgeschlagen, in Probianus den Empfänger des Elfenbeindiptychons zu sehen, das ihm aus Anlass seines Amtsantritts überreicht wurde. Die entrollte Schriftrolle lässt an die Diplome (*Codicilli* oder *Epistulae*) denken, die Staatsbeamte vom Kaiser verliehen bekamen und die mit Anredeformeln wie dem auszeichnenden „Floreas" das offizielle Mandat der Amtsverleihung einleiteten.[30] Mit dem Griffel approbiert der neu eingesetzte Beamte seine Ernennung, ein symbolischer Federstrich, der die so erlangte Macht demonstriert.[31] Dazu passt das zentrale Tintengefäß im unteren Register, ein wichtiges Insignium kaiserlicher Hoheit, insbesondere dann, wenn die Tinte purpurfarben war – eine Besonderheit, die kaiserlichen Urkunden vorbehalten blieb.[32] Mit dem Amtstintenfass wird die kaiserliche Macht auf den Beamten zurückgespiegelt, der die kaiserlichen Dekrete und Rechtsakte zur Ausführung bringt. Seine Erlässe schreibt der Staatsbeamte dabei nicht selbst: Sie werden vielmehr den professionellen Notaren diktiert, die sie anschließend auf Wachstäfelchen festhalten.

Die Schreiber rechts und links von Probianus halten solche Täfelchen in den Händen, jeweils als Polyptycha zur Codexform zusammengebunden. Dieses Buchformat entspricht den Rechtsgewohnheiten der römischen Kaiserzeit. Zahlreiche Urkunden sind in Form solcher gebundener Wachstäfelchen überliefert.[33] Vor Gericht waren sie vermutlich ein ebenso üblicher Anblick wie die Schriftrollen, die Redner und Anwälte als Ausweis ihrer rhetorischen und literarischen Fähigkeiten in den Händen hielten - so auch im Diptychon zur Huldigung des neuen *Vicarius Urbis Romae*.

Vergleichen wir diese Vermittlung von Autorität im Spannungsfeld mündlich vorgetragener Rede und schriftlicher Aufzeichnung mit dem Einleitungsbild im Werdener Psalter, lässt sich keine lineare Abfolge von der Rolle zum Codex rekonstruieren. Vielmehr thematisieren beide Darstellungen, in jeweils unterschiedlicher Weise, das Wechselspiel von mündlichem Vortrag und schriftlicher Aufzeichnung durch den Einsatz verschiedener Schriftträger: im einen Fall Rolle und Wachstafelcodex, im anderen Einzelblatt und Pergamentcodex. Von besonderer Bedeutung sind darüber hinaus die Instrumente der Einschreibung und die verwendeten Materialien der Beschriftung - Griffel, Feder, Messer und Tinte. Das Weiterleben der Schriftrolle im Christentum als bildlich häufig dargestelltes Medium zur Aufzeichnung des Heiligen Textes blieb davon nicht unberührt.

Bezogen auf das Probianus-Diptychon konstatiert Cameron im Bild ein mediales Paradox: Das Diptychon als Bildträger steht im Widerspruch zur dargestellten Amtseinsetzung, die sich ursprünglich in Form einer Schriftrolle vollzog - ein Bruch zwischen Repräsentationsform und historischem Übertragungsmedium.[34] Ein vergleichbares Phänomen war im Christentum gang und gäbe. Zahlreiche Evangelienbücher veranschaulichen das Paradox eines codexförmigen Buches, dessen Entstehung als kostbare Buchrolle imaginiert wird - eine Form, die der amtlichen Ernennungsurkunde im Probianus-Diptychon verwandt erscheint. Auch hierfür lässt sich ein Beispiel aus dem Bestand der Berliner Staatsbibliothek heranziehen.

In einem vom karolingischen Kaiser Lothar I. an das Kloster Prüm geschenkten Vierevangelien-Codex (Berlin, Staatsbibliothek, Cod. lat. theol. fol. 260) findet sich vor dem jeweiligen Evangelium eines jeden Evangelisten ein Autorenbild, das sich deutlich auf spätantike Vorbilder wie das Probianus-Diptychon bezieht.[35] Analog zur Pose des spätantiken Beamten hat der frontal thronende Evangelist Markus eine Rolle über sein Knie gelegt, die er gerade mit der Feder zu beschriften beginnt Abb. 7.[36] Mit der Rechten führt er die Feder zum Tintenfass, während seine Linke die Rolle hochhält, auf der wir die in Minium-roter Farbe geschriebene Inschrift „Secundum Marcum" ([Evangelium] nach Markus) lesen. Wie im Fall des Probianus verbürgt die hervorgehobene Namensnennung des Evangelisten die Legitimität des textlichen Zeugnisses, das im Sinne römischen Rechtsverständnisses als von höherer Stelle autorisiert erscheint. Der Status der Rolle ist vielschichtig. Einerseits lässt sie sich als Rechtsdokument lesen - als Diplom, das den Verfasser legitimiert; andererseits repräsentiert sie den Schriftträger des Textes, den Markus zu verfassen beginnt. Im Gegensatz dazu begegnet den Leser*innen das bebilderte Evangelienbuch als Codex. Diese Ambivalenz tritt noch stärker im Vergleich mit den weiteren Evangelistenporträts im gleichen Codex zutage. Statt in eine Rolle schreibt Matthäus seinen Namen in roter Tinte in ein codexförmiges Buch. Auf dem Pult von Lukas liegt wiederum eine Rolle, während er einen auf seinen Knien platzierten Codex mit der Formel „Secundum Lucam" beschriftet. Johannes schließlich hält einen geschlossenen Codex in Händen, während auf dem Pult eine kleine, geöffnete Rolle mit der Abkürzung „Secundum Joannem" liegt Abb. 8. Diese Bildlösungen machen deutlich, dass es hier nicht um den Versuch einer realistischen Darstellung der Textproduktion geht, sondern vielmehr um unterschiedliche Modelle zur visuellen Legitimierung von Autorschaft.[37]

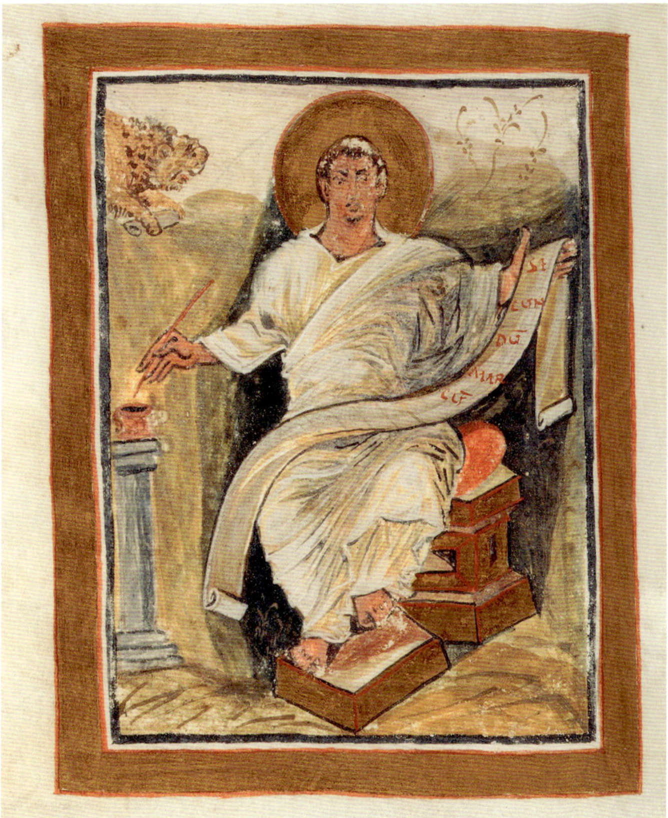

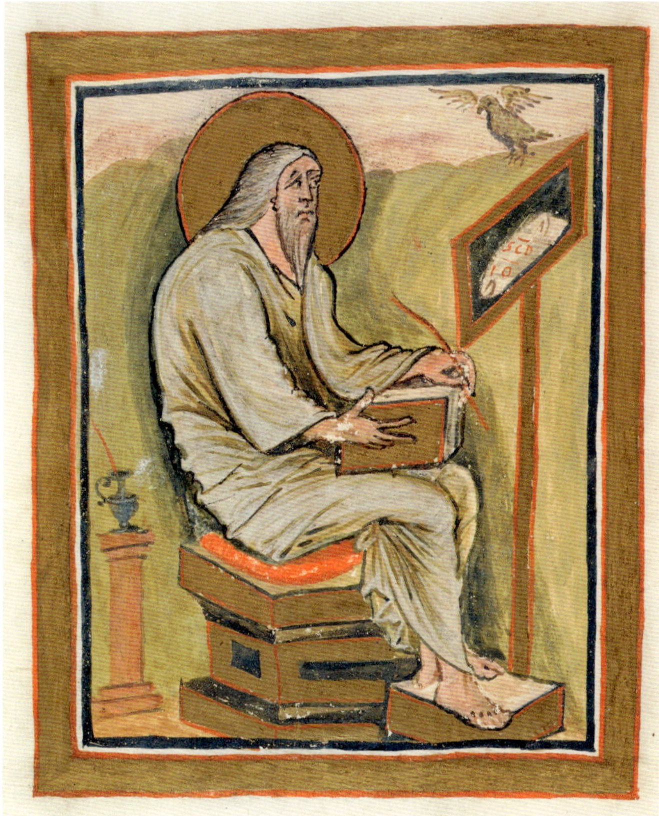

↑ Abb. 7 Der schreibende Evangelist Markus, Evangeliar Kaiser Lothars I., Ms. theol. lat. fol. 260, fol. 75v, vor 852, SBB-PK | Bpk-Bildagentur: Bild-Nr.: 00078121

↑ Abb. 8 Der schreibende Evangelist Johannes, Evangeliar Kaiser Lothars I., Ms. theol. lat. fol. 260, fol. 184v, vor 852, SBB-PK | Bpk-Bildagentur: Bild-Nr.: 00098757

GEÖFFNETER CODEX UND SCHRIFTROLLE ALS TESTIMONIUM – DECKEL UND KANONTAFELN DES CODEX WITTEKINDEUS

Die Vielfalt der unterschiedlichen Bildmodelle von Autorschaft, mit denen der sakrale Text im Christentum legitimiert wird, ist per se bedeutend – gerade im Vergleich zur rabbinischen Tradition. Während wir kein einziges Bild von Moses als Schreiber der Torarolle aus der jüdischen und christlichen Bilderwelt der Spätantike und des Mittelalters kennen, entwickelt sich das Bild der schreibenden Evangelisten zum ikonografischen Standardrepertoire für Evangeliencodices, die die Heiligen Texte der christlichen Überlieferung für den liturgischen Gebrauch in Buchform bündeln. Dieser Unterschied gründet in der grundlegend verschiedenen Ableitung der Autorität von Tora und Evangelien: Die Tora gilt als Gesetz, das Gott selbst unmittelbar an Moses übergeben hat, wobei ihre Niederschrift buchstabengenau dem von Gott gegebenen Text folgt. Die Evangelistentexte hingegen sind im juristischen Schriftverständnis weniger Gesetzestexte als Testimonia – Zeugnisse, die im Sinne eines Wahrheitsbeweises aufgerufen werden können. Die Evangelisten legen mit ihrem jeweiligen Bericht Zeugnis vom Leben Jesu Christi ab, der als Messias keine Schrift, sondern die frohe Botschaft seines Lebens als Erfüllung des Gesetzes deutet. Die Zeugnisfunktion der Evangelien hat direkte Auswirkungen auf das Format ihrer Aufzeichnung: Die Pluralität und Übersetzungsmöglichkeit der Niederschrift liegen ebenso darin begründet wie der enge Bezug zur Autorschaft derjenigen, die als Augenzeugen oder Tradenten den Lebensbericht verfassen.[38]

Christus selbst tritt nicht als Autor in Erscheinung, die Schrift ist vielmehr Zeugnis seines Lebens. Auch wenn uns Christus – wie schon in den frühesten Beispielen christlicher Buchdarstellung um die Wende vom 3. zum 4. Jahrhundert – als Lehrer begegnet, schreibt er nie.

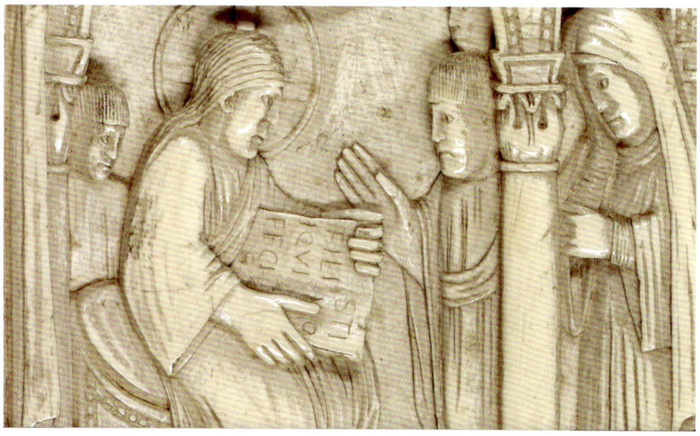

↑ Abb. 9 Christus weist ein Testimonium seiner Selbstoffenbarung vor, Elfenbein vom Buchdeckel des Codex Wittekindeus, Ms. theol. lat. fol. 1, Buchdeckel, Detail, um 968 | SBB-PK

↓ Abb. 11 Erste Doppelseite mit Kanontafeln, Codex Wittekindeus, Ms. theol. lat. fol. 1, fols. 6v und 7r, um 968 | SBB-PK

→ Abb. 10 Christus als Gesetzgeber (Dominus Le[g]em Dat), Elfenbein vom Buchdeckel des Codex Wittekindeus, Ms. theol. lat. fol. 1, fol. 14v, Buchdeckel, Detail, um 968 | SBB-PK

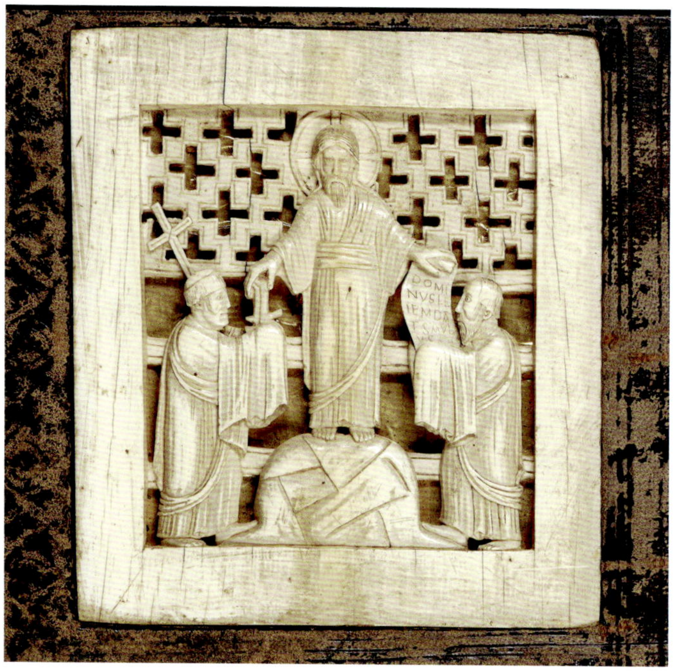

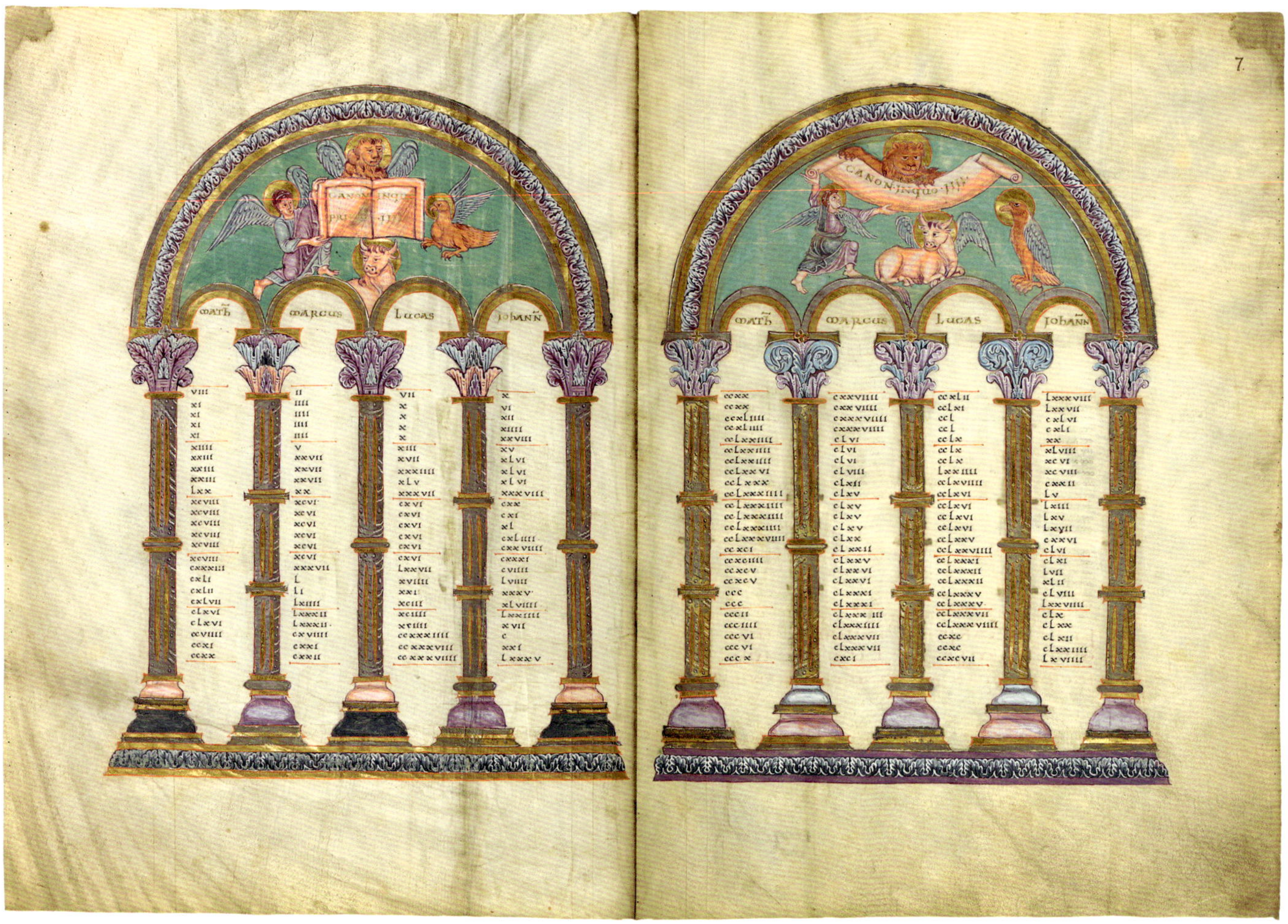

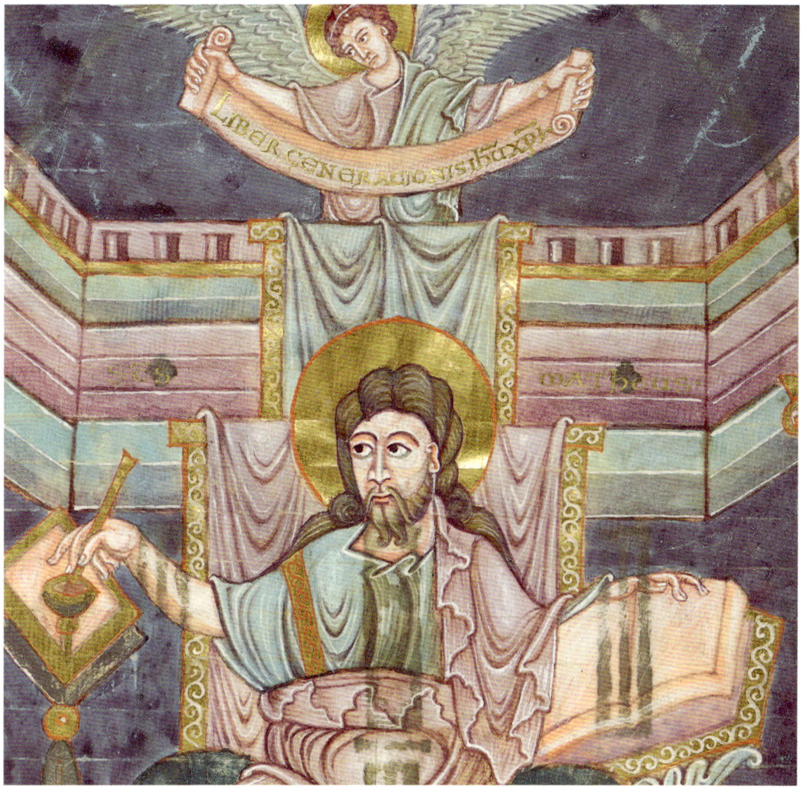

→ Abb. 12 Der schreibende Evangelist Matthäus und sein Symbol, Codex Wittekindeus, Ms. theol. lat. fol. 1, fol. 14v, Detail, um 968 | SBB-PK

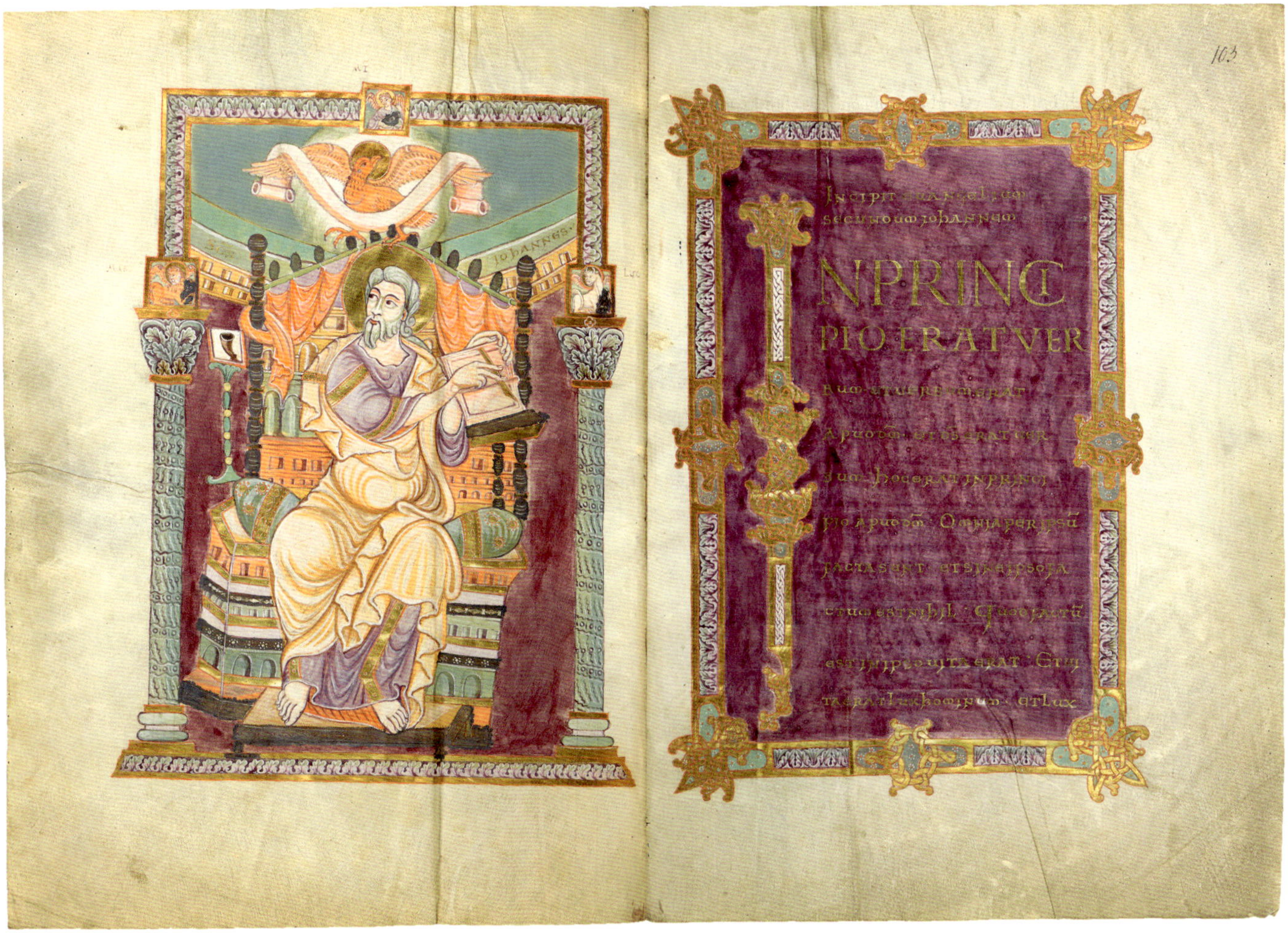

↓ Abb. 13 Der schreibende Johannes gegenüber der Initialzierseite zum Anfang seines Evangeliums, Codex Wittekindeus, Ms. theol. lat. fol. 1, fols. 102v und 103r, SBB-PK, um 968 | Bpk-Bildagentur: Bild-Nr.: 00042342

Stattdessen verweist er auf die Schrift als Zeugnis. Zum Testimonium eignet sich dabei besonders der Codex, dessen auffaltbare Struktur ein inhärentes Offenbarungsmotiv erkennen lässt. Die geöffnet gezeigte Schrift spricht dabei von ihrem Träger und bezeugt ihn als den, der die Schrift erfüllt.[39]

Ein mittelalterliches Beispiel dieser Ikonografie, die sich von spätantiken Darstellungen des lehrenden Christi ableitet, findet sich auf dem Deckel eines ottonischen Evangeliencodex aus Fulda (Berlin, Staatsbibliothek, Ms. theol. lat. fol. 1).[40] Von den vier vom ursprünglichen Deckel erhalten gebliebenen Elfenbeintafeln des späten 10. Jahrhunderts zeigt eine Christus als Lehrer im Tempel.[41] Thronend präsentiert er einen geöffneten Codex, in dem wir den Beginn eines auf ihn selbst bezogenen Zeugnisses seiner Offenbarung lesen: Der Text in dem geöffneten Buch paraphrasiert die Frage der schmerzerfüllten Gottesmutter, die den verloren geglaubten Sohn im Tempel wiederfindet „FILII QVI(d) FECISTI NO(bis)“ (Sohn, warum hast du uns das getan?) Abb. 9. Gemäß Lk 2:48-49 antwortet Christus mit einem Zeugnis seiner Gottesoffenbarung: „Wusstet ihr nicht, dass ich in dem sein muss, was meinem Vater gehört?“ Der wahre Vater ist hier Gott, der im Tempel seine Wohnstatt hat. Die Offenbarung der Göttlichkeit Christi spiegelt sich in der Öffnung des codexförmigen Buches, das der Gottessohn selbst zum Beweis vorzeigt – mit dem Anfang der entsprechenden Evangelienstelle.[42]

Es ist sicher kein Zufall, dass diesem Elfenbein auf dem Buchdeckel des Evangeliars eine weitere Tafel zugeordnet war, die Christus als Gesetzgeber darstellt. Die Zeugnisfunktion der Schrift wird hier als Gesetz des neuen Bundes deklariert, das Christus an die Apostel übergibt Abb. 10: zur Rechten in Form der Schlüssel zum himmlischen Tempel an Petrus, zur Linken in Form einer entrollten Schriftrolle mit der Inschrift „Dominus Lei[g]em Dat“ (Der Herr gibt das Gesetz) an Paulus.[43] Beide Szenen knüpfen typologisch an Tempel und Tora an, eine Bildtradition, die in späteren Darstellungen von Jesus im Tempel mitunter eine dezidiert antijüdische Zuspitzung in der Gegenüberstellung mit den jüdischen Schriftgelehrten erfährt.[44]

Die Öffnung des auf diese Weise geschmückten Buchdeckels verweist zugleich auf eine theologisch heikle Konsequenz: Die eigentümliche Selbstbeschreibung Christi, die das göttlich legitimierte Gesetz als Zeugnis seines Lebens versteht, geht mit einer potenziell problematischen Multiplikation der Heiligen Schrift einher.

Wenn wir die ersten Seiten des als Codex Wittekindeus bezeichneten Evangelienbuches aufschlagen, sehen wir ein Verzeichnis mit einer Vielzahl von Belegstellen in tabellarischer Ordnung: die sogenannten Kanontafeln. In ihnen werden die vier unterschiedlichen Lebensberichte Jesu Christi miteinander verglichen – jene Evangelien, die sich im Verlauf des 2. Jahrhunderts in der später als Orthodoxie bezeichneten christlichen Hauptströmung als kanonisch durchsetzten. In ursprünglich zehn Tafeln wird der Grad ihrer Übereinstimmung sichtbar, indem nummerierte Abschnitte der Evangelien in nebeneinander angeordneten Spalten gegenübergestellt werden.[45] Da die Harmonie der Evangelien seit Irenäus mit den vier Wesen aus der Vision des Propheten Ezechiel – Mensch, Löwe, Stier und Adler – in Verbindung gebracht wird und diese traditionell den vier Evangelisten zugeordnet sind, treten diese Symbole häufig als Schriftträger in der Bogenarchitektur auf, die die Spalten der Kanontafeln zusammenfasst.[46] Gemeinsam flankieren und tragen sie das Buch, dessen Einheit sie verbürgen. Ihrer Singularität im Plural entspricht dabei die Pluralität der Schrift im Singular.

Bereits auf der ersten Doppelseite der Kanontafeln des Codex Wittekindeus ist das von allen vier Wesen umgebene Buch auf den gegenüberliegenden Seiten – bei gleicher Gesamtkomposition der Tafeln – unterschiedlich dargestellt: als geöffneter Codex links, als entrollte Schriftrolle rechts Abb. 11.[47] Geöffneter Codex und geöffnete Schriftrolle wechseln sich auch auf den nachfolgenden Seiten in unregelmäßigem Rhythmus ab. Diese augenscheinliche Varianz des Buchformats unterstreicht, dass die Einheit hier Verschiedenheit duldet, oder

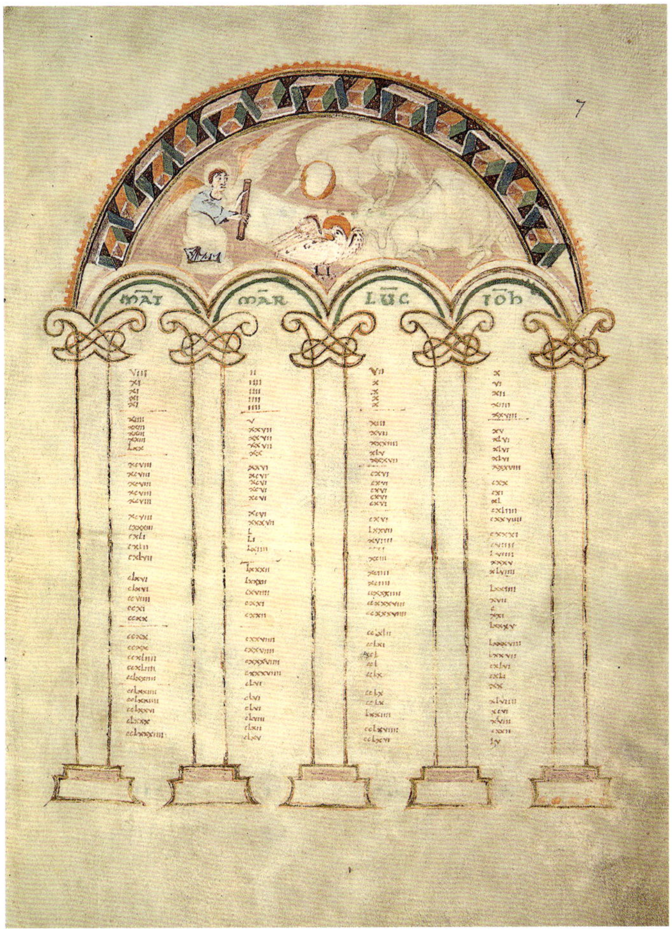

↑ **Abb. 14** Unvollendete Kanontafel, Mindener Evangeliar aus dem Umkreis des Hofes Kaiser Lothars I., Ms. theol. lat. fol. 3, fol. 7r., SBB-PK, um 850 | Bpk-Bildagentur: Bild-Nr.: 00106030

anders gesagt: Die Qualität des Testimoniums beruht auf der einheitlichen Botschaft bei Verschiedenheit der Zeugen. Das betrifft nicht nur die Form der Schriftträger in der Bogenarchitektur der Kanontafeln, sondern auch das Verhältnis der Evangelisten zu ihren Symbolfiguren. Im ersten ganzseitigen Autorenbild der Handschrift, vor dem Matthäus-Evangelium, schreibt Matthäus an seinem Pult in einen geöffneten Codex, während über ihm sein Symbol, der Mensch, eine als Schriftband gestaltete Rolle mit den ersten Worten seines Evangeliums entrollt: „LIBER GENERATIONIS IHU XPI" Abb. 12.[48] Dagegen hält der Stier des Lukas einen aufgeschlagenen Codex – das gleiche Buchformat, das auch der Evangelist selbst beim Schreiben seines Berichts verwendet.[49] Der Adler des Johannes trägt wiederum eine Rolle Abb. 13, während der Löwe des Markus wie der Evangelist ein aufgeschlagenes Codexbuch präsentiert.[50]

In der ikonografischen Auszeichnung von Rolle und Codex lässt sich innerhalb dieser Bilder kein Qualitätsunterschied feststellen. Beide Buchformate sind reich mit Gold und Purpur geschmückt. Die Evangelisten tauchen ihre Federn in Tintenfässchen mit purpurnem Inhalt,[51] und auf der Rolle des Matthäus-Symbols leuchtet goldene Schrift auf purpurnem Grund in derselben Farbgebung, die auch die Initialzierseiten nach den Bildseiten des Codex zum Leuchten bringt.[52] Die Varianz der Schriftträger im Bild ist damit in einen Bildapparat von Auszeichnungsformeln eingebunden, der zwar kein realistisches Bild des eigentlichen Codex und seiner Anfertigung liefert, aber durch metonymische Selbstbezüge immer wieder auf ihn zurückverweist – sowohl im Bild der Rolle als auch im Bild des Codex. Ein besonders anschauliches Beispiel dafür ist die Darstellung des Schreibvorgangs: Die Evangelisten netzen die Federn mit Purpurtinte – eine Praxis, die der tatsächlichen Buchherstellung zwar widerspricht, aber dennoch visuell auf die Purpurauszeichnung zurückverweist.

Ein unfertig gebliebenes Bild einer Kanontafel in einem Mindener Evangeliar aus dem Umkreis des karolingischen Hofes Kaiser Lothars I. (Berlin, Staatsbibliothek, Ms. theol. lat. fol.3) verdeutlicht diese Diskrepanz Abb. 14.[53] Hier sehen wir die Vorzeichnung der vier Evangelistensymbole, die gemeinsam eine Buchrolle halten, ausgespart auf dem purpurgefärbten Grund des Pergaments. Dieser Malgrund wurde keineswegs mit einer Feder gezeichnet, sondern mit Pinsel und Schwämmchen aufgetragen.[54] Das Gleiche gilt für die purpurnen Schriftrahmen: Es ist der Grund des Pergaments, der purpurn glänzt, nicht die darauf leuchtenden Goldbuchstaben. Eine realistische Darstellung der schreibenden Evangelisten hätte zur Folge, dass die Evangelisten ihre Federn in Fässchen mit Goldtusche tunken müssten – nicht in Purpurfarbstoff. Doch steht das purpurne Schreiben hier nicht für den tatsächlichen Herstellungsprozess, sondern metonymisch für die imperiale Auszeichnung und Legitimität des überlieferten Textes.

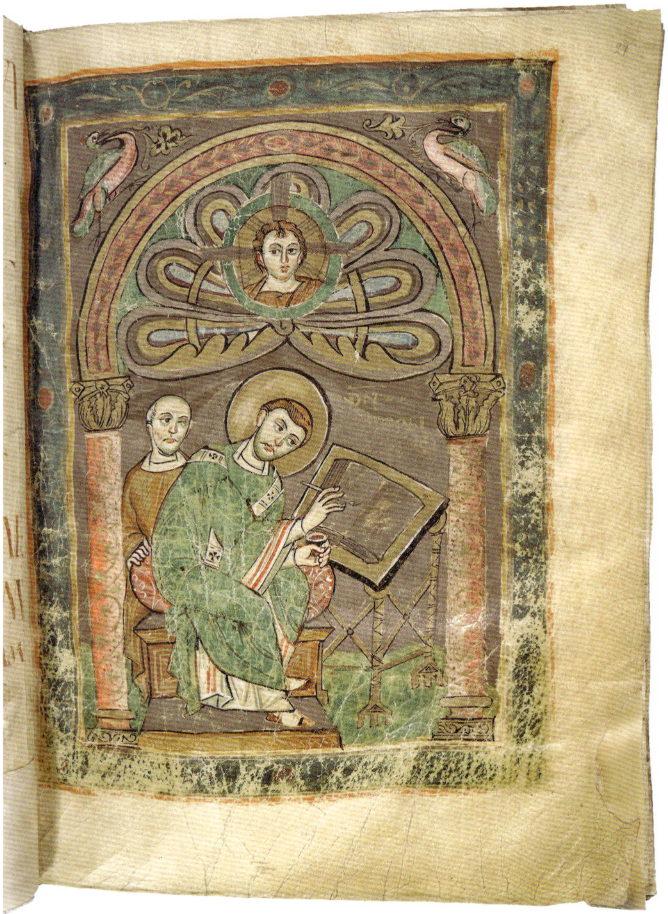

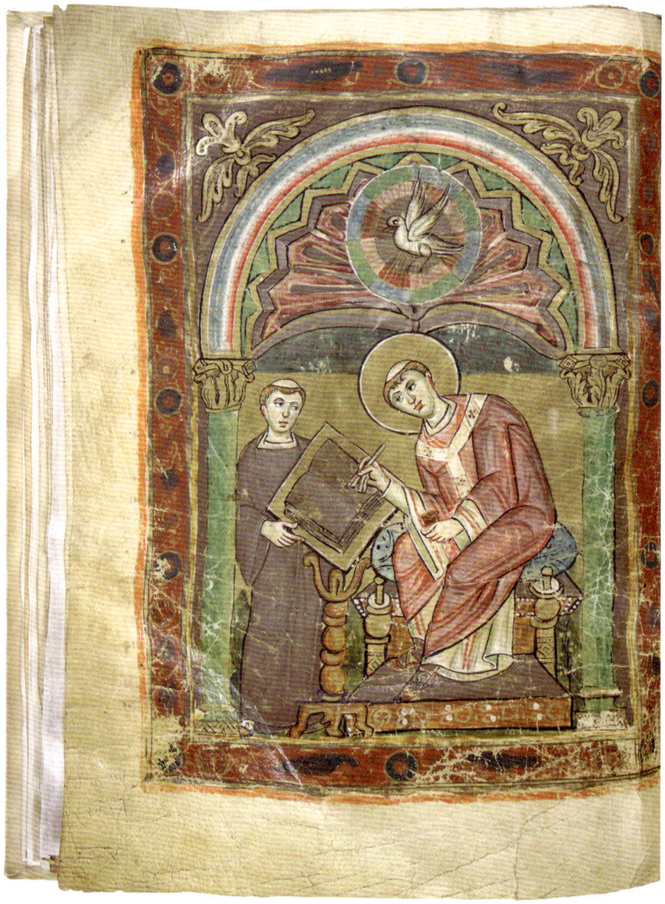

↑ **Abb. 15** Ambrosius, Egino-Codex, Ms. Phill. 1676, fol. 24r, SBB-PK, vor 799 | Bpk-Bildagentur: Bild-Nr.: 00045798

↑ **Abb. 16** Gregor, Egino-Codex, Ms. Phill. 1676, fol. 25v, SBB-PK, vor 799 | Bpk-Bildagentur: Bild-Nr.: 00041225

LITURGISCHE INKORPORIERUNG – DER PURPURCODEX ALS WANDLUNGSMOTIV IM KAROLINGISCHEN EGINO-CODEX

Die volle Komplexität dieses Motivs lässt sich besonders gut an einer Serie von Autorenporträts untersuchen, die dem Modell der schreibenden Evangelisten nachempfunden sind, ohne es jedoch exakt zu kopieren. In dem nach seinem Auftraggeber Bischof Egino von Verona benannten, kurz vor dem Jahr 800 entstandenen Egino-Codex (Berlin, Staatsbibliothek, Ms. Phill. 1676) sehen wir die Kirchenväter Ambrosius und Gregor beim Schreiben des Heiligen Textes.[55] Wie die Evangelisten im späteren Codex Wittekindeus verwenden sie dazu ein Tintenfass mit purpurfarbenem Inhalt. Ihre Federn berühren jeweils ein aufgeschlagenes codexförmiges Buch auf dem Schreibpult. Beide Codices sind vollflächig mit dunklem Purpur gefärbt, ein imperialer Farbton, der in antiken Beschreibungen mit der Farbe gestockten Blutes verglichen wird.[56] In einem selbstreferenziellen Spiel greift dieser Farbton im Ambrosius-Porträt den Grund des Bildträgers auf Abb. 15, während er in der Gregor-Darstellung der liturgischen Gewandung des Diakons entspricht, der das Pult hält Abb. 16. In beiden Fällen lassen sich Buchstaben in den Büchern nur schwer erkennen. Mit geringem Kontrast sind im aufgeschlagenen Buch Gregors in Purpur auf purpurnem Grund einige Buchstaben zu erahnen, im Buch des Ambrosius fehlen sie gänzlich.[57] Die Darstellung erscheint paradox: Wie kann eine mit Purpurtinte aufgetragene Schrift auf purpurnem Grund lesbar sein? Die Feder fungiert hier nicht als eigentliches Instrument der Texterstellung, sondern vielmehr

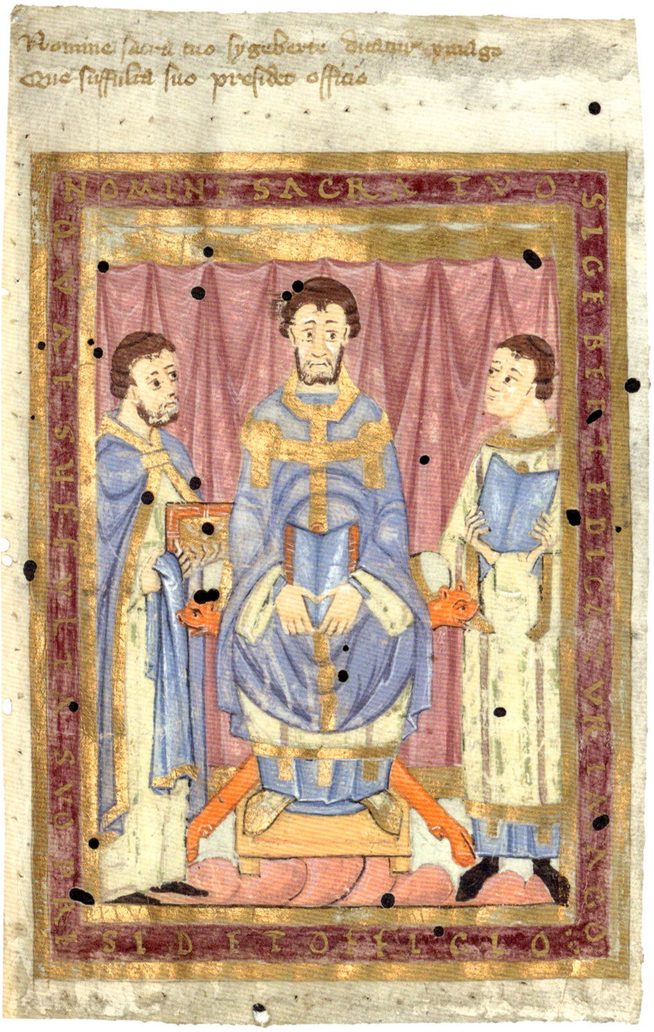

↑ **Abb. 17** Sigebert von Minden flankiert von Diakon und Priester mit einem geöffneten und geschlossenen Codex, Ms. theol. lat. qu. 3, Fragm., SBB-PK, 1022/1036 | Bpk-Bildagentur: Bild-Nr.: 00077950

als Hinweisgeber auf das Medium schriftlicher Autorisierung. Sie erfüllt damit eine ähnliche Funktion wie der Griffel des kaiserlichem Beamten Probianus, dessen Spitze weniger zum Schreiben als vielmehr zur Approbation auf den bereits eingeschriebenen Namenszug weist.[58] Im Egino-Codex wandelt der kaiserliche Purpur der Feder den eigentlichen Text des Codex in die körperliche Präsenz eines Beschreibstoffs, der den Text zum Verschwinden bringt. Anders formuliert: Die in Purpur getauchte Feder approbiert den Purpurgrund der Schrift, der die Buchstaben des eigentlichen Texts überstrahlt. Im christlichen Verständnis des Evangelienbuches entspricht diesem Akt die liturgische Wandlung des Textes zum fleischgewordenen Wort, das den Text im körperlich verstandenen Schriftträger auflöst. Codex und Purpur verschmelzen hier zu einem Symbol der Inkarnation, eine korporale Einschreibung, die im Bild des heiligen Augustinus im selben Codex bestätigt wird: durch das Johanneszitat: „In princip[i]o erat verbum" (Im Anfang war das Wort), das auf die körperliche Präsenz Christi im heiligen Buch gedeutet wurde.[59]

Diese Wandlung im Bild schloss die Rolle nicht aus, schuf aber einen neuen Referenzrahmen für das christliche Buch: Über die liturgischen Bilder seiner Inszenierung wirkte sie auf das Autorenporträt zurück, und damit auf die darin inszenierte Pluralität von Rolle und Codex. In der liturgischen Inszenierung konnte die komplexe Vielfalt der Bücher und die Verhandlung der multiplen Eigenschaften des sakralen Textes auch ausschließlich durch Codices repräsentiert werden. Ein Beispiel dafür ist das Widmungsbild von Bischof Sigebert in einem im 11. Jahrhundert in Minden niedergeschriebenen Messordo (Berlin, Staatsbibliothek, Ms. theol. lat. qu. 3, Fragm.): Die Darstellung des frontal thronenden bischöflichen „Beamten" mit zwei Assistenzfiguren mag ein spätes Echo der Bildtradition des Probianus-Diptychons tradieren. Doch die Bedeutung der darin vorgewiesenen Schriftträger hat sich im Vergleich zum Ausgangsmodell durch den Bezug zur liturgischen Inszenierung grundlegend gewandelt [Abb. 17].[60] Die von Diakon, Priester und zentral thronendem Bischof vorgewiesenen Codices sind eingebunden in ein liturgisches Handlungsgeflecht. Sinnfällig wird dabei das Öffnen und Schließen der Codices inszeniert und selbst zum bildprägenden Moment. Erst durch die gleichzeitige Darstellung eines geöffneten und eines geschlossenen Codex links und rechts des Bischofs erschließt sich die Bedeutung des Buches, das er im gleichen Format geöffnet auf dem Schoß hält. Die für das Buchformat des Codex spezifische Qualität, einen Corpus zu bilden, der trotz der Möglichkeit seiner Öffnung in sich geschlossen bleibt, wird hier für die liturgische Wandlung des göttlichen Wortes zum Corpus Christi fruchtbar gemacht. Das Bild schließt an Darstellungen des Messopfers an, in denen die gleiche Dualität - ein offener und ein geschlossener Codex - das zentral geöffnete Evangelienbuch auf dem Altar neben dem liturgischen Kelch flankieren.[61] Entsprechend steht nicht der geschriebene Text im Zentrum der Miniatur mit Bischof Sigebert, sondern die farbige Fläche des vom Bischof vorgewiesenen Schriftträgers, eine Fläche, die mit seiner liturgischen Kleidung korrespondiert.

EPILOG

Die eingangs zitierte Allegorese vom offenen und geschlossenen Buch, wie sie Wilhelm Durandus in seinem *Rationale* entfaltet, verleiht diesem Bild einen heilsgeschichtlichen Sinn. In der Kontrastierung der geöffneten christlichen Bücher mit den – übertragen gedeutet – verschlossenen Schriftrollen der Patriarchen und Propheten greift sie auf eine lange Tradition antijüdischer Polemik zurück. Eine bloße Reduktion auf diesen Gegensatz wird jedoch weder Durandus selbst gerecht, noch entspricht sie dem wesentlich komplexeren Zeugnis der Bilder. Wie selektiv diese Lesart ist, zeigt selbst ein eklektischer – und notwendigerweise oberflächlicher – Blick auf das reiche Material der Staatsbibliothek zu Berlin nur allzu deutlich. Gerade die Varianz des medialen Vermittlungsapparats in den christlichen Bildzeugnissen eröffnet die Möglichkeit, den heilsgeschichtlich fundamentierten Blick auf Rolle und Codex aufzubrechen, der in der teleologischen Erzählung von der Ablösung der älteren Rolle durch den modernen Codex fortbesteht. Erst eine solche Betrachtung jenseits dieser Teleologie der Buchformate macht die vielfachen Schichtungen dieses Medienwandels sichtbar und kann die Grundlage für eine neu zu schreibende, vergleichende Bildgeschichte von Rolle und Codex in Judentum und Christentum bilden.

1 Staatsbibliothek zu Berlin, 2° Inc 1513.20. Zur Provenienz und Erwerbung vgl. Waltraut Guth, *Bibliotheksgeschichte des Landes Sachsen-Anhalt* (Halle (Saale): Universitäts- und Landesbibliothek Sachsen-Anhalt, 2004), 8; *Fünfzehn Jahre Königliche und Staatsbibliothek. Dem scheidenden Generaldirektor Exz. Adolf von Harnack zum 31. März 1921 überreicht von den wissenschaftlichen Beamten der Preussischen Staatsbibliothek* (Berlin: Preussische Staatsbibliothek, 1921), 28 und 36.

2 Zum Druck (GW09101 Duranti) und seiner Ausstattung vgl. Mayumi Ikeda, „The First Experiments in Book Decoration at the Fust-Schöffer Press", in: *Early Printed Books as Material Objects. Proceedings of the Conference organized by the IFLA Rare Books and Manuscripts* Section, *19-21 August 2009*, hg. von Bettina Wagner und Marcia Reed (Berlin: Walter de Gruyter, 2010), 39-49, bes. 43-46.

3 Übersetzung mit geringfügiger Anpassung des Verf. nach Wilhelm Durandus, *Rationale Divinorum Officiorum*. Übersetzung und Verzeichnisse von Herbert Douteil mit einer Einführung herausgegeben und bearbeitet von Rudolf Suntrup (Münster: Aschendorff Verlag, 2016), Bd. 1, 78.

4 Die Stelle wird in der Literatur häufig angeführt, jedoch nur selten ausführlich kommentiert. Siehe Victor M. Schwarz, „Some Notes on Scrolls in the Middle Ages", in: *Quaerendo* 41 (2011), 373-383, bes. 381-382; oder kritischer: Sonja Drimmer, „The Rollodex: An Experiment around the Prepositional Paradigm through Peter of Poitiers's Genealogia Christi", in: Dies. u. a. (Hg.), *Seeing Codicologically: New Explorations in the Technology of the Book*, Sonderausgabe von *Journal of the Walters Art Museum* 76 (2023), 1-32, bes. 1, Anm. 2.

5 Vgl. Jeffrey F. Hamburger, „Openings", in: Gregory Kratzmann (Hg.), *Imagination, Books & Community in Medieval Europe* (South Yarra, Vic.: Macmillan, 2009), 51-129, bes. 70; zum weiteren Kontext: Jeffrey F. Hamburger, „Body vs. Book: The Trope of Visibility in Images of Christian-Jewish Polemic", in: David Ganz und Thomas Lentes (Hg.), *Ästhetik des Unsichtbaren. Bildtheorie und Bildgebrauch in der Vormoderne* (Berlin: Reimer 2004) (= KultBild. Religion und Visualität, 1), 113-145.

6 Siehe grundlegend: Colin H. Roberts und T. C. Skeat, *The Birth of the Codex* (Oxford: Oxford University Press, 1983), 38-44; Zusammenfassung der überaus umfangreichen Forschungsliteratur bei: Elisabeth A. Meyer, „Roman Tabulae, Egyptian Christians, and the Adoption of the Codex", in: *Chiron* 37 (2007), 295-348, bes. 296-299; Thomas Rainer, *Das Buch und die vier Ecken der Welt. Von der Hülle der Thorarolle zum Deckel des Evangeliencodex* (Wiesbaden: Reichert Verlag, 2011), 96-100; Matthew D. C. Larsen und Mark Letteney, „Christians and the Codex: Generic Materiality and Early Gospel Tradition", in: *Journal of Early Christian Studies* 27 (2019), 383-415, bes. 389-394.

7 Hugo Ibscher, „Beschreibung der Handschrift", in: Alexander Böhlig (Hg.), *Der achmimische Proverbientext nach Ms. Berol. orient. oct. 987.* Teil I: *Text und Rekonstruktion der sahidischen Vorlage* (München: Verlag Robert Lerche, 1958), XIX-XXVII; Alexander Böhling, „Beilage, Nachwort", in: *Proverbien-Codex (Faksimile)* (Leipzig: VEB Edition, 1963).

8 Brent Nongbri, „The Construction and Contents of the Beatty-Michigan Pauline Epistles Codex ($\mathfrak{P}^{46}$)“, in: *Novum Testamentum* 64, 3 (2022): 388-407, bes. 396-397; Brent Nongbri, „Hugo Ibscher and the Cover of the Berlin Akhmimic Proverbs Codex“, in: *Variant Readings*, 1.5.2024 https://brentnongbri.com/2024/05/01/hugo-ibscher-and-the-cover-of-the-berlin-akhmimic-proverbs-codex (18.5.2025). - Zu $\mathfrak{P}^{52}$ und der umstrittenen Datierung siehe Brent Nongbri, „The Use and Abuse of 𝔓52: Papyrological Pitfalls in the Dating of the Fourth Gospel“, in: *Harvard Theological Review* 98 (2005), 23-48.

9 Wie Anm. 6 und Brent Nongbri, *God's Library: The Archaeology of the Earliest Christian Manuscripts* (New Haven: Yale University Press, 2018), 21-24.

10 Javier del Barco, „From Scroll to Codex: Dynamics of Text Layout Transformation in the Hebrew Bible“, in: Bradford A. Anderson (Hg.), *From Scrolls to Scrolling: Sacred Texts, Materiality, and Dynamic Media Cultures* (Berlin/Boston: De Gruyter, 2020), 91-118, bes. 91-94.

11 Irven M. Resnick, „The Codex in Early Jewish and Christian Communities“, in: *The Journal of Religious History* 17 (1992), 1-17, bes. 7.

12 Meyer 2007 (wie Anm.6) 296, Anm. 4; Rainer 2011 (wie Anm. 6), 100-101.

13 Wilhelm Durandus, *Rationale Divinorum Officiorum* (Münster: Aschendorff Verlag, 2016), Bd. 1, 78.

14 Ebd., Bd. 1, 79.

15 Werdener Psalter, Staatsbibliothek zu Berlin, Ms. theol. lat. fol. 358. Zu Provenienz und Herstellungskontext vgl. Hermann Knaus, Kommentar zu: *Werdener Psalter. Vollst. Faks.-Ausg. im Originalformat von Ms. Theol. Lat. Fol. 358 aus dem Besitz d. Staatsbibliothek Preuss. Kulturbesitz, Berlin* (Graz: Akad. Druck- und Verlagsanstalt 1978-1979), 13-16, 26-32; Rainer Kahsnitz, *Der Werdener Psalter in Berlin: Ms theol. lat. fol. 358. Eine Untersuchung zu Problemen mittelalterlicher Psalterillustration* (Düsseldorf: Schwann, 1979), 20-90.

16 Staatsbibliothek zu Berlin, Ms. theol. lat. fol. 358, fol. 1v. - Zum einleitenden Bild Davids vgl. Kahsnitz 1979 (wie Anm. 15), 168-189.

17 Vgl. zur belauschten Vision im Kontext mit den zum Teil ähnlichen, auf spätantiken Vorbildern basierenden Darstellungen von Papst Gregor mit seinen Schreibern: Johann Konrad Eberlein, Miniatur und Arbeit (Frankfurt am Main: Suhrkamp, 1995), 94-102; David Ganz, „Hinter dem Mantel des Schweigens. Darstellungen der ‚Belauschung' Gregors des Großen in Früh- und Hochmittelalter“, in: Karolina Zgraja und Cristina Urchuegía (Hg.), *Klang und Stille in der Bildenden Kunst. Visuelle Manifestationen akustischer Phänomene* (Basel: Schwabe, 2020): 14-58.

18 Zur Ikonografie der Psalmisten als Begleitfiguren Davids ausführlich: Kahsnitz 1979 (wie Anm. 15), 168-189.

19 Zu den seltenen Vergleichsbeispielen der akrobatischen Gaukler siehe Kahsnitz 1979 (wie Anm. 15), 185-187, der die Bewegung der Tänzer als „geisterfüllte, ekstatische, als Tanz dargestellte Erregung“ anspricht. Die Gauklerszene, die in den Randmedaillons um Jongleure erweitert wird, spielt auf 2 Samuel 6:14-21 an - den Tanz Davids vor der Bundeslade und seine Erniedrigung im Festzug des einfachen Volks, die ihm von Michal, der Tochter Sauls, zum Vorwurf gemacht wird. Die Stelle lässt sich in Hinblick auf Psalm 1 auch christologisch deuten.

20 Staatsbibliothek zu Berlin, Ms. theol. lat. fol. 358, fol. 1r; siehe Kahsnitz 1979 (wie Anm. 15), 220-221.

21 Zum Schreibermesser und seinen Funktionen siehe Albert d'Haenens, „Ecrire, un couteau dans la main gauche. Un aspect de la physiologie de l'écriture occidentale aux XI et XII siècles“, in: Rita Lejeune und Joseph Deckers (Hg.), *Clio et son regard. Mélanges d'histoire, d'histoire de l'art et d'archéologie offerts à Jacques Stiennon* (Liège: Pierre Mardaga, 1982), 129-141; Michael Gullick (Hg.), *Pen in Hand. Medieval Scribal Portraits, Colophons and Tools* (Walkern: Herts Red Gull Press 2006).

22 Vgl. Jean Leclercq, „Pour l'histoire du canif et de la lime“, in: *Scriptorium* 26 (1972), 294-300.

23 Staatsbibliothek zu Berlin, Ms. theol. lat. fol. 358, fol. 1r; siehe Kahsnitz 1979 (wie Anm. 15), 50.

24 Hieronymus, *Biblia Sacra Vulgata*. Lateinisch-deutsch, hg. von Andreas Beriger u. a. (Berlin/Boston: Walter de Gruyter, 2018), Bd. II, S. 1336-1337.

25 Thomas Rainer, „The Gender of Purple Manuscripts and the Makeup of Sacred Scriptures“, in: *Postscripts* 14.1 (2023), 95-128, bes. 105-106.

26 Vgl. Thomas Rainer, „The Gender of Purple Manuscripts and the Makeup of Sacred Scriptures“, in: *Postscripts* 14.1 (2023), 114 und 118-120; Thomas Rainer, „Ausgespart im Purpurgrund: Die purpurne Auszeichnung von Titeln und Bildern im Goldenen Psalter“, in: David Ganz (Hg.), *Der Goldene Psalter von St. Gallen, Cod. Sang. 22, St. Gallen Stiftsbibliothek, Kommentar zur Faksimile-Edition* (Luzern: Quaternio Verlag, 2024), 111-121, bes. 111-113.

27 Staatsbibliothek zu Berlin, Buchkasten für die Vita s. Liudgeri (Ms. theol. lat. 323) mit Probianus-Diptychon. - Zur Verwendung des Diptychons zum Schmuck des mittelalterlichen Buchkastens vgl. Victor H. Elbern, „Der Werdener Buchschrein mit dem Probianusdiptychon“, in: Ders., *St. Liudger und die Abtei Werden. Gesammelte kunsthistorische Aufsätze*, hg. und eingel. von Basilius Senger (Essen: Wingen 1962), 89-101. - Zum Ankauf durch die Staatsbibliothek vgl. Dale Kinney und Anthony Cutler, „A Late Antique Ivory Plaque and Modern Response“, in: *American Journal of Archaeology* 98 (1994), 457-480, bes. 464-465.

28 Knaus 1978-1979 (wie Anm. 15), 42-43; Kahsnitz 1979 (wie Anm. 15), 175-176, hier 178, und 249-250.

29 Die erste fundierte Beschäftigung mit der Ikonografie des Diptychons verdanken wir Wilhelm Meyer, *Zwei antike Elfenbeintafeln der k. Staats-Bibliothek in München* (München: Akademie der Wissenschaften, 1879), 35-41. Es folgten Richard Delbrueck, *Die Consulardiptychen und verwandte Denkmäler* (Berlin/Leipzig: Walter de Gruyter, 1929) (= Studien zur spätantiken Kunstgeschichte, 2), 250-256, Nr. 65; W. F. Volbach, *Elfenbeinarbeiten der Spätantike und des frühen Mittelalters* (Mainz: 1979), 54-55, Nr. 62; und Elisabeth Alföldi-Rosenbaum, „A Funerary Relief from Trier, the Diptych of Probianus, and an Evangelist Type of Charlemagne's Court School", in: Byzantine East, Latin West. Art-Historical Studies in Honor of Kurt Weitzmann, hg. von Christopher Moss und Katherine Kiefer (Princeton: Princeton University Press, 1995), 115-120. In jüngerer Zeit hat sich Alan Cameron genauer mit dem Diptychon beschäftigt: Alan Cameron, „Pagan Ivories", in: François Paschoud u. a. (Hg.), Colloque genevois sur Symmaque a l'occasion du mille six centième anniversaire du conflit de l'autel de la Victoire (Paris: 1986), 60-61; Alan Cameron, „Basilius and His Diptych Again: Career Titles, Seats in the Colosseum, and Issues of Stylistic Dating", in: *Journal of Roman Archaeology* 25 (2012), 513-530, bes. 521.

30 Cameron 2012 (wie Anm. 29), 521; Alan Cameron, „The Origin, Context and Function of Consular Diptychs", in: Journal of Roman Studies 103 (2013), 174-207, bes. 206f. Zu der Form der Codicilli und Epistulae, die auch Buchrollen einschließen konnten, vgl. ebd., 175-179 und 207; Robert Grigg, „Portrait-Bearing Codicils in the Illustrations of the Notitia Dignitatum?", in: *Journal of Roman Studies* 69 (1979), 107-124, bes. 118-121.

31 Delbrueck 1929 (wie Anm. 29), 251.

32 Ebd., 254-255 mit entsprechender Quelle bei Johannes Lydus, De magistratibus, II, 14. -Zur Purpurtinte kaiserlicher Urkunden siehe Codex Iustinianus, I.23.6 (Dekret von Kaiser Leo I., 470); und Courtney M. Booker, „The Codex Purpureus and Its Role as an Imago Regis in Late Antiquity", in: Carl Deroux (Hg.), *Studies in Latin Literature and Roman History* VIII (Brüssel: Éditions Latomus, 1997), 441-77, speziell 468-469.

33 Zum codexförmigen Wachstafelpolyptychon vgl. ausführlich Andrea Jördens, „Codices des Typs C und die Anfänge des Blätterns", in: Anna Krauß u. a. (Hg.), *Material Aspects of Reading in Ancient and Medieval Cultures. Materiality, Presence and Performance* (Berlin/Boston: Walter de Gruyter, 2020), 115-148, bes. 135, Anm. 90.

34 Cameron 2013 (wie Anm. 30), 207.

35 Zu dieser Handschrift vgl. Andreas Fingernagel, *Die illuminierten lat. Handschriften deutscher Provenienz der Staatsbibliothek PK Berlin, 8.-12. Jahrhundert* (Wiesbaden: Harrassowitz, 1991), Teil 1: Text, 73-75, mit Angabe der älteren Literatur. Zur Provenienz grundlegend: Hermann Knaus, „Das Geschenk Kaisers Lothar I. für Prüm", in: Ders., *Studien zur Handschriftenkunde. Ausgewählte Aufsätze*, hg. von Gerard Achten u. a. (München, London: K. G. Saur, 1992), 97-111.

36 Zur Rezeption der Pose des Probianus in den karolingischen Evangelistenporträts vgl. Alföldi-Rosenbaum 1995 (wie Anm. 29), 116-118; Lawrence Nees, *Early Medieval Art* (Oxford: Oxford University Press, 2002), 167-169. - Für das Markusbild im Evangeliar von Kaiser Lothar I. vermittelnd wirkte die Darstellung desselben Evangelisten im Wiener Krönungsevangeliar vom Hof Karls des Großen.

37 Vgl. Karin Krause, „Heilige Schrift im Bild. Spätantike Portraits der inspirierten Evangelisten als Spiegel eines neuen Medienbewusstseins", in: Karin Krause und Barbara Schellewald (Hg.), *Bild und Text im Mittelalter* (Köln u. a.: Böhlau, 2011), 41-83. In ihrer Ableitung des schreibenden Evangelistenporträts unterlässt Krause einen Vergleich zum Probianus-Diptychon - vermutlich aufgrund der komplexen Schreibikonografie, die dieses aufweist. Diese Komplexität jedoch setzt sich m. E. in den karolingischen Darstellungen der schreibenden Evangelisten fort, die deutlich auf spätantike Vorbilder zurückgehen. Vgl. Nees 2002 (wie Anm. 36), 54-55 und 169: „The diptych is the exception that proves the rule that ancient authors are not physically engaged in writing, for the Roman official is really not writing but instead using the ‚secretary mode' to represent words addressed to him by his once and future audience."

38 Vgl. dazu Guy G. Stroumsa, „The Christian Hermeneutical Revolution and Ist Double Helix", in: Leonard V. Rutgers u. a. (Hg.), *The Use of Sacred Books in the Ancient World* (Leuven: Peeters, 1998), 9-28, bes. 18-24; Rainer 2011 (wie Anm. 6), 91-101.

39 Rainer 2011 (wie Anm. 6), 141-145. Vgl. Hamburger 2009 (wie Anm. 5), 51-60.

40 Zu Provenienz und Entstehungskontext der Handschrift und ihres Buchdeckels vgl. Andreas Fingernagel, *Die illuminierten lateinischen Handschriften süd-, west- und nordeuropäischer Provenienz der Staatsbibliothek zu Berlin PK: 4.-12. Jahrhundert* (Wiesbaden: Harrassowitz, 1999), 138-141, mit Hinweis auf die ältere Literatur.

41 Zu den Elfenbeintafeln vgl. Hermann Fillitz, *Die Gruppe der Magdeburger Elfenbeintafeln* (Mainz: von Zabern, 2001), bes. 36 zur Tafel mit der Darstellung des zwölfjährigen Jesus im Tempel, Kat.-Nr. 4 mit älterer Literatur.

42 Charles T. Little, *The Magdeburg Ivory Group: a Tenth Century New Testament Narrative Cycle* (New York: New York University, PhD Diss., 1977), 38-44.

43 Robert Couzin, *The Traditio Legis: Anatomy of an Image* (Oxford: Archaeopress, 2015), 66-67, der den Konnex zur spätantiken ikonografischen Tradition betont. Ein weiteres Elfenbein der Magdeburger Serie zeigt dieselbe Inschrift auf einer Buchrolle in einer Szene, die Christus in der Pose des Lehrers - ähnlich der Darstellung als Lehrer im Tempel - zeigt. Vgl. Fillitz 2001 (wie Anm. 41), 50, Kat.-Nr. 11: Jesus im Hause des Simon. - Interessant ist hier die Austauschbarkeit von Rolle und Codex.

44 Siehe dazu Maria Portmann, „Jewish Writings and Holy Scripture in Christian Paintings in Spain During the Late Medieval Period“, in: David Ganz und Barbara Schellewald (Hg.), *Clothing Sacred Scriptures: Book Art and Book Religion in Christian, Islamic, and Jewish Cultures* (Berlin/Boston: De Gruyter, 2019), 159–170, bes. 160–162.

45 Vgl. zur Entstehungsgeschichte der Kanontafeln: Martin Wallraff, *Die Kanontafeln des Euseb von Kaisareia. Untersuchung und kritische Edition* (Berlin/Boston: De Gruyter 2021).

46 Allgemein zur künstlerischen Ausstattung der Kanontafeln vgl. den Sammelband: Alessandro Bausi u. a. (Hg.), *Canones: The Art of Harmony: The Canon Tables of the Four Gospels* (Berlin/Boston: De Gruyter, 2020).

47 Berlin, Staatsbibliothek, Ms. theol. lat. fol. 1, fol. 6v und 7r.

48 Ebd., fol. 14v.

49 Ebd., fol. 67v.

50 Ebd., fol. 102v (Johannes), 45v (Markus).

51 Deutlich sichtbar bei der Darstellung des schreibenden Matthäus und Lukas und Johannes.

52 Berlin, Staatsbibliothek, Ms. theol. lat. fol. 1, fol. 15r, 46r, 68r und 103r.

53 Berlin Staatsbibliothek, Ms. theol. lat. fol. 3, fol. 7r. – Zum Evangeliar vgl. Fingernagel 1999 (wie Anm. 40), 133–135.

54 Rainer 2024 (wie Anm. 26), 111–121, bes. 116.

55 Berlin, Staatsbibliothek, Ms. Phill. 1676, fol. 24r (Ambrosius), fol. 25v (Gregor). – Zu Egino von Verona und der in seinem Auftrag angefertigten Handschrift vgl. Walter Berschin und Alfons Zettler, *Egino von Verona. Der Gründer von Reichenau-Niederzell (799)* (Stuttgart: Thorbecke, 1999); Michael Camille, „Word, Text, Image and the Early Church Fathers in the Egino Codex“, in: *Settimane di studio del Centro Italiano di Studi sull'Alto Medioevo* 41 (1993/94), 65–92.

56 Die Farbe der teuersten, *blatta* genannten Purpursorte wird von Cassiodorus, Variae, 1.2.2 als „obscuritas rubens“ (rötliche Dunkelheit) and „nigredo sanguinea“ (blutige Schwärze) beschrieben – eine Beschreibung, die der Erklärung der Farbe des tyrischen Purpurs durch Plinius als „colore sanguinis concreti“ (von der Farbe von gestocktem Blut) entspricht. Vgl. Plinius, *Naturalis Historia*, 9.135.

57 Joachim Kirchner, *Beschreibendes Verzeichnis der Miniaturen und des Initialschmuckes in den Phillipps-Handschriften* (Leipzig: Weber, 1926) (= Staatsbibliothek zu Berlin, 1), 7.

58 In deutlichen Worten drückt das Nees 2002 (wie Anm. 36), 54, aus: „The fact that on one panel [of the Probianus diptych] the urban official writes upon a scroll the acclamation being delivered to him is absurd as representation of an event, but accurate as a statement of this ivory panel's honorific function and significance.“

59 Berlin, Staatsbibliothek, Ms. Phill. 1676, fol. 18v.

60 Zur Provenienz von Berlin, Staatsbibliothek, Ms. theol. lat. qu. 3, Fragm. vgl. Fingernagel 1991 (wie Anm. 35), Teil 1: Text, 63–64; er bestätigt darin die bereits zuvor vermutete ursprüngliche Zugehörigkeit zu dem Messordo Wolfenbüttel, Herzog August Bibliothek, Guelf. 1151 Helmst. Anfertigungsort der Handschrift war St. Gallen, Auftraggeber der dargestellte Bischof Sigebert von Minden (1022–1036). Siehe Anton von Euw, *Die St. Galler Buchkunst vom 8. bis zum Ende des 11. Jahrhunderts*, Bd. 1: Textband (St. Gallen: Verlag am Klosterhof: 2008), 523–525, Kat.-Nr. 155.

61 Vgl. etwa die Darstellung der Messfeier im Benedictionale von Engilmar von Parenzo, Los Angeles, The J. Paul Getty Museum, Ms. Ludwig VIII, 1, fol. 25v. Siehe Evan A. Gatti, Building the Body of the Church: A Bishop's Blessing in the Benedictional of Engilmar of Parenzo“, in: John S. Ott and Anna Trumbore Jones (Hg.), *The Bishop Reformed* (Aldershot: Ashgate, 2007), 92–121.

Der Koran

Tilman Seidensticker

DER KORAN IN DER BIBLISCHEN TRADITION

Der Koran wurde nach der islamischen Tradition zwischen den Jahren 610 und 632 n. u. Z. in Mekka und Medina, also im Westen der Arabischen Halbinsel, Allahs Propheten Muḥammad offenbart. Die Offenbarungsschrift des Islams sieht sich in der Tradition der heiligen Schriften von Judentum (arab. *Taurāt*, Tora) und Christentum (arab. *Inǧīl* < Evangelium). Allah ist auch der Gott der Juden und Christen, und biblische Gestalten sowie Erzählungen machen einen wichtigen Teil des Korans aus. Es lassen sich jedoch etliche Unterschiede zu den Darstellungen in den Schriften der Vorgängerreligionen feststellen. Den Juden wird beispielsweise vorgeworfen, eine rätselhafte Figur mit dem Namen ʿUzair als Sohn Gottes zu verehren. Josef erscheint in der 12. Sure als Prophet, der er in der Genesis definitiv nicht ist. Jesus ist Prophet und Gesandter Gottes, aber nicht sein Sohn, und er ist nicht am Kreuz gestorben. Abweichungen der koranischen Version biblischer Stoffe von der Darstellung in der Hebräischen Bibel und dem Neuen Testament werden durch die Unterstellung von „Abänderung" (arab. *taḥrīf, tabdīl*) des Wortlauts erklärt, die Juden und Christen am Text ihrer heiligen Bücher vorgenommen hätten. Bei allen biblischen Anklängen und Bezugnahmen ist der Koran aber eine Textsammlung mit neuem religiösen Gehalt und in einer ganz eigenen Form. Die folgenden Abschnitte geben einen Überblick über Inhalt sowie Struktur, Textgenese und Gebrauch des Korans; im letzten Abschnitt werden im Zusammenhang mit den Formaten von Koranhandschriften auch Abbildungen von sechs Manuskripten in die Darstellung einbezogen, die wichtige Aspekte der vorhergehenden Erläuterungen veranschaulichen.

INHALT UND STRUKTUR

Die koranische Lehre war nicht in allen Punkten neu. Der Monotheismus war durch die Präsenz von jüdischen und christlichen Gemeinden auf der Arabischen Halbinsel bekannt; der Koran legt ihn nur besonders konsequent aus. Auch die Vorstellung einer Auferstehung beim Jüngsten Gericht war grundsätzlich bekannt; der Koran betont nur die Höllenstrafe für Sünder besonders nachdrücklich. Für viele pagane Landsleute Muḥammads in Mekka war der Gedanke einer leiblichen Auferstehung indessen etwas, das zu Spott und Unverständnis führte. Bei den Juden in der Oasenstadt Medina, an die Muḥammads Botschaft ebenfalls gerichtet war, stieß die Figur eines in arabischer Sprache kündenden nichtjüdischen Propheten rundheraus auf Ablehnung.

In der mekkanischen Zeit von Muḥammads Werben und Mahnen, also etwa in der Zeit zwischen 610 und 622 n. u. Z., spielen besonders die Auferstehung und das Jüngste Gericht eine Rolle und weiterhin Gottes Wirken als gütiger oder den Unglauben bestrafender Schöpfer. Hinzu kommt eine sich im Laufe der Zeit verschärfende Polemik gegen die Ungläubigen jeglicher Couleur. In der medinischen Zeit, also zwischen der Hiǧra Mitte 622 und Muḥammads Tod 632, findet die sich zuspitzende Konfrontation mit den Widersachern des islamischen Stadtstaats von Medina deutlichen Widerhall in zahlreichen Bezugnahmen auf gewaltsame Zusammenstöße bis hin zur Stilisierung „des Ǧihād auf dem Wege Gottes" zu einem religiös verdienstvollen Werk. Die Gläubigen müssen zum Einsatz für die Sache des Islams motiviert und über Entbehrungen hinweggetröstet werden. Halbherzige medinisch-arabische Neumuslime werden als Heuchler gebrandmarkt und mit der Höllenstrafe bedroht. Der Islam wird an den vormosaischen Patriarchen Abraham (Ibrāhīm) angeschlossen und somit an einen religiösen Ahnen, der zeitlich lange vor der Entstehung des rabbinischen Judentums liegt. Der Koran entwickelt, für die Leitung der wachsenden Gemeinde von Muslimen ebenso wie zur Abgrenzung von den jüdischen, christlichen und pagan-arabischen Widersachern, ein rudimentäres Recht und ein Bündel kultischer Pflichten. Im rechtlichen Bereich werden verschiedene

Themen wie Ehe-, Familien- und Erbrecht behandelt; die Verse zum Kultus streifen diesen oft eher, als dass sie ihn detailliert regeln. Anstelle von Jerusalem wird Mekka zur Gebetsrichtung.[1]

Die Struktur des Korans wirkt auf den ersten Blick einfacher als die der Hebräischen Bibel und des Neuen Testaments – und ist es in mancher Hinsicht auch. Er versteht sich selbst praktisch von Anfang bis Ende als eine Wiedergabe von Allahs Offenbarungen, verkündet durch einen einzigen Propheten, eben Muḥammad. Damit ist er nach seinem Selbstverständnis weit mehr „Gottes Wort" als der neutestamentliche Kanon mit dem Kern der vier Evangelien und die hebräische Bibel mit ihrer komplexen Struktur.

Der Koran liegt uns seit der sogenannten kanonischen Redaktion durch den 3. Kalifen ʿUṯmān (siehe dazu unten) als Sammlung von 114 Suren (arab. *sūra*) vor, die im Großen und Ganzen nach Länge angeordnet sind, und zwar in absteigender Reihenfolge. Tendenziell stehen also lange (und damit häufig späte) Suren vorne, kürzere (und damit früher offenbarte) hinten. Diese Anordnung ist öfter durchbrochen, was sich mit inhaltlichen oder formalen Übereinstimmungen zwischen einzelnen Suren teilweise erklären lässt, die man offenbar nicht auseinanderreißen wollte.[2] Die Suren ihrerseits sind in Verse (arab. *āyāt,* Plural zu *āya*, „Zeichen") unterteilt, welche von recht unterschiedlicher Länge sind. Die Grenzen der Verse ergeben sich aus den am Ende stehenden Reimen oder Assonanzen. Allerdings kommen in vielen Fällen mehrere Wörter als Reimwort in Betracht. Das hat schon bei den Muslimen zu mehreren konkurrierenden Verszählungen geführt, unter denen schließlich die aus der irakischen Stadt Kufa stammende heute die größte Verbreitung hat.

Die Muslime haben sich seit frühesten Zeiten für die relative und absolute Chronologie der in der kanonischen Fassung nur nach formalen Kriterien gereihten Suren interessiert. Dieses Interesse hat sich nicht zuletzt aus der Überzeugung der islamischen Juristen gespeist, dass jüngere Ge- und Verbote aus dem Koran zu einem bestimmten Thema des Rechtes die älteren ersetzen. Sie haben dann eine chronologische Reihung der Suren aufgestellt, die ab der Mitte des 19. Jahrhunderts auch zum Ausgangspunkt für eigene, weitergehende chronologische Überlegungen der westlichen Koranforschung wurden. Bereits die Muslime hatten zwischen mekkanischen und medinischen Suren unterschieden, und die frühe westliche Wissenschaft unterteilte die mekkanischen Suren dann noch auf drei verschiedene Phasen, womit sich ein Modell von vier Phasen ergab. In der ersten Hälfte des 20. Jahrhunderts stellte der britische Arabist Richard Bell (gest. 1952) noch die Hypothese auf, dass die meisten Suren aus mehreren, ursprünglich voneinander unabhängigen Teilen zusammengesetzt seien. Ein wissenschaftlicher Konsens ließ sich bisher jedoch nicht erzielen. In jüngerer Zeit wurde in mehreren Arbeiten die Verslänge der einzelnen Suren oder Surenbestandteile als Parameter untersucht. Die so gewonnenen Ergebnisse besitzen den großen Vorzug, weit weniger subjektiv zu sein als frühere Ansätze mit unscharfen Parametern und nicht immer zwingenden Vorannahmen.

Die Suren sind über einen Zeitraum von mehr als zwei Jahrzehnten entstanden, und ihr Umfang schwankt stark: Manche Suren umfassen nur wenige Zeilen, andere füllen einige Dutzend Druckseiten. Ihr Aufbau fällt aus diesen Gründen höchst unterschiedlich aus. Eine Sonderrolle nimmt dabei die 12. Sure ein, die sogenannte Josefssure, in der die Josefsgeschichte der Genesis in islamischer Anverwandlung im Wesentlichen das einzige Thema ist. Andere Suren weisen zwei Themenblöcke auf, und etliche kürzere oder mittellange Suren aus der mekkanischen Zeit sind in drei thematische Abschnitte unterteilbar. Es sind auch Versuche unternommen worden, sehr lange Suren durch inhaltliche Aufgliederung von dem Odium zu befreien, reine Anhäufungen von Textmaterial zu sein. Nicolai Sinai hat dies für Sure 2 mit ihren 286 Versen unternommen und kommt auf vier größere Abschnitte und einen zusätzlichen kurzen Epilog.[3] Eine solche Binnenstruktur dürfte beim Hören oder Rezitieren allerdings schwerlich wahrnehmbar sein.

TEXTGESCHICHTE

Ob Muḥammad zu seinen Lebzeiten seiner Gemeinde das sehr umfangreiche Korpus der von ihm übermittelten Offenbarungstexte insgesamt vorgetragen hat, wissen wir nicht; ebenso wenig ist bekannt, ob und in welchem Umfang er oder seine Umgebung sich der Schrift zur Fixierung der Offenbarungen bedient haben. Sollten Berichte der späteren islamischen Tradition darüber, dass der erste Kalif Abū Bakr (reg. 632–634) eine erste Niederschrift der Gesamttextmenge veranlasste, einen historischen Kern haben, wird sie den Zweck einer ersten Sicherung des für das frühislamische Staatswesen höchst bedeutsamen Textes zum Ziel gehabt haben. Es gibt jedoch gute Gründe für die Annahme, dass diese hypothetische erste Niederschrift nicht die einzige der Gemeinde bekannte Version war, sowohl in Bezug auf den Wortlaut im Einzelnen als auch auf den Gesamttext.

Nicht viel besser belegbar sind die Berichte über das, was man heute allgemein als die „offizielle" oder „kanonische" Redaktion bezeichnet, die auf Veranlassung des dritten Kalifen ʿUṯmān (reg. 644–656) auf der Grundlage der von Abū Bakr veranlassten Niederschrift durch ein kleines Komitee erstellt worden sein soll. Der muslimischen Überlieferung zufolge soll die Textfassung einen im Komitee konsensfähigen Text konstituiert haben – was man genau darunter verstand, wird gleich noch genauer zu sagen sein. Außerdem einigte man sich über die Anzahl der koranischen Suren und ihre Abfolge.

Zunächst einige Informationen zur Reihenfolge der Suren. Das, was als Sure bezeichnet wird, ist im kanonischen Text eine Mischung aus Textabschnitten, die aus verschiedenen Offenbarungsbestandteilen zusammengesetzt wurden, und zwar auch in chronologischer Hinsicht. Eine Anordnung rein nach chronologischen Gesichtspunkten wäre im Prinzip vielleicht möglich gewesen. Das Komitee ʿUṯmāns ging aber einen anderen Weg und orientierte sich wie gesagt im Wesentlichen an der Länge der Suren. Damit wählte die kanonische Fassung ein formales Kriterium für die Surenreihenfolge, vielleicht gerade weil über die Chronologie keine letzte Einigkeit herzustellen war.

Die von ʿUṯmān veranlasste kanonische Fassung soll auf Dekret des Kalifen als allein zulässige Textfassung für den kultischen Gebrauch an die Metropolen des frühislamischen Imperiums geschickt worden sein; konkurrierende Versionen sollten vernichtet werden. Dies spricht dafür, dass es dem Kalifen vor allem um eine Vereinheitlichung des Textkorpus ging. Sowohl die islamische Überlieferung als auch der Befund früher Koranabschriften zeigen indes, dass dieses Ziel wohl nicht ganz konsequent umgesetzt wurde. Der Text wurde in einer Schrift fixiert, die aus unbekannten Gründen weniger eindeutig war, als es damals möglich gewesen wäre. Die verwendete arabische Konsonantenschrift ließ es beispielsweise offen, ob ein kleiner, nach rechts und links verbundener vertikaler Strich auf der Grundlinie als b, t, ṯ, n oder y interpretiert werden sollte oder konnte. Diakritische Punkte zur Herstellung von Eindeutigkeit waren seinerzeit bekannt, wurden allerdings nicht benutzt. Die Gründe dafür sind nicht bekannt; die Verwendung informationsreduzierter Schrift könnte am Kompromissstreben des Komitees gelegen haben. Vielleicht reichte das Buchstabenskelett den textkundigen Rezitatoren bereits als Stützung ihres Vortrags aus. Ohnehin ist von paralleler schriftlicher Überlieferung und mündlicher Weitergabe des Textes auszugehen; im Laufe der Zeit traten dann beide Überlieferungsarten in Wechselwirkung. Und für eine eindeutige Fixierung des arabischen Textes hätten diakritische Punkte allein nicht sorgen können, weil sie nur festlegen, um welchen Konsonanten es sich handelt. Eindeutigkeit konnte erst durch die zu Beginn des 8. Jahrhunderts erfundenen Vokalzeichen hergestellt werden, die indessen nur mit beträchtlicher Verzögerung zum festen Bestandteil von Koranabschriften wurden.

ʿUṯmāns Kanonisierung hatte also auf einigen Gebieten eine unbestreitbare Standardisierung mit sich gebracht, die sich in erster Linie auf den Bereich der öffentlichen, kultischen Rezitation erstreckte. Doch die Abwesenheit von Diakritika und Vokalzeichen ließ gleichzeitig beträchtliche Interpretationsspielräume – Aktiv und Passiv beispielsweise lassen sich oft nur an der Vokalisierung unterscheiden. Im Laufe der Zeit entwickelte sich eine riesige Zahl von Varianten, die erst durch das Wirken von Ibn Muǧāhid zu Beginn des 10. Jahrhunderts eingegrenzt wurde. Der im Jahr 936 gestorbene Bagdader Gelehrte setzte durch, dass – wiederum nur für öffentliche Rezitation – die Zahl von zulässigen „Koranlesungen" auf sieben beschränkt wurde. Mit Koranlesung ist dabei die komplette Lesung des Korans von der ersten bis zur 114. Sure gemeint, so wie sie ein bestimmter prominenter Leser des 8. Jahrhunderts vorgetragen hatte. Ausgeschlossen wurden damit eklektische Mischlesungen, bei denen sich jemand durch Anleihen bei verschiedenen Gesamtlesungen einen eigenen Text zusammenstellte. Die Entstehung neuer Varianten verhinderte Ibn Muǧāhids Schritt aber nicht. Die folgenden Jahrhunderte sahen einerseits Maßnahmen zur weiteren Einengung der Vielfalt, andererseits auch Ausweitungen der Zahl kanonischer Lesungen von sieben auf zehn und im 17. Jahrhundert gar auf vierzehn. Einzelne Koranabschriften weisen am Rand auch tatsächlich eine Art (rudimentären) Variantenapparat auf, etwa ein Exemplar aus der Bayerischen Staatsbibliothek München aus dem Jahr 1388 (Cod. arab. 1113). Alles in allem hat die islamische Tradition die Pluralität der Überlieferung mit einer geglückten Mischung von Respekt für die Tradition und Pragmatismus gehandhabt.[4]

DER GEBRAUCH VON KORANABSCHRIFTEN

Koranhandschriften spielen bei den religiösen Pflichten des Muslims, den sogenannten Fünf Säulen, eine untergeordnete Rolle. Beim Ritualgebet des einzelnen Gläubigen (*ṣalāt*) ist nur die kurze 1. Sure zu rezitieren; hinzu kommt eine frei zu wählende andere kurze Passage aus dem Koran. Dafür braucht man keine Abschrift. Beim gemeinschaftlichen Gebet am Freitagmittag ist die Rezitation von Korantext, der thematisch auf die Predigt abzustimmen sein soll, als fester Bestandteil vorgesehen, und diese Koranabschnitte können durchaus auch länger sein. Allerdings liest der Prediger sie idealerweise nicht vom Blatt ab, sondern trägt sie aus dem Gedächtnis vor. Der im Jahr 795 in Medina gestorbene Religionsgelehrte Mālik Ibn Anas soll sich gegen die Benutzung von Koranhandschriften bei der Rezitation in der Moschee ausgesprochen haben.[5] Dies zeigt, dass für ihn das gute Gedächtnis von Koranlesern eine Gewähr für den korrekten Vortrag war. François Déroche, ein vorzüglicher Kenner der Materie, geht indessen davon aus, dass bereits ab etwa dem Jahr 700 öffentliche Koranrezitation auf der Grundlage offiziell beglaubigter Abschriften erfolgte.[6] Mit dieser Auffassung liegt er vermutlich näher an der Realität. Möglicherweise diente eine Moschee-Koranhandschrift jedoch eher als Referenzexemplar, auf das man im Zweifelsfall zurückgreifen konnte. Das Betrachten eines Korankodex beim Rezitieren wurde als verdienstvoll angesehen, selbst wenn der Rezitierende auswendig vortrug.[7] Solche Manuskripte wurden je nach Alter und Dignität von den Gläubigen verehrt, waren allerdings nicht unmittelbarer Bestandteil des Kultus.

Die Rezitation von Korantext auch außerhalb von Moscheen wird den Gläubigen schon im Koran selbst nahegelegt und wurde später als verdienstvolles Werk betrachtet, für das man beim Jüngsten Gericht belohnt werde.[8] Die sich herausbildenden Disziplinen wie Theologie, Jurisprudenz und andere mehr waren auf Koranabschriften angewiesen; darüber hinaus zählten auch Privatleute zu den Interessenten. Die Herstellung von Koranen wurde spätestens im 8. Jahrhundert zum Gewerbe, auch wenn sie mit einiger Sicherheit ein teures Gut waren. Früh entwickelten sich Kontroversen über die Erlaubtheit des Kaufs und Verkaufs

→ **Abb. 1** Ein großer hochformatiger Pergamentkodex in Ḥiǧāzī-Schrift, Ms. or. fol. 4313, fol. 2r, 3./9. Jhd. | SBB-PK

عن عبادته ويستكبر فسيحشرهم اليه جميعا فاما الذين ءامنوا
وعملوا الصلحت فيوفيهم اجورهم ويزيدهم من فضله
واما الذين استنكفوا واستكبروا فيعذبهم عذابا اليما
ولا يجدون لهم من دون الله وليا ولا نصيرا ۞ يا ايها الناس قد
جاءكم برهن من ربكم وانزلنا اليكم نورا مبينا فاما الذين
ءامنوا بالله واعتصموا به فسيدخلهم في رحمة منه
وفضل ويهديهم اليه صرطا مستقيما ۞ يستفتونك قل
الله يفتيكم في الكللة ان امرؤا هلك ليس له ولد وله ا
خت فلها نصف ما ترك وهو يرثها ان لم يكن لها
ولد فان كانتا اثنتين فلهما الثلثن مما ترك وان كانوا اخوة
رجالا
ونساء فللذكر مثل حظ الانثيين يبين الله لكم ان
تضلوا والله بكل شيء عليم
بسم الله الرحمن الرحيم يا ايها الذين ءامنوا اوفوا بالعقو
د احلت لكم بهيمة الانعم الا ما يتلى عليكم غير
محلي الصيد وانتم حرم ان الله يحكم ما يريد ۞ يا ايها
الذين ءامنوا لا تحلوا شعئر الله ولا الشهر الحرام
ولا الهدي ولا القلئد ولا ءامين البيت الحرم ي
بتغون فضلا من ربهم ورضونا واذا حللتم فا

von Koranen, die Verwendung von Gold für die Verzierung des Kodex sowie über den Einsatz diakritischer Zeichen und Vokalzeichen.[9] Praktisch alle früh geäußerten Bedenken verloren über kurz oder lang an Bedeutung, und mit dem Papier stand später zudem ein Beschreibstoff zur Verfügung, der deutlich preiswerter war als Pergament.

Die Verehrung des Korans in Verbindung mit vorislamischen Amuletttraditionen führte zu Formen des Umgangs mit Koranen, die von Religionsgelehrten teils missbilligt wurden. Korane wurden geküsst,[10] als Kissen benutzt[11] und für divinatorische Praktiken verwendet.[12] Ganz unstrittig war es, den Koran mit sich zu führen und öffentlich zu zeigen. Dazu boten sich besonders Korane in Klein- und Kleinstformaten an, die unten noch eigens vorgestellt werden. Der sogenannte ʿuṯmānische Kodex der Umayyadenmoschee in Damaskus wurde in Krisenmomenten, wie etwa bei der Bedrohung durch Kreuzfahrer oder Mongolen, aus der Moscheebibliothek herausgeholt und öffentlich präsentiert.[13] Aus dem Iran des frühen 17. und frühen 18. Jahrhunderts wird über Männer berichtet, die anlässlich eines hohen schiitischen Feiertags hausähnliche Schachteln oder Schatullen auf dem oder am Kopf trugen, die Korane enthalten haben sollen.[14]

DIE FORMATE VON KORANHANDSCHRIFTEN ANHAND VON BEISPIELEN

Im folgenden Abschnitt sollen die Formate von Koranabschriften vorgestellt werden. Unter dem Begriff „Format" wird hier der äußere Umriss verstanden, also hochformatig, querformatig, quadratisch oder achteckig. Die absolute Größe (auch so wird der Terminus Format gelegentlich gebraucht) kann innerhalb dieser Gruppen beträchtlich variieren, und zwar besonders bei den Hochformaten. So gibt es beispielsweise einen Pergamentkodex aus dem 10. Jahrhundert, der nur 7,3 Zentimeter hoch ist und dabei mit 30 Zeilen pro Seite beschrieben wurde.[15] Der größte bekannte vormoderne Papierkoran soll im ausgehenden 14. Jahrhundert entstanden sein und maß 101 × 177 Zentimeter; er war mit nur sieben Zeilen je Seite beschrieben.[16]

In den Abbildungen 1 bis 6, allesamt aus der Staatsbibliothek zu Berlin, lassen sich einige der im Vorstehenden erwähnten Merkmale und Gebrauchsweisen erkennen, so dass dieser Abschnitt auch der Veranschaulichung des Vorstehenden dienen kann.

Die sieben Blatt, die unter der Signatur Ms. or. fol. 4313 in der Staatsbibliothek zu Berlin aufbewahrt werden, gehören zu einem Kodex, von dem weitere 33 Blatt in der Ägyptischen Nationalbibliothek in Kairo liegen [Abb. 1].[17] Mit knapp 40 Zentimetern Höhe handelt es sich um einen sehr großen Pergamentkodex, der als solcher in spätantik-christlicher Tradition steht. Bemerkenswert ist er nicht nur wegen seiner beeindruckenden Abmessungen, sondern auch wegen seines vermutlich sehr frühen Entstehungszeitpunkts: Radiokarbonmessungen haben ergeben, dass das Tier, aus dessen Haut der verwendete Beschreibstoff hergestellt wurde, mit einer Wahrscheinlichkeit von rund 95 Prozent zwischen den Jahren 606 und 652 geschlachtet wurde.[18] Dies ist ein überraschend früher Zeitraum. Nun muss das Pergament nicht unmittelbar nach der Herstellung beschrieben worden sein, aber gegen eine jahrzehntelange Lagerung spricht schon der hohe Materialwert. In eine ähnliche Richtung weisen Beobachtungen zur verwendeten Orthografie und zur Abwesenheit von Ornamenten.[19] Auf dem gezeigten Blatt 2a folgt der Anfang von Sure 5 am Ende der viertletzten Zeile unmittelbar auf das Ende von Sure 4, nur markiert durch einen Verstrenner aus zwei vertikalen Reihen von je drei Punkten (wie die Augen der Seite „6" auf einem Würfel). Diese Markierung wird beispielsweise in der siebten Zeile zur Abgrenzung von zwei Versen innerhalb von Sure 4 verwendet. Der Name der Sure fehlt; François Déroche zufolge werden die Namen der Suren erst ab der zweiten Hälfte des 7. Jahrhunderts oder noch etwas später angegeben.[20]

Der Duktus von Ms. or. fol. 4313 wird mit dem Ḥiǧāzī-Stil in Verbindung gebracht, doch ist diese Zuordnung für Datierungszwecke nicht aussagekräftig. Das 18-zeilige Manuskript weist nicht wenige diakritische Zeichen auf, hier eher Striche als Punkte; durchschnittlich kommen auf jede Zeile dieser Seite vier bis fünf Grapheme, die durch Diakritika disambiguiert sind. Die Transkription von Laura Hinrichsen auf der Website des Corpus Coranicum[21] erlaubt einen schnellen Überblick über den Text- und Zeichenbestand im Vergleich zum Referenztext, der Kairiner Koranausgabe von 1924. Zusammenfassend lässt sich folgendes konstatieren: Die Verstrennung weist hier eine fehlende und eine zusätzliche Marke auf; in der 7. Zeile ist – erkennbar durch die schwärzere Tinte – ein Wort so korrigiert, dass der darunterliegende Text nicht erkennbar ist; schließlich stellt das erste Wort der 11. Zeile eine Abweichung vom kanonischen Konsonantenskelett dar.

Am rechten Rand des Schriftspiegels ist erkennbar Register gehalten, doch wandert der Zeilenbeginn langsam nach links. Andere, am linken Schriftrand nicht beschädigte Seiten zeigen, dass der linke Rand beträchtlich flattert, obwohl die gelegentliche Trennung von Wörtern einen geraden Rand grundsätzlich hätte begünstigen können: Auf der gezeigten Seite steht beispielsweise am Ende von Zeile 8 ein Alif (hier als senkrechter Strich ausgeführt), während der Rest des Wortes zu Beginn von Zeile 9 steht. Vergleichsweise konsequent eingehalten ist nur die Orientierung an der Grundlinie.

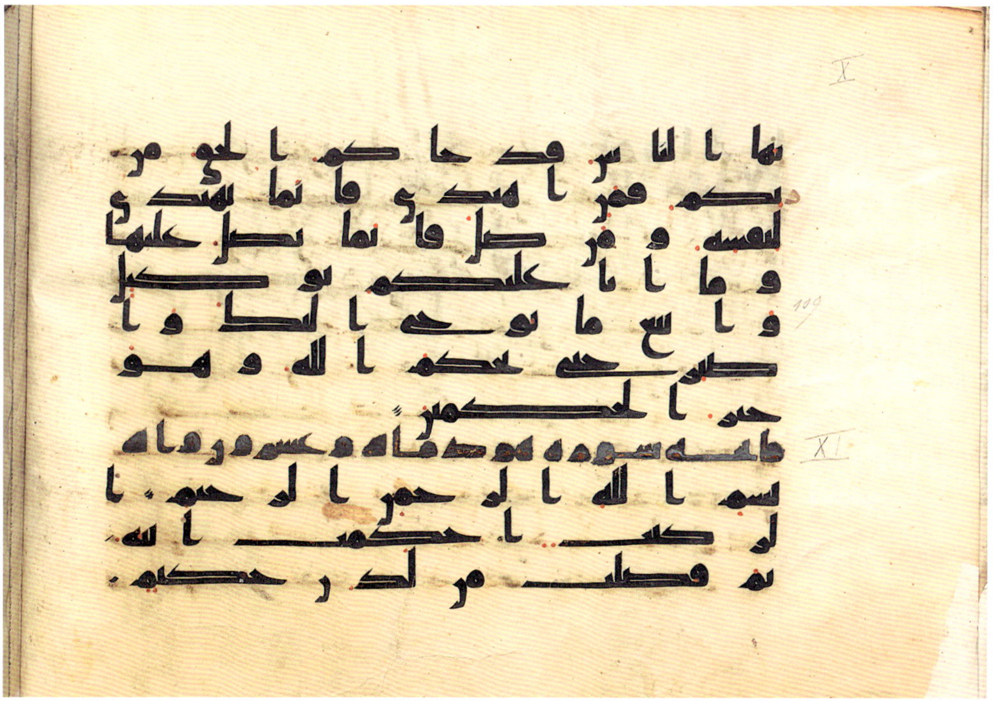

→ **Abb. 2** Ein großer querformatiger Pergamentkodex in Kufi-Schrift, Landberg 834, fol. 9v. | SBB-PK

Der dem Ḥiǧāzī-Stil zuzurechnende Duktus von Ms. or. fol. 4313 strahlt einen spartanischen Ernst aus; kalligrafisch kann man ihn nicht nennen. Das Ḥiǧāzī ist der ältesten islamischen Dokumentenschrift und epigrafischen Schrift eng verwandt und noch nicht stark normiert. Bei der im großen Pergamentkodex Landberg 834 verwendeten Schrift dagegen handelt es sich um eine speziell für Koranabschriften entwickelte kalligrafische Schrift aus einer Gruppe, die als kufisch bezeichnet wird, manchmal auch als frühabbasidisch [Abb. 2]. Unter den von François Déroche definierten Untergruppen lässt sie sich am ehesten seinem Typus D zurechnen, weist aber auch Züge anderer Untergruppen auf. Die Schrift betont die Waagerechte stark, was besonders bei den langgezogenen Buchstaben in der vierten Zeile und am Ende der siebten Zeile auffällt. Diese Beispiele für den Buchstaben Kāf sind vermutlich so stark gelängt, weil sie (in der vierten Zeile) einen linksbündigen Rand erzeugen sollten beziehungsweise (in der siebten Zeile) dafür sorgen, dass das Ende von Sure 10 in der Zeilenmitte steht. Dabei konnten die Kāfs in dieser Schrift durchaus auch kürzer sein, wie in der Mitte von Zeile 6 zu sehen ist. Der gerade linke Rand wird nicht selten durch Füllstriche am Zeilenende (in der letzten Zeile) und Worttrennungen (in der fünften/sechsten Zeile) unterstützt.

Vom vorhergehenden Beispiel unterscheidet sich dieses Manuskript nicht nur durch etwas Leerraum am Ende einer Sure - hier Sure 10 -, sondern auch durch das Vorhandensein einer eigenen Zeile mit der Angabe, dass hier die Sure Hūd beginnt (eben die 11. Sure) und dass sie 121 Verse hat. (Diese letzte Angabe bezieht sich auf die hier zugrunde gelegte Verszählung; die Ausgabe Kairo 1924 zählt Sure 11 mit 123 Versen.) Die Zeile mit diesen Angaben (links neben der von einem europäischen Bibliothekar oder Philologen angebrachten römischen XI) ist mit einer anderen Tinte geschrieben, die jetzt metallisch glänzt.
Der augenfälligste Unterschied zu Abb. 1 ist das Querformat, das sich schon im 7. Jahrhundert entwickelt hat und mindestens bis ins 10. Jahrhundert verwendet wurde. Über die Gründe für diese Veränderung ist nichts bekannt; einleuchtend ist der Gedanke, dass man sich mit einer speziellen Form für die Offenbarungsschrift des Islams von Juden und Christen abheben wollte. Mit seinem riesigen Format von 44 × 32,6 cm übertrifft dieser Koran sogar den von Abb. 1. Es ist anzunehmen, dass ein derartig großes Manuskript für eine bedeutende Moschee bestimmt war.

Die roten Punkte geben die Vokalisierung nur sehr selektiv an. Zur Markierung der seitlichen Begrenzungen des Schriftspiegels und der Grundlinien der Schrift wurden Blindlinien in das Pergament gezogen, die selbst auf den digitalen Bildern der Berliner Staatsbibliothek gut zu erkennen sind. Zu Beginn der zweiten Zeile steht außerhalb des rechten Schriftspiegelrands ein offenbar zunächst vergessenes, stark verblasstes Rā', das möglicherweise erst nachträglich in der Schrift des übrigen Textes ergänzt wurde. Drei diagonale Striche übereinander dienen als Verstrenner; auf anderen Seiten finden sich alternativ oder darüber runde, mehrfarbige Ornamente, die späteren Ursprungs sein könnten. Diakritika sind nur selten gesetzt, und zwar wiederum als sehr feine Striche, wie auf dem gezeigten Blatt gleich zu Beginn der ersten Zeile in der Mitte der W-förmigen Gruppe von Graphemen. Die meisten alten Koranmanuskripte tragen keinen Hinweis auf das Alter der Abschrift. Wenn, wie hier, keine Radiokarbonuntersuchung vorliegt, sind Datierungen nur schwer möglich. Der Kodex Landberg 834 stammt vermutlich aus dem 9. oder 10. Jahrhundert.

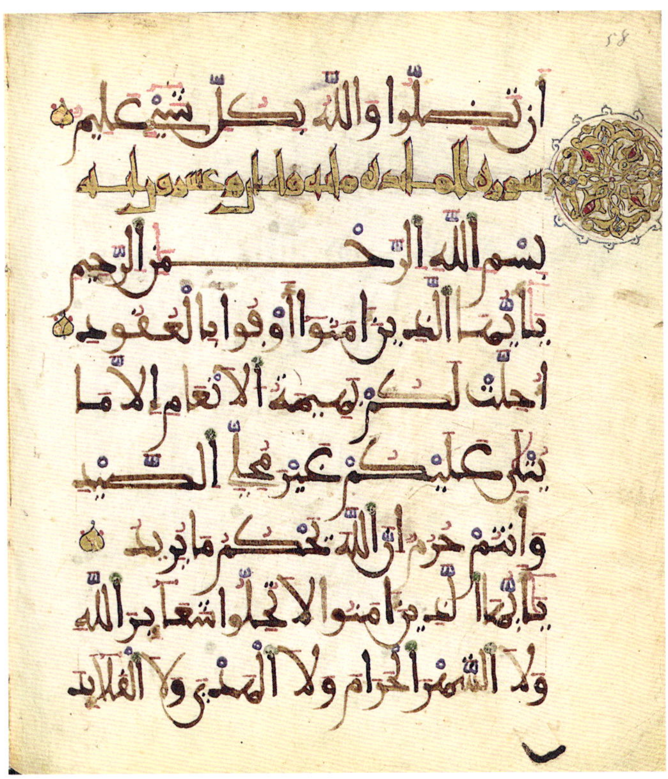

↓ **Abb. 3** Ein quadratähnlicher Pergamentkoran aus dem Maghreb, Ms. or. quart. 1109, fol. Blatt 39v, 13.–14. Jhd. | SBB-PK

Quadratische oder fast quadratische Koranabschriften lassen sich bereits für die Frühzeit der Koranproduktion nachweisen. Im Istanbuler Museum für türkische und islamische Kunst (Türk ve İslam Eserleri Müzesi, TİEM) wird heute ein Koran aus der Mitte des 8. Jahrhunderts aufbewahrt (Signatur ŞE 80), der bis zu Beginn des 20. Jahrhunderts zum Bestand der Umayyadenmoschee in Damaskus gehörte. Seine Maße betragen 28,2 × 25,4 cm,[22] womit er geringfügig breiter als hoch ist. Der Berliner Kodex Ms. or. quart. 1109 dagegen ist mit

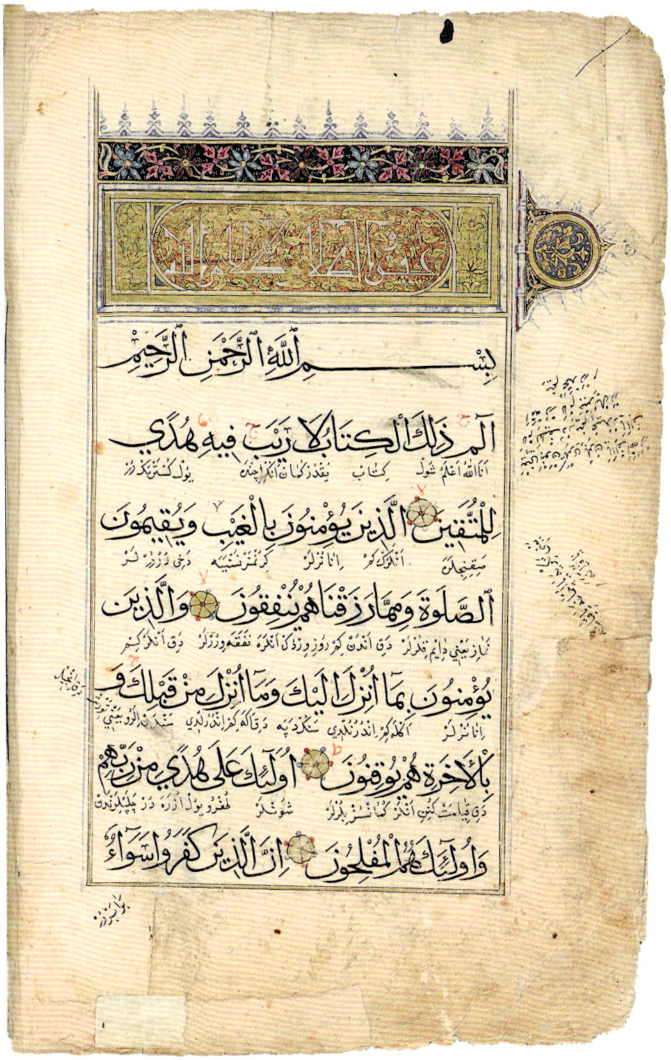

↑ **Abb. 4** Ein großer hochformatiger Papierkoran von 1459 mit türkischer Interlinearübersetzung, Hs. or. 6163, Bd. 1, fol. 2v. | SBB-PK

18,5 × 21 cm etwas höher als breit Abb. 3. Er kommt aus dem Maghreb, und seine Entstehungszeit wird auf das 13. oder 14. Jahrhundert datiert. Die leicht größere Höhe ist bei den maghrebinischen Koranen weit verbreitet und auch für das islamische Spanien belegt. Dies zeigen beispielsweise zwei der seltenen andalusischen Korane, die in der Bayerischen Staatsbibliothek München aufbewahrt werden: Ihre Maße betragen 19,5 × 22 bzw. 16 × 17 cm.[23]

Dass ein Koran aus dem 13. oder 14. Jahrhundert auf Pergament geschrieben wurde wie in Abb. 3 und damit lange nach dem allgemeinen Sieg des Papiers ab dem 10. Jahrhundert, liegt ebenfalls an seiner maghrebinischen Herkunft. Westarabische Korane hielten am Pergament noch bis ins 14. Jahrhundert und länger fest, und auch die beiden erwähnten andalusischen Korane sind auf Pergament geschrieben.

Während der Koran Ms. or. fol. 4313 einfarbig und der Kodex Landberg 834 im eigentlichen Text zweifarbig erscheint, zeigt das hier behandelte Exemplar eine differenzierte Farbnotation: Die Vokale in neuer Notation (nicht mehr nur als Punkte) sind in Rot-Violett gehalten, weitere Zusatzzeichen (Vokallosigkeit, Konsonantenverdopplung) in Blau und beim sogenannten Waṣla in Grün. Diese Vielfarbigkeit ist charakteristisch für (religiöse) Handschriften aus dem Maghreb. Die Surenüberschrift mit Surennamen und Verszahl (hier: 122) erscheint in goldgefüllter Konturschrift; durch die rote Zusatzkontur jeweils am Rand nach links oben entsteht der Eindruck von dreidimensionaler Schrift. (Ein vergleichbares Beispiel mit metallisch wirkender Tinte findet sich in Abb. 2.) Ein kreisförmiges Medaillon mit goldenem Rankenwerk markiert zusätzlich den Surenbeginn am Rand. Der Schriftspiegel hält Register; dabei helfen zwei schwach erkennbare Linien am rechten und linken Rand. Nicht nur die Überschrift, sondern auch die Verstrenner sind in goldener Tinte ausgeführt und zeigen eine tropfenförmige Gestaltung mit schwarzer Kontur und farbigen Punkten am Rand.

Der Kodex Hs. or. 6163 aus dem Jahr 1459 mit einer türkischen Interlinearübersetzung steht exemplarisch für die große Mehrzahl der erhaltenen Koranhandschriften Abb. 4: hochformatig, auf Papier geschrieben und in Kursivschrift ausgeführt. Das bereits in Abb. 1 vorgestellte Hochformat wurde – zumindest im Osten der islamischen Welt – ab dem 10. Jahrhundert zum vorherrschenden Typus. Es stellt bei größeren Blättern eine handlichere Alternative zum querformatigen, an der Schmalseite gebundenen Buch dar. Das gezeigte Blatt entstammt dem ersten Band dieser sechsbändigen Abschrift. Die Verteilung des Korans auf mehrere Bände ist seit dem frühen 9. Jahrhundert belegt.

Im Osten der islamischen Welt wurden Korane schon früh auf Papier geschrieben: Der nach bisherigem Kenntnisstand älteste erhaltene Papierkoran entstand in Isfahan im Jahr 939.[24] Dass sich ab dem 10. Jahrhundert kursive Schriften bei Koranabschriften durchsetzten, wird unter anderem auf die Verbreitung des neuen Beschreibstoffs Papier, auf neuartige Federn und Rußtinten sowie auf die wachsende Bedeutung von Kanzleisekretären als Kopisten zurückgeführt.[25]

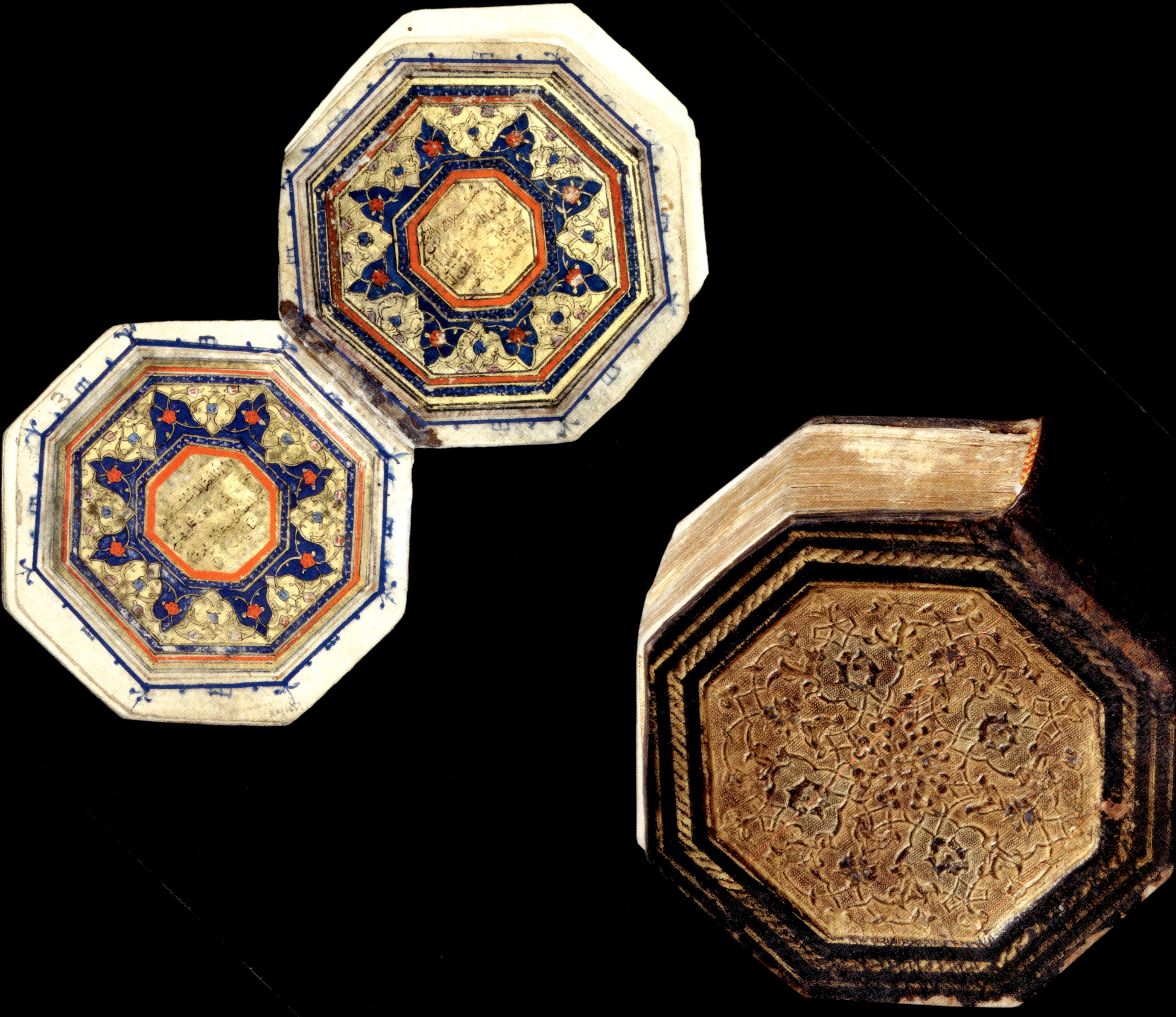

Die Interlinearübersetzung wird im Schreibervermerk am Ende der Handschrift, dem sogenannten Kolophon, erwähnt und wurde vermutlich direkt nach dem eigentlichen arabischen Korantext geschrieben. Der große Zeilenabstand deutet darauf hin, dass die Beigabe einer Übersetzung von vornherein vorgesehen war. Laut der Turkologin Barbara Flemming handelt es sich um eine Übersetzung ins altanatolische Türkisch.[26] Aufgrund der hochwertigen Kalligrafie und Illumination vermutet sie jedoch Ägypten als Herstellungsort. Alternativ wurde auch eine Herstellung im Osmanischen Reich angenommen,[27] zu dem Ägypten im Jahr 1459 - dem Jahr der Vollendung der Abschrift - noch nicht gehörte. Die bislang bekannten frühosmanischen Korane aus dem 15. Jahrhundert, auf die Quiring-Zoche verweist, stehen Hs. or. 6163 in ihrer Ausstattung in der Tat in nichts nach.[28] Das letzte Wort zur Ursprungsregion ist daher - auf der Grundlage der derzeit bekannten Vergleichsstücke - anhand von Schrift und Buchschmuck noch zu sprechen.

Die Interlinearübersetzung gibt den Sinn des darüberstehenden Korantextes Wort für Wort wieder. Nicht zuletzt aufgrund der unterschiedlichen Wortfolge im Arabischen und im Türkischen entsteht dabei jedoch keine syntaktisch korrekte, lesbare türkische Version des Korans, sondern vielmehr eine sich von Wort zu Wort vorarbeitende Verständnishilfe des arabischen Textes. Dieses Verfahren trägt der islamischen Lehre von der Unnachahmlichkeit des Korans ebenso Rechnung wie der wohl zutreffenden Auffassung, dass es kaum eine einzig „richtige" Übersetzung des Korans in eine andere Sprache geben kann.[29] Türkische Interlinearübersetzungen sind ab dem 11. Jahrhundert belegt; die älteste datierbare Übersetzung ins altanatolische Türkisch stammt von 1422.[30] Am Rand finden sich weitere Erläuterungen in türkischer Sprache, die - anders als die Glossen zwischen den Zeilen - jeweils durch das arabische *yaʿnī* („das heißt") eingeleitet werden.

Die gezeigte Seite enthält den Anfang von Sure 2 „al-Baqara", Vers 1-6. Das rechteckige Feld oben mit dem zugespitzten Kreismedaillon rechts enthält aber nicht den Surennamen; dieser findet sich auf der Vorseite, in einem vergleichbaren Feld über den letzten Versen der 1. Sure. Stattdessen steht hier die fromme Floskel *ḫair al-kalām kalām Allāh* („Die beste Rede ist die Rede Gottes"), die nicht Teil des Korantextes ist. Sie fungiert hier als eine Art Titelangabe, da vorangestellte regelrechte Titelseiten in Koranen in vormoderner Zeit unüblich waren. Der Text beider Zierfelder und der eines weiteren am Fuß der Vorseite ist in einem schwer lesbaren „floralen" Kufi geschrieben. Weitere derartige Felder sind im ersten Band nicht enthalten; es handelt sich also um eine Verzierung des Bandanfangs, der mit dem Beginn des Korantextes zusammenfällt. Als Verstrenner dienen goldene Kreise mit sechs Speichen, die außen mit roten und blauen Punkten verziert sind. Die für den arabischen Text verwendete Schrift erinnert an den *Muḥaqqaq*-Duktus, zeigt jedoch eine eigenwillige Abwandlung. Rezitationshilfen sind in lila-roter und orangefarbener Tinte über den betreffenden Graphemen platziert. Die ganze Aufmachung, insbesondere die Zierfelder und die kalligrafische Gestaltung des Textes, deuten auf einen sehr gehobenen Auftraggeber bzw. Abnehmer hin.

Der kleine Koran Hs. or. 13944 mit der markanten achteckigen Form Abb. 5a–c gehört zu einer Gruppe von Miniaturkoranen im Hoch- oder Querformat, für die Cornelius Berthold 2021 den Terminus *pendant Koran* („Anhängerkoran") eingeführt hat.[31] Anlass für diese Bezeichnung war die Beobachtung, dass viele dieser sehr kleinen Korane in Schatullen oder anderen Behältnissen aufbewahrt wurden, die sich mit Schlaufen oder Bändern um den Hals tragen ließen oder am Oberarm beziehungsweise der Kleidung befestigt werden konnten. Hoch- und querformatige Exemplare, deren längere Seite weniger als 10 Zentimeter lang ist, oft auch deutlich weniger, sind ab dem 10. Jahrhundert belegt. Die kleinen achteckigen Kodizes sind ab dem 15. Jahrhundert nachweisbar und wurden bis ins 20. Jahrhundert hinein

← **Abb. 5** Ein kleiner achteckiger Koran, Hs. or. 13944, fol. 2v/3r, 17. Jhd. SBB-PK

← **Abb. 7** Ein kleiner achteckiger Koran, Hs. or. 13944, Außenansicht, 17. Jhd. | SBB-PK

وإذا قيل لهم آمنوا كما آمن
آمن الناس قالوا أنؤمن كما آمن السفهاء
ألا إنهم هم السفهاء ولكن لا يعلمون ۝ وإذا لقوا
الذين آمنوا قالوا آمنا وإذا خلوا إلى شياطينهم قالوا إنا معكم
إنما نحن مستهزءون ۝ الله يستهزئ بهم ويمدهم في طغيانهم يعمهون ۝
أولئك الذين اشتروا الضلالة بالهدى فما ربحت تجارتهم وما كانوا مهتدين ۝
مثلهم كمثل الذي استوقد نارا فلما أضاءت ما حوله ذهب الله بنورهم
وتركهم في ظلمات لا يبصرون ۝ صم بكم عمي فهم لا يرجعون ۝ أو
كصيب من السماء فيه ظلمات ورعد وبرق يجعلون أصابعهم في
آذانهم من الصواعق حذر الموت والله محيط بالكافرين ۝ يكاد البرق
يخطف أبصارهم كلما أضاء لهم مشوا فيه وإذا أظلم عليهم قاموا ولو شاء
الله لذهب بسمعهم وأبصارهم إن الله على كل شيء قدير ۝
يا أيها الناس اعبدوا ربكم الذي خلقكم والذين من
قبلكم لعلكم تتقون ۝ الذي جعل لكم
الأرض فراشا والسماء بناء وأنزل

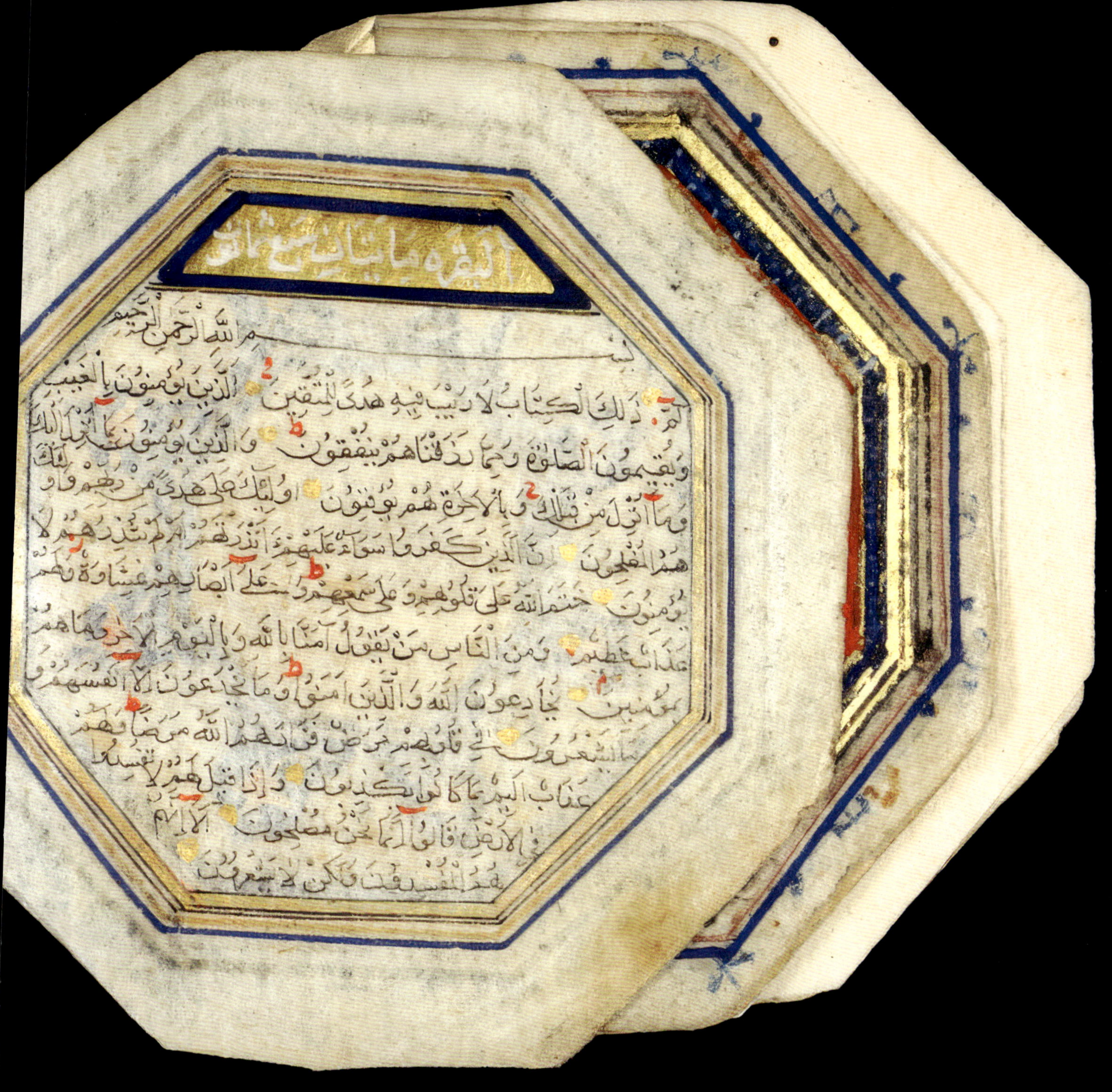

↑ Abb. 6 Ein kleiner achteckiger Koran, Hs. or. 13944, fol. 3v/4r, 17. Jhd. | SBB-PK

gefertigt. Die meisten messen in der Höhe 3 bis 6 Zentimeter, einige auch 6 bis 8 Zentimeter. Für die Wahl des achteckigen Formats dürften vor allem praktische Gründe ausschlaggebend gewesen sein: Achtecke lassen sich leicht durch diagonales Beschneiden eines Quadrats herstellen. Ästhetisch galt das Achteck mit einem gewissen Recht als Mittelform zwischen Quadrat und Kreis.[32]

Je nach Größe des Schriftspiegels und der Zeilenzahl sind die Anhängerkorane oft durchaus noch lesbar, und eine Verwendung zur Lektüre oder Rezitation ist gelegentlich belegt. In anderen Fällen lässt die kaum noch gegebene Lesbarkeit erkennen, dass manche Korane primär wegen der allgemein anerkannten schützenden und segenverleihenden Wirkung des geschriebenen Gotteswortes angefertigt wurden. Zugleich konnten sie der sichtbaren Demonstration persönlicher Frömmigkeit dienen. Das Mitführen kleiner Korane bei der Pilgerfahrt (*Ḥaǧǧ*), einer der sogenannten Fünf Säulen des Islams, ist seit dem 9. Jahrhundert belegt – und noch heute werden an Pilgerstätten kleine gedruckte Korane als Geschenke oder Souvenirs angeboten.[33]

Kleine Korane – darunter nicht zuletzt die achteckigen – werden häufig pauschal als „Fahnenkorane" bezeichnet, weil es einige Berichte über osmanische Militär- oder Herrscherstandarten gibt, an deren Spitzen Korane angebracht gewesen sein sollen. Eine Miniatur aus dem frühen 17. Jahrhundert, die eine Siegesparade anlässlich der Eroberung des ungarischen Eger (Erlau) im Jahr 1596 zeigt, scheint entsprechende Standarten darzustellen. Im Museum des Topkapı-Palasts sind etliche Spitzen von Standarten erhalten, an denen verschlossene Metallkapseln hängen. Ob darin tatsächlich Korane aufbewahrt wurden, lässt sich jedoch nicht mit Sicherheit sagen.

Im 19. Jahrhundert wurde es zudem bei der osmanischen Marine üblich, Korane an den Schiffsmasten zu befestigen. Für Berthold reichen diese Hinweise jedoch nicht aus, um solche Praktiken auf alle Miniaturformate zu übertragen: Die Mehrzahl entstammt seiner Einschätzung nach nichtmilitärischen Kontexten und ist vielmehr als persönlicher Besitz frommer Muslime anzusehen.[34]

Die erste beschriebene Öffnung des 5,5 × 5,2 cm großen Exemplars zeigt den Text der 1. Sure auf einem sehr kleinen achteckigen Feld, umgeben von einem opulenten Zierrahmen in Gold, Blau und Rot [Abb. 5a]. Bei der zweiten beschriebenen Öffnung folgt unter einem goldenen, trapezförmigen Surentitel mit blauem Rand die 2. Sure. Links auf Blatt 4a ist zu erkennen, dass die Seiten normalerweise mit 15 Zeilen beschrieben sind [Abb. 5b]. Der vordere Deckel weist ein geprägtes, vergoldetes Blüten- und Rankenwerk auf [Abb. 5c]. Das Objekt ist 2,3 Zentimeter dick und gibt den Korantext auf 272 Seiten wieder.

Rollen waren kein gängiges Format für das Niederschreiben arabischer Texte, doch existierten sie als Nischenform für bestimmte Textsorten wie Dokumente, Pilgerzertifikate, Gebetssammlungen und eben auch Korane. Rollenkorane sind in zwei weit auseinanderliegenden Zeiträumen belegt: einerseits früh, zwischen dem 8. und dem 10. Jahrhundert, und dann erst wieder ab dem 14. Jahrhundert.

Die frühen derartigen Korane gehörten einst zur Bibliothek der Umayyadenmoschee in Damaskus, bis sie zu Beginn des 20. Jahrhunderts in das Istanbuler Museum für türkische und islamische Kunst (TİEM) überführt wurden. Diese Pergamentmanuskripte bilden ein singuläres Phänomen, da vergleichbare Koranrollen bislang nicht bekannt sind. Erstmals wurden sie 1965 wissenschaftlich beschrieben und paläografisch eingeordnet.[35] Es handelt sich um sogenannte Rotuli, also Rollen, die parallel zur kurzen Seite beschrieben wurden und deren Texte daher in einem schmalen, sehr langen Textfeld vom Anfang zum Ende der Rolle zu lesen ist. Damit unterschieden sie sich deutlich von den Torarollen des Judentums, bei denen es sich um sogenannte Volumina handelt: Diese Rollen sind mit einzelnen Textfeldern,

→ **Abb. 8** Ein Papier-Rollenkoran von 1373, Ms. or. oct. 218, Ausschnitt. SBB-PK

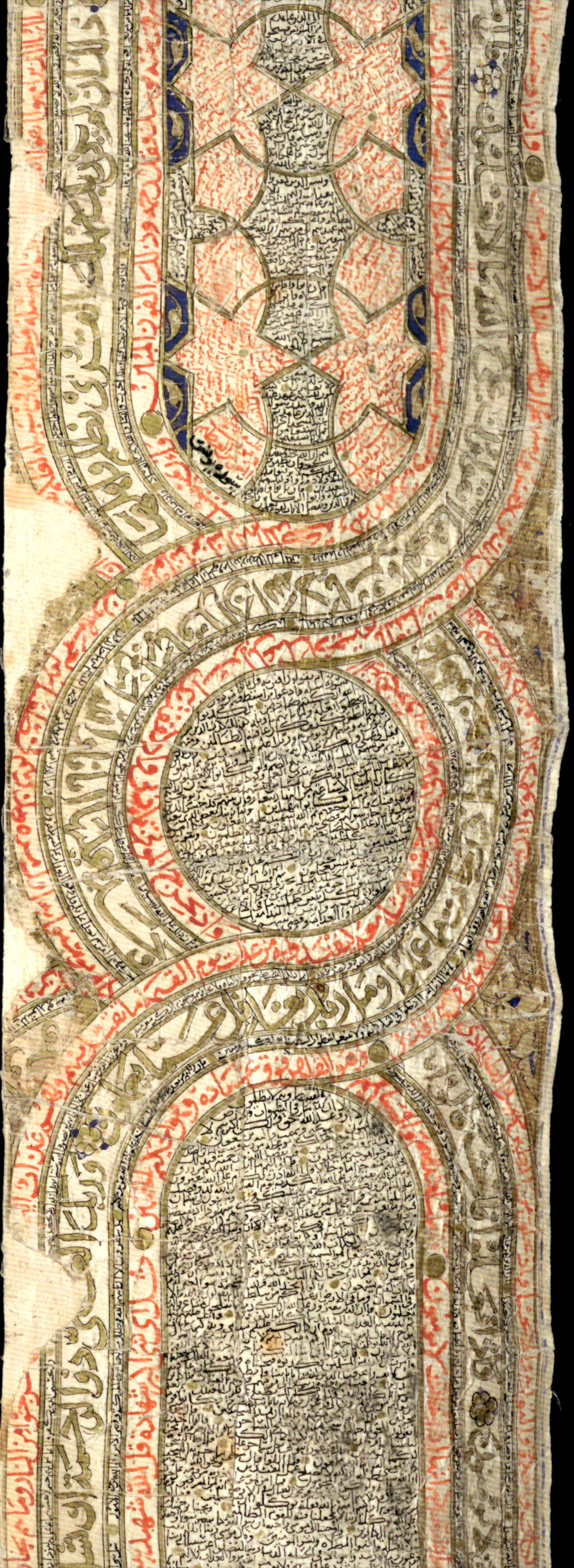

ähnlich wie auf einer Kodexseite, parallel zur langen Seite beschrieben. Solche Rollen liegen quer vor dem Leser, der die Textfelder nacheinander liest, je nach verwendeter Schrift entweder von rechts nach links oder von links nach rechts. Die Wahl der Rotulus-Rollenform wird - wie bei den querformatigen Koranen - als bewusste Abgrenzung von der jüdischen Volumen-Tradition erklärt.[36] Inzwischen liegen hochwertige, großformatige Farbaufnahmen von drei dieser Rollen vor, die zum Teil goldene Illuminationen aufweisen.[37]

Die gezeigte Rolle Ms. or. oct. 218 gehört einem anderen, späteren Typus von Rollenmanuskripten an, der erst ab dem 14. Jahrhundert belegt ist, aber möglicherweise ältere Wurzeln hat [Abb. 6].[38] Dieser Rollentyp wurde nicht nur für Korane verwendet; häufig nehmen Koranausschnitte nur einen geringen Teil des Textes ein, ergänzt durch Gebete, religiöse Gedichte, die Namen Gottes, magische Quadrate und mehr. Einige Rollen enthalten ausschließlich den vollständigen Korantext - so auch das hier abgebildete Exemplar. Bei der gezeigten Rolle ist der Text in unterschiedlich großen Schriften und mit goldener, roter und schwarzer Tinte auf Bändern und in geometrischen Figuren geschrieben. Zwar war der Korantext ursprünglich komplett enthalten, doch lässt er sich aufgrund der verschlungenen Schriftführung - in der normalen Reihenfolge vom Anfang der 1. Sure bis zum Ende der 114. Sure - nur mit größter Mühe nachvollziehen. Bereits dies und auch die winzige „Staubschrift" (*Ġubār*) machen deutlich, dass diese Rolle nicht zum Lesen oder Rezitieren gedacht war, sondern eher als frommes Amulett diente, ähnlich wie viele der oktogonalen Korane oder andere Miniaturkorane. Mit einem Durchmesser von knapp 7 Zentimetern ließ sich die 10 Zentimeter breite Rolle in aufgewickelter Form gut mitführen, etwa auf Reisen. Aufgrund ihres an ornamentaler Wirkung orientierten Schriftverlaufs lässt sie sich weder dem Typus des Volumens noch dem des Rotulus zuordnen.

Tobias Nünlist hat die Rolle, soweit sie erhalten ist, in ihrem Textbestand mit den vielen Brüchen akribisch analysiert und festgestellt, dass ein erheblicher Teil am Anfang fehlt.[39] Denkt man sich diesen verlorenen Teil noch hinzu, ergibt sich nach Nünlist eine ursprüngliche Länge von über 10 Metern. Der Kolophon in den letzten drei Zeilen gibt darüber Auskunft, dass die Rolle im Rabīʿ I 775 Hiğra - also im August/September 1373 - geschrieben wurde. Der Schreiber nennt zwar seinen Namen, ist aber nicht näher zu identifizieren. Nünlist vermutet eine Entstehung in Syrien oder im Irak. Seiner Analyse der Rolle hat er sieben farbige Abbildungen beigegeben, die die gesamte Rolle sowie den Kolophon zeigen.[40] Eine weitere Koranrolle ist das von Nünlist vorgestellte undatierte Manuskript Arabe 6088 in der Bibliothèque nationale de France in Paris, für das er den gleichen Entstehungszeitraum und dieselbe Herkunft vermutet.[41]

1 Siehe Nicolai Sinai, *The Qur'an. A historical-critical introduction* (Edinburgh: Edinburgh University Press, 2017), Teil 3.

2 Dazu ebd., 25-30.

3 Siehe ebd., 98.

4 Dazu die zusammenfassende Darstellung: Tilman Seidensticker, „Variants in Arabic Poetry, Prophetic Tradition and the Qur'an", in: Eva Wilden (Hg.), *Criticism of the Variant*, Abschnitt 4 (im Druck).

5 Alain George, *The Rise of Islamic Calligraphy* (London u. a.: SAQI, 2010), 91, nach M. Fierro.

6 François Déroche, *Qur'ans of the Umayyads. A First Overview* (Leiden/Boston: Brill, 2014), 141-142.

7 Josef W. Meri, „Ritual and the Qur'ān", in: *EQ* 4 (2004), 484-497, hier 494; Christopher Melchert und Asma Afsaruddin, „Reciters of the Qur'ān", in: *EQ* 4 (2004), 386-392, hier 391.

8 Anna M. Gade, „Recitation of the Qur'ān", in *EQ* 4 (2004), 367-384, hier 367-371.

9 Dazu siehe Delia Cortese, „The Commodification of the Muṣḥaf in the Early Centuries of Islam", in: Robert M. Kerr und Thomas Milo (Hg.), *Writings and Writing: Investigations in Islamic Text and Script in Honour of Januarius Justus Witkam* (Cambridge: Archetype Press, 2013), 41-65.

10 Meri 2004 (wie Anm. 7), 483, 485.

11 Ebd., 489.

12 Kathleen Malone O'Connor, „Popular and Talismanic Uses of the Qur'an", in: *EQ* 4 (2004), 163-181, hier 179.

13 Meri 2004 (wie Anm. 7), 497.

14 Cornelius Berthold, *Forms and Functions of Pendant Koran Manuscripts* (Wiesbaden: Harrassowitz, 2021), 145-146.

15 Ebd., 236-237.

16 Sheila S. Blair, *Islamic Calligraphy* (Edinburgh: Edinburgh University Press, 2006), 265-266.

17 Hierzu und zu weiteren Details siehe Michael Marx u. a. (mithilfe von Salome Beridze und Tobias J. Jocham), „Staatsbibliothek zu Berlin: Ms. or. fol. 4313 (VOHD 17, A, 1, 1)", Transliteration: Laura Hinrichsen, in: *Manuscripta Coranica* (Berlin: Berlin-Brandenburgische Akademie der Wissenschaften, o. J.), https://corpuscoranicum.de/en/manuscripts/15/page/2r 22.4.2025).

18 Speziell dazu siehe Michael Marx und Tobias Jocham, „Radiocarbon (14C) dating of Qur'ān manuscripts", in: Andreas Kaplony und Michael Marx (Hg.), *Qur'ān Quotations Preserved on Papyrus Documents, 7th-10th Centuries and the Problem of Carbon Dating Early Qur'āns* (Leiden/Boston: Brill, 2019), 188-221, hier 201.

19 Ebd., 209.

20 François Déroche, *The One and the Many. The Early History of the Qur'an* (New Haven/London: Yale University Press, 2021), 31.

21 https://corpuscoranicum.de/en/manuscripts/15/page/2r (22.4.2025).

22 Abbildungen: *1400. yılında Kur'an-ı Kerim. Türk ve İslam Eserleri Müzesi Kur'an-ı Kerim Koleksiyonu* (Istanbul: Antik A.Ş. Kültür Yayınları, 2010), 149-152; die korrekten Maße bei Déroche 2014 (wie Anm. 6), 132.

23 Prachtkorane Nr. 4, Sevilla 1227, und Nr. 5, 12.-13. Jhd.

24 Dazu Mahdi Sahragard, „Revived Leaves. The Qur'an endowed by Kishvād b. Amlās, the oldest known Qur'an manuscript on paper (327/939)", in: *Journal of Islamic Manuscripts* 14 (2023), 212-234.

25 Blair 2006 (wie Anm. 16), 173-178.

26 Brief von Barbara Flemming an Wolfgang Voigt vom 28.8.1973.

27 Rosemarie Quiring-Zoche, *Arabische Handschriften*, Teil 7: *Arabische Handschriften der Staatsbibliothek zu Berlin - Preußischer Kulturbesitz* (Stuttgart: Steiner, 2015) (= Verzeichnis der Orientalischen Handschriften in Deutschland XVIIB, 7), 15.

28 Blair 2006 (wie Anm. 16), Prachtkorane Nr. 17.

29 Siehe Johanna Pink, „Translation", in: George Archer u. a. (Hg.), *The Routledge Companion to the Qur'an* (Abingdon/New York: Routledge, 2022), 364-376.

30 M. Brett Wilson, „Translations of the Qur'an: Islamicate languages", in: M. A. Abdel Haleem und Mustafa Shah (Hg.), *The Oxford Handbook of Qur'anic Studies*, Bd. 4 (Oxford: Oxford University Press, 2020), 552-564, hier 556.

31 Berthold 2021 (wie Anm. 14), 13.

32 Zur Interpretation der achteckigen Form siehe ebd., 87-94.

33 Ebd., 141-144.

34 Ebd., 162.

35 Solange Ory, „Un nouveau type du Muṣḥaf. Inventaire des corans en rouleaux de provenance damascaine, conserves à Istanbul", in: *Revue des études islamiques* 33 (1965), 87-149.

36 Arianna D'Ottone Rambach, „Early Qur'ānic scrolls from the Qubbat al-khazna and their links with the Christian manuscript tradition of Greek-Byzantine scrolls", in: *Journal of Late Antique, Islamic and Byzantine Studies* 1 (2022), 118-132.

37 *1400. yılında Kur'an-ı Kerim* 2010 (wie Anm. 22), 159, 167, 173.

38 Tobias Nünlist, *Schutz und Andacht im Islam. Dokumente in Rollenform aus dem 14.-19. Jh.* (Leiden/Boston: Brill, 2020), 656.

39 Ebd., 182.

40 Ebd., 191-196.

41 Ebd., 231-249, mit sechs farbigen Abbildungen.

Der Koran in der Buchkunst am Beispiel des blauen Korans Hs. or. 2493

Claus-Peter Haase

Der Koran wird in der Buchkunst stets bewusst vom Alltäglichen abgehoben gestaltet. Wenn irgend möglich, werden die Materialien für Einband, Papier, Tinten und Ornamente sowie die ästhetische Wirkung besonders ausgewählt. Für vollständige Kopien etablierten sich in den Schreibateliers allmählich feste Regeln, die Formate und Schreibweisen betrafen, mit leichten regionalen und chronologischen Unterschieden. Die Anfertigung gilt als religiöser Akt, auf den sich Handwerker und Künstler eigens vorbereiten, insbesondere der Kalligraf. Für diese Bemühungen wird ihnen – wie auch den Lesern des Exemplars – nach traditioneller Lehre besonderer Segen zuteil [Abb.1].

Die Anfertigung von Auszügen und einzelnen Suren oder Versen wurde hingegen etwas freier gehandhabt. Sie werden in sunnitischen wie schiitischen Gemeinden besonders für das individuelle Gebet (*du'a*) angefertigt und folgen in ihrer Gestaltung dementsprechend mehr den persönlichen Vorlieben des Auftraggebers oder Kopisten. Dennoch haben sich auch typisierte Reihen von Suren durchgesetzt, etwa die um Sure 6 „das Vieh" (*al-an'am*) versammelte Surengruppe über die Eigenschaften Gottes und seiner Schöpfung vor allem bei Sunniten. Solche Zusammenstellungen sind häufig mit außerkoranischen Gebeten und frommen Überlieferungen ergänzt. Hinzu kommen mitunter reliquienartige Objektabbildungen, wie die Sandalen des Propheten Muhammad oder der heiligen Stätten Mekka und Medina. Oft sind auch Schutzgebete und Talisman-Zeichen angefügt.[1] Bei Schiiten bleibt ferner eine Auswahl von besonders auf Ali bezogenen Versen über vorbildhafte Gläubige von besonderer Bedeutung und wird häufig mit zusätzlichen Gebeten kombiniert. Solche Sammlungen im sogenannten Taschen- oder Damenformat sind oft reich illuminiert und mitunter auf unterschiedlich gefärbtem Papier geschrieben – eine Gestaltung, die nicht bei allen Theologen Zustimmung fand, da sie vom heiligen Text ablenke.

↓ Abb. 1 Auszüge aus dem Koran, Hs. or. 2493, Abschrift 1020/1611, fol. 1r. SBB-PK

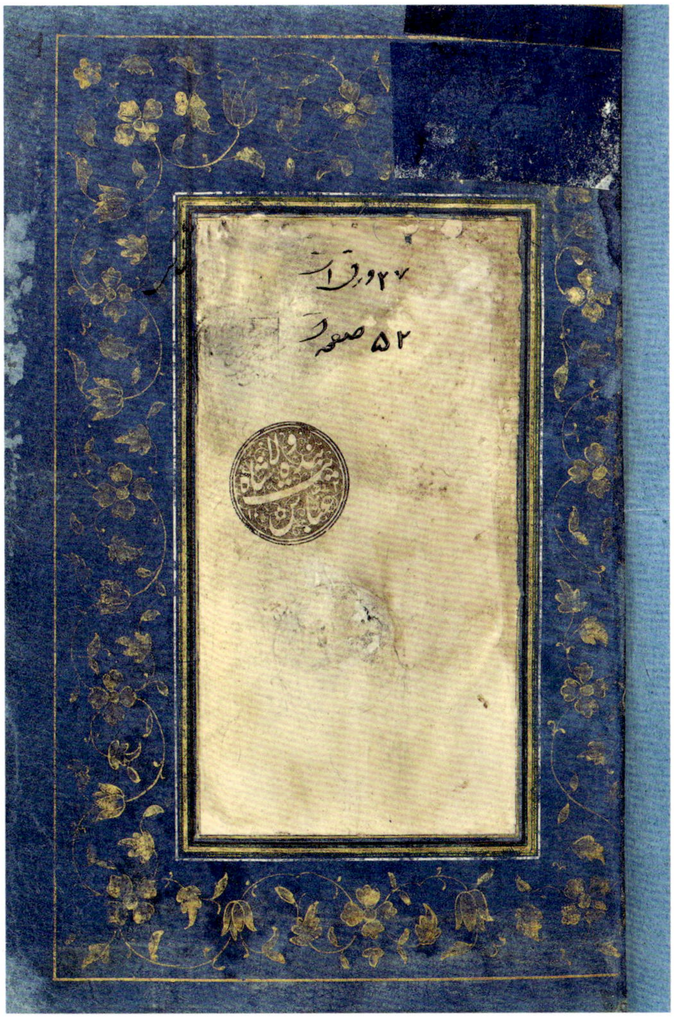

Nach der archaischen Phase der sogenannten eckigen „Kufi"-Dukten wurden vollständige Korane für Rezitation und Studium seit dem 12. Jahrhundert meist in den alten „runden" arabischen Schriftdukten kalligrafiert, ganz überwiegend im Naskh – einer klaren, gut lesbaren Standardschrift – oder im seltener verwendeten Raihani – der als feiner Ableger des Muhaqqaq gilt. Großformatige Exemplare wurden häufig direkt im Muhaqqaq geschrieben. In Nordafrika und Spanien hielt sich ein eigener Duktus, das Maghribi. In den östlichen islamischen Ländern sind gerade für diese Surenauswahlen und Gebete spätestens ab dem 15. Jahrhundert auch die in Iran geschätzten „neueren" Schriftarten üblich, vor allem das Nasta'liq, das durch seine geschwungene Form charakterisiert ist.

Noch eine andere Formatgruppe koranischer Textgestaltung, die im Vergleich zur jüdischen Toraüberlieferung Beachtung verdient, ist die Textrolle. Sie ist überwiegend in schmaleren Formaten und in teils erheblicher Länge bekannt, wird aber nicht nach antikem Vorbild kolumnenweise quer zur Aufrollrichtung beschrieben, sondern überwiegend vertikal oder auch in ornamentalen, bordürenartigen Rahmen in wechselnder Ausrichtung. Meist enthalten die Rollen eine ähnliche Auswahl an Suren oder Versen, doch es sind auch vollständige Korane bekannt. Mehr oder weniger reich geschmückt und in Kapseln aufbewahrt, dienten sie wohl überwiegend als Schutzmittel für den Gläubigen. Aus Präsentationsgründen können die kalligrafierten Textkolumnen auch als nebeneinander gefaltete Seiten in zusammenhängender Leporelloform angeordnet sein.

DER TEXT DES BLAUEN KORANAUSZUGS ALS BEISPIEL

(Hs. or. 2493, Auszüge aus dem Koran, arabisch, entsprechend dem mittleren Teil einer Sammlung von Glaubens- und Schutzgebeten, manchmal *K. al-an'am* genannt, da mit dieser Sure 6 beginnend.)

Die äußerst fein ausgewogene Nasta'liq-Kalligrafie dieses Faszikels trägt die Signatur eines berühmten Hofkalligrafen der Safawiden-Dynastie, Ali Riza Abbasi Tabrizi,[2] nicht zu verwechseln mit dem nahezu gleichzeitig tätigen Maler Riza Abbasi Isfahani, der - wie die Beinamen stolz verkünden - ebenfalls am Hofe von Schah Abbas wirkte. Die Linien und Schwünge sind von unübertreffbarer Gleichmäßigkeit. Auch der Gesamteindruck der flüssigen Schrift im schmalen, hohen Schriftfeld ist durchdacht rhythmisiert: Jede Zeile ist mit bestimmten, teils gelängten Buchstaben sowie übereinander gesetzten Wortteilen strukturiert - nicht zu viele Längungen in einer Zeile, keine zu eng gestellten Buchstabengruppen, Zeilen mit ruhigem Duktus wechseln sich ab mit solchen von größerer Bewegtheit. Gelegentlich wird die Zeilenmitte betont, z. B. durch das runde Ornament am Versende, was an die Struktur von Vershandschriften und Epen erinnert. Möglich wird dies durch Eigenschaften des arabischen Schriftsystems: Einige Buchstaben dürfen nicht miteinander verbunden, andere gelängt werden. Punkte über oder unter gewissen Zeichen - hier in Schwarz - differenzieren die nur 16 grafischen Formen in ihren Kombinationen zu 28 Phonemen. Besonders im Nasta'liq-Duktus, der erst im 15. Jahrhundert in Iran und Zentralasien entwickelt wurde, ermöglicht die hohe Flexibilität einen freien Schriftfluss, da weder Wortabstände noch eine zwingende Grundlinie eingehalten werden müssen. Die Schrift zeichnet sich ferner durch starke Unterschiede von feinen und kräftigen Strichlinien sowie durch jeweils gleichmäßige, flache und tiefe Schwünge einzelner Buchstaben aus [Abb. 2–11].

Wie bei Koranen zur Vermeidung von Lesefehlern üblich, sind dem aus Konsonanten und langen Vokalen bestehenden Schriftbild Zeichen für Vokale und Vokallosigkeit in Rot hinzugefügt. Diese und das schwarze Zeichen für Doppelkonsonanten bilden hier die einzigen Zusätze im Offenbarungstext. Was die Funktion der kleinen Auswahl als privates Andachts-Lesebuch noch unterstreicht: In Koranen, die für Rezitation und gemeinschaftliches Studium bestimmt sind, wären zusätzliche Lese- und Verhaltenshilfen verzeichnet - wie das Sich-Niederwerfen bei besonders heiligen Aussagen sowie Markierungen für Rezitationsabschnitte des Korans.

Für Passagen, die nicht zum Offenbarungstext gehören, wird zur Unterscheidung häufig ein anderer Duktus verwendet - in dieser Handschrift etwa mit einem anderen Schreibrohr für die Surenüberschriften: dem eher auf einer Grundlinie geführten, in bestimmten Buchstabenkombinationen verschliffenen Tauqi', der sonst auch für Signaturen und amtliche Dokumente gebräuchlich ist. Dieser Duktus ist hier ungewöhnlicherweise auch vokalisiert - und zwar in abwechselnden Farbkombinationen: fols. 9a, 19b, 25r in leuchtendem Blau mit roten Vokalzeichen, fols. 15a, 23a in dunklem Rot mit hellblauen Vokalzeichen. Ungewöhnlich

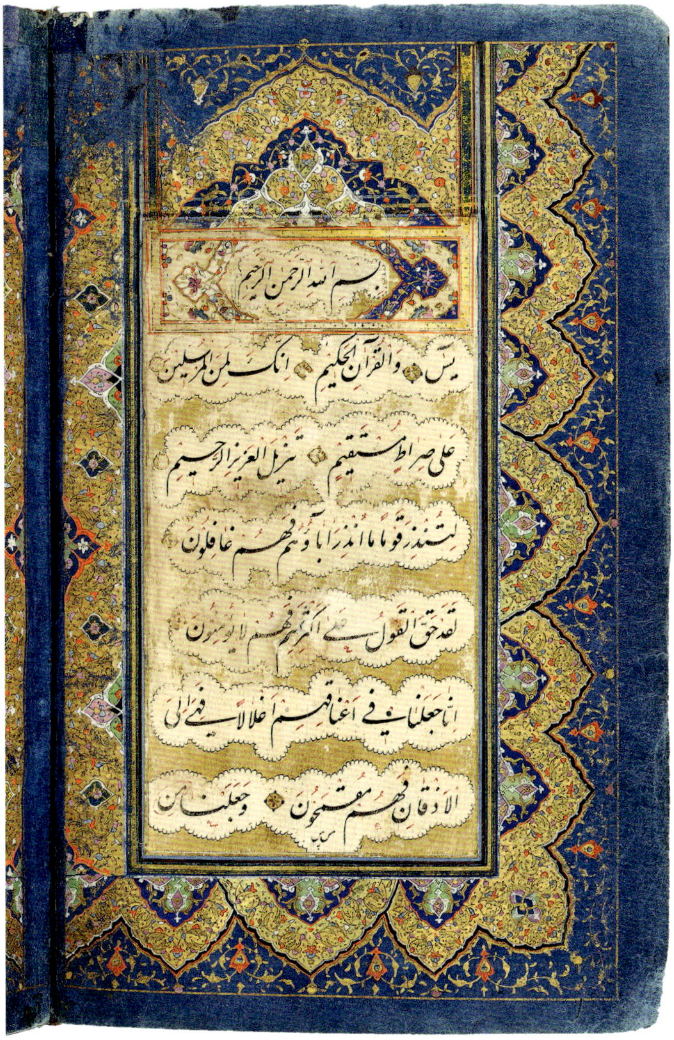

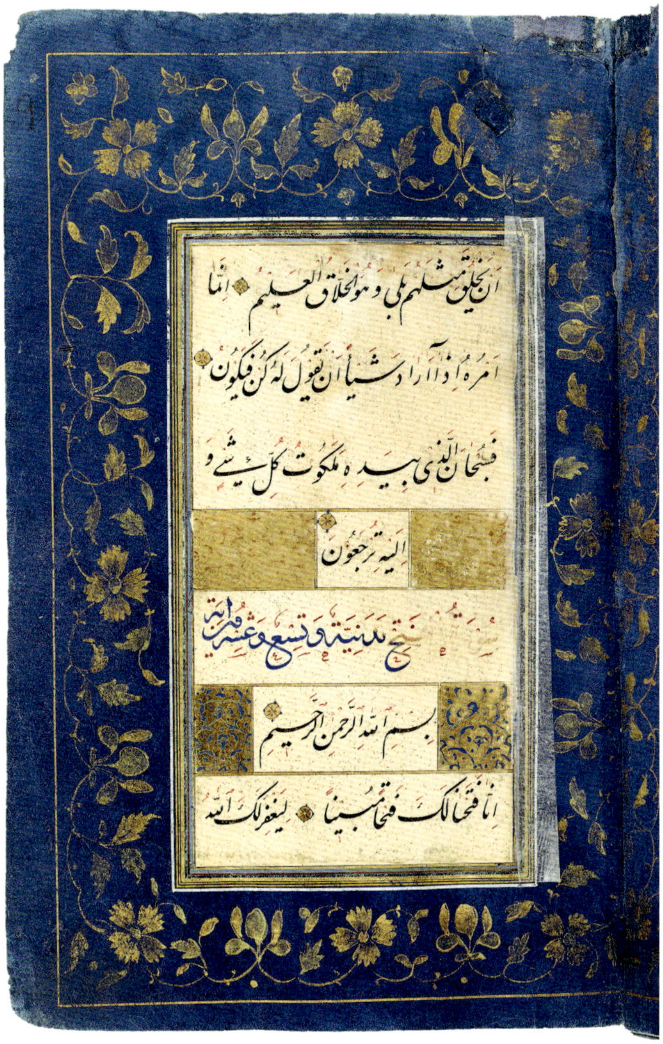

↑ **Abb. 2** Auszüge aus dem Koran, Hs. or. 2493, Abschrift 1020/1611, fol. 1v. | SBB-PK

↑ **Abb.3** Auszüge aus dem Koran, Hs. or. 2493, Abschrift 1020/1611, fol. 9r. | SBB-PK

ist zudem, dass die Signatur von Ali Riza Abbasi - anders als bei diesem Kalligrafen sonst üblich - im selben Nasta'liq-Duktus des Heiligen Textes erscheint, aber auf Goldgrund und ohne jede Bescheidenheitsformel vor Gott. Bei genauerer Betrachtung fallen auch Abweichungen in Wortabständen und Linien auf: Einzelne Elemente, wie die hohen Hasten, wirken kräftiger als im Text. Dafür gibt es zwar einzelne Beispiele auch in anderen Werken des Kalligrafen - dort allerding meist mit der von ihm gewählten Hochstellung des ersten Namensteils über dem zweiten und in gleicher Strichstärke wie der übrige Text.[3]

Mit Blick auf eine überlieferte Rivalität zwischen Ali Riza Abbasi und dem zweiten bedeutenden, jedoch nur zeitweilig von Schah Abbas geförderten iranischen Kalligrafen Mir Imad ist bemerkenswert, dass Ali Riza den Nasta'liq-Duktus - das zentrale Ausdrucksmittel Mir Imads - erst in einem späteren Abschnitt seines Schaffens so perfektionierte und das hier behandelte Beispiel noch zu Mir Imads Lebzeiten entstand. Einige behaupteten sogar unzutreffend, Ali Riza sei in dessen Ermordung 1024/1615 verwickelt gewesen.

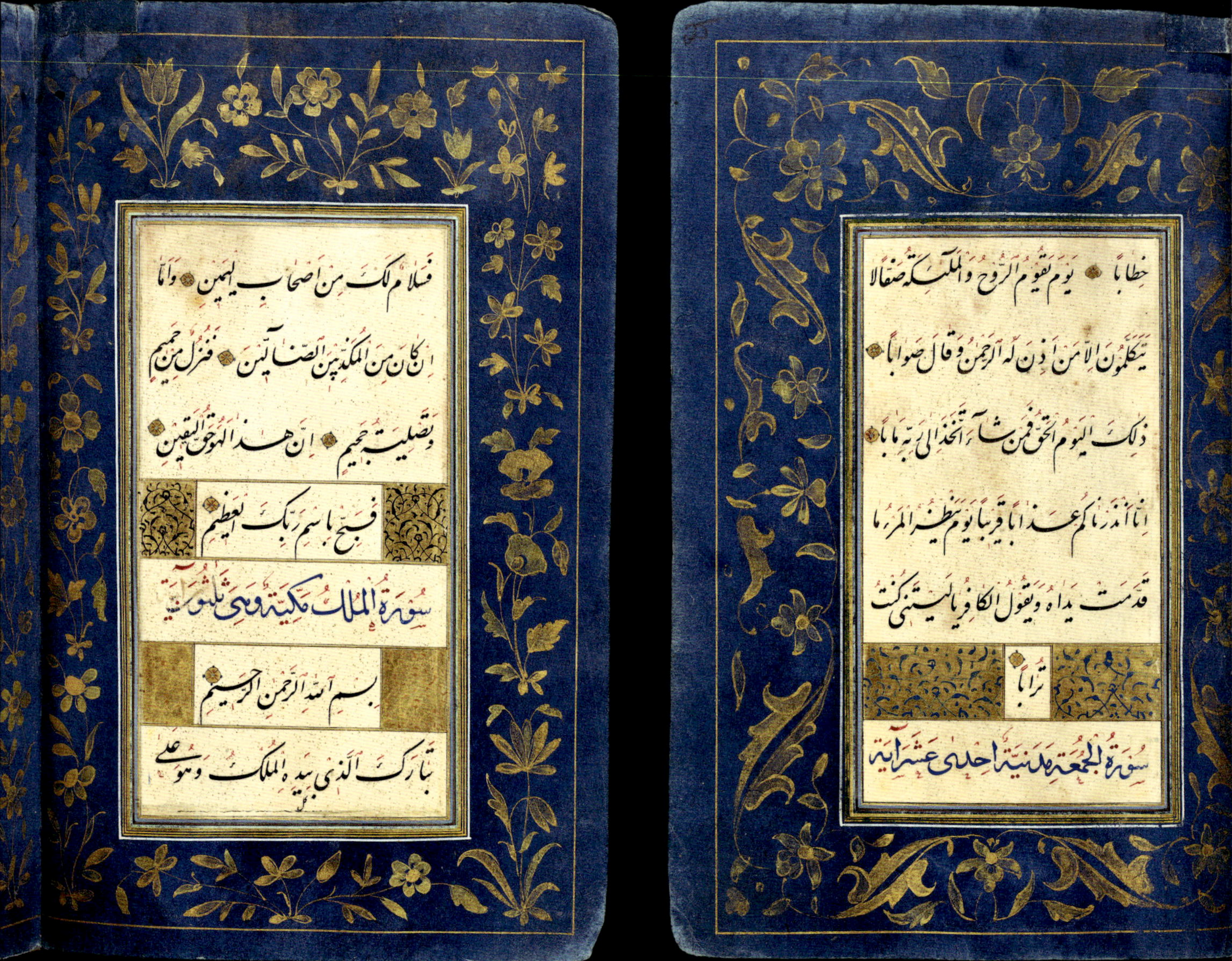

خطابا ۞ يوم يقوم الروح والملئكة صفا لا
يتكلمون الا من اذن له الرحمن وقال صوابا ۞
ذلك اليوم الحق فمن شاء اتخذ الى ربه مابا ۞
انا انذرناكم عذابا قريبا يوم ينظر المرء ما
قدمت يداه ويقول الكافر يليتني كنت
ترابا ۞
سورة الجمعة مدنية احدى عشر آية
فسلام لك من اصحاب اليمين ۞ واما
ان كان من المكذبين الضالين ۞ فنزل من حميم
وتصلية جحيم ۞ ان هذا لهو حق اليقين ۞
فسبح باسم ربك العظيم ۞
سورة الملك مكية وهي ثلثون آية
بسم الله الرحمن الرحيم ۞
تبارك الذي بيده الملك وهو على

فستعلمون من هو في ضلال مبين ۞ قل
أرأيتم إن أصبح ماؤكم غورا فمن يأتيكم
بماء معين

سورة النبأ مكية وهي أربعون آية

بسم الله الرحمن الرحيم

عم ۞ يتساءلون عن النبإ العظيم ۞ الذي
هم فيه مختلفون ۞ كلا سيعلمون ۞ ثم

الذين آمنوا وعملوا الصالحات منهم مغفرة
وأجرا عظيما

سورة الواقعة مكية ست وتسعون آية

بسم الله الرحمن الرحيم

إذا وقعت الواقعة ۞ ليس لوقعتها كاذبة
خافضة رافعة ۞ إذا رجت الأرض رجا
وبست الجبال بسا ۞ فكانت هباء منبثا

ن بين ايديهم سدا ومن خلفهم سدا

فاغشيناهم فهم لا يبصرون ۝ وسواء

عليهم ءانذرتهم ام لم تنذرهم لا يؤمنون

انما تنذر من اتبع الذكر وخشي الرحمن

بالغيب فبشره بمغفرة واجر كريم ۝ انا

نحن نحيي الموتى ونكتب ما قدموا و

آثارهم وكل شيء احصيناه في امام

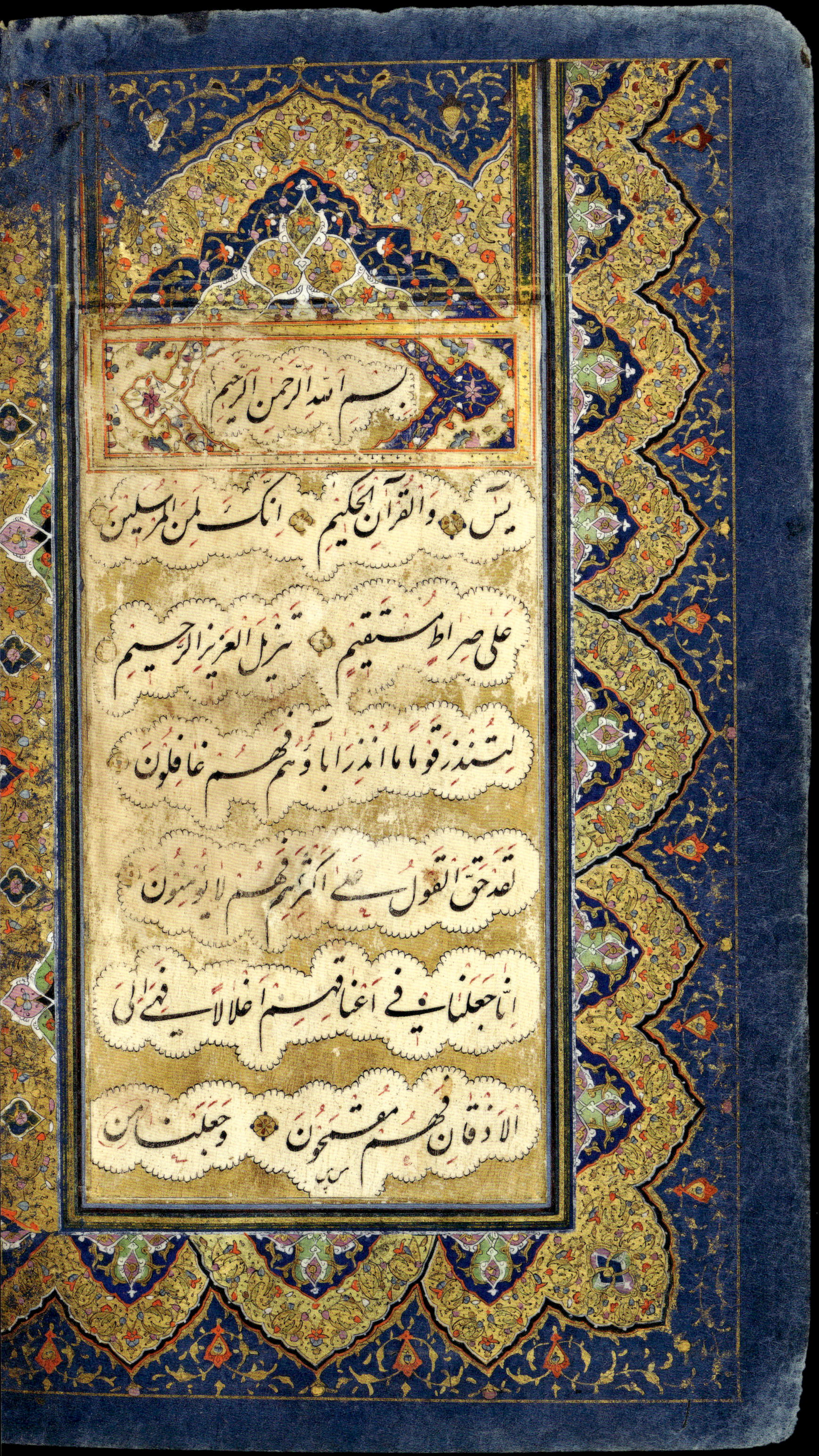

← **Abb. 8** Auszüge aus dem Koran, Hs. or. 2493, Abschrift 1020/1611, fol. 1v/2r. | SBB-PK

خطابا ۞ يوم يقوم الروح والملئكة صفا لا
يتكلمون الا من اذن له الرحمن وقال صوابا ۞
ذلك اليوم الحق فمن شاء اتخذ الى ربه مابا ۞
انا انذرناكم عذابا قريبا يوم ينظر المرء ما
قدمت يداه ويقول الكافر يا ليتني كنت
ترابا ۞

سورة الجمعة مدنية احدى عشر آية

مبين ۞ واضرب لهم مثلا اصحاب
القرية اذ جاءها المرسلون ۞ اذ ارسلنا
اليهم اثنين فكذبوهما فعززنا بثالث
فقالوا انا اليكم مرسلون ۞ قالوا ما
انتم الا بشر مثلنا وما انزل الرحمن من
شيء ان انتم الا تكذبون ۞ قالوا
ربنا يعلم انا اليكم لمرسلون ۞ و

ILLUMINATION UND PAPIERFARBE

Ungewöhnlich an dem Berliner Koranfaszikel sind die durchgehend matt-dunkelblauen Ränder. Die Seiten sind jeweils als Doppelblatt durch eine goldene Randleiste zusammengefasst, auch bei fols. 1v–2r, wo zusätzlich Randleisten auch entlang des Falzes verlaufen. Auf diesen sind vegetabile Motive in dünner, flüchtiger Goldmalerei ausgeführt: entweder als jeweils umlaufendes, jeweils leicht variiertes Wellenband (wie auf fol. 1r) oder als Reihen stilisierter Blütenstauden (vertikal je drei, horizontal oben drei, unten eine zentrierte oder zwei leicht abgewandelte). Die Blüten stammen von unterschiedlichen Blumensorten und wiederholen sich in fein variierten Formen.

Die Eröffnungs-Doppelseite (fols. 1v–2r) zeigt davon abweichend eine feine, wenn auch rasch ausgeführte Ornamentik mit dichter Struktur, zahlreichen Farbschattierungen und für die Buchkunst in Qazvin um 1600 typischen Motiven.[4] Die Gestaltung der rechten Seite zu Beginn der Sure *YaSin* wurde zweimal abgeändert; die ursprünglichen Fassungen sind durch die Feuchtlöschung des Blattes wieder erkennbar: Rechts ist die Gottesanrufung (*Basmala*) in einen Fries eingefügt, dessen Kartusche passig gerahmt und goldgrundig ist, mit blauer sowie erneut goldener Erweiterung. Der Fries wird von einem rot gerahmten, goldgrundigen Band mit kleinen Kreuzen eingefasst, das sich nicht ganz eindeutig absetzt oder nach oben fortsetzt und die Kappe somit dreiseitig, also nach oben offen, umfasst. Ursprünglich war die *Basmala* schlichter gefasst, vermutlich von einem weißen Band umgeben, das seitlich je eine quadratische Vignette bildete, wie sie im Inneren bei den Surenenden und -anfängen erscheinen. Ob die weitere weiße und goldene Rahmung, die im unteren Bereich hinter der Kappe sichtbar wird, eine eigene Strukturierung bildet, bleibt unklar. Zudem ist noch zu untersuchen, welche Ornamentfelder zum eingefaserten Textblatt gehören und welche am Rand ergänzt wurden.

Die Einfärbung der Ränder und ihre Goldornamentik entsprechen dem safawidischen Stil der Schah-Abbas-Zeit, wie er sich etwa an drei Blättern mit einer Erzählung aus Dschamis Epos *Sieben Throne* (*Haft aurang*) zeigt, die vom selben Ali Riza Abbasi 1598 eigenhändig signiert und mit feinster höfischer Goldmalerei auf grünlichem Grund umrandet wurde.[5] Das matte Dunkelblau der Berliner Handschrift ist bei anderen Papierhandschriften selten und wird dort höchstens als eine von mehreren Farben verwendet. Ein berühmter Korankodex des späten 8. oder 9. Jahrhunderts zeigt eine einzigartige Gestaltung: Sämtliche Pergamentblätter sind vollständig in dunklem Blau gefärbt und mit goldener Schrift im Kufi-Duktus versehen. Die Farbe wird in einem Dokument des 13. Jahrhunderts *akhal* (arab.: dunkel) genannt.[6]

Dieser „Blaue Koran" – heute teils in Tunesien und auf verschiedene öffentliche und private Sammlungen verteilt – erfuhr seit Anfang des 20. Jahrhunderts vielfache Interpretationen. Vor allem sah man ihn als Gegenentwurf zu berühmten byzantinischen eingefärbten Pergamenthandschriften, darunter purpurfarbene und einzelne gelblich-braune Manuskripte, die häufig als Vorbilder zitiert wurden. Quellen nennen als Beispiele für eine hierarchische Abstufung von Schriften mit Blick auf die verwendeten Farben nur die kaiserlich-byzantinische Kanzlei mit Gold auf Purpurrot sowie andere höfische Schriftstücke mit Silber auf Blau oder anderen Farben, die auch in der islamischen Welt bekannt waren.

Die Fragen nach Datierung und Entstehungsort dieses berühmten Korans wurden erst kürzlich von Déroche weitgehend geklärt.[7] Die erhaltenen, vermutlich nur etwas mehr als 160 der ursprünglich ca. 560 Blätter wurden nachträglich in sieben Bände aufgeteilt, mit Goldornamentik versehen und später zusätzlich mit silbernen Surenüberschriften am Rand und ornamentierten Versabschlüssen strukturiert. Auf Grundlage von Textfassung und Paläografie der goldenen Buchstaben ist davon auszugehen, dass sie in Kairo-Fustat oder Bagdad in frühabbasidischer Zeit – Ende des 8. oder Anfang des 9. Jahrhunderts – entstanden.

← **Abb. 9** Auszüge aus dem Koran, Hs. or. 2493, Abschrift 1020/1611, fol. 2v. | SBB-PK

← **Abb. 10** Auszüge aus dem Koran, Hs. or. 2493, Abschrift 1020/1611, fol. 25r. | SBB-PK

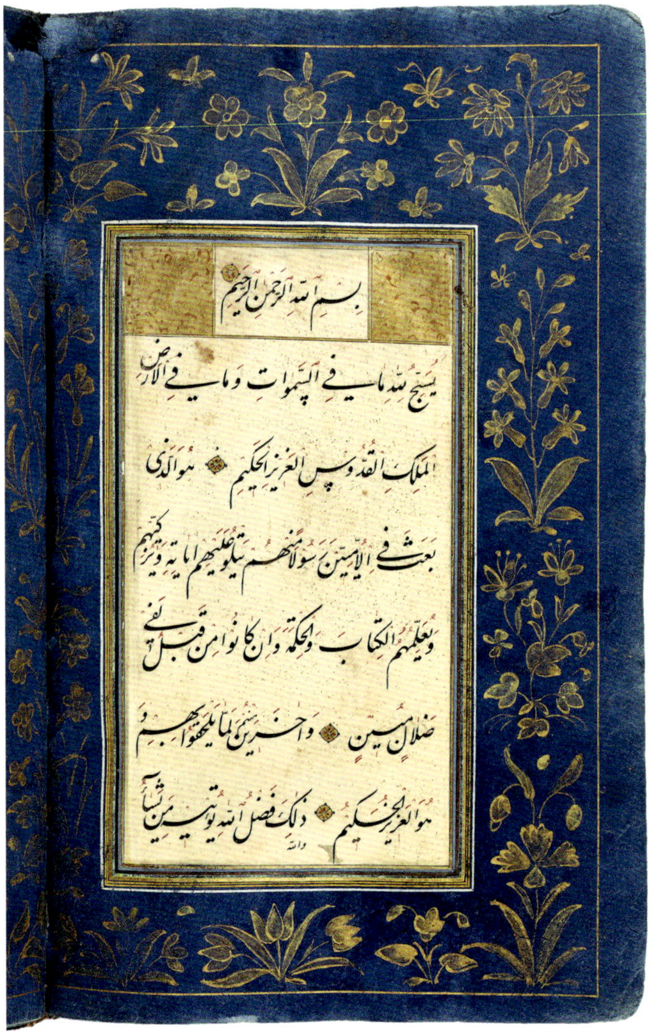

↑ **Abb. 11** Auszüge aus dem Koran, Hs. or. 2493, Abschrift 1020/1611, fol. 25v. | SBB-PK

Die Gestaltung entspricht den umayyadischen Mosaikinschriften in Gold auf dunkelgrünem Grund im Felsendom von Jerusalem sowie ähnlichen Inschriften ehemals an der Moschee des Propheten in Medina und in Gold auf blauem Grund in der Marktstraße von Baysan (Beth Shaan). Warum dieser Stil vermutlich nie auf Pergament nachgeahmt wurde, bleibt unklar. Bisher ist nur ein einzelnes Blatt aus einem Koran im goldenen Maghribi-Duktus des 13./14. Jahrhunderts bekannt, das auf leuchtend blau gefärbtem Papier geschrieben ist (Al Sabah-Sammlung, Kuwait).[8] Marcus Fraser zog erstmals einen Vergleich zwischen dem „Blauen Koran" und zwei Blättern einer in Spanien im 9. Jahrhundert entstandenen Pergamentbibel in der Benediktinerabtei von Cava de' Tirreni, deren Pergament allerdings in hellem Blau gefärbt ist. Seine weiteren Argumente sowie die frühere Zuschreibung der Handschrift nach al-Andalus wurden jedoch von Déroche auf Grundlage paläografischer Beobachtungen widerlegt.

Fraser wirft zudem die naheliegende Frage nach der Beziehung der „Blauen Korane" zu buddhistischen Heiligen Schriften auf, etwa zu chinesischen Sutra-Kopien mit Gold- und Silberschrift auf blauem Papier in Rollenform, die ab dem 8. Jahrhundert hergestellt wurden. In seiner Studie zeigt er als Beispiel eine Gatha-Handschrift (5.–11. Jhd.) in Gold auf Blau aus den Höhlen in Dunhuang.[9] Auch der gesamte buddhistische Kanon wurde in Japan im 11./12. Jahrhundert mehrfach in dieser Weise kopiert. Die hierarchische Farbverwendung war in China umgekehrt: Blau war dort der kaiserlichen Korrespondenz vorbehalten. Ein tiefes Blau findet sich auch im jüdischen Kultus bei Textilien, wie dem Tuch über dem Tabernakel in Synagogen oder bei Priestergewändern, dort allerdings im Zusammenspiel mit Purpur und Scharlachrot.[10] Aus Iran sind ab dem 14. Jahrhundert vereinzelt andere, meist literarische Texte auf in hellerem Blau gefärbten Papierblättern bekannt. Diese Praxis könnte auf chinesische Vorbilder zurückgehen, die Iran ab der Mongolenzeit durch dort überlieferte Schrifttraditionen bekannt gewesen sein dürften.[11] Die berühmte Handschrift des Epos *Makhzan al-asrar* (Schatzkammer der Geheimnisse) von Mir Haydar Khwarazmi in Tabriz, entstanden 883/1478, ist auf originalem hellblauem Papier überliefert – versehen mit Goldsprenkelung und Goldmalerei von Landschaften, Vögeln und Blüten aus China.[12] Eine Gedichtanthologie aus Shamakha/Shirvan von 1468 entstand auf chinesischem Papier, das in acht Farben, darunter tiefblaues Indigo, eingefärbt und mit Goldmalerei versehen war; die persischen Verse sind darauf kalligrafiert. Ab dem Ende des 14. Jahrhunderts – ab dem darauffolgenden Jahrhundert auch auf Einzel- oder Albumblättern und in Leporelloform – sind auch in Iran und Zentralasien, in Ägypten und später im Osmanischen Reich Goldilluminationen auf blauem Grund vorherrschend, besonders an den Text- oder Bildrändern sowie als Markierung von Textanfängen. Das dafür verwendete leuchtende Tiefblau (*ladschvardi*, dem „Kobalt" entsprechend) wurde oft aus kostbarem Lapislazuli hergestellt und mit Blattgoldmotiven kombiniert.[13]

Ein mattes, helles Blau wurde in der Malerei häufig für die Gewänder bestimmter Derwischorden verwendet. Das dunklere Blau hingegen dürfte - als eine der Trauerfarben - weniger beliebt gewesen sein. Als solche ist es, zusammen mit anderen düsteren, matten Tönungen, als Grundierung für kalligrafierte Klagelieder und Texte zu den schiitischen Aschura-Feiern im Monat Muharram belegt (eine solche Handschrift wurde kürzlich vom Museum of Islamic Art in Doha eerworben). Möglicherweise lässt sich die Berliner Handschrift in diesen Zusammenhang stellen.

1 Solche *an'am*-Handschriften bestimmter Koransuren in verschiedener Auswahl sind einzeln oder zusammen mit anderen Bitt- und Schutzgebeten in fast jeder Sammlung vertreten, vgl. eine besonders umfangreiche in Jena bei Sobiroj (VOHD XXXVII, 5), Nr. 44. Die besonders „wirkungsmächtigen" Suren werden auch einzeln in Talismanhüllen bewahrt.

2 Mahdi Bayani, *Ahval va asar-i khushnivisan* (Teheran 1345/1966), 456-461.

3 Zweizeilige Einzelblattkalligrafie, datiert 1015/1606, mit Goldmarginalien auf rotem Grund im selben Stil wie hier, Privatsammlung, Sheila Canby, *Shah Abbas. The Remaking of Iran* (London, The British Museum, 2009), Kat.-Nr. 99.

4 Vgl. die Marginalornamente der doppelseitigen Frontispizminiatur zu Dschami, *Yusuf u Zulaikha*, signiert von *Ali Beg b. Maulana Mani-i naqqash*, Sammlung Edwin Binney, heute im San Diego Museum of Art; siehe Persian and Mughal Art, Ausst.-Kat. P. & D. Colnaghi & Co. (London: P. & D. Colnaghi & Co., 1976), Nr. 20.

5 Art and History Collection in Harvard University, Washington, siehe Canby, *Shah Abbas. The Remaking of Iran*, Kat.-Nr. 5.

6 Alain George, „Calligraphy, Color and Light in the Blue Qur'an", in: *Journal of Qur'anic Studies* 11/1 (2009), 75-125, hier 79. Das arabische *akḥal* würde etwa dem persischem *surma'i* „Antimon-farben" entsprechen.

7 François Déroche, „The End of a Mystery? A Study of the Blue Qur'ān's History", in Ders., (Hg.), *The Qur'an and Its Handwritten Transmission: Current Researches* (Leiden/Boston: Brill, 2025), 132-189, bes. 161-168.

8 Alain George, „Calligraphy, Color and Light in the Blue Qur'an", in: *Journal of Qur'anic Studies* 11/1 (2009), 75-125, hier 77 und Abb. 2. Seine Farbe wäre arabisch eher *azraq* „Blau", persisch *ābī*.

9 Marcus Fraser, „The Origins and Modificatons of the Blue Qur'an", in: Stella Panayotova und Paola Ricciardi (Hg.), *Manuscripts in the Making. Art & Science* (London/Turnhout: Harvey Miller Publishers 2017), 198-213, hier 202 und Abb. 5.

10 Ebd., 210, Anm. 6.

11 Sheila S. Blair, „Color and Gold. The Decorated Papers Used in Manuscripts in Later Islamic Times", in: *Muqarnas* 17 (2000), 24-36, hier 25-28.

12 Priscilla Soucek, „The New York Public Library *Makhzan al-asrar* and Its Importance", in: Ars Orientalis 18 (1988), 1-37; Blair 2000 (wie Anm. 11), 26.

13 Blair 2000 (wie Anm. 11), 26-28 und Anm. 31. - Von Mir Imad, dem bedeutendsten zeitgenössischen Konkurrenten Ali Riza Abbasis, sind mehrere Einzelblätter mit Nasta'liq-Kalligrafie und dunkelblauem, goldornamentiertem Rand in Alben (*Muraqqa'*) überliefert, z. B. in St. Petersburg und in der Freer Gallery Washington, DC; vgl. Mohamad Mahdi Zaredar, Mir Emad al-Hassani (persisch), Karaj 2013, passim.

Kurzbiografien der Autorinnen und Autoren

DAGMARA BUDZIOCH

Dagmara Budzioch promovierte an der Jagiellonen-Universität in Krakau und der École Pratique des Hautes Études in Paris zu dem Thema *The Mass Production of the Illustrated Scrolls of Esther in Italy on the Example of the So-Called Gaster and Klagsbald Scrolls*. Seit 2014 arbeitete sie an verschiedenen Institutionen wie der Maria-Curie-Skłodowska-Universität in Lublin, dem Consejo Superior de Investigaciones Científicas – Centro de Ciencias Humanas y Sociales in Madrid, der Hebräischen Universität Jerusalem und dem Oxford Centre for Hebrew and Jewish Studies. Budziochs Forschungsschwerpunkt liegt auf der jüdischen Buchkunst, mit besonderem Augenmerk auf verzierten Esterrollen und Manuskripten aus dem 18. Jahrhundert, sowie der Rolle der Frauen in der jüdischen Buchkultur.

ANNE MAY DALLENDÖRFER

Anne May Dallendörfer promoviert im Fach Judaistik an der Freien Universität Berlin. Im Rahmen ihrer Dissertation arbeitet sie an einer digitalen, kritischen Edition des Schreiberhandbuchs *Barukh sche-Amar*, ergänzt durch eine englische Übersetzung sowie einen wissenschaftlichen Kommentar. Ihr akademischer Werdegang umfasst einen Masterabschluss in Judaistik von der Freien Universität Berlin, einen M. A. in Jewish Studies von der Rothberg International School der Hebräischen Universität Jerusalem sowie einen B. A. in Klassischer Philologie (Classics) vom King's College London.

DANA EICHHORST

Dana Eichhorst ist Judaistin und Historikerin mit einem Schwerpunkt auf mittelalterlicher und frühneuzeitlicher jüdischer Geschichte. Ihr wissenschaftliches Interesse gilt insbesondere spekulativen, kabbalistischen sowie philosophischen Schriften und deren ideengeschichtlicher Einordnung. Nach einer Promotion zur Überlieferungs- und Rezeptionsgeschichte mittelalterlicher aschkenasischer Schriften der Haside Aschkenas in den Kreisen christlicher Kabbalisten der frühen Renaissance erforscht sie derzeit das Phänomen der *tagin* und *otijjot meschunnot* im Forschungsprojekt „ToRoll: Materialisierte Heiligkeit" an der Freien Universität Berlin.

PETRA FIGEAC

Petra Figeac studierte Philosophie, Religionsgeschichte und biblische Sprachen an der Universität Tübingen, der Sorbonne und der École Pratique des Hautes Études in Paris. Nach Stationen als wissenschaftliche Mitarbeiterin im Musée du Louvre und der Abteilung Historische Drucke der Staatsbibliothek zu Berlin – Preußischer Kulturbesitz ist sie seit 2001 Fachreferentin in der Orientabteilung der Staatsbibliothek. Sie betreut die Fächer Ägyptologie, Christlicher Orient, Alter Orient, Judaistik und Hebraistik. Neben der Beschäftigung mit koptischen, syrischen und hebräischen Handschriften und Drucken gilt ihr Forschungsinteresse vor allem der Geschichte des Judentums im 19. Jahrhundert mit einem besonderen Fokus auf den Begründer der wissenschaftlichen jüdischen Bibliografie und einflussreichen Gelehrten Moritz Steinschneider (1818–1907). Außerdem betreut sie die Büchersammlung der jüdischen Displaced Persons der Staatsbibliothek.

SILVANA GRECO

Silvana Greco ist Kultursoziologin und Soziologin des Judentums und lebt in Berlin sowie Mailand. Aktuell ist sie Honorarprofessorin für Soziologie des Judentums an der Freien Universität Berlin und Privatdozentin für Soziologie an der Technischen Universität Dresden. Zudem ist sie Vizepräsidentin der Stiftung „Fondazione Palazzo Bondoni Pastorio" in Italien und als Kunstkuratorin tätig. Zu ihren letzten Veröffentlichungen gehören: *„Counting the Miracles". Jewish Thought, Mysticism, and the Arts from Late Antiquity to the Present. Festschrift in Honor of G. Busi* (hg. mit J. Olszowy-Schlaner, De Gruyter, 2025); *Moses Dobruska and the Invention of Social Philosophy. Utopia, Judaism, and Heresy under the French Revolution* (De Gruyter, 2022).

KARL ERICH GRÖZINGER

Karl E. Grözinger studierte Evangelische Theologie, Judaistik, Semitistik in Tübingen, Berlin, Heidelberg, Jerusalem und Frankfurt am Main. Er promovierte 1975 zu dem Thema *„Ich bin der Herr, dein Gott": eine Homilie zum ersten Gebot (PesR 20)*; und habilitierte 1980 in Judaistik zu *Musik und Gesang in der Theologie der frühen jüdischen Literatur, Talmud, Midrasch, Mystik*. Von 1985 bis 1994 wirkte Grözinger als Professor für Judaistik in Frankfurt am Main und von 1989 bis 1991 in Lund, Schweden. In den Jahren 1994-2007 war er als Professor für Religionswissenschaft und Jüdische Studien in Potsdam tätig. Wichtige Publikationen sind: *Jüdisches Denken. Theologie-Philosophie-Mystik* (5 Bde., 2004-2019); *Kafka und die Kabbala. Das Jüdische im Werk und Denken von Franz Kafka* (2014); *Der Ba'al Schem von Michelstadt. Ein deutsch-jüdisches Heiligenleben zwischen Legende und Wirklichkeit* (2010); *Tausend Jahre Ba'ale Schem. Jüdische Heiler Helfer, Magier, Ein Spiegel europäischer Geistesgeschichte* (2017).

CLAUS-PETER HAASE

Claus-Peter Haase studierte Islamwissenschaft, Islamische und frühchristliche Kunstgeschichte und Archäologie, Klassische Archäologie, Alten Orient an den Universitäten Hamburg, Rom - La Sapienza, Vatikan - Gregoriana, Istanbul - İstanbul Üniversitesi. Er wirkte als Mitarbeiter der Katalogisierung der orientalischen Handschriften in Deutschland (AW Göttingen), als Assistent am Orientalischen Seminar, RU Bochum, sowie als Assistent und Lehrbeauftragter am Orientalischen Seminar der CAU Kiel. Zwischen 1987 und 2001 war Haase Direktor der Grabungen im frühislamischen Madinat al-Far/Hisn Maslama in Syrien (Raqqa-Provinz). 1998-2001 war er als Professor of Islamic Art and Archaeology an der University of Copenhagen tätig, und 2001-2009 leitete er das Museum für Islamische Kunst - SMB. Seit 2004 ist Haase als Honorarprofessor für Islamische Kunst und Archäologie an der Freien Universität Berlin am Kunsthistorisches Institut tätig.

RAINER KAMPLING

Rainer Kampling war 1992-2022 Universitätsprofessor für Biblische Theologie / Neues Testament am Seminar für Katholische Theologie der Freien Universität Berlin. Er ist Gründungsmitglied des Selma Stern Zentrum für Jüdische Studien Berlin-Brandenburg. Seit 2021 ist er Verbundkoordinator des BMFTR-geförderten Projekts „Christliche Signaturen des zeitgenössischen Antisemitismus", das an der Freien Universität Berlin, am Leibniz-Institut für Bildungsmedien - Georg-Eckert-Institut und mit den Evangelischen Akademien in Deutschland umgesetzt wird. Zu seinen Forschungsschwerpunkten gehören neben der Rezeptionsgeschichte der Bibel die Theologie, Geschichte und Praxis der jüdisch-christlichen Beziehungen und die theologische Antisemitismusforschung.

KATRIN KOGMAN-APPEL

Katrin Kogman-Appel lehrte 20 Jahre lang an der Ben-Gurion University of the Negev in Beer Sheva, Israel. 2015 erhielt sie eine Alexander von Humboldt-Professur und wechselte an die Universität Münster. Sie erforscht die jüdische Buchkultur im Mittelalter mit einem Schwerpunkt auf der künstlerischen Ausstattung von Handschriften. Momentan beschäftigt sie sich mit der Entwicklung der Pesach Haggada als eigenständiges Buch. Zu ihren Publikationen gehören *Jewish Book Art Between Islam and Christianity* (Brill 2004), *Illuminated Haggadot from Medieval Spain* (Pennsylvania State University Press 2007), eine Monografie über den Leipzig Mahzor - *A Mahzor from Worms. Art and Religion in a Medieval Jewish Community* (Harvard University Press, 2012) und *Catalan Maps and Jewish Books. The Intellectual Profile of Elisha ben Abraham Cresques (1325-1387)* (Brepols, 2020), den Autor der katalanischen Weltkarte.

ASSAF LEVITIN

Assaf Levitin ist Chazzan der Reformsynagoge Hamburg. Der gebürtige Israeli begann seine musikalische Laufbahn mit Schlagzeug, Saxophon und Klarinette. Während des Militärdiensts sang er im Rinat National Choir of Israel und ist seither als Sänger aktiv. 2016 schloss er seine Kantorenausbildung am Abraham-Geiger-Kolleg ab; seine Masterarbeit widmete er der liturgischen Musik von Alberto Hemsi, dessen Vokalmusik er auch als CD-Trilogie einspielte. Er war Dozent für synagogale Musik und Geschichte der Chazzanut an der HMTM Hannover. Levitin gründete das Kolot Vocal Quintet sowie das Ensemble Die Drei Kantoren und wirkt regelmäßig in Projekten zur jüdischen Musik mit. Seine Aufnahme des Mainzer Nusachs gilt als Referenz für süddeutsche Liturgie. Konzertreisen führten ihn durch historische Synagogen in Deutschland und Polen (Projekt „Mekomot") sowie mit dem Deutschen Kammerchor durch Deutschland (2021).

ANNETT MARTINI

Annett Martini studierte Judaistik, Religionswissenschaften und Germanistik an der Freien Universität Berlin und der Hebrew University in Jerusalem. Sie promovierte zu einem sprachmystischen Werk Josef Gikatillas aus der kabbalistischen Bibliothek des Renaissancegelehrten Pico della Mirandola. Neben ihrer Tätigkeit als Gastprofessorin an der Friedrich-Alexander Universität Erlangen-Nürnberg und der Universität Augsburg leitete Martini zwischen 2017 und 2020 ein Forschungsprojekt zur „Erfurter Handschriftensammlung“ aus dem Besitz der mittelalterlichen jüdischen Gemeinde Erfurts. 2018 erfolgte die Habilitation an der Freien Universität Berlin mit einer Arbeit zu jüdischen Konzeptionen des rituellen Schreibens in der europäischen Kultur des Mittelalters. Seit April 2022 leitet sie das Verbundvorhaben zur Erforschung der Herstellung von Torarollen als kodikologisches, theologisches und soziologisches Phänomen der jüdischen Schriftkultur.

THOMAS RAINER

Thomas Rainer studierte Kunstgeschichte und Alte Geschichte an den Universitäten Innsbruck und Freiburg im Breisgau. 2008 promovierte er zu den frühmittelalterlichen Buchdeckeln aus Monza und war seitdem bis 2018 als Kurator an der Bayerischen Schlösserverwaltung in München mit Zuständigkeit für das Referat Ausstellungswesen und das Welterbe Markgräfliches Opernhaus Bayreuth tätig. In den Jahren 2020–2024 wirkte Rainer als wissenschaftlicher Mitarbeiter am SNF-Forschungsprojekt *Textures of Sacred Scripture* an der Universität Zürich. Seit Oktober 2024 ist er Geschäftsführer und Programmkoordinator von eikones – Zentrum für die Theorie und Geschichte des Bildes an der Universität Basel. Rainer ist Autor zahlreicher Studien zu jüdischen und christlichen Buchkulturen im Früh- und Spätmittelalter. Im Moment arbeitet er an der Fertigstellung einer Monografie zu Purpurhandschriften im frühen Mittelalter und an einem neuen Buchprojekt zum Bild des Kodex und der Buchrolle in der christlichen und jüdischen Kunst.

CHRISTIAN SCHORER

Christian Schorer studierte im Anschluss an seine Ausbildung zum staatlich geprüften Klassischen Tänzer an der John Cranko Schule, der Ballettakademie der Württembergischen Staatstheater Stuttgart, sowie der Waganowa-Akademie für russisches Ballett Sankt Petersburg im BA und MA Judaistik und Arabistik an der Freien Universität Berlin. Dort arbeitete u. a. im Forschungsprojekt „Die hebräischen Handschriften der Erfurter Sammlung als kulturhistorische Zeugen jüdischen Lebens im Mittelalter“ unter der Leitung von PD Dr. Annett Martini mit. Sein Forschungsinteresse gilt der jüdischen Liturgie, hebräischen wie arabischen Poesie und Prosa sowie der jüdischen und islamischen Mystik, Philosophie und Theologie.

TILMAN SEIDENSTICKER

Tilman Seidensticker studierte Arabistik/Islamwissenschaft, Griechisch und Philosophie an den Universitäten Göttingen und Tübingen. 1982 wurde er in Tübingen mit einer Doktorarbeit über altarabische Dichtung promoviert. 1983 trat er die Stelle als Hochschulassistent an der Universität Gießen an, ab 1991 wurde er dort Hochschuldozent. Von 1995 bis 2021 lehrte er als Professor für Islamwissenschaft an der Universität Jena. In den Jahren 2014 bis 2021 war er zudem Prodekan und Dekan der Philosophischen Fakultät der Universität Jena. Seit seinem Eintritt in den Ruhestand ist er Seniorprofessor an der Fakultät für Geisteswissenschaften der Universität Hamburg. Seine Arbeitsgebiete sind die arabische Sprache und Literatur, islamisch-arabische Manuskriptologie sowie der Islamismus.

ILONA STEIMANN

Ilona Steimann wurde 2015 an der Hebräischen Universität Jerusalem promoviert. In ihrer Forschung widmet sie sich der jüdischen Buchkultur des Mittelalters und dem Sammeln von Büchern, mit besonderem Fokus auf die Produktion und Zirkulation hebräischer Manuskripte in Aschkenas und Italien. Sie führte mehrere individuelle Forschungsprojekte an den Universitäten München, Münster sowie im Exzellenzcluster „Schriftartefakte verstehen" an der Universität Hamburg durch. Aktuell ist sie als Forscherin im Projekt „Corpus Masoreticum: Die Inkulturation der Masora in die jüdische Gelehrsamkeit Westeuropas im 11. bis 13. Jahrhundert" an der Hochschule für Jüdische Studien Heidelberg tätig. Ihre Veröffentlichungen umfassen Artikel zu verschiedenen Aspekten der Postproduktionsgeschichte hebräischer Manuskripte sowie eine Monografie mit dem Titel *Jewish Book – Christian Book: Hebrew Manuscripts in Transition between Jews and Christians in the Context of German Humanism.*

MARTHA STELLMACHER

Martha Stellmacher studierte Musikwissenschaft, Jüdische Studien und Osteuropawissenschaften in Halle, Leipzig und Brno. Seit ihrer Magisterarbeit liegt ihr Forschungsschwerpunkt in der jüdischen liturgischen Musik, mit der sie sich auch praktisch als Musikerin auseinandersetzt. In ihrer Dissertation an der Hochschule für Musik, Theater und Medien Hannover und der Karlsuniversität Prag untersuchte sie die Musikpraxis in Prager Synagogen vor der Schoah. Zwischen 2012 und 2020 arbeitete sie in mehreren Forschungsprojekten am Europäischen Zentrum für Jüdische Musik an der HMTM Hannover und erschloss darüber hinaus umfangreiche Notensammlungen jüdischer Gemeinden in Prag und Paris. Seit 2020 ist Martha Stellmacher im Rahmen der Nationalen Forschungsdateninfrastruktur an der Sächsischen Landesbibliothek – Staats- und Universitätsbibliothek Dresden tätig.

SUSANNE TALABARDON

Susanne Talabardon studierte evangelische Theologie an der Humboldt-Universität zu Berlin. Ihre Promotion befasste sich mit der jüdischen Rezeption der Deutung Moses' als Prophet; die Habilitation widmete sie der chassidischen Hagiografie. Von 1997 bis 2008 war sie wissenschaftliche Mitarbeiterin am Institut für Religionswissenschaft der Universität Potsdam. Seit 2008 hat sie die Professur für Judaistik an der Otto-Friedrich-Universität Bamberg inne. Zu ihren Arbeits- und Forschungsgebieten gehören die Rezeption der Hebräischen Bibel, Vergleichende Religionsgeschichte mit jüdisch-christlichem Schwerpunkt, der mittelosteuropäische Chassidismus und die jüdische Geschichte Frankens.

KATHARINA HADASSAH WENDL

Katharina Hadassah Wendl hat an der Universität Wien Lehramt und Judaistik studiert. Daneben hat sie einen M. A. in Jewish Education von der London School of Jewish Studies. Sie ist wissenschaftliche Mitarbeiterin im interdisziplinären Verbundprojekt „ToRoll: Materialisierte Heiligkeit", das am Institut für Judaistik der Freien Universität Berlin angesiedelt ist. Sie erforscht rituelle Schreiberhandbücher des 19. Jahrhunderts, insbesondere Schlomoh Ganzfrieds *Qeset ha-Sofer* und dessen Auseinandersetzung mit rabbinischen Texten, über das sie auch promoviert.

Literaturnachweis und Bildnachweis

LITERATURNACHWEIS

1400. yılında Kur'an-ı Kerim. Türk ve İslam Eserleri Müzesi Kur'an-ı Kerim Koleksiyonu ([Istanbul:] Antik" A.Ş. Kültür Yayınları, 2010).

Abel, Wolfgang von, und Reimund Leicht: *Verzeichnis der Hebraica in der Bibliothek Johannes Reuchlins* (Ostfildern: Jan Thorbecke, 2005) (= Pforzheimer Reuchlinschriften, 9).

Ackermann, Aaron: *Geschichte der Juden in Brandenburg a. H. nach gedruckten und ungedruckten Quellen dargestellt und mit urkundlichen Beilagen* (Brandenburg a. H.: L. Lamm, 1906).

Adler, Israel und Lea Shalem: *Hebrew Notated Manuscript Sources up to circa 1840* (München: G. Henle Verlag, 1989) (= Répertoire international des sources musicales, Serie B, IX, 1)

Aland, Barbara, und Kurt Aland: *Der Text des Neuen Testaments: Einführung in die wissenschaftlichen Ausgaben sowie in Theorie und Praxis der modernen Textkritik* (2. erg. u. erw. Aufl., Stuttgart: Dt. Bibelgesellschaft, 2006).

Albertz, Rainer: *Religionsgeschichte Israels in Alttestamentlicher Zeit, Grundrisse zum Alten Testament*, 2 Bde. (2. Aufl., Göttingen: Vandenhoeck und Ruprecht, 1996–1997).

Allegro, John Marco: *The Shapira Affair* (London: Allen, 1965).

Allen, Garrick V.: *The Future of New Testament Textual Scholarship: From H. C. Hoskier to the Editio Critica Maior and Beyond* (Tübingen: Mohr Siebeck, 2019).

Amirov, Franziska: *Jüdisch-christliche Buchmalerei im Spätmittelalter. Aschkenasische Haggadah-Handschriften aus Süddeutschland und Norditalien* (Berlin: Deutscher Verlag für Kunstwissenschaft, 2018).

Assaf, Simchah: „Am ha-Sefer ve-ha-Sefer", in: Simchah Assaf (Hg.): *Be-Ohole Ja'akov. Essays on the Cultural Life of the Jews in the Middle Ages* (Jerusalem: Mosad Harav Kook, 1943).

Auster, Guido: „Die Orientalische Abteilung", in: *Deutsche Staatsbibliothek 1661–1961* (Leipzig: Verlag für Buch- und Bibliothekswesen, 1961), 275–317.

Avrin, Leila: „Micrography as Art", in: Colette Sirat und Leila Avrin (Hg.): *La letter hébraïque et sa signification* (Jerusalem/Paris: Ed. du Centre National de la Recherche Scientifique u.a., 1980), 43–63.

Bamberger, Jitschaq Dov: *Melekhet schamajim* (Hannover: Telgenersche Hofdruckerei, 1853 [1860]).

Bar-Levav, Avriel: „The Sacred Space of the Portable Homeland: An Archaeology of Unseen Libraries in Jewish Culture from the Medieval Period the the Internet [in Hebrew]", in: Itzhak Hen und Iris Shagrir (Hg.): *Ut videant et contingent: Essays on Pilgrimage and Sacred Space in Honour of Ora Limor* (Raanana: Open University, 2011), 297–320.

Barton, John: *Die Geschichte der Bibel von den Ursprüngen bis zur Gegenwart* (Stuttgart: Klett-Cotta, 2020).

Baumgarten, Elisheva u. a. (Hg.): *Entangled Histories: Knowledge, Authority, and Jewish Culture in the Thirteenth Century* (Philadelphia: University of Pennsylvania Press, 2016).

Basil, Robinson u.a. (Hg.): *Persian and Mughal Art, Ausst.-Kat. P. & D. Colnaghi & Co.* (London: P. & D. Colnaghi & Co., 1976).

Bayani, Mahdi: *Ahval va asar-i khushnivisan* (Teheran: Shahid Beheshti University Press 1345/1966).

Beck, Matthias Friedrich: *Targum sel divre haj-jamim. Paraphrasis chaldaica. Libri Chronicorum* (Augsburg: Göbel, 1680).

Bellermann, Johann Joachim: *De bibliothecis et museis Erfordensibus* (Erfurt: Literis IO. Christoph. Goerling, 1800–1803).

ben Moscheh von Sinsheim, Avraham: „Tiqqun Tefillin", in: Menachem Mandel Meshi-Sahav (Hg.): *Qovets Sifrei StaM*, Bd. 1 (Jerusalem: Makhon ha-Talmud ha-yisraeli ha-shalem, 1970), 13–194.

Berlinerblau, Jacques: *The Secular Bible: Why Nonbelievers must take Religion Seriously* (Cambridge u. a.: Cambridge University Press, 2005).

Berthold, Cornelius: *Forms and Functions of Pendant Koran Manuscripts* (Wiesbaden: Harrassowitz, 2021).

Blair, Sheila S.: „Color and Gold. The Decorated Papers Used in Manuscripts in Later Islamic Times", in: *Muqarnas*, 17 (2000), 24–36.

Blair, Sheila S.: *Islamic Calligraphy* (Edinburgh: Edinburgh University Press, 2006).

Blank, Debra Reed: „It's Time to Take Another Look at ‚Our Little Sister' Soferim: A Bibliographical Essay", in: *The Jewish Quarterly Review*, 90:1/2 (1999), 1–26.

Bocian, Martin: *Lexikon der biblischen Personen* (Stuttgart: Kröner, 1989).

Bodea, Cornelia: *Treasures of Jewish Art. The 1673 Illuminated Scroll of Esther Offered to a Romanian Hierarch* (Iași u. a.: Center for Romanian Studies, 2002).

Bohlman, Philip V., und Otto Holzapfel: *The Folk Songs of Ashkenaz* (Middleton: A-R Editions, 2001) (= Recent Researches in the Oral Traditions of Music, 6).

Bohlman, Philip V.: *Jewish Music and Modernity* (Oxford: Oxford University Press, 2008).

Bokser, Baruch M.: *The Origins of the Seder. The Passover Rite and Early Rabbinic Judaism* (Berkeley u. a.: University of California Press, 1984).

Bonfil, Robert: „Jewish Attitudes Toward History and Historical Writing in Pre-Modern Times", in: *Jewish History*, 11 (1997), H. 1, 7–40.

Bonner, Gerald: „Scillitan Saints and the Pauline Epistles", in: *The Journal of Ecclesiastical History*, 7 (1956), 141–146.

Börner-Klein, Dagmar: *Pirke de-Rabbi Elieser: Nach der Edition Venedig 1544 unter Berücksichtigung der Edition Warschau 1852* (Berlin/Boston: De Gruyter, 2004).

Bourdieu, Pierre: *Die männliche Herrschaft* (Berlin: Suhrkamp, 2012; zuerst 1998).

Brettler, Marc Zvi: *How to Read the Jewish Bible* (Oxford: Oxford University Press, 2007).

Brown, Benjamin: „Ganzfried, Shelomoh ben Yosef", in: *YIVO Encyclopedia of Jews in Eastern Europe*, 12.2.2010, https://encyclopedia.yivo.org/article/1503.

Brox, Norbert: *Der Hirt des Hermas* (Göttingen: Vandenhoeck & Ruprecht, 1991).

Budzioch, Dagmara: „Eine illustrierte Ester-Rolle aus der Sammlung des Jüdischen Historischen Instituts als Beispiel für die Gaster-I-Megillot“, in: *Kwartalnik Historii Żydów [Jewish History Quarterly]*, 247, 3 (2013), 533-547.

Budzioch, Dagmara: *The Decorated Esther Scrolls from the Jewish Historical Institute and the Tradition of Megillot Esther Decoration in the Seventeenth and Eighteenth Centuries* (Warschau: Jüdisches Historisches Institut, 2019).

Budzioch, Dagmara: „Verzierte Ester-Rollen illustriert von dem Prager Kupferstechers Philipp Jakob Franck“, in: Annett Martini (Hg.): *Seltene Kostbarkeiten: Die Wolfenbütteler hebräischen Schriftrollen* (Wiesbaden 2021) (= Wolfenbütteler Forschungen, 163), 106-117, 140-144.

Canby, Sheila: *Shah Abbas. The Remaking of Iran* (London, The British Museum, 2009).

Cohen, Evelyn M.k und Emile G. L. Schrijver: „The Esslingen: A Description of the ‚New Amsterdam‘ and ‚Old Amsterdam‘ Volumes“, in: *Studia Rosenthaliana* 25/1 (1991), 55-82.

Collins, Randall: *Interaction Ritual Chains* (New Jersey: Princeton University Press, 2005).

Copeland Klepper, Deeana: *The Insight of Unbelievers: Nicholas of Lyra and Christian Reading of Jewish Text in the Later Middle Ages* (Philadelphia: University of Pennsylvania Press, 2007).

Cortese, Delia: „The Commodification of the Muṣḥaf in the Early Centuries of Islam“, in: R. Kerr und T. Milo (Hg.): *Writings and Writing. Investigations in Islamic Text and Script in Honour of Januarius Justus Witkam* (Cambridge: Archetype Press, 2013), 41-65.

Csikszentmihalyi, Mihaly: *Flow: The Psychology of Optimal Experience* (New York: Harper Perennial Modern, 2008).

D’Ottone Rambach, Arianna: „Early Qur’ānic Scrolls from the Qubbat al-khazna and Their Links with the Christian Manuscript Tradition of Greek-Byzantine Scrolls“, in: *Journal of Late Antique, Islamic and Byzantine Studies*, 1 (2022), 118-132.

Dammen McAuliffe, Jane: *Encyclopaedia of the Qur’ān*, Bde. 1-6 (Leiden/Boston: Brill, 2001-2006).

De Lagarde, Paul: „Hebräische Handschriften in Erfurt“, in: *Symmicta*, 6 (1877), 142-151.

Déroche, François: *Qur’ans of the Umayyads. A First Overview* (Leiden/Boston: Brill, 2014).

Déroche, François: *The One and the Many. The Early History of the Qur’an* (New Haven/London: Yale University Press, 2021).

Déroche, François: „The End of a Mystery? A Study of the Blue Qur’ān’s History“, in: Ders. (Hg.): *The Qur’an and Its Handwritten Transmission. Current Researches*, Leiden/Boston: Brill, 2025), 132-189.

Dershowitz, Dan: „The Valediction of Moses: New Evidence on the Shapira Deuteronomy Fragments“, in: *Zeitschrift für die alttestamentliche Wissenschaft*, 133 (2021), 1-22.

Diederichs, Johann Christian Wilhelm: Excerpta ex Codice Erfurtensi Quarto (Erfurt: J. C. W. Diederichs, 1773).

Diederichs, Johann Christian Wilhelm: *Observationes philologico-criticae ad loca quaedam* (Göttingen: Litteris Frieder. Andr. Rosenbusch, 1775).

Diederichs, Johann Christian Wilhelm: Specimen variantium lectionum codicum Hebraicorum MSS. Erfurtensium in psalmis (Göttingen: Litteris Frieder. Andr. Rosenbusch, 1775).

Dror, David Mark: „Beyond Mythical Rivers and Mighty Mountain-Ranges: Gotthold Weil’s Orientreise 1927/28“, in: Mangold-Will, Sabine, u. a. (Hg.): *Sammler - Bibliothekare - Forscher: Zur Geschichte der orientalischen Sammlungen an der Staatsbibliothek zu Berlin* (Frankfurt am Main: Klostermann, 2022), 239-276.

Durkheim, Émile: *De la division du travail social* (Paris: Puf, 2004; zuerst 1893).

Dusi, Paola: *Il riconoscimento. Alle origini dell’aver cura nei contesti educative* (Mailand: Franco Angeli, 2017).

Eifler, Matthias: *Die Bibliothek des Erfurter Petersklosters im späten Mittelalter: Buchkultur und Literaturrezeption im Kontext der Bursfelder Klosterreform*, 2 Bde. (Köln: Böhlau, 2017) (= Veröffentlichungen der Historischen Kommission für Thüringen: Kleine Reihe, 51).

Elbogen, Ismar: *Der jüdische Gottesdienst in seiner geschichtlichen Entwicklung* (3. Aufl., Frankfurt am Main: J. Kauffmann Verlag, 1931).

Elbogen, Ismar: *Der jüdische Gottesdienst in seiner geschichtlichen Entwicklung* (Frankfurt am Main: J. Kauffmann Verlag, 1937; 2. Nachdruck der 3., verb. Aufl., Hildesheim: Olms, 1995).

Elior, Rachel: *Jewish Mysticism: The Infinite Expression of Freedom* (Oxford: Littman Library of Jewish Civilization, 2010).

Epstein, Jakob N.: „Die Rechtsgutachten der Geonim, ed. Cassel nach Cod. Berlin und MS Michael“, in: *Jahrbuch der Jüdisch-Literarischen Gesellschaft*, 9 (1911), 214-304.

Epstein, Jakob N.: *Der gaonäische Kommentar zur Ordnung Tohoroth* (Berlin: Mayer & Müller, 1915).

Epstein, Marc Michael: „Iconography: Telling the Story“, in: Marc Michael Epstein (Hg.): *Skies of Parchment, Seas of Ink: Jewish Illuminated Manuscripts* (Princeton/Oxford: Princeton University Press, 2015), 105-144.

Epstein, Marc Michael: „Loyal As A Dog: How to Read ‚Jewish Ar‘“, in: *Lehrhaus* 29.4.2019, https://thelehrhaus.com/culture/loyal-as-a-dog-how-to-read-jewish-art/ (= Epstein 2019a).

Epstein, Marc Michael: „Bestial Bodies on the Jewish Margins: Race, Ethnicity, and Otherness in Medieval Manuscripts Illuminated for Jews“, in: Iris Idelson-Shein und Christian Wiese (Hg.): *Monsters and Monstrosity in Jewish History: From the Middle Ages to Modernity* (London u. a.: Bloomsbury Academic, 2019), 69-85 (= Epstein 2019b).

Eusebios: *Kirchengeschichte*, Achtes Buch 1,1-4.

Fasbender, Christoph: „Leib, Kilian“, in: Franz Josef Worstbrock (Hg.): *Deutscher Humanismus 1480-1520: Verfasserlexikon*, 3 Bde., hier Bd. 2 (Berlin: De Gruyter, 2009-2013), 31-52.

Feistel, Hartmut-Ortwin: „Aus dem Harem an den Potsdamer Platz: die orientalischen Handschriften der Staatsbibliothek zu Berlin“, in: *Indo-Asiatische Zeitschrift*, 1 (1997), 14-23.

Figeac, Petra: „Die Rabbinica-Sammlung der Berliner Staatsbibliothek: damals, heute und vielleicht in Zukunft", in: Vanessa de Senarclens (Hg.): *Bücher und ihre Wege: Bibliomigration zwischen Deutschland und Polen seit 1939* (Paderborn: Brill Schöningh, 2024), 251–272.

Figeac, Petra: „The Hebrew Collection of the Berlin State Library", in: *European Judaism*, 41:2 (2008), 25–29.

Figeac, Petra: *Moritz Steinschneider (1816–1907). Begründer der wissenschaftlichen hebräischen Bibliographie* (Berlin: Hentrich & Hentrich, 2007).

Fischer, Alexander A.: *Der Text des Alten Testaments* (Stuttgart: Deutsche Bibelgesellschaft, 2009).

Fishbane, Michael: *The Exegetical Imagination: On Jewish Thought and Theology* (Cambridge, Mass.: Harvard University Press, 1998).

Fishman, Talya: *Becoming the People of the Talmud: Oral Torah as Written Tradition in Medieval Jewish Cultures* (Philadelphia: University of Pennsylvania Press, 2011).

Fleischer, Ezra: *Pijjutei Schlomoh ha-Bavli.* Jeruschalajim: ha-Akademijah ha-Leumit ha-Israelit le-Madaim, 1973.

Fleischer, Ezra: *Schirat-ha-Qodesch ha-Ivrit bi-Jeme ha-Bejnajim* (Sifrijat Keter 2. Jerusalem: Keter, 1975).

Fränkel, Jonah (Hg.): *Machzor Pesach: lefi Minhagei Aschkenas ve-Anafeihem* (Israel: Leo Baeck Institute INC., New York N. Y., 1993; Kolel Aschkenaz (ha-Maarawi) Minhag Polin ve-Minhag Tsarfat le-Sheawar).

Fränkel, Jonah (Hg.): *Machzor Shawuot: lefi Minhagei Aschkenas ve-Anafeihem* (Israel: Leo Baeck Institute INC., New York N. Y., 2000; Kolel Aschkenaz (ha-Maarawi) Minhag Polin we-Minhag Tsarfat le-Scheawar).

Frankel, Zacharias: *Einleitung in den Palästinensischen Talmud* (Breslau: Schletter, 1870).

Fraser, Marcus: „The Origins and Modificatons of the Blue Qur'an", in: Stella Panayotova und Paola Ricciardi (Hg.): *Manuscripts in the Making. Art & Science* (London/Turnhout: Harvey Miller Publishers, 2017), 198–213.

Friedmann, Aron: *Der synagogale Gesang* (Berlin: C. Boas Nachf., 1908).

Friedmann, Aron: *Lebensbilder berühmter Kantoren*, 3 Bde. (Berlin: C. Boas Nachf./Selbstverlag der Hilfskasse, 1918–1927).

Friedmann, Aron: *50 Jahre in Berlin (1878–1928)* (Berlin: C. Boas Nachf., 1929).

Frojmovic, Eva: „The *Perfect Scribe* and an Early Engraved Esther Scroll", in: *The British Library Journal*, 23 (1997), 68–80.

Fronda, Rahel: „Attributing of Three Ashkenazi Bibles with Micrographic Images", in: *Ars Judaica*, 9 (2013), 45–56.

Fronda, Rahel: „Micrographic Illustrations in a Group of Thirteenth Century Hebrew Bibles", in: *KUSATU*, 21 (2016), 37–73.

Fronda, Rahel: „Text and Image: The Case of Micrographic Ornaments in 13th and 14th century Ashkenazi Bibles", in: *Erfurter Schriften zur jüdischen Geschichte*, Bd. 3: *Zu Bild und Text im jüdisch-christlichen Kontext im Mittelalter* (Erfurt: Bussert, 2014), 108–117.

Gade, Anna M.: „Recitation of the Qurʾān", in: Jane Dammen McAuliffe (Hg.): *Encyclopaedia of the Qurʾān*, Bd. 4 (Leiden: Brill 2004), 367–384.

Ganzfried, Schlomoh: *Qeset ha-sofer* (München: Vaʿad le-hotza'at sefarim etsel vaʿad ha-hatzalah, 1947).

Ganzfried, Schlomoh: *Qeset ha-Sofer* (Ofen [Budapest]: Königl. ung. Universitäts-Buchdruckerei, 1835).

Ganzfried, Schlomoh. *Qeset ha-sofer* (Ungvár [Uzhhorod]: Karl Jäger's Wittwe, 1871).

Gemeiner, Carl T.: *Reichsstadt Regensburgische Chronik: Die wichtigsten und merkwürdigsten Begebenheiten, die sich in Regensburg und in der Nachbarschaft der Stadt seit Entstehung derselben bis auf unsere Zeiten zugetragen haben*, Bd. 3: *(1430–1496)* (München: C. H. Beck, 1971).

George, Alain: „Calligraphy, Color and Light in the Blue Qur'an", in: *Journal of Qur'anic Studies*, 11/1 (2009), 75–125.

George, Alain: The Rise of Islamic Calligraphy (London u. a.: SAQI, 2010).

Gertz, Jan Christian (Hg.): *Grundinformation Altes Testament* (5. Aufl., Göttingen: Vandenhoeck & Ruprecht, 2016).

Goldberg, Baer: *Chofes matmonim sive Anecdota Rabbinica* (Berlin: Bethge, 1845).

Grözinger, Karl Erich: *Ich bin der Herr, dein Gott!* (Frankfurt am Main: Peter Lang, 1976).

Grözinger, Karl Erich: „Die Gegenwart des Sinai, Erzählungen und kabbalistische Traktate zur Vergegenwärtigung des Sinai", in: *Frankfurter Judaistische Beiträge* 16, (1988), 143–183; online: https://publishup.uni-potsdam.de/opus4-ubp/frontdoor/deliver/index/docId/1715/file/groezinger1988.pdf

Grözinger, Karl Erich: *Jüdisches Denken*, Bd 1: *Vom Gott Abrahams zum Gott des Aristoteles* (Frankfurt am Main: Campus, 2004).

Grözinger, Karl Erich: *Jüdisches Denken*, Bd. 2: *Von der mittelalterlichen Kabbala zum Hasidismus* (Frankfurt am Main: Campus, 2005).

Ha-Meʾiri, Menachem ben Schlomoh: *Sefer Qirjat Sefer: Meʿarehkot qeṣarot ve-arukhot*, hg. von Yehoshua Rosenberg (Jerusalem: Yehoshua Rosenberg, 2012).

Haberman, Avraham Meir (Hg.): *Pijjutei Rabbeinu Efraim bar Jitzchak mi-Regensburg* (Berlin/Jerusalem: Schocken Books, 1938) (= Sifrej ha-Makhon le-Cheqer ha-Schirah ha-Ivrit bi-Jeruschalajim, 4). (= Haberman 1938a)

Haberman, Avraham Meir (Hg.): *Pijjutei Rabbi Shimon bar Jitzchak.* Sifrej ha-Makhon le-Cheqer ha-Schirah ha-Ivrit bi-Jeruschalajim 3. Berlin-Jerusalem: Schocken Books, 1938. (= Haberman 1938b)

Haebler, Konrad: *Rollen- und Plattenstempel des XVI. Jahrhunderts*, 2 Bde. (Leipzig: Harrassowitz, 1928–1929).

Haines-Eitzen, Kim: *Guardians of Letters: Literacy, Power, and the Transmitters of Early Christian Literature* (New York: Oxford University Press, 2000).

Haran, Menachem: „Bible Scrolls in Eastern and Western Jewish Communities from Qumran to the High Middle Ages", in: *Hebrew Union College Annual*, 56 (1985), 21-62.

Hausmann, Ulrich: „Hebräisch als Heilmittel gegen ‚jüdische und andere Irrungen und Ketzereyen': Der Klosterhumanist Kilian Leib und seine Auseinandersetzung mit Martin Luther", in: Bernward Schmidt and Simon Falch (Hg.): *Kilian Leib (1471-1553): Prediger - Humanist - Kontroverstheologe* (Münster: Aschendorff, 2020) (= Katholisches Leben und Kirchenreform im Zeitalter der Glaubensspaltung, 80), 147-168.

Hegel, Karl (Hg.): *Die Chroniken der deutschen Städte*, 3: *Die Chroniken der fränkischen Städte: Nürnberg*, Bd. 3 (Leipzig: S. Hirzel, 1874).

Heilmann, Jan: *Lesen in Antike und frühem Christentum: Kulturgeschichtliche, philologische sowie kognitionswissenschaftliche Perspektiven und deren Bedeutung für die neutestamentliche Exegese* (Tübingen: Narr Francke Attempto, 2021).

Helwig, Hellmuth: *Handbuch der Einbandkunde*. 3 Bde. (Hamburg: Maximilian-Gesellschaft, 1953-1954).

Hengel, Martin, u. a. (Hg.): *Übersetzung des Talmud Yerushalmi: Sheqalim. Scheqelsteuer*, Bd. II/5 (Tübingen: Mohr [Paul Siebeck], 1990).

Hengel, Martin, u. a. (Hg.): *Übersetzung des Talmud Yerushalmi: Sota. Die des Ehebruchs verdächtige Frau*, Bd. III/2 (Tübingen: Mohr Siebeck, 1998).

Higger, Michael: *Masekhet Soferim* (New York: Deve-Rabanan, 1937).

Hillmann, Karl-Heinz: *Wörterbuch der Soziologie* (5., vollst. überarb. u. erw. Aufl., Stuttgart: Kröner Verlag, 2007).

Hochschild, Arlie R.: „Emotion Work, Feeling Rules, and Social Structure", in: *American Journal of Sociology*, 85 (1979), 551-575.

Hogel, Zacharias: *Der Chronicken von der Stadt Erffurth 320-1638*. Entsprechende Abschnitte als Anhang abgedruckt in: Christian Maria Weigelt: „Das Erfurter Pestpogrom 1349: Eine kritische Rekonstruktion", in: *Erfurter Schriften zur jüdischen Geschichte*, Bd. 4: *Die Erfurter jüdische Gemeinde im Spannungsfeld zwischen Stadt, Erzbischof und Kaiser*, hg. von Landeshauptstadt Erfurt, Universität Erfurt (Jena: Bussert & Stadeler, 2016), 30-122.

Hollender, Elisabeth: *Synagogale Hymnen: Qedushta'ot des Shimon bar Jitzchak im Amsterdam Machzor* (Frankfurt am Main u. a.: P. Lang, 1994) (= Judentum und Umwelt, 55).

Hollender, Elisabeth: „Hochzeitspiyyuṭim und ashkenazische Dichtkunst", in: *Frankfurter Judaistische Beiträge*, 38 (2013), 49-67.

Hollender, Elisabeth: „Italian *Pijjutim* in Ashkenaz", in: *Yod, Revue des études hébraïques et juives*, 24 (2024), https://journals.openedition.org/yod/5656 (letzter Zugriff: 19.10.2024).

Honneth, Axel: *Kampf um Anerkennung. Zur moralischen Grammatik sozialer Konflikte* (Berlin: Suhrkamp, 1994).

Horowitz, Isaiah: *Sefer Schne Luchot ha-Brit* (Warschau: N. D. Zysberg, 1862).

Huber-Rebenich, Gerlinde, und Walther Ludwig (Hg.): *Humanismus in Erfurt* (Rudolstadt: Hain, 2002).

Hundsnurscher, Franz, und Gerhard Taddey (Hg.): *Die jüdischen Gemeinden in Baden: Denkmale, Geschichte, Schicksale* (Stuttgart: Kohlhammer, 1968).

Iagulli, Paolo: „Randall Collins and the Sociology of Emotions", in: *Italian Sociological Review*, 6, 3 (2016), 411-429.

Iggeret ha-qodesch, hg. von Chaim Dov Schewel, in: *Kitve Rabbenu Mosche ben Nachman* (Hoz. Jerusalem: Ha-Rav Kook, 1963/64).

Italiener, Bruno (Hg.): *Die Darmstädter Pessach-Haggadah: Codex Orientalis 8 der Landesbibliothek zu Darmstadt aus dem vierzehnten Jahrhundert* (Leipzig: Verlag Karl W. Hiersemann, 1927).

Jaraczewski, Adolph: *Die Geschichte der Juden in Erfurt* (Erfurt: Selbstverlag des Verf., 1868).

Jehudah ben Samuel: „he-Chasid, Kitrei Otijjot Tefillin", in: Menachem M. Meshi-Sahav (Hg.): *Qovetz Sifrei STaM* (Jerusalem: Makhon ha-Talmud ha-yisraeli ha-shalem, 1970), 3-11.

Kalkoff, Paul: *Humanismus und Reformation in Erfurt (1500-1530)* (Halle: Buchhandlung des Waisenhauses, 1926).

Kall, Abraham und Johann Heinrich Michaelis: *Dissertationem Philologico-Criticam de Codicibus Mss. Biblico-Hebraicis* (Halle/Magdeburg: Orphanotropheum, 1706).

Kampschulte, Franz Wilhelm: *Die Universität Erfurt in ihrem Verhältnisse zu dem Humanismus und der Reformation*, 2 Bde. (Trier: Lintz, 1858-1860).

Kanarfogel, Ephraim: „Prayer, Literacy, and Literary Memory in the Jewish Community of Medieval Europe", in: Ra'anan Boustan, Oren Kosansky und Marina Rustow (Hg.): *Jewish Studies at the Crossroads of Anthropology and History* (Philadelphia: University of Pennsylvania Press, 2011), 250-270.

Keller, Joanna-Maria, und Karl Heinz Keller: „Kilian Leib als Hebraist", in: *Bibliotheksforum Bayern*, 22 (1994), 193-203.

Kennicott, Benjamin: *The Ten Annual Accounts of the Collation of Hebrew MSS of the Old Testament* (Oxford, 1760-1769).

Kennicott, Benjamin: *Dissertatio Generalis in Vetvs Testamentvm Hebraicvm cvm Variis Lectionibvs ex Codibvs Manuscriptis et Impressis* (Braunschweig, 1783).

Kinzig, Wolfram: *Christenverfolgung in der Antike* (München: C. H. Beck, 2019).

Kitve-Yad: *Jüdische Handschriften*, hg. von Petra Werner (Berlin: Staatsbibliothek, 2002) (= *Kitve-Yad*, Nr. 4).

Knauer, Georg N.: *The Humanistic Collectanea of a Benedictine Monk, Johannes ex Grafing, a Student of Johannes Reuchlin and Conrad Celtis. Observations Concerning Munich, Bayerische Staatsbibliothek, Manuscripts Cgrm 582a, Chm 400, 401, and also Cgrm 323* (unvollendet) (München, 2012).

Kogman-Appel, Katrin: „Der Baum des Todes und der Baum des Lebens: Die Hängung Hamans in der mittelalterlichen jüdischen Manuskriptmalerei", in: Colum Hourihane (Hg.): *Between the Picture and the World: Manuscript Studies from the Index of Christian Art* (Princeton: Princeton University/Penn State Press, 2005), 187–207.

Kogman-Appel, Katrin: *Illuminated Haggadot from Medieval Spain: Biblical Imagery and the Passover Holiday* (University Park, PA: Pennsylvania State University Library, 2006).

Kogman-Appel, Katrin: *The Passover Haggadah. The Emergence of a Book Genre* (in Vorbereitung).

Kozma, Emese, und Annett Martini: „The Secrets of Crowning Letters: *Kitrei Otiyyot Tefillin* of R. Yehudah he-Ḥasid", in: Annett Martini u. a. (Hg.): *Creating Holiness: Books, Scrolls and Icons as Carriers of Sacredness* (Turnhout: Brepols, 2026; in Vorbereitung).

Kraus, Xavier: „Die Handschriften-Sammlung des Cardinals Nicolaus von Cusa", in: *Serapeum*, 26 (1865), 97–103.

Lämmerhirt, Maike: „Zur Geschichte der Juden im mittelalterlichen Erfurt", in: Sven Ostritz (Hg.): *Die mittelalterliche jüdische Kultur in Erfurt*, Bd. 1: *Der Schatzfund: Archäologie – Kunstgeschichte – Siedlungsgeschichte* (Langenweißbach: Beier & Beran, 2010), 334–375.

Landau, Jacob M.: „Gotthold Eljakim Weil (Berlin, 1882 – Jerusalem, 1961)", in: *Die Welt des Islams*, 3 (1998), 280–285.

Landsberger, Josef: „Die Stellung der jüdischen Gemeinde Erfurts in Thüringen und Aschkenas: Erste Ergebnisse", in: *Erfurter Schriften zur jüdischen Geschichte*, Bd. 1: *Die jüdische Gemeinde von Erfurt und die SchUM-Gemeinden. Kulturelles Erbe und Vernetzung*, hg. von Landeshauptstadt Erfurt (Jena: Bussert & Stadeler, 2012), 28–39.

Landsberger, Josef: *Die Fabeln des Sophos, Syrisches Original der Griechischen Fabeln des Syntipas* (Posen: Merzbach, 1859).

Langer, Gerhard: *Midrasch* (Tübingen: Mohr Siebeck, 2016).

Langer, Ruth, „Kalir was a Tanna: Rabbenu Tam's Invocation of Antiquity in Defence of the Ashkenazi Payyetanic Tradition", in: *Hebrew Union College Annual*, 67 (1996), 95–106.

Lascaris, Constantine: *De octo partibus orationis* (Venedig: Manutius, ca. 1503).

Lauer, Simon, und Clemens Thoma (Hg.): *Der tannaitische Midrasch Sifre Deuteronomium übersetzt und erklärt von Hans Bietenhart* (Bern: Peter Lang, 1984).

Lauterbach, Jacob Z.: *Mekhilta de-Rabbi Ischmael II.: A Critical Edition on the Basis of the Manuscripts and Early Editions with an English Translation, Introduction and Notes* , 2 Bde. (Philadelphia: Press of the Jewish Publication Society of America, 1933).

Leonhard, Clemens: *The Jewish Pesach and the Origins of the Christian Easter. Open Questions and Current Research* (Berlin/New York: Walter de Gruyter, 2006).

Leuchter, Mark (Hg.): *Scribes and Scribalism* (London: Bloomsbury Publishing, 2020).

Liss, Hanna: *Tanach. Lehrbuch der jüdischen Bibel* (4. Aufl., Heidelberg: Universitätsverlag Winter, 2019).

Lowy, Joseph Hillel: „Vi Groys is dayn Harzns Ashirus ...", in: *Mayn Tate der Soyfer un andere Poemes* (London: The Narod Press, 1949), 46–47.

Ludscheidt, Michael: „Zur Geschichte der Erfurter hebräischen Handschriften", in: *Stadt und Geschichte*, 35 (2007), 21–23.

Ludscheidt, Michael: „Überlieferung und Erforschung der Erfurter hebräischen Handschriften zwischen 1349 und 1880", in: *Erfurter Hebräische Handschriften*, hg. von Landeshauptstadt Erfurt (Jena: Bussert & Stadeler, 2010), 25–45.

Ludscheidt, Michael: „‚Seltenheiten orientalischer Literatur': Überlieferung, Erforschung und Verkauf der Erfurter hebräischen Handschriften", in: *Erfurter Schriften zur jüdischen Geschichte*, Bd. 3: *Zu Bild und Text im jüdisch-christlichen Kontext im Mittelalter*, hg. von Landeshauptstadt Erfurt (Jena/Quedlinburg: Bussert & Stadeler, 2014), 80–107.

Luijendijk, AnneMarie: „A New Testament Papyrus and Its Documentary Context: An Early Christian Writing Exercise from the Archive of Leonides (P.Oxy. II 209)", in: *Journal of Biblical Literature*, 129 (2010), 575–596 (= Luijendijk 2010a).

Luijendijk, AnneMarie: „Sacred Scriptures as Trash: Biblical Papyri from Oxyrhynchus", in *Vigiliae Christianae*, 64 (2010), 217–254 (= Luijendijk 2010b).

Lupo, Josef: *Va'ad ha-hatzalah ha-charedi 1945–1955* (Jerusalem: Hotza'at Carmel, 2019).

Mangold-Will, Sabine, u. a. (Hg.): *Sammler – Bibliothekare – Forscher: Zur Geschichte der orientalischen Sammlungen an der Staatsbibliothek zu Berlin* (Frankfurt am Main: Klostermann, 2022) (= Mangold-Will 2022a).

Mangold-Will, Sabine: „Zwischen Berlin und Jerusalem: Der Orientalist und Bibliothekar Gotthold Weil und die Anfänge der Orientalischen Abteilung der Preußischen Staatsbibliothek", in: Dies. u. a. (Hg.): *Sammler – Bibliothekare – Forscher: Zur Geschichte der orientalischen Sammlungen an der Staatsbibliothek zu Berlin* (Frankfurt am Main: Klostermann, 2022), 209–238 (= Mangold-Will 2022b).

Marcus, Ivan G.: „A Jewish-Christian Symbiosis: The Culture of Early Ashkenaz", in: David Biale (Hg.): *Cultures of the Jews: A New History* (New York: Schocken 2002), 449–516.

Markschies, Christoph: „Die Kirche in vorkonstantinischer Zeit, Teil B: Von der Mitte des 2. bis zum Ende des 3. Jahrhunderts", in: Bernd Moeller u. a. (Hg.): *Ökumenische Kirchengeschichte*, Bd. 1: *Von den Anfängen bis zum Mittelalter* (Darmstadt: Wissenschaftliche Buchgesellschaft, 2006), 59–98.

Markschies, Christoph: „What Ancient Christian Manuscripts Reveal About Reading (and About Non-Reading)", in: Anna H. Krauß u. a. (Hg.): *Material Aspects of Reading in Ancient and Medieval Cultures: Materiality, Presence and Performance* (Berlin: Walter de Gruyter, 2020), 197–216.

Martini, Annett: *Die hebräischen Handschriften der Erfurter Sammlung.* online: Freie Universität Berlin, 2018, https://www.geschkult.fu-berlin.de/e/erfurter_sammlung/dokumentation/index.html (letzter Abruf: 25.6.2025).

Martini, Annett: *Zwischen Offenbarung und Kontemplation: Die Wolfenbütteler hebräischen Schriftrollen*, mit Beiträgen von Dagmara Budzioch und Ad Stijnman (Wolfenbüttel: Herzog August Bibliothek, 2021) (= Wolfenbütteler Forschungen, 163).

Martini, Annett: *„Arbeit des Himmels": Jüdische Konzeptionen rituellen Schreibens in der europäischen Kultur des Mittelalters* (Berlin: De Gruyter, 2022) (= Studia Judaica, 115).

Martini, Annett: „What the Glosses Are Telling Us. Latin and German Commentaries within the Erfurt Bible Codex MS or. fol. 1212", in: Naftali S. Cohn und Katrin Kogman-Appel (Hg.): *Beloved David – Advisor, Man of Understanding, and Writer: A Festschrift in Honor of David Stern* (Atlanta: Brown Judaic Studies, 2024), 567–595.

Marx, Michael (Hg.; mithilfe von Salome Beridze und Tobias J. Jocham): „Staatsbibliothek zu Berlin: Ms. or. fol. 4313 (VOHD 17, A, 1, 1)", Transliteration: Laura Hinrichsen, in: *Corpus Coranicum* (Berlin: Berlin-Brandenburgische Akademie der Wissenschaften, o. J.), https://corpuscoranicum.de/en/manuscripts/15/page/2r (letzter Abruf: 23.1.2025).

Marx, Michael, und Tobias Joacham: „Radiocarbon (14C) dating of Qur'ān manuscripts", in: Andreas Kaplony und Michael Marx (Hg.): *Qur'ān Quotations Preserved on Papyrus Documents, 7th–10th Centuries and the Problem of Carbon Dating Early Qur'āns* (Leiden/Boston: Brill, 2019), 188–221.

Mechilta *des R. Schimon Bar Jochai*, hg. von Jakob Nachum Epstein und Ezra Zion Melamed (Jerusalem: Hoza'at Mekize Nirdamim, 1955).

Megillat *Juchasin ve-Seder ha-Dorot Me-Talmide Besht*, hg. von Menachem Mendel Bodek (Lemberg: Verlag J. Goldberg, 1876).

Melchert, Christopher, und Asma Afsaruddin; „Reciters of the Qur'ān", in: Jane Dammen McAuliffe (Hg.): *Encyclopaedia of the Qur'ān*, Bd. 4 (Leiden: Brill 2004), 386–392.

Meri, Josef W.: „Ritual and the Qur'ān", in: Jane Dammen McAuliffe (Hg.): *Encyclopaedia of the Qur'ān*, Bd. 4 (Leiden: Brill 2004), 484–497.

Merklein, Helmut, u. a. (Hg.): *Bibel in jüdischer und christlicher Tradition: Festschrift für Johann Maier zum 60. Geburtstag* (Frankfurt am Main: Verlag Anton Hain, 1993). (= Bonner Biblische Beiträge, 88).

Mermelstein, Ari: *Power and Emotion in Ancient Judaism: Community and Identity in Formation* (Cambridge: Cambridge University Press, 2021).

Mesguich, Sophie Kessler: „Early Christian Hebraists", in: Magne Sæbø (Hg.): *Hebrew Bible / Old Testament: The History of Its Interpretation*, Bd. 2 (Göttingen: Vandenhoeck & Ruprecht, 2008), 254–275.

Metzger, Mendel: „Eine illustrierte Estherrolle der zweiten Hälfte des 18. Jahrhunderts im Historischen Museum Frankfurt am Main, mit einem Anhang über Megilla-Hülsen", in: *Schriften des Historischen Museums Frankfurt am Main*, 13 (1972), 95–116.

Metzger, Mendel: „The Earliest Engraved Italian Megilloth", in: *Bulletin of the John Rylands Library*, 48/2 (1966), 381–432.

Midrasch Tanchuma, hg. von Salomon Buber (Wilna: Romm, 1885; photostatischer Neudruck, Jerusalem: Urzal, 1964).

Mishory, Alec: „A Purim Masquerade: Fowls and Foxes in Shmuel Ben David's Illuminated Scroll of Esther (ca. 1923)", in: *Ars Judaica*, 9 (2013), 57–74.

Müller, Andreas und Katharina Heyden (Hg.): *Bibelübersetzungen in der Geschichte des Christentums* (Leipzig: Evangelische Verlagsanstalt, 2020).

Müller, Joel: *Masechet Soferim. Der talmudische Traktat der Schreiber* (Leipzig: J. C: Hinrichs'sche Buchhandlung, 1878).

Nichols, Ross K.: *The Moses Scroll* (Saint Francisville: Horeb Press, 2021).

Nünlist, Tobias: *Schutz und Andacht im Islam. Dokumente in Rollenform aus dem 14.–19. Jh.* (Leiden/Boston: Brill, 2020).

O. A.: „Bamberger, Seligmann Baer", in: Michael Berenbaum und Fred Skolnik (Hg.): *Encyclopaedia Judaica*, Bd. 3 (2. Aufl., Detroit, MI: Macmillan Reference USA, 2007), 103–104.

O'Connor, Kathleen, und Malone O'Connor: „Popular and talismanic uses of the Qur'an", in: Jane Dammen McAuliffe (Hg.): *Encyclopaedia of the Qur'ān*, Bd. 4 (Leiden: Brill 2004), 163–181.

Ory, Solange: „Un nouveau type du Muṣḥaf. Inventaire des corans en rouleaux de provenance damascaine, conserves à Istanbul", in: *Revue des études islamiques*, 33 (1965), 87–149.

Paunel, Eugen: *Die Staatsbibliothek zu Berlin: Ihre Geschichte und Organisation während der ersten zwei Jahrzehnte seit ihrer Eröffnung 1661–1871* (Berlin: Walter De Gruyter & Co, 1965).

Pelc, Julie (Hg.): *The Jewish Bible: A JPS Guide* (Philadelphia: Jewish Publication Society, 2008).

Pink, Johanna: „Translation", in: George Archer u. a. (Hg.): *The Routledge Companion to the Qur'an* (Abingdon/New York: Routledge, 2022), 364–376.

Pirke de Rabbi Elieser, hg. von David Lurja (Warschau 1852; Neudruck, Jerusalem 1970).

Posnanski, Adolf: *Schiloh: Ein Beitrag zur Geschichte der Messiaslehre* (Leipzig: Hinrichs, 1904).

Prachtkorane *aus tausend Jahren. Handschriften aus dem Bestand der Bayerischen Staatsbibliothek München* (München: Bayerische Staatsbibliothek, 1998).

Prostmeier, Ferdinand R.: „Ignatius von Antiochien", in: Siegmar Döpp (Hg.): *Lexikon der antiken christlichen Literatur* (3. vollst. neu bearb. u. erw. Aufl., Freiburg: Herder, 2002), 346–348.

Quiring-Zoche, Rosemarie: Arabische Handschriften, Teil 7: Arabische Handschriften der Staatsbibliothek zu Berlin – Preußischer Kulturbesitz (Stuttgart: Steiner, 2015) (= Verzeichnis der Orientalischen Handschriften in Deutschland, XVIIB, 7).

Rapoport, Abigail, und Michele L. Frederick: *The Book of Esther in the Age of Rembrandt*, Ausst.-Kat. Jewish Museum, New York/North Carolina Museum of Art (New Haven: Yale University Press, 2025).

Rendtorff, Rolf: *Das Alte Testament. Eine Einführung* (7. Aufl., Neukirchen-Vluyn: Neukirchener Verlag, 2007).

Reuchlin, Johannes: *Rudimenta linguae hebraicae* (Pforzheim: Anshelm, 1506).

Reuchlin, Johannes: *De accentibus et orthographia linguae Hebraicae* (Hagenau: Anshelm, 1518).

Reuchlin, Johannes: *Briefwechsel*, hg. von Matthias Dall'Asta und Gerald Dörner, Bd. 2 (Stuttgart: Frommann-Holzboog, 2003).

Rhein, Adolf: *Erfurter Buchbinder seit 500 Jahren: Festschrift zum 3. Reichsinnungstag des Buchbinder-Handwerks 23. bis 27. Juli 1937 in Erfurt* (Erfurt: Thiel & Böhm, 1937).

Richler, Benjamin: „Steinschneider's Manuscripts", in: Reimund Leicht und Gad Freudenthal (Hg.): *Studies on Steinschneider: Moritz Steinschneider and the Emergence of the Science of Judaism in Nineteenth-Century Germany* (Leiden u. a.: Brill, 2012), 301-318.

Rohmann, Dirk: *Christianity, Book-Burning and Censorship in Late Antiquity* (Berlin: Walter de Gruyter, 2016).

Rose, Valentin: *Verzeichniss der lateinischen Handschriften der Königlichen Bibliothek zu Berlin*, Bd. 2/1 (Berlin: Asher, 1901) (= Die Handschriften-Verzeichnisse der Königlichen Bibliothek zu Berlin, 13).

Roth, Ernst u. a. (Hg.): *Hebräische Handschriften*, Teil 2 (Wiesbaden: Steiner, 1965) (= Verzeichnis der orientalischen Handschriften, 6).

Róth, Ernst: Vorläufige Beschreibung der hebräischen Handschriften der Staatsbibliothek [Maschinenschriftliches Manuskript, Staatsbibliothek zu Berlin, ca. 1962].

Ruf, Reinhold: „Juden im spätmittelalterlichen Erfurt: Bürger und Kammerknechte", in: Frank G. Hirschmann und Gerd Mentgen (Hg.): *Campana pulsante convocati: Festschrift anläßlich der Emeritierung von Prof. Dr. Alfred Haverkamp* (Trier: Kliomedia, 2005), 487-517.

Ruf-Haag, Reinhold: *Juden und Christen im spätmittelalterlichen Erfurt. Abhängigkeiten, Handlungsspielräume und Gestaltung jüdischen Lebens in einer mitteleuropäischen Großstadt* (Dissertation Universität Trier 2007, Mikrofiche-Ausgabe 2009).

Sabar, Shalom: „A New Discovery: The Earliest Illustrated Esther Scroll by Shalom Italia", in: *Ars Judaica*, 8 (2012), 119-136.

Sahragard, Mahdi: „Revived Leaves. The Qur'an endowed by Kishvād b. Amlās, the Oldest Known Qur'an Manuscript on Paper (327/939)", in: *Journal of Islamic Manuscripts*, 14 (2023), 212-234.

Salmon, Irit (Hg.): *Truly Fake: Moses Wilhelm Shapira* (Jerusalem: Israel Museum, 2000).

Salzmann, Christian Gotthilf: *Reisen der salzmannischen Zöglinge* (Leipzig: Crusius, 1793).

Satlow, Michael L.: *How the Bible Became Holy* (Yale: Yale University Press, 2014).

Schäfer, Peter, und Klaus Herrmann (Hg.): *Übersetzung der Hekhalot-Literatur*, Bd. 1 (Tübingen: Mohr, 1995).

Scheindlin, Raymond P.: *The Song of the Distant Dove: Judah Halevi's Pilgrimage*. New York, Oxford: Oxford University Press, 2008.

Schimschon ben Eliezer: „Barukh she-amar", in: Menachem Mendel Meshi-Sahav (Hg.): *Qovets Sifrei StaM*, Bd. 1 (Jerusalem: Makhon ha-Talmud ha-yisraeli ha-shalem, 1970), 13-194.

Schindler, Ines, Georg Hosoya, Winfried Menninghaus, Ursula Beermann, Valentin Wagner, Michael Eid und Klaus E. Scherer: „Measuring Aesthetic Emotions: A Review of the Literature and a New Assessment Tool", in: *PLoS ONE*, 12(6) (2017).

Schivche ha-Ari (mit publizierten Briefen des Schlomoh Schlomel aus Dresnitz) (Warschau: Netanel David, 1875).

Schmid, Konrad, und Jens Schröter: *Die Entstehung der Bibel: Von den ersten Texten zu den heiligen Schriften* (München: C. H. Beck, 2019).

Schochow, Werner: „Zur Bücherverlagerung der Preußischen Staatsbibliothek im Zweiten Weltkrieg", in: *Mitteilungen Staatsbibliothek (Preussischer Kulturbesitz) N.F.*, 7 (1998), 165-233.

Schochow, Werner: *Bücherschicksale. Die Verlagerungsgeschichte der Preußischen Staatsbibliothek. Auslagerung - Zerstörung - Entfremdung - Rückführung. Dargestellt aus den Quellen* (Berlin u. a.: De Gruyter, 2003).

Schochow, Werner: „Arthur Spanier - die stille Autorität", in: Ders. (Hg.): *Die Berliner Staatsbibliothek und ihr Umfeld: 20 Kapitel preußisch-deutscher Bibliotheksgeschichte* (Frankfurt am Main: Klostermann, 2005), 335-344.

Schoedel William R.: *Die Briefe des Ignatius von Antiochien: Ein Kommentar* (München: Chr. Kaiser Verlag, 1990).

Schöpflin, Karin: *Die Bibel in der Weltliteratur* (Tübingen: Mohr Siebeck, 2011).

Scholem, Gerschom: „Gilgul. Seelenwanderung und Sympathie der Seelen", in: Ders.: *Von der mystischen Gestalt der Gottheit* (Frankfurt am Main: Suhrkamp, 1962).

Scholem, Gerschom: *Die jüdische Mystik in ihren Hauptströmungen* (Frankfurt am Main: Suhrkamp, 1967).

Schrijver, Emile, und Falk Wiesemann (Hg.): *Schöne Seiten. Jüdische Schriftkultur aus der Braginsky Collection* (Zürich: Scheidegger & Spiess, 2011).

Schubarth-Engelschall, Karl (Hg.): *Deutsche Staatsbibliothek: 50 Jahre Orientalische Abteilung, 1919-1969* (Leipzig: Bibliographisches Institut, 1969) (= Zentralblatt für Bibliothekswesen; Beiheft 85).

Schubarth-Engelschall, Karl: „Die Vereinigung der Orientabteilung. Vollendung und Abschluß eines mehrjährigen Prozesses", in: Ralf Breslau (Hg.): *Schätze wieder vereint: Die Zusammenführung der historischen Sonderabteilungen der Staatsbibliothek zu Berlin* (Berlin: Staatsbibliothek zu Berlin - Preußischer Kulturbesitz, 1999), 144-156.

Schwartz, Baruch J.: „Israel's Holiness: The Torah Traditions", in: Marcel J. H. M. Poorthuis und Joshua Schwartz (Hg.): *Purity and Holiness. The Heritage of Leviticus*, (Leiden u. a.: Brill, 2000) (= Jewish and Christian Perspectives, Bd. 2), 47-60.

Seder R. Amram Gaon, Teil 1: *Hebrew Text with Critical Apparatus, Translation with Notes and Introduction*, hg. von David Hedegaard (Lund: Lindstedts Universitets-Bokhandel, 1951-1974).

Seder Rav Amram Ga'on, hg. von Daniel Goldschmidt (Jerusalem: Rav Kook Institute, 1972).

Seeliger, Hans Reinhard, und Wolfgang Wischmeyer (Hg. u. Übers.): *Märtyrerliteratur* (Berlin: Walter de Gruyter, 2015).

Sefer ha-kawwanot u-ma'aseh Nissim, hg. von Shmu'el Heller (Zefat: 1875/76).

Sefer Toledot ha-Ari, hg. von Me'ir Benajahu (Jerusalem: Hoza'at Machon Ben-Zwi, 1967).

Seidensticker, Tilman: „Variants in Arabic Poetry, Prophetic Tradition and the Qur'an", in: Eva Wilden (Hg.): *Criticism of the Variant* (im Druck).

Seven Minor Treatises: *Sefer Torah, Mezuzah, Tefillin, Zizit, 'Abadim, Kutim and Treatise Soferim II,* bearbeitet nach den Handschriften, mit einer Einleitung, Anmerkungen, Varianten und Übersetzung von Michael Higger (New York: Bloch Publishing Company, 1930).

Sharon, Assaf, und Emily D. Bilski: *Salom Italia's Esther Scrolls and the Dutch Golden Age* (Amsterdam: Joods Historisch Museum, Menasseh ben Israel Instituut, 2011).

Siddur Rav Sa'adia Ga'on, hg. von Israel Davidson u. a. (Jerusalem: Mekitze Nirdamim, 1963).

Sinai, Nicolai: The Qur'an. A Historical-Critical Introduction (Edinburgh: Edinburgh University Press, 2017).

Sirat, Colette: *Hebrew Manuscripts of the Middle Ages*, hg. und übers. von Nicholas de Lange (Cambridge: Cambridge University Press, 2002).

Smalley, Beryl: *The Study of the Bible in the Middle Ages* (Oxford: Oxford University Press, 1952).

Sobiroj, Florian: *Islamische Handschriften*, Teil 5: *Thüringen* (Stuttgart: Steiner, 2001).

Soucek, Priscilla: „The New York Public Library *Makhzan al-asrar* and Its Importance", in: *Ars Orientalis*, 18 (1988), 1–37.

Speyer, Wolfgang: *Büchervernichtung und Zensur des Geistes bei Heiden, Juden und Christen* (Stuttgart: Hiersemann, 1981).

Spitz, Lewis W.: *The Religious Renaissance of the German Humanists* (Cambridge, MA: Harvard University Press, 1963).

Steimann, Ilona: „‚Anathema upon Anyone Who Would Destroy This Codex': Hebrew Fragments in Hebraist Hands", in: Andreas Lehnhardt (Hg.): *European Genizah: Newly Discovered Hebrew Binding Fragments in Context* (Leiden: Brill, 2020) (= Studies in Jewish History and Culture, 63/European Genizah Texts and Studies, 5), 313–331 (= Steimann 2020a).

Steimann, Ilona: *Jewish Book – Christian Book. Hebrew Manuscripts in Transition between Jews and Christians in the Context of German Humanism* (Turnhout: Brepols, 2020) (= Bibliologia, 58) (= Steimann 2020b).

Steimann, Ilona: „Jewish Exemplars and Hebraist Copies of Hebrew Manuscripts", in: Jürgen Paul und David Durand-Guedy (Hg.): *Personal Manuscripts: Copying, Drafting, Taking Notes* (Berlin: De Gruyter, 2023), 477–507.

Steimann, Ilona: „A Forced Journey between Two Faiths: The Hebrew Manuscripts of the University of Vienna", in: Katrin Kogman-Appel und Ilona Steimann (Hg.): *Premodern Jewish Books, Their Makers and Readers in an Era of Media Change* (Turnhout: Brepols, 2024), 381–388.

Steinschneider, Moritz: *Catalogus librorum Hebraeorum in Bibliotheca Bodleiana* / iussu curatorum digessit et notis instruxit M. Steinschneider (Berlin: Friedlaender, 1852–1860).

Steinschneider, Moritz: *Die Handschriften-Verzeichnisse der Königlichen Bibliothek zu Berlin*, Teil 1: *Verzeichniss der hebraeischen Handschriften* (Berlin: Vogt, 1878) (= Steinschneider 1878a).

Steinschneider, Moritz: *Die Handschriften-Verzeichnisse der Königlichen Bibliothek zu Berlin*, Teil 2: *Verzeichniss der hebraeischen Handschriften* (Berlin: Asher), 1878 (= Steinschneider 1878b).

Stellmacher, Martha: „Instrumente, Noten, Tonträger – Dinge der synagogalen Musik", in: Nathanael Riemer (Hg.): *Einführungen in die Materiellen Kulturen des Judentums* (Wiesbaden: Harrassowitz, 2016).

Stemberger, Günter: „Die Megillot als Festlesungen der jüdischen Liturgie", in: Martin Ebner u. a. (Hg.): *Jahrbuch für Biblische Theologie*, Bd. 18 (2003), 261–276.

Stemberger, Günter: *Einleitung in Talmud und Midrasch* (9. Aufl., München: Verlag C. H. Beck, 2011).

Stern, David: „Just Stories: Medieval Hebrew Narrative", in: *Tikkun* 5,6 (1990), 41–43, 110–112.

Stern, David: „The First Jewish Books and the Early History of Jewish Reading", in: *Jewish Quarterly Review*, 98.2 (2008), 163–202.

Stewing, Anja: „Die Psalterübertragung des Eobanus Hessus", in: Gerlinde Huber-Rebenich und Walther Ludwig (Hg.): *Humanismus in Erfurt* (Rudolstadt: Hain, 2002) (= Acta Academiae Scientiarum (Erfurt), 7), 195–211.

Stroumsa, Guy: *The End of Sacrifice: Religious Transformation in Late Antiquity* (Chicago/London: Chicago University Press, 2009).

Ta-Schma, Israel Moses: „Samson ben Eliezer", in: Michael Berenbaum und Fred Skolnik (Hg.): *Encyclopaedia Judaica*, Bd. 17 (2. Aufl., Detroit, MI: Macmillan Reference USA, 2007), 753.

Ta-Schma, Israel Moses, und David Derovan, „Me'iri, Menachem ben Solomon", in: Michael Berenbaum und Fred Skolnik (Hg.): *Encyclopaedia Judaica*, Bd. 13 (2. Aufl., Detroit, MI: Macmillan Reference USA, 2007), 785–788.

Tabory, Joseph: *The Passover Ritual throughout the Generations* [Hebr.] (Tel Aviv: Hakibbutz Hemeuchad, 1996).

TenHouten, Warren D.: „Normlessness, Anomie, and the Emotions", in: *Sociological Forum* 31, 2 (2016), 465–486.

The Art of Illumination *by Sol Nodel*, Ausst.-Kat. Klutznick Exhibition Hall, (Washington D.C.: B'nai B'rith 1968).

The National Library of Israel, „Machzor Minhag Aschkenaz ha-Mizrachi (Schabbat Scheqalim – Schabbat Paraschat Eqev): Ketav Yad.", https://www.nli.org.il/he/manuscripts/NNL_ALEPH990001753150205171/NLI#$FL55653076 (letzter Zugriff: 29.12.2024).

The Zohar, Bd. 4, übers. und Kommentar von Daniel C. Matt (Stanford: Stanford University Press, 2007).

Thoits, Peggy A.: „The Sociology of Emotions", in: *Annual Review of Sociology* 15 (1989), 317–342.

Tracy, Jessica L., und Richard W. Robins: „The Psychological Structure of Pride: A Tale of Two Facets", in: *Journal of Personality and Social Psychology*, 92, 3 (2007): 506–525.

Vanderjagt, Arjo: „*Ad fontes*! The Early Humanist Concern for the *Hebraica veritas*", in: Magne Sæbø (Hg.): *Hebrew Bible / Old Testament: The History of Its Interpretation*, Bd. 2 (Göttingen: Vandenhoeck & Ruprecht, 2008), 154–189.

Va'ad Hatzalah: „Eqstra-druq fun sforim un ferzorgung fun tashmishei qedushah", in: Va'ad Hatzalah (Hg.): *Churbn un retung. Di geshikhte fun „Va'ad Hatzalah" in Amerige* (New York: Va'ad Ha-hatzalah Bukh Komitet, 1957), 461–464.

Verman, Mark: „The Torah as Divine Fire", in: *Jewish Bible Quarterly*, 35.2 (2007), 94–102.

Voigt, Wolfgang: „Die Orientabteilung der Staatsbibliothek", in: *Jahrbuch Preußischer Kulturbesitz* 6 (1968), 145–156.

Wagenseil, Johann Christoph: *Von Erziehung eines jungen Prinzen, der vor allen Studiren einen Abscheu hat, Daß er dennoch gelehrt und geschickt werde* (Leipzig: Heinichen, 1705).

Walde, Bernard: *Christliche Hebraisten Deutschlands am Ausgang des Mittelalters* (Münster: Aschendorffsche Verlagsbuchhandlung, 1916).

Wallraff, Martin: *Kodex und Kanon: Das Buch im frühen Christentum* (Berlin: Walter de Gruyter, 2013).

Weber, Max: *Die Wissenschaft als Beruf* (Leipzig: Reclam, 1995; zuerst 1919).

Weigelt, Christian Maria: „Das Erfurter Pestpogrom 1349: Eine kritische Rekonstruktion", in: *Erfurter Schriften zur jüdischen Geschichte*, Bd. 4: *Die Erfurter jüdische Gemeinde im Spannungsfeld zwischen Stadt, Erzbischof und Kaiser*, hg. von Landeshauptstadt Erfurt, Universität Erfurt (Jena: Bussert & Stadeler, 2016), 30–122.

Weil, Gotthold: „Die Orientalische Abteilung", in: *Fünfzehn Jahre Königliche und Staatsbibliothek. Dem scheidenden Generaldirektor Exz. Adolf von Harnack zum 31. März 1921 überreicht von den wissenschaftlichen Beamten der Preussischen Staatsbibliothek* (Berlin: Preußische Staatsbibliothek, 1921), 180–186.

Weinberger, Leon J.: *Jewish Hymnography: A Literary History* (London: Littman Library of Jewish Civilization, 1998).

Wendl, Katharina Hadassah: „An(other) introduction to Jewish scribal laws: The proliferation of scribal handbooks in the 19th century", in: *Chilufim*, 30 (2023), 1–22.

Werner, Petra, und Julia Bispinck (Hg.): *Jüdische Handschriften. Restaurieren – Bewahren – Präsentieren – Preußischer Kulturbesitz*, 2 Bde. (Berlin: Staatsbibliothek, 2002).

Wiesemann, Falk: „The Illustrated Esther Scroll of Yechiel Menachem Urbino, 1776", in: Vladimir Levin und Sharon Liberman Mintz (Hg.): *Welcoming Visuality: New Studies in Jewish Art and Material Culture* (Leiden: Brill, 2026; in Vorbereitung).

Wilke, Carsten L.: „Les degrés de la sainteté des livres", in: Colette Sirat u. a. (Hg.): *La conception du livre chez les piétistes ashkénazes* (Genf: Droz, 1996).

Wilson, M. Brett. „Translations of the Qur'an: Islamicate languages", in: M. A. Abdel Haleem und Mustafa Shah (Hg.): *The Oxford Handbook of Qur'anic Studies*, Bd. 4 (Oxford: Oxford University Press, 2020), 552–564.

Wünsche, August: *Aus Israel Lehrhallen: Kleine Midraschim zur späteren legendarischen Literatur des Alten Testaments*, Bd. 2 (Leipzig: Eduard Pfeiffer, 1908).

Yeshaya, Joachim, Elisabeth Hollender und Naoya Katsumata: *The Poet and the World: Festschrift for Wout van Bekkum on the Occasion of His Sixty-fifth Birthday* (Berlin/Boston: De Gruyter, 2019) (= Studia Judaica, 107).

Zaredar, Mohamad Mahdi: *Mir Emad al-Hassani (persisch)* (Karaj, 2013).

Zenger, Erich u. a.: *Einleitung in das Alte Testament* (9. Aufl., Stuttgart: Kohlhammer, 2016).

Žonca, Milan: „The ‚Imagined Communities' of Yom Tov Lipman Mühlhausen: Heresy and Communal Boundaries in Sefer Niẓẓaḥon", in: Lukas Clemens und Christoph Cluse (Hg.): *The Jews of Europe around 1400: Disruption, Crisis, and Resilience* (Wiesbaden: Harrassowitz Verlag, 2018), 119–144.

Zuckermandel, Moses S.: *Die Erfurter Handschrift der Tossefta* (Berlin: Gerschel, 1876).

Zwiep, Irene E.: „The Hebrew Linguistic Tradition of the Middle Ages", in: *Histoire Épistémologie Langage* 18/1 (1996), 41–61.

BILDNACHWEIS

Alle Abbildungen © Staatsbibliothek zu Berlin, sofern nicht anders angegeben.

Ilona Steimann, *„Der Weisheit Anfang": Deutsche Gelehrte und ihre Hebraica-Sammlung*
Abb. 1 The British Museum, London

Annett Martini, *Die Autoren der Glossen in der Erfurter Bibelhandschrift Ms. or. fol. 1212: Eine Spurensuche*
Abb. 12 Universitätsbibliothek Katholische Universität Eichstätt-Ingolstadt
Abb. 13 Universitätsbibliothek Katholische Universität Eichstätt-Ingolstadt

Karl Erich Grözinger, *Tora und Sinai als Medien mystischer Gottesgegenwart*
Abb. 1 Bibliotheca Rosenthaliana, Amsterdam

Anne May Dallendörfer und Katharina Hadassah Wendl, *Die Materialität des Schreibens in Schreiberhandbüchern des Mittelalters und der Neuzeit: Pergament, Tinte und Schreibutensilien*
Abb. 2 Staats- und Universitätsbibliothek Hamburg

Annett Martini, *Die Magie des Schreibens: Einblicke in die Welt der Hasidei Aschkenas*
Abb. 5a British Library, London
Abb. 5b Biblioteca Palatina, Parma
Abb. 5c Duchess Anna Amalia Library - Klassik Stiftung, Weimar
Abb. 5d Biblioteca Palatina, Parma

Silvana Greco, *Berichte aus der heutigen Schreiberwelt*
Abb. 1 ©Rafael Beltramo
Abb. 2 ©Rafael Beltramo
Abb. 3 ©Rafael Beltramo

Dagmara Budzioch, *Esterrollen im Kontext*
Abb. 1 Sammlung der Familie Gross, Tel Aviv. Foto: Ardon Bar-Hama
Abb. 2 Sammlung der Familie Gross, Tel Aviv. Foto: Ardon Bar-Hama
Abb. 3 Universitätsbibliothek Goethe Universität, Frankfurt am Main
Abb. 4 North Carolina Museum of Art, Raleigh
Abb. 5 Minneapolis Institute of Arts
Abb. 6 Universitätsbibliothek Leipzig
Abb. 9 Sammlung der Familie Gross, Tel Aviv. Foto: Ardon Bar-Hama
Abb. 10 Sammlung der Familie Gross, Tel Aviv. Foto: Ardon Bar-Hama
Abb. 11 Heikhal Shlomo, Jerusalem
Abb. 13 Braunschweigisches Landesmuseum. Foto: Anja Pröhle
Abb. 14 Jüdisch-Theologisches Seminar, New York
Abb. 15 Jüdisches Museum, New York
Abb. 16 Jüdisch-Theologisches Seminar, New York
Abb. 17 Sammlung der Familie Gross, Tel Aviv. Foto: Ardon Bar-Hama
Abb. 18 Jüdisches Museum, New York
Abb. 19 Sammlung der Familie Gross, Tel Aviv. Foto: Ardon Bar-Hama
Abb. 20a Klau Library, Hebrew Union College - Jewish Institute of Religion, Cincinnati
Abb. 20b Victoria and Albert Museum, The Temple Beth Chaim Collection, London
Abb. 21 Sammlung der Familie Gross, Tel Aviv. Foto: Ardon Bar-Hama
Abb. 22 Jüdisches Museum, New York
Abb. 24 Museo di Arte Ebraica Italiana, Jerusalem
Abb. 25 Universitätsbibliothek, Erlangen
Abb. 26a Universitätsbibliothek, Erlangen
Abb. 27a Universitätsbibliothek, Erlangen
Abb. 28a-c Hebrew Union College - Jewish Institute of Religion, Cincinnati
Abb. 29a Hebrew Union College - Jewish Institute of Religion, Cincinnati
Abb. 29b Universitätsbibliothek Erlangen
Abb. 31 Jüdisches Museum, New York
Abb. 32 Jüdisches Museum, New York
Abb. 33 Jüdisches Museum, New York
Abb. 34b Jüdisches Museum, New York

Katrin Kogman-Appel, *Pesach-Haggadot*
Abb. 2 British Library, London
Abb. 6 National Library of Israel, Jerusalem
Abb. 7 National Library of Israel, Jerusalem

Thomas Rainer, *Schriftrolle und Codex, Purpurtinte und Schreibermesser. Vergleichende Überlegungen zu den Autorisierungsstrategien sakraler Texte im Bild*
Abb. 7 Bpk-Bildagentur
Abb. 8 Bpk-Bildagentur
Abb. 13 Bpk-Bildagentur
Abb. 14 Bpk-Bildagentur
Abb. 15 Bpk-Bildagentur
Abb. 16 Bpk-Bildagentur
Abb. 17 Bpk-Bildagentur

**Materialisierte Heiligkeit –
Jüdische Buchkunst im kulturellen Kontext**

Die Publikation erscheint anlässlich der Ausstellung „Materialisierte Heiligkeit. Jüdische Buchkunst im rituellen Kontext" im Stabi Kulturwerk vom 19. Oktober 2025 bis 25. Januar 2026.

Konzept und Redaktion
Annett Martini

Projektmanagement Verlag
Luzie Diekmann

Herstellungsmanagement Verlag
Stefanie Kruszyk

Lektorat
Ilka Backmeister-Collacott

Gestaltung und Satz
Jenna Gesse

Druck und Bindung
Gutenberg Beuys Feindruckerei GmbH

Verlag
Deutscher Kunstverlag
Genthiner Straße 13
10785 Berlin
www.deutscherkunstverlag.de

Ein Verlag der Walter de Gruyter GmbH, Berlin/Boston, Genthiner Straße 13, 10785 Berlin.

www.degruyterbrill.com
Fragen zur allgemeinen Produktsicherheit:
productsafety@degruyterbrill.com

**Bibliografische Information
der Deutschen Nationalbibliothek**
Die Deutsche Nationalbibliothek verzeichnet diese Publikation in der Deutschen Nationalbibliografie; detaillierte bibliografische Daten sind im Internet über http://dnb.dnb.de abrufbar.

Library of Congress Control Number
2025945216

ISBN 978-3-422-80325-1
e-ISBN 978-3-422-80326-8